在这里，看见新世界

CUBA:
AN AMERICAN HISTORY

自由古巴

革命、救赎与新生

[美]艾达·费雷尔 著
林剑锋 译

浙江人民出版社

Simplified Chinese Translation © 2024 By Zhejiang People's Publishing House
CUBA: An American History
Original English Language edition © 2021 by Ada Ferrer
All Rights Reserved.
Published by arrangement with the original publisher, Scribner, a Division of Simon & Schuster, Inc.

浙江省版权局
著作权合同登记章
图字：11-2022-331号

审图号：GS浙（2024）10号

图书在版编目（CIP）数据

自由古巴：革命、救赎与新生 /（美）艾达·费雷尔著；林剑锋译. — 杭州：浙江人民出版社，2024.7. — ISBN 978-7-213-11294-2

Ⅰ. K751

中国国家版本馆CIP数据核字第2024D1X831号

自由古巴：革命、救赎与新生

[美] 艾达·费雷尔 著 林剑锋 译

出版发行：浙江人民出版社（杭州市环城北路177号 邮编 310006）	
市场部电话：(0571)85061682　85176516	
责任编辑：金将将	营销编辑：陈雯怡　张紫懿
责任印务：幸天骄	责任校对：马　玉　姚建国
封面设计：张庆锋	
电脑制版：浙江新华图文制作有限公司	
印　　刷：浙江新华数码印务有限公司	
开　　本：880毫米×1230毫米　1/32	印　张：20.125
字　　数：462千字	插　页：12
版　　次：2024年7月第1版	印　次：2024年7月第1次印刷
书　　号：ISBN 978-7-213-11294-2	
定　　价：148.00元	

如发现印装质量问题，影响阅读，请与市场部联系调换。

▲ 泰诺人称为奥皮耶尔果比安（Opiyelguobirán）的犬形神祇木质雕塑。该神祇负责引导灵魂进入冥界。

▲ 1512年，抵抗西班牙侵略的泰诺人领导者哈土依被烧死在火刑柱上。行刑前，哈土依得到了一个皈依基督教的机会，但是他拒绝了，据传他说如果西班牙人死后去天堂，那么他更愿意下地狱。

▼ 1762年，英国海军进攻并拿下了戒备森严的哈瓦那城。哈瓦那一度与北美13个殖民地同处于大英帝国的体制之中。

1

◀ 哈瓦那的自由黑人民兵在1762年围城期间与英军作战,并参加了美国革命的相关战役。这幅黑人画家何塞·尼古拉斯·德·拉埃斯卡莱作于1763年的画,展示了一名身着制服的民兵。

▼ 18世纪初,糖业成了古巴经济的主导性产业。相比其他热带作物,种植甘蔗是最为艰辛的,干活的几乎全是非洲奴隶及其后代。

▲ 19世纪古巴的糖业种植园位列世界上最大最先进的行列。这幅爱德华多·拉普拉特作于1857年的版画对特立尼达的糖业园进行了描绘,此地也是马坦萨斯省1843—1844年反奴隶制密谋的地点之一。

◀ 卡洛斯·曼努埃尔·德·塞斯佩德斯是一名来自古巴东部的糖业种植园主。他解放了自家庄园里的奴隶，此举开启了岛上的第一场独立战争——十年战争。

▼ 图中所展示的是1886年古巴解放后不久的一群前奴隶。照片是何塞·戈麦斯·德·拉卡雷拉拍的，他是古巴第一位大摄影师。

▲ 古巴爱国者和知识分子何塞·马蒂的大部分成年时光是在纽约度过的,他在纽约为古巴独立摇旗呐喊。这张1891年的照片摄于马蒂的第一次基韦斯特之旅,他在那里向古巴烟草工人发表演说并筹集资金。

▲ 罗莎·卡斯特利亚诺斯(Rosa Castellanos),以巴亚莫的罗莎(Rosa la Bayamesa)著称。在古巴两次主要的独立战争中,罗莎担任士兵和护士。她受到了古巴解放军最高指挥官马克西莫·戈麦斯的嘉奖,荣获上尉军衔。这张照片刊登于1899年的《费加罗》杂志。

▲ 非裔古巴将军安东尼奥·马赛奥(后排中间)是古巴独立斗争中最重要的人物之一。图中是1892年他与运动成员在哥斯达黎加的合影。马赛奥的狗位于画面前方,他给狗取名"自由古巴"。

◀ 西班牙人攻击美资产业后，1898年1月，美舰缅因号驶入哈瓦那港。1898年2月15日，缅因号爆炸，美国对西班牙宣战，并介入古巴最后阶段的独立战争。

◀ 1898年7月，在古巴圣地亚哥的圣胡安山顶，西奥多·罗斯福及其莽骑兵军团取得了重大胜利。

▼ 图中所示是西班牙殖民政府驻地，哈瓦那的都督府。1899—1902年的美国占领期间，美军守卫着都督府，都督府上空飘扬着美国国旗。

5

▼ 古巴制宪会议同意将《普拉特修正案》纳入新共和国宪法的附录，美国这才结束了对古巴的占领。《普拉特修正案》给予了美国干涉古巴事务的权利。在美国，此修正案通常被视为预防性的亲善条约；在古巴，此修正案则等同于侵犯和抢劫。当时的漫画传达了美国和古巴不同的感触。

美国第一次占领期间，超过1200名古巴教师前往美国，于1900年夏在哈佛大学学习。该项目的策划人希望，教师们通过学习明白自治能力的习得需要时间。对此，古巴教师们基本没有听进去，他们强调有必要立即独立。图为前往哈佛的女教师们的合影。

▲ 1904年，一张美国明信片上的古巴现代糖厂。

6

▲ 1928年1月，总统卡尔文·柯立芝访问哈瓦那，并为泛美会议开幕。图为他与总统赫拉尔多·马查多合影。马查多曾是一位受欢迎的总统，但是他后来违反宪法延长总统任期，并残酷地迫害政治对手。

▼ 20世纪20年代初，美国公司垄断了古巴的制糖工业。在糖产量最大的20家企业中，19家是美资。图中是1918年美资库纳瓜中央糖厂的工人们，他们在昂贵又现代的产糖机械前摆拍。

7

▲ 1928年1月，泛美航空的客运飞机在基韦斯特和古巴之间首飞。科技的进步推动了美国前往古巴的旅游业。

▼ 美国的禁酒令（1920—1933）促使美国人到古巴旅游的兴趣大增。以美式酒吧著称的邋遢乔酒吧，是美国游客最喜欢的目的地。

◀ 1933年革命后,一个进步的政府上台了。该政府意欲拓展工农的权利,密切与拉丁美洲的联系,并谋求一个更平等的美古关系。在总统拉蒙·格劳·圣马丁(右)的带领下,政府仅持续了127天。富尔亨西奥·巴蒂斯塔(中)曾是政府军中首屈一指的人物,后来在推翻新政府的过程中发挥了重要作用。

▼ 工人、学生和其他市民团体推动1933年的革命政府贯彻其承诺。游行示威的人群打起了写有"古巴是古巴人的古巴""格劳:古巴的希望"之类口号的横幅。其中一条横幅用英语写道:"我们想要废除《普拉特修正案》。"

▲ 爱德华多·奇瓦斯是个广受欢迎但又特立独行的政治家。他谴责政府的腐败,并创建新的政党同腐败作斗争。他于1952年总统选举前夕,即1951年8月,在自己的周日晚间广播节目中自杀。

▲ 1952年3月10日,富尔亨西奥·巴蒂斯塔在总统选举候选人中排名第三。他发动了军事政变,当上了总统。图中他正在岛上最大的军事营地——哥伦比亚营庆祝,身后是何塞·马蒂的肖像。

◀ 1953年7月26日,菲德尔·卡斯特罗试图通过攻击岛上第二大军事基地——圣地亚哥的蒙卡达军营,推翻巴蒂斯塔政府。尽管攻击旋遭失败,但卡斯特罗日后将以进攻的日期来命名他的革命运动。图中所示是卡斯特罗刚被逮捕时的情形,身后是何塞·马蒂的肖像。

在反对巴蒂斯塔的革命中，学生领袖何塞·安东尼奥·埃切维里亚是最杰出的领导者之一。他在1957年3月攻击总统府时身亡。图中所示是1956年或1957年，他在一尊马蒂的半身像前发表演讲。

▼ 1957年，圣地亚哥城，母亲们和平抗议巴蒂斯塔政府，横幅上写着"停止杀害我们的儿子——古巴母亲"。此类市民抗议是击溃巴蒂斯塔的运动的一个重要组成部分。

1956年12月，菲德尔·卡斯特罗出没于古巴东部山区，在那里进行反巴蒂斯塔军队的游击战。图中是1958年底打败巴蒂斯塔前不久，卡斯特罗与弟弟劳尔在一起。

11

1967年，一个古巴家庭在迈阿密重聚。男人坐船离开古巴，抵达得克萨斯海岸。女人和孩子则通过自由航班抵达美国（1965—1973年间，近30万古巴人通过此方式来到美国）。

▼ 1980年的4月至10月间，大约12.5万名古巴人通过马里尔港的船运抵达美国，绝大多数都在图中的基韦斯特登陆。古巴政府指定马里尔港为启程点，只要古巴裔美国人遵照政府的规定在船上搭载其他古巴人，他们就可以在港口接走亲人。

出版者言

当今的世界与中国正在经历巨大的转型与变迁，她们过去经历了什么、正在面对什么、将会走向哪里，是每一个活在当下的思考者都需要追问的问题，也是我们作为出版者应该努力回应、解答的问题。出版者应该成为文明的瞭望者和传播者，面对生活，应该永远在场，永远开放，永远创新。出版"好望角"书系，正是我们回应时代之问、历史之问，解答读者灵魂之惑、精神之惑、道路之惑的尝试和努力。

本书系所选书目经专家团队和出版者反复商讨、比较后确定。作者来自不同的文化背景，拥有不同的思维方式，我们希望通过"好望角"，让读者看见一个新的世界，打开新的视野，突破一隅之见。当然，书中的局限和偏见在所难免，相信读者自有判断。

非洲南部"好望角"本名"风暴角"，海浪汹涌，风暴不断。1488年2月，当葡萄牙航海家迪亚士的船队抵达这片海域时，恰风和日丽，船员们惊异地凝望着这个隐藏了许多个世纪的壮美岬角，随船历史学家巴若斯记录了这一时刻：

"我们看见的不仅是一个海角，而且是一个新的世界！"

浙江人民出版社

佳评推荐

这是一部原创的关于古巴五个世纪历史的引人入胜的作品,古巴岛让许多总统和政策制定者沉迷,而这本书将彻底改变我们对拉丁美洲的美国观的认知以及美国社会对古巴的看法。

——普利策奖

艾达·费雷尔笔下的英雄是岛上的民族主义者和改革者……[她]揭示了一种比表面看来更深、更麻烦的关系……然而,读者在读完费雷尔女士这本引人入胜的书时,会满怀希望……感动不已。"

——《经济学人》

《自由古巴》聚焦于两国之间暧昧的关系,并令人信服地将其描述为共生关系……[充满]生动的见解和清晰的文字……通过对古巴领导人和美国领导人同样严厉的批评,费雷尔女士实现了一个光荣的目标:公正地不取悦任何人。

——《华尔街日报》

重要的是……费雷尔没有把地缘政治或"伟人"置于书的核心,而是把重点放在了古巴人民身上。

——《卫报》

费雷尔对古巴过去500年历史的叙述是史诗般的,权威且富有深刻见解……这是一本必读书籍……广阔而包容,讲述了一个覆盖整个半球的殖民主义、奴役以及帝国、国家和民族纠缠不清的故事——这些遗产至今仍伴随着我们。

——《公共图书》

这本意义非凡的新书代表了另一种令人敬畏的原创学术著作。此外，它的叙事风格令人钦佩，这将使它在已出版的古巴历史著作中占据一席之地。

——《外交事务》

全面回顾古巴历史，从哥伦布到达之前到现在……这是一部动人心弦的美国与古巴关系编年史，记录了对双方的意义。

——《福布斯》

一位经验丰富的古巴裔美国历史学家对古巴和美国之间悠久而密不可分的联系进行了流畅、连贯且信息丰富的描述……费雷尔是一位知识渊博的引领者……她特别擅长描述古巴独特的身份是如何在几个世纪中形成的。这是一部精彩细致的历史，讲述了这个岛国及其与庞大而贪婪的邻居之间经常出现的麻烦。

——科克斯书评

这是一部史诗般的、全面的古巴历史——从哥伦布到达之前到现在——由世界上研究古巴的顶尖历史学家之一撰写。

——《洛杉矶时报》

艾达·费雷尔惊人的古巴之旅以独创的写作方式取得了巨大成功。这本书用两种"声音"写成，且完美地结合在一起——一种是个人的，来自移民家庭的深处，另一种是历史学家的抒情叙事。作者捕捉到了岛上奴隶制、大规模制糖、殖民主义和革命的史诗般的故事。但她也展示了古巴和美国长期以来如何紧密相连，拥有共同的文化、政治危机和悲剧。费雷尔完成了一部引人入胜的杰作，历史写作很少能有这样的文学表现。

——普利策奖得主大卫·W.布莱特

革命引发历史战争。诸如殖民主义和资本主义、民族主义和帝国主义、奴隶制、种族和社会主义等力量在塑造古巴历史方面的作用长期以来一直是争议的领域。穿越古巴历史需要冷静的判断力和稳定的手法。幸运的是,对于读者来说,艾达·费雷尔在这两方面十分优秀。她对这个无限迷人的国家及其与强大邻国的关系进行了平衡、富有启发性和非常有趣的探索。这本文笔优美的书既讲述了一个对太多美国人来说仍然充满异国情调和神秘感的国家的历史,也通过90英里外的镜头令人惊讶地揭示了美国本身的历史。

——哈佛大学教授亨利·路易斯·盖茨

艾达·费雷尔的《自由古巴》是一部非凡的历史著作。它涵盖了五个多世纪的时间和大西洋世界的大部分地区,同时,这本书既深刻又高度个人化,《自由古巴》构思新颖,文笔优美,以引人入胜的方式讲述了复杂的人类故事,挑战了我们对这个岛国的理解,这个岛国的历史塑造了——并将继续塑造——美洲。

——普利策奖得主史蒂文·哈恩

中文版序言

《自由古巴：革命、救赎与新生》（原书名直译为《古巴：一部美国史》）是一本别开生面、特色鲜明的著作。作者艾达·费雷尔是纽约州立大学拉丁美洲历史教授，曾先后出版过《起义的古巴：1868-1898年的种族、民族和革命》[1]和《自由之镜：革命时代的古巴和海地》[2]，《自由古巴》[3]是她最新出版的一本著作，荣获了2022年美国普利策历史奖，受到学界的广泛赞誉。

本书咋一看标题，有点令人费解，但读过这本书之后，则会理解作者的用意所在。首先，这是一部古巴史，其次，作者用"一部美国史"作为副标题，是将古巴这个国家和前殖民地置于更广阔的美国背景之下，既表明了美国与古巴关系的历史，也表明了古巴在更广阔的美洲半球中的地位，因为"亚美利加"（america）还有"美洲"的含义，如果说许多美国人将"美洲"一词与自己的国家联系起来的话，那么，古巴、墨西哥、阿根廷等国家则代表了另一

---

[1] Ada Ferrer, *Insurgent Cuba: Race, Nation, and Revolution*, 1868-98, University of North Carolina Press, 1999.

[2] Ada Ferrer, *Freedom's Mirror: Cuba and Haiti in the Age of Revolution*, Cambridge University Press, 2014.

[3] Ada Ferrer, *Cuba: An American History*, Scribner, 2021.

个"美洲",而后一个美洲的历史往往被美国人所忽视。

作为古巴历史,该书从古巴岛原住民及其生活方式说起。克里斯托弗·哥伦布登陆该岛之后,才有了对该岛有文字记载的历史。随后,该岛被西班牙人殖民化和开发,古巴被用作进一步向加勒比地区殖民的跳板,其靠近"湾流"①的地理位置使这里的殖民者便于更快地往返于欧洲大陆和美洲。与拉丁美洲地区大多数的西班牙殖民地一样,古巴受到了严重的剥削,最终因其蔗糖、烟草和咖啡种植园而成为世界上最有价值的殖民地之一。作者从西班牙殖民、奴隶制、《普拉特修正案》、富尔亨西奥·巴蒂斯塔、菲德尔·卡斯特罗、猪湾事件、马里尔偷渡,一直讲述到21世纪古巴的社会和经济状况。不难看出,"这是一部暴力征服与占领的历史,是一部反对奴隶制和殖民主义的密谋史,是一部尝试过、失败过也胜利过的革命史"。

作为古巴与美国的关系史,作者讲到了西班牙通过古巴提供资金支持美国革命,美国的利润与古巴的奴隶贸易和蔗糖种植园之间的关系,缅因号的沉没、《禁酒法案》导致数以千计的美国调酒师迁往古巴、第一次世界大战期间欧洲度假胜地被关闭时美国游客在古巴饮酒度假,再到数次革命、土地政策和土地所有权的变动,以及最终菲德尔·卡斯特罗执政后的美古关系。

与以往关于古巴历史的著作相比,该书呈现出几个突出的特点。

一是,自下而上地书写历史,注重对下层民众历史的描述,体现了"新文化史"的烙印。作者认为,"我们的历史不应只关注帝王和作家,而是要去讲述'人民生活'的历史",这是她在写书时遵奉

---

① "湾流"是指墨西哥湾注入大西洋的一股暖洋流。古巴也被称为"新世界的钥匙""墨西哥湾的门户"。

的信条。因此，该书刻意回避了英雄史观，生动地讲述了奴隶、古巴穷人、反叛者等下层人物的历史活动，不管他们是在奴隶小屋微弱荧光下缝纫的人，在革命中拿起武器的人，还是搭建泛海木筏的人。尽管他们在以往的官方历史中没有留下姓名，但作者认为，他们与国王和总统、革命者和独裁者，与那些载入官方史册或纪念碑上的人一样，共享同样的叙述空间，因为他们的表现，他们与其周围环境的互动同样推动了古巴历史的发展。在书中的许多地方，无论是重大事件还是重要人物的描述中，都有小人物的身影。

二是，将自身的经历与古巴历史相联系，彰显了历史书写的个性化。作者坦言自己对"历史"的理解，她认为有两种"历史"，一是指"过去的事件"，回答的是"历史发生了什么"，二是指"人们讲述这些过去的故事"，是指"人们讲述发生了什么"。作者认为，她写的这本著作并不属于第一种历史，即所谓"真实存在过的历史"，而是第二种历史，即"作为一种叙述的历史"。这种历史与其个人的经历密切相关。1962年古巴导弹危机爆发，费雷尔在哈瓦那出生，10个月之后，她与9岁的哥哥分离，跟随母亲投奔在纽约的父亲，后在新泽西的古巴人社区安顿下来。"每逢周六，我都会给在古巴的哥哥和祖母写信"，古巴和古巴的家人一直在她的魂牵梦绕之中。终于在冷战结束的1990年，她才有机会重返古巴，从此开启了长达数十年调研和撰写古巴历史的经历。这种与众不同的经历导致费雷尔具有独特的立场和视角，因为"根据人们所秉持的立场，历史看起来总是有所不同"。作者在谈到这部作品的时候说，这"是我在众多的可能性中塑造出来的一部历史，换句话说，这是一部我不时从沉甸甸的历史继承中锻造出来的历史"。费雷尔对一些著名人物和卷入历史的小人物的持续关注，不仅倾注了她的个人情感，与此同时也创造了某种令人陶醉的叙事风格，避免了传统史著的枯燥乏味。

三是，将古巴历史与美国历史的讲述融为一体，强调跨国界因素，具有"跨国史"的特色。费雷尔本身具有跨国背景，她出生于古巴，成长于美国，30岁之后又重返古巴，为撰写这部历史，不断往来于两国之间搜集资料，采访调查，这使得她形成了跨国史观。费雷尔超越国界，将两地的殖民活动、奴隶贸易、资本运动、革命、移民等历史联系在了一起，给读者的感觉似乎是，如果不把这些事件或现象联系在一起，就无法很好地讲述各自的历史。

美古两国的历史从起源上就联系在一起。作者提到，作为一部叙述的历史，美国历史的起点不是1607年，而是从哥伦布到达美洲开始的。因为"哥伦布不仅在大众认知的层面上，而且在写就的历史书籍中开启了美国历史"。塑造这样一个起源故事，可能是新独立的美国为了撇清与原宗主国（英国）的关系，另一方面，也是美国领土扩张的"帝国野心"有意无意的产物，而古巴这个哥伦布真正到达过的地方自然被纳入了美国历史。

除历史起源外，19世纪的奴隶贸易和奴隶制度也将两国联系在了一起。作者写道："古巴糖、古巴奴隶制、古巴奴隶贸易，成了美国资本主义历史的一部分。"美国企业不仅为古巴提供制糖的机械，而且提供了大部分劳动力。通过大西洋奴隶贸易被带到古巴的人约70%是在1820年奴隶贸易被宣布为非法之后抵达的，其中美国船只运来的奴隶占63%。可以说，美国人参与了古巴奴隶制的方方面面，古巴"糖业革命"的利润更是促进了美国工业的增长。

古巴独立运动的重要领导人之一何塞·马蒂在纽约生活了近15年，并在那里创办了一份名为《祖国》的报纸，还创立了名为古巴革命党的政党，他与其他古巴独立运动的领导人密切联系，筹划独立战争。与此同时，美国人则在密谋如何窃取古巴独立运动的果实。

1902年古巴独立之后，在《普拉特修正案》的庇护下，美国企业的触角对古巴的渗透更加深入。古巴四分之三的土地属于外国人，美国人占了其中的大部分；制糖业大规模美国化，美国公司生产的糖占古巴糖产量的三分之二。美国人不仅主导了古巴经济，而且也塑造了古巴人的生活方式，影响了他们的饮食习惯，以及工作、娱乐、旅行方式。

作者深刻地观察到，1959年古巴革命之后，一波又一波的移民潮涌向美国，迈阿密作为一个城市被古巴的存在改变了。然而，到达迈阿密的古巴移民也改变了古巴。前往美国的古巴人首先在迈阿密落脚，逐渐形成了古巴人社区。古巴政府不时地允许古巴人离开古巴，一是减少了政府反对派的力量，二是从长远看可获得大量汇款收入。由于美国的经济封锁，汇款收入成为古巴重要的经济支柱之一。迈阿密与古巴两地逐渐形成了彼此依赖的关系，"不了解迈阿密就不可能了解古巴革命，而不了解古巴革命就不可能了解迈阿密"。

四是，披露了一些以往古巴史未加详述的、鲜为人知的历史细节。我曾于2011年到访古巴，当我参观了古巴旧城，看到整个城市和街道的设计以及那些昔日的楼房建筑（尽管许多楼房的门面已经破旧不堪）后，心中不能不惊叹，这是一个曾经"辉煌"过的城市。这种"辉煌"与西班牙殖民时期的历史有关。18世纪中叶，哈瓦那曾有7万多名居民，是当时美洲的第三大城市，仅次于墨西哥城和秘鲁的利马，老城区的一些著名建筑和街道风格大多是西班牙的殖民遗产。但这种"辉煌"也与美国控制时期有关，不过人们往往对这段历史缺乏了解，费雷尔的书中则有较为详细的描述。她写道，第一次世界大战阻断了美国人到欧洲度假，1919—1933年，美国法律禁止生产、运输和销售酒精饮料，结果，古巴成了"鸡尾酒的天堂"、美国人的娱乐场，古巴的旅游业大发展，游客从1914年的3.7万增长到1937年的17.8万。同时，美国人的投资也再度刺激了古巴糖业的大发展。游客们今天看到的类似美国华盛顿国会大厦的古巴国家国会大厦和金碧辉煌的前总统府就是那个时期建成的。

我曾指导过一名博士生撰写关于古巴华侨华人史的博士论文，但该文侧重于1959年之前，因为1959年之后，在古巴的华侨华人人数骤减，可写的东西不多。为什么华侨华人会骤减？人们很少知道个中原因。费雷尔在书中提到，从1965年底至1973年，古巴与美国开通了"自由航班"，有30万古巴移民到达了美国，受古巴政府政策的影响，这第二波移民潮中有很大一部分是中小企业主，其中包括不少华人，鉴于迈阿密城市资源日趋紧张，他们转移到纽约定居，因此，在20世纪70年代，古巴式中餐馆在纽约大量涌现。

对古巴独立战争和古巴导弹危机的历史，我并不陌生，但对其中的关键细节则知之不详。费雷尔的书对此给出了许多关键信息。她写道，在古巴独立战争结束时，1898年签订《巴黎条约》的是西班牙和美国的代表，并没有古巴代表参加；在哈瓦那莫罗灯塔上的西班牙国旗降下之后，升起的是美国国旗，古巴解放军未被允许参加升旗仪式；在史书中，古巴独立战争也被改名为"美西战争"。在古巴导弹危机期间，尽管导弹基地在古巴，卡斯特罗也在紧急关头给赫鲁晓夫写信给出建议，但在肯尼迪和赫鲁晓夫的谈判过程中，古巴又一次被排除在外。

作为一名历史学家,费雷尔致力于书写一部不偏不倚的平衡的历史,但这不等于作者没有正义感,没有是非判断。作者在书中有不少画龙点睛之笔,如她借助何塞·马蒂之口,讲出了古巴存在的意义:"马蒂认为,如果古巴真的成功独立,那么这将给世界带来两件事情。首先,它将抑制美国的扩张;其次,它将成为世界上一种新型的共和国——一个反对在美国随处可见的种族和民族暴力的共和国——的榜样。作为种族正义的典范,作为对美帝国的制约,古巴革命将是一场世界性的革命。"冷战结束之后,美国先在1992年通过了《托里切利法》,后在1996年通过了《赫尔姆斯–伯顿法》,旨在加强对古巴的经济封锁。美国为什么对古巴如此赶尽杀绝,许多人不理解。费雷尔对此给出深刻的揭示:"这两个美洲国家之间的冷战从来都不只是关乎冷战……两国之间的对抗——事实上,主要是——关乎在冷战乃至苏联之前就存在的东西。古巴和美国之间漫长而激烈的交锋是围绕美国霸权和古巴主权之间的斗争,以及关于两者的特点和界限的斗争。""对古巴人来说,坚守自己的主权……不仅仅是为了强调自身的自治权,从根本上说,这也挑战了美国作为一个国家的概念。"古巴历史可以有很多意义,但其中之一就是作为美国的一面镜子,在这面镜子里,"美国压根不是一个追求自由的帝国,而只是一个帝国",这可能是冷战之后美国仍然不愿意放松对古巴封锁的真正原因。

总之,《自由古巴》是一部从哥伦布登陆至今跨越五个世纪的关于古巴及其与美国复杂关系的历史,全书不仅从新文化史和跨国史的视角,披露了一些鲜为人知的历史细节,同时还揭示了一些历史真相,让读者更加深入地见证了这个现代国家的演变历程,并衬托出了美国的霸权主义帝国思维和强权政治。对中国读者来说,古巴同样是一面镜子,大洋彼岸一个社会主义国家的艰辛成长,会给我们带来对中国现代化历程的诸多思考。

韩琦

2023 年 12 月 28 日于南开大学

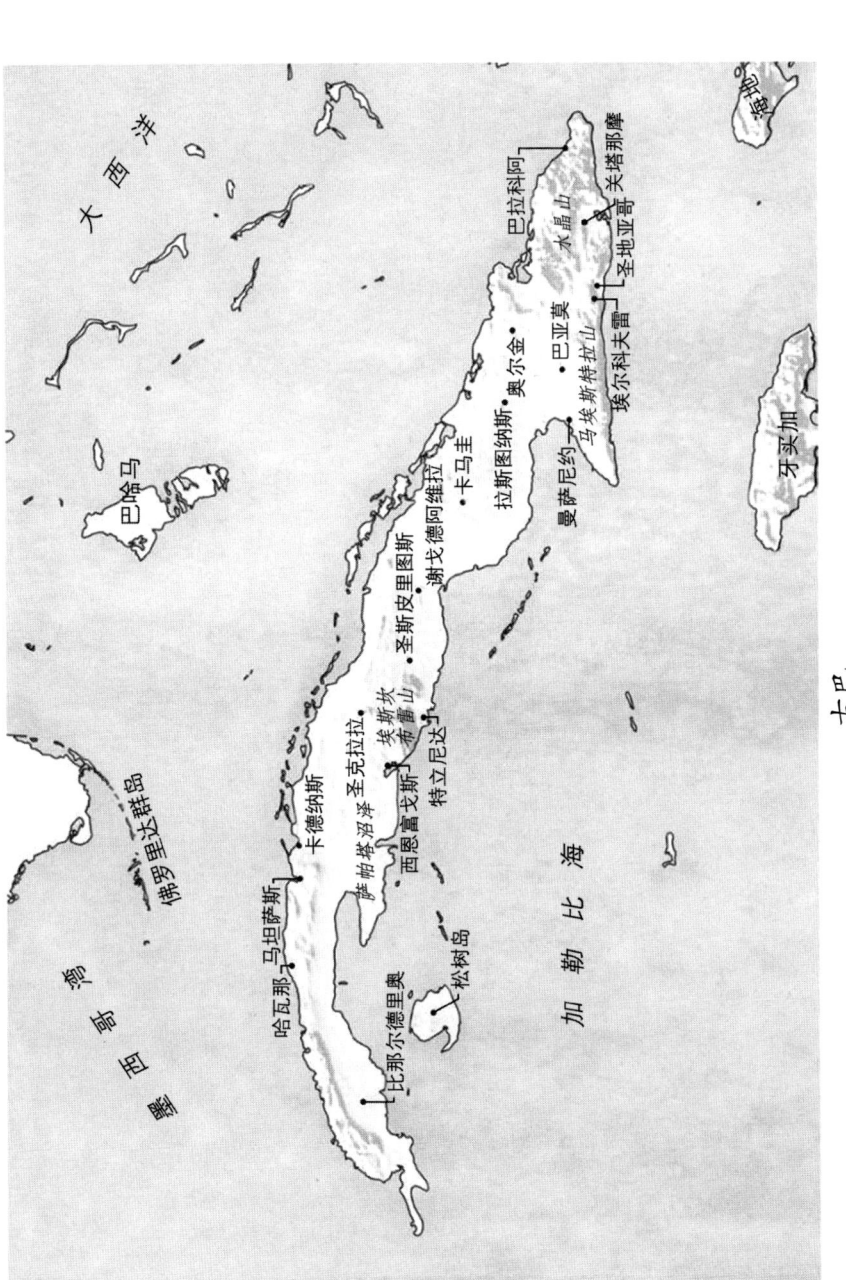

目 录

前言　此与彼 / 001

第一部分　来自第一个美洲的讯息
第一章　天堂与地狱 / 011
第二章　西印度群岛的钥匙 / 029
第三章　童贞圣女铜像 / 040

第二部分　媲美王国的殖民地
第四章　佛罗里达换哈瓦那 / 051
第五章　最惠国 / 067
第六章　糖的革命 / 079

第三部分　奴隶制帝国
第七章　亚当斯的苹果 / 095
第八章　酷刑计划 / 113
第九章　统治的梦想 / 124

第十章　内战之旅 / 138

第四部分　"自由古巴！"
　　第十一章　奴隶、士兵、公民 / 149

　　第十二章　为了世界的一场革命 / 162

第五部分　美国过渡期
　　第十三章　一场被重新命名的战争 / 183

　　第十四章　被占领的岛屿 / 195

第六部分　奇怪的共和国
　　第十五章　糖的帝国 / 215

　　第十六章　梦想之城 / 225

　　第十七章　兄弟阋墙 / 238

　　第十八章　繁荣，危机，觉醒 / 249

第七部分　共和国，第二幕
　　第十九章　真正的大众 / 271

　　第二十章　新宪法 / 286

　　第二十一章　手提箱 / 299

第八部分　起源故事
　　第二十二章　百年精神 / 319

　　第二十三章　反叛路线 / 335

第二十四章　群山耸立 / 347

第九部分　革命现在开始！
第二十五章　第一次 / 367
第二十六章　日趋激进 / 389

第十部分　冲　突
第二十七章　战斗 / 409
第二十八章　悬崖边缘 / 428

第十一部分　心与脑
第二十九章　新人？/ 447
第三十章　新美国人？/ 464
第三十一章　其他"古巴"？/ 486

第十二部分　启　程
第三十二章　"特殊阶段" / 501
第三十三章　开放与封闭 / 518

尾声　如果纪念碑会说话 / 533

致谢 / 538

注释 / 542

索引 / 601

前言
此与彼

本书讲述的是一个热带岛屿的故事，这个岛屿位于大西洋和加勒比海之间，离美国不远。这一绵延五百余年的故事，起于克里斯托弗·哥伦布到达之前，终于菲德尔·卡斯特罗去世之后。虽然这部作品历史视野广阔，但也是一部相当个人化的作品。

我于1961年的猪湾入侵事件后和1962年古巴导弹危机爆发前的时间节点出生于哈瓦那。我的父亲当时在纽约，他在几个月前就已经离开了这个岛国。我的母亲只能独自一人打了辆出租车去"工人保育院"生孩子。医院的名称很合时宜，毕竟当时的古巴正处于激进革命的阵痛之中，即一场公开的社会主义和喧嚣的反帝国主义革命，然而医院却是20年前富尔亨西奥·巴蒂斯塔（Fulgencio Batista）统治之时建造的，此人正是1959年被卡斯特罗赶下台的独裁者。医院形制宏伟，落成之时还赢得了建筑类奖项。医院最具特色的塔楼越过了主入口，入口处耸立着一尊瓷质母子雕像，雕像出自古巴最出名的艺术家之一，黑人雕塑师特奥多罗·拉莫斯·布兰科（Teodoro Ramos Blanco）之手。1962年6月的那个早晨，我的母亲在雕像前驻足凝视，仿佛是为了分娩祈祷。10个月之后，她脚踩高跟鞋，怀里抱着仍是婴儿的我，体态优雅地离开了古巴。

我们是晚上 6 点离开家的。我 9 岁的哥哥当时正在外面与小伙伴们玩耍，母亲并没有告诉他我们不会带他一起走，因为他的父亲，也就是母亲的第一任丈夫，是不会允许他和我们一起走的。在机场时，一个穿制服的女人用手摸了摸我的耳垂，似乎想要拿走那小小的金质柱状耳环，不过一会儿她又改变了主意。抵达墨西哥后，母亲多亏了一个陌生人的善意才得以进城。几个月后，当我们来到实行种族隔离的迈阿密时，母亲遇到了一位恰好负责帮助政府官员安排新来者住宿的老友。尽管母亲在古巴并不被视为黑人，但在美国她却可能会被当作黑人。母亲的老友为我们安排了一家给白人居住的酒店。几天之后，我们又到了纽约机场。我张开双臂拥抱等待我的父亲，仿佛我早已认识他一般。以上这些以及其他一些我们离开古巴、到达美国的故事是我从母亲那继承的记忆。

初期的一些飘零之后——哈莱姆、布鲁克林、迈阿密——我们最终在纽约西部的新泽西安定下来。这是一个主要由古巴人组成的劳动阶层社区。每逢周六，我都会给在古巴的哥哥和祖母写信。周日的时候，我就去听牧师为释放古巴岛上的政治犯而做的祷告。每年的 9 月 8 日，我都会加入古巴的主保圣人科雷夫仁爱童贞圣母（La Caridad del Cobre）或童贞圣女的游行队列，从画有反卡斯特罗涂鸦的建筑旁走过。下班后，母亲会不时为那些还留在古巴的家人哭泣——尤其是她的儿子。缺席者存在，存在者缺席，古巴令人难以逃离。

最终，我放弃了猜测，决定去一探究竟。我开始对这个听闻已久的故事提出自己的疑问。我的双亲在革命中并没有失去财产或收入，他们为什么要选择离开呢？为什么他们的兄弟姐妹们大多都留下来了呢？一场革命会改变人吗？移民会改变人吗？如果我们留下，我的哥哥会变成什么样，我又会是什么样的人呢？变幻莫测的古巴萦绕着我，而我也开始建构起属于自己的那个古巴。

时间来到1990年，那是我第一次回到古巴。我造访了那些留在古巴的人——那些还活着的人。我聆听他们的故事，观摩他们的老照片。我去了父母出生的乡村，它们位于岛上的不同区域。我甚至去了工人保育院，给特奥多罗·拉莫斯·布兰科的母子雕塑拍了照片。我有了自己的古巴。事实上，我把古巴变成了我一生的工作。我沉浸在图书馆和档案中，在看上去似乎深不见底的老旧文献中，开启了长达数十年重建古巴和自我的过去的历程。有时候，书页的墨迹直接成了我手中的粉末；有时候，我看到歪歪斜斜的Xs——其实已经成十字形了——代替了不会写字之人的签名。在尝试总结古巴过去的过程中，我开始重新审视古巴。我学会了从内到外阅读古巴，拒绝高高在上的华盛顿、哈瓦那和迈阿密强加的非此即彼的解读。我开始为美国人解释古巴，也为古巴人解释美国，然后我利用这一切，以不同的眼光来看待自己、家庭以及我自己的家——美国。

此书就是以上努力的结果。这是一本30多年工作的结晶，是我一生在生我和养我的国家之间转换视角的产物。这既是一部我继承而来的历史，也是我在众多的可能性中塑造出来的一部历史。换句话说，这是一部我不时从沉甸甸的历史继承中锻造出来的历史。

古巴历史本身就能引出宏大壮丽的史诗叙述。这是一部暴力征服和占领的历史，是一部反对奴隶制和殖民主义的密谋史，是一部尝试过、胜利过也失败过的革命史。不过，史诗通常是民族国家最钟情的叙述。因此在讲述这一故事时，我尝试着遵循霍华德·津恩（Howard Zinn）的教诲，不让历史变成国家的记忆。我也谨记列夫·托尔斯泰在《战争与和平》第二章结语处的忠告。正如他所呼吁的那样，我们的历史不应只关注帝王和作家，而是要去讲述"人民生活的历史"。[1]因此，在这部古巴史中，国王与总统、革命家与独裁者，他们都与其他普通人共享同样的叙述空间。一些是历史上有名有姓的男人和女人，纪念碑就是为他们而建；其他一些人——不论是那些在革命中拿起武器的人，还是那些在奴隶小屋的些微荧光中缝纫的人，抑或是那些搭建泛海木筏的人——则通常没有在历史记录中留下姓名。在这部历史中，他们同样是向导，因为他们也推动着战争与和平的故事，推动着书页上的生活。

不过古巴的历史中还存在着另外一股主要力量——虽不似其自身的人民那般重要，但仍算得上举足轻重——这就是美国。因此本书并不仅仅是一部古巴史，同时也是一部古巴与美国的关系史。美古两国的关系有时密切，有时具有爆炸性，但通常是不平等的。这就是我把此书命名为《古巴：一部美国史》（Cuba：An American History）的一个原因。

古巴与美国的关系可以上溯至数个世纪之前，双方的交往是相互的。似乎很少有美国人意识到古巴对美国的重要性。美国革命期间，古巴人为华盛顿的军队筹措钱粮，来自古巴的士兵在北美和加勒比地区同英国人浴血奋战。由于十三个殖民地无法与英国其他的领地交往，当时仍是西班牙殖民地的古巴就成了美国不可或缺的贸易伙伴。事实上，正是哈瓦那货栈里备受垂涎的银币为新生美国的第一家中央银行提供了金融支持。后来，也就是1845年，随着佛罗里达和得克萨斯并入美国，美国南方的地主——甚至有一些北方人——打起了古巴的主意，他们将古巴视为潜在的新蓄奴州，以及巩固奴隶制力量与其经济的一个途径。

1898年，美国武装干涉古巴并向西班牙宣战。通过这一干涉，美国将30年来的古巴独立运动变成了日后通常为历史所铭记的美西冲突。1899年1月1日中午，持续了约四百年的西班牙殖民统治终结，岛上的每一面西班牙旗帜都被降了下来。然而，取而代之的并非古巴国旗，而是美国国旗，古巴从此开始了长达4年的美国全面军事占领期。4年后，在巨大的压力下，在古巴领导人同意美国政府享有干涉古巴的权利后，美军才撤出古巴。如果说1898年事件对于古巴而言是至关重要的，那么这一事件也帮助美国取得了两大影响深远的发展：其一，数十年的分裂之后，南方和北方实现了和解；其二，美国开始作为帝国主义力量出现在世界舞台上。

一百多年以来，美国在古巴独立上所扮演的角色向来充满争议——这是一段两国共有但看法截然不同的历史。从历史上来看，美国政客们倾向于将1898年的干涉视为美国善意的呈现。美国为古巴这位邻居的独立事业而奋斗，并为实现这一事业而宣战。在这个版本的历史中，古巴独立是美国人的馈赠，因此古巴人欠美国一份人情。然而对于古巴来说，1898年代表着某种完全不同的东西：与其说是馈赠，不如说是偷窃。1898年是美国闯入一场古巴人原本几乎已经赢得胜利的战争的时刻。美国攫取了胜利，并在事实上以宗主国的身份统治古巴。1950年，哈瓦那出版的一本重要图书的标题如此写道："古巴独立不靠美国。"[2]

除了美国版本的自我肯定和古巴人的愤懑之情外，数十年间两国的各类人员结成了密切的人员接触网。古巴的旗帜是由流亡美国的古巴人设计的，并在美国的领土上第一次飘扬起来。第一份支持古巴独立的报纸是在费城发行的，而第一部古巴国民小说则写于纽约。古巴最著名的爱国人士兼作家何塞·马蒂（José Martí）在美国度过了大部分的成年时光，甚至比在古巴的时间还要多。古巴最重要的战争英雄安东尼奥·马赛奥（Antonio Maceo），其规模最隆重的追悼会是在纽约的库伯联盟举行的。古巴人来到美国，在哈佛大学和塔斯基吉大学①就读，在迈阿密购物，在美国黑人联盟打棒球。他们来美国既可以逃避独裁者巴蒂斯塔，也可以去看看著名的尼亚加拉大瀑布。美国人则从另外一个方向前往古巴：在禁酒令期间跑到古巴喝酒，在古巴买地、买雪茄，给古巴人传播新教，在古巴结成黑人团结网络，来古巴度蜜月、钓鱼、听爵士乐和做流产手术。美国人听古巴音乐，古巴人看美国电影。美国人买古巴食糖，古巴人买美国电器。事实上，古巴人什么都从美国那里买（除了食糖）。

然后一切都变了。很难说是一夜之间就发生了骤变，但也大差不差。当菲德尔·卡斯特罗组织并进行革命反对富尔亨西奥·巴蒂斯塔的时候，没人能预见即将发生的剧烈的路线斗争。1959年1月，革命派夺取了政权。不到两年，古巴和美国就处于真正的战争状态了。新的古巴政府将美国在古巴的财产收归国有，古巴人还举行了具有嘲讽意味的葬礼，在棺材上印上埃索、联合果品公司等名字。人群推倒缅因号上的美国鹰雕像，正是这艘船开启了美西战争和美国的干涉。人们还推翻了岛上第一任总统托马斯·埃斯特拉达（Tomás Estrada）纪念碑的一部分，他曾是一名归化了的美国公民。如今参观这一景点时，我们只能看到雕像的鞋子还保留在原来的基座上。美国的历史——及对其的否定——被画进哈瓦那各处的街头画作中。

两国很快就关闭了大使馆，并禁止了相互旅行。1961年，由古巴流亡者组成的美军入侵古巴。他们随后被俘虏，在美国答应用药

---

① 一所美国私立的传统黑人大学，位于阿拉巴马州塔斯基吉。——译者注

品和儿童食品做交换后，才被放回美国。在冷战的高潮期间，长期以来作为美国附庸国的古巴成了美国死对头苏联的坚定盟友。彼时，古巴的食糖被运往苏联，曾一度来自美国的石油和机器也转而从苏联那里获取。1962年10月，美国本土有史以来第一次面临核弹头打击距离范围内的威胁。两国间不但画起了战线，而且筑起了路障，埋起了地雷。

冷战的胶着气氛意味着，美国人数十年来通常是将古巴视为苏联的一个小卫星国——一个危险的邻国。尽管如此，1959年革命在世界冲突中的角色不能只从冷战的框架进行理解。古巴革命并不是单一事件。随着时间的推移，古巴革命的目标和手段都跟着发生了改变。在夺取政权之前，古巴革命的共产主义性质并不明显，也不具有鲜明的反美特性。古巴人支持反对政治强人富尔亨西奥·巴蒂斯塔的运动，并不是因为他们想要在社会主义制度下生活，或与美国作战，但是革命在相对快速的变革中造成了上述两种后果。因此与其说是冷战背景，不如说是革命与历史的关系更能解释这一切是如何发生的以及后续的事件。理解这一历史至关重要——就其本身而言引人入胜，与美国的痛苦纠葛也令人倍感兴趣。的确，为了克服半个多世纪以来两国之间根深蒂固的敌意，第一步要做的就是用睿智的双眼思考过去与历史。

然而根据人们所秉持的立场，历史看起来总是有所不同。本书将以这一认知作为出发点。这是一部某种程度上可作为美国史的古巴史。从古巴的山川出发，一部不为人知的、必然具有选择性的、不完全的美国史被重构出来。从这一有利视角进行审视，"亚美利加"（America）看起来变得不大一样了。的确，"亚美利加"不仅仅指代美国——像世界上许多其他人一样,古巴人用这个名字指代美国——更用来指代西半球的两个大陆和岛屿。从理论上来说,"亚美利加"一词归属古巴(或墨西哥、阿根廷、加拿大)的程度相较美国而言也不遑多让。这也是本书命名为《古巴:一部美国史》的又一原因,因为此书颠覆了人们对美国是什么和不是什么的期望。与此同时,古巴的历史是纷繁复杂的,其中的一部分就是映照美国历史的一面镜子。通过这部古巴史,美国的读者可以借助外来者的目光折射出他们自己的国家,一如我一生当中大部分时间所生活和理解的古巴与美国那样。

第一部分
来自第一个美洲的讯息

这幅克里斯托弗·哥伦布在伊斯帕尼奥拉上岸的木版画发布于1494年，画作讲述了哥伦布信中描绘的抵达新世界的场景。

第一章
天堂与地狱

古巴历史始于美国历史开始的地方。历史当然不仅仅只有一个意义。历史指代过去的事件——战争与和平、科学上的突破与大规模的移民、文明的崩溃、人民的解放,但是也指人们讲述这些过去的故事。在第一种意义上,历史是指发生了什么;在第二种意义上,则是指人们讲述发生了什么。古巴历史始于美国历史开始的地方,就是从第二种意义上而言的:历史作为一种叙述,作为众多可能性中的一种,与另一种类型的历史,即真实存在过的历史相比,既宏大又渺小。[1]

对于古巴和美国来说,第二种意义上的历史——作为一种叙述的历史——通常始于1492年。那一年,一位热那亚的航海家犯了一个史诗般的错误,此人就是日后美国人所熟知的克里斯托弗·哥伦布。在那个时代,哥伦布的失误完全是情有可原的。他曾研究过航海图以及时人和古人的论述,也曾搭乘葡萄牙的船只前往冰岛和西非。如同很久之前的希腊人和穆斯林以及同时代绝大多数的欧洲人一样,哥伦布认为,地球是圆的。运用这一知识和经历,他提出了一个具有迷惑性的观点:从欧洲前往东方最好的方式是向西航行。

彼时,每个欧洲探险家都在争先恐后地寻找前往亚洲的新贸易路线。哥伦布也接洽了几位欧洲君主，提出了他的西行路线。葡萄牙国王否决了他的建议。西班牙国王费尔南多以及女王伊莎贝拉两次拒绝了他的提议，在哥伦布的第三次请求下，他们最终决定让他试一试。这一年，是1492年。也正是在这一年，西班牙的两位君主结束了最终取得胜利的基督教再征服运动，终结了七百余年穆斯林控制伊比利亚半岛的历史。穆斯林最后的据点——壮丽的格拉纳达城也于1492年1月2日落入基督教国王的手中。哥伦布当天就在城中，他看到费尔南多和伊莎贝拉的王室旗帜在阿尔罕布拉宫的塔尖飘扬，看到穆斯林的国王跪下亲吻王室成员的手。是月，费尔南多和伊莎贝拉下令王国内的犹太教居民要么改宗基督教，要么自愿离开，否则就会被强制驱逐。这个时候，哥伦布仍在城中。因此，哥伦布确乎是见证了一场狂热且不宽容的宗教的最终胜利。事实上，哥伦布也是这场征服的受益人，因为基督教的君主们在战争结束之后才允诺哥伦布非同寻常的冒险。

　　1492年8月3日星期五，犹太教徒离开西班牙的最后期限刚过三天，在日出前半小时，哥伦布扬帆起航。他得到了国王和女王赐给他的头衔：海军司令和新发现的岛屿及陆地的钦差和总督。作为一个与这一等级身份相当的人，哥伦布自信地眺望着地平线，富饶兴旺的亚洲正在海的另一边等着他，他相信"几天的顺风"就能穿越这块大洋。[2] 两个月又九天后，也就是1492年10月12日，哥伦布和疲惫的船员们在一座小岛登陆。他相信他已到了亚洲的某处，也就是当时的欧洲人称之为印度的地方。他吩咐两名船长"为他作出忠实的证明，在所有人的见证下，他……为国王和女王占领了这个岛屿"[3]。哥伦布带着一名秘书来到岸上，命令他把这件事记录下来，这件事就这么载入了史册。但没有任何人写的任何原始文件，哪怕是哥伦布本人的日记，被原原本本地留存下来。那些在岸上围观的人——因为哥伦布的失误，这些人从此被欧洲人称为印第安人——也根本没有留下任何文字记录。不过即便第一种记录幸存下来，且存在着第二种记录，那个时刻的记录也无法传达出这一事件在日后所获得的重要性。哥伦布与其手下到达了另一个世界——对于他们而言是一个新世界，对那些早已在那的人来说则是一块故土。这一登陆事件开启的不是历史本身，而是历史曾写下的最重要的章节之一。

数个世纪以来，美国的读者们对哥伦布到达所谓新世界的故事非常熟悉。美国早期的国歌之一就叫作《万岁，哥伦比亚》（Hail, Columbia），这一名称指的当然是哥伦布。在这个新建立的国家，城市和市镇的名称到处都以哥伦布为名。自19世纪50年代以来，在美国首都哥伦比亚特区，一幅名为《哥伦布登陆》（Landing of Columbus）的画一直装饰着国会大厦的圆形大厅。如今，哥伦布的登陆日期仍然是全国性的节假日。一代代的美国学生通常在刚刚学会阅读不久后就会学到哥伦布的故事，不过他们往往会忘了大部分的细节，这一点可以从普利茅斯岩（五月花号朝圣者第一次登陆的地点）国家纪念碑公园管理员最近的经历中得到佐证。公园管理员曾解释说，她最常回答游客的问题都和那位著名的热那亚水手有关。"这就是哥伦布初次登陆的地点吗？"游客们经常这样问她。许多困惑不解的游客问她，为什么历史标记写着1620年而非1492年？[4] 哥伦布不仅在大众认知的层面上，而且在写就的历史书籍中开启了美国历史：从19世纪初头几十年出版的书籍，到2018年哈佛大学教授和《纽约客》作家吉尔·莱波雷（Jill Lepore）的著作《这些真相：一部美国史》(*These Truths: A History of the United States*)中,哥伦布都是美国历史的起点。[5]

数十年来,历史学家和活动家就作为历史的哥伦布传奇指出了至少两大显著存在的问题。他们关注哥伦布登陆后带来的暴力,即随之而来的漫长且悲惨的种族屠杀史和对原住民的驱逐。在这种叙述中,哥伦布根本不是英雄。2020年,遍布美国的激进主义者盯上了纪念哥伦布的纪念碑:在明尼阿波利斯,他们尝试着把哥伦布的雕像捆起来推倒;在波士顿,他们将一座雕像斩首;在里士满,他们点燃了一座雕像并将其扔进湖里。活动家和历史学家还指出了另一个简单的事实:哥伦布并没有发现美洲。1492年哥伦布所抵达的土地上的人们已经知道这些土地的存在。西半球的人口远远多于欧洲的人口,其城市规模也与欧洲相当。早在哥伦布到达之前,这里的人们就已有了政治体系、农业、科学以及他们自身的历史感和蕴于过去的起源故事。这一对哥伦布传奇重要且准确的评价不仅适用于美国,对古巴和整个美洲也同样适用。

不过,特地将哥伦布视为美国历史的起源产生了另一个更加离谱的扭曲。在一次与一位在哈瓦那机场候机的康涅狄格州商人的闲谈中,我提到我正在写一部从哥伦布登陆到当下的古巴史。他很真诚地问道:哥伦布也发现古巴了吗?我有点像普利茅斯岩的公园管理员那样,在回答问题前犹豫了一会儿,然后回答道,哥伦布的确在古巴登陆(但我摒弃了发现一词),不过他从未在我们如今称之为美国的地方驻足。这位商人难以置信地看了看我。这是一个像天启般为人所接受、简单且无可争议的事实:哥伦布从未去过美国。

一段甚至从未在北美大陆发生的历史是如何成为美国历史的惯常起源的呢?要知道,毕竟还存在着其他可能的起源,即使对那些坚持认为美国历史始于欧洲人到达美洲之时的人来说也是如此：比如公元1000年的雷夫·埃里克森（Leif Erikson）和维京人，1497年的约翰·卡伯特（John Cabot），1607年的詹姆斯敦，又或是最明显的例子——1620年的普利茅斯岩。有时候，学者们认为新独立的美国是为了寻找一个与英国（美国过去的母国）撇清关系的起源故事，因此转而接受哥伦布和1492年的叙述。然后这一叙述转变就遭遇了困境。[6]

不过出于另外一个原因，以哥伦布为起源也有其便宜之处。美国历史起源于1492年，这一观念出现时恰逢美国建国领导人领土扩张政策开始形成之际。早在1786年，托马斯·杰弗逊就预言西班牙帝国会瓦解，他希望美国能够"一块块［原文如此］"[7]拿下西班牙殖民地。到了19世纪二三十年代，杰弗逊随口一说的愿望已经成了国策。19世纪20年代，门罗宣言发表，旨在限制欧洲对新近独立的拉丁美洲的影响和接触，让这片大陆向日益强大的美国敞开大门。40年代出现的"昭昭天命"（Manifest Destiny）认为，美国注定要向西扩张，穿过印第安人和西班牙人的领土，直至太平洋。1492年的哥伦布之旅开启了西班牙帝国，而现在，这一沉沦中的帝国的领土正处于美国领导人的视野之中。美国最早的一批历史著作的作者之一乔治·班克罗夫特（George Bancroft），就属于上述的政客群体。作为海军部长和代理战争部长，在詹姆斯·波尔克（James Polk）任职期间，乔治·班克罗夫特的行动进一步将美国领土扩张至原属于西班牙的得克萨斯和加利福尼亚。詹姆斯·波尔克本人也是美国扩张政策的强力支持者，是几位提议从西班牙那里购买古巴的总统之一。

当美国早期的历史学家，比如班克罗夫特，将哥伦布这个从未涉足美国土地的人纳入新国家传奇的第一章时，他们本质上是把一个外国故事转化成了他们自身的故事。他们中有些人非常希望真正发生这一历史的土地也能被他们收入囊中。如今，美国人对哥伦布基本故事的认知通常忽略了这是一个在另一个"亚美利加"（美洲）发生的故事。如果像书本写的那样，是哥伦布开启了美国历史，那这也是由于帝国野心有意无意地从一开始就塑造了美国的历史。而古巴——哥伦布真正到过的地方——则是美国野心历史的重要呈现。

1492 年，哥伦布最早登陆的不是古巴，而是最东端的岛屿巴哈马。他立即宣称此岛为西班牙所有，并将其命名为"圣萨尔瓦多"，尽管早已在此的居民一般称这个岛为瓜纳哈尼（Guanahani）。在第一次遇到这些岛上居民时，哥伦布总结道，他们会是很好的仆人，而且很轻易就会皈依基督教。这些人竭力划着独木舟靠近西班牙船只的场景，是哥伦布与其手下从未见过的。他们携带着一团团棉线，还有鹦鹉、飞镖以及许许多多的小玩意，哥伦布觉得实在过于琐碎，不值一提。他脑子里想的是其他事。"我密切关注且费心确定此地是否有黄金……通过迹象我了解到在南方……有个国王拥有满满的金杯。"翌日，哥伦布带着几个当地人作为向导离开瓜纳哈尼，继续他的旅程。路过的每一个岛屿都被哥伦布收入囊中，他所要做的不过就是简单地宣布一下而已。他给每个岛屿命名，尽管它们原本已经有名字了。[8]

10 月 28 日，哥伦布到了一个他觉得比周边小岛都要大的岛屿。他的直觉是对的。这个岛的面积达 4.2 万平方英里，海岸线长达 3700 英里，大部分的海岸线沿南北两侧铺开。东西两侧的距离——大约 750 英里——大致相当于纽约和佐治亚州萨凡纳之间的距离。

有人说岛屿细长的形状就像是一只短吻鳄（该岛本土物种之一）。

哥伦布在该岛屿的东北部海岸登陆。他大声说道："这是双眼所及最美丽的事物。"他发现了不会叫的狗，尝到了不知名的神奇水果，和西西里岛的风貌十分相像的土地，山峰好似美丽的清真寺的群山，充满了香甜气息的夜间空气。尽管当地人把这个岛屿称为古巴（Cuba）或古巴纳肯（Cubanacán），但是哥伦布坚称此岛是西邦戈（Cipangu）——这是马可波罗用来指代日本这块富饶土地的名字。不幸的是，对于哥伦布来说，古巴既没有密集的城市，也没有金质屋顶的宫殿；古巴没有银，显而易见，也没有丰富的黄金。[9]

最终，被严酷的现实所迫，哥伦布做了两件事。首先，他改变了最初的推测，古巴不是西邦戈，而是中国北部①或中国本部（直至十多年后去世时哥伦布都从未接受古巴就是古巴这一事实）。其次，当他对这个岛屿感到失望的时候，他做了那个时代很多人都会做的事——离开。在到达后的第38天，哥伦布再度起航，以寻找更多的土地和金子。不屈不挠的他在给王室赞助人写信时，一副仿佛根本就没遇到什么挫折的样子。他强调了其他形式的财富：自然的美景以及灵魂可被轻松拯救、性情温顺的印第安人。几周以来的探索给了哥伦布信心，他许诺会有繁荣的棉花种植，这些棉花可以拿到"大加那利岛②的城市中售卖。'大加那利岛'毫无疑问肯定会被发现。这些棉花还可以拿到其他乐意为西班牙国王和女王服务的领主所统治的城市里售卖"。[10]

---

① 原文为 Cathay，现英文意思为中国。按照历史考证，Cathay 一词的来源众多，或由契丹、晋、秦等音译而来。Cathay 单独出现时，翻译为中国似无不妥。由于后文又出现了中国，为避免混淆，且据历史原意，Cathay 似应指中国北部更为妥当。——译者注

② 大西洋中的加那利群岛的一部分，于1483年臣服于西班牙。加那利群岛作为西班牙进入拉丁美洲的基地发挥了重要作用。——译者注

从古巴出发，哥伦布朝东驶向另一座岛屿。古巴人把这座岛屿称为 Bohío 或 Baneque；本岛的人则将其称为海地（Ayiti），或高山之地。西班牙人则把它简单地叫作埃斯帕尼诺拉（Española，英文叫作"伊斯帕尼奥拉"Hispaniola），也就是如今的海地和多米尼加共和国。1492 年 12 月 25 日，在到达数周后，哥伦布船队的其中一条船搁浅了。于是，哥伦布在当地建立了欧洲在新世界的第一个永久定居点。哥伦布称其为纳维达德（Navidad），在西班牙语中，这是圣诞节的意思。几周后，哥伦布留下了 40 名船员和受损的船只，携带着黄金样品、6 名当地人以及激动人心的探索报告返回西班牙。

哥伦布讲述了他为西班牙获得的土地——当然，并非全然一五一十地讲述，而是按照自己的想法进行了修饰。他所到之处，人人称其为英雄，他在国王旁边骑着马，人们争先恐后地自发加入他的下一次旅行。对于哥伦布和西班牙的君主们来说，第二次征程是为了在他们所认为的亚洲核心建立一个西班牙的永久据点，然后再以这一据点为基地进行贸易、探索和征服。此番启程时，哥伦布已是一支庞大队伍的首领，他率领着 17 只舰艇和大约 1500 人的队伍。团队里有制图师、医生，但没有女人。几名神父也加入了船队，想给土著送去上帝，不过大部分的船员更想要的是世俗的回报，也就是黄金。在这趟旅程中，哥伦布也带去了甘蔗枝。他当然不会知道，在加勒比的岛屿上，甘蔗产生的影响将远远大于上帝或黄金。

当远征队于 1493 年 12 月抵达伊斯帕尼奥拉时，却遭遇了新的现实。甫一登陆，他们就发现附近的海岸上到处都是基督徒的衣服，西班牙人的尸体在稀疏的灌木丛下腐烂。当地人解释说，西班牙移民杀了一些男人，并带走 5 个女人"供其淫乐"，这激怒了附近的居民。哥伦布没有理会这一屠杀的场景，而是继续启程找到了一个新的定居点。出于对女王的尊崇，哥伦布将其命名为"伊莎贝拉"（La Isabela）。他让自己的兄弟负责此地事宜，自己则即刻去做最喜欢的事：航行与探索，希望能够找到金子。他回到古巴，开始探索岛屿南部的海岸线。在海岸线东部航行时，哥伦布会看到数千英尺陡然耸入云霄的高山；而当他在海岸线西部航行之时，他会注意到遍布整个陆地的沼泽和红树林。哥伦布从那里出发继续探索，并第一次在牙买加登陆。但他很快就猜测，找到黄金的最佳机会在伊斯帕尼奥拉，这个如今被他比作圣经中的示巴之地的地方，所以他很快又回到了伊斯帕尼奥拉并成了统治者。[11]

正是在伊斯帕尼奥拉，欧洲征服和美洲殖民的第一阶段如火如荼地展开了。麻烦也很快随之而来。内部冲突割裂了西班牙的殖民群体，这些冲突有的围绕哥伦布的权威问题展开，大多数时候则是由于每个殖民者都想要更多的金子和更多的人来找金子。不过相比岛上土著所遭受的痛苦，西班牙人之间的争执简直不值一提。为了满足劳力需求，西班牙人将原住民从村子里驱逐出来，运到远离家乡的矿场，让他们不停歇地进行劳作。西班牙人与原住民的关系迅速恶化，有的时候冲突演变成了公开的战争。在无情的工作、营养不良、战争与疾病等多重因素的累加下，原住民人口遭遇了灾难性的骤减。据估计，至1500年，也就是西班牙征服后不到十年的时间内，80%的原住民消亡了。至1530年，伊斯帕尼奥拉的原住民人口下降了约96%。[12]由于劳动力供给的下降速度比金子产量的下降速度还要快，殖民者开始从临近的岛屿获取奴隶。他们从巴哈马、古巴以及其他一些地方拐卖人口，以补充他们寄托了暴富希望的矿场的劳力。当岛上的供给满足不了殖民者时，他们就盯上了附近的岛屿。

也正是在此时，征服和殖民古巴的行动正式地开始了。1511 年，曾跟随哥伦布进行了第二次航行的迭戈·德·贝拉斯克斯（Diego de Velázquez），在古巴建立了第一个定居点并成了当地的省长。当地人把此地叫作巴拉科阿（Baracoa）；贝拉斯克斯则把此地称为"升天的圣母"（Nuestra Señora de la Asunción）。不过原来的地名仍然保留了下来，西班牙人和其他人都继续称其为巴拉科阿，这一名称也延续至今。贝拉斯克斯建立的定居点靠近岛屿的最高点，东部面向加勒比海。从定居点后面耸起的山上望去，人们可以看到伊斯帕尼奥拉就在约 50 英里的海域之外，当地人都能划着独木舟前往那里。

原住民经常穿越这些水域，进行贸易和捕鱼活动，分享消息，逃离他们满脸胡须的新主人。随着西班牙人对伊斯帕尼奥拉原住民的奴役日益残酷，一些人开始越过这些水域，逃到古巴。因此当西班牙人初次来到巴拉科阿时，这里已经有人知道欧洲人的存在，也明白他们在伊斯帕尼奥拉干了什么。

其中一人名叫哈土依（Hatuey），他是一位来自伊斯帕尼奥拉的原住民贵族和领袖，为躲避征服者而带领追随者来到古巴。关于哈土依最后一役的故事流传至今，因为巴托洛梅·德·拉斯·卡萨斯（Bartolomé de Las Casas）将这一故事收录进了其严厉谴责西班牙征服的著作《西印度毁灭述略》（Account of the Destruction of the Indies）中，在成为神父之前，卡萨斯也是个殖民者。英国人不仅迫不及待地将这一著作翻译了出来，还安上了诸如《西班牙暴行》（Spanish Cruelties）和《印第安人的眼泪》（The Tears of Indians）之类的标题。[13]卡萨斯怒斥征服行径，他的语调充满激情，而且在论述时具有说教特性，这都使他的故事具有一种寓言感。他讲述哈土依的故事时就是如此。如果说他出于叙述的目的，对故事进行了修饰，但故事的基本框架——征服的暴力，被征服者的痛苦和抵抗——仍然是不容否定的。

卡萨斯对我们如此说道，在古巴时，哈土依某次曾把人们聚集在河岸，对他们发表了演说："你们已经知道了，据说基督徒们正朝这边过来；你们也已了解他们是如何对待……那些海地岛上的人；在这里他们也会做出同样的事。""为什么西班牙人会做这些事？"他向听众问道。听众们推测这是由于西班牙人本性残忍且邪恶。"并不是，"哈土依强调，"不仅仅是这个［原因］，更是因为他们有一个非常尊崇和喜爱的上帝；为了使我们也同样尊崇这位上帝，西班牙人想方设法地要征服我们并取走我们的性命。"哈土依指向一篮金子并缓慢说道："看，这就是基督徒们的上帝。"哈土依总结道，为了摆脱这些新来者，他们必须摒弃金子。说完，他就把篮子扔进了河里。[14]

尽管如此，西班牙人还是来了。最初，哈土依与其追随者做了一番抵抗，但入侵者很快就俘虏了他，并将他处以火刑。执行刑罚之前，一位西班牙神父给了哈土依皈依基督教的机会，以拯救他的灵魂，使他能够在死后升入天堂。哈土依问，基督徒能否升入天堂，当修士回答说"好人可以"时，哈土依说，他更喜欢地狱，"这样就可以不用去西班牙人在的地方了"。[15]这可能是古巴土地上记录的第一篇政治讲话，但这并不能免除哈土依的火刑，也无法将原住民从业已降临到他们身上的灾难中解救出来。

尽管我们并不知道 1492 年或 1511 年的时候，哈土伊和他的人民是如何自称的，但如今他们以泰诺人（Taínos）这一称呼而为人所知。泰诺人居住在加勒比海最大的四座岛屿上（伊斯帕尼奥拉、波多黎各、古巴和牙买加），在巴哈马也有分布。他们并不是古巴唯一的原住民，但却是人数最多的，而且承受了欧洲的第一波征服冲击。早在五百年前，他们就在古巴居住了。哥伦布抵达时，他们的人数介于10万到20万之间，绝大多数人聚居于岛屿的东部和中部。他们以村落的方式生活，居民有时达数百人，有一个酋长（cacique）充作领导人。他们简朴的茅草屋和现今古巴乡间错落分布的典型乡村住宅非常相像。他们并没有采取刀耕火种的方式，而是发展出了复杂的农业系统，将土壤堆成高数英尺、宽度更宽一点的小丘。这种被称为科努科（conuco）的小丘提升了灌溉能力，抑制了水土流失，尤其适合种植根菜类植物，比如泰诺人的主食木薯，古巴人的饮食习惯就是在此基础上形成的。一名学者写道，科努科系统是"人对热带自然环境的模仿。这是一种多层的作物种植体系，从地下的块茎到林下叶层的木豆，所有的层次都在生产……第二层是可可豆和香蕉，顶层则是果树和棕榈树……这一组合充分地利用了光线、水分和土壤"。西班牙征服后的三个世纪中，某种版本的科努科仍在使用——不过使用者不是泰诺人（泰诺人此时相对来说已经很少了），而是非洲的奴隶，他们在岛上的人口构成中占了很大一部分，并成了财富的主要创造者。[16]

泰诺人单独种植烟草，他们还抽烟、嚼烟，给此前从未见过烟草的欧洲人引入了此物。他们弹奏锯琴，摆动沙锤，这是两种如今在拉丁美洲和加勒比海地区仍在演奏的乐器。女人们向庇佑女性生育的守护神阿塔贝拉（Attabeira）祈祷，希望她能保佑平安分娩。泰诺族的年轻人则用精心制作的橡胶球玩游戏。西班牙人之前不曾见过橡胶，也没有词汇用来指代橡胶，只得竭力描述他们所看到的："这些球……即便它们只是从手中滑落地面，弹起来的高度也远远高于开始滑落的高度。它们蹦起来，接下去又弹了很多次。"泰诺人用于描绘飓风和鲨鱼的词汇如今仍在西语世界使用（西班牙人在1492年前并不知道这些词汇），比如huracán, tiburón。[17]

古巴的西班牙人偶尔会记录一些此类观察。不过在绝大多数时候，相比泰诺人的文化，他们更关心的是如何靠泰诺人获取财富。为了统治泰诺人，西班牙人采取了他们在伊斯帕尼奥拉所使用的相同手段。在这两个地方（后来在墨西哥和南美也是如此），早期的殖民统治建立于一种名为委托监护制（encomienda）的制度之上。根据该制度的规定，西班牙总督将每个地方统治者（酋长）及其村庄的人民赐给一名西班牙定居者，也就是一位监护主（encomendero）。一些领主大概能分到300名原住民，少部分领主分到的更多，还有一些只能分到40名或60名原住民。酋长负责将劳动力运至矿场，为领主收集金子，这些人往往一去就是几个月。当这些工人们回来（或死亡）的时候，再由另外一批人继续。[18]

西班牙王室希望，在古巴实行赐封制度能够比在伊斯帕尼奥拉获得更多，因为后者的金子产量和原住民数量都在急剧下降。为了避免在新领地上重蹈覆辙，当西班牙人开始在古巴定居时，国王于1512年下令官员们起草了一系列的法律。新的立法旨在遏制西班牙人的暴行，确保这一前所未有的事业能够流畅运转且长期持续下去。比如，法律禁止监护主们用鞭子或棍子惩罚原住民，也不允许称原住民为狗。[19]

这一时期的另一条法律要求征服者首次进入村庄时需宣读业已准备好的文件。这份1513年的文件就是著名的《降服劝告状》（*Requerimiento*），文件向原住民告知了"一系列从上帝到教皇，从国王到征服者的领导人"。它还要求原住民的领袖认可教皇和王室的权威，不加抵抗地交出土地和人民。对那些照做的人，文件许诺：

19

> 殿下和代表他们的我们，将以全身心的慈爱接纳你们。你们自身、妻子、孩子以及你们的土地都将免遭奴役……除非你们自己意识到真理后希望皈依基督教，否则他们不会强迫你们变成基督徒。

对于那些冥顽不灵的人，等待他们的则是不同的命运：

> 在上帝的帮助下，我们会强行进入你们的国家，同你们作战……我们会给你们戴上枷锁，强迫你们顺从教会和君主；我们会带走你们以及你们的妻儿，把他们通通变成奴隶……我们会拿走你们的东西，尽可能地虐待和伤害你们……［以及］由此增加的死亡和损失都是你们的错，而非我们的君主或我们的责任。[20]

《降服劝告状》写于西班牙在古巴建立第一个永久据点的前夜。这份文件在理论上指导了欧洲初期的殖民政策。国王告诫古巴省长贝拉斯克斯务必遵循《降服劝告状》的要求，避免与原住民过多地交战。然而即便是在当时，一些观察者也发现了此份文件的荒谬。因为殖民者们在对原住民宣读这份文件时用的是西班牙语，而原住民们对这种语言一窍不通。一些编年史作家写道，这份文件是对着树木和空空如也的小屋宣读的，因为担惊受怕的居民已经逃走了。其他评论者则怀疑是否真有人会花时间去宣读这份文件。[21]

在这些互相矛盾的野心之下，心怀鬼胎的西班牙人征服了古巴，并在古巴驻扎下来。仅仅4年，贝拉斯克斯就建立了7个城镇：巴拉科阿、巴亚莫、圣地亚哥、特立尼达、卡马圭、圣斯皮里图斯、哈瓦那。对于西班牙人来说，至少在最初的时候，新建立的城镇是繁荣的。贝拉斯克斯在每个城镇都任命了议员、法官、治安官和公证人。他下令种植作物、修建教堂、开采金矿以及建造一个用来加工矿石的冶炼厂——所有的工作都由泰诺人完成。[22]

按照法律，委托监护制要求监护主为泰诺人提供饮食、衣物以交换他们的劳动，还要让他们皈依基督教，且不可使他们劳动过度。然而，理论和实践之间存在着一道鸿沟。监护主们根本无法为泰诺人提供食物，因为实际上是泰诺人在养活他们，泰诺人运用他们的劳动和知识为每个人提供赖以生存的食物。总的来说，委托监护制给泰诺人带来了巨大的灾难。由于古巴大部分的金矿都远离现有的村庄，因此当西班牙人动员泰诺人去采矿时，他们不得不背井离乡，而矿场周边缺乏食物供给的情况又使得泰诺人过量劳动的艰难情况进一步恶化。西班牙人不得不从村子里征粮，以为工人提供食物。但是供应量总是不够，粮食的征收也使得村庄愈益面临困顿。

面对此情此景，人们揭竿而起也就在情理之中了。哈土依——这位宁愿下地狱，也不愿与西班牙人在天堂为伍的勇士——就是第一批也是最著名的反抗者之一。不过反抗并没有随着哈土依的死亡而结束。1528年，两名声称具有超能力（对西班牙人的武器免疫并能够看见岛上任何地方发生的任何事情）的泰诺人领袖被捕并遭杀害。另外一位名叫瓜马（Guamá）的人领导了持续数年的反西班牙人运动，最后在16世纪30年代初被杀死。[23]还有许许多多在历史记录中没有留下姓名的人，他们或是逃跑，或以其他的方式进行着抵抗。

劳动过度、饥馑以及战争，这些因素的累加本就足以造成大量的人口损失，但美洲的原住民还得突然面对一堆他们完全陌生的疾病——天花、麻疹、雅司病以及流感，而他们对此毫无免疫力。周期性爆发的传染病蹂躏着本就严重受损的人口。据估计，1511年时还有约10万人口的原住民，至1550年已萎缩至不到5000人，这其中又有多少人自杀我们不得而知。一个西班牙人作证称，在一些地区，过半数的原住民自杀了。数十年中，古巴原住民人口的下降可能高达95%。[24]

由于急于控制更多的人口，并使这些人口为他们干活，西班牙殖民者开始向其他海岸四散开来。1516年，一支探险小队来到了一个离尤卡坦半岛海岸不远的小岛，从那里带回来了价值2万比索的黄金——是古巴整年所获黄金的五分之一。另一支小分队于1517年登陆墨西哥，并带了两名原住民返回古巴，这支小分队还说，墨西哥的土地富含珍贵的矿藏且土著人口没有消减。这一新发现，使得"基督徒们群情激动，迫不及待地想要占有他们所描述的这个国家"[25]。

1519年2月，另一支小分队离开古巴前往尤卡坦。这支小队的领导人是监护主埃尔南·科尔特斯（Hernán Cortés），他对财富的渴求远远超过了古巴所能提供的。由于长期与省长不和，埃尔南在无视省长的情况下，非法登陆了尤卡坦。1519年4月，科尔特斯还带上了部队，宣称墨西哥为西班牙所有，并开始向阿兹特克帝国的核心区域进发。他从那里发出告示：任何想要征服并在新发现的土地上定居的人，都将会得到黄金、银子和珠宝的回报，一旦这个国家被平定，他们就会被任命为监护主。[26]对于那些想要在新世界寻找财富和重新开始生活的人来说，更多金子和更多原住民的前景太具诱惑力，简直难以抵挡。

征服者撤离古巴的进程由此开始。哈土依这位第一个反西班牙的战士所言不虚，长满胡子的白人的确随黄金而动。如同几年前西班牙人涌入古巴一样，现在他们也大批地离开，去往其他地方追求财富与荣耀。1517年至1520年间，大约2000名西班牙人离开了古巴；1520年至1540年间，古巴的西班牙人口减少了80%。为了抑制人口外流，也为了避免失去这块已被宣布为西班牙所有的领土，国王规定，离开古巴的人会被剥夺财产且有生命危险。但是古巴并没有足够的官员来执行命令，因此西班牙人继续离开古巴前往墨西哥。16世纪30年代后，他们出发前往南美梦幻的印加帝国，或前往佛罗里达，"一块人们一无所知且一切皆有可能的大陆"[27]。

还是把这称为岛屿的诅咒吧。岛屿的土地显然是有限的，因此机会也是有限的。很多能够离开的人都走了。首都圣地亚哥沦落成了只有30户西班牙居民的地方，特立尼达被遗弃了，巴拉科阿这一古巴最早的欧洲据点只剩下"一些乡村小村庄……的影子"。1544年，一份全岛的人口统计数据表明，岛上只有122户西班牙人，约900名自由的原住民以及大概700名奴隶。不过这一数据并没有把那些小规模的原住民群体统计在内，他们躲了起来，从而幸存下来，没有被西班牙人算进去。同样重要的是，这700名奴隶不仅包括原住民，还包括非洲人，后者通过彼时刚开始的跨大西洋奴隶贸易来到古巴，我们一会儿会谈到这一点。[28]

当然，并不是每个西班牙人都离开了，也不是每个原住民都死去了。一些本土社群在悄悄地重建起来。人们有了孩子、孙子，有的时候是西班牙人和泰诺人的混血儿，有的时候是非洲人。在如今的古巴，有一小部分群体骄傲地宣称他们是泰诺人。最近的一份基因研究显示，抽样中35%的女性是一名美洲印第安妇女的后裔。[29]而且古巴人经常在没有意识到的情况下，使用泰诺人留给他们的东西：从烟草到吊床，直至一系列起源可追溯至远远早于哥伦布之前的日常词汇。

不过，假如在 16 世纪二三十年代，人们可以乘着热气球环顾全岛，那么这些遗产可能还没那么明显。相反，我们的热气球驾驶员会发现一些分散的城镇以及结构简朴、人员稀少的定居点——这都是一些荒凉阴森但又充满韧性的地方，那里的幸存者都还记得消失的大量人口。遍览岛屿，我们的驾驶员会看到美丽茂盛的森林。稍稍降低一点高度，她可能会注意到成千上万的猪，在被征服者带到新世界后，它们在热带岛屿繁衍兴旺，啃食庄稼。由于没有大量的人类定居点，猪成了岛屿的主人，并在多年之后成为古巴人最喜爱的食物。

第二章
西印度群岛的钥匙

从到达新世界的那一刻起,西班牙探险家和征服者就开始争夺遗产。在这些人中,胡安·庞塞·德莱昂(Juan Ponce de León)并不是最幸运或成就最大的人。他曾短暂当过波多黎各的都督,后来因与哥伦布家族的冲突而失去了这一头衔。或许是为了表示补偿,国王准许他探索北方的土地,为王室占有这些土地,并以都督的身份终身统治。1513年,为了留下自身印记,德莱昂带领一支由三艘船组成的护卫队,扬帆前往比米尼岛(Bimini)。据说此岛以黄金闻名,而据另外一些传闻,此岛以不老泉而著称。[1]

然而德莱昂却发现了另外两个事物。第一个是他命名为"佛罗里达"的巨大半岛。他没有想着去命名他遇到的第二个更奇怪的事物:一股比风还要强劲的涌流,就像是海洋中一条奔腾着的温暖的河流。这股涌流在墨西哥湾(当时还没有墨西哥湾这个名字)形成,其流速在古巴、佛罗里达以及巴哈马之间的海峡内达到最大。在这股暖流最强劲的点,也就是胡安·庞塞·德莱昂称之为暖流角的地方,尽管当时天气晴朗,他还是在几日之内失去了一艘船的踪迹。他的船员也一无所知的是,这股暖流沿着北美的海岸线继续北上,当时的西班牙人并没有意识到那里有一块大陆。最终,这股暖流朝东注入时人称为海洋的大西洋,因为当时的人们相信全世界有且只有一个大洋。[2]

两百余年之后,本杰明·富兰克林在一个更靠北的地方遇到了同一股洋流。他对此进行了研究,采访了新英格兰的捕鲸人,阅读了古人的航海记录,然后将这一洋流在地图上标了出来,并将其命名为"湾流"[①]。但在1513年,这股强劲的暖流不过是一个充满自然神秘的时代所提供的又一例证。

1513年,驾驶首舰第一个遭遇湾流的人是安东·德·阿拉米诺斯(Antón de Alaminos),此人有着在正确的地点、正确的时间,靠近正确的人的诀窍。在结束与庞塞·德莱昂之旅的几年后,他在埃尔南·科尔特斯的领导下作为领航员从古巴驶向墨西哥。数月之后,科尔特斯派他返回西班牙传达最新消息,即墨西哥的征服以及第一艘满载新世界宝藏的货船。由于科尔特斯是在无视古巴省长的情况下擅自离开古巴的,因此他警告阿拉米诺斯在返程的时候避开古巴。不过这位杰出的水手想起了他和庞塞·德莱昂遇到的那股奇怪且强劲的暖流,他清楚他的航线会驶往何方。他进入了墨西哥湾,靠近了古巴哈瓦那最西点的北部。

不过1519年8月的哈瓦那还不是哈瓦那。当时叫作哈瓦那的西班牙定居点在岛屿的南部海岸,因在此地备受蚊虫之扰,西班牙人正准备移居至今天的哈瓦那所在的位置。当阿拉米诺斯到达北部海岸的小定居点时,距离哈瓦那正式成为哈瓦那还有几个月。这正遂了阿拉米诺斯的意。考虑到科尔特斯对古巴省长的敌意,阿拉米诺斯并不想在港口进行正式拜访,也不想在登陆的时候被抓进牢里去,他只想得到一些补给并定位先前他所记得的奇怪洋流。然而,古巴

[①] 即墨西哥湾暖流。——译者注

省长有自己的密探,从密探那里,省长得知了阿拉米诺斯的到访。当阿拉米诺斯启程返回西班牙的时候,人们都聚起来围观。大家都对阿拉米诺斯所选择的非同寻常的航线感到惊讶,人们都说这是一条不为人知且危险的线路。省长后来思索道,为什么"对航海路线具有丰富经验"的阿拉米诺斯会选择"一条从未有人航行过的路线呢"?[3] 不过阿拉米诺斯知道一些其他人当时尚不了解的东西:哈瓦那即将移驻的点几乎就位于他几年前发现的不同寻常的暖流的视线之内。他现在想要利用这股暖流推动自身,以及他所携带的宝藏——随风北向,继而朝东,一路驶向西班牙。

在近三个世纪的时间内,西班牙船只将沿着同一路线满载着令人头晕目眩的黄金和白银。墨西哥和秘鲁拥有的丰富矿藏,以及能够为开采提供劳力的大型土著帝国,迅速地将西班牙变成了世界上最繁荣富强的地方。湾流的发现则为宝船驶向西班牙提供了指引,从而使得哈瓦那成为进入"新世界的钥匙"。

眼看着西班牙的财富飙升,其他欧洲国家也开始密切关注,想了解他们该如何像西班牙一样,收割新世界的财富。当西班牙船只携金带银返回欧洲时,英格兰和法国开始让商船攻击这些船只。当时的地中海上到处都是海盗、海盗船和私掠船。很快,这些人就意识到西班牙在加勒比海的财富唾手可得,因为西班牙在那里没有多少堡垒和船只,士兵和水手也不多。

哈瓦那尤其容易受到攻击,在开启漫长的大西洋穿越之旅前,西班牙船只通常会在哈瓦那停靠修整。1538 年,哈瓦那第一次遭到了海盗的攻击,彼时它还是个只有几十户西班牙家庭的小村庄,尚未成为殖民地的首都。关于此次攻击的信息很少,但是不论发生了什么，这都促使西班牙王室下令修建岛上的第一座要塞。[4]

负责督造的西班牙省长是位女性。伊莎贝拉·德·博瓦迪亚（Isabel de Bobadilla），又名艾格尼丝，于1538年和丈夫一同抵达哈瓦那，她的丈夫埃尔南多·德·索托（Hernando de Soto）最近刚从秘鲁回来。当时，佛朗西斯科·皮萨罗挟持了印加国王，为了脱身，印加国王答应用黄金支付赎金，作为征服者的埃尔南多·德·索托也分得了一杯羹。西班牙国王任命索托为古巴省长，并派他组织前往征服佛罗里达的远征军。西班牙此时已知道佛罗里达这块土地，但还未开始殖民。索托抵达古巴不到6个月，就带着600人离开了这里，并指定他的妻子作为他的代表负责古巴的事务。四年之后，索托在密西西比河西岸去世，再也没有返回古巴，也没有回到他的妻子身边。

据古老的古巴传说所言，丈夫的离开使艾格尼丝·德·博瓦迪亚心碎。在哈瓦那现存的最古老的要塞顶部，有一座据说是艾格尼丝本人的女性青铜雕塑风向标。数个世纪以来，这座雕塑成了哈瓦那的象征。雕塑俯视着整座城，永远凝视着北方佛罗里达的天际线，"永远与能够带丈夫回家的风一同转动"[5]。然而在现实中，艾格尼丝几乎可以说是忙得顾不上思念。作为一个日趋重要的城市的省长，在如此危险的时候，她得保护自己的领土免受海盗的攻击，还得监督新要塞的建造。此外，她还在科西马（Cojímar）附近拥有一些糖厂，科西马是哈瓦那东部的一个村庄，美国人后来知道欧内斯特·海明威《老人与海》的背景就是这里。

艾格尼丝·德·博瓦迪亚统治古巴后不久，西班牙王室做出了一个改变哈瓦那命运的决定。根据国王的命令，所有从西班牙前往新世界的船队，都应该拥有不少于10艘重达100吨的船只，此外还需配有一艘武装的舰船，这就是无敌舰队（armada）① 一词的由来。至于返回西班牙的旅程，船只都需要在哈瓦那集结，然后一起穿越大西洋。1551年，也就是西班牙引入其著名的武装大帆船的那一年，一支超过30艘船的无敌舰队在哈瓦那过冬。没什么名气，又小又毫无准备的哈瓦那突然发现，自己成了世界最大宝藏的仓库。[6]

哈瓦那的生活围绕一年一度的珍宝船队的到来而展开。宝船到达之前，旅店老板会进行打扫、清洗，为船队季节的来临做准备。在城市外围，农民们种植作物，为船员提供食物。他们还饲养了大量的猪，并用猪肉——在太阳下切好风干——为船和船员提供补给。在16世纪五六十年代，满载墨西哥宝藏的船只平均在哈瓦那停留约两个月；来自南美洲的船则大约待40天。有的时候，有多达60艘船以及成千上万的船员在哈瓦那聚集。当船入港之时，过去安静沉睡的小村庄一下子就人声鼎沸。酒馆的数量比哈瓦那常年居住的家庭户数还要多，每间酒馆都热火朝天地做起了生意。旅店老板一整年的收入就靠这两个月，他们学到了本岛原住民的一些生活方式，将吊床租给游客。为了消磨时间，也有可能是为了能够拥有抵御此后漫长旅程的回忆，船员们在此寻欢作乐，他们喝酒赌博，寻求各种各样的人际交往。他们也处理一些实际事务：修理船只并为穿越大西洋的旅程购买补给。还有一些人去找公证人"为他们料理一些世俗事务，因为他们将要穿越的大洋充满了未知的怪兽以及臭名昭著的海盗，而这些都是国王陛下的敌人"。[7]

在很多方面，哈瓦那都成了之后维持了数个世纪之久的一个模型的初始版本：一个外向型的地方。它的经济依托于西班牙在新世

---

① armada，最初源自拉丁语 armāta，armāre 的过去分词，意思是"武装起来"。——译者注

界其他地方获取的贵金属，以及全球各个角落的商品和市场。哈瓦那日益成为一个世俗的、以商业为导向的、具有世界性文化的地方。不过在 16 世纪早期的日常生活中，人们是通过海洋培育起这种文化的。每个人——无论是驻扎在要塞的士兵，还是在宅邸的省长，抑或是水边散步的普通人——都热切地期待着地平线上每年出现的赖以生存的馈赠：满载金银的船只，急于享受（和支付）哈瓦那所提供的一切的船员。

然而，还有一个大问题：如果财富来自外部，那么外部的力量也可以暴力摧毁它。市议会常常向国王抱怨敌人夺取这一港口是多么容易，以及港口被夺会对王室造成多大的损失。"愿上帝保佑不会发生这样的事，"他们出于好意如此补充道。他们感叹城里只有 30 户居民，很多人都年老体衰，无力抵御来自外部的攻击，万一攻击发生，他们只能做好以死相搏的准备。[8] 哈瓦那的存亡系于外部世界。然而城里的居民也明白，随着欧洲其他地方不断挑战西班牙的优势地位，这座城市很有可能亡于外部入侵，也就是这些海岸线上看得到的船。

1555 年 7 月 10 日的日出时分，驻守在城市对面海湾岬角的卫兵看到了一艘轻型帆船，船上竖起了一面旗帜当作标记。当这艘船驶过港口、朝西开去的时候，观察者知道这并不是一艘普通的船。省长派了两个人骑马沿着海岸去追踪这艘船，所见之事使得他们赶紧跑回去向每个人发出警告：这艘船抛下了锚，卸下了两艘全副武装的人。他们大约有 200 人，正以整齐的队列向哈瓦那进发。正如许多人所担心的那样，哈瓦那对攻击完全没有防备，登陆不到半小时，入侵者就焚毁了新近修建起来的要塞大门，俘虏了 24 人，并在堡垒上升起了他们的旗帜。"一切都发生得如此之快,就像梦一样。"一位目击者后来说道。[9]

此次攻击行动的头目是法国海盗雅克·德·索尔,外号灭绝天使。他在臭名昭著的独腿海盗手下当船长时,拔下了自己的牙齿。像大多数法国海盗一样,索尔是个新教徒。也许是出于这个原因,他很乐意同一位天主教的神父沟通哈瓦那的赎金,其索取的数额高达3万比索。当神父带着远低于要价的赎金提议回来时,索尔回复道:"我还以为只有法国才有疯子。"他警告说,除非收到赎金,否则他会把哈瓦那"夷为平地"。[10]

然而哈瓦那付不起这笔赎金,于是在7月28日,索尔下令将哈瓦那全城付之一炬。艾格尼丝·德·博瓦迪亚统治时期修建的要塞也严重受损,无法使用。只有三座建筑在攻击中幸存了下来:一家医院、一座教堂以及海盗们所占据的那幢房子。索尔的手下闯进了数座教堂,大肆破坏亵渎。他们用神父的长袍做成斗篷和披肩,他们还偷走圣餐杯以及一个圣体匣。他们刺穿了一座童贞玛丽的木制雕像,又把另一座雕像的衣服剥了下来。他们肢解了一个十字架上的耶稣塑像,还把十字架烧了。海盗们同样也袭击了乡村。在科西马附近,海盗们烧毁了农场,抓了一大批俘虏,其中包括6名非洲奴隶,对于这些人,索尔索要了额外的赎金。由于居民们拒绝支付,这些非洲人——编年史家没有费心去记录他们的名字——被活活吊死在海盗大本营的外面,尸体还被留在原地示众。1555年8月5日,在一个满月的夜晚,索尔及其手下带着2200比索的赎金以及一条金链子扬帆离去。据一条记录所载,他们留下的"哈瓦那比希腊人离去后的特洛伊好不到哪里去"[11]。

索尔的攻击使得西班牙王室清楚意识到,哈瓦那太容易成为目标了。且由于哈瓦那是西班牙在新世界的所有财富的季节性仓库，它的脆弱将累及整个帝国。至16世纪80年代，据说加勒比海一带的水域"挤满了海盗"，并且"像拉罗谢尔一样到处都是法国人"。[12]英国人也同样拒绝承认西班牙独占美洲。无论在哪里，英国的私掠船一发现西班牙的城市和船只，就会发动攻击——亚洲（西班牙统治着菲律宾）、南美洲太平洋沿岸的秘鲁，以及加勒比海大大小小的岛屿和海岸都未能幸免。在交战时期，英国政府每年批准多达一百艘私掠船对西班牙的船只进行攻击。[13]

为了反制这样的威胁，马德里强化了防卫策略，开始任命军人——不再是法学家——担任古巴省长。西班牙方面派出远征队攻击法国在佛罗里达的前哨部队，重申西班牙在1494年由教皇敕令所建立的对西半球确凿无误的天赋权力。国王下令修建一个新的大型要塞——皇家军队城堡（如今在其顶上矗立着艾格尼丝·德·博瓦迪亚的雕像）。不久之后，国王又下令在海湾的两侧各修建一座新要塞。面朝港口的圣萨尔瓦多要塞于1600年完工，坐落在港口对面海角上的三智者城堡于1594年部分启用，后在1630年完工。在墨西哥银圆的支撑下，要塞里都驻扎着常备的卫戍部队。[14]

这些大体量的新建筑共同展示了西班牙帝国的实力。这是一个新的哈瓦那。1591年，一位著名的意大利哲学家如此评价哈瓦那，"这不仅仅是古巴的钥匙，而且是整个新世界的钥匙"。这样的评价切中肯綮。1592年，西班牙国王菲利普二世恩准哈瓦那拥有自己的纹章，纹章的形象就是三座要塞，顶上还有一把金钥匙。[15]

事实上，如同新世界所有的财富一样，哈瓦那的财富也有其阴暗面：非洲奴隶制。自西班牙殖民统治始，被俘虏的非洲人就来到

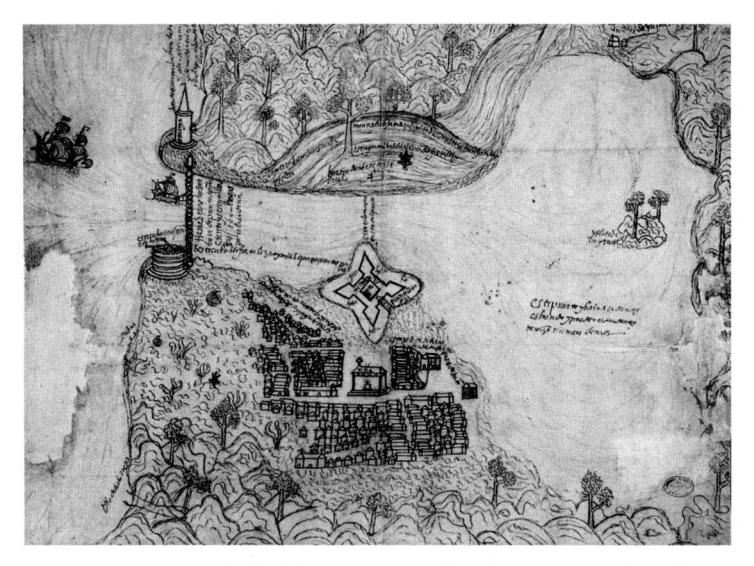

哈瓦那以"西印度群岛的钥匙"而著称，是新世界防御工事最强的城市。在这幅创作于1567年后某一时刻的画中，四角要塞皇家军队城堡（La Fuerza）统摄着哈瓦那。海湾入口两侧各有一座形制较小的堡垒，一座吊桥横亘其中，阻止了任何未经允许的船只的进入。

了古巴，他们跟随哥伦布以及之后连续不断的西班牙殖民者来到这里。从非洲直接前往古巴的航线直至1526年才开辟，那一年，两艘来自西非海岸的船载着115名俘虏在古巴登陆。第一次有记录的哈瓦那登陆发生于1572年，其他人紧随其后，至17世纪的头个十年，哈瓦那几乎半数的人口都是非洲人。[16]

非洲人的劳动随处可见。在乡村地区，非洲人及其后代为城市和士兵以及短暂停留的舰队生产粮食。来自王室的贷款帮助古巴在17世纪初新建立了20个糖厂，糖厂使用的工人都是奴隶。[17]在哈瓦那，非洲奴隶为哈瓦那建造了坚不可摧的要塞。非洲人开采、切割、敲凿、雕刻巨石；为要塞砍树挖坑。有些人在非洲学会了打铁，如今就为要塞制造铁炮和铁链。女奴隶则干其他活,她们为士兵和水手们洗衣做饭,打扫卫生。有些人出租房子,奴隶们则以性换租。城里的奴隶更有机会受到雇用,这使他们可以保留一部分为主人所赚得的钱。他们用这点小钱做许许多多的事:买只鸡改善伙食,买条漂亮裙子,甚至给他们自己买个奴隶。

在古巴,早期的奴隶制受到 13 世纪的法律条文《七章律》(*Siete Partidas*) 的约束。理论上来说,这些法律为奴隶们提供了法律保护,而这在英属北美是不为人知的。古巴的奴隶可以揭发主人的暴行,这些检举有可能使他们换个更和善一点的主人。奴隶们也可以分期赎身,既可以赎本人,也可以赎家人——孩子、配偶、同胞、父母。享有通往自由的合法途径,再加上活跃的商品经济所提供的机会,这都意味着自由的有色人口会急剧增加。至 1610 年,大约 8% 的哈瓦那人是自由的有色人种。1774 年,古巴进行了第一次人口普查,有色人种占古巴人口的比例超过 40%。在此阶段以及今后的时间里,有色人种将在古巴的历史进程中扮演重要的角色。[18]

古巴(以及西属美洲的其他地方)的奴隶能够向法律机构寻求帮助,像是赎身一类的行为。这可能首先意味着这些地方的奴隶制比英属北美或后来的美国所流行的奴隶制更温和、更具灵活性[19],但理论上有限的权利很少等同于实际的权利。拿体罚来说,西班牙中世纪的奴隶法对此有严格的限制,但是奴隶主们却可以不受惩罚地大肆使用体罚。体罚的猖獗和严重甚至到了官方不得不介入的程度。1573 年,古巴发布了第一部市政法。这部法律写道,奴隶主们通过"鞭打奴隶……塞上各种类型的树脂焚烧奴隶,以及其他残忍的暴行虐待奴隶致死"。为了阻止这样的行为,法律宣布有上述行为的奴隶主会被没收奴隶,并会受到其他未明确规定的处罚。但没收其实很少发生。[20]

奴隶们自身的另一种行为也揭穿了理论上温和、善意的奴隶制的谎言。那些谋求改善生存条件或自由的奴隶通过逃亡来摆脱奴隶制。逃亡者有时会跑到定居点附近的山里（哈瓦那不像古巴东部那样有山作为避难点）。他们也有可能躲在城市里，希望能够混进日益增长的自由人口和自由的黑人之中。他们试图登上港口的船只，在驶向别处的船上工作以支付船费。奴隶逃亡的现象非常普遍，以至于规定惩罚奴隶主暴行的市政法令也为抓获逃跑的奴隶提供了悬赏。[21]

在这个充斥着海盗、要塞建设者以及逃亡者的16世纪，古巴历史的一些永恒轮廓开始成形。其中之一就是哈瓦那相对古巴岛其他部分的压倒性优势。随着新首都的蓬勃发展，旧首都圣地亚哥主要依靠走私才勉强得以维持。有的时候，这里几年才能见到一艘西班牙船。被西班牙忽视的古巴东部人民有时会向往哈瓦那，不过他们更向往的是加勒比海——此地越来越多的法国人、荷兰人和英国人都急欲与古巴人进行商品交易。这些活动并非随机的或零散的交流，而是整个活跃的非法交易的一部分。一位历史学家评论道，哈瓦那的繁荣"是遵循殖民政策、体现官方存在的结果；东部的繁荣是蔑视殖民政策、官方缺席的结果"[22]。不论是何种情况，不管是哈瓦那还是圣地亚哥，另一种轮廓开始成形——一个岛上的人民不得不将目光投向海岸之外，从那里，他们要么得到拯救和解救，要么遭到入侵和毁灭。

第三章
童贞圣女铜像

在哈瓦那以东约 500 英里处,也就是更靠近哥伦布第一次登陆古巴岛的地方,点缀着高大棕榈叶的绿色山峦突然拔地而起,这些山峦海拔高达 6000 英尺,山峰雄壮,莽苍葳蕤。西班牙征服期间,它们为躲避西班牙侵略的泰诺人提供了庇护;后来,它们又为逃离奴隶制的非洲人提供了保护。19 世纪,胡子拉碴的爱国者们向不可一世的西班牙人发动了独立战争,这些山地成了他们的藏身之所。20 世纪,又是这些山地为其他蓄须的革命者挑战美国的新霸权提供了支持。

17 世纪,随着哈瓦那成为新世界宝藏的仓库,这些山地又呈现出另一种形式的富庶——丰富的铜矿储备。当时,许多重要产品的生产都需要大量的铜:圣坛上点着的信徒们祈祷用的油灯,现代世界早期人们用以计时的教堂钟楼以及取人性命的武器。古巴东部山区的铜矿为哈瓦那的武器铸造厂提供了原料,矿石被铸成大炮,安在新的堡垒里用于击退类似雅克·德·索尔一样的敌人。

蕴藏丰富铜矿的古巴东部山地是个很小的定居点,但其历史重要性却远远超过自身的规模。此定居点建于 1599 年,比北美的第一个英国定居点——弗吉尼亚的詹姆斯敦早了近一个世纪。此地有个冗长的名字："圣地亚哥普拉多王家矿场"，但它很快以另一个更简洁的名字为人所知，也就是此地今天的名字埃尔科夫雷（El Cobre，铜）。沿着陡峭的山坡，从矿场到大西洋，我们会看到一片平坦且肥沃的广阔土地，原住民和非洲奴隶在这里种植木薯、玉米和大蕉，也在这里饲养猪、牛、鸡。在北部海岸，他们则收集盐。他们收获的作物，以及他们用盐干燥、保存和调味的肉为开采铜矿的男男女女提供了食物。[1]

某天，可能是 1612 年 7 月的某一天，一对分别叫做罗德里（Rodrigo）和胡安·德·奥约斯（Juan de Hoyos）的土著兄弟，以及一个叫做胡安·莫雷诺（Juan Moreno）的 10 岁奴隶男孩，奉命自定居点出发从尼佩湾的海岸带些盐回来。彼时正是飓风季节，恶劣的天气迫使他们在一个叫做法兰西岛（可能是因为法国海盗总是威胁此地）的地方过夜。翌日清晨一大早，海面出乎寻常地平静，三个人于是出发去找盐。

但他们却遇到了神明。他们发现水中有一个白色的物体在远处漂浮。大约 75 年后，已是老头的胡安·莫雷诺描绘了当时的场景：[2]

> 挨近看，它看上去像一只鸟。再靠近一点，两个印第安人说它像一个小女孩。在争论过程中，他们凑得越来越近，认出了那是圣母玛利亚的形象，她怀里抱着小孩，站在一块小板上。

其中一人越过独木舟的边缘，用手中的帽子舀起了这一非同寻常的发现。雕像很小，大概只有 4 英寸那么高，其所站立的木板上有"大大的字……上面写着'我是慈善童贞圣女'。雕像的衣服是布做的，但是却没有湿，他们对此感到非常惊讶"。

当三人带着童贞圣女雕像回来时，每个人都惊叹不已。一些人很快做了个简朴的圣坛，并用树枝、树叶和鲜花进行装饰。当地的督工让一名非洲奴隶安东尼奥·安哥拉（Antonio Angola）——以其出生的非洲地区的名字命名——去通知埃尔科夫雷的官员。铜矿的管理人员下令修建一个神龛，并派人放了一盏灯（铜制）在圣坛上，还要求灯上的火焰永不熄灭。[3]

然而神奇的事情发生了。童贞圣女不止一次地在深夜时分从圣坛上消失，并于次日清晨衣衫湿润地再次出现。有人怀疑两兄弟中的罗德里戈·德·奥约斯，也就是在海上发现圣女的那个人把圣女藏了起来，因为泰诺人经常把宗教物件——泽米（cemís）[①]——藏在河边，以保护它们不受敌人伤害。有些目击者声称，他们曾无意间听到罗德里戈说，圣女是属于他的，白人不能拥有圣女。但是哪怕是当局在夜间将罗德里戈绑起来以防止他把雕像藏起来，雕像还是消失了。忧心忡忡的当局于是决定将圣女送往圣地亚哥城，在那里，她将得到合适的保护和尊崇。音乐奏响、礼枪齐鸣，在盛大的送行队伍中，在皇家士兵的护卫下，雕像被送往圣地亚哥。据说当送行队伍来到岔路口时，并未按照原本的计划前往圣地亚哥，而是朝着前往埃尔科夫雷的路走了——有些人说，这是上帝或圣女意志的象征。[4]

大部分人口都是非洲奴隶的埃尔科夫雷，因此成了圣女的家，地方当局下令在教区教堂为圣女修建圣坛。但这里也报告了圣女不翼而飞的神迹。据说她是给民众治病去了，而且她灯上的油能够神秘地自动补充。正如之前所发生的那样，她在夜间消失，有的时候甚至消失数日。据传，一个名叫阿波洛尼娅（Apolonia）的年轻女孩某天正在山上寻找她的母亲，她的母亲是个在矿地工作的女奴，在山丘顶部一块高高的石头上，她发现了失踪了的圣女。消失现象再

[①] 一种拟人雕像，泰诺人认为雕像里封装了他的祖先或神灵的灵魂。——译者注

度出现使人们得出一个结论：圣女需要一座小教堂，一个她想要待的地方。于是，神父组织了一场弥撒，让教区居民在此期间祈求获得神殿地点的指引。据另一个传说所言，当晚在山顶出现了三道光，且刚好是从那个叫阿波洛尼娅的年轻女孩发现圣女的地方发出的。据说同样的光在第二天晚上也出现了。神殿选址看来已十分清楚了。在铜山的高处，第一个固定的慈善童贞圣女神殿于1617年建了起来。[5] 一段五百年的虔诚和神秘创造史就此开启，慈善童贞圣女——仁爱圣女——从此成了古巴的主保圣人，成为古巴最持久的文化象征之一。今天，她的故事为所有的古巴人所熟知，不论这些人是住在圣地亚哥、哈瓦那、迈阿密还是纽约。

不过另一个有关圣女的故事，却在很大程度上从大众记忆中消失了。不同于圣女神秘出现的传说，这是一个有关圣女崇拜在现实世界生根蔓延的故事，是一个关于矿村男女奴隶特殊社群的故事。

埃尔科夫雷人，也即科夫雷罗人（cobreros），是慈善童贞圣女的信徒，他们将圣女视为守护人和保护者。这个由奴隶和自由的有色人种组成的当地社区多年来筹集资金，以修建和维护圣女的圣坛与圣殿，并用宗教游行、祈祷和许诺来表达对圣女的尊崇。他们向她祈求神意的调解，祈求来世的拯救以及今世的解放。

埃尔科夫雷是个繁荣的矿区。铜在当地冶炼后，会被运到500英里之外的哈瓦那，然后穿越大西洋抵达塞维利亚和里斯本。但是在17世纪下半叶，这里的铜矿产业陷入了停滞状态。铜矿所有者经营不善，海岸上到处都是海盗，致使铜矿几乎不可能被运往目的地。然而铜矿所有者的灾难，对于矿工来说却是一件幸事。随着铜产量的下降，埃尔科夫雷社区蓬勃发展起来。矿工们不再受到束缚，奴隶和自由的埃尔科夫雷人终于可以为自身的生计与利益而工作。大多数男子耕种土地；妇女则从事地表和冲积矿床的开采工作。他们将冶炼后的铜出售，用于购买钟、灯以及其他装饰性的物件，而不是用来制作大炮。靠着辛勤的劳作和积蓄，很多奴隶为自己或家庭成员赎了身。一位同时代的评论家说道，埃尔科夫雷的奴隶，"被自由归化了"[6]。

然而这样的事情并不在马德里官方的考虑之中。1670年，他们没收了已经不再盈利的铜矿。当地真正有价值的东西就只剩下包括男人和妇女小孩在内的271名奴隶劳动力，而国王的打算是卖了他们。据说当他们即将被卖的消息传来时，实际上已经自由生活了数十年的当地社区大为震惊。1677年，当埃尔科夫雷人得知官方正准备进行正式的检查，也就是开始售卖流程时，100名埃尔科夫雷人带着手杖和棍子躲进了大山深处，其中的一名领头人是胡安·莫雷诺，也就是那个10岁时看到圣女在海中神奇地出现，后来在30岁时担任圣女住地守护者的人。如今，年逾古稀的胡安·莫雷诺成了埃尔科夫雷人的领袖。[7]

胡安·莫雷诺在山里对人群发表了讲话。他说，埃尔科夫雷人是由"国王陛下的谦恭的黑奴"组成的，他们生活平和，生儿育女，在铜矿工作，帮忙修建教堂。一名当地官员近来也说道，埃尔科夫雷的奴隶"同其他奴隶不一样；他们是属于国王的。他们尊重承诺"。1677年，莫雷诺借机恳请国王"垂怜，让我们留在村子（pueblo）里，当我们找到（赎买）自由的（方式）时，我们将以任何国王决定的方式献上我们的贡品"。在莫雷诺的请愿书中，他称他的人民为 pueblo①。这是一个法律术语，表示一个具有权利和义务的法人实体。通过使用这一术语，莫雷诺表明他们的社区是一个合法的政治单位。当他指出社区成员想要赎买自由时，他所援引的乃是西班牙法律中长期存在的一项权利。莫雷诺知道自己在做什么。[8]

请愿书奏效了。宣传员在整个地区大声宣读新法令，代表国王承诺没有人会被售卖或被带离社区。埃尔科夫雷人重新回到了他们在埃尔科夫雷的家，他们以 pueblo 和西班牙国王的奴隶的身份生活着，为了自身的自由而工作。他们把闲置或废弃的土地改造成自己的小农田，在村庄最特别的核心，即教区教堂周边建造新家。他们是否将自身的胜利归功于慈善圣女的显灵，关于这一点我们不得而知。不过在同一时期，他们用自己的资金为圣女建造了一座新教堂。他们还修建了一座新圣坛，并用一盏新的灯来表示尊敬——这回是银制的，而非铜制。[9]

然而埃尔科夫雷人的胜利并没有终结他们为权利和自由所做的斗争。在接下来的几十年中，当地社区与地方省长以及铜矿管理者时有冲突。1708—1709 年间，省长试图解除埃尔科夫雷人的武装。18 世纪一二十年代，政府削减了可供埃尔科夫雷人使用的土地。1731 年，省长下令将所有"不满"的奴隶带离村庄，并以奴隶的身份进行售卖。埃尔科夫雷人受够了自己的权利遭到侵犯，大部分人决定发动起义。他们赶走了城里本就不多的官员，一起跑到更高的山里去。途中，他们在圣女的圣殿停了下来，取走了圣女的雕像并将雕像一同带上山。"他们说圣女是属于他们的，她是他们的解药。"事实证明，起义是值得的。国王斥责了省长，要求他公正对待埃尔

---

① pueblo 一词为西班牙语，意思是村落，从拉丁文"populus"（意即"人"）演变而来。这里或许可理解为"人民"之意。——译者注

科夫雷的皇家奴隶,不得压迫他们。[10]

然而事态的缓和不过是又一次的昙花一现,因为地方官员仍在不断地对埃尔科夫雷人的权利发起挑战。至1780年,这一迁延日久的对峙接近尾声,并给埃尔科夫雷的人民带来了致命一击。急于重启古巴铜业(并进行征税)的西班牙国王,将铜矿及其周边的土地出让给了个人,也就是原来那些16世纪土地所有者的后代。皇家奴隶则将被卖到圣地亚哥、哈瓦那,甚至远至牙买加和卡塔赫纳。一些在圣地亚哥要塞劳动的埃尔科夫雷人听到消息后,立马向他们的同胞通风报信。数以百计的埃尔科夫雷人于是啸聚山林进行反抗。

与此同时,埃尔科夫雷人也在寻求合法手段进行抗议。他们向马德里派遣了一名代表,此人名叫格雷戈里奥·科斯梅·奥索里奥(Gregorio Cosme Osorio),是一位在埃尔科夫雷出生的自由有色人种,娶了一位同样在埃尔科夫雷出生的女奴隶。科斯梅将社区的请愿书呈递给国王。像一个多世纪前的胡安·莫雷诺一样,请愿书言明了埃尔科夫雷人对国王和教会的奉献与忠诚。在将近20年的时间里,科斯梅一直留在马德里替埃尔科夫雷人向国王请命。他收到了邻居从家里寄来的信,控诉铜矿新主人的暴行:这些人派代理人拿走了埃尔科夫雷人的钱、衣服和珠宝;他们把男人和小男孩绑起来鞭打,还偷走了牲畜。[11]一名埃尔科夫雷人代表整个社区向科斯梅写信,催促他赶紧完成任务:

> 老哥,看在上帝的份上,抓紧吧,因为新主人正在摧毁我们。他们像对待死敌一样对待我们,到处都是惨无人道的惩罚。我本可以跟你说得多一些,但是哪有什么笔能够表达出来啊。不要忘记我们的慈善圣女……我相信她会助你成功的。[12]

国王最终听了进去。1800年4月7日,国王下令,从此以后每个埃尔科夫雷人都是自由的,他们会得到一份不会被出售、分割或抢走的土地,任何空出的土地都会被分给埃尔科夫雷人。1801年3月,所有社区在慈善圣女圣殿齐聚一堂,人们隆重地高声宣读王室的自由敕令。[13]埃尔科夫雷人在古巴结束奴隶制的近一个世纪前就得到了自由。这是一个奇迹吗?也许吧。但是这一非同寻常的pueblo的自由成就,更多是没那么神秘的世俗力量的结果:一个半世纪以来,一股强大的共同体意识孕育了为争取自由和权利而进行的合法与非法的斗争。

慈善圣女从古巴东部偏僻山区一个鲜有人知的地方象征,在四百年的西班牙统治中,最终成为古巴最重要的文化象征之一。我们会在适当的时候仔细考察古巴的独立斗争。不过在这里需要指出的是,当古巴的第一次独立战争于1868年爆发时,战争领导人升起了一面旗帜,而这面旗帜是他用家中小教堂装饰慈善圣女圣坛的华盖做的。古巴的反抗者们把圣女的徽章别在贴身衣物上;有的时候,他们从教堂里借来雕像一起带到战场。当独立战争胜利的时候,参加过反西班牙战争的老兵成功地使梵蒂冈承认圣女是古巴共和国的圣人和守护神。[14]

不过随着时间的流逝,圣女显灵的故事发生了变化。圣女的肤色变得更淡了。见证了她第一次显灵的三个人也发生了变化,不再是两个印第安人和一个黑人奴隶,而是一个原住民、一个黑人和一个白人,分别代表了构成古巴国家基础的三种文化。三个人的名字也变了,他们变成了三个胡安——三个约翰,或三个普通古巴人。黑人胡安——也就是那个来自埃尔科夫雷的10岁奴隶小男孩,他曾在老年时代表社区向西班牙国王请愿,后来又提供了唯一留存下来的有关圣女显灵的描述——也变得难以和其他人区分开来，至少在名字上是如此。他并没有被完全忘却，但也被忘得差不多了——就像他所属的那个埃尔科夫雷社区一样。

不过真实存在过的历史总是呈现出多层次的面向，且远远要比有时以传说示人的内容更丰富和更人性化。不论古巴主保圣人的传说美化得多么彻底，故事的其他部分——埃尔科夫雷人为争取自由所进行的斗争——确实流传了下来。埃尔科夫雷人的胜利之后，岛上其他地方被奴役的人民将他们当成了榜样。1811 年，一些在古巴起义的奴隶喊道，"我们想要像埃尔科夫雷人一样的自由"。奴隶制在古巴一直持续至 1886 年，而数十年来，山区为躲避奴隶制的逃亡者提供了庇护。埃尔科夫雷的黑人在 1800 年赢得了自由，他们的后代在同一个世纪又为另一种自由而斗争，并于 1898 年帮助古巴获得了独立。在如今的埃尔科夫雷，这些斗争痕迹以及另外一些斗争的痕迹几乎都潜伏在表面之下，静静地以向圣女住地献上祭品的方式表现出来——某个在战争中幸存下来的人放上一枚奖章、一根拐杖或一颗子弹。斗争的痕迹在圣母的签名簿上的留言中轻声低语——"神圣的圣母，请保佑古巴的自由。"一个名叫西斯托·巴斯孔塞洛斯（Sixto Vasconcelos）的人在 1903 年 1 月 11 日写道。[15] 1997 年，为了纪念成千上万逃离奴隶制的人（其中就包括埃尔科雷夫人，他们想要在比哥伦布更古老的土地上创造不一样的历史），人们在埃尔科雷夫高高的山坡上建了一座纪念碑，埃尔科雷夫斗争的痕迹也与若隐若现的纪念碑产生了回响。

第二部分
媲美王国的殖民地

18世纪,哈瓦那是新世界第三大城市,比英属的13个北美殖民地的任何城市都要大。这幅版画描绘了坐落于哈瓦那港口附近,建于1738年的圣弗朗西斯科·德·阿西斯修道院。

第四章
佛罗里达换哈瓦那

如今，哈瓦那的三智者城堡可能是古巴最具标志性的地标。然而，城堡更广为人知的名称是莫罗（Morro"莫罗"是个用于描述哈瓦那所在的高海角的一般词汇），莫罗的要塞和灯塔警戒着这个18世纪美洲的第三大城市——比墨西哥城和利马小，比任何英属的13个北美殖民地的城市都要宏伟和富裕。哈瓦那的港口可以轻松容纳1000艘船，其造船场是新世界最大的。城里有高档的石质建筑，还有差不多12座教堂，很多教堂都饰有灯具、烛台以及金银制品。虽然加勒比海上错落分布的各殖民地岛屿资金紧缺，但在哈瓦那，银币却流通得相当顺畅，以至于一个英国商人将哈瓦那比作圣经中所罗门国王的土地。[1]

哈瓦那也是新世界防御工事最坚固的城市。除了莫罗，另外两座大型堡垒——皇家军队城堡和圣萨尔瓦多·德拉蓬塔城堡——护卫着港口的入口。沿着岛屿的北部海岸线，在哈瓦那的东部和西部，厚壁的塔楼能够防止敌人在海岸登陆，并封锁了敌人可能通过不同路线进入哈瓦那的河流。一面厚5英尺、高30多英尺的巨型石头和灰浆墙保护着城市的核心区域。这些组合在一起的防御工事看上去会摧毁任何可能的来犯之敌。事实也的确如此，自1555年攻击之后的很多年里，大部分人都打消了进攻的念头。哈瓦那是坚不可摧的，"是西班牙主权在西方不可侵犯的象征"。[2]

七年战争曾威胁到了这一现状。这场战争有时又被称为法国和印第安人的战争，战争始于1756年，源于英国和法国争夺北美土地的冲突。当战争将众多欧洲国家牵扯进来，并各自拉帮结派时，西班牙在大部分时候都置身事外。然而，1761年8月，法国和西班牙国王签订了"家族条约"，之所以叫这个名字是因为条约签订者代表了波旁王朝的两个分支。协议公开要求缔约双方同仇敌忾，共同处理与英国的冲突。作为回应，英国于1762年1月4日向西班牙宣战。西班牙很快就给哈瓦那传信，但是意外（或许是有意为之）发生了。英国截获了送信的船只，尽管冲突旋起的流言很快流传开来，但是哈瓦那从未接到西班牙方面发出的这条消息。[3]

因此1762年6月6日的周日早上，在这座每个欧洲国王都想据为己有、美丽且坚固的城市中，没人能够确定他们的政府是否在打仗——哪怕是站在莫罗城堡顶上监视海岸的卫兵也不知道。那天早上，他注意到了一些反常的事：超过两百艘英国船只迎风驶近，直奔哈瓦那而来。他立马向省长胡安·德·普拉多（Juan de Prado）报告了此事。普拉多正在去做弥撒的路上，不过他立即穿过海湾去评估可能的危险。当他站在灯塔顶上透过望远镜看去时，他看起来更像是恼怒而不是震惊。他判定这只是一支商业舰队，但由于英国和法国正在交战，舰队可能比平时大一些，因此无须发布警报。[4]

普拉多从港口返回，继续周日的日常行程。但他发现城市处于一片混乱之中。哈瓦那的居民已经注意到了英国的舰队，并做好了最坏的打算。教堂的钟敲响了警报，人们涌入武器广场做好了准备。这是当天早上省长第二次感到恼怒。他觉得每个人都反应过度了。

当舰队悠悠驶离港口入口时，他冷静的判断似乎得到了验证。[5]

普拉多没有轻松多久。舰队行驶到城市东部数英里之后就停了下来。省长越来越确信船队是来进攻的，于是他召集了首都的所有军队——海军、西班牙常规武装、雇佣的和志愿的民兵、自由的黑人以及黑白混血军团。他号召奴隶主把奴隶送到城市帮助防卫。征召士兵和志愿者的紧急命令也发布至全岛。不过由于仍旧不确定西班牙和英国是否已经开战，很多人都希望有个能让所有的这些准备都变成无意义的解释。[6]

然而，英舰上的人只不过是在发动进攻前，等待大风和海浪罢了。兴许是感受到了手下人在面对这一向来被视为坚不可摧的城市时的忧虑，本次战役的主要指挥官阿尔比马尔伯爵乔治·凯珀尔（George Keppel）将船长们召集起来并发表了战前惯有的演讲。"振作起来，伙计们，"他鼓舞道，"我们很快就会像犹太人一样富有了，低能的西班牙人用金子打造了哈瓦那，这是给我们准备的。舰队司令刚刚准许我们拿走城里所有的宝贝。"船员们于是预先为胜利而干杯。[7]

翌日清晨，也就是6月7日早上，大海风平浪静。舰队司令波考克（Pocock）作为海军指挥官带领着12艘船全速驶向港口的入口。西班牙人准备在这儿阻击他们，但是在阿尔比马尔伯爵的领导下，另一支规模大得多的部队已经开始在首都以东约6英里的地方登陆了。"一个小时内，未遭任何抵抗，也未损失一人，整支军队就这么登陆了。"然后他们经由陆路缓慢行进，目的地是固若金汤的莫罗城堡。至6月11日，英国人已经在莫罗东部崎岖的丘陵地带卡瓦尼亚（La Cabaña）建立了阵地。"在热带骄阳的炙烤下"，他们着手搭建炮兵阵地，以炮击莫罗，并促使其卫戍部队早日投降。[8]

从最初的惊慌中回过神来的西班牙人竭尽全力抵御入侵者。他们从莫罗城堡朝阿尔比马尔伯爵领导下的英国部队开火，这些英军是从东部进犯的。人数较少的英军部队在西部的拉乔雷拉（La Chorrera）发动了攻击，哈瓦那的黑人民兵对此进行了激烈的抵抗。在城市里，省长普拉多下令，妇女、小孩以及任何无法拿起枪支或弯刀的人立即撤离城市。连日的降雨导致道路几乎难以通行，穿着修女服的修女在路上艰难跋涉，为了避免圣物落入英国人（新教徒）手中，她们用袍子的褶皱将圣物掩盖起来。普拉多下令烧毁城墙外的周边地区，以防给敌人留下可供修整的地方。生活在城市的人要么拿起武器，要么构筑防御工事；如果他们什么都做不了，那么就得撤离城市。普拉多担心，英国人可能会以自由做筹码，诱使那些奴隶加入他们，因此他预先发布法令，宣布任何保卫城市的奴隶都将得到自由。他还宣布，抓住英国士兵并转交给当局的当地人将获得一笔现金奖赏。最后，他又下令在港口的入口处凿沉三艘西班牙战舰。沉船以及莫罗城堡和蓬塔城堡间的防卫性铁链，共同构成了阻止入侵的英国海军进入港口的屏障。[9]

但是英军具有任何措施都无法抵消的两大优势：船只和人员。阿尔比马尔伯爵带着30艘战船以及超过200艘的运输船和补给船，而哈瓦那只有一支由18艘战船组成的舰队，其中的4艘还是坏的。入侵的英军中约有1万名水手、1.2万名士兵、2000名奴隶以及600名自由黑人民兵。相比之下，西班牙方面可征召的武装力量相形见绌：只有约2300名常规军，以及约5000人的规模略大的志愿民兵。[10]

一切似乎都有利于英国人。阿尔比马尔伯爵率领着主力部队从东部进犯，并准备进攻莫罗城堡。波考克的部队则打算从西部打击西班牙人。毫无疑问，对于英国人来说，整个七年战争最惊心动魄、最雄心勃勃的战役有了个好的开端。只有奇迹才能拯救这个英国人称之为"哈凡纳"（"the Havannah"）的地方。

尽管如此，战争自有其逆转优势、并使每个牵涉其中的人遭受痛苦的方式。围攻一个月后，一位英国军官抱怨道，"这是一项艰巨的任务，西班牙人比最初想象的要坚韧"[11]。由于西班牙军队的抵抗，冲突不再是海上的围困，而变成了陆上的消耗战。

虽然英军数量远多于西班牙军队，但一个意志坚定的对手还是可以造成相当大的伤害。在英国的敌人中，最想打败英军的是当地的有色人种。有些是自由黑人和黑白混血民兵，他们宣称自己享有合法的自由，且享有通过服军役获得荣誉和尊严的权利，其他则是在省长自由承诺的鼓动下服军役的奴隶。6月26日，驻扎在莫罗城堡的这样的13人出发了，他们要去阻击一支由14名英军组成的先头部队。他们手握弯刀，杀死了1名英军并俘虏了7人。省长立即就让他们获得了自由。此例一开，志愿入伍的奴隶人数与日俱增，一个新的战斗单位也应运而生。6月29日，一群奴隶俘虏了47人，缴获了三面旗帜，还杀死了1名英军上尉；7月13日，黑人战士俘虏了400名英国兵；7月18日，另一群人杀死了1名炮兵上尉，俘虏了18个英国人。看起来，自由的确是极大的动力。[12]

我们对这些同英国人作战的奴隶知之甚少。有时候，他们的名字能流传下来正是因为他们本人战死沙场：7月2日，安东尼奥·波韦达（Antonio Poveda）中弹身亡；7月4日，安东尼奥·奥古斯汀（Antonio Agustín）被炮弹击中。他们死于战场，由于国王得给奴隶主做补偿，他们的名字才流传下来。不过就算黑人战士的名字没有流传下来，他们的壮举也为人所铭记。半个世纪后，何塞·安东尼奥·阿庞特（José Antonio Aponte）作为一名自由的黑人木匠，以及一位曾防卫哈瓦那、抵抗英军的黑人民兵的孙子，画了一些如下场景的画：黑人部队俘虏了英国人，黑人士兵守卫着军事营地。阿庞特会用这些画来招募黑人从事反对奴隶制的重要斗争。[13]

1762 年，英国人还得面对其他可怕的敌人——一种完全不需要训练的敌人：气候与疾病。就在围城之前，一场大暴雨倾盆而下。登陆后持续数周的酷热干旱，使得日常的围城活动痛苦难熬。补给很快就耗尽了，英军难以稳定地获取淡水。当他们试着在卡瓦尼亚的山丘安装大炮进攻莫罗城堡的时候，被炙烤的土地甚至弄坏了器械的尖端。炎热和干旱（以及来自双方武器的炮火）达到了如下程度：7 月 3 日至 4 日的午夜，英国士兵醒来后发现，他们搭起来的大炮都着火了。两周多的时间、六百余人的工作——这一工作本可能使他们在大概几天内就拿下莫罗城堡——在一个小时内几乎完全毁于一旦。[14] 在一则写于 7 月 4 日的日记中，一名英国军官承认，士兵们越来越疲惫了。"莫罗城堡并没有像他们起先所设想的那样被迅速攻破，"他补充道，"失望使得［他们］意志消沉。"[15]

疾病也使英军萎靡不振。西班牙人将这种病称为"黑色呕吐"——因为呕吐物中的血使其呈黑色。英国人用一种不同的颜色来命名此病：黄热病，因为此病造成的肝损伤使得患者的皮肤变得蜡黄。在当时，这种病是最致命的传染病之一，奴隶贸易和战争等形式促进了此病的传播，因为二者都使成千上万的人在大陆和岛屿间流动。

登陆仅 4 天后，第一批英国逃兵就跑到了西班牙人那边，这表明英国人已经开始生病。一名英国军官写道：

乡间的食腐乌鸦不停地在坟墓上空盘旋，这些坟墓与其说是埋葬死者，不如说是草草把尸体盖住。乌鸦们还经常把少量的覆土扒开，使得每具受损的尸体都呈现出令人难以言说的恶心与恐怖。对于那些参战的人来说，人人都害怕遭受同样的命运。

英国人心灰意冷，以至于阿尔比马尔伯爵不久就盘算着结束围城，撤下坚不可摧的哈瓦那，带着人马在别处休养或死在别处。[16]

这当然正是西班牙人所希望的。假如他们可以拖延时日，他们或许可以迫使英国人停止进攻。[17]不幸的是，他们与英国人遭遇了同样的气候，也同样备受黄热病之苦。事实上，他们自1760年起就饱受此疫病摧残，当时，一场瘟疫肆虐了城市及其周边地区，如今，情况愈发糟糕，且危险程度极高。[18]

死亡无处不在：围困中的城市、守卫城市的堡垒、环绕城市的河流中都有死人。6月16日，普拉多宣布任何被抓现行的人，哪怕只是犯下最轻微的盗窃罪，都将会在不受审判的情况下被立刻绞死。省长言出必行。每天都有很多人被处决——或是偷盗，或由于向敌人提供情报，或由于向敌人出售补给，有的时候则是因为暴力攻击。挂在绞刑架上的尸体成了被围困的首都景象的一部分。省长下令杀死城里所有的狗——它们因为饥饿而在夜间嚎个不停——这件事很快就办妥当了。在双方很多战斗的尾声，都会出现仪式性的休战旗。西班牙人会在这个时候进入敌人的阵营，为同胞收尸并掩埋他们。有的时候，双方战场上的人会为了逃避屠杀而跳进水里，但不一会儿就淹死了。在某些日子里，港口挤满了漂浮着的死尸。[19]双方都困于一场激烈且残酷的等待游戏中。由于无力击退英国人，普拉多转而期待一场被动的胜利，即不依靠军事，而是寄希望于黄热病和飓风季来获得解放。与此同时,阿尔比马尔伯爵则在两个选项中犹豫不决:一是撤退;二是祈祷他们对莫罗城堡缓慢且痛苦的推进能够带来一些成果,以保证能有足够的人活着占领城市。

就在这个时候,也就是围攻了七个多星期后,从纽约出发的英军支援部队到达了。从一开始,乔治国王就知道占领哈瓦那并非易事,北美部队是不可或缺的。然而,大多数殖民者并不愿意在加勒比海地区服役,因为那里的热带疾病几乎与外国军队一样能置人于死地。因此,王室很愿意做些利诱。乔治国王授权阿尔比马尔伯爵可为外省人(当时他们就是被如此称呼的)提供"任何进一步的赏钱……并格外注意确保他们受到适当的关注和人道的待遇"[20]。

最后证明,相比赏钱,组织北美远征军还不如简单地进行欺骗。英军在北美的指挥官杰弗里·阿默斯特(Jeffrey Amherst)给纽约、康涅狄格、新泽西和罗得岛的州长写信,要求他们提供所需的志愿者。他承诺,这些人不会受什么苦,也不会因长途行军而疲惫不堪,他们很快就能回家。尽管阿默斯特知道他们要去哈瓦那,但他并没有提到古巴。或许是因为阿默斯特的言辞太过含糊,也有可能是由于关于加勒比海战役的流言四起,在纽约举行的殖民地大会要求确保这些人只会被用于北美大陆。阿默斯特闪烁其词地说:"他们的目的地目前必须保密,我不可以随意透露。"[21]

这些人一到纽约后没多久就猜出了他们的目的地。来自康涅狄格州的人最多(约一千人)。菲尼亚斯·莱曼少将以及后来成为革命战争英雄的伊斯雷尔·帕特南(Putnam)中尉在部队中担任领导。他们所指挥的士兵大部分是农民和农民的儿子,其中就有17岁的列维·雷德菲尔德(Levi Redfield),他自愿服役,渴望在北美与法国人进行战斗。如今他登上了纽约港11艘船中的其中一艘,船上有数千名像他一样的志愿者,但都被禁止上岸,因为领导层担心,一旦这些人意识到要去古巴,就会当逃兵。[22]

援军于7月28日抵达哈瓦那,这让已疲惫不堪的英国人欢欣鼓舞。也许现在他们终于可以攻克莫罗城堡了。在位于卡巴尼亚的英军营地和莫罗城堡之间,横亘着一条在坚硬的岩石上开凿的壕沟,沟宽56英尺,深63英尺。英国工程师判定,他们拿下莫罗的最佳机会莫过于在岩石中挖一个深坑,在其中埋设地雷,然后引爆它们。爆炸会把大量的石头抛入沟里,从而使英军有可能步行冲进要塞。来自纽约的小分队及时赶到,完成了这项工作。[23]

7月30日下午两点,英国人引爆了地雷。石头飞得到处都是,不仅填满了沟渠,还在当下就砸死了西班牙的哨兵和掷弹兵。随后,英军在国王皇家步枪团第三团的带领下,冲进了堡垒。西班牙人试图抵抗,但无济于事。他们的指挥官路易斯·贝拉斯科也受了致命伤。贝拉斯科是一位50多岁的老水手,曾在海上待了35年,他个性倔强,已经坚持抵抗英军45天。当他倒下时,其他人也就随之把要塞交了出去。当天西班牙方面死亡、受伤或被俘的超过五百人,其余人则乘船逃往哈瓦那或于逃亡途中溺毙。下午5点,英国的国旗在堡垒上升起。[24]经过七个星期零五天的围攻,坚不可摧的莫罗城堡最终沦陷。

剩下的只是时间问题,而且所需时间不多。随着西班牙人在莫罗城堡被击溃,英国人可以从四面八方自由地攻击哈瓦那。30名美利坚人被派去建造平台,以便使莫罗城堡上的枪火能够攻击海湾对面的西班牙人。烽火连天,只是在人们匆匆埋葬莫罗城堡的老指挥官路易斯·贝拉斯科时,炮火才停了一会儿。随着更多的部队从纽约抵达，英军搭建了更多的火炮，火力越发密集。8月10日，阿尔比马尔伯爵给西班牙省长送了一封信，信中写道，投降吧，这样可以避免城市被彻底摧毁。普拉多拒绝了。8月11日破晓，所有的英国火炮都开火了：共计43门大炮和8门迫击炮。剩下的西班牙阵地一个接一个地被压制，至下午两点，西班牙人放弃了城市。[25]哈瓦那，这个通往新世界的钥匙，现在成了英国的领土，与13个殖民地同属一个帝国。

各地的英国人都在大肆庆祝。在伦敦，坎伯兰公爵给阿尔比马尔写信，称"你让我成了现在最幸福的人"。事实上，公爵的确高兴得忘乎所以，有一次，他在宴会上看到了阿尔比马尔的老母亲，差点当众在客厅里吻了她。本·富兰克林从费城写信给一位朋友，祝贺他拿下了哈瓦那；只要"约翰牛不因胜利而沉醉，乘胜追击，让全世界都来奉承他"，那么这场胜利将确保在刚刚结束的战争中获得有利的和平条款。在波士顿，一场纪念胜利的公开布道以不同的方式直白地进行着："我们已经找到了一笔巨款，在阿尔比马尔将军和波考克海军上将的领导下，我们希望能够从中收获与巨大付出和勇气相匹配的丰厚回报。"[26]

作为哈瓦那的征服者，阿尔比马尔也希望得到同样丰厚的回报。他以胜利者的身份大摇大摆地进入哈瓦那并任命自己为总督。哈瓦那的头面人物也来拜见他。据后来讲给西班牙国王的一则故事所言，一位拜访者给阿尔比马尔送了一只金刚鹦鹉——这是一只色彩斑斓的红色金刚鹦鹉，是当时古巴本地的一种鸟，如今已经灭绝了。但阿尔比马尔不为所动。"我不想要鸟，"他如此说道，"我要银子。"另一位拜访者从当地的糖厂老板那里收集了大量贡品，并与大量的糖一起作为礼物送给阿尔比马尔。这位新的英国总督再次表示了不屑。"英国的一个旅馆老板都比他们更有钱,"他抱怨道,"我应该得到十倍于此的财富!"[27]不管这些特别的故事是否属实——它们都是由阿尔比马尔最激烈的诋毁者转达给国王的——不可否认的是,征服哈瓦那的人都赚得盆满钵满:阿尔比马尔和波考克各赚了近12.3万英镑,数额较小的收入则按军衔一直分配下去,普通士兵和水手分别赚了3英镑和4英镑多一点。[28]

对许多英国人来说,也许特别是对普通士兵和水手而言,到手的收入与所遭受的苦难并不相称。即便围城已经结束,士兵们仍在不断死亡。在西班牙投降后的两个月,阿尔比马尔还因疾病损失了三千人。北美招募的士兵是在黄热病流行高峰期抵达哈瓦那的,在英国军队中,他们的死亡率也是最高的。正如国王曾承诺的那样,他们被送回了纽约,然而他们在船上还在不断地死亡。康涅狄格州志愿服役的少年列维·雷德菲尔德就看到他的兄弟和其他21人死在回家的路上。许多人回家时不仅疾病缠身、心情悲痛,而且还"心有怨怼"。他们遭受了很多痛苦,但是他们得到的回报却是微薄的。[29]

与此同时,阿尔比马尔则留在哈瓦那大肆敛财。无论收益如何,胜利使他成了哈瓦那及其所有臣民的总督。如今,就法律上来说,英国治下的西班牙臣民可以自由地信奉天主教,也可以完整地保留他们的所有财产。根据协议,哈瓦那市政议会继续运作,并负责政府的日常工作。阿尔比马尔任命了副总督,并规定了其他官员在政府内部的地位。为了避免与当地人发生可能的争执,他禁止英国士兵去酒吧。他每周都会举办精心准备的晚会。起初,参加晚会的人很少,但很快晚会就成了镇上的话题。在那里,英国的官员和商人与哈瓦那最显赫家族的成员一起喝酒吃饭。种植园主和商人的女儿们与英国军官跳舞；有些人坠入了情网，其中的一些爱情故事甚至激发了小曲的创作。[30]

作为忠诚的西班牙臣民，很难想象哈瓦那的富人会希望英国获胜，但是既然现在英国已经胜利，他们便要懂得识时务，对他们来说，发展制糖业比什么都重要。

如今，糖是如此的普通，如此的不起眼，以至于人们很难理解糖在哈瓦那精英阶层中曾激起的无尽热情。彼时，曾是贵族的奢侈品的糖，正迅速成为欧洲和北美的穷人以及劳动者的主食。茶叶和咖啡是另外两个当时正在崛起的热带产品，而糖为苦涩的茶和咖啡增加了甜味及卡路里。随着工业革命的深入，与茶或咖啡相结合的糖，有时成了食物的替代品——用人类学家西敏司（Sidney Mintz）的话说，糖为无产阶级消灭了饥饿。[31]

糖从国王的款待到大众消费品的转变也改变了新世界和非洲的历史。它导致了西半球大片土地的滥砍滥伐，也使得因征服而大为减少的人口再度增长。由于制糖需要大量的劳动力，因此糖又成了推动跨大西洋奴隶贸易的主要动力。在近1100万被迫登陆新世界的非洲人中，大约有三分之二的人最终在糖业工作。

由于大量生产，糖拥有非常巨大的利润，围攻哈瓦那的英国人也许比其他任何人都更清楚这一点。英国第一次试验糖的地点是巴巴多斯，一个只有14×21英里宽的岛屿。欧洲的甘蔗、土著被赶走后的大片空地以及成千上万的进口非洲劳力——在1625年至1750年间估计有35万名非洲人——所有这些因素加在一起，使得这个小岛成为英国当时最赚钱的殖民地。由于土地逐渐消耗殆尽，英国人开始在其他地方重新复制这个模式。至1762年围攻哈瓦那时，牙买加取代巴巴多斯成为帝国最耀眼的宝石。牙买加共接收了超过51.3万名非洲俘虏，其中大部分都是英国奴隶主用船运过来的。[32]

相比之下，哈瓦那的腹地只有不到100家糖厂，总共可能有大约4000名奴隶——与英属牙买加相比，完全难以望其项背。[33]但拥有这些糖厂和奴隶的人很清楚哈瓦那的新征服者都是些什么人。英国的加勒比殖民地生产了世界上大部分的糖，大多数在美洲出售的非洲俘虏都由英国人的船只运载而来。突然置身于英国的统治之下，这些古巴种植园主很快得出结论，现在轮到他们了，他们将以此为契机攫取糖所能带来的巨大回报。

英国在古巴的政策帮助他们做到了这一点。阿尔比马尔立即废除了西班牙统治时期的税收，英国商人（包括那些来自13个殖民地的商人）来到了哈瓦那。占领期间，700多艘英国私人船只抵达（之前的一整年还不到20艘）。商人们前来购买古巴的烟草、皮革、肉类、玳瑁、木材，当然还有糖。在这些人中，有像威廉·贝德洛（William Bedlow）这样的人，他是纽约市的第一任邮政局局长，自由女神像所坐落的岛屿就是以贝德洛家族的名字命名的。北美的商人们也来这里销售他们的产品：面粉、布匹、制糖设备，甚至是海狸帽。尽管哈瓦那气候炎热，但海狸帽在哈瓦那却大受欢迎。一位西班牙官员抱怨说，抵达哈瓦那的北美货物数量太多了，得花数年时间才能完全消费掉。[34]

但古巴糖业种植园主们最渴望的是一种非同寻常的商品：人。种植园主们已经在倡导扩大奴隶贸易，他们认为获得廉价劳动力将促使他们获得更大的繁荣。当时，英国人是获利颇丰的跨大西洋奴隶贸易的主要参与者，而英国商人知道关于哈瓦那的两件事：这是一个尚未被开发的非洲俘虏销售市场，而且买家有现成的现金。

据传，西班牙还未最终投降时，一艘英国奴隶船就已经在港口等待了。西班牙一投降，该船就驶入了港口并开始出售奴隶。为了在占领古巴期间经营奴隶贸易，阿尔比马尔选择了利物浦商人约翰·肯尼恩（John Kennion）。作为 10 艘奴隶船的共同所有人之一，约翰·肯尼恩早已资财雄厚，他还在牙买加买了糖厂。阿尔比马尔给了肯尼恩进口非洲俘虏的独家许可。在肯尼恩的客户中，不少是哈瓦那城中最有头有脸的人物。比如像劳雷亚诺·查孔（Laureano Chacón）这样的人，他是一位市政官员，最近刚带人抵抗英国侵略者。还有像塞巴斯蒂安·佩纳尔韦尔（Sebastian Peñalver）这样的人，他在英军占领期间，担任阿尔比马尔的副总督。总的来说，在十个月的占领期间，英国人向哈瓦那引进了大约 3200 名非洲俘虏。为了使人们对这一数字有概念，不妨回顾一下在英军占领前，糖厂里的奴隶工人数量。彼时哈瓦那嘈杂的工厂里约有 4000 名奴隶。换句话说，在不到一年的时间里，英国人就将哈瓦那的奴隶人口规模扩大了约 80%。随着奴隶劳工越来越多，贸易的障碍越来越少，制糖业一路高歌猛进。[35]

也许正是出于这个原因——对制糖业和奴隶制的推动——英国对哈瓦那的占领才在古巴历史上具有重要意义。英国的占领并没有创造古巴的制糖业，但它确实给了古巴制糖业一个导向性的推动力。这是一个新古巴的预兆——而且是一个持久的预兆。古巴对作为其经济基础的糖的依赖将在英国统治后的几十年里显著扩大；事实上，这一依赖持续了两个多世纪。

当哈瓦那人正在适应占领的时候，欧洲的君主们则在缔结条约以结束七年战争。每个人都在猜测，这座长期以来被视为西印度群岛钥匙的城市将会发生什么。西班牙人迫切地想要收回这座城市；英国人则意见不一。在议会中拥有巨大影响力的牙买加的种植园主们并不希望有来自古巴的竞争。英国政治家威廉·皮特（William Pitt）长期以来一直为攻占哈瓦那而奔走游说，他认为，英国绝对应该占有哈瓦那。当听闻初步条约的条款打算交出哈瓦那时，皮特离开病床来到了下议院。在长达三个多小时的演讲中，他对此条约大发雷霆，指责该条约"遮蔽了战争的所有荣耀［并］放弃了最重要的国家利益"[36]。

正如皮特所担心的那样，根据1763年的《巴黎条约》，英国放弃了哈瓦那。作为交换，西班牙割让了佛罗里达——这是辉煌的哈瓦那和沼泽密布的佛罗里达这二者的命运第一次纠缠在一起（但肯定不是最后一次）。佛罗里达的西班牙人收拾好行李，驶向哈瓦那。取而代之的是新的定居者，他们大多是来自较寒冷的殖民地的北美人。他们中的一些人曾参加过对哈瓦那的远征，并在几年后参加了反对英国人的革命。[37]

英国在哈瓦那的统治结束了，此时距莫罗城堡守卫队首次在地平线上发现阿尔比马尔的两百艘船已经过了13个月。1763年7月4日，新的西班牙都督里克拉（Ricla）伯爵来到哈瓦那，收回了这个西班牙最古老的殖民地之一。他的部队开进城市，进入一年前许多人丧生的莫罗城堡，并在城市及其周边地区的每一个堡垒和哨所都安排士兵驻扎。各个地方的英国国旗都被撤下，代之以西班牙国旗。西班牙人宴饮欢愉，通宵达旦。第三天，新都督召集了每个曾为西班牙作战，但尚未获得自由的奴隶。来得人太多了，以至于都督花了两个多星期才处理完此事。至少156人得到了自由，他们的名字被公开发布，以便日后他们的身份不会有任何混淆。[38]

到任后不久,里克拉还在卡瓦尼亚山上开始了一项重要的防御工事。如果那里之前就有要塞,那么英国人的围攻很可能就是另外一个结果了。当新堡垒终于在1774年完工的时候,接到通知的西班牙国王要了一副望远镜。国王说道,哈瓦那要塞斥资巨大、建造良久,我们肯定在西班牙就能看到它。[39]

关于望远镜的故事很可能是天方夜谭。但是假如国王能够穿过伊比利亚半岛和大西洋看到哈瓦那,那么他就会发现一个在程度上而非种类上不同于阿尔比马尔1762年入侵的哈瓦那。巨大的堡垒守卫着这座令人印象深刻的城市。4000名正规军和大约6000名民兵每周日都在城市街道上进行演习。他们的存在使得这个城市仿佛一座巨大的城市军营。在人人都在歌颂的宽阔而深邃的港湾中,国王会发现更多的船只。很多船只载着非洲俘虏入港,其他船只则带着烟草、木材、皮毛和糖离开。事实上,在卡瓦尼亚堡垒(Cabaña fortress)① 完工时,糖的出口量已经达到每年1万吨左右,是英国围攻之前的5倍多。不过即使是最强大的望远镜,也无法让国王看到那里的常备军现在主要是古巴出生的,而不是西班牙出生的人;他也无法看到,靡费良多的新堡垒使用的砖头来自弗吉尼亚和纽约;他更不可能发现,许多涌入港口的商人说的是带有巴尔的摩、波士顿、纽约和查尔斯顿口音的英语。[40]

---

① 即圣卡洛斯城堡。全称为 Fortaleza de San Carlos de la Cabaña。——译者注

第五章
最惠国

1776年1月12日,一位访客抵达哈瓦那:来自乌奇兹印第安部落的菲哈格(Fichacgé)——佛罗里达29个印第安人城镇的首领,这些城镇早先属于乌奇兹人,后来归属西班牙,自1763年《巴黎条约》以来则属于英国。来访者带着鹿皮和马匹,并提出可以对在佛罗里达沿海捕鱼的古巴渔民进行保护。作为交换,他的人民需要衣服、工具和船只——印第安人的独木舟并不能用来运输马匹。他还想要别的东西:让西班牙帮助他们同侵占土地的英国殖民者作战。在哈瓦那,像菲哈格这样的代表团很常见;在1763年至1776年间,来自佐治亚和阿拉巴马的克里克使者①曾进行过19次这样的访问。哈瓦那都督按惯例给了菲哈格一个由三部分构成的答复:首先,请他们不要不请自来地出现在哈瓦那;其次,他没有权限允诺他们所要求的事;最后,他不能提供任何帮助来对付英国人,因为两国现正处于和平时期。[1]七年战争和围困哈瓦那还鲜活地存在于每个人的记忆中,足以让人明白挑衅英国并非明智之举。

然而,当年可是1776年,到处都是挑衅英国人的举动。这一年的7月4日,从佐治亚到新罕布什尔,殖民地居民纷纷宣布脱离母

---

① 克里克人,即美洲土著。——译者注

国独立。这一事业的领导人——比如弗吉尼亚州的乔治·华盛顿和费城的本杰明·富兰克林——都理解菲哈格知道的真理：战争需要盟友，而且最好是钱袋满满和拥有强大海军的盟友。

为了给美国革命寻找这样的盟友，新近成立的大陆会议向巴黎派出了使者，其中最著名的使者是本杰明·富兰克林。他戴着一顶浣熊皮帽，而不是假发套，在巴黎人看来，他就是一个新时代的象征。富兰克林的同事阿瑟·李（Arthur Lee）就没有那么受欢迎，他本是弗吉尼亚州的一名物理学家，后来成了律师和外交官。诋毁他的人形容他"谈话时有一种令人不快的僵硬感，祖传的平庸外貌，举止粗鲁、自私自利，完全配不上他如今崇高的地位"。就连李的朋友也抱怨他不能"很好地控制自己的脾气"。李显然是一个嫉妒心很强的人，大受欢迎的本杰明·富兰克林使他心生不满；他还是个没耐心的人，因为法国人在提供支援方面太过磨蹭而感到恼火，他也知道，只有法国和西班牙的共同支持才能给英国带来"最充分的恐慌"。李对自己的逻辑深信不疑，于是，在未经批准的情况下，李开始了危险的穿越之旅。在没有受到邀请和通知的情况下，他就兀自翻过比利牛斯山抵达了西班牙王宫。这就是有些人后来所称的"游击队外交"[2]。

当在马德里的西班牙国王听说李正在来见他的路上时，国王犹豫了。马德里是一个地处内陆的小首都，到处都是英国间谍。国王于是决定不接见这个美国人。然而当国王拒见的消息传到巴黎时，李已经上路了。西班牙官员向法国边境到马德里的路上每个明显的停靠点都下发了函件，不管是谁发现李，都应该通知当局，并阻止他继续前往首都，国王会派代表来找他。函件中说李可能使用了假名字，但发现他还是很容易的：他不懂西班牙语而且对这个国家完全不了解。他肯定会被认出来。

一名皇家邮递员在布尔戈斯的一家小酒馆里轻易地发现了这个美国人，此地在马德里以北约150英里，邮递员要求李在此等待西班牙国务大臣格里马尔迪侯爵（Marquis de Grimaldi）和巴斯克商人迭戈·德·加尔多基（Diego de Gardoqui），前者精通西班牙语和法语，后者英语流利且有丰富的北美贸易经验。作为迄今为止尚无人承认的政府的代表，且距打败英国还有些时日，李似乎很想遵守国际外交的一些仪式。因此，当三个人坐下来就西班牙可能支持美国革命进行重要谈话的时候，李坚持要求说法语。但问题是——李的法语极差。格里马尔迪试图说得慢一点，但李还是无法用他所坚决要求的法语做出回应。在这场用三种语言进行的磕磕绊绊、令人头大的对话中，李最终传达了他的想法：革命的命运取决于波旁王朝的君主。没有法国和西班牙的共同帮助，殖民地人民永远不可能获胜。[3]

对李和美国人来说，幸运的是，在那次尴尬的会面之前，西班牙人已经决定提供帮助。西班牙人承诺将在荷兰的一家银行为大陆会议开通信用额度。他们会提供物资，并立即为美国军队发送了三千桶火药和毛毯。他们还授权通过哈瓦那向革命者运送墨西哥的银币。最后，他们还以贸易的形式扩大援助，从此以后，美国革命的商人和船只在哈瓦那将享受到"最惠国"待遇。[4]

尽管美国革命的爆发对西语世界来说不是个好兆头，但是西班牙，这个新世界最古老的殖民力量，还是选择支持西半球的第一场反殖民运动。对革命者来说，西班牙的援助承诺以及能在哈瓦那进行贸易是个重大的胜利。西班牙货币——著名的八里尔银币——不仅在13个殖民地，而且在全球大部分地区都是首选的钱币。哈瓦那还会定期收到墨西哥白银补贴，以支付古巴岛的军事和行政开支，这也使得哈瓦那政府通常拥有大量的银币储备。如此一来，西班牙的支持及其准许进入哈瓦那的承诺，保证了革命者能够获得世界上最有价值的货币。

然而，对西班牙来说，援助北美殖民地人民并不是一个简单的决定。一方面，英国是西班牙的宿敌，一个多世纪以来，英国一直在挑战西班牙对新旧大陆的领土主张。近来在七年战争中的耻辱性失败又构成了一个新的记忆。因此，对于西班牙人来说，北美的叛乱为他们进行复仇和收复失地提供了契机——佛罗里达当然必不可少，甚至有可能收回牙买加或直布罗陀。

另一方面，西班牙人也有充分的理由不帮助美利坚人。西班牙持有与叛乱殖民地相邻的领土。与革命者站在一起，就意味着会招致英国人的攻击，西班牙很可能会损失惨重：密西西比河谷下游、古巴、波多黎各、圣多明各都有可能受到攻击。此外，西班牙还需要保卫自己的美洲殖民地，因此，支持为脱离欧洲国王而战的美利坚人并不是个好主意。这不是开了一个危险的先例吗？西班牙自己的殖民地人民会模仿吗？这些英国殖民地的人民到底是谁？一旦他们获胜，有什么能阻止他们在路易斯安那、佛罗里达和其他西班牙领土或曾经的西班牙领土扩张呢？

因此，虽然西班牙国王承诺提供援助，但西班牙政府也做了两手准备，并且采用了国家外交手段中久经考验的做法：间谍活动。鉴于哈瓦那已经与13个殖民地建立了可观的商业联系，马德里当局指示都督利用这些联系来收集有关北美革命者的信息。哈瓦那都督选择了一位名叫胡安·德·米拉列斯（Juan de Miralles）的商人来负责这项任务。米拉列斯生于西班牙，自1740年以来就在哈瓦那居住，而且说得一口流利的英语；他也是一名奴隶贩子，与在古巴做生意的北美商人有联系。他曾担任在哈瓦那享有奴隶贸易垄断权的公司的官方代表，该公司在费城的代表是罗伯特·莫里斯（Robert Morris），罗伯特同时也是大陆会议的代表团成员，米拉列斯因而几乎自动进入了美国革命的最高层。他准备了一份新的遗嘱，并于1777年12月31日从哈瓦那起航，准备执行自己的使命。[5]

在前往西班牙的途中，米拉列斯假装船只遇到了麻烦，从而［顺理成章地］于新年伊始就在南卡罗来纳的查尔斯顿登陆。他的表现超出了所有人的预期。1月15日，查尔斯顿市商业区的一场大火给了米拉列斯扮演恩人的机会——他为南卡罗来纳提供了一笔巨额赈灾资金。于是，该市的杰出人士纷纷邀请他来家里做客。每每有合适的场合，米拉列斯就提到他希望向大陆会议提出一个扩大哈瓦那与13个殖民地贸易的建议。州长接纳了这个建议，并安排他与假期结束后重返会议的代表们一起前往北方。他还让米拉列斯捎信给亨利·劳伦斯（Henry Laurens），后者是查尔斯顿的一名商人和奴隶贩子，当时是大陆会议的主席。[6]

米拉列斯的"旅行很有风格，他有五匹坐骑，这样他的马就会一直很有活力"。一路走来，美国革命中一些最重要的大人物都对他表示了欢迎。他访问了乔治·华盛顿在新泽西米德尔布鲁克的总部。由于渴望得到西班牙人对美国独立的认可，华盛顿对米拉列斯倾注了极大的关注。华盛顿指定了会面当天的标志和暗号，其中一个就是"唐璜"，这是为米拉列斯本人制定的。美国人还为他进行了一场部队检阅和一场模拟战斗。米拉列斯穿着深红色的套装，戴着金色的肩带，与革命领袖一起参加了游行，包括"一派骑士风度、春风得意"的华盛顿以及"气质出众、贵族派头、苗条挺拔的汉密尔顿上校"[7]。

在美国革命的激荡岁月中,米拉列斯一直是见证者。在首次访问华盛顿的总部后不久,米拉列斯就随大陆会议于1778年6月的胜利后进入费城,这也是英国人最后一次从该市撤出。他参加了费城的第一个7月4日国庆日庆祝活动,在第三街租了一间房子,还每周与大陆会议主席亨利·劳伦斯一起用餐,劳伦斯称米拉列斯是个"举止体面""品性纯良"的人。米拉列斯还曾在圣诞节与乔治·华盛顿和玛莎·华盛顿共进晚餐,并共同主持了为这对夫妇和其他70位客人准备的跨年宴会。[8]他在费城最亲密的伙伴是罗伯特·莫里斯,一个商人兼奴隶贩子,并以美国革命的资助人为世人所知。他们一起建立了一条被历史学家称为哈瓦那和费城之间的"私人航道"。在国会取消面粉出口禁运之后,这两人向古巴送去了数千桶在哈瓦那要价高昂的面粉。当然,这些都是用著名且令人垂涎的西班牙八里尔银币支付的。[9]

米拉列斯在费城做生意、拜访新的政客、进行社交活动,忙得不可开交。不过,他也在执行一项政治任务,凭借这一身份,他对西班牙和美国政府都施加了压力。米拉列斯定期同马德里和哈瓦那的官员沟通,颂扬那些后来被称为国父的人的美德,他坚称这些人可以赢得战争,他们值得人们的付出,西班牙人可以与他们一起合作。他真诚地希望西班牙可以与这些人结成联盟并对英宣战。国王最终同意了。

与此同时,米拉列斯还代表马德里试图在美利坚人那里谋求一项重要的让步:承认西班牙收回佛罗里达的权利。米拉列斯在会见大陆会议成员时强调,这只是为获得西班牙的帮助所付出的微小代价。此外，当时统治着路易斯安那和新奥尔良港口的西班牙，也承诺将给予这个新国家在密西西比河"入海和出海"自由。大陆会议于 1779 年 9 月 17 日进行了表决。一些已经视佛罗里达为新联盟的一部分的代表们投票反对该提案，但大多数人，包括乔治·华盛顿在内，都认为他们需要西班牙的帮助来打败英国，因而投票承认西班牙对佛罗里达的主张。为了庆祝两国联盟关系的深化，米拉列斯给华盛顿送去了一只重达 100 磅的海龟。[10]

北美革命者现在可以期待更多的西班牙海军和财政援助了；与此同时，英国将面临另一个强大的威胁和牵制。米拉列斯写信给华盛顿，说有一千名正规军已经离开哈瓦那前往新奥尔良，他们将会袭击密西西比下游的英国人；另一支队伍很快也将启程前往彭萨科拉。华盛顿相信，西班牙人在那里发动攻击，将把英国人从南卡罗来纳和佐治亚吸引过去。重拾信心的他预测，"波旁王室的强大联合将在短时间内促进美国独立［原文如此］的实现"[11]。

尽管华盛顿如此预言，但胜利并没有很快到来。1780 年的冬天是整个战争中最艰难的时期。在距离纽约英军 30 英里的新泽西州莫里斯敦，华盛顿的部队遭遇了记忆中最严重的暴风雪。即使身处帐篷中，只披着单人毛毯的士兵们——有时没有毛毯——"就像羊被埋在雪下面一样"[12]。4 月 19 日，当米拉列斯在华盛顿的军营进行长期访问时，天气仍然很冷。四天后，他发着高烧，把亚历山大·汉密尔顿和几个朋友叫到床边，撰写了一份新的遗嘱，并指定秘书弗朗西斯科·伦东（Francisco Rendón）和商业伙伴罗伯特·莫里斯为遗嘱执行人。几天后的 4 月 28 日，在新朋友的簇拥下，米拉列斯去世了。汉密尔顿安排了葬礼，他还咨询了西班牙秘书，以确保一切是以适当的天主教仪式进行的。莫里斯和华盛顿作为主要执绋人与其他军官和国会成员一起为米拉列斯送葬,送葬队伍长达一英里多。米拉列斯穿着"绣有金色花边的大红色衣服,戴着三角形的金边帽……一双大钻石鞋和膝扣,手指戴满了钻戒,一块镶着钻石的名贵金表上挂着几个华贵印章"。这着实是一场厚葬了,以至于政府不得不加派警卫守墓,以免士兵们"受到诱惑前去盗掘宝藏"。第二天,华盛顿给哈瓦那去信:

> 我真诚地对你们失去这样一位可敬的朋友深感同情,自从他与我们待在一起以来,我一直很高兴把他当作自己人。不过他的亲属知道了肯定会感到稍许慰藉,因为他在这个国家受到了普遍的尊敬,[他的死]也将得到广泛的悼念。[13]

虽然米拉列斯没有活着看到一切,但古巴继续在美国革命的最后阶段提供了重要支持。18 世纪 80 年代初,古巴与 13 个殖民地之间的贸易蓬勃发展。在战争期间,哈瓦那增加了大约 1.2 万名士兵和水手,美国船只受到哈瓦那官员的热烈欢迎。从 1780 年至 1781 年,从 13 个殖民地输入古巴的面粉数量增加了惊人的 668%。贸易本身就很重要,但它同时也是美国革命所需银币的一个主要来源,也越来越成为新共和国第一家中央银行——北美银行银币的主要来源。[14]

西班牙同英国作战为美国人提供了另一个优势。在贝尔纳多·加尔韦斯(Bernardo Gálvez)的领导下,以及来自古巴的金钱和军队的支援下,西班牙人从英国人手中夺取了重要的领土:巴顿鲁日、纳奇兹、莫比尔和彭萨科拉。美国人对此乐见其成,因为这削弱了他们的敌人,迫使英国不得不把原本用来对付他们的兵力和资源抽调出去。

即使是在最重要的13个殖民地的战场上，西班牙和古巴的援助也发挥了重要作用。例如1781年10月著名的约克镇战役，这场战役所需的资金在很大程度上来自于在关键时刻到达的古巴资金。当时，华盛顿的部队已身无分文，士气低落，他们既没有钱给士兵们发饷，也没有钱养活他们，而且这一年已经爆发了几次重大的兵变。在罗尚博（Rochambeau）伯爵带领下并肩作战的法国军队同样饱受苦难，而且也缺钱了。华盛顿寄希望于法国海军军官德·格拉斯（De Grasse）伯爵，希望他的到来能够提供资金和增援。德·格拉斯试着在圣多明各（今天的海地），这个当时欧洲在世界上最富裕的殖民地筹集资金。他在街头巷尾张贴印刷的告示，向糖业种植者和商人筹措资金，并提供利润可观的可兑换的汇票。尽管做了这些努力，但是他甚至连最低要求的资金都未能筹集到。[15]

在此僵局中，西班牙特使弗朗西斯科·萨维德拉（Francisco Saavedra）——有人称他为"流动的麻烦解决者"——来到了圣多明各。萨维德拉说服这个法国人一起前往哈瓦那，因为那里几乎随时都有银子。不幸的是，当他们于8月15日到达时，哈瓦那已是空空如也。一艘满载钱币的大船刚刚驶往西班牙，而墨西哥的银子还没有运到。因此，萨维德拉和哈瓦那都督直接向城内居民发出呼吁，让他们"明白事态紧急，每个人最好都能拿出点力所能及的东西"。有人说，哈瓦那的妇女将她们的珠宝献给了这一事业。在到达哈瓦那的6小时内，萨维德拉和德·格拉斯就拿到了所需要的钱。午夜时分，德·格拉斯带着50万比索的银子启航。[16]

当德·格拉斯的舰队抵达弗吉尼亚时，所有人都欢呼雀跃。罗尚博手下的一个法国日记作者写道："我们在远处看到，华盛顿将军挥舞着他的帽子和白色手帕，心情极其愉悦。"一向平静的华盛顿喜形于色地拥抱了罗尚博,并向他的部队宣布了这个好消息。"在任何情况下都不可能有比这更恰当的时间节点了,"华盛顿写道。然后他补充了一个重要的细节:"各军团的指挥官应立即算一算一个月的工资要怎么分配。"华盛顿和罗尚博的部队把古巴筹集到的钱分了。午夜时分,房屋里一层用来藏钱的地面因银子太重而被压塌了。一位历史学家将这些资金称为"美国独立大厦赖以维系的压箱底的钱"。美国人在约克镇赢得了胜利,而这是美国革命决定性的战役。[17]

此次胜利之后,英国和美国就英国承认其前殖民地独立问题进行了最后的磋商,而尚未实现参战目标的西班牙政府对这一结果还没有做好准备。在无力重新征服牙买加的情况下,西班牙国王下令攻击巴哈马群岛。国王希望,至少能够收复这些哥伦布首次到达新世界时踏上的岛屿。军队从哈瓦那启程,同行的还有美国的私掠船。古巴军队里也有哈瓦那的黑人民兵——他们曾在1762年抵御英国人的进攻——还有他们的儿子和孙子。其中就有何塞·安东尼奥·阿庞特,他是1762年战役中黑人队长的孙子,并很快凭借自己的能力成为革命人物。北美的独立可能使其他殖民地的革命变得真实可感这一事实,也解释了为什么西班牙在承认新生的美利坚共和国上有所犹豫。

在很多方面,对于欧洲最老牌的殖民国家来说,新的共和国成了"悲伤和恐惧"的来源。正如一位西班牙政治家所预测的那样,美国诞生之时可能是个"侏儒",但它很快就会成为一个巨人,成为一个一心想要扩张领土且"不可阻挡的巨无霸"。西班牙政府还担心美国独立所带来的经济和商业影响。古巴和北美之间的商贸联系已经紧密得令人害怕了,这块前英国殖民地现在已不再与大英帝国及其加勒比海殖民地捆绑在一起，它会发生什么呢？西班牙人已经知道了答案。至少有一点十分清楚，这个新国家将成为西班牙殖民地获取利润的竞争对手，古巴则首当其冲。[18]

1782年8月，马德里的官员给哈瓦那写信，告知他们外国船只不应再受到欢迎，但哈瓦那当局无视了指令。对于一个仍有战时驻军的城市来说，拒收从北美运来的面粉和其他食品，可能会有挨饿的风险。直到1783年5月，也就是关于即将发生变化的猜测和流言发酵了几个月后，哈瓦那都督命令港口内的所有外国船只加快推进业务并启程离开。从此以后，所有的外国船只都会被拒之门外。[19]

该法令被翻译成英文，从南卡罗来纳查尔斯顿到罗得岛纽波特的公报上都转载了这一法令。这立即引起了"广泛的焦虑"，因为这个新成立的国家的商人在"任何其他港口都无法像在哈瓦那一样获利"[20]。美国人向西班牙政府在费城的代表进行游说，请求继续在古巴进行贸易。一份可能是由罗伯特·莫里斯撰写的匿名呼吁书提出，"如果西班牙允许美国产品自由地进入古巴，那么古巴人将拥有丰富的产品……古巴人很快就会发财致富，从而进一步充实他们所属的国家"。西班牙没有理由担心殖民地"也许希望独立"。[21]

然而，马德里政府并没有被说服。1784年2月，政府发布了一项更加严厉的法令：所有仍在哈瓦那的北美人都必须立即离开。士兵们在街上巡逻，搜查房屋，公开逮捕外国人。西班牙官员拉起了一艘船的锚，并押着它驶离港口。尽管受到驱逐，一些商人仍然非法滞留，希望有朝一日形势发生变化。[22]

他们赌赢了。1789年，西班牙政府在殖民地制定了一项重要的经济改革计划，改革计划废除了长期的奴隶贸易垄断权，第一次允许个体外国人在其港口出售非洲俘虏。美国人开始再次来到哈瓦那，现在,他们是为了出售奴隶。不过在船舱里,他们也走私面粉和其他货物。不久,在法国和圣多明各开始的新革命将大西洋世界卷入了战争之中。为了避免挨饿,古巴官员们再次欢迎美国船只的到来。几年后,西班牙驻费城领事对哈瓦那的情况感叹道:"真正拥有贸易特权的港口不在西班牙,而在哈瓦那;美国公民似乎享有古巴的专属贸易权。"[23]新独立的共和国即使不是在法律上,至少也是在事实上迅速成了古巴的"最惠国"。米拉列斯如果还活着,可能会对这一现实感到惊讶——作为一位提前预见巨大利润的古巴商人和奴隶贩子,他也许会很开心;但作为一名担心美国主导地位日益增强的西班牙官员,他可能会感到忧心。不过对新生的共和国最忧虑的,还是曾寻求西班牙的保护来抵抗前英国殖民者的乌奇兹人和其他原住民,而且他们也具有充分的理由感到忧虑。

第六章
糖的革命

1788年，当哈瓦那市政议会需要找人代表其利益面见西班牙国王时，他们最终选定了一位名叫弗朗西斯科·阿朗戈（Francisco Arango）的律师。他身姿优雅，体态修长，一头黑色短发朝着眼睛的方向梳。阿朗戈的家族在古巴的时间几乎与西班牙统治古巴的时间一样长，作为家族的后裔，他是岛上最富有的人之一。他的糖厂拉宁法（La Ninfa），意即宁芙①，很快就会成为岛上最大的企业，350名的奴隶劳动力也将使他的糖厂成为世界上最大、最现代的企业之一。[1]

差不多一到马德里，阿朗戈就立即代表哈瓦那政府向国王递交了第一份请愿书，这是一份关于扩大奴隶贸易的请愿书。作为一个成功的糖业种植者，阿朗戈认为发展该产业最快的方式是多买些非洲奴隶。几个世纪以来，王室一直在不断授予各个公司进口非洲奴隶的独家许可权，这种垄断使得奴隶供应短缺、价格高昂。因此，阿朗戈的首要任务就是倡议非自由人的自由贸易。国王同意了，他下令进行两年的试验，在此期间，任何西班牙人，以及在更严格标

---

① 希腊神话中次要的女神，有时也被翻译成精灵和仙女，也会被视为妖精的一员，出没于山林、原野、泉水、大海等地。——译者注

准下的外国人，都可以在殖民地引进被俘虏的非洲人。这条法令带来的影响是决定性的。在该政策生效的两年时间里，进入哈瓦那的奴隶数量增加到了原来的 3 倍多，从每年不到 2000 人增加到近 7000 人。[2] 自 1762—1763 年英国占领哈瓦那以来还不曾有过这样的增长，新的增长量甚至使彼时的增长量都相形见绌。

气氛之狂热就连新任西班牙都督路易斯·德·拉斯·卡萨斯（Luis de Las Casas）都踊跃地参与其中。1790 年他抵达哈瓦那时，种植园主们带着一份礼物迎接他：他们给都督的种植园配备了奴隶和机器。他们称这个种植园为阿米斯塔斯（Amistad）——友谊。哈瓦那都督现在是他们中的一员了。都督干起了这项事业，并在次年购买了第二个种植园。为了在法律上没有纰漏，他将这些产业登记在朋友和同事的名下。都督还利用扩大了的奴隶贸易。当奴隶船抵达港口时，他本人或代理人会来到仓库，首先挑选新到的奴隶。西班牙都督因此又成了一个非常强大的糖业种植者。即使西班牙官员串通一气，古巴种植园主似乎也势要得到他们一直想要的一切。[3]

视线回到马德里，1791 年 11 月 21 日是国王和国务委员会原定会面的日子，他们将在会上决定是否将开放的奴隶贸易延期 2 年，还是恢复至旧有的垄断体制（受到阿朗戈及其富有同胞的鄙夷）。每个人都期望开放政策能延长。但在这次会议前夕，完全出乎意料的消息传到了马德里。三个月前，在离古巴岛 50 英里处的法国殖民地圣多明各（海地）爆发了奴隶起义。数以千计的叛军烧毁了 200 个种植园，杀死了 300 个白人，然后跑到了山上。这场叛乱将演变成我们所熟知的世界历史事件——海地革命。在一个月内，叛军人数达到了数万人，超过 1000 个糖和咖啡农场遭到了破坏。至 1793 年 8 月，怀着安抚和保留殖民地的希望，地方当局开始颁布法令废除奴隶制。随后在1794年2月，巴黎的革命政府废除了所有法国领土上的奴隶制，宣布"所有生活在殖民地的人，不论肤色，都是法国公民"。十年后，圣多明各的黑人公民宣布，他们不仅摆脱了奴隶制，而且摆脱了法国的统治。1804年1月1日，独立的海地国家宣布成立，这是西半球第二个独立的国家，也是唯一一个由前奴隶建立的废除了奴隶制的国家。

所有这些都发生在曾经世界上最大的糖和咖啡生产地，发生在地球上最有利可图的殖民地，也就是每个人称之为安的列斯群岛上的珍珠的地方——这之后这一名字被用来形容古巴。听闻这一早期的叛乱，阿朗戈不必知道故事是如何结束的——他也无法想象——从而产生担忧。马德里那些谨慎的政治家们——那些控制着古巴命运的人——会不会因此而颤抖呢？他们会想象同样的命运也在等着古巴吗？这种恐惧会不会阻止他们重新开放奴隶贸易，这个古巴种植者们所渴望的扩张和增长的关键？

在不到一天的时间里，阿朗戈就写下了一篇关于圣多明各起义的论文。在远离事件发展的大洋彼岸，阿朗戈信心满满——这种信心并非源于证据，而是来自推测——地写道："在法国殖民地发生的事情永远不可能在古巴发生。"他很同情圣多明各的种植园主，但他们的不幸却是西班牙以及古巴的机会。他坚称西班牙要"超过法国人，占据主导权"。无须担心邻近地区的动荡，反而应该欢迎它，此乃具有决定性的、应当受到感激的、仿佛天赐般的礼物。[4]

马德里当局听取了阿朗戈的意见。他们更新了开放奴隶贸易的政策，并请阿朗戈提交一份关于如何更全面地发展古巴农业的建议。阿朗戈的第二篇论文，也是古巴殖民史研究被引用最多的文件之一，则对加速扩张糖业和奴隶制提出了系统的要求。用一位法国作家的话说，这一扩张将使古巴这一西班牙最早的殖民地之一，最终成为"媲美一个王国"的存在。阿朗戈仿佛是在编辑一份愿望清单，提出了一项又一项的政策：扩大业已繁荣的奴隶贸易，免除种植园主的税收，允许古巴糖和其他产品更自由地贸易。圣多明各的大规模叛乱提供了千载难逢的好机会，阿朗戈用预言般的声音宣称："我们的幸福时刻已经到来。"[5]

当然，幸福总是一个相对的衡量标准。制糖业的兴旺发达使得像阿朗戈这样的人腰缠万贯，但这一切都建立在残酷剥削作为奴隶的众多男男女女之上。在1790年至1820年期间，超过27万名非洲人被强行带往古巴。这比过去三个世纪西班牙统治下到达古巴的黑人多出十倍以上。正是在这一时期，古巴的黑人人口首次超过了白人。1774年的人口普查将超过56%以上的人口归为白人。到1817年，这一比例已降至43.4%。在人口密集的糖业种植园，人口的变化更为显著。在圭内斯（Güines），也就是阿朗戈和古巴的西班牙都督拥有糖厂的地方，白人人口从大约75%下降到不足10%。这一种族构成的转变同时伴随着岛上总人口的大幅增加，1774年至1817年间古巴的总人口增长了220%以上。[6]

哈瓦那的规模扩大了一倍，成了一个充满活力的"糖业革命"的首都。哈瓦那郊区的磨坊数量成倍增长。为了给磨坊的机器提供燃料，人们砍伐了大量森林。繁荣很快就开始向西外溢至特立尼达和马坦萨斯。从根本上说，古巴的糖业革命巩固了如下的经济体系：快速增加的非洲奴隶在大型种植园里进行生产，主要出口物是种植园里的单一作物。糖就是国王，至1830年，古巴岛的糖产量比地球上任何其他地方都要多。

历史学家很容易在事后发现这一模式。不过当时的人已经能够用自己的眼睛分辨出这一变化。让我们想象一下那些在毗邻码头的哈瓦那老城生活或工作的人：他们会在港口看到越来越多的船只，看见越来越多的奴隶被卸下来；他们会路过新的仓库，这些仓库是为容纳非洲的男女老少而建的；他们戴着镣铐来到这里，并很快就会在这里被拍卖。[7]

与此同时，种植园里奴隶劳工们的身心也感受到了奴隶制的扩张。随着越来越多的土地被用于为制糖服务，奴隶们往往会失去他们的"科努科"，这些园地仍然沿用着几百年前土著泰诺人曾使用过的名字。随着这些土地的丧失，奴隶们甚至连基本的生计都难以维持了。由于对劳动力的需求日益旺盛，越来越多的非洲人来到这里打"季工"。种植园主们几乎是毫无顾虑地让他们干到累死——真的是累到死亡。随着奴隶贸易的全面开放，工人很容易就会被替代。正如一位波士顿商人的妻子在参观岛上的糖业种植园时说的那样："在古巴，很少会看到一个老年黑人。"[8]

种植园的工作是残酷的。在种植甘蔗之前，工人们得先砍伐森林、清理田地。秋天，他们在几百英亩的土地上挖沟，以满足甘蔗扦插的需要，然后他们还得照料这些甘蔗几个月。1月，他们开始收割，这时甘蔗的蔗糖含量是最高的。收割时期是最艰苦的。日出时分，成群结队的男男女女前往田间砍甘蔗——高而粗的甘蔗有点小风就晃个不停。弯刀挥舞两下就把叶子砍掉了；第三刀将靠近地面的茎部砍断，这里是最厚的部位而且是黄色的。为了保持高效，奴隶主们在弯腰砍甘蔗的奴隶的头上挥舞鞭子。牛车拖着砍甘蔗的人穿过田野，一部分人挤满了牛车，另一部分人将甘蔗送到工厂。工厂起初以牛为动力，后来以蒸汽机为动力，奴隶们在工厂里手动地将粗粗的甘蔗一根根地送入榨汁的滚筒,然后其他工人再将这些汁液运到蒸煮室。

顾名思义,蒸煮室是一个将甘蔗汁放在大铜桶中不断蒸煮的结构。奴隶们站在旁边盯着敞开的锅,撇去其中的杂质后,用巨大的勺子将冒泡的液体转移到其他锅里。伴随着一次次的沸腾,越来越多的废料和水分被榨出来,汁液最终成了颗粒状的糖。糖被冷却和风干后,工人们将其装入圆锥形的容器中沥水。当他们几周后打开模具时,里面的糖被分成了三类——白糖在上面,黄糖在中间,潮湿的棕糖在底部。黄糖和棕糖会被送到一些买家手中并在外国进行进一步的提炼;白糖会直接卖给消费者;从容器底部流出来的物质则被卖到国外,用于制造朗姆酒。[9]

然而,对劳动过程和支撑劳动的技术的描述,并不能表达出工作的真实情况:极端的高温、令人作呕的气味、无休止的劳作、人们身体上的疼痛。由于甘蔗的蔗糖量在收割后几乎立即开始变质,因此工作中没有任何喘息之机。白天,"一帮人在马车上或槽里装货的单调歌声"此起彼伏。与此同时,工厂则昼夜不停地运转着,大锅匠们大声地向司炉工发出指令。到处都是"沉重而艰苦的劳动"场景。疲劳和快节奏使得事故频发——手指被割伤,手被压伤,手臂被机器割断。晚上,在工人们的宿舍里,在闭上眼睛睡上几个小时前,疲惫不堪的奴隶可能会祈祷、交谈或做爱,萤火虫的微弱光线成了他们的蜡烛。但无论奴隶们如何从白天或夜晚挤出休息时间,都不能改变这样一个事实:这些种植园和美国南部的同类种植园一样,都是强迫劳动营。[10]

随着工作量的增加,体罚也在不断加剧。1806年,来自繁荣的圭内斯制糖区的奴隶工人证实了以下情况:体罚和酷刑都在升级且无处不在。他们要为那些已经没法说话的同伴发声。他们提到了拉斐尔,他死于一种在牙买加被称为"德比剂量"的惩罚,受到这种惩罚的奴隶们会被迫吃其他奴隶的排泄物;玛丽亚·德尔·罗萨里奥(María del Rosario)被关在鸡舍里被鸡啄死;佩德罗·卡拉巴利(Pedro Carabalí)被棍子打死后又被扔进火里;还有一个不知名的7岁男孩,死于不明不白的惩罚。目睹并经历这样的暴行有时会驱使奴隶们策划反抗奴隶制的行动。"同伴们,"其中一位领导人说,"你们已经知道……白人是如何奴役和惩罚我们的。"采取行动的时候到了,是时候杀死他们了。在调查这一阴谋时,当局问另一位起义的领导人,是什么促使他们策划了这一叛乱,这位领导人以一种疲惫的坦率回答说:他们想"减轻被奴役的负担"[11]。

紧随海地革命之后,在为扩张古巴的糖业和奴隶制寻找理由时,弗朗西斯科·阿朗戈宣称幸福的日子已经到来。奴隶们的证词使我们能够通过那些遭受苦难的男男女女的眼睛,明白阿朗戈所谓的幸福是如何到来的。

糖和奴隶制在古巴扎根之时,恰逢海地革命(1791—1804),这一事实塑造了奴隶主和奴隶的经验与视野。船只载着许多人自革命的圣多明各来到古巴避难。在1803年的短短6个月内,超过1.8万人抵达东部旧都圣地亚哥,使该市的人口几乎翻了一番。几乎每个难民在抵达时都有关于海地革命的第一手说法,街头巷尾到处都是此类言辞,古巴的许多白人居民开始怀疑本岛是否会走上和海地同样的道路。古巴的第一位女性小说家格特鲁迪斯·戈麦斯·德·阿维兰内达(Gertrudis Gómez de Avellaneda)后来回忆道,她的父亲经常预言古巴的命运会像海地一样——"被黑人占领",他经常恳求她的母亲和他一起去西班牙。这种情绪并不罕见,岛上的白人居民感觉到处都是无礼和危险的迹象——黑人们一次小声的谈话,一个自信的步态,甚至是一个眼神。[12]

事实上,对海地革命的恐惧在古巴的历史中发挥了重要作用。革命时代震撼了世界,先是美国革命,然后是法国和海地的革命。这些革命使人们对东西两个半球的社会和政治生活的基础产生了怀疑。1808年,拿破仑·波拿巴劫持了西班牙国王,并把自己的兄弟送上了西班牙王座。当此之时,拉丁美洲各地的城市在国王缺席的情况下开始由独立的军政府进行统治。尽管这些军政府起初是因忠于国王而建立的,但它们却开启了自治的危险先例。至1826年,经历了15年大大小小的战争和革命后,除古巴和波多黎各外,西属美洲各地全都获得了独立。在这种情况下,古巴的上层人士得做些权衡。哈瓦那驻西班牙宫廷的旧代表,弗朗西斯科·阿朗戈曾短暂地萌生过一个想法:在国王缺席的情况下,组建一个独立的军政府进行统治(此举当然也是为了推行越来越多的种植园主们所一直寻求的经济改革)。但是,这些想法是半心半意的,没有取得任何进展。因此,当革命首先席卷了海地,然后又席卷了西属美洲时,古巴岛的状态多少还算平静。

这是为何呢?一个答案是,古巴的精英们害怕潜在的社会剧变,担心爆发武装争取独立的斗争,因此选择维护西班牙的统治。用岛上一位外国糖业种植者的话来说,古巴的精英们"非常清楚,任何运动都会导致他们的灭亡。他们害怕自身陷于[海地]受害者不幸的命运中"[13]。囿于这一想法,恐惧——而不是忠诚或爱——使古巴仍坚守着西班牙的统治。

然而,恐惧并不是唯一的因素,贪婪也很重要。一个新的古巴糖业大亨阶层刚刚进入属于他们的时代，独立事业前景难料，许多人都不想因此危及他们新获得的地位和财富。他们避开了政治革命，保持着对西班牙的忠诚，然后又利用这种忠诚，从马德里获得越来越大的让步，以保证自身地位的跃升。他们住在城中的豪宅，在乡下拥有宫殿般的庄园，且都以法式风格进行装饰；他们的糖厂具备最现代化的全套进口机器；他们进行旅行、观看戏剧、请人画肖像，晚间乘坐花哨的马车去兜风。他们活得像自己世界的主人，将不惜一切代价避免曾经席卷了圣多明哥，现在又以一种不同的方式吞噬着西属美洲大部分地区的那种破坏。

但是，古巴生活着大量非洲人及其被当作奴隶的后代，他们的情况又是如何呢？一方面，他们正亲身经历着奴隶制的巩固，对奴隶制有着切肤之痛。与此同时，他们也听到了有关海地革命的消息，知道有些像他们这样的人为反对主人和奴隶制奋起作战。这一消息激发了他们的想象力，让他们意识到一切皆有可能。事实上，在海地革命期间以及革命之后，古巴不时地就会爆发黑人的密谋和叛乱：1795年有两次，1796年发生了一次，1798年至少有五次，然后是1802年，1803年，1805年和1806年，1809年有两次，1811—1812年有六次。这一列举还可以继续下去。[14]奴隶制本身仿佛就是一种长久的对峙，一场只能通过另一种暴力和另一种恐怖来避免的战争。

在对这些事件进行调查时，当局通常会强迫被告人讲述他们密谋叛乱时的谈话内容。在这些对话中有一些完全出乎意料的事情。比如，我们得知有两名出生在非洲的奴隶在谋反时谈到了海地人的成功，他们想知道是什么促成了海地人的成功。有人说，成功靠的是信仰，一如查理曼大帝及其十二个勇士从穆斯林手中重新夺取基督教欧洲时的信仰。有时，潜在的反叛者会寻求身边的模式。他们援引了埃尔科夫雷人的例子——那些在埃尔科夫雷矿区和慈善圣女圣地附近的男男女女们抵抗了数个世纪，并在1800年获得了自由。不过反叛者们反复研究的还是海地的例子，他们一次又一次地探讨海地领导人的功绩。他们谈到了杜桑·卢维杜尔（Toussaint Louverture）——曾经的奴隶、革命中最著名的人物。此人能量巨大，以至于拿破仑最终不得不把他囚禁在法瑞边境汝拉山脉一个寒冷、潮湿的牢房里；他们还谈到了让-弗朗索瓦（Jean-François）——一个曾经的奴隶，后来成为革命早期重要的领袖，并与西班牙结盟共同对抗法国。纵观整个古巴，从东到西，在海地革命期间及革命之后，奴隶们对那些"占领土地"并成为"自己的主人"的黑人表达了由衷的钦佩和尊敬。

在这一时期古巴的所有阴谋叛乱中，最令人着迷的是1812年的一起事件。这起事件的领导人大多是自由黑人，他们与奴隶们结盟意欲结束奴隶制。在西半球风起云涌的时代，这场运动也许是哈瓦那最接近革命的一次。1812年3月14日，一个名叫胡安·巴维耶尔（Juan Barbier）的自由黑人离开哈瓦那前往郊区，当局称此人来自南卡罗来纳州的查尔斯顿。事实上，巴维耶尔是以他人的身份旅行的，他冒用了让-弗朗索瓦的名字和身份，后者是一位在古巴的奴隶和自由有色人种中受到钦佩、声名卓著的海地黑人将军。那天晚上，巴维耶尔在哈瓦那穿着饰有金色纽扣的蓝色制服，带着两个伙伴来到了糖业种植园，他把劳工们聚起来，用法语向他们宣读了一份文件，并坚称这是一份国王让他带领奴隶们进行反奴隶制战争的命令（事实上，这份文件是为费城的出版商和文具商威廉·扬·伯奇制作的印刷广告）。然后他又带领奴隶们来到了位于佩尼亚斯·阿特拉斯

(Peñas Altas）的第二个种植园，他们在那里放火并杀死了5个白人，其中包括两个孩子。当来到第三个种植园时，他们被击败了。

在随后的几周和几个月里，仅在哈瓦那，西班牙当局就抓获并处罚了50多名叛乱分子和嫌疑人。其中，14人被公开处决并示众。让-弗朗索瓦/巴维耶尔被绞死，他的头被砍下并被扎在种植园门口的木桩上——仅仅在几周前，他还曾在这里鼓吹自由和革命。[15]

如果叛乱没有被挫败，1812年3月14日的事件只会是一场强大且雄心勃勃的革命的开端。谋反者们本打算烧毁其他种植园，并动员庄园里的奴隶劳工。在首都，他们计划攻击城市的堡垒和武器库，声称要用这些武器来武装已经招募的数百名新兵。领导人口述了一份公开宣言，让人将其钉在都督府的门上。他们还准备好了旗帜和军旗，意欲在想要建立的营地上挂起来。叛乱者的网络从种植园延伸到了首都的中心地带，据当时的记载，这个网络最远到达了东部的圣地亚哥，甚至可能触及国外的一些地方。所有的这些努力和计划都指向一个目标：奴隶的自由。

这场潜在革命的策划者是一个名叫何塞·安东尼奥·阿庞特的自由黑人木匠。我们已经提到过他和他的祖父，尽管只是一笔带过。在1762年反对英国入侵的哈瓦那保卫战中，阿庞特的祖父曾在哈瓦那的黑人营中服役。年轻的阿庞特，即1812年密谋的领导人，也是哈瓦那黑人民兵组织的老兵，曾于美国革命期间在巴哈马参加过反英斗争。1812年，阿庞特密谋袭击哈瓦那，建立一个废除奴隶制的政府，进而终结种植园主和殖民地官员的权力。

调查期间，哈瓦那警方搜查了阿庞特的房子。他们发现了一批奇怪的文件和物品：关于"黑人民兵"已公布的法律、反叛者的旗帜和军旗布料、圣母玛利亚、乔治·华盛顿和海地国王亨利·克里斯托夫的肖像。他们还发现了《堂吉诃德》的第三卷，哈瓦那和罗马的城市指南，语法书、艺术手册和一本世界历史简编本。在一个装满衣服的箱子深处，当局找到了一个松木箱，顶部是可滑动的，里面是一本由阿庞特自己创作的书。与其他从阿庞特家里没收来的物品一样，此书内容是一个令人困惑的材料和图像的混合体——手绘的图片和地图、粘有从扇子和印刷品上剪下来的场景或文字的书页，其中有希腊女神和黑人圣徒，埃塞俄比亚国王和欧洲教皇，哈瓦那和天堂。在一幅画中，阿庞特画了弗朗西斯科·阿朗戈的房子，阿朗戈曾是哈瓦那在马德里的代表，也是古巴糖业革命的主要设计师。在另一幅画中，阿庞特将自己描绘成国王。[16]

在谋反过程中，阿庞特向他的同谋者展示了这本书，并向他们解释了其中的一些图像，以帮助他们准备革命。他还向他们展示了英军围攻哈瓦那期间他所画的西班牙军营的图片，以向他们指明在即将到来的战斗中，他们应该在哪里布置旗帜和哨兵。他向同伴们展示了黑人军队击败白人的图片，这或许是为了让他们怀有计划有可能成功的希望。他还向他们展示了重要的黑人人物的形象——牧师、外交官、将军、国王——以说明像他们这样的人执掌国家权力的世界是存在的。换句话说，阿庞特向他们展示此书是为了证明另一个世界是可能的。

对于依赖奴隶制的殖民社会的都督们来说，阿庞特的书和阴谋大逆不道、其心可诛。在长达三天的时间里，阿庞特被迫在当局面前逐一解释书中的图像。几周后，当局判处他死刑，并于1812年4月9日在人群面前吊死了他。阿庞特身首异处，头颅被插在笼子里的长矛上。从城市到糖业种植园的路上，也就是在离他家大约一个半街区的一个主要十字路口，他的头颅一直插在那里。这对所有过往之人都是一个毛骨悚然的警告。对于那些可能像阿庞特一样意图谋反的人，都督宣称他有能力"一举歼灭他们"[17]。在处决后的某个时刻——没有人知道是什么时候——阿庞特奇异的画册消失了，此后似乎再没有人见到过它，只有阿庞特在审判中被迫作出的陈述流传了下来。

尽管阿庞特死于非命，书也消失了，但他的故事和形象在他被处决之后的很长一段时间里都继续产生着回响。对一些人来说，他的名字成了危险的同义词。俗语 "más malo que Aponte"——比阿庞特更惨或更邪恶——直至 19 世纪 40 年代都很流行，且一个世纪后仍在使用。其他古巴人则从阿庞特的例子中得到了启发。20 世纪 40 年代，一群古巴独立战争（1895—1898）的退伍老兵以及西班牙内战（1936—1939）共和派支持者团体成功进行了游说，将以都督（下令处决阿庞特的都督索姆鲁埃洛斯）之名命名的街道改名为阿庞特大街（不过一位在哈瓦那的朋友告诉我，她最近看到了那条街上一个公寓的电费单，上面仍然印有旧时的西班牙都督的名字）。40 年代，人们曾在街上放置了一块纪念阿庞特及其同伴的铜牌，不过铜牌最近被偷了。在哈瓦那的黑人社区中，关于他的记忆代代相传。非裔古巴历史学家何塞·卢西安诺·弗朗哥（José Luciano Franco）回忆道，在 20 世纪 60 年代，关于阿庞特的功业，包括他参加美国革命的故事，在周边的大众街区中家喻户晓。20 世纪七八十年代，布朗克斯区一位古巴裔萨泰里阿教[①]美国牧师与信众们分享了阿庞特作为向导和老师的故事，据说这位牧师还在祭坛上保留了一幅阿庞特

[①] 源于西非的约鲁巴宗教，由于大西洋奴隶贸易而被带到了西班牙殖民地的新世界，随后融合了罗马天主教、加勒比本土文化、西非约鲁巴宗教文化，形成了如今的萨泰里阿教，现主要流行于加勒比地区、美国南部。——译者注

的肖像。2017年,一个名为"阿庞特愿景:艺术与黑人自由"的国际展览邀请了来自古巴、美国和加勒比海地区的当代艺术家,请他们在当下重新诠释阿庞特失踪的画册。该展览于2017年在迈阿密开幕,并于2019年来到了古巴,受到了古巴人民的热情欢迎。

但在阿庞特及其子孙的时代,胜出的并非他的愿景,而是其对立面:弗朗西斯科·阿朗戈的愿景。这位糖业种植者将奴隶制的强化视为幸福本身。阿庞特的反奴隶制王国并没有实现,阿朗戈的糖业革命却一飞冲天。种植园的数量和规模不断增长,占据了越来越多的土地和森林,并消耗了越来越多非洲人的生命。原本一个有奴隶的社会变成了一个奴隶社会,变成了一个从政治到社会,从经济到文化生活的各个方面都打下奴隶制烙印的社会。在这一过程中,古巴岛不仅成了"价值媲美王国"的殖民地,而且日益成为年轻美国的心头好。

第三部分
奴隶制帝国

STEAM SAWMILL on the NEW-HOPE SUGAR ESTATE — CUBA.

罗得岛参议员詹姆斯·德沃尔夫（James DeWolf）是新希望糖产业园的所有人。在19世纪，许多美国人都在古巴拥有种植园。德沃尔夫的经理乔治·豪（George Howe）在日记本上给这个糖产业园画了幅画。

第七章
亚当斯的苹果

1822年4月7日星期日，参议员詹姆斯·德沃尔夫（James DeWolf）紧急夜访国务卿约翰·昆西·亚当斯（John Quincy Adams）。德沃尔夫是一名来自罗得岛州的新参议员，也是美国最富有的人之一，其商业利益从新英格兰到俄罗斯都有涉及。他作为一名纺织品制造者和商人发家致富，还拥有一家朗姆酒厂和一家银行。不过其财富的一个非常重要的组成部分来自于跨大西洋奴隶贸易。事实上，德沃尔夫是美国最臭名昭著的奴隶贩子之一。当他当选参议员时，宾夕法尼亚州的一家报纸大胆评论道，"对一个拐卖人口的人来说，沃尔夫（Wolf）的确是个合适的名字"。在几年前一起广为人知的案件中，德沃尔夫因在自任船长的"波利"号奴隶船上谋害一名女奴而受到了审判。当时，德沃尔夫从非洲的黄金海岸出发，带着142名非洲奴隶前往古巴。他在途中杀害了那个女人，他堵住她的嘴，把她绑在一张椅子上（他没有碰她，因为他认为她得了天花），然后把她吊下船淹死。无论德沃尔夫在那趟旅途中遇到了什么问题，没有什么能够阻止他。1808年，美国合法的跨大西洋奴隶贸易终结，而从1790年到1808年的这段时间里，德沃尔夫的船至少进行了44次贩奴航行。即使是在奴隶贸易被禁止之后，德沃尔夫仍在继续买卖人口。他的贩奴船有一半以上开往了古巴,在那里卸下了 2000 多名非洲人。他还给自己留下了一些奴隶,以为他个人在岛上拥有的三个糖和咖啡种植园服务。这位罗得岛的参议员在古巴的生意做得风生水起,以至于他甚至成了一名归化的西班牙公民。[1]

当德沃尔夫在 1822 年 4 月 7 日的周日晚上冲去见国务卿亚当斯时,他想的正是古巴。德沃尔夫从权威人士那里得知,英国人正计划在一个月内占领古巴。英国曾是世界上最大的奴隶贸易国,当时却成了反对奴隶贸易的一个主要力量(尽管英国在加勒比海地区殖民地的奴隶制一直持续到 1834 年)。1807 年,英国将面向其领土和公民的跨大西洋奴隶贸易定为非法。英国的海军在公海上拦截贩奴船,英国的政治家则与他国协商条约,以结束各地的奴隶贸易。如果英国接管古巴,那么德沃尔夫在古巴的种植园所仰仗的奴隶贸易就会立刻终结。这位参议员有充分的理由为此感到担心,因此他恳请亚当斯阻止英国人对古巴的企图。

然而,亚当斯并没有太在意这位新参议员所谓的紧迫性。不过他没放在心上的是德沃尔夫给出的时间,而非警告本身。和德沃尔夫一样,不让古巴落入他国之手也是亚当斯所关切的,这些国家包括觊觎古巴的英国、法国,以及现在拉美新独立的国家。当时,墨西哥政府正在考虑入侵古巴,以便将古巴从西班牙手中解放出来,并将其并入墨西哥。墨西哥的政治家们认为,古巴岛的地理位置使其成为墨西哥的天然附属——"这是大自然为[我们]创造的大仓库和船厂"。只要看一下地图就可以证明,一位官员如此敦促道。[2]

古巴不仅是处于墨西哥湾的门户,几个世纪以来更是一直被视为新世界的钥匙,对于古巴来说,地理就是命运。在 19 世纪的头几十年里,没有人比美国的领导人更确信这一点。自建国以来,他们一直想着重新划定共和国在西半球地图上的现有实际边界。对于托马斯·杰斐逊来说，理想的美国地图包括古巴，正如他在 1809 年所写的："我希望立即在古巴的最南端竖起一根柱子，并在上面刻上这个方向上的'Ne plus ultra'（最远点）。这样，我们就只需把北方[加拿大]纳入到我们的联邦中……我们应该有这样一个自由的帝国，自建国以来从未有人这样想过。"[3]早在 1809 年，奴隶主杰斐逊就预言了一个包括美属古巴在内的美洲帝国。

有关向古巴扩张的言论已广为人知，以至于西班牙外交官认为实际的地图和计划已然存在。随着时间的推移，1812 年，一个西班牙人警告说，"这个共和国膨胀的野心与日俱增……一张蓝图已经准备好了……蓝图上就有古巴，仿佛它是美国的天然属地"。[4]1821 年，美国从西班牙手中得到了佛罗里达，这使得美国意图吞并古巴的猜测更加甚嚣尘上。亚当斯本人就曾写过与墨西哥官员的语调惊人相似的句子：

> 从它们的地理位置来看，这些岛屿是北美大陆天然的附属；其中之一的古巴几乎就在我们海岸的视线范围内。从多方面来考虑，古巴已然对联邦的政治和商业利益具有极端的重要性。在国家的总体利益中，任何其他外国领土都无法与[它所具有]的重要性相比，它与构成联邦的其他成员相比也相差无几……这是毋庸置疑的，在古巴的利益和我国的利益之间……对于联邦共和国来说，兼并古巴对联邦本身的持续发展及其完整性是不可或缺的。要想抵制将古巴并入我国的信念，[这]几乎是不可能的。[5]

在两个世纪后的今日来看，这一立场似乎很奇怪。但在 19 世纪 20 年代初——距美国革命一代半的时间，距 1812 年战争结束不到十年，美国的疆域正迅速向南部和西部扩张——兼并古巴是合乎逻辑的下一步行动。当时，密西西比河注入墨西哥湾的新奥尔良正在成

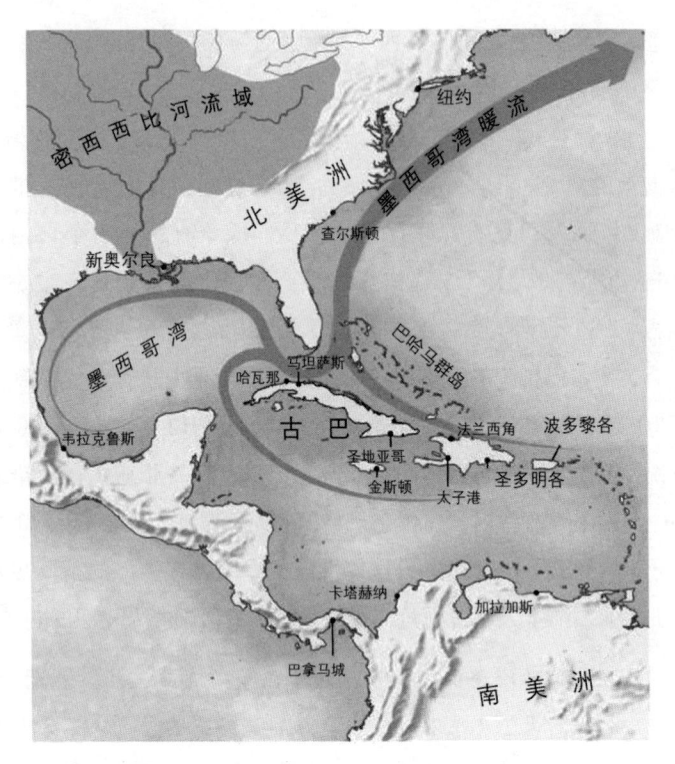

古巴地理位置。古巴位于大西洋和墨西哥湾的交叉路口。这一地理位置令美国的早期政客大为光火,因为他们意识到,无论谁控制了古巴,都有可能使美国的贸易瘫痪。

为美国的一个主要港口,通过这一港口,农产品被运往东海岸、欧洲和拉丁美洲。然而,不论自西班牙征服新世界以来发生了多大的变化,古巴仍然位于墨西哥湾和美国东海岸以及大西洋之间,这一地理位置致使任何控制古巴的国家都对美国具有强大的影响力。占有此地的政府显然可以让数以千计的船只无法安全地离开新奥尔良,而这些船上装着在广袤的密西西比盆地生产的棉花和其他各种产品——密西西比盆地面积达 120 万平方英里,占比超过美国大陆面积的40％。[6] 因此，古巴的主人完全有可能使美国的商业陷入瘫痪。对于19世纪早期的政客来说，以下论调毋庸置疑：为了保证年轻的美利坚共和国的成功和持久，正如亚当斯曾说过的那样，拿下古巴是"不可或缺"的。

对亚当斯来说，这不仅是一个商业和地理问题，也是一个物理问题。他以一个预言和比喻，结束了他对美国和古巴之间自然联系的思考。如今，许多古巴人都能凭着记忆进行转述。亚当斯写道：

> 在政治上也有像物理引力一样的法则，如果说一个被暴风雨从树上打落的苹果别无选择，只能掉在地上，那么，被强制脱离同西班牙天然联系的无力自卫的古巴，也只能落向北美联盟，而受到同样自然法则支配的北美联盟也不能把它从怀抱中赶走。[7]

对亚当斯以及他的大多数政客同僚来说，问题不在于古巴应不应该成为美国的一部分，而在于古巴会在什么时候，成为美国的一部分。一个美属古巴是不可避免的，这是自然界最基本的法则——引力的结果。

然而，自然法则也考验着人类的耐心。法则诱惑着人类，让人类愚蠢地认为自己可以加速引力的推动。在这种情况下，进行尝试的不仅有美国人，还有古巴人。在1822年以及之后断断续续的几十年时间里，有钱有势有野心的古巴人认为，与美国的正式联合是解决他们所有困扰的答案。

当几乎所有的美洲领土都在闹独立的时候，为什么古巴的精英们却寻求依附于美国，依附于一个语言、文化和宗教都不同的国家？他们的逻辑很简单。最有钱有势的古巴人都是奴隶主，他们担心独立之路会不可避免地导致奴隶动员起来废除奴隶制，并在短时间内造成所谓的"黑人的崛起"——不论这种独立之路是由外国人侵引起的，还是在古巴的土地上自然发生的。马德里的一位大臣曾计算过，"古巴奴隶制的存在相当于一支十万人的部队"。岛上的西班牙都督对此深表赞同："尽管有许多人希望不要依赖西班牙，但在看到黑人的那一刻，他们就不敢再追求这一[事业]。"简单地说，奴隶制，包括其利润及其被暴力摧毁的前景，使富裕的克里奥尔人①不敢贸然进行独立活动。[8]

不过，虽然种植园主拒绝古巴独立，但继续留在西班牙治下也使他们感到忧虑。1817年，西班牙与英国签署了一项条约，条约规定，从1820年开始，西班牙将结束所有属地的奴隶贸易。至1822年，差不多也就是奴隶贩子兼参议员德沃尔夫向约翰·昆西·亚当斯发出呼吁的时候，仍然繁荣但已非法的古巴奴隶贸易正处于英国人的攻击之下。来自英国的压力越来越大，而西班牙是否能够捍卫古巴的奴隶贸易和奴隶制，古巴种植园主对此没有多少信心。如果说古巴独立通过革命威胁着奴隶制，那么西班牙统治的延续则因其外交策略影响着奴隶制。

让我们回到美国。1807年，美国禁止了其领土上的国际奴隶贸易，并对从事这一活动的船长进行处罚（不过船长们带来的奴隶没有一个得到自由）。虽然有禁令，但美国的奴隶经济依旧繁荣，甚至可以说美国是地球上残存的最重要的奴隶制力量。美国在古巴的出口贸易中也占有极大的份额。1817年，西班牙国王批准了古巴和美

---

① 克里奥尔人，也可以称为土生白人，是指出生在西属美洲殖民地的欧洲白人，而出生在伊比利亚半岛西班牙本土的西班牙人则称为半岛人。一般来说，半岛人在殖民地的地位最高，往往担任殖民地总督、行政官员等要职。——译者注

国之间的自由贸易。此举旨在迎合克里奥尔精英,打消他们追求独立的念头。至1820—1821年,美国超过60%的蔗糖、40%的咖啡和90%的雪茄都从古巴进口。事实上,就美国进口的商品价值而言,只有工业化的英国超过了古巴。[9] 在佛罗里达海峡两岸,有钱有势的人都在想:将古巴与美国的联系正式化和扩大化有何不可呢?

1822年9月,一个名叫贝尔纳韦·桑切斯(Bernabé Sánchez)的神秘古巴人出现在华盛顿特区,他要问的正是上述这一问题。他没有出示任何证件,声称代表"几位受人尊敬且颇具影响力的古巴人"。但是这种接触是不同的,詹姆斯·门罗(James Monroe)总统于是把他迎到白宫。桑切斯说他有一个紧急消息:古巴反对西班牙统治的密谋正蓄势待发。然而,其真正目的并非独立,相反,策划者希望的是脱离西班牙,立即寻求与美国合并,而且古巴并不想成为像佛罗里达州那样的领土,而是想与缅因州(1820)和密苏里州(1821)那样,成为联邦一个完全的州。这位古巴访客的到来是为了评估总统门罗对该计划的支持程度。[10]

门罗饶有兴趣地听着,并召集内阁讨论该建议的价值。内阁的热情并不令人惊讶,时任战争部长的约翰·C. 卡尔霍恩(John C. Calhoun)就是兼并古巴最热切的支持者之一。他是南卡罗来纳州人,且很快就会成为南方最重要的支持奴隶制的思想家。作为内阁里最年轻的人,卡尔霍恩声称他的意见不仅代表自己,而且代表托马斯·杰斐逊,就在两年前,杰斐逊告诉他,美国应该"一有机会"就拿下古巴。虽然卡尔霍恩也赞同兼并古巴,但他担心占领古巴可能会导致美国陷入一场与西班牙和英国的代价高昂甚至损失惨重的战争。在之后的一周,这一讨论仍在继续。[11]

最终,内阁决定不再谋求兼并古巴——只是暂时。门罗总统告诉桑切斯，碍于美国与西班牙的友谊，美国无法采纳兼并古巴的提议。然而在私下里，他又指示桑切斯收集更多有关古巴现状的信息，特别是关于古巴并入美国的信息。"在我们能够采取行动之前，必须获得更多关于这一切的信息。自我们独立以来，还没有比这更重要、更重大的事件。"[12]

门罗还要求在古巴的美国代理人收集有关这一问题的情报。他们的报告加强了兼并主义者的力量。一名代理人向总统保证，古巴人无论如何都不会将该岛移交给英国。英国反对奴隶贸易而黑人又占了古巴人口大多数（57%）的事实，导致该岛的白人居民认为，成为英国领土的一部分，就相当于结束奴隶制并建立一个黑人共和国。门罗的代理人将古巴人对英国统治的反感与古巴人明显急于并入美国的心情进行了对比。此种热切的心情的一个重要来源是，古巴相信美国既有意愿也有能力维护奴隶制。据一位代理人所说，三分之二的古巴白人居民赞成古巴并入美国，因为这是"防止外国统治和国内叛乱的唯一安全保证"。无论是美国代理人，还是门罗总统及其内阁，都未曾停止考虑这一具有讽刺意味的事：古巴的克里奥尔人将并入美国视为对"外国占领"的一种替代方案。目前，古巴仍属于西班牙，门罗判定这符合美国人的利益，只要不发生什么变化，美国人在古巴的利益就是安全的。[13]

门罗作出这一判断后不久，形势就发生了重大的变化。1823年4月，法国入侵西班牙，击败了1820年胜利的自由主义革命。重新被扶持上位的西班牙国王深信，正是自由主义改革致使西班牙失去了帝国，国王于是解散了立法机构，废除了自由主义宪法，绝对主义王权得到了恢复。

法国入侵西班牙半岛的消息在门罗政府内部引发了激烈的讨论。内阁猜测，英国可能会利用这场动乱对古巴下手。作为一个南方人和战争部长，卡尔霍恩一改先前的谨慎。"如果英国对古巴采取行动，"他如是说道，"战争就是一个合理的选择。"相反，另一位内阁成员建议美国敦促古巴人宣布独立。约翰·昆西·亚当斯承认自己可能是"一个阴郁的厌世者"，他以典型的怀疑态度插了几句话。他自信地说，即便古巴人设法独立了，他们也没有能力维持这种独立。至于英国，假如它决心拿下古巴，美国也无力阻挡。谈话越来越激烈。一些人想召集国会进行特别会议，亚当斯拒绝了这个在他看来荒谬的提议。那天晚上，他用一条简单的备注结束了自己的日记："备忘——在这个问题上要冷静。"然而，即使有了冷静的看法，美国的政治家们还是不断想到两种截然不同且都不受欢迎的可能：古巴人实现独立，或者英国以某种方式获得该岛。他们认为，无论是哪种情况，都意味着美国会失去古巴。[14]

为防止第一种情况——独立——出现，美国在岛上有了一位强大的盟友，古巴岛上的新任西班牙都督：弗朗西斯科·迪奥尼西奥·比韦斯（Francisco Dionisio Vives）。西班牙恢复绝对主义王权后，国王立即派他过来，要求他以同样的精神原则统治古巴。马德里近来之所以容忍古巴的改革，部分原因就是为了将该岛作为对抗南美独立运动的行动中心。如今，随着西班牙失去了这些殖民地，这种考量已经发生了变化。新都督于1823年抵达古巴，恰好及时地挫败了共济会意欲宣布独立，并建立一个名为古巴纳康（Cubanacán）的主权共和国的"阴谋"。古巴纳康是哥伦布抵达之前，该岛的其中一个名称。阴谋发生后，马德里方面取缔了共济会，并禁止进口所有批评教会、国王以及鼓吹独立或反叛的书籍。1825

年,王室建立了军事委员会,这是一个取代了传统意义上的法律机制的军事法庭。该机构仅在成立后的七年内就审判了600多名被告。最后,国王授予都督包罗万象的权力(facultades omnímodas),可以粗略地翻译为"绝对权威",相当于"在城市处于围城状态下,王室赋予都督的所有权力"。这种权力包括都督有权随意更换官员,驱逐任何可疑之人,没收财产,并暂停执行任何他认为不适当或危险的皇家命令。该敕令推行的时间超过50年,极大地限制了古巴人依法享有的权利,并给予都督及其继任者几乎绝对的权力。仿佛是为了彰显国家对古巴的铁腕控制,马德里授予了古巴一个新的荣誉称号:"siempre fiel",即永远忠诚。这句话将被印在古巴的国家官方文件上面,直至70多年后西班牙统治的结束。[15]

绝对主义的恢复和殖民统治的加强在古巴引起了极大的不安,一些反政府的阴谋开始浮出水面。除了1823年的共济会阴谋,19世纪20年代还有一些小阴谋,这些阴谋的领导人主要是那些在奴隶制中没有什么经济利益的人。有时候,自由的有色人种也会参与进来。1825年,马坦萨斯的咖啡种植园发生了一起非洲裔奴隶的叛乱,马坦萨斯也是参议员詹姆斯·德沃尔夫和其他美国人所拥有的种植园的所在地。所有这些运动,不论是反对西班牙还是反对奴隶制,或是两者兼而有之,都没有任何结果。这个岛上根本就不存在对西班牙发起可行性挑战的空间。[16]

因此,毫不奇怪,最慷慨激昂的独立诉求来自流亡的古巴人。对他们来说,建立政治组织没有那么致命。费利克斯·巴雷拉(Félix Varela)是哈瓦那一位戴眼镜的清瘦牧师和哲学教授,城中有许多知识青年是他的门徒。西班牙自由政府统治期间的1821年,他被选为哈瓦那驻西班牙立法机构的代表,并在那里主张古巴进行自治。国王恢复绝对主义王权后，巴雷拉逃到美国，在费城短暂居住了一段时间，此后在纽约待了25年多。他在纽约将托马斯·杰斐逊的《议会规则手册》(*Manual of Parliamentary Procedure*)翻译成西班牙语，还受邀参加有关成立纽约大学的讨论。他还出版了被普遍视为古巴第一份独立倾向的报纸，此报也是美国的第一份西班牙语报纸。在该报的版面上，巴雷拉公开主张脱离西班牙，西班牙国王为此下达了对他的暗杀令。

作为一名古巴流亡者，巴雷拉发出了古巴独立的巨大声响。与此同时，他也是纽约的一个移民。在曼哈顿中心的莫特街，他创立了移民教堂（后来更名为"显圣容堂"）。这里的牧师和教友包括西班牙人、爱尔兰人、奥地利人、意大利人以及其他一些人。巴雷拉为贫困寡妇的孩子建立了纾困救济堂。1832年纽约霍乱流行期间，他给城里的医院提供了精神指引。如今，巴雷拉在纽约的天主教领导者中仍然很有名。1997年，美国邮政局发行了一枚纪念他的邮票。老一辈的古巴人仍旧将巴雷拉称为"教会古巴人思考"[17]的人。然而，虽然巴雷拉被认为是古巴民族国家的早期倡导者，但他生命的大部分时间都在美国流亡，在古巴当地，这位戴眼镜的牧师基本做不了什么。

在古巴岛上，都督比韦斯所拥有的大权是西班牙人的指望，他们希望能借此进行无情的镇压；他们还指望随着镇压南美独立战争的失败，西班牙现在几乎可以完全将精力集中在保卫古巴上。美国政府明白都督在古巴的权力，以及他是如何弹压政治煽动的，美国对此心怀感激。用约翰·昆西·亚当斯的话说，比韦斯努力"镇定和安抚古巴，使其顺从"。因此，"在门罗先生的剩余任期内以及本人的任期内，美国没有再听到古巴发生叛乱的消息"[18]。无论如何，就目前而言，古巴人还无法争取独立。

90　　美国显然更担忧英国对古巴的企图。英国回应了这种关切，他们也担心美国将对古巴有所行动。首先坐不住的是英国人。1823年10月，詹姆斯·门罗收到了来自英国外交部的照会，邀请美国与英国一起承诺："第一，美国和英国一样，都保证不会夺取西班牙目前或以前的殖民地。第二，两国都不会支持任何其他国家的此类行径。"

业已赋闲的托马斯·杰斐逊在蒙蒂塞洛写道，"自独立建国以来，英国提议所引出的问题，是我所思考的最重要的问题"。对杰斐逊来说，主要问题是："对联邦来说，我们是否希望获得西班牙的一个或多个省份？"他的回答是肯定的，联邦想要古巴。"我坦率地承认，我曾把古巴视为对我们国家体系最有益的补充。"再加上刚刚从西班牙那里获得的佛罗里达，这将使美国控制墨西哥湾以及"……其他所有注入墨西哥湾的水域"。鉴于英国占领古巴的概率并不大——"古巴人厌恶英国"——杰弗逊得出了一个与亚当斯所谓苹果从树上落下的类似结论："最好的方式可能就是静静地躺平，准备好应古巴自身的要求，接受这一有益的合并。因为古巴显然正是补足我国的国家实力以达至它［原文如此］最有利的顶点所需要的。'古巴'将完善我们的政治利益。"[19]

不苟言笑且心思缜密的亚当斯同意杰斐逊的意见，他明白西班牙永远不会重新征服它在南美洲的前殖民地。喜欢用生动比喻对政治前景进行预言的亚当斯宣称，上述情况并不比钦博拉索山（安第斯山脉的一座著名山峰）沉入海底的概率高。假设拉丁美洲从西班牙独立出来已得到保证，那么英国人就会反对另一个欧洲国家的任何干预。因此，对于拉丁美洲新近（或即将）独立的国家来说，拟议的联合承诺确实没有什么意义，但是它将大大束缚美国在古巴问题上的手脚。亚当斯掌握的所有信息都表明，古巴人永远不会支持英国的统治。如果英国占领古巴这种情况无论如何都不太可能发生，那么为什么要摒弃在未来的某个时候将古巴并入美国的可能呢？[20] 毕竟华盛顿至少已经收到了古巴人自己要求并入美国的请求。虽然时机还不成熟，但他相信古巴并入美国只是一个简单的时间问题，就如成熟的苹果从树上掉下来那样不可避免。

在亚当斯的带领下，门罗政府决定单方面阐明自身的政策。1823 年 12 月 2 日，门罗在给国会的国情咨文中做了陈述，这项政策后来被称为门罗主义，政策规定，西半球从此将不再接受欧洲殖民。门罗宣布，"美洲大陆，因其获得并维持的自由和独立状况，从今以后将不再被任何欧洲国家视为未来殖民的对象"。至于欧洲在美洲其他的殖民地，例如古巴，美国承诺将不会进行干预，并期望整个欧洲也这么做。彼时，西班牙在拉丁美洲的前殖民地正专注于建立新国家，它们更不会冒险远征古巴（为了以防万一，美国也额外对此种可能性施加了压力）。更重要的是，门罗主义使英国——这个一度拥有全球最强大的海军力量，而且是世界上反对奴隶贸易的新的急先锋——无法染指美洲。[21]

因此，门罗主义允许美国静待事情的发展，直至"政治引力的法则"使古巴不可避免地从西班牙脱离出来，进入北美联邦。门罗主义为古巴预留了一个属于美国的未来，而在当下，门罗主义维系了一个将美国经济与古巴奴隶制联系起来的制度。

自美国独立以来，特别是自 1817 年西班牙向古巴人做出自由贸易的让步后，美国和古巴的经济日益盘根错节。在门罗主义发表前夕，北美共和国甚至远超西班牙，成了古巴的主要贸易伙伴。与此同时，古巴也始终位列美国前三大贸易伙伴之一。贸易关系的深化是以古巴糖业和奴隶制的扩张为前提的。随着古巴经济越来越多地转向糖业，古巴寻求向美国进口各种物品，从奢侈品（越来越富有的种植园主的品位越发讲究）到基本的食品（土地用来种甘蔗的利润更丰厚），再到工业机械（将甘蔗加工成糖，机械是必不可少的），无一不包。[22]

如果说美国企业提供了为古巴制糖业带来动力的机械，那么它们也提供了从事大部分劳动的人力。1800年，美国禁止其公民在外国贩卖人口，并于1807年宣布本国的跨大西洋奴隶贸易是为非法。1820年，西班牙与英国签署条约，终止了古巴的奴隶贸易（由于第一次的禁令收效甚微，两国在1835年再度签约）。然而，通过跨大西洋奴隶贸易被带至古巴岛的非洲人，大部分都是在奴隶贸易为非法之后才抵达的。事实上，贩奴贸易历经三个半世纪，逾70%的人都是在西班牙于1820年禁止奴隶贸易之后抵达古巴的。[23]

美国人深深地卷入了这种非法贸易。19世纪30年代后期，在参与往返古巴的奴隶贸易中，悬挂美国国旗的船只数量几乎翻了一番。在古巴引进的奴隶中，美国船只运来的奴隶估计占了63%。许多船只都是向纽约公司投保的巴尔的摩快艇。船只不仅从南方的港口出发，纽约、波士顿、巴尔的摩、布里斯托尔、罗得岛以及马萨诸塞州的新贝德福德也都有船只出航。他们驶向西非，在那里购买男男女女和儿童，并经常与居住在那里的美国代理人做生意，然后他们又反方向越过海洋，载着数百个非洲俘虏在哈瓦那、马坦萨斯、卡德纳斯、特立尼达以及古巴（或巴西）的其他地方登陆。他们以高昂的价格出售奴隶，使得每个人都能发家致富，当然，奴隶除外。

美国驻哈瓦那领事非但没有对非法贸易进行监管，反而帮助其运转，他收取费用帮人们钻法律空子，还用自己的收入购买古巴种植园。詹姆斯·德沃尔夫成为美国参议员后，当时的奴隶贸易已是非法行当，但他仍继续运载人口，并在古巴销售。从南方的查尔斯顿、新奥尔良到"深北"（借用德沃尔夫家族一个后代的用语）的乡镇和城市，美国人将奴隶贸易中所获得的巨额利润转投到金融公司、银行、保险公司和制造业中。[24]

美国的一些产业与古巴的产业直接相关。例如，纽约蒸蒸日上的雪茄制造业就是一个依靠进口古巴烟草的产业。靠蒸馏古巴糖浆生产出来的朗姆酒，为像德沃尔夫家一样的家族创造了财富。纽约的炼糖厂从古巴采购原糖，将其加工成精制白糖，然后在国内市场上以可观的利润出售，甚至销往国外。古巴所有的糖都是由奴隶生产的，这就意味着，美国精制糖批发价格的浮动几乎完全与古巴奴隶价格的波动相对应。与此同时，西班牙则根本没有精制糖厂。[25]

美国商人在古巴通常有代理人，他们本就习惯与佐治亚州和阿拉巴马州等地的棉花种植园主打交道，现在，他们以同样的方式与古巴的糖业大亨打交道，为下一年的收成预付资金，种植园主们则用这些资金购买非洲奴隶和工厂所需的机器。当收成不佳时，美国商人可能最终会成为古巴糖业种植园的部分或完全所有人。美国商人也会独立购买种植园，作为一种投资繁荣行业或分散财产的方式。有的时候，古巴奴隶生产的糖所产生的利润会出现在意想不到的地方，例如德沃尔夫家族的故乡，罗得岛布里斯托尔市的圣迈克尔圣公会，这里每月都会收到一份寄回家乡的小额津贴。[26]不过，糖业带来的利润更多地被投入到了美国的煤炭、钢铁、制造业、铁路、银行等产业中。纽约的一位糖业经纪人摩西·泰勒（Moses Taylor），他早期的财富就来自于人们所谓的"古巴贸易",后来他又将资金投到银行和工业中。短短几十年,泰勒就成了纽约国家城市银行(花旗银行的前身)的总裁。1882年去世时,泰勒的资产至少价值3500万美元,差不多相当于2020年的13亿美元。[27]

近年来,人们普遍指出,奴隶制像一颗跳动的心脏连接了美国南北的经济制度,建立了资本主义。不过无论是奴隶制还是资本主义,都没有受到国家边界的限制。来自美国南部奴隶所种植的棉花,为英格兰和美国北部工业革命中的纺织厂与工厂提供了原料;古巴奴隶生产的糖消除了工人们的饥饿,其利润促进了美国工业的增长。古巴——古巴糖、古巴奴隶制、古巴的奴隶贸易——成了美国资本主义历史的一部分。

美国与古巴经济的根本,即奴隶制关系匪浅,这一点在糖和奴隶的价格中显而易见,在纽约商业家族的活动中也十分显著,在古巴土地上的表现同样明显。无论是甘蔗地、庄园、奴隶居住区,还是奴隶主与男女奴隶的关系,都可以感受到美国的影响。

詹姆斯·德沃尔夫是一名来自罗得岛的奴隶贩子兼参议员,他在古巴有三个种植园,他还恳求约翰·昆西·亚当斯保护美国在古巴的利益。此外,与他有血缘和姻亲关系的家庭成员在古巴还拥有另外三个种植园。新英格兰人负责监督树木的砍伐工作,这些木材将被用于建造工厂;他们还管理糖的生产和销售;购买和出售奴隶;甚至拆散家庭,实施惩罚。[28]"第一个被我揍了的黑人就是今晚祈祷时笑了的人。"德沃尔夫种植园的一位新任美国经理回忆道。这位经理的日记证实,那天晚上他打的那个人的确只是众多挨揍黑人中的第一个。德沃尔夫的侄子管理着另一个种植园,他允许邻近的奴隶主使用自家的工具——木制的刑具——来惩罚他们的奴隶。[29]

詹姆斯·德沃尔夫最大的种植园位于马坦萨斯地区，此地的新希望种植园是这一阶段古巴糖业兴旺的起点。糖业繁荣最早始于18世纪90年代的哈瓦那，不过由于土地和森林日益消耗殆尽，糖业慢慢地向东扩散。位于古巴北部海岸的马坦萨斯距哈瓦那约60英里，是这一时期糖业增长的一个重要枢纽。一位观察家报告说，那里"挤满了美国人"。一位英国官员在1839年写道，美国公民最近在该地区购买或建立了"不下40个种植园"。位于马坦萨斯东部的城市卡德纳斯吸引了大量的美国居民和产业主，以至于到19世纪中期，卡德纳斯赢得了"美国城市"的称号，这里超过90%的贸易都是同美国进行的。每年秋天，美国的工程师们来到马坦萨斯-卡德纳斯地区整修美国制造的机器，以为为期5个月的收获期做准备。美国人还在那修铁路，将糖从种植园运到马坦萨斯和卡德纳斯的港口。在这些港口中，出现的船只中大半都是美国的。从港口的奴隶船，到甘蔗地里弯腰的工人，再到工厂里的机器，以及驶向港口的铁路和交易产品的代理商——美国公民参与了古巴奴隶制度的方方面面。[30]

门罗主义所保护和助力的正是这种新兴系统。门罗主义试图限制欧洲在整个拉美地区的权力，而在古巴问题上，该策略发挥了非常具体的作用。通过使古巴摆脱英国——这个世界上最强大的海军力量成了反对奴隶贸易的急先锋——的影响和力量，门罗主义巩固了奴隶制，并保护了美国在古巴的一系列投资。简而言之，门罗主义保护了美国人在古巴的利益。

门罗主义同时也在瞒天过海，它不仅反对英国接管古巴，也反对古巴人接手古巴。虽然古巴周边的许多殖民地成了独立国家，但18、19世纪之交开始的糖业革命产生了一个强大的诱惑，致使古巴精英们愿意维持现状。在门罗主义的影响下,古巴的糖业革命也成了美国的一桩生意,而美国的力量,即美国政府及其资本家,则变成了又一个抑制变革的障碍。古巴的政治状况将会持续下去:英国和欧洲置身事外,一个被削弱的西班牙仅在表面上保有古巴的控制权,美国则继续投资和盈利。当时机来临之时(约翰·昆西·亚当斯曾说过,时机肯定会来),成熟了的古巴苹果会从树上掉落,进入美国热切的怀抱。

第八章
酷刑计划

当像詹姆斯·门罗或约翰·昆西·亚当斯这样的人，因英国对古巴的企图或古巴本土的独立计划感到不安时，他们是在远处对风险和行动进行评估的。因此，他们不可避免地错过了故事发展中的一些戏剧性——一个不太可能的联盟，一个看似不起眼的人，一次偶然的相遇，或一段亲密的家庭史对宏伟的古巴计划所产生的影响。

1809年，哈瓦那一位世人皆赞其美貌，名叫康塞普西翁（Concepción）的西班牙芭蕾舞演员生下了一个男孩。孩子的父亲迭戈（Diego）是有色人种，在那个时代的词汇中，他是个四分之一的混血儿，或者说是拥有四分之一非洲血统的混血人种。他在城市的大剧院担任理发师，在那里遇到了芭蕾舞演员康塞普西翁并向她求爱。在一个种族等级分明的奴隶社会中，对一名白人女性来说，生下一个非白人的孩子或许是最羞耻的事情。也许正是出于这个原因，分娩18天后，这位年轻的母亲就将婴儿遗弃在了城中的孤儿院。第二天，婴儿受洗并得名迭戈·加布里埃尔·德拉·康塞普西翁（Diego Gabriel de la Concepción），一个结合了父亲和母亲的名字。孤儿院给他加了"巴尔德斯"（Valdés）的姓，这是一百多年前创建该机构的牧师的名字，也是孤儿院所有儿童共有的姓氏。

男孩的生父似乎并不像生母那样感到羞耻，他把孩子交给自己的母亲和姑姑抚养。这个名唤加布里埃尔的小男孩在清贫的环境中长大，他早年在哈瓦那，后来去了马坦萨斯。为了谋生，他干过各种活。他干过木匠，也曾在著名黑人画家的工作室工作；做过玳瑁梳子，也曾在一家印刷厂设置字体；但是，写作是他主要的赚钱方式之一，也是他最喜欢的方式。他在10岁时才学会阅读和写作，但却热衷于此，并很快就在婚礼、洗礼和其他节日聚会上通过作曲、即兴创作、表演诗歌来换取金钱。他在自己的诗作上署名普拉西多（Plácido），这是他最喜欢的一本书中主人公的名字，是一部最近被翻译成西班牙语的法国小说。在历史上，这位非婚生的年轻黑人诗人正是以这个名字为人所铭记。

古巴没有人像普拉西多一样发表过那么多诗歌——在短短的十年间发表近700首。普拉西多的诗歌，再加上他是自由有色人种的事实，使他受到各类重要人士的关注。在20岁出头的年纪，普拉西多就开始进入文学界。同时代的人认为他受到布莱克、华兹华斯和柯勒律治等人的启发，应算作是一位浪漫主义诗人。其他人后来则将他称为早期的克里奥尔主义者（criollista），或本土诗人。他的作品颂扬当地的风俗习惯，赞美岛上的第一批居民，也就是那些在很久以前迎接哥伦布的男男女女。普拉西多的一些诗作还谈及了政治问题。在其中一首诗中，一只被关在笼子里的金丝雀伺机振翅翱翔；在另一首诗中，任何人只要喝了"自由之树"底部的小溪水，就都会起来反抗。[1]

1843年，小有名气的普拉西多被卷入了马坦萨斯的叛乱和阴谋旋涡，在这个富饶的糖业产区，已故美国参议员詹姆斯·德沃尔夫曾拥有几个种植园。当局怀疑普拉西多在反奴隶制运动中发挥了重要作用，因而先后两次对其进行了逮捕。第一次，他被监禁了6个月。第二次，几十名证人指认他为"集会的主席、招募者、煽动者，以及第一批旨在结束奴隶制并宣布古巴独立的阴谋策划人之一"。1844年6月28日一大早，在马坦萨斯的一个中心广场上，在包括美国领事在内的一群人面前，政府行刑队结果了他的性命。[2]

在普拉西多通向暴力结局的道路上，铺满了另一位古巴诗人和作家的善意、遗憾和背叛——白人多明戈·德尔蒙特（Domingo del Monte）。与普拉西多一样，德尔蒙特也从事浪漫主义诗歌创作，发表文学评论和政治文章。他曾尝试创办古巴文学院（西班牙当局没有同意），但没有成功。在费利克斯·巴雷拉牧师移居纽约并于随后开始照顾移民的精神需求之前，德尔蒙特曾在其门下学习。德尔蒙特是个广受尊重，有地位、有影响的人。作为古巴最重要的文学赞助人，他委托他人出版了唯一一部已知的论述古巴奴隶制的自传，这是一本由之前的奴隶胡安·弗朗西斯科·曼萨诺（Juan Francisco Manzano）所写的著作。诗人普拉西多也在同一个圈子里活动。[3]

文化精英通常也是财富精英，德尔蒙特就是哈瓦纳财富精英群体的一员。他娶到了岛上最富有家族之一阿尔达马家族的女儿。该家族在哈瓦那的宅邸，可谓该市最豪华的住宅之一，这座富丽堂皇的新古典主义风格的宫殿，是建于城墙外的第一座大型建筑（如今位于哈瓦那市中心），这里还拥有岛上第一个抽水马桶，甚至比任何引进西班牙的抽水马桶都还要早。建造该宫殿的工人是非洲奴隶，当他们起来抗议工作条件时，有7名工人被打死，另有10人受伤。与此同时，阿尔达马家族的族长是个主张将古巴并入美国的知名倡导者，也是古巴委员会（Guba Junta），一个旨在推动美国购买古巴的组织的创始人之一。阿尔达马家族拥有5个种植园，数百个奴隶。德尔蒙特本人拥有一个面积达900英亩的种植园和100个奴隶。作为一个腰缠万贯的文人，德尔蒙特对自己的特权感到矛盾。因此，当他的家庭成员凭借奴隶和糖积累财富时，当他们谋划并入美国时，德尔蒙特却似乎一直在与英国废奴主义者和黑人革命者密谋。[4]

德尔蒙特的合作者中包括苏格兰人大卫·特恩布尔（David Turnbull），他是当时最具冒险精神的反奴隶制作家和外交官之一。19世纪30年代晚期，特恩布尔以游记的形式发表了一篇对古巴奴隶制大肆批评的文章。1840年，英国政府任命他为驻哈瓦那领事，这遭到西班牙人的强烈反对。特恩布尔没有理会他们，甚至在火上浇油。他没有谨慎行事，相反，他处处行事张扬。他高调控诉非法的奴隶贸易，并将违法行为提交给为此新设立的西班牙—英国联合法庭。他把自己搞得声名狼藉，以至于为了避免遭到逮捕甚或被暗杀，他跑到了港口的一艘英国船上，从非法奴隶主那儿解放出来的奴隶都被暂时安置在这艘船上。更具挑衅意味的是，特恩布尔积极投身古巴革命事业，参与终结奴隶制的宏大计划。他还与对改革或废除奴隶制感兴趣的自由派克里奥尔人建立联系，又与自由的有色人种建立了牢固的纽带，以期共同谋划反对西班牙和奴隶制的行动。古巴的种植园主希望处决他，西班牙都督却只是驱逐了他。[5]

特恩布尔的副手弗朗西斯·罗斯·科金（Francis Ross Cocking），也许是个像他老板一样醉心废奴的人。科金继续从事据称是由这位苏格兰人所策划的工作，定期与一群被他称为"白人委员会"的人见面。虽然没有找到任何成员名单，但我们可以猜测，作为一位与特恩布尔紧密合作的主要改革者，德尔蒙特应该是这个委员会的一个重要成员。与此同时，科金也与他所谓的"有色人种委员会"见面。同样的，如果这个委员会存在这样一份名单的话，诗人普拉西多肯定是领导人之一。在科金的协调下，两个委员会的密谋者们制定了一个计划。这两个团体将协调工作，发表古巴独立宣言。参加运动的奴隶将获得自由，而奴隶主损失的财产则会得到补偿（没有人考虑补偿前奴隶们的劳动）。一旦实现独立，胜利者将向英国寻求在公民权利和政治权利方面的援助与保护，"为古巴所有阶级和肤色的人种提供保护"[6]。

几乎在一开始，所谓的白人委员会的成员就有了别的主意。武装奴隶是明智之举吗？一旦发生这种情况，能否控制事态发展？与此同时，"有色人种委员会"的成员则将这一计划铭记在心，并立即开始行动以将计划落到实处。他们派出代表到农村进行煽动，准备起义。科金意识到，白人对运动的支持正在消逝，而黑人的支持则日益巩固，于是他试图在自由的有色人种中寻找盟友并推迟起义。但他们已经投入太多了，他们的"代理人走遍了全岛，[并]唤起了一种不易抑制的反抗精神"。科金继续说道，他们"准备赌上身家性命和他们所拥有的一切，试图为自己以及更多不如他们的同胞争取自由……作为人，他们应该享有这种自由"。[7]

黑人的热情极大地弥补了白人委员会业已萎缩的合作。要记得，德尔蒙特可是一个有钱的种植园主和兼并主义者的女婿，他做了一件完全不会令人感到惊讶的事情：转向美国。亚历山大·埃弗里特（Alexander Everett）是岛上的特别外交人员，他一直在与克里奥尔人中的知名人士会面，争取让他们认可古巴并入美国的事业。作为一名外交官和文人，埃弗里特与德尔蒙特建立了友谊，他甚至要求德尔蒙特写一本关于古巴的长篇史书，一本能够作为古巴并入美国论据的历史书。[8]

1842年11月，随着密谋日益危险地展开，德尔蒙特写信给埃弗里特，开诚布公地说出了他的疑虑，并对即将发生的暴力和破坏提出了警告。他报告说，岛上的英国废奴主义者一直在秘密地策划叛乱。只要古巴人与有色人种联合起来并宣布废除奴隶制，这些废奴主义者就会为古巴人的独立提供保护。德尔蒙特担心，这一计划会无可避免地导致建立一个类似海地的"黑人军事共和国"，对他来说，这就等同于古巴岛的毁灭。他也担心自己的个人命运。他恳求埃弗里特不要向任何人透露他的线人身份。"我认为我有责任向你透露这个［阴谋］，尽管我害怕当我写下这些文字时，我可能有性命之虞。"德尔蒙特没有遭遇任何事，写完这封信后不久，他就带着家人去了美国度假，然后又去了巴黎，并很快在西班牙定居，此后再也没有回到古巴。[9] 不过事实证明，即将发生一场重大的奴隶叛乱的预言是真的。

1843年3月，也就是德尔蒙特向美国官员发出警告的4个月后，马坦萨斯乡下的一片区域陷入了火海。历史学家艾莎·芬奇（Aisha Finch）告诉我们："值夜班的人首先听到声响。"当时正值收获高峰，工人们将甘蔗投入机器，掌控火候，并搅动锅里沸腾的甘蔗汁。在田里劳作的男男女女首先发难，工厂的工人很快就加入了他们。他们放火烧毁了甘蔗和建筑物，偷取生皮作为盾牌，并杀死了几个黑人督工和一名在工厂工作的美国工程师。从这个名为阿尔康西亚的种植园出来的人，"按照军事秩序，穿着假日色彩的服装"，向下一个种植园行进，攻击一个又一个种植园。在新铁路上工作的奴隶也加入了叛乱。他们用砍刀武装起来，至少攻击了一个种植园并释放了被关押的奴隶。总计约有500至1000名奴隶参与叛乱。除了海地革命，现代史上的每一次奴隶叛乱都以失败告终，这一次也不例外。两天后，士兵和志愿者们抓捕、驱散并杀死了叛军。[10]

来自查尔斯顿的医生约翰·沃德曼（John Wurdemann）彼时正在访问叛乱发生地，他注意到，叛乱发生后，农村立即陷入了深深的焦虑状态。白人，即古巴人和外国人，一看到奴隶和有色人种，就觉得他们身上最细微的姿态或眼神都含有反叛受挫的痕迹。更糟糕的是，他们认为还会有即将到来的叛乱。与此同时，受到怀疑的奴隶们惶惶不可终日，动辄遭到指控。政府对待反叛的奴隶毫不手软，许多人被杀，还有许多人躲进了树林里。为了避免惨死在士兵或刽子手手中，有些人选择了自杀。沃德曼写道："他们确实一心求死。他们站在挂着葡萄藤的树枝下，把藤蔓缠在脖子上。然后抬起脚来，自缢身亡。""在一棵树上，"他写道，"就吊着20多具尸体。"有的时候，自杀的人会把非洲宗教物件放在上吊之树的底部。[11]

即使有那么多的死亡和暴力，小规模的叛乱和阴谋仍在马坦萨斯和卡德纳斯不断涌现。1843年11月，古巴历史上规模最大的奴隶叛乱爆发。叛乱发生于特里尤尼维拉多（Triunvirato，三巨头之意）的糖业种植园，出生于非洲的卡洛塔·卢库米（Carlota Lucumí，姓氏表明她来自贝宁湾的某个地方）朝监工的女儿举起了砍刀，并带领着奴隶同伴们一起作战。在种植园陷入一片火海后，他们又向邻近的阿卡纳进军。在那里，费尔米纳·卢库米（与卡洛塔来自非洲的同一地区）负责领导战斗，她领着叛军跑到主人家，指出奴隶主们可能的藏身之所。但费尔米纳和卡洛塔被双双抓获并遭杀害，卡洛塔战死，费尔米纳则被行刑队处决，尸体被扔进火中，尸骨无存。[12]

在卡洛塔和费尔米纳叛乱的一个月后，在名为圣特立尼达

（Santísima Trinidad）的糖厂又发生了另一起叛乱。该糖厂坐拥800英亩土地且风景秀丽，糖厂的所有人埃斯特万·圣克鲁斯·德是个富有的种植园主，拥有几个种植园，但是他出了名的暴虐，声名狼藉，叛乱的阴谋就是在他的庄园里被发现的。他在庄园里经营着全岛最大的奴隶繁殖厂，据说，他本人至少有26个通过强奸女奴隶所生的孩子。当他听说有人计划在圣诞节期间进行一次新的重大叛乱时，埃斯特万当即向当局告发，当局随即授权他开始调查。他立即处决了16名奴隶，并监禁了100多人。这还仅仅是开始。当局逮捕了来自230多个种植园的男女奴隶，仅在一个种植园，就有数百人被当作此次运动的嫌疑人而被送进了监狱。[13]

最终，1843—1844年的叛乱和阴谋，以及随后发生的大规模镇压被简单地称为埃斯卡莱拉（La Escalera），或梯刑事件。[14]这个名字来自于嫌疑人在调查过程中所遭受的酷刑，一位造访古巴的纽约律师对此进行了描述：

> 被告被带到一个刷成白色的房间，房间的两侧沾满了血和小块的肉，这是此前来到这里的可怜虫留下的……那里有一把血淋淋的梯子，被告人头朝下被绑在梯子上。不管是自由人还是奴隶，如果他们不愿意透露［审讯者］暗示的问题，他们就会被鞭打致死……抽打他们的皮鞭末端有一个用电线制成的能造成毁灭性伤害的按钮……而医生会证明，他们死于腹泻。

仅一名官员就将42名自由人和54名有色人种奴隶鞭打致死。美国驻马坦萨斯领事托马斯·罗德尼（Thomas Rodney）说出了一个显而易见（但还是往往被忽视）的事实：被告遭受的"极端折磨"使得他们愿意说任何能结束噩梦的话。难怪1844年后来被称为"鞭刑之年"。[15]

华盛顿的政客们还是一心怀着统治古巴的梦想，密切注视着古巴的动态。国会议员们给总统写信，向他报告他们从西班牙和古巴的朋友那里听到的关于阴谋的传言。从威斯康星到华盛顿，从纽约到新奥尔良，各大报纸都在关注这些事件。一个头条新闻写道："又一条令人担忧的叛乱情报。"总统派了三艘军舰前往哈瓦那港，密切关注着来自英国的外部威胁以及来自奴隶和自由有色人种的内部威胁，这也正是自门罗和亚当斯以来美国政府一直在监测着的威胁。[16]

其他美国人则在前线观察，有的是种植园主，有的是以反叛或被惩罚的男女奴隶为财产的奴隶主，有的是被付之一炬的糖厂的工程师，在极少数的情况下，还有一些人是叛军攻击的对象。新英格兰诗人玛丽亚·高文·布鲁克斯于1844年在马坦萨斯的一个种植园里写下了她最著名的其中一首诗《仰望天堂的亡灵颂》（*Ode to the Departed with a View to the Heavens*）。她解释说，这首诗"被构思出来并部分完成之时，古巴岛正经历着多年来从未有过的死亡惨剧"（有意思的是，在1825年的一次奴隶叛乱后，她在马坦萨斯创作了另一首著名的诗篇《犹菲勒》[17]）。托马斯·菲尼（Thomas Phinney）是五月花号朝圣者的直系后裔，他名下的奴隶有7个死于鞭打，另一个被当作1844年阴谋的领导人之一而遭到审判和处决。菲尼详细地描述了梯刑，并惶惑地问道："好家伙！我们生活的是19世纪吗？还是说宗教裁判所的全盛时期再次回归了？"[18]

最后，约有3000人死于处决、酷刑、战斗、自杀或病死狱中，还有许多人遭到了驱逐或凭空消失。在马坦萨斯城，每个自由的有色人种似乎都成了目标，至少有38人被处决，743人遭到囚禁，还有433人被放逐。根据西班牙于1823年在古巴设立的"全权"制度，所有被处决和放逐之人的财产都将归政府所有。古巴最早和最重要的音乐家之一、黑人小提琴家、低音提琴手和乐团指挥克劳迪奥·布林迪斯·德·萨拉斯（Claudiao Brindis de Salas）就遭到了逮捕并被驱逐。多年后，当他回到马坦萨斯试图重组乐团时，他发现几乎所有的乐队成员都被处决了。正如美国驻马坦萨斯的领事所评论的那样，1844年的镇压就像一次不放过"最后一粒"谷物的收获。而这位美国领事在哈瓦那的同行于远处监视着镇压事件的发展，他所关注的是另一种可能性：古巴的奴隶革命可能会蔓延至美国南方。从这个前提出发，他得出结论："为了维护奴隶制这一有益的制度，任何惩罚措施都算不上严厉。"[19]

在1844年6月28日上午被处决的人中，有西班牙芭蕾舞演员和黑人理发师的儿子——诗人普拉西多。32名证人的证词都提到了他，阴谋中处处都有他的身影。他参加会议，委派任务，将城市和种植园、自由人和奴隶的世界联结起来。一家美国报纸认定他是"一个据说非常聪明的黑白混血诗人……［他］被称为皇帝普拉西多一世"，是他让阴谋按计划展开。目睹他被处决的美国领事描绘了这位诗人的最后时刻：普拉西多"像个男人一样支撑着，至死不屈。第一轮射击，他身中三弹，但并没有杀死他"，他高喊"开火！"和"再见了世界"，然后在新一轮密集的射击中倒下了。当局在普拉西多身上没有搜到任何东西，他没什么东西可以让他们拿走。相反，他留下了一首诗，这是在处决前不久创作的，他将其命名为《对上帝的恳求》（Plea to God）——"万王之王，我祖父母的神"，他向他们宣告自己的无辜。[20]

普拉西多被处决的几个月后，1844年10月5日，也就是普拉西多的主保圣人之日，一场狂暴的飓风蹂躏了马坦萨斯和埃斯卡雷拉阴谋发生的乡间。种植园和村庄被夷为平地，船只在港口沉没，人们对黑白混血诗人、神圣的报应和末日的到来议论纷纷。"这里表面上一切都很平静，"一位英国通讯员在1844年如是说道，"但这是恐怖的宁静。"[21]

时至今日，没有人能确定普拉西多是有罪还是无罪。有些人直接怀疑1843年12月的阴谋，也就是那个在奴隶繁殖种植园被发现，并导致了残酷镇压的阴谋是否真的存在。一些学者认为，这个种植园主反应过度，而西班牙政府则对此加以利用。为了确保西班牙在古巴的未来，当局进行了残酷的镇压，摧毁了自由的有色人种阶层——这是一个日益富裕的阶层，他们支持英国的废奴主义，想要脱离西班牙。与此同时，用西班牙都督的话说，暴力镇压的场面震慑了奴隶，使他们"打消了令人震惊的胡思乱想"。暴力和动乱也打消了白皮肤的克里奥尔人在古巴进行独立斗争的念头。正如西班牙刚刚展示的那样，独立的代价是巨大的，对白皮肤的克里奥尔人来说，结果可能是致命的。然而，也正是通过展示这一点，西班牙政府却也无意中增加了古巴并入美国方案的吸引力——对于那些想要保留奴隶制的人来说，最稳妥的方式就是并入美国。

第九章
统治的梦想

这是美国历史上最糟糕的一次就职典礼。宣誓就职时,新总统独自站在台上,显得很沮丧。他 11 岁的儿子在两个月前死于火车事故。他的妻子,现任第一夫人,拒绝参加就职典礼。她很生气丈夫接受了提名,目睹儿子的死亡后,她就患上了严重的抑郁症。或许是作为对妻子的一种让步,也有可能出于自身的痛苦,总统取消了传统的就职舞会。甚至连天公也不作美。当总统发表就职演说时,天空开始下起了大雪。我们无从得知,新任总统是以多大的能量或信心说出了演讲中最气势汹汹的话:

> 本届政府的政策将不会被任何因惧怕扩张所产生的不祥预感所左右。事实上……我们作为一个国家的态度,以及我们在世界的立场使得获得某些地区……对我们的安全来说至关重要。

所有人都知道他说的是古巴。[1]

1853 年 3 月那个寒冷的就职典礼的清晨,困扰富兰克林·皮尔斯总统的不仅仅是天气和家庭困境。在共和国的历史上,美国人第一次组织了一场反就职典礼游行:一群失业工人在街上游行以示他们对新政府的抗议。奴隶制问题上的分歧,美国联邦未来的不确定性,都给就职典礼带来了长期的阴影。新当选的皮尔斯总统是个北方人，他之所以能够吸引南方人的选票，是因为他反对废除奴隶制，且提倡扩张领土。副总统威廉·鲁弗斯·金来自阿拉巴马州，是个富有的棉花种植园主，他的家族拥有约 500 名奴隶。在那个时代，金被视为一个温和派：他虽然是奴隶制的坚定捍卫者，但他痛斥那些随意谈及分裂的奴隶主。1853 年，北方人皮尔斯和南方人金的组合，体现了那个时代在最紧迫问题上的温和态度。

但这是人们记忆中最糟糕的一次就职典礼，既然副总统不在场，那么温和态度或任何其他态度没有体现出来就显得合情合理了。副总统实际上在一个离得很远的地方——古巴乡间的一个豪华糖业产地。他因选举筋疲力尽，又在肺结核的打击下奄奄一息。

医生建议金前往古巴，希望古巴乡间有益的空气能让他休养生息。事实上，19 世纪许多美国人都有类似的旅行，且几乎所有人都会在糖业种植园停留。"访问古巴而不去看糖厂，"一位游客说道，"那就是读哈姆雷特却略去了丹麦王子的演讲。"[2] 与副总统金一样，一部分游客正是出于医疗原因选择古巴，从关节炎、痛风到肺结核，他们去往岛屿的深处以治疗各种疾病。医生出版指南，杂志推荐行程，美国人开设旅馆为病人提供服务，处于恢复期的病人们则分享关于如何在古巴痊愈的建议。对于肺结核，医生建议采用某种被称为糖疗的方法，具体方式包括在运营的糖厂里待一段时间，据说煮沸的糖所产生的蒸汽和热量会产生奇效。

金恰当地选择了在马坦萨斯进行糖疗，这个仍在蓬勃发展的糖业生产中心，也是许多美国种植园的所在地。曾描述过 1843—1844 年间该地区叛乱后自缢事件的查尔斯顿医生约翰·沃德曼认为，马坦萨斯是个从疾病中恢复并重振机能的理想场所——乡村"绵延不绝的甘蔗田，给数英里的土地铺上了生机勃勃的豆绿色地毯，数百棵高大的棕榈树摇曳生姿"。正是在当地的阿里阿德涅种植园，金养好了身子。该种植园的所有者是一个圣多明各人，他通过查尔斯顿得到了这个庄园。许多参观过阿里阿德涅种植园的美国游客都很喜欢它，这里的空气、美景和生活节奏（对那些不用被迫工作的人来说），都使其成为"岛上最宜人的春季居所"——是休养生息的完美之地。[3]

一月、二月和三月，金在阿里阿德涅度过的几个月正是收获的高峰期。然而即便身处马坦萨斯的美丽山谷中，进行糖疗的过程也并不愉快。每天下午，金都要在蒸煮室里待好几个小时，周围都是忙忙碌碌的男女奴隶。他将看到奴隶们从田里运来甘蔗，然后把甘蔗扔进工厂的磨盘中，烧起火，在锅里搅拌沸腾的甘蔗汁。我们不知道金在阿里阿德涅所看到的强迫劳动的景象是否对他有所触动，毕竟他是奴隶制的捍卫者，也是个奴隶主。加工糖时所产生的呛人烟味笼罩着他，或许会让他感到恶心，但他忍住了烟味和高温，因为他是来逃避死亡的。[4]

就金的情况来说——大多数人也是一样的情况——糖并没有治愈他。他病得太重了，根本没法前往华盛顿参加就职典礼，金于是请求国会授权他在外国领土上宣誓就职。因此，1853年3月24日，当着12名见证人和两名美国领事的面，金在马坦萨斯的阿里阿德涅种植园宣誓就职。仪式在种植园的最高点，一座300英尺高的山峰上举行，山上可以看到美国人总是热情描述的一望无际的田野。那是一个收获季节的星期四，因此田地里应该都是忙忙碌碌、弯腰砍着高大甘蔗茎的男男女女，而蒸煮室的烟囱则在不断地喷出烟雾。那时的金已经太虚弱了，以至于无人搀扶都无法站立，不过有两个美国人帮助他站了起来。他随后把手放在圣经上，重复了使他成为美国副总统的誓言。他的妹妹和侄女在一旁观看。他的老伙伴詹姆斯·布坎南（James Buchanan）缺席了这一场合。在过去的13年中，金一直与布坎南在华盛顿特区一起生活，两人一直形影不离，以至于人们称他们为南希小姐和芳西阿姨①。然而，那些日子早就一去不复返了。短暂且前所未有的宣誓仪式让金筋疲力尽，他接受了大家的祝贺后就退场休息了。所有人，包括金本人都知道，即便这几天他还能苟延残喘，几周内他肯定必死无疑。一位观察家报告说，这真是个奇怪的景象，"看到一个濒临坟墓的老人，披挂上他并不向往的荣誉，并被赋予他永远无法行使的权力"[5]。不到两星期，金就知道自己很快就会死去，因为想要在心爱的阿拉巴马州去世，于是他在4月17日回到了自己的金湾种植园。翌日，金去世了。

一位美国副总统在古巴就职，这的确令人出乎意料。然而，阿拉巴马州的一个奴隶主以美国副总统的身份在古巴糖业中心地带上任，这一场景却揭露了一个基本事实：金在阿拉巴马和华盛顿特区的家，以及金在马坦萨斯的临时疗养院是一个系统的组成部分。至少从19世纪20年代起，这个系统就将美国的财富与古巴的糖和奴隶制联系在了一起。至1853年金在古巴就职之时，这一系统已经完全成熟。

这一系统的基石是1850年后蓬勃发展的跨大西洋非法奴隶贸易，当时运往巴西的奴隶贸易已被终止，古巴成为美洲仅存的非洲奴隶市场。在19世纪五六十年代，大约有16.4万名非洲奴隶在古巴登陆，而美国人是这一贸易的主要参与者。那时在古巴登陆的奴隶

---

① 对女性化男性的委婉说法。——译者注

船,几乎90%都是由美国建造的。这些奴隶船有美国资本、美国证件和美国旗帜,据此保护它们在公海免受英国的检查和扣押。当然,这种贸易是非法的,但是各类人,包括北方人都宁愿违反法律,因为利润实在太大了。19世纪50年代后期,佛罗里达的一位参议员报告说,驶往安哥拉的美国船只可以用大约70美元的价格购买非洲人,然后在古巴以近1200美元的价格出售。1854年夏,詹姆斯·史密斯(James Smith)担任船长,从纽约航行到了非洲西海岸的安布里斯(位于今天的安哥拉)。他在那里装载了655名奴隶,并出于个人投机的原因在那里以7.5美元的价格买下了一个5岁的男孩。当他到达古巴时,他的船卸下了500名奴隶,其余155名已在途中丧生。1861年,"臭名昭著的老处女"玛丽·J. 沃森(Mary J. Watson)受到审训并被判有罪,因为她赞助了另一起携带500多名奴隶的纽约—非洲—古巴航行。1862年,纳撒尼尔·戈登(Nathaniel Gordon)因在同一航线上的另一次航行而遭到审判和处决。[6] 即使是在美国内战的前夕,奴隶贸易也仍然是北方人的一项生意。

古巴人也是非法奴隶贸易的组成部分。从奴隶贩子和种植园主到当地警察、灯塔看守人、渔民,甚至是牧师,一个腐败和诡计的金字塔牵涉了社会的各个层面。在马萨诸塞的科哈塞特,或马里兰的巴尔的摩,抑或是罗得岛的普罗维登斯等地建造起来的船舶纷纷出发前往非洲海岸。几个月后,这些船带着"人货"来到古巴。在某些情况下,船员可能会放火烧掉船只,如此就销毁了他们的犯罪证据,而他们的利润几乎不会有什么太大的损失。在晴朗的夜晚,方圆数英里内都能看到这些火光。然而,那些负责守卫海岸的人却对此视而不见,因为他们都被买通了。只要付点钱,其他人也会转移视线:驾驶小船的船夫,负责将从底舱卸下来的数百名非洲男女和儿童摆渡上岸；带着衣服赶到这里的小商贩和骡夫，用衣服遮掩赤身裸体的奴隶；将憔悴和赤脚的奴隶带往内陆糖厂的向导，带领奴隶穿过被当地人称为"犬牙"或"地狱之刀"的锋利礁石；匆忙进行大规模洗礼的牧师，伪造了非洲人在古巴的出生证，不让人们觉察出这些非洲人违反了所有的法律和条约，是被非法的跨大西洋贸易带到古巴的。这些人中的每个人都介入了奴隶贸易之中，而且每个人都收取了费用。何塞·马蒂在9岁的时候就目睹了其中一次这样的登陆，如今，他已是佛罗里达海峡两岸最重要的古巴爱国主义标志。成年后的他仍对当时的场景记忆犹新，并因而创作了一段诗——《朴实诗篇》(*Versos sencillos*)的第30节。[7]

我们可以完全确信，那些砍甘蔗并把甘蔗装车运到工厂（也就是副总统威廉·鲁弗斯·金进行糖疗的地方）的奴隶工人，正是以上述方式抵达古巴的，而金很可能也知道这一点。他在美国人的古巴糖业种植园宣誓就职，就是这个系统力量的典型表现。这一系统将种植园主、奴隶贩子以及从纽约到查尔斯顿，从非洲海岸到哈瓦那、马坦萨斯再到岛屿内部绿色甘蔗田的投资者们联系在了一起。

从另一个方面来看，一位美国副总统在古巴的糖业种植园宣誓就职也是适宜的。金打出了一张漂亮的牌，他承诺使古巴成为美国的领土。在选举后翌日的胜利游行中，支持者们打着印有"皮尔斯和古巴"的横幅，而在皮尔斯的就职演说中，他也承诺在对外收购和领土扩张方面将"不再胆怯"。既然副总统金已经在古巴宣誓就职，这就意味着古巴岛即将成为美国领土。

几十年来，美国政客一直梦想着让古巴成为美国领土。杰斐逊在19世纪初就已经开始这么幻想了。19世纪20年代，詹姆斯·门罗和约翰·昆西·亚当斯曾认真考虑过这个问题，门罗主义的出现正是源于这样的考量。但是正是在1843—1844年埃斯卡莱拉动乱的几年之后，以及金不同寻常的就职典礼的几年前，美国兼并古巴的热情才变得比以往任何时候都更加狂热，也更加合理。

当美国在1845年吞并得克萨斯时，许多美国人都在期待古巴会是下一个目标。正如著名的废奴主义者弗雷德里克·道格拉斯（Frederick Douglass）所感叹的那样，"古巴的历史可以从得克萨斯过去的历史中读到"。不过，占领古巴的决定性诉求来自其他更强大的势力。副总统金的老友，国务卿詹姆斯·布坎南似乎正在期待地搓手。"古巴已经是我们的了。我感觉它就在我的指端，"布坎南在1849年如是写道。早年在得克萨斯州的吞并主义者圈子里颇有声望的纽约人简·麦克马努斯·卡兹诺（Jane McManus Cazneau），也积极投入占领古巴的活动中，在他的带领下，华盛顿的政治舞台上涌现了一个名为"购买古巴"的游说团体。詹姆斯·波尔克总统非常乐意出一份力，他派出使者向西班牙提出了出价高达1亿美元的古巴收购案。[8]

然而，如果将美国吞并古巴的动力完全与美国扩张主义者联系起来，那就大错特错了。事实上，并入美国也是古巴政治中的一股重要力量。富裕的糖业种植园主把并入美国视为他们的救命稻草——当作他们对抗英国废奴主义者，以及类似诗人普拉西多和成千上万古巴奴隶的堡垒，加入美国联邦，作为一个或两三个奴隶州加入，能够保证古巴奴隶制的未来。在纽约的流亡组织与古巴糖业和美国商人都有很强的金融联系，他们也大力游说将古巴并入美国。事实上，给波尔克提供资金向西班牙购买古巴的人就是他们。[9]

西班牙政府拒绝向美国出售古巴——"与其坐视古巴被转让给

其他国家，他们宁愿该岛沉入海底"——使得美国的扩张主义者和古巴的兼并主义者都碰了壁。然而这却令想法最激进的人，即侵略者（filibusterers）占了上风。无论这个词汇如今与参议院的做法有什么联系①，当时它所指的就是对其他国家发起明目张胆的私人远征。在当时的情境下，即意味着立即远征古巴，确保古巴脱离西班牙获得独立，然后就像最近在得克萨斯发生的那样，马上将古巴并入美国。[10]

在这股侵略狂热中，古巴方面的主要人物是纳西索·洛佩斯（Narciso López）。出生于委内瑞拉的洛佩斯曾在西班牙军队中服役，镇压当地的独立运动，南美独立后，他跑到了古巴。在古巴，洛佩斯被任命为军事委员会主席，在军事法庭上审判所谓的政治犯，他曾主持过1843—1844年阴谋案的第一批审讯，下令处死了几个有色人种。19世纪40年代末，洛佩斯成了一个普通公民。他渴望与美国人合作维护古巴的奴隶制，并借机发笔财。在他的美国盟友中，最热切且势力最强大的有约翰·C.卡尔霍恩，他是门罗的老战争部长，前副总统，后来又成了美国南卡罗来纳州的参议员；密西西比州的州长约翰·奎特曼（John Quitman）；弗吉尼亚州的罗伯特·E.李（Robert E. Lee），一位在美墨战争中立过功的老兵，后来成了南军的将军；以及来自密西西比州的美国参议员，后来成为美利坚联盟国②总统的杰斐逊·戴维斯（Jefferson Davis）。

在他们的支持下，洛佩斯组织了三次对古巴的侵略远征。他招募的大多数人，即入侵部队的步兵都是刚结束的美墨战争的南方老兵。对他们来说，从西班牙夺取古巴，可以依样画葫芦，参考从墨

---

① filibuster现在一般指议会中的冗长辩论。——译者注
② 另称美利坚邦联、南方邦联或迪克西，是自1861年至1865年由11个美国南方蓄奴州宣布从美利坚合众国分裂而出的政权。——译者注

西哥夺得克萨斯的经验。洛佩斯答应每月给他们8美元，如果远征成功的话，还有1000美元的奖金以及160英亩的古巴土地。[11]

1849年的第一次远征没有抵达古巴，因为行动被美国联邦的代理人发现了。当第二支远征队于1850年驶向古巴时，《纽约太阳报》(*New York Sun*)在其曼哈顿的总部顶上，悬挂了一面新设计的古巴国旗。旗帜由红、白、蓝三色组成，还有五条条纹和一颗星——这颗古巴星很快就会加入当时美国国旗上已有的30颗星。这是古巴国旗首次被悬挂，而且是在纽约挂出来的，标志着古巴即将被并入美国。尽管有这样一段历史，如今的古巴国旗却仍然保留着原来的样式。有意思的是，旗帜的兼并主义起源隐而不见了。第二次远征的许多准备工作在新奥尔良进行。《新奥尔良三角洲报》(*New Orleans Delta*)刊登了洛佩斯的公告，宣称"在命运的引领下，古巴之星……将闪亮登场，进入灿烂的北美星座"。命运将远征引向了又一次失败。远征队在卡德纳斯登陆后，西班牙人几乎立刻就扑向了侵略者，这群人只得从海上匆匆撤退。不过，两次失败并不足以吓退急切的兼并主义者。[12]

在为1851年的第三次远征做准备时，南方各地的兼并主义者的活动达到了白热化。部队为入侵进行公开训练，并在城市街道上接受检阅。在佐治亚州，州长为入伍人员配备了来自国家军火库的武器。在阿肯色州，有人建立了一所专门服务侵略者的军事学校。废奴主义者弗雷德里克·道格拉斯观察并报告了所有这些活动，他将这种气氛同吞并得克萨斯之前的气氛相提并论。他写道，"彼时恰如此时，这个根子都烂了的共和国简直充满了同情侵略者的人。而且一如既往，自由是强盗、海盗以及掠夺者的口号和伪装"。关于古巴很快就会成为美国领土的预言已经传了几十年了，1851年，许多南方白人想在几周内让它成为现实。[13]

8月3日,洛佩斯带着400多人从新奥尔良起航,他们几乎都是美国人,洛佩斯金发碧眼的副手威廉·克里滕登(William Crittenden)是美国司法部部长的侄子。在驶向古巴之前,他们曾在基韦斯特停靠,洛佩斯和他的同伴们听说整个古巴西部都在叛乱,于是急忙赶到那里,但这个消息是个陷阱,是西班牙人编造的假情报,目的就是引诱远征军到哈瓦那附近的某个地方。当他们登陆时,西班牙人早已严阵以待。克里滕登以及约50人首先被俘。西班牙人让他们六人一组跪在地上,背对行刑队。据说轮到克里滕登时,他拒绝下跪,并说了一句后来在美国各地流传的话:"一个美国人只向上帝下跪,且永远直面敌人。"至于洛佩斯,他在第一次遭遇战中幸存下来,但在没有增援的情况下,远征队的前景一片黯淡。躲在山里的洛佩斯最后不得不拌上玉米和芭蕉,把马烤来吃。西班牙殖民当局抓获了他,然后立即对他进行了审判。执行死刑前,洛佩斯喊道:"我的死亡不会改变古巴的命运!"然后他就在众人面前被绞死了。[14]

处决的消息,特别是关于克里滕登的消息在南方引起了轩然大波。在新奥尔良,也就是远征军进行大部分准备工作的地方,愤怒的暴徒袭击了西班牙居民的财产,并扬言要报仇——再一次,仍旧要——夺取古巴。"美国人的鲜血已经洒下了,"路易斯安那州的一家报纸煽动道,"我们必须为弟兄们报仇!必须拿下古巴!"一首流行的班卓琴新歌发出了号召:"50名遇害美国人的灵魂正泣诉着让整个洋基民族继续向前,/直奔哈瓦那,让他们血债血偿。"正如阿拉莫之于美国人占领得克萨斯的意义①,"哈瓦那大屠杀"必然导致美国占领古巴。[15]

---

① 阿拉莫之战是得克萨斯脱离墨西哥独立的一个关键事件。——译者注

正是在人们仍对这一失败记忆犹新之时，1852年，富兰克林·皮尔斯和威廉·鲁弗斯·金分别当选美国总统与副总统。当皮尔斯在大雪纷飞的就职典礼上承诺"获得某些土地"时，他所指的正是古巴。失败的远征已经成为过去；在他的监督下，古巴最终将成为美国领土。

这一许诺走的是大多数竞选承诺的老路。副总统金去世几个月后，西班牙人任命了一位新的古巴都督。新都督胡安·佩苏埃拉（Juan Pezuela）甫一上任，就触及了古巴和美国根深蒂固的奴隶制利益。他重新建立了自由黑人和黑白混血儿民兵组织，这些民兵在十年前的1843—1844年阴谋之后本已不复存在。更让古巴和美国的种植园主感到震惊的是，佩苏埃拉誓要废除非法奴隶贸易，并惩罚不服从命令的官员和所有者。他发布公告允许当局进入并搜查种植园，以确保所有被奴役的工人都是经由合法途径进入该岛的。倘若奴隶主无法证明奴隶来自合法途径，那么就会被没收。几十年来，古巴的奴隶贸易一直都是非法的，这也就意味着，当都督在1854年发布法令之时，大多数被非法带到古巴岛上的奴隶都将因此被没收和解放。新都督没有废除奴隶制，但他知道——美国和古巴的奴隶利益集团也知道——法令的执行很快就会在实际上结束奴隶制。因此之故，新都督获得了"废奴将军"的绰号。种植园主以及他们在两国的盟友都谴责这一所谓的"古巴非洲化"。与此同时，被奴役的和自由的有色人种，却将都督视为盟友，称他为"提提·胡安"，或"胡安老爹，自由和平等的守护者"。[16]

古巴的种植园主向马德里抱怨，并以更狡猾的方式寻求美国人的帮助。现在并入美国难道不是一件好事吗？在美国流亡的古巴兼并主义者也加入了这一大合唱，他们要求与皮尔斯总统会面，并到处游说美国政府的高级官员。曾在纳西索·洛佩斯其中一次失败的远征中担任二把手的安布罗西奥·何塞·冈萨雷斯明确地提出了呼吁："难道［美国］会允许……在距其南部边境60英里的地方，在它的沿海贸易道路上，在控制着太平洋和东部地区商贸的地峡路线对面，存在一个狂野、不服管教、凶猛的非洲人殖民地……？"[17]

至于南方的种植园主和政客们则根本不需要鼓动。密西西比州前州长约翰·奎特曼，就是此时好战的种植园主—政客的典型代表，他在密西西比州、路易斯安那州和得克萨斯州都拥有土地与人手。自1853年7月以来，在皮尔斯总统的支持下，奎特曼一直在组织一次新的侵略远征，意在将古巴从西班牙的统治下解放出来，并将古巴作为一个蓄奴州并入美国。奎特曼认为，如果再等下去，在西班牙结束奴隶制之前获得古巴的可能性就将不复存在。"我们的命运与古巴的命运交织在一起。如果奴隶制在那里灭亡，那么奴隶制也会在我们这里覆灭"，他在1854年如此写道。如此一来，兼并古巴还有什么意义呢？[18]

尽管有竞选承诺，但皮尔斯还是心虚了。毋庸置疑，他仍然想要古巴，但他宁愿购买古巴，而不是入侵，他担心奎特曼的冒险只会激怒西班牙人。于是，他阻挠了奎特曼的计划。他发布了一项公告，禁止成立针对外国的具有"敌对性质的私营企业"。他私下会见了奎特曼，成功地使这位密西西比人停止行动。除此之外，皮尔斯继续执行购买古巴的方案。他有理由抱有希望。当时，西班牙正处于严重的财政危机中，而英国正忙于在中东地区与俄罗斯争夺权力，分身乏术。不幸的是，皮尔斯所选择的负责与西班牙协商购买任务的代表——路易斯安那的种植园主和奴隶主皮埃尔·苏莱（Pierre Soulé）行事反常。苏莱向媒体泄露了一份名为《奥斯坦德宣言》

(*Ostend Manifesto*)的文件内容，该文件提出了一个当时已经非常熟悉的论点，坚称"只要古巴不在美国的疆界内，美国就永远无法得享安宁，也无法拥有可靠的安全"。与早期的许多建议一样，文件主张美国购买古巴。这并不令人惊讶。让这份新文件充满争议的是，文件认为如果西班牙拒绝出售古巴，那么美国有理由把它夺走。该文件的其中一个版本取了一个挑衅、显然也是非常直白的标题："如果你买不到古巴，那就偷走它。"[19]泄露的文件赤裸裸地表明，美国政府愿意为维护古巴的奴隶制而开战。看起来杰斐逊的自由帝国其实是一个奴隶制帝国。

有关《奥斯坦德宣言》的消息传到华盛顿的同时，《堪萨斯-内布拉斯加法案》(*Kansas-Nebraska Act*)刚刚获得通过。该法案使奴隶制的命运在新获得的美国领土上取决于（白人男性）人民主权，因此也就在事实上撤销了《密苏里妥协案》，后者在过去的几十年中限制了奴隶制在整个大陆的扩张。皮尔斯和民主党人耗尽了他们所有的政治资本，用以支持和扩大北美的奴隶制。但北方大多数的国会议员现在都坚定不移：他们不会让总统把国家卷入战争，不会让更多的地方建立奴隶制。一家北方报纸宣称："曾几何时，北方同意兼并古巴。但内布拉斯加的错误使得兼并再无可能了。"[20]民主党人最终在1854年的选举中失去了众议院。受《堪萨斯州-内布拉斯加法案》和兼并古巴失败的持续性影响，在1856年的党内选举中，皮尔斯没有得到提名，取而代之的是已故副总统威廉·鲁弗斯·金的长期伙伴詹姆斯·布坎南。

与皮尔斯的就职典礼不同，布坎南的就职典礼上没有下雪，也没有人进行抗议。布坎南的演讲，就像之前的皮尔斯一样，意在古巴，但没有提及古巴的名字。"随着事态的发展，如果我们还将进一步扩大领土,任何国家都无权干涉或抱怨",他如此说道。大家都知道,布坎南说的是古巴。几乎是在仪式结束后的第一时间,一场神秘的疾病就侵袭了该市最大的酒店,许多前来参加就职典礼的客人都中招了。这场疾病被称为"国家饭店疾病",它夺走了前蓄奴州密西西比州州长,即本来要入侵古巴的约翰·奎特曼的生命。[21]

第十章
内战之旅

19世纪30年代，在纽约市一所豪华的法国寄宿学校的大厅里，两个小男孩成了朋友，他们一个是古巴人，另一个是名字听起来像法语的美国人——博雷加德（Beauregard）。几十年后，P. G. T. 博雷加德将成为南方邦联军队的第一位准将。而其中的古巴人何塞·冈萨雷斯（美国人称他为冈齐）是马坦萨斯一个富有的种植园主家庭的后裔，他们家的种植园离威廉·鲁弗斯·金就任美国副总统的地方不远。成年后，冈萨雷斯曾参与纳西索·洛佩斯的第二次失败的远征古巴之旅，他的腿还因此中了两次弹。十年后，冈萨雷斯与博雷加德一起加入了另一项失败的事业：南方邦联。冈萨雷斯帮忙武装叛军，销售勒马特左轮手枪和获得专利的梅纳德后膛步枪——此枪当时有"分裂之枪"的称号。后来，他成为南军的一名上校，并担任南卡罗来纳、佐治亚和佛罗里达的炮兵总指挥。在南军控制的查尔斯顿，他以著名的音乐爱好者为人所知。夜间集会时，他有时会弹弹乐器唱唱歌，并总以《马赛曲》收尾。1863年，冈萨雷斯固守查尔斯顿，抵挡住了北军的进攻，还因此收到了老朋友博雷加德的书面感谢。1865年4月，两人都投降了。南方的分裂行为，如同兼并古巴一样，均以失败告终。[1]

在另一所美国学校，一所由新奥尔良的慈善修女会开办的天主教学校里，7岁的洛雷塔·委拉斯开兹（Loreta Velázquez）做起了白日梦，她想起了自己的一位祖先——西班牙征服者迭戈·委拉斯开兹（Diego Velázquez），古巴的第一任欧洲都督——的壮举。洛雷塔确信女人也可以成为英雄。她还做起了有关圣女贞德的白日梦，这位从法国农家女变成军事英雄和圣人的女性。在卧室的私密空间里，年轻的洛雷塔穿得像个男人，她在镜子前练习像男人一样走路，并渴望有机会留下自己的印记。14岁时，她偷偷嫁给了一个得克萨斯人，并和他一起跑到了圣路易斯，后来又在美国不断扩大的几个边疆哨所生活。在美国内战开始后不久，她的丈夫就去世了，洛雷塔于是把自己伪装成一个男人加入了南军，她自称亨利·布福德（Henry Buford），还参加了布尔朗和夏洛战役。当她的女性身份被人发现后，洛雷塔表示，她愿意以间谍的身份继续服役。[2]

在美国内战中，洛雷塔·委拉斯开兹和安布罗西奥·冈萨雷斯并不是唯一为南方作战的古巴人。事实上，约有70名古巴人在南军中服役，还有一小股人数更少的人在北军服役，例如，弗朗西斯科·费尔南德斯·卡瓦达（Francisco Fernández Cavada）就是费城一个军团的上校。弗朗西斯科是一位出色的艺术家，经常乘坐热气球在南军的领土上空飞行，画出敌营的草图。他在葛底斯堡战役中被抓获，并在邦联的监狱里被关了9个月。[3]

内战是一场关于美国奴隶制未来的冲突，但长期以来，有权势的南方人一直认为，在南方保留奴隶制，就等于在古巴保留奴隶制。他们担心，若古巴建立一个以黑人为主的共和国，奴隶制也会随之被废除，并最终导致这片土地上的白人霸权覆灭。与此同时，对于废奴主义者来说，在国内挑战和消灭奴隶制，意味着在国外也同样需要这样做。正如历史学家格雷戈里·唐斯（Gregory Towns）告诉我们的那样："内战是为了美国境内外奴隶制的未来。"

而在此时的古巴，19世纪最重大、最首要的问题围绕着两个事项展开：奴隶制和古巴岛的政治未来。古巴会继续被西班牙统治吗？它是否会成为英国或美国的一部分？还是说它会主动出击？由于美国奴隶制和美利坚共和国自身的命运悬而未决，古巴人相信，该岛的未来与美国内战的结果交织在一起。这也就可以理解古巴人何以密切关注这场战争，且选择了立场。

毫不奇怪，奴隶们都支持北方。根据两位在岛上的美国领事所说，奴隶们创作了一首新歌，其中的副歌是"前进，林肯，前进！你是我们的希望"。在港口城市，据说黑人急匆匆地跑到码头，去探听有关"黑人种族拯救者"的最新消息。林肯的确在岛上有大量的追随者。1865年4月，林肯被暗杀，这在岛上引起了"难以比拟的悲痛之情"。在一些城市，人们公开进行哀悼，身上系着印有被害总统照片的黑丝带。当时年仅12岁的何塞·马蒂戴上了一只麻质手镯，既示哀悼，也作为对奴隶制的抗议。[4]

虽然北军在古巴受到了欢迎，但南军在古巴似乎有更为强大的支持者。西班牙政府采取了形式上的中立政策，但它承认双方都是"交战方"。如此一来，它就赋予了南军合法挑战美国权威的地位。美利坚联盟国几乎立即就动员起来以利用这一机会，并任命了一名特别代理人作为代表。他们的代理人查尔斯·赫尔姆（Charles Helm）曾是美国驻哈瓦那领事，他对自己在古巴首都受到的欢迎感到振奋。"我发现哈瓦那的大多数人都热情地支持我们的事业，而且我了解到整个岛屿都有同感"，他如此报告。某次，古巴人甚至为他提供了"一支武装的、配有全副装备且军饷自给的",由古巴人组成的为南军作战的连队。[5]

在哈瓦那的第二天,赫尔姆与古巴都督进行了长达一个多小时的会面。赫尔姆向他在南方邦联首都里士满的上级报告,说此番会面友善且令人鼓舞。但都督不能让他以邦联的官方代表的身份受到接待。不过他鼓励赫尔姆以"个人身份"来访,并继续保持赫尔姆担任美国领事时两人曾享有的"友好关系"。都督还向赫尔姆保证,古巴港口会接待邦联的船只。他没有食言。几个月后,赫尔姆报告说,"邦联旗帜在岛上所有的港口飘扬着,且受到尊敬"。一家南方报纸欣喜地表示,古巴接纳邦联船只,代表古巴"实际上认可南方邦联的独立"。[6]

仅在1862年,就有约100艘邦联的船只停靠在古巴的港口。这些船只想要到达古巴,首先需要穿越北军海军对大西洋或海湾海岸线的封锁。从新奥尔良、莫比尔和其他地方出发,邦联的"封锁线穿越者"在古巴与美国之间来回奔波。他们来古巴是为了能够得到修整,有个安全港,并从事一些贸易。他们出售棉花,筹集资金以支持南军。战时的武器贸易使得邦联在古巴的船只可以采购步枪、火药、弹药、刺刀、炮弹——也就是任何有助于南军杀死北军,并同时保卫自己生命的东西。"封锁线穿越者"还进行其他交易,如烟草、咖啡、盐,这既是为了生活所需,也是为了利润。他们以每加仑17美分的价格购买古巴朗姆酒,然后在佛罗里达州以每加仑25美元的价格出售。查尔斯顿的一个药材商还做起了从古巴进口水蛭的战时业务。[7]

此外,还存在着一种更为险恶的非法交易。由于奴隶制在南方各州开始崩溃,一些奴隶主打起了古巴的主意,他们试图把作为个人财产的奴隶运到古巴，以此来避免经济损失——有时奴隶们是作为动产被保存在古巴，有时则被卖掉。此种做法众所周知，以至于古巴被用来威胁南方的奴隶（甚至是自由的有色人种）：要么默默满足相关的要求，要么被运往古巴。有的时候，种植园主跑得比北军的推进要快，因此他们把奴隶也带上了。他们希望能把奴隶带到得克萨斯，并从那里出发前往古巴。1862年，北军就俘获了这样一个团体，人员辎重足足有"四百辆大马车"。废奴主义者认为，古巴已经成为从美国南部掠走的奴隶的仓库。一位在战争期间访问了马坦萨斯种植园的美国妇女惊讶地发现，庄园里大多数的奴隶都讲英语。严格来说，他们作为奴隶进入古巴违反了西班牙的法律，但岛上的行政当局并不打算强制执行这样的禁令，而是更倾向于保护奴隶制，而且至少在事实上，当局站在了拥护奴隶制的南方一边。[8]

不过西班牙政府也很警惕。自13个殖民地独立以来，马德里就对美国人图谋染指古巴感到苦恼——这有充分的理由。西班牙人近来还意识到，大多数意图夺取古巴的美国人就来自南方。美国官员不失时宜地提醒西班牙人，每一次针对古巴的侵略远征都是由南方各州组织和发起的。为了反驳这一论点，南方的代表对过去的情况直言不讳，对未来则采取了务实的态度。是的，南方的确和北方一样，曾意图控制古巴，北方这样做是"为了其自身的商业利益"，南方这样做则是为了"将古巴变成美国新的三个州"，以平衡南方所谓的"联邦参议员"的北方力量。然而，一个独立的邦联，将不再需要新的领土来抗衡北方，它将拥有完全由蓄奴州组成的立法机构。南方获胜后，西班牙和南方邦联将成为最好的盟友，他们对奴隶制的共同承诺能够使他们结成坚固的纽带。[9]

当然，事情的结果并非如此。1865年4月，邦联军队向美国投降。一位古巴历史学家认为，在西班牙的默许下，古巴的支持使得南方在更好的条件下战斗了更长的时间。[10]也许是这样，但这并没有改变结果：南方脱离了联邦，进行了一场战争，最后落败；合法的奴隶制在美国不复存在。南方吞并古巴的梦想也破灭了，主张吞并的南方人认为，这已没有任何意义：为什么要吞并古巴以解放其奴隶呢？

虽然南方人输掉了战争，但他们仍然发现古巴具有十分重要的价值。几乎是在战败后的第一时间，南方的高级官员就开始来到岛上。短期内，大多数人来到古巴是为了逃避惩罚，逃避他们深感耻辱的未来。副总统威廉·鲁弗斯·金曾为了挽救自己的生命而来到古巴的12年后，美国副总统的继任人做了完全相同的事情。1865年6月11日，约翰·C. 布雷肯里奇（John C. Breckinridge）乘坐一艘船帆简陋，只有4支桨，长17英尺的敞篷船抵达古巴。当时的他不仅是美国前副总统，还是一名被指控犯有叛国罪的前参议员，以及刚刚被击败的南方邦联的战争部长。由于担心会被绞死，布雷肯里奇逃到了古巴，而他不过是一大批显赫人物中第一个这么做的人。南方邦联的国务卿犹大·本杰明（Judah Benjamin）是另一位逃到古巴的显赫人物，作为这些人中唯一一个会讲西班牙语的人，本杰明正是他们所需要的人。这些人带着失败和落寞而来，他们的身体和脸色无不显露出这一点。布雷肯里奇给他在加拿大的妻子寄了一张照片，妻子被他的外表惊呆了：憔悴、疲倦、黝黑。[11]

古巴使他们得到了恢复。密苏里州前州长、邦联军队上校和法官托伦·波尔克（Trusten Polk）被哈瓦那的美景所感动。他写道，哈瓦那的景色是"一张铺开的宏伟的全景画卷……是我见过的最美丽、最像仙境的景色"。另一个南方人则赞美古巴的肥沃和无尽的财富。虽然仍被失败刺痛，但他并不反对奴隶制，他补充说，所有这些都依赖于奴隶的劳动。几乎所有的南方人都住在古巴诺酒店。这是一家位于哈瓦那老城副王街，阳光明媚的五层楼酒店。酒店由南方人萨拉·格里尔·布鲁尔（Sarah Greer Brewer）所有，是南方人在古巴首都的大本营。当一个南方人到达古巴，但在别的地方预订了房间的时候，其他人会去找他，并将他重新安置在古巴诺。邦联前总统杰斐逊·戴维斯在古巴诺住了不止一次，他还会不时闲逛到英格拉酒店——酒店现在还开着——和同事们或者偶尔和妻子一起喝香槟，谈论政治，思考未来，也许甚至会在幻想中重写过去。对这些南方人的事业和奴隶制持同情态度的古巴人，通常会热情地欢迎他们。在所谓的"美国城市"卡德纳斯，一个古巴种植园主在马背上颠簸了30英里，只为结识来访的战败了的邦联政客们。[12]

去古巴的不仅仅是邦联的官员，随着邦联在内战中的失败变得日益明朗，一些南方种植园主试图在仍然存在奴隶制的地方安家。有一批人在巴西（短暂）定居，他们在那里建立了一块殖民地，并称自己为"邦联人"。其他人则跑去了古巴，来到他们在古巴已经拥有或新购买的种植园里，为了重新建立他们在南方失去的奴隶制社会，他们继续把人当作财产，享受主人的特权。

伊莱扎·麦克哈顿·里普利（Eliza McHatton Ripley）是这些南方难民中的一员。1862年，她与家人一起在联邦部队来临之前逃离了巴吞鲁日。他们试图将奴隶带到得克萨斯，然后再将奴隶带离美国，从而将奴隶作为财产保留下来，但一路上大多数的奴隶都被抛弃并被丢给联邦军队。在墨西哥短暂停留后，里普利夫妇来到了古巴，并在马坦萨斯购买了一个占地1000英亩的种植园。高大的棕榈树排列在三分之一英里长的一条小路上,小路通向一栋为新主人刷白的单层楼房。他们把这个庄园称为丹森加纽(Desengaño),意思是幻灭。被迫在美国放弃奴隶制后,里普利一家继续在古巴将65人当作财产。65人中有一个叫泽尔(Zell)的人,他是和里普利一家一起从巴吞鲁日过来的。在他们启程后几个月,林肯就颁布了《解放宣言》,因此他与自由擦肩而过。对他来说,种植园的名字可能会产生痛苦的共鸣。[13]

几乎每一位造访古巴岛的南方老兵都会在丹森加纽庄园停留,且都在那里受到了盛情款待。虽然这些访客可能会因熟悉的种植园日常而感到振奋,但他们也会碰到很多不熟悉的事物。参观者尤其对中国劳工的出现感到惊奇。在伊莱扎·里普利抵达古巴之前的几十年里,西班牙政府已经引进了数以万计的中国合同工。政府和种植园主将中国劳工视为对抗高价非洲奴隶,以及始终存在的废奴幽灵的良方。至19世纪70年代中期,已有近12.5万名中国人被带到了古巴。在澳门、香港、广州、上海等地被骗,或被绑架的中国劳工通常由美国船只运往古巴,他们必须在古巴的种植园工作8年。里普利种植园的劳动力就是由非洲奴隶和中国合同工组成的。伊莱扎让中国男人做家务,这一点令造访种植园的美国客人大为震惊。当时中国工人已经在美国建造横贯大陆的铁路,但里普利没有个人经验可供借鉴。她只好观察他们,猜测他们的性格,测试他们的服从性,甚至是他们的挨饿能力。最后,是饥饿激起了工人们的反抗。一天早上,他们来到种植园主的房子里,向监工投掷石头,并且大声叫喊拒绝工作。西班牙当局将他们制伏后,负责的官员下令剪掉叛乱者的长马尾辫。"他们很快就变得萎靡不振!他们看起来非常胆怯!"里普利写道。[14]

尽管里普利对这一特殊的胜利感到高兴,但她和其他在古巴的南方人很快意识到,他们在古巴重建南方奴隶制社会的努力永远无法达到他们想要的成功。如今一切都不一样了,不论是他们的老家,还是他们的新家,抑或两者之间的关系,全都不一样了。南方对古巴的兴趣一直取决于奴隶制——拿下古巴是在美国巩固和拓展奴隶制的一种方式,这一特殊的统治梦想现在已经毫无意义了。不论在美国还是在古巴,长期以来人们所熟悉的兼并之说似乎也渐渐消失了。

奴隶制是古巴吸引战败后的南方人来到古巴的制度,但如同内战前夜的美国,这一制度在古巴同样危如累卵。至1868年,从非洲到古巴的黑奴贸易最终停止。中国的合同工曾帮助缓解了劳工的短缺,但这一贸易也日益受到威胁。有关中国劳工遭受系统性虐待的报告使得中国当局派出了一个委员会前往古巴。该委员会采访了一千多名中国人,证实了广泛存在的虐待—殴打事件,非法延长合同,克扣食物、休息和工资——虐待无处不在,致使自杀成风。一位名叫林阿鹏的受访者报告说,他看到约有20人死亡,"他们或是上吊自杀,或跳入水井和糖锅"。为回应这一令人震惊的报告,中国政府于1874年彻底终止了这一贸易。[15]

那时,伊莱扎·里普利已经离开。1872年,在丈夫去世后不久,她就回到了美国。促使她离开的不仅仅是个人损失或劳工问题。一场新的战争爆发了,这次则发生在古巴——一场从西班牙争取独立的战争。对于里普利这位在古巴的美国种植园女主人来说,考量是很简单的:是时候回家了。那个和她一道从路易斯安那州来到古巴的奴隶泽尔,则与妻儿一起留了下来。他很快成了一个新古巴崛起的见证人:一个没有奴隶制,且在不久后摆脱了西班牙统治的古巴。[16]

第四部分
"自由古巴!"

古巴独立战争是由多种族构成的军事力量发动的,这就是人们所称的解放军。照片中过河的军事人员摄于1895—1898年独立战争的某一时刻。

第十一章
奴隶、士兵、公民

1868年10月10日，一位名叫卡洛斯·曼努埃尔·德·塞斯佩德斯（Carlos Manuel de Céspedes）的糖业种植者和奴隶主起来反抗，并宣布西班牙在古巴的统治结束。那天上午，他召集了种植园里的所有奴隶，并给予了他们自由。他对奴隶们说："你们和我是一样自由的。"然后，他对作为"公民"的他们发表了讲话，邀请他们帮助古巴"争取自由和独立"。夺取巴亚莫，这个古巴岛最古老的欧洲定居点之一是这场叛乱的第一个重大胜利。为了使这一胜利神圣化，塞斯佩德斯带领部下进入镇上的大教堂，他们走到祭坛前，让牧师为新古巴的旗帜赐福。旗帜由红、白、蓝三色组成，但并不是1850年飘扬在《纽约太阳报》总部上的侵略者旗帜。塞斯佩德斯的旗帜是用自家慈善圣母祭坛上的布料缝制的，这位慈善圣母也是三个多世纪前在一个奴隶小男孩和两个土著人同伴面前出现的棕色圣女。第一次古巴独立战争就这么开始了——在一位贵族糖业种植者的领导下，奴隶也参与进来，并受到了该岛最受欢迎的圣人的祝福。[1]

古巴的西班牙都督第一次得知叛乱的消息时并没有惊慌失措，他向马德里当局保证，他有"足够的力量在几天内挫败叛乱"[2]。但他完全失算了。至战争结束，共有12名西班牙都督接连统治古巴，这场战争持续了十年，因而也被称为十年战争。

在战争的最初几年，军事优势在敌对双方之间来回转移，因为古巴叛军，即解放军与西班牙军队进行的是游击战。除军队外，起义者还建立了一个政府，一个有总统和立法机构的武装共和国。正如人们对任何十年冲突的预期一样，一场持续十年的冲突势必是一个残酷的事件。在大部分战斗发生的古巴东部地区，人口锐减。虽然我们没有可靠的证据证明究竟有多少人死于这场冲突，但毫无疑问，这场冲突的破坏性极大。巴亚莫是叛军的第一个据点，当西班牙军队向此地进军，意欲夺回城池时，居民们几乎烧毁了这座历史名城。农村的破坏情况尤甚。在饱受战争蹂躏的卡马圭，至战争结束时，110家糖业工厂中只有一家还在坚守并继续产糖。在同一地区的4000多座农舍中，只有大约100座幸存下来。在十年的战争中，人口、房屋、农场和动物都消失了。至1878年，幸存下来的大部分地区也都伤痕累累。树上的弹孔、旧建筑里的炮弹和其他战争遗留物成了半永久性的地标，后又被战争的见证者指认给新来者。[3]

战争带来的不仅仅是物质上的损失，它还破坏了一些制度，其中最重要的就是奴隶制。叛乱摧毁奴隶制部分是有意为之，部分则是由于革命自身的逻辑。考虑到19世纪古巴的历史，难道不应该这样吗？几十年来，古巴种植园主为了保护奴隶制和维护白人的统治而放弃独立，奴隶种植的糖所带来的利润促使他们选择固守成规，而非与过去决裂，进行独立斗争会把奴隶动员起来，这些都让种植园主们做出了放弃独立的选择。然而，至1868年，世界已经不同了。美国的奴隶制已经终结，非法的跨大西洋奴隶贸易也已结束，想要在古巴维护奴隶制的前景渺茫。1868年的战争是以一位奴隶主放弃把人当作财产，并邀请奴隶们加入独立事业开始的，这表明世界已经发生了天翻地覆的变化,也预示着古巴社会的核心基础即将被撼动。

塞斯佩德斯通过释放自己的奴隶发起了战争,不论这一举动从象征意义上讲多么有力,也只是一种个人的解放行为,是一位主人自愿解放自己的奴隶。在塞斯佩德斯发布革命的第一个公开声明的同一天,他只表达了一个普遍解放的愿望——将对奴隶主进行补偿,且只有在战争结束、古巴人获胜后才会生效。对塞斯佩德斯和他的同伴——由奴隶主转变而来的革命者来说,这样的倡议似乎是很慎重的,因为解放是逐步进行的(且有赔偿),奴隶主明白不会立即造成经济损失。与此同时,奴隶们听说了叛乱的消息,要是叛乱者赢了,他们就都能获得自由。这一计划显然具有明显的战术优势,因为此计划可以同时吸引奴隶和奴隶主。

然而战端一开,这一审慎的平衡之举很快就被牺牲了。西班牙殖民当局立即就发现了这一点。"我毫不怀疑,"都督写道,"起义的煽动者……所谋划之事是有限的……但事实却是,起义后不久,他们就开始焚毁糖厂,并把奴隶当作自由人……用他们的行为唤醒有色人种的斗志。"塞斯佩德斯也开始担心战争发展的速度会超出他本来打算逐步废除奴隶制的计划。冲突爆发后仅仅数日,塞斯佩德斯就承诺叛军会尊重所有的财产,包括人类财产(奴隶)。是月底前,他还特意禁止军官们接纳任何未经他本人或奴隶主批准的奴隶。两周后,塞斯佩德斯又下令,任何袭击农场、煽动奴隶叛乱的人都会受到审判,如果被判有罪,还会被处以死刑。[4]

但所有这些举措都是徒劳。对于起义领导者来说,问题并不仅仅在于起义者不断地接收奴隶,更在于奴隶无须鼓动就会去争取自由。奴隶们开始自发前往叛军营地并自愿服役。一个名叫佩德罗·德·拉托雷（Pedro de la Torre）的奴隶就来到了一个叛军营地，表达了"他想要支持这一神圣事业的愿望"。另一个名叫何塞·曼努埃尔（José Manuel）的奴隶从埃尔科夫雷附近的一家咖啡农场里逃了出来，并带着叛军宣言的复本跑到了周边的农场里，以招募更多像他这样的人。罗莎·卡斯特利亚诺斯是非洲奴隶的女儿，她与同为奴隶的丈夫一道加入了战争，后来以"巴亚莫的罗莎"的名号为人所知。凭借着护理和战斗，她受到了运动中最杰出的领导人的赞赏。[5]

两个月的战斗后，叛军领导人意识到废奴问题不能再耽搁了。1868年12月27日，塞斯佩德斯下令所有属于敌军的奴隶都将获得自由，奴隶主们则不会得到补偿，而那些支持独立运动，且愿意送奴隶加入叛军的奴隶主则会得到补偿，他们的奴隶也会得到自由。这是一种有限的解放，岛上只有一小部分的奴隶可以享有，而且在许多情况下，只有得到那些仍以主人自居的奴隶主的同意，解放才能生效。

但是，这一有保障的命令改变了一切。成千上万的奴隶蜂拥而至，加入叛军。一星期后，塞斯佩德斯吹嘘道，之前的奴隶们现在"结队而行，高呼自由万岁和古巴白人［万岁］。要知道［就在］昨天，白人们还拿着鞭子苛刻地管理他们。今天，他们把奴隶们当作兄弟，并授予他们自由人的称号"。对塞斯佩德斯来说，这是一个完美的价值展示。一方面，他看到宽宏大量的奴隶主不仅给予奴隶自由，还邀请他们一同创造历史；另一方面，他看到之前的奴隶们对曾经的主人，以及他们正一起创建的国家心怀感激，忠心不贰。[6] 如果可以的话，塞斯佩德斯可能会选择将时间停在这一刻，让这一互相感到满意的时刻成为永恒。然而随着时间一周周过去，奴隶制、种族及其与国家独立的关系等问题只是变得愈发不可捉摸。领导者承诺奴隶们最终会获得自由，这一承诺吸引了越来越多的奴隶加入解放事业，而他们的参与则推动着领导者为废除奴隶制做出更多的努力。

几个月后的1869年4月，当叛军的平民领袖为武装共和国起草了一部宪法的时候，全面解放看起来是能够实现的。宪法第24条宣布，"共和国的所有居民都是完全自由的"。第25条特意指出，"共和国的所有公民都将被视为解放军的士兵"。受奴役的工人现在是一个新共和国的士兵和公民了。[7]

由于独立运动将奴隶们动员了起来，这也就随之引入了一种新的明确宣扬种族平等的公民身份话语。对于一个奴隶制社会而言，起义的各种宣言令人心驰神往。一份宣言开头写道："无论肤色如何，所有人都是我们的兄弟。"另一份宣告写道："每个古巴人（白人或黑人，因为我们都是平等的）……每个人不分肤色、年龄或性别，都可以……享有自由。"这与之前认为奴隶和自由的有色人种是构建国家阻碍的论断大为不同。独立运动采用了一种忽略种族的公民身份话语。奴隶们听闻了叛军的新话语，随即采纳并使用起来。他们称自己（和彼此）为公民，公开表达他们的爱国情操。一旦获得个人自由，一些人甚至将他们的姓氏改为古巴。[8]

如果说战争为奴隶打开了获取自由和公民权的大门，那么它也为自由的有色人种担任领导职务提供了机会。非裔古巴领导人几乎是瞬间就涌现了出来。最著名也最为人所推崇的是安东尼奥·马赛奥（Antonio Maceo）。战前，他住在圣地亚哥市以北约12英里的自家农场。他的父亲会给他读大仲马的小说、海地的杜桑·卢维杜尔以及南美洲的西蒙·玻利瓦尔的传记,马赛奥就是听着这些故事长大的。起义爆发后仅仅两天,23岁的马赛奥就作为一名普通士兵加入了叛军的队伍。仅一次战斗后,他就被擢升为中士。随后他又得到了多次晋升:至战争开始的首月底,他已是一名中尉;1869年1月,他又得到了两次提拔;1873年,他成了马赛奥将军。那时,他的名声已经非常响亮,以至于如果西班牙人能够抓到他的话,西班牙国王定会判他死刑。[9]

不过马赛奥在解放军中的晋升之路充满了争议。1873年,地理因素加剧了这一争议。那一年,来自多米尼加共和国的马克西莫·戈麦斯(Máximo Gómez)提议,由安东尼奥·马赛奥领导对古巴西部的大规模进攻。尽管戈麦斯来自多米尼加,但他是叛军中级别最高的官员之一。在此之前,战争还没有蔓延到西部,那里的农村基本都是大型现代糖业种植园。而在作为叛乱基地的古巴东部,糖业规模要小得多。例如,1860年在全岛的1365家企业中,塞斯佩德斯工厂的糖年产量非常低,排名第1113名。与西部的同行相比,东部的种植园主也更少依赖奴隶的劳动。在古巴西部的糖业繁荣地区,奴隶人数往往远远多于白人,而在叛乱爆发和蔓延的东部地区,奴隶人口占比则普遍低于10%。[10]这些地理上和经济上的差异,在很大程度上解释了为什么自叛乱一开始,像塞斯佩德斯这样的种植园主就支持革命,赞成废除奴隶制,而西部的种植园主却不这么想。

为了在战时分割东西部,西班牙政府挖掘了一条从北到南贯穿全岛的巨型坚固壕沟。这条战壕由奴隶和中国合同工一起修建,是整个美洲最大的防御工事,西班牙人打算把它打造成横亘在东部战区与岛屿其他地区之间坚不可摧的屏障。然而马克西莫·戈麦斯相信,安东尼奥·马赛奥率领500名士兵就可越过壕沟,他能够从东部突围,一路向西部推进,甚至可能远至哈瓦那。一路上,马赛奥将夺取甘蔗遍布、糖厂错落点缀的领土,而这些土地在1873年仍旧是种族奴隶制的堡垒。

听了戈麦斯的进攻建议后,独立运动的人民领袖十分担心。他们并非质疑马赛奥的军事能力,他们苦恼的是另一件事:让一个有色人种担任一支重要的黑人军队的首领,在古巴黑人人口占绝大多数的大种植园发动战争并解放奴隶,这一决定明智吗?马赛奥的崛起已然产生了一些谣言,说他试图把古巴变成一个黑人共和国,并宣布自己为古巴的领导人。马赛奥的反对者用了一个现成的说辞:"种族战争"和"另一个海地"的幽灵(这也是西班牙和美国官员一直用来反对古巴独立的理由)。一个人问道:"我们解放自身难道只是为了步海地和圣多明各的后尘吗?"[11]马赛奥的反对者占了上风,十年战争期间,他从未领导过西进的行动。

战斗仍在继续,但叛军无法进一步扩展他们的势力,也无法维持战争早期的巨大压力。一位西班牙官员解释说,到了十年战争的中期,这场冲突不再像是一场常规战争或一个决定性的挑战,而更像是佛罗里达州塞米诺尔人与美国当局的斗争。有时,叛军领导人也承认这一点。1877年,马克西莫·戈麦斯在日记中写道,今年是战争中"最令人沮丧"的一年,"很难将革命引向一条可靠的胜利之路"。即使是古巴军队中最有热情的人也筋疲力尽,对战争感到倦怠。[12]

在那最令人沮丧的几年行将结束之时,西班牙都督知道胜利近在眼前,于是,他暂停了敌对行动,并在卡马圭建立了一个中立区,以促进和平谈判。1878年2月8日，叛军的立法机构自行解散（因为叛军的法律规定该机构不准与西班牙谈判），同时又任命了一个委员会，负责和平谈判。两天后，在一个叫桑洪（Zanjón）的地方，该委员会接受了西班牙当局的和平建议。《桑洪协定》（Pact of Zanjón）没有承认古巴独立，但它赦免了反叛者，且允许建立政党，并承认参加过战争的奴隶和中国合同工享有自由。古巴军队一个接一个地开始投降。在乡下活动的叛乱分子之前对"站住，谁去那里？"的习惯性回复也从"古巴"变成了"和平"。[13]

然而，安东尼奥·马赛奥不希望与一个既不允许古巴独立，也不允许废除奴隶制的协定有任何关系。他召集剩余的部队开会，部队中有许多黑人军官，他们在过去的十年中不断获得晋升。马赛奥态度强硬，称该协定不光彩且具有羞辱性，但他也很清楚该协定的后续影响：随着其他地方的和平得到保障，西班牙军队现在可以全力以赴地对付他们。

马赛奥还要求与古巴的西班牙都督进行个人会谈。收到会面邀请后，都督以为马赛奥准备投降，或至少准备进行谈判。恰恰相反，马赛奥告诉他，只有在西班牙给予古巴所有的奴隶自由之后，他才会屈服。都督拒绝了这一要求，马赛奥因此扬言将继续进行战争。在古巴历史上，马赛奥和西班牙都督的这次见面将会是一个屡被提及的场景。此次事件被称为"巴拉瓜抗议"（Protest of Baraguá）①，代表着不投降原则。一个多世纪后，在20世纪90年代初，也就是在柏林墙倒塌和苏联解体后，全岛的告示牌上都宣称古巴就是一个"永恒的巴拉瓜"。当东欧倒向资本主义之时，告示牌暗示古巴将继续战斗。这些告示牌没有提到的是，尽管马赛奥有崇高和热烈的愿

---

① 巴拉瓜是马赛奥与西班牙都督会面的地方，位于古巴东部。——译者注

望，但他别无选择，只能在那次挑衅性的抗议后很快放下武器。他的部队所剩无几，他们已经战斗了十年，但胜利无望。1878年5月10日，在当时还未存在的共和国的总统的命令下，从未正式投降的马赛奥离开古巴前往牙买加。[14]

然而，对后面发生的事情来说，"和平"并不是一个好名声，有太多的事情悬而未决了。古巴领导层现在似乎分布在两个点：一部分是在桑洪的人，他们接受了西班牙治下的和平，不再追求独立和废除奴隶制；另一部分是在巴拉瓜追随马赛奥的人，他们要求继续战争，直到实现独立和全面解放。这两个节点仍在继续合作，但紧张关系一直存在。现在，随着大部分领导人的流亡以及和平的到来，谁将为古巴的事业发言和行动，这一问题变得紧迫起来。谁才是古巴独立运动的合法领导人：是那些在2月进行和平谈判自认为有司法权力的人？还是那些在3月拒绝和平自认为有道德权威的人？

古巴独立运动的未来晦暗不明，但在古巴当地还有其他更紧迫的问题。1878年的和平协定解放了参加过战争的奴隶，却让那些仍然忠于奴隶主的人继续当奴隶。因此，该协定为奴隶们与潜在的叛军结盟创造了新的更强大的动力。西班牙官员很快就报告说，奴隶们正在"消极抵制工作，拒绝服从主人和监工。他们想要享有与缔约者（convenidos）一样的自由"，缔约者是条约赋予被解放了的奴隶的名称。刚结束战争的一位黑人叛军军官报告说，"黑人们［很］不耐烦"，他们想要起义。他说，每个人，每个地方，都在"低声（sotto voce）谈论即将发生的起义"[15]。

因此，和平转瞬即逝也就没什么可令人奇怪的了。1879年8月，十年战争结束后仅18个月，第二次独立战争开始了。不过甚至就连战争的名字也暗示了这场战争的命运：小战争（Guerra Chiquita）。事实上，这次战争太过短暂，以至于许多人有时会忘记它曾发生过。虽说此次战争的军事重要性似乎并不大，但它却以浓缩的形式完美地揭示了古巴独立运动的核心问题，实际上这也是19世纪大部分时间里古巴历史的核心问题。

新的战争在许多方面都是刚刚结束的战争的延续。发难地点是一样的：古巴东部。手段是一样的：游击战。目标也是一样的：废除奴隶制和获得独立。但有一个重要的区别，简单来说，新的起义比第一次"更黑"。奴隶们看到他们的老朋友因参加了上一次战争而得到了自由，因此他们欢迎另一次自由机会的到来。一些人焚烧甘蔗田，高呼"没有自由就没有甘蔗！"在叛乱的头两个月，当局估计有5000名奴隶逃离了工作场所。在领导层面上，将叛乱描述为"更黑"也是恰当的。第一次战争中的许多白人精英叛乱者，现在成了新成立的自由党成员，如今的他们更愿意采取和平的途径。他们谴责新的战争，认为战争是不可行和危险的。当白人精英不再支持此次战争的时候，奴隶和前奴隶们却在此时大规模地动员了起来。这就为黑人起义领导人的崛起留下了更多空间。新战争的两位主要军事指挥官是何塞·马赛奥（安东尼奥的兄弟）和自由人出身的黑人木匠吉列尔莫·蒙卡达（Guillermo Moncada），两人都是十年战争和巴拉瓜抗议的老兵。[16]

然而，"更黑"的标签并不仅仅是一种描述。在当时，它也成了一种论据。叛乱一开始，西班牙官员就坚称叛乱"完全由有色人种组成"，而且"仅仅是种族战争的前奏"。为了让大多数人相信这一点，西班牙当局精心设计了一些表象，以使战争符合他们给予的标签。该省的西班牙都督对这一策略十分明确:"我们必须去除叛乱中所有的白人特征,使其仅含有有色人种的元素。这样一来,叛乱得到的同情和支持就更少了。"他篡改了被俘叛乱分子的名单,删除了白人的名字,使运动的参与者看起来绝大多数都是黑人。当他争取到一位著名的白人军官的投降时,作为赦免的条件,他让该军官公开申明,他之所以投降是因为运动的领导人想要进行"一场种族战争"。[17]

西班牙人操纵现实,使叛乱看起来"更黑",他们越是这样做,叛乱就显得"越黑"。非裔古巴领导人对此表示了强烈的抗议。吉列尔莫·蒙卡达称西班牙人为"卑鄙的刺客",他们"伪造判断,歪曲事实",把古巴的"神圣事业"说成是一场"种族战争"。[18]然而这样的抗议只是徒劳。西班牙人继续执行这一策略,而此策略也一直在持续发挥着作用,原本有可能加入战斗的白人战士变得犹豫不决,其他一些白人投降了,起义进行得举步维艰。

1880年6月,何塞·马赛奥和吉列尔莫·蒙卡达意识到成功无望,转而谋求与都督进行和平谈判。在谈判过程中,都督得知卡利斯托·加西亚(Calixto García),一位白人将军和十年战争的老兵刚从纽约的短暂流亡回到岛上,并准备接手所有反叛部队的指挥工作。都督立即意识到,他将不再能够使用迄今为止"使大部分人与[西班牙]站在一起的东西,即白人害怕的种族战争"。在与蒙卡达和何塞·马赛奥的谈判中,他把黑人领袖隔离起来,致使两人在不知道白人将军到来的情况下投降了。都督随后利用这次投降来进一步证明叛乱就是一场种族战争,不然如何解释叛乱最著名的两个领导人——都是有色人种——拒绝承认白人加西亚的领导地位呢?在没有马赛奥和蒙卡达支持的情况下,加西亚的远征很快就失败了。[19]第二次独立战争结束了。在很大程度上，战争之所以失败，是因为西班牙狡猾地利用了种族来当作国家镇压叛乱的理由，至少现在，古巴仍是属于西班牙的。

不过至小战争结束之时，独立运动的另一个目标已经实现。全岛各地都废除了奴隶制。刚刚结束的这两场战争，在促使奴隶制难以为继方面厥功甚伟。起义者解放并动员了奴隶，他们还让平等、自由的言语在各地回响。1870年，为了尽量减少革命对奴隶的吸引力，西班牙政府开始颁布谨慎的政策。比如说，宣布鞭刑非法，并颁布了一项自由子宫法，给予女奴所生的孩子以自由，古巴再也不会有出生即是奴隶的小孩了。1878年结束第一次战争的协定给了1.6万名参加过战争的奴隶以自由。1880年2月，小战争仍在东部肆虐，预见到扭转历史潮流的前景之渺茫，西班牙政府在古巴废除了奴隶制。

然而，充分的自由无法一蹴而就。相反，奴隶制让位于学徒制，即所谓的帕特洛纳托（Patronato），此制度持续了8年。1880年的废奴法并没有补偿奴隶主的经济损失，不过，通过让前奴隶以学徒身份进行8年的劳动，该法律达到了补偿的目的。但是，不论是被迫劳动还是为了自由而劳动，奴隶们都没有得到任何补偿。法令还规定，学徒们可以通过自我赎买，或揭露主人的违法行径来申请自由。许多人兴冲冲地这么做了。1886年，眼看着全岛只剩下25381名学徒，殖民政府随之宣布废除学徒制度——这比原计划提前了两年，但距西班牙到达古巴已近400年。[20]

几十年后，一位名叫赫纳罗·卢库米（Genaro Lucumí）的非裔老人和妻子艾琳（两人以前都是奴隶），有时会召集邻居的孩子——

我的母亲也在其中——给他们讲故事。丈夫会讲述在安东尼奥·马赛奥的独立军中战斗的故事，妻子则回忆了在奴隶制的最后几年中赎买自由的情况。即便是在他们的周日故事中，为废除奴隶制和争取古巴自由所进行的斗争，也都属于同一史诗的一部分。

第十二章
为了世界的一场革命

1880年10月，西班牙废除奴隶制8个月后，也就是卡利斯托·加西亚在小战争中无奈投降3个月后，加西亚接受了《纽约先驱报》(New York Herald) 的采访。采访期间，加西亚将军遇到了一个意想不到的问题：古巴独立是不是已然成为定局？加西亚开始沉思。也许他皱起了他那伤痕深陷的眉头。1874年时为了避免被西班牙人俘虏，他曾试图自杀，子弹在他身上留下了深深的伤疤。他坦然回复道：独立"绝非易事"。他说，主要障碍在于白人的焦虑。"［在］白人当中……一些人因为这项事业的风险而一直摇摆不定，另一些人则出于恐惧而犹豫不决。如果古巴成为自由国家，他们担心会与黑人和黑白混血儿发生奴隶战争。"[1] 虽然加西亚此言乃是为了解释最近古巴独立事业的失败，但是这些话也揭示了一些未来将要面临的重大挑战。为了取得成功，独立运动必须改变人们思考种族的方式。

然而，要改变关于种族的想法曾是、现在也仍然是一项艰巨的任务。古巴人仍然生活在种族奴隶制的末期。古巴的隔壁是美国，在那里，《吉姆·克劳法》系统地规定了种族隔离和不平等的制度，种族暴力正在接近其至暗时刻。新兴的种族"科学"似乎处处都在为种族主义提供专业知识的掩护。在这种不利的背景下，古巴的独立运动不得不对抗那个时代有关种族认知的核心主张。值得注意的是，与那个时代的主流认知相反，古巴独立运动领导人坚持认为种族的概念是一种发明，是由强大的团体生造出来的，他们用"种族教科书"来证明扩张和帝国的合理性。具体到古巴，领导人们彻底否定了古巴种族奴隶制的过往使其没有能力成为民族国家的旧论点。为了坚决反对这一范式，他们描绘了一个由黑人和白人并肩作战锻造而成的民族——为了古巴的古巴人。在这种观点中，国家是明确且肯定地由种族团结孕育出来的。

1868—1880年的独立战争失败后，在后续的和平阶段，当活动家们准备进行他们所希望的最后胜利斗争时，上述想法清晰有力地反映了这一时刻的思想。如今，这种超越种族的古巴身份概念，仍然是古巴民族主义的两大支柱之一——民族主义一词在这里指代的是支持独立的情绪。可以预见的是，这种民族主义的另一个支柱强调的是美国无处不在的意欲染指古巴的企图。

讽刺的是，正是在美国的金融之都，帮助古巴战胜西班牙的愿景有了其最伟大的作者和发言人：何塞·马蒂。他对超越种族、构建古巴民族国家发出了最有力的声音。如今，在古巴和迈阿密，马蒂的雕像和半身像随处可见。他的形象也出现在更远的地方：比如距离亚伦·伯尔（Aaron Burr）杀死亚历山大·汉密尔顿不到一英里的新泽西基座；纽约中央公园的艺术家门入口；以及从德里到马尼拉，从悉尼到金斯顿的广场和建筑。

我们已经数次谈及马蒂——第一次谈到的时候，马蒂还是个小男孩，当时他亲眼看到贩奴船在古巴海岸非法卸货；第二次谈到的时候，少年马蒂正在为亚伯拉罕·林肯之死而哀悼。马蒂于1853年在哈瓦那出生,父母都是西班牙人,十年战争期间,16岁的马蒂发行了一份支持独立的报纸,并因此而入狱。他被判处在只有白人的工作单位里服六年苦役,他有了一个编号(113)和一套宽松的灰色制服;右脚踝上戴着的铁镣铐被系在腰间的重链上。1871年,由于身体状况不断恶化,当局撤销了原判,将他流放至西班牙。马蒂在那里生活了三年,完成了大学教育,并写下了他的第一部重要作品:《古巴的政治犯苦役》(*El presidio politico en Cuba*)。当叙述自己在哈瓦那石料场的监禁和强迫劳动时,马蒂在开头如此写道:"这几页纸除了无限的痛苦之外,不该有其他名字。"[2]

西班牙的经历之后,马蒂四处游走:在巴黎待了一段时间,在纽约待了很短的时间(12天),在墨西哥待了两年,然后又去了危地马拉,除其他事项外,他还在那里成了一名大学文学教授。1878年,西班牙赦免了十年战争期间被捕入狱的人,马蒂随之回到了古巴。他只在古巴停留了大约一年。1879年小战争开始后不久,西班牙官员先发制人逮捕了他,并判处他在北非的一个西班牙罪犯流放地服苦役。马蒂先是被送到西班牙,后来他在途中逃跑,并乘船到纽约市避难。[3]

因此,1880年时,年近27岁、四处游荡的马蒂成了美国大都市的又一重要移民。他在曼哈顿落脚,后来搬到了布鲁克林。他曾当过一段时间的档案员,担任过几个拉美国家的纽约领事,并将美国文学翻译成西班牙语。每天早上,他都乘渡轮到曼哈顿,然后步行至位于前街、没有电梯且寒气逼人的办公室。马蒂是个有天赋的演说家,曼哈顿的各大会议厅都对他发出了进行公开演讲的邀请,其中就包括十四大街上早已消失的坦慕尼厅和位于第五大道下段的哈德曼厅，后者离查尔斯·斯克里布纳之子（Charles Scribner's Sons）公司①的旧办公室很近。

无论这些事情让他多么忙碌，马蒂在纽约的主要工作还是创作——散文、连载小说、戏剧，以及最重要的诗歌和新闻。他为许多出版物写作，其中包括《纽约太阳报》和《纽约日报》（*Revista Ilustrada de Nueva York*，自古巴移民牧师费利克斯·巴雷拉的时代起，美国就有了用西班牙语出版的期刊）。马蒂为几家拉美报纸撰写了他对纽约和美国的印象，描述了各种不同的事件，如纪念革命者围攻约克镇、密西西比河的洪水、《排华法案》的通过、瓦萨学院的毕业典礼以及库珀联盟纪念卡尔·马克思去世的活动。他还描述了移民抵达巴特里克里顿堡——一年内有44万人。他如此写道，他们是"活的诗歌"和"和平的军队"。他大胆地说，这就是"美国繁荣的秘密：他们已然张开双臂"。马蒂的纽约编年史既是一部优秀的纪实文学，也是他所谓"城中之城"日常生活的见证。和大多数纽约人一样，马蒂对这座城市既爱又恨。他说，住在纽约就像"死于千刀万剐"。然而，当他离开纽约去往其他任何除古巴之外的地方时，他又觉得仿佛失去了自己的一部分。[4]

马蒂用特殊的笔触记录了美国的暴力事件——包括针对移民、劳工领袖、土著和非裔美国人的暴力。例如，1892年，他描述了人们对一个黑人男子所进行的公开私刑，后者被指控冒犯了一名白人女性。"女士们挥舞着手帕，男人们挥舞着帽子。朱厄尔（Jewell）夫人［该男子的指控者］走到［该男子被捆绑的］树下，点燃了一根火柴，她两次把点燃的火柴凑到这个黑人［沾满石油的］外套上，

---

① 美国出版公司，因出版海明威的书籍而闻名，该公司现属于本书英文版出版商西蒙与舒斯特公司。——译者注

黑人没有说话。这个黑人在五千人面前被活活烧死了。"[5]在一个拥有马蒂所钦羡其制度的美利坚共和国,发生了这样的事情——这并非一个政治领袖所为,也不是单个恶棍干的,而是五千名去教堂礼拜,给他们的市镇议员投票,给孩子亲吻道晚安的男男女女做的,他们就这么看着一个人被活活烧死。

马蒂在美国的生活经历使他得以正视这个共和国。在简短的手写笔记中,马蒂记录了他最初的一些反应。"一个生活在美国的人,"他如此写道,"就像是受到冰雹的打击一般。这些人说话的样子就似在你眼前挥舞拳头。"在一个未注明日期的片段中,他描述了一位演讲者"以美洲联盟为荣,演讲者所谓的美洲联盟当然是指北美,全然没想到可能还有另一个美洲"。这对马蒂来说是个启示:他自己——事实上也是世界上大部分人称之为"美利坚合众国"的地方,在美利坚合众国却被称为"美洲"。我们几乎可以想象,每当人们说起美洲,下意识指的是美国,而"没有想到可能会有另一个美洲"时,马蒂都会很生气。[6]

马蒂在片段中顺便提到的另一个美洲,成了其作品的核心组织原则之一。他没有将其称为"另一个美洲",而将其称为"我们的美洲",他在纽约写的一篇文章就使用了这个标题,并于1891年在墨西哥发表。这篇文章后来成了他最出名、辑录最多的作品。这篇文章从未提及古巴,所歌颂的乃是拉丁美洲的团结。此文同时也是一个警告。"一个雄心勃勃、孔武有力的国家正在接近[我们的美洲],这一时刻即将到来。尽管这个国家不了解她,对她表示了不屑,但他要求与她建立亲密关系……一个不了解她但又轻视她的可怕邻居,"他如此写道,"是我们的美洲面临的最大危险,事态紧急——因为时日无多了。"[7]这个可怕的邻居自然就是美国。

在将近 15 年的时间里，马蒂一直在纽约生活，且著述颇丰。不过在那段时间，他最关心的还是古巴的独立问题。1892 年，他创办了一份名为《祖国》（*Patria*）的报纸，创立了一个名为古巴革命党（Cuban Revolutionary Party）的政党，二者都致力于古巴的独立事业。他还与独立运动的其他重要人物密切合作：比如安东尼奥·马赛奥和马克西莫·戈麦斯，这两位被视为即将到来的斗争的军事领导人；以及武装共和国的前总统托马斯·埃斯特拉达·帕尔马（Tomás Estrada Palma）。马蒂还和古巴烟草工人合作，从他们那里筹集资金——他们中有许多人是有色人种，有些分布在布鲁克林（19 世纪 80 年代，那里的雪茄工厂大量涌现），还有些则在佛罗里达。

马蒂在纽约最亲密的伙伴之一是拉斐尔·塞拉（Rafael Serra），塞拉以前是名烟草工人，后来成了记者和教师。他是出生在哈瓦那的自由黑人，1880 年到达纽约时，已经是一名教师。19 世纪 80 年代晚期，拉斐尔成立了一个叫联盟（La Liga）的协会，致力于提高来自古巴和波多黎各的黑人工人的地位。协会位于格林尼治村的华盛顿广场公园附近，协会还开办了一所夜校，马蒂每周四晚上都会在那里授课。[8]

无论是在夜校给黑人工人上课，还是为《祖国》撰稿，抑或与志同道合的活动家会面，马蒂都在为古巴独立而不懈奋斗。除了努力筹划下一场战争外，他还在深入思考战后的和平，思考如何创建一个公正且有价值的共和国。"一个所有人的共和国"，他如是称呼道。

马蒂想象中的共和国的一个核心特征，是深度的种族和谐与超然。他如此写道："人不应该仅仅因为他们属于一个或另一个种族，就享有特权。当你说'人'的时候，你就已经赋予了他们所有的权利。"如果说马蒂相信这是一个普遍命题,那么他也相信,古巴的独立运动本身就是在锻造这一真理。第一次独立战争已经将奴隶转化为共和国的士兵和公民。在他看来,黑人和白人已经成为一个共同体,他们在战场上一同马革裹尸,他们的灵魂在永恒的怀抱中升入天堂。他满怀热望地坚称:"古巴永远不会有种族战争。"针对怀疑者和担忧者,马蒂构建了一个以种族团结为前提的强国形象:一个既非白人,也非黑人,而是简单地由古巴人组成的新共和国。[9]

这就是马蒂在纽约想象的古巴。事实上,在美国的生活让他相信,古巴作为一个独立共和国的未来所需要的也正是这些。当马蒂在美国看到肤色之间的界限越来越分明,而越界的后果越来越致命时,他明白了周遭不公正的程度之深。有了这些认知,他就能用新的眼光来看待他的古巴。正是这种对照,使马蒂意识到古巴正在进行的运动是多么的伟大和特别。通过动员和联合前奴隶与前奴隶主,以及黑人和白人,古巴的独立事业将是新颖的,将成为一种具有深远意义的善业。它可以成为西半球,乃至全世界的一个典范。

当马蒂在纽约思考古巴的未来时,他也想到了"我们的美洲",以及那个轻视她的强大邻居。这些思考也使得他将古巴的独立视为一种全球力量。如果古巴人能够抵抗美国的力量,那么新的共和国将是抵御美国向另一个美洲,即他的美洲扩张的一个屏障。这样一来,古巴的独立事业也将成为西半球的一件幸事。

最终,马蒂认为,如果古巴真的成功独立,那么这将给世界带来两件事。首先,它将抑制美国的扩张;其次,它将成为世界上一种新型共和国——一个反对在美国随处可见的种族和民族暴力的共和国——的榜样。作为种族正义的典范,作为对美帝国的制约,古巴革命将是一场世界性的革命。

至1895年初，马蒂和他的同伴们已经准备好将这场革命付诸行动。1895年1月31日上午，由于确信自己需要成为这场战争的一部分，需要在战争中战斗和写作，马蒂登上一艘汽船，最后一次离开纽约，离开他的城中之城。

在谋求解放古巴的途中，马蒂选择前往伊斯帕尼奥拉岛是非常适宜的，这不仅是西班牙在新世界的第一块殖民地，也是海地和多米尼加共和国的所在地。在边境小镇蒙特克里斯蒂，马蒂与马克西莫·戈麦斯将军会合。在那里，马蒂写了一份向全世界宣布开启古巴独立战争的宣言（两人都签了字）。宣言上说，古巴将成为位于世界十字路口上的一个自由和繁荣的群岛，将成为全人类的福音。大约两周后，即1895年4月11日，马蒂和戈麦斯在关塔那摩附近的一片荒凉海岸登陆。这场2月24日开始的战争当时正在古巴东部如火如荼地进行着，这片区域也是第一次和第二次独立战争的发源地。[10]

在美国，人们密切关注着古巴的动态。美国对古巴的兴趣由来已久，随着美国在古巴投资的日益增长，美国人十分在意该岛的政治命运。在战争的头三个月里，古巴在美国报纸的头版上出现了无数次。《纽约先驱报》派了特约记者乔治·布赖森（George Bryson）到乡间采访叛军领导人。在几日的奔波后，布赖森于5月2日深夜抵达了马蒂和戈麦斯所在的营地，当时这些人正在吃面包和奶酪作为晚餐。布赖森告诉叛军领导人，他们可以在美国的一家主要报纸上阐述他们的观点。马蒂明白机会难得，当晚就与布赖森一起工作到凌晨3点，并在第二天继续畅谈。[11]

长谈中，《纽约先驱报》的记者转述了许多令人不安的消息，比如关于一个"美国佬集团"与"贪婪的西班牙白人"合作，在古巴建立"立足点"的消息；以及关于"法律界人士"正在策划将权力从西班牙转移至美国的阴谋。马蒂对这些消息并不感到惊讶。几周后，他在写给墨西哥一位密友的信中说，他清楚地认识到他和他的同胞们所面临的巨大挑战。他如此写道：

> 现在，我每天都面临着为我的国家和职责献出生命的危险……古巴及时独立，可以阻止美国将其触角延伸至安的列斯群岛，阻止美国以更大的力量落在我们的美洲的土地上……我曾生活在这个怪物中，我了解它的内脏——我的投石索就是大卫的投石索。[12]

马蒂从未写完这封信，他开始了一个句子："存在着这样细腻诚实的感情……"随后有什么打断了他。次日，他便在战斗中丧生了。具有讽刺意味的是，在他去世的当天，《纽约先驱报》刊登了他给记者的公告。1895年5月19日第一版的头条写道："古巴领导人致《先驱报》。"

马蒂的死亡发生于这场战争开始的三个月后，后来的事实证明，这场战争比任何人预想的都要长。对革命者来说，向西部挺进是战争的高潮，战士们从古巴东部的山区和谷地一路向该岛的最西端大规模行军。解放军的领导人从第一次战争开始，就一直在策划这样的方案，但直到1895年底他们才取得成功。起义者分成两支庞大的纵队向西挺进，一支由军队总司令马克西莫·戈麦斯率领，另一支由安东尼奥·马赛奥将军领导，彼时马赛奥已经以青铜泰坦之名著称。第三支较小的纵队由金廷·班德拉（Quintín Bandera）将军率领，他是十年战争和小战争中著名的黑人英雄，他所率部队奔赴的位置更靠近岛屿的南部海岸。三支纵队一起越过了西班牙为遏制他们而修建的防御线。然后他们继续前进，向西穿过中部的圣克拉拉省，穿过马坦萨斯和哈瓦那乡村地区，所有这些地方都盛产甘蔗。

西进军队的一位成员观察到，当他们在城镇和农场的道路上行进时，"每个人都异口同声地说：马赛奥来了，马克西莫·戈麦斯来了……金廷·班德拉领着戴着鼻环的黑人来了"。甚至在起义军到来之前，古巴西部的人们就已经听闻了关于黑人军队戴着鼻环的传言，人们对此议论纷纷。这或许是真的——古巴东部离得很远，其习俗也有可能不同，但黑人叛军戴鼻环的说法听起来更像是政府的谎言。何塞·埃雷拉（José Herrera），绰号曼戈切（Mangoché），是哈瓦那省一名15岁的制糖工人，也是一名非裔助产士的孙子，他与朋友们详细讨论了这个问题。由于无法抑制住自己的好奇心，他们中的一人自哈瓦那向东出发，想在入侵的军队到来之前一睹其风采。这人带着一个亲眼所见的权威答案回来：他看到了叛军，他们并不戴鼻环。[13]

随着解放军的迫近，人们全都伸长了脖子，引颈以待。这是古巴西部人民第一次看到这些"臭名昭著"的叛乱分子，他们想要亲自做出判断。成千上万的骑兵以雷霆万钧之势赶来，马蹄下翻飞的泥土将他们的皮肤、头发和胡须淹没在红色的尘土之中。人们靠在门外或门廊上欢呼，大声呼喊"马克西莫·戈麦斯、安东尼奥·马赛奥和自由古巴万岁"。但是，西班牙人及其盟友长期以来一直都在丑化古巴人的性格和意图，以致一位起义军官认为"妇女和儿童睁大的眼睛，[也]隐藏或掩盖了我们给他们带来的恐惧或忧虑，当他们看到我们的时候，他们在我们的脸上寻找可怕和凶残的迹象，因为他们没有看到西班牙人所说的鼻环……他们惊奇地发现没有任何恐怖痕迹"[14]。对古巴西部的人们来说，解放军的到来提供了一个重新评估的机会。当看到反叛者并没有戴鼻环的时候，之前长期持有的假设，以及新出现的关于种族和国家的想法都得到了肯定、否定或修正。

在糖业种植园里，起义者的到来也提供了另一种重新评估的契机。奴隶制已经消亡9年了，但自由本身尚有待争取。在西进路线的各个种植园里，劳作者们成群结队地加入了叛军。有些是年轻的黑人男子，他们的母亲是奴隶，不过随着奴隶制在糖业中心地带日益收缩，他们出生即是自由人。其他人则是前奴隶。对这两种人来说，加入解放军不仅是帮助古巴获得自由的一种方式，也是一种给自身的自由赋予意义的方式。加入解放军的人大多数无法读书认字，所以很少有记录其经历的战争日记或回忆录留存下来。事实上，目前已知的只有两本留存。一本是曼戈切写的，他曾与朋友们辩论过鼻环的问题；另一本是里卡多·巴特尔（Ricardo Batrell）写的，他15岁时加入了叛军，当时叛军抵达了他砍甘蔗的种植园，这个种植园正是1843—1844年埃斯卡雷拉叛乱和阴谋的中心，当时黑人们被绑在梯子上逼供。[15]

像巴特尔和曼戈切这样的新兵成千上万，解放军的队伍也不断壮大。当军队抵达西恩富戈斯，也就是古巴岛的中点以西时，军队人数已经翻了一番。1896年的新年之际，哈瓦那已经处于起义军队的视线范围之内了。在英格拉酒店的咖啡馆（就是那家抚慰战败的南方人创伤的咖啡馆），首都的学生、作家和有抱负的专业人士在那里度过了好几个小时。他们聚在一起歌颂马赛奥，并计划加入战斗。然而，起义军的规模在那时已经变得太过庞大，因而不得不拒绝新兵的加入。从哈瓦那的乡下出发，部分军队继续向西，一直打到岛上最西部省份最西边的城镇曼图亚。[16]

总的来说，在90天时间内和78次行军中，起义军行进了一千多英里，打了27场大仗。温斯顿·丘吉尔见证了早期的一次战斗，他在抵达古巴时满怀敬畏："这里是一个重要行动的现场……这里是一个肯定会发生什么事情的地方。我可能会在这里把命搭进去。"他真的差点丧命，当时他身后的马被古巴人射出的子弹击倒了。与整个行动相比，这场小规模的冲突显得微不足道。独立战士在岛屿的两端都很强大，对西班牙在古巴的四百年统治史来说，他们构成了最致命的威胁。[17]

军事行动总有高潮，而高潮时刻往往发生于距离胜利咫尺之时。起义军挺进西部就是这样的一个时刻。但是，近在眼前的胜利飞走了，势头也停滞了下来。

1896年1月，马德里政府任命了一位新的古巴都督：巴莱里亚诺·韦勒（Valeriano Weyler）。到任一周后，他就开始了一场铁血的镇压运动。他最著名的政策是"重新集中"——这是20世纪在别处更臭名昭著、也更残酷的集中营这一术语的先驱。韦勒命令所有生活在农村（或未设防的小城镇）的人转移到指定的西班牙控制区，在那里他们就无法再帮助叛军。然后，他派军队进入乡村，摧毁留下来的农作物、房屋和动物，即任何可能为叛军提供补给或庇护的东西。然而千千万万被集中起来的古巴人却没有得到食物和住房上的保障。在两个月内，全世界的报纸都在报道这项举措显而易见的后果——饥饿、疾病和死亡。如今的历史学家估计，大约有17万人死亡，占该岛人口的十分之一。人们称韦勒为"屠夫"。在哈瓦那流行着一首诗，称他有着"爬行动物的外表，侏儒的身体，豺狼的本性和污泥般的灵魂"。美国的报纸详细报道了"重新集中者"的痛苦，刊登了憔悴枯槁的儿童的照片以及古巴人大量死亡的乱葬岗。这些报道几乎令人难以挪开眼睛，还推动开启了所谓的"黄色新闻"——一种新的耸人听闻的新闻浪潮，其标题大胆且令人震惊。[18]

无论世人对韦勒有何看法，西班牙政府却是把保住古巴的所有希望都押在他身上。马德里给他派遣增援部队，并无视韦勒所采取政策的道德或效力问题。韦勒进一步升级与敌人的战斗，下令处死受伤、被俘或投降的战斗人员。他在哈瓦那以西从北到南建立了第二条防线，以将马赛奥和他的部队困在遥远的西部比那尔德里奥省，然后用集中在首都周围的新到援军对他们进行攻击。全面战争已经兵临哈瓦那门口。

然而，马赛奥对此嗤之以鼻。当西班牙人吹嘘新战壕时，马赛奥声称这根本不值一提。马赛奥说，如果他在西进途中穿越了战壕，那么只要他决定挥师东行，他就可以随时穿过战壕。当西班牙人传播马赛奥死亡的假消息时，他旋即在哈瓦那周围进行了大扫荡，向众人广而告之他的存在。而当西班牙人宣布西部的比那尔德里奥省已经平定时，他杀了个回马枪来证明那里并没有被西班牙军队收复。马赛奥在古巴、西班牙、欧洲和美国的名声越来越大。

然而，名声并不能保证胜利。韦勒和西班牙人发誓，当他们杀死马赛奥时，他们要用他的胡子做一把扫帚。马赛奥在古巴人中受到广泛的尊重和爱戴，但长期存在的旧冲突有时也对他的领导造成困扰。人民领袖抱怨说，马赛奥未经他们的批准就给人升职。马赛奥则抱怨说，人民政府提供战争物资的速度太慢，而且在军官之间有所偏向——他暗示他并不在他们的宠儿之列。运动的两个分支——民事和军事之间的分歧在一定程度上是一个政治理论问题：在新的国家里，民事和军事权力之间的关系应该是什么？军队大体由黑人构成,而运动的民事部门则主要是白人在指导,这一事实也使这些紧张关系具有明显的种族色彩。[19]

马赛奥尽其所能地想要忽视这一点。但马克西莫·戈麦斯在当时回到了中东部的卡马圭省,那里也是起义军政府的总部,因此他不得不每天都面对这一问题。当政府制定了一项法律,要求他提交军队的"作战计划"供政府批准时,戈麦斯写信给马赛奥寻求帮助。他恳求马赛奥回到东部,这样他们就可以一起对付政府。戈麦斯说,革命的存亡取决于马赛奥是否在卡马圭。于是,马赛奥准备再次穿越古巴岛,这次则是由西向东。[20]

马赛奥和一小队人马离开比那尔德里奥,进入哈瓦那省。这次行军使他在战斗中受的旧伤——那是他第 24 次受伤,6 个月前,一颗子弹打碎了他小腿上的一块骨头——恶化。1896 年 12 月 7 日,马赛奥在一家废弃糖厂中的临时营地里躺在吊床上休息,在他身边已记录了一年多战争纪事的总参谋长正在大声朗读关于马赛奥最勇猛的一次战斗的描述,这时,他们听到了真切的交火声。一颗子弹击中了马赛奥的脸,另一颗致命的子弹击中了他的胸部。戈麦斯的儿子和周围人想救他,然后他也受了致命伤,其余的人被迫先行逃命,而将中弹者留下。西班牙士兵剥去了尸体的衣服,拿走了贵重物品。他们没有意识到,他们刚刚杀死了著名的安东尼奥·马赛奥和几乎同样著名的马克西莫·戈麦斯的儿子,因此他们把尸体留了下来。由于这个原因,没有人把马赛奥的胡子做成扫帚。[21]

关于马赛奥死亡的传言像野火一样蔓延。许多人希望他能像往常一样,用一些大胆的军事壮举来驳斥这个消息。然而,虽然死讯尚未得到证实,但人们已经在担心最坏的情况。"一种痛苦的光环笼罩着每个人",马克西莫·戈麦斯的总参谋长写道。当戈麦斯收到确认死亡的消息时,他宣布全军哀悼十天。士兵和将军们都悲痛不已。就连纽约都在为他哀悼。纽约市的古巴同情者组织了一次游行,最后在库珀联盟举行了纪念马赛奥的仪式。参加游行的人数太多,以至于人群从大楼涌到了库珀广场。参议院外交关系委员会要求对这位将军是如何死亡的进行调查。在整个美国,本就称赞马赛奥为19世纪最伟大英雄之一的非裔美国人,现在开始用马赛奥的名字给自己的儿子命名,虽然他们将 Maceo 读成了 May-see-oh,将重音落在第一个音节上。1897年3月15日出生在爱荷华州的马赛奥·安东尼奥·里奇蒙德(Maceo Antonio Richmond)是第一批被取名为马赛奥的人之一,他的母亲是个家庭主妇,父亲则是一名钢铁工人。[22]

古巴的独立运动已经失去了两个主要人物:何塞·马蒂和安东尼奥·马赛奥。然而,西班牙似乎并没有离胜利更进一步。1897年10月,在马德里掌权的新政府决心结束古巴的战争。新政府罢免了遭人憎恶的韦勒,开始向古巴人做出让步和赦免。11月,政府宣布从1898年1月1日起,给予古巴政治和经济自治权。根据该方案,古巴人,无论其财产或文化水平如何,都将选出一个议会,议会将控制所有的国内事务,包括贸易、农业、工业、教育等。与此同时,马德里将保留对军事、法律和外交事务的控制。

这些新的让步以及对战争的厌倦,是否如同前两次发生的战争那样,足以在古巴独立前缔造和平?答案是不太可能,因为起义军领导人心意已决。以防万一,他们宣布任何与西班牙和解的讨论都是非法的,并誓要审判和处决任何违法之人。他们发布公开声明,谴责尚未实现独立就和平的想法:"如果我们与西班牙在除了古巴完全独立外的任何基础之上进行[谈判],那么已经倒下的战士,以及被韦勒将军无情杀害的15万手无寸铁的古巴人,将会在天堂谴责我们。"[23]

许多忠诚的西班牙人也憎恨自治。对于极端保守人士来说,这是一种软弱的表现。1898年1月1日,一些人在哈瓦那街头游行,高呼:"自治去死吧!""韦勒万岁!"由于美国一直在敦促西班牙给予古巴自治权,以作为恢复该岛秩序的一种方式(从而保护美国在那里的投资和贸易),抗议者还袭击了美国领事的办公室。作为回应,美国将缅因号战舰驻扎在哈瓦那港。华盛顿方面声称,这是一次友好的访问,但同时也是对任何企图损害美国人,或损害他们在古巴的财产所做的有力震慑。[24]

岛上的大多数人都认为,无论做出多少让步,马德里都无法守住古巴。他们中的一些人——地主和商人、西班牙人以及那些并不特别赞成独立的古巴人——都担心独立意味着什么。他们想知道某种程度上的美国统治是否比独立更可取。2月,哈瓦那的西班牙领导者成立了一个委员会,打算与美国进行接触。"母国不能保护我们。如果把古巴让给叛乱分子,我们的财产就保不住了。因此,我们希望美国能拯救我们。"据美国驻哈瓦那外交官的说法,"古巴的种植园主和西班牙财主现在确信古巴必须立即脱离西班牙的控制,并欢迎美国马上进行干预"[25]。

这是何塞·马蒂最担心的事,也是他最害怕的战争结果。他在去世前一天的一封未完成的信中表达了这一点,他痛斥那些总是喜欢找一个"主人的人,这个主人可以是美国佬或西班牙人"。这就是为什么马蒂要战斗,不仅仅是为了独立,就像他在那封信中写的那样,还要"通过古巴的及时独立,阻止美国将其触角延伸……阻止美国以更大的力量落在我们的美洲土地上"[26]。

在马蒂写下这封信并在战斗中牺牲近三年后,古巴人即将迎来胜利的曙光。1898年1月,马克西莫·戈麦斯预言胜利将在年底前到来,他说这是他第一次敢于做出如此具体的预测。古巴领导人计划着最后的进攻,确信西班牙的最终失败已经近在眼前。美国政府也明白这一点。在一份机密备忘录中,美国助理国务卿解释说:"西班牙在古巴的挣扎已经全然无望……西班牙在财政和力量上都已筋疲力尽,而古巴人则日益强大。"[27]

如果说这一事实让古巴人感到振奋,那么它却让北方的强大邻国深感忧虑。自18世纪90年代的杰斐逊、19世纪20年代的亚当斯和门罗、40年代的波尔克以及50年代的皮尔斯和布坎南以来,几乎每一届华盛顿总统办公室都认为古巴最终会成为美国的领土。由于无法彻底实现这一目标,他们只好任其留在弱小的西班牙。古巴不能属于其他任何人,甚至不能属于古巴人。在他们看来,古巴人没有能力保持独立。如今时值1898年初,古巴人似乎就要取得胜利了。不过,马蒂关于美国介入古巴的预言是否会实现,还有待观察。

1898年2月15日星期二晚上9点40分,缅因号在哈瓦那港口爆炸,至少有260名美国水手死亡。时至今日,西班牙人和古巴人都认为是美国策划了此次爆炸,是为了借机向西班牙宣战并使美国成为古巴的主人。从一开始,美国人就指责西班牙。《华盛顿晚报》(*Washington Evening Times*)的头版声称:"西班牙炸了船……250名美国水手成了鲨鱼的盘中餐。"战争的鼓噪瞬间甚嚣尘上。即便是在缅因号沉没之前,战争的呼声就已经在美国公众中流行起来了,因为他们对古巴平民集中营的新闻非常关注,这些新闻对营中的死亡进行了生动又可怕的报道。缅因号沉没后,战争的呼声震耳欲聋。《纽约报》(*New York Journal*)特地印制了100万份呼吁美国向西班牙宣战的报纸。马蒂多年前描绘过的那些报童,在街头巷尾喊出了战争的口号。他们喊道:"参议院在谈论战争,留给西班牙的时间不多了。"[28]

新当选的总统威廉·麦金莱(William McKinley)倾向于在可能的情况下,通过除战争外的手段来保护美国在古巴的利益。缅因号沉没一个月后,麦金莱指示美国驻西班牙大使提出购买古巴的建议。这将是西班牙解决冲突且免遭战败之耻的一种方式——不管是被古巴革命军,还是被美国军队打败。但是,马德里还没有做好主动放弃该岛的准备。美国当时试图撮合西班牙和古巴叛军,让他们进行和平谈判。作为对美国压力的回应,西班牙方面呼吁停火,但古巴人拒绝放下武器。古巴领导人给麦金莱写信说,"你能提出的任何建议都不会像停战那样如此有利于西班牙,而对古巴如此不利。如果真诚地执行停战,那就意味着古巴军队的解散和解体"。那么,这支军队为什么要在没有实现独立的情况下自行解散呢?马克西莫·戈麦斯宣称:"如今,战争比以往任何时候都更须全力以赴地进行到底。"[29]

停战建议的失败,以及来自国会和美国公众要求介入古巴的持续压力,似乎都使战争不可避免。1898年4月11日,麦金莱请求国会授权对西班牙宣战。科罗拉多州参议员亨利·泰勒(Henry Teller)成功地在授权战争的联合决议中加了一项条款,该条款被称为《泰勒修正案》(Teller Amendment),除平息战争外,该条款否认了任何"对上述岛屿行使主权、管辖权或控制权的意图"。它还宣称,当平定工作完成后,美国将把"该岛的政府和控制权留给其人民"。在做出如此安排后,美国于1898年4月20日向西班牙宣战。[30]

美国人前往古巴,与西班牙作战,并帮助古巴人巩固独立。然而，古巴人已经快要胜利了。每个人，包括麦金莱政府的成员都知道这一点。因此，美国在1898年的干预并不是为了帮助古巴人取得对西班牙的胜利。无论如何，胜利都是近在眼前的事了，而美国的干预恰恰是为了阻止它。

al
第五部分
美国过渡期

1898年，美国向西班牙宣战，对古巴的独立战争进行干涉。对美国人来说，美西战争是南北战争后民族和解的一个机会。在这张由摄影师圣路易斯（St. Louis）和内战老兵菲茨·W. 盖林（Fitz W. Guerin）大约于1898年拍摄的照片中，一位打破锁链的白人少女代表古巴，而联邦和邦联则为了少女的自由联合起来了。

第十三章
一场被重新命名的战争

1898年4月23日,就在国会对西班牙宣战的前两天,威廉·麦金莱总统发出了征集12.5万名志愿兵的号召。美国人上一次为战争动员还是在内战时期,那时他们入伍是为了自相残杀。迄今为止,持续四年的内战仍是美国所有战争中死伤最多的战争。1898年的情况则截然不同。美国士兵只愿意战斗四个月,而不是四年。与内战不同,在这场新战争中,美国人将伤亡程度降到了最低。美军在战斗中的死亡人数(在所有战场上)不到400人。最后,如果说内战的核心是分裂,那么1898年与西班牙作战的人似乎代表了一个新的美国联盟——"穿蓝衣服的男孩和穿灰衣服的男孩"现在因一个超越一切的目标而结成兄弟:击溃欧洲最古老的暴政。历史学家格雷格·格兰丁(Greg Grandin)写道,这场战争就像是"炼金术。它将南方联盟'失去的事业'——维护奴隶制——转变成了人类的全球自由事业"[1]。

甚至是在缅因号沉没之前,当时的海军助理部长西奥多(泰迪)·罗斯福就称自己是"一个沉稳却积极的'自由古巴'倡导者"。他"以[他]拥有的所有热忱和激情,宣扬[美国人]有责任干预古巴,并借此机会将西班牙人赶出西半球世界"。罗斯福内心深知，如果战争来临，他将会参战。就在国会向西班牙宣战的当天，美国战争部长要求罗斯福率领一个志愿团，这个志愿团由"边民组成，他们都拥有特殊的技能，或是骑手，或是射手"——也就是所谓的"牛仔"。对此，罗斯福欣然应允。这些志愿者很快就以"莽骑兵"而著称。罗斯福辞去了海军助理部长的职务，登上了从华盛顿特区前往得克萨斯州安东尼奥的火车，他在那里遇到了他的密友伦纳德·伍德（Leonard Wood），后者是一名陆军外科医生，他将与罗斯福一起领导莽骑兵军团，并在不久后成为古巴都督。[2]

莽骑兵军团里的人形形色色：矿工和演员，律师和木匠，执法者和亡命徒。在一个经常被复述，但从未得到证实的故事中，一个逃犯在申请当志愿者时发现，自己所面对的正是一直以来对他穷追不舍的官员。他本以为会被逮捕，但却当场得到了赦免。"我不是为你而来的，"元帅说道，"和你一样，我来这里是为了在罗斯福的领导下作战……除了西班牙人，我现在没有任何敌人。"莽骑兵们来自全国各地，有些是罗斯福在哈佛和曼哈顿的朋友与熟人——其中有一位帆船冠军，一位著名的障碍赛骑手，以及多位哈佛足球队的老将；其他志愿者则是来自东海岸城市的移民——爱尔兰人、波兰天主教徒以及东欧犹太人。[3]

不过莽骑兵军团的大多数人员是来自新墨西哥、亚利桑那、俄克拉荷马和所谓印第安人领地的年轻人，这些地方当时都还不属于美国。他们中许多人都是西班牙裔。他们不是移民，而是远在这些地区成为美国领土的几个世纪前，在那里殖民的西班牙人的后裔。新墨西哥州州长米格尔·奥特罗（Miguel Otero）报告说，他们渴望代表古巴和美国参战，而且他们的双语能力可能是美国军队的一大利器。在这些西班牙裔中，F部队的上尉马克西米利亚诺·卢纳

（Maximiliano Luna）是一名保险代理人，他曾经担任警长，也是新墨西哥州立法机构的共和党成员。罗斯福写道，卢纳的"民族"，"在我的祖先来到哈德逊河口或［伦纳德·］伍德在普利茅斯登陆之前，就已经在格兰德河上了"[4]。

莽骑兵军团在尘土飞扬的西南地区进行训练。他们穿着新式的卡其色制服，这比传统的羊毛制服更凉爽。他们像古巴起义军一样，挥舞着弯刀（康涅狄格州的哈特福德盛产此刀）。他们登上饰有大型横幅的火车前往圣安东尼奥，旗帜上呼吁每个人"记住缅因号"。圣安东尼奥有个大要塞，还有个兵工厂，周围都是放牧的马场，且临近墨西哥湾的港口。圣安东尼奥也是阿拉莫战役的所在地，这给人一种离奇的一致性。"记住阿拉莫"现在变成了"记住缅因号"。得克萨斯州如今已是美国的一部分，古巴也会很快成为美国的一部分吗？当志愿者们等着离开圣安东尼奥去参加战争时，这些对照肯定会引起回响。

对许多莽骑兵军团的成员来说，战争带来了机会，一个展示他们作为男人和美国人价值的机会。F部队的卢纳上尉坚持服役，以"证明他的人民和其他任何人一样是忠诚的美国人"。无论是移民、西班牙裔、盎格鲁牛仔还是哈佛大学的诗人，他们都对战争充满了热情，且急着志愿加入战斗，因为此举乃是他们作为美国军事和道德力量代表的正面证明。不论莽骑兵军团各自的出身如何，他们或多或少都秉持着上述的信念。[5]

然而，非裔美国人却被禁止加入罗斯福的部队。不过他们最终还是参加了战争，且人数众多——他们或以"免疫团"志愿者的身份加入（黑人被错误地认为能够对热带疾病免疫），或以美军四个黑人团之一的成员身份加入。无论是作为职业军人,还是作为志愿者服役,许多非裔美国人都相信,战争是证明其作为男人和美国人的机会。然而,对他们来说,这种逻辑源于一段与新移民或美国西南部常住居民截然不同的历史。内战结束后不久,南方的重建工作曾承诺会进行最深刻的变革。在整个前南方邦联,新宪法不分肤色地将平等权利和保护权扩展至所有公民。起草新的州宪法的会议包括几十名黑人代表,由于前奴隶和其他有色人种行使了投票权,宪法本身也得以通过。1868年批准的美国宪法第十四条修正案,将这些成果纳入了国家的基本法,宣布所有土生土长的人都是美国的正式公民。正是这些变化使重建时期具有革命性的意义。

然而,正如古巴人即将发现的那样,任何革命都无法躲开过去侵袭未来的危险。就在1898年美国介入古巴几年前,美国南部地区发生了逆重建的剧烈风潮。新的州宪法限制了非裔美国人获得的权利,对有色人种行使选举权的不断限制使得投票人数大为减少。例如,在路易斯安那州,19世纪80年代有近13万黑人选民,但1898年新的州宪法使得这一数字于1900年锐减至5300多人。与选举权大幅缩减相伴随的是另一件(或另一种)更为残忍的事:私刑,这一仪式化的法外判决经常在大声叫好的白人群体面前进行。[6]

正是在这一背景下,黑人思索着他们对1898年战争应持何种立场。为了巩固同样神圣的权利和保障,许多人渴望服役,并行使他们认为神圣的公民权。但是,从一开始,动员黑人军队参加古巴战争就凸显了世纪之交黑人的公民身份在美国的局限性。1898年,正规军中有四支黑人部队,全都由白人军官指挥(尽管士兵们对此多有不满)。作为同美洲原住民和偷牛贼①作战的老兵，非裔美国部队通常被人们称为水牛兵。1898年春，他们像莽骑兵军团那样，登上了开往坦帕（Tampa）的火车。当他们穿越大平原时，人们为他们欢呼鼓掌。黑人士兵从制服上扯下纽扣，抛向人群作为纪念。但是，当火车进入南方时，人群的情绪发生了变化，目光也开始变得充满敌意。[7]

坦帕是美军前往古巴的登船点，也是一个充满活力、政治活跃、多种族的古巴人社区所在地，这里的很多古巴人是雪茄工人。那里的古巴革命俱乐部经常接待马蒂，并为独立斗争筹集资金。但坦帕也是一个南方城市，自1885年以来，它一直受到佛罗里达州种族隔离法的约束。在大多数古巴移民生活和工作的社区——坦帕下辖的伊堡市，古巴人一直在设法抵制《吉姆·克劳法》严苛的二分法。如今，同时拥有白人和黑人的美国军队的突然出现，使本已脆弱的神经变得更加紧绷。白人士兵侮辱了当地的非裔古巴人。非裔美国士兵按照指示搭起了帐篷，但该地区的白人居民不愿他们出现在那里，并对他们挑战种族隔离的行为感到不满。当黑人打算去酒吧或商店的时候，店主还会把他们赶出去。然后，在部队启程前往古巴的前一天晚上，暴力事件爆发了。一群来自俄亥俄州喝得醉醺醺的白人志愿兵，把一个两岁的黑人儿童当作靶子练习。他们从母亲手中抢过孩子，把他抛来抛去，试图在不打中孩子的情况下让子弹尽可能地靠近他，他们还轮流控制住尖叫的母亲。赢得这场邪恶游戏的人，成功地射中了男孩的衣服，而且没有造成流血事件。非裔美国士兵听说此事后，出动前去惩罚肇事者。在随后的冲突中，至少

---

① 美国内战期间，逐渐失势的南方军队为了获取补给，对由北军控制地区的牛等牲畜进行了盗取的活动，故而被称为"偷牛贼"。——译者注

有27名黑人士兵和3名白人士兵受了重伤。当地报道说，坦帕的街道"被黑人的血染红了"。[8]

出身于查尔斯顿奴隶家庭的随军牧师乔治·普里奥洛（George Prioleau）目睹了这一切，他公开提出了许多其他非裔美国人已经在提出的问题。他写道："你们总是谈论自由、自主……谈论战斗并解放悲惨的古巴，谈论西班牙的暴行……美国比西班牙更好吗？在美国内部，难道不是每天都有未经法官或陪审团审判就被杀害的人吗？"[9] 其他非裔美国人预言，参军永远不会使他们在国内获得完全的公民权。事实上，有些人担心，美国对古巴的干预非但无益于非裔美国人的事业，反而会使《吉姆·克劳法》的种族隔离和种族暴力蔓延到古巴。[10]

坦帕混战后不久，部队就踏上了前往古巴的道路。在某种程度上，战争的结果已定。没人觉得西班牙能赢，但其他的问题却变得越来越紧迫了。一个是种族制度日益僵化的美国，另一个是多种族民众动员起来，有意识地反对种族不公的古巴，二者的相遇会发生什么？坦率地说，正如何塞·马蒂在几年前所提出的疑问那样，一旦美国人来了，又有谁能让他们离开呢？

1898年6月22日，美军在位于圣地亚哥和关塔那摩之间的戴基里海滩登陆。随着这些人的到来，古巴独立战争变得与往日不同了。如果说大多数观察家已然预言了西班牙的失败，那么美国向西班牙宣战则让每个人都可以从容地预测，西班牙的失败势必就在眼前了。

这一新的观念改变了古巴的独立战争以及正在作战的古巴军队。自1895年2月以来（以及在此之前的十年战争和小战争期间），争取独立的斗争一直是由一支非常多样化的战斗队伍进行的：前奴隶和前奴隶主、农民和律师、工人和医生。解放军中可能有40%的文职军官是有色人种。在普通士兵和非文职军官中，虽然人数不详，但这个比例肯定要高得多。事实上，大部分的古巴解放军都出身贫寒，用黑人将军金廷·班德拉的话说，他们都是"乡下人"和"人民的儿子"[11]。

1898年春，美军的到来以及西班牙顷刻之间将要面临的失败，为古巴军队输送了大量截然不同的新兵。一位观察家将这股新的入伍潮称为"雪崩"。如此多的人在最后一刻加入解放军，以至于老叛乱分子给他们取了许多绰号。在比那尔德里奥，他们被称为"遭封锁者"（因为他们是在美国海军封锁后才加入的）；在圣地亚哥，他们被称为"不情愿者"（因为他们自愿加入的时间太晚了）；在卡马圭，他们被称为"烧尾者"（因为都已经火烧屁股了，他们才加入）。在岛上的其他几个地方，他们赢得了一个最巧妙的绰号：向日葵，因为他们总是转向太阳照耀的地方。不过改变军队的并非数量，而是出身。在所有加入古巴解放军的农村工人中，大多数是在缅因号沉没前加入的，而在从事众多精英职业的新兵中，更多的人是在缅因号沉没后加入的。一位反叛已久的人说，这些新兵都是"富家子弟"，"穿着讲究、装备精良"。的确，很多人是从美国流亡过来的。许多人是专业人士，他们会说英语，有些人甚至加入了美国籍。[12]

这场在战争结束时出现的新兵"雪崩"，其意义不仅仅在于其数量。在三十余年的独立斗争中，起义军已经打破了社会阶层差异。黑人与白人并肩而行，有的时候还走在白人的前面。但是，随着和平的到来，以及最为主张平等之人——马蒂和马赛奥的死亡，继续拉平社会等级的前景有了不同的含义。1898年2月，作为整个起义军的指挥官，马克西莫·戈麦斯让他的主要军官们推荐一些可晋升的人选。在提出要求的同时,他还发出了一个警告:在推荐时要进行最严格的审查,"以免以后发现我们被一些不知道该怎么对付的军官所包围"。古巴东部起义军的指挥官卡利斯托·加西亚对此表示赞同。只有那些可敬且文明的人,才配在战争结束时居于高位。他向另一位同事私下里强调,古巴领导人"必须尽快为某些职位找到新人,我们不能保留目前在位的人"。他的结论就像是在给人使眼色:"你,作为一个专业的人,一个有文化的人"一定会理解。[13]

在整个岛上,久居此地的居民们看到许多新军官突然大批涌现。一个从流放地来到古巴的姓菲格雷多(Figueredo)的年轻人,在军队中只待了三个月,就于1898年8月被提拔为中尉。像他这样的人还有很多,而这些人几乎都是在战争结束时抵达古巴的。一位评论家说,"他们把所有的荣誉都归于己身"。来自马坦萨斯的黑人制糖工人里卡多·巴特尔,是在解放军挺进古巴西部时参军的,他称这些后来者为"假明星",称他们"篡改了解放军的历史"[14]。

对于像巴特尔这样已经参战多年的士兵来说,在最后时刻提拔新人越来越有种自己要被取代的感觉。以西尔韦里奥·桑切斯·菲格拉斯(Silverio Sánchez Figueras)为例,他是前两次独立战争中的黑人老兵,马赛奥死后不久,桑切斯就开始了一个漫长的申诉期。他向起义军政府请愿,要求正式承认马赛奥曾向他许诺的升迁,并给予他完全应得的新提拔。几次申诉无果(或被忽视)后,他写信给起义军政府的战争部长,说"观察到一些情况,有很多关于特权种族存在的杂音,他们的军衔是不劳而获的"。其他黑人军官则被直接降职。"黑如乌木"的马丁·杜恩(Martín Duen)在战前是一名厨师,后来成了马坦萨斯一个团的指挥官。1898年3月,他的职位被当地一个显赫家族的儿子顶替了。直到敌对行动正式结束时,杜恩都继续尽职尽责地服役,但至少在精神上,当他被剥夺指挥权时,真正的战争对他来说已经结束了。在其战争日记的最后一条中,杜恩转述了前上司给他的信,前上司要求他出于"爱国心和服从精神"来接受降职。如果说战争曾动员了贫寒之人,那么即将到来的和平似乎需要他们退出。[15]

在战争的最后几个月里,两个进程交织在了一起。独立运动领导人专注于谁将在战后担任要职的问题,他们开始提拔特定类型的人——不那么贫寒,也不那么乡土。与此同时,美国的干预带来了新的新兵库——这个新兵库中有相对较多的城市居民和受过教育的人,对于那些焦虑地思考在和平时期行使政治权力的白人领导者来说,这些正是他们想要的人。

古巴领导人及其追随者,还有其他非常重大的事情需要担心,这就是美国。因为授权对西班牙开战的联合决议中的《泰勒修正案》,古巴对美国动机的最初疑虑有所缓解。该修正案否定了美国有任何对古巴行使主权的意图,并承认这种主权只属于古巴人民。但是,当美国在7月击败西班牙时,人们想要知道在古巴的美国军队会做什么。事实上,哪怕西班牙已经承认战败,但美军仍源源不断地抵达古巴。古巴人聚精会神地观察着。他们把每个行动和每个声明都看成是一个信号:比如悬挂的是美国国旗而非古巴国旗,一位美国官员在信纸上直接抹掉了古巴共和国的印记。卡利斯托·加西亚皱起伤痕累累的前额,说道:"我们被厚厚的阴霾所笼罩,前景极为黯淡,因为我们完全不了解美国政府对这个国家的计划。"在所有的不确定中,古巴领导人确定了一件事,那就是美国政府已经赋予自己决定古巴命运的权力。马克西莫·戈麦斯说道:"我们正置身于法庭之中,而这个法庭是由美国人组成的。"这一现状要求每个古巴人注意仪表,保持平和,尊重人民和财产。戈麦斯呼吁,"只有这样,古巴人才能向世界证明,[他们]完全有权利追求自由和独立"[16]。

但是,这种想法把一些非常重要的东西视为理所当然了。它预设了美国领导人愿意改变想法,而几十年来的训练使这些领导人认为古巴人并不适合独立。一些美国人不假思索地否定了这个想法。"自治政府!"驻古巴美军指挥官、内战联邦军队老兵威廉·沙夫特(William Shafter)将军感叹道。"为什么,这些人不适合自治,就像火药不适合地狱。"[17]

1898年7月1日,美军击败西班牙军队并占领了圣地亚哥,古巴军队则被禁止入城。两周后,美国和西班牙官员在圣地亚哥举行会议,协商初步的和平协议。来自新墨西哥州的莽骑兵军团成员,会说英西双语的马克西米利亚诺·卢纳上尉负责翻译。然而没有一个古巴人收到参加会议的邀请。一名起义者化用美国历史表达了他的失望之情:"如果华盛顿领导下的美国人民占领了纽约,而法国人却禁止美国人以及他们的旗帜进入,那么他们将会与我们感同身受。"令古巴观察家们惊讶的是,美国官员保留了西班牙的官僚体系,让他们继续留任。而且尽管战败的是西班牙,但被要求放下武器的却是古巴士兵,而非西班牙士兵。由于无法在圣地亚哥和哈瓦那集会或庆祝,起义军只能通过其他方式纪念胜利。一些人到埃尔科夫雷圣地朝圣,这是岛上受人爱戴的铜质圣女的所在地。他们希望圣女能够知道他们已经取得了胜利,并请求她保佑接下来的政治未来。[18]

1898年7月17日,作为古巴解放军东部师的师长,卡利斯托·加西亚给控制了圣地亚哥市的美国将军写信,这封信完美地表达了许多古巴人在西班牙战败时所感受到的沮丧和不解，值得大幅引用：

> 圣地亚哥市向美军投降了，然而这一重大消息，是由完全同您的工作人员无关的人向我提供的。关于和平谈判或西班牙人投降的条款，我也没有那个荣幸从您那里得知一个字。无论是西班牙军队投降的重要仪式，还是您后来亲自进行的入城式，我都只是通过公开报道才知晓。
>
> 先生，不论是我本人，还是我手下的任何军官，都没有荣幸收到您善意的邀请，让我们能在那个难忘的场合代表古巴军队。
>
> 将军，有一个荒唐得令人难以置信的谣言。据说您之所以如此行事，禁止我的军队进入圣地亚哥，是因为担心我军实施屠杀并对西班牙人进行报复。先生，任何人哪怕有一丁点儿这样的想法，我都要提出抗议。我们不是无视文明战争规则的野蛮人，我们是一支贫困交加的军队，一如你们的祖先在争取独立的崇高战争中那样，但就像萨拉托加和约克镇的士兵一样，我们对自己的事业满怀敬重，不会用野蛮和懦弱来玷污它。

目前尚不清楚沙夫特是否费心对加西亚的抱怨作了回应。[19]

1898年12月，西班牙和美国的代表在巴黎会晤，签署了标志着西班牙在古巴统治结束的条约。古巴人又一次地未能在谈判桌上拥有一席之地。《巴黎条约》把四块原属西班牙的领土交由美国控制：菲律宾、关岛、波多黎各和古巴，而这四个地区都没有派代表参加谈判。根据协议，西班牙对所有这些领土的统治将在当年底失效。[20]

1899年1月1日正午时分，古巴地界上所有的西班牙国旗都降了下来。主要仪式在哈瓦那的莫罗灯塔举行，几个世纪以来，这个灯塔一直守卫着哈瓦那的入口，只在1762年被英国人攻陷过一次。历史上第二次，莫罗灯塔上的西班牙国旗降了下来，并被一面新的旗帜所取代——红、白、蓝三色，有着五条条纹和四十五颗星。一位"显赫的美国参议员"出席了仪式，他指着美国国旗，悄悄预言道："这面旗帜在这个岛上永远都不会倒下。"解放军士兵缺席了当天的仪式，美国当局禁止他们在正式移交权力时在首都出现。古巴解放军最高指挥官马克西莫·戈麦斯也没有出席。此时，他已是一位62岁的父亲，为了古巴的独立，他在战争中失去了儿子和许多最亲密的朋友。戈麦斯拒绝参加升旗仪式。"我们的旗帜是古巴的旗帜，是那面为之洒下了无数血泪的旗帜。"[21]

对戈麦斯和其他许多人来说，一切都失去了意义。古巴几十年的独立斗争以西班牙的失败告终，但是，就像变戏法一样，有人改变了他们脚下的土地，换掉了那场失败的战争。古巴独立战争——三十年来的第三场战争——似乎突然变得无关紧要，一切都被美西战争所取代（就像黑人军官突然被降级以扶持新人一样）。这是这场战争的新名称，在这一名称中，古巴甚至都不曾被提及，而在古巴和西班牙的斗争中，美国取得了胜利。

第十四章
被占领的岛屿

四百年的殖民统治后，西班牙政府撤出了古巴，也带走了它的士兵、船只和文件。西班牙人是多产的记录者，这也导致他们要运输的文件堆积如山。当负责搬迁的工人们厌倦了在存放档案的大楼里上上下下时，他们开始把捆绑好的文件从窗户扔到下面等待的小车上。许多文件落到了地上，或者在马车开走时掉了下来，留下来的工人则把这些文件收集起来。这些文件是随机的，来自许多存在于不同时期的政府部门，没有人能弄清它们的归属。最终，它们成为古巴共和国国家档案馆中一个独立收藏的核心，也正是在那儿，我第一次听到这个故事。这一收藏于1899年西班牙人转移他们的统治记录时不经意间诞生，名为《档案杂记》(*Miscellany of Files*)，这个标题对这些不适用现有分类标准的文件来说是很恰当的。今天，文件的内容被打在薄薄的葱皮纸上，列进一份28页的索引中，有些卷宗已经满是灰尘。[1]

这堆乱七八糟的文件——历史的原始材料——的故事，是对这一时刻高度模糊性的恰当隐喻。经过30年武装或非武装的独立斗争，古巴岛不再属于西班牙。但除此之外，古巴是什么呢？几十年来，西班牙女王伊莎贝尔二世的雕像一直矗立在哈瓦那的中央公园，但如今时代变了，古巴人得决定谁的肖像应该取而代之。一份广受欢迎的古巴杂志向读者们征求意见，那期杂志封面上的照片说明了一切：一个空的基座，上面有一个问号。[2]

美国军事占领政府的存在，是使得一切都变得如此不确定的部分原因所在。在军事干预之前，美国曾公开否认任何对古巴行使主权的意图。美国曾承诺，将在古巴平定后立即撤出军队，并建立一个拥有完整主权的古巴共和国，古巴人将享有自己的宪法和民选政府。然而，古巴何时能够达到足够的和平程度以使美国结束占领，这个问题的决定者是美国军事政府。

因此，就目前而言，美国统治着古巴。美国官员发布了充当国家法律的军事和民事命令；他们编写了古巴的预算，任命市长和部门秘书；他们为"重新集中者"以及战争中的寡妇和孤儿建立了救济院。为了使古巴摆脱黄热病，美国人与古巴医生卡洛斯·芬利（Carlos Finlay）一起工作，芬利医生是第一个发现这种疾病是由蚊子传播的人。为了对付饥荒并开始重建工作，他们要求人们打扫街道、修建道路，并以配给制的形式支付酬劳。伴随着一场破坏性战争而来的是繁重的体力劳动。

无论上述工作多么重要，美国认为另一项任务才是和平的关键：如何处理解放军。解放军约有 5 万人，现在大多是无事可干的武装人员（因为农村已被战争彻底摧毁）。1898 年，美国也得到了菲律宾。在那里，美国的占领正面临着严峻的挑战，曾为摆脱西班牙统治而争取独立的菲律宾军队起义了。为了避免古巴出现类似的情况，美国人急切地想要解散古巴军队，并解除其武装。

古巴解放军的解散历时三个月，于 1899 年夏末结束。古巴士兵

古巴解放军是一支由多种族构成的人民军队，约有 5 万人。美国军事占领政府的首要关切就是解散这支军队。图中坐在凳沿的是军队领袖马克西莫·戈麦斯将军，他正与美国当局讨论解散事宜。

需向当局报告，在花名册上填上名字和职衔，并交出武器（他们把武器交给古巴市长，因为他们拒绝移交给美国人）。作为交换，士兵们拿到了 75 美元。他们被遣回往往不复存在的家园和农场，回到荒芜寥落的乡村。这支为独立而战、备受欢迎且多种族的军队，被美国占领政府建立的主要负责保护财产的农村警卫队取代。美国当局从他们所认为的"最优秀的退伍军人"中挑选官员，官员必须有足够的钱自行购买马匹，而且一旦被选中，他们就得宣誓效忠美国占领政府。《纽约时报》注意到，农村警卫队的衣着和组织光鲜亮丽，与组成古巴解放军的"杂牌军"截然不同。[3]对于美国占领政府来说，这正是他们想要的。

随着最紧急的救济工作的完成以及解放军的解散，古巴可以说是平定了。一位古巴现任省长同时也是未来的总统说道："古巴已经准备好，且有能力进行自治。"[4]这是否意味着《泰勒修正案》所规定的撤出条件已经满足了呢？意味着美国人现在会离开吗？

关于上述问题的猜测一时间众说纷纭。在美国，新成立的反帝国主义同盟呼吁结束在古巴的占领。知名进步人士对此进行了响亮的呼应：社会改革家简·亚当斯（Jane Addams）、社会主义者尤金·V. 德布斯（Eugene V. Debs），劳工领袖塞缪尔·龚帕斯（Samuel Gompers），以及黑人民权领袖布克·T. 华盛顿（Booker T. Washington）。在古巴，有传言说美国人打算永久占领古巴，这激起了要求立即完全独立的强烈呼声。一个新成立的解放军老兵协会直接给麦金莱总统写信，古巴全岛的市长们也都这样做了。从1899年11月29日至12月7日，古巴各大城市里的集会和抗议如雨后春笋般涌现，人们纷纷举着印有"自由古巴"和"不独立，毋宁死"等格言的旗帜。

美国参议院的一个小组委员会访问了古巴，回国后，委员会向华盛顿报告说，"古巴的所有阶层……都在期待建立一个独立的政府，一个古巴共和国"。古巴已经和平了，到处都盛行着这样的言论。现在是美国政府明确表示其退出计划的时候了。[5]

然而这并没有发生。占领一年后，美国当局的口号从和平变成了自治。美国官员公开表示，古巴和平后美国还不会离开，而是得等到古巴人证明他们能够自治之时。没有人去特意明确什么才算是胜任的证据，但每个人都明白，进行裁决的是美国政府。

随着1899年底和世纪末的到来，一位新的美国总督接管了古巴：五月花号最初移民的后代伦纳德·伍德将军。伍德曾是名外科医生，后来成了战士，以及（与泰迪·罗斯福一起）莽骑兵军团近来的指挥官。1898年，他参加了美军与阿帕奇族领袖杰罗尼莫（Geronimo）的最后一战，并获得了一枚勋章。40岁的伍德身材高大、肌肉发达、皮肤白皙、头发金黄，一些人把他比作维京人。用伍德自己的话说，他的工作是"为古巴人民自治做好准备"[6]。如果说自治能力是美国撤离的必要条件，那么古巴人需要说服的就是他，他是那个批准所有决定的人。"不客气地说，"他提醒他们，"这可是军事占领。"[7]

伍德接受了他的新角色，仿佛他一生都在等待这个角色。作为古巴的最高权威，从文化到政治再到经济，伍德推行了一系列雄心勃勃的政策。最终，伍德治下推动的变革试图将古巴的利益置于次要地位，而将美国的利益置于首位。这样一来，伍德的政策往往是一种具体的、有形的美国统治古巴梦想的体现，而这种梦想在很久以前就有了，且这种梦想长期以来试图推迟——古巴独立。

让我们从看起来对一个授勋的美国将军而言最不可能的改革主题——公立学校——开始。教育是伍德在古巴最珍视的项目之一。1899年12月，伍德上台伊始，全岛仅有300多所公立学校。9个月后，全岛就有3300多所为6—14岁儿童提供免费义务教育的男女混合学校。伍德的办公室收到了许多美国年轻人的咨询，他们都迫切地想要在这些学校任教。所有咨询都被拒绝了。相反，占领当局雇用了古巴人，并给他们与美国教师相同甚至更高的工资。事实上，伍德将古巴几乎四分之一的预算用于公共教育。他认为这项开支是完全合理的。正如一位当时的观察家所指出的："教育是一种媒介，一种中立的、无攻击性的因素。它可以将一种不同于武力控制的力量传递至人群当中。即使在我们撤出之后，教育的功效还会继续发挥作用。"[8] 美国设计的新学校将通过间接且可接受的手段使古巴人"美国化"。换句话说，它们将作为美国软实力的一个工具发挥作用。

一个由美国人担任主席的学校校长委员会，决定了将教授哪些主题，如何教授，何时教授，以及教授多久。学生们在学习古巴历史的同时也学习美国历史。他们记住了每个美国总统的名字，也学习英语——至少在理论上是如此。美国教育工作者所谓的道德和公民教育被给予了特殊关注。为此，美国占领政府实施了一个"学校城市"的计划。该计划最初是为那些有着众多移民儿童的美国学校设计的，旨在"通过实际手段提高公民意识，并将其质量提升至最高标准"。根据学校城市计划，每所学校都将作为一个示范州运作，由一部名为《学城宪章》的宪法统筹。[9]

然而，美国的教育工作者和官员将学校城市引入古巴时，对该计划做了修改，并专门为古巴教师编写了一个《宪章》附录。附录以政治哲学课程作为开端：世界各地的人们都有走向君主制的天然趋势。在西属美洲，这一教训仍在继续。这些君主式的人物不是国王，而是"带着砍刀和枪，头脑发热的演说家"。古巴现在有机会成为一个民主共和国，但前提是它能够战胜人类的这种天然倾向。这是一个巨大的挑战，附录警告说，"需要数十年乃至数个世纪的时间才能完成"[10]。这就是美国人希望古巴人学到的教训：独立永远不应操之过急。附录会向教师们传达这些信息，而教师们则进一步将这些传达给学生。但是，《宪章》只是个宪章，附录也只是个附录，官员们知道，即便是教师们要将这些内容内化都需花费很多时间，更遑论学生了。

在为实现这一目标而制订的所有计划中，最激动人心的时刻出现于古巴学校的美国校长和哈瓦那一个美国著名商人之间的会晤。两人都毕业于哈佛，而哈佛就是他们计划的核心。他们提议，于1900年夏派遣1450名古巴教师去哈佛学习，这一计划激发了所有人的想象。作为一名哈佛大学的毕业生，且对古巴教育充满着雄心勃勃的计划，伍德很是喜欢上述想法。哈佛大学校长查尔斯·艾略特（Charles Eliot）与伍德抱有同样的热情。"古巴的孩子们是古巴未来的公民，"他如此说道，"还有什么能比培养古巴教师更好的方式来培育古巴儿童呢？"哈佛大学筹集了7.5万美元，这一数额超出了项目的预估成本。哈佛大学的学生们自愿向古巴的男教师提供他们的宿舍（但强调不包括他们的床或床单），当地居民则同意在家中招待这些古巴女教师。一位美国观察者称，当古巴人得知这一项目时，"激动的浪潮席卷了整个岛屿，这种景象只有那些充分了解拉丁气质的人才能想象出来"。教师群体中的"普遍呼声"是"我们想去哈佛大学！"[11]

他们中的1273人去了哈佛，其中大约三分之二是女性。如此之多的女性（有些年仅14岁）在没有年长女性的陪同下去到国外，而且相对来说与男性有着较为密切的接触，这乍看起来似乎难以想象。令人惊叹的是，父母们也允许女儿参与这个项目。一位美国官员认为，这可能是"在任何国家都不曾获得过的最大的道德胜利"。古巴教师们在剑桥市（哈佛大学所在地）的暑期活动中大放异彩，到处都是他们佩戴着印有古巴和美国国旗标识的身影。商店老板用西班牙语张贴所有标签；一个天主教俱乐部接手了以著名的新教徒命名的客房；在大学礼堂白色花岗岩外墙上飘荡着巨大的横幅，上面写着："自由古巴！"一位观察者评论说："我不知道它有多大用处，但它很壮观，而你不必探究壮观之物的用途。"[12]

但该项目的美国设计师们的期望，并不仅仅停留在壮观的场面。古巴的学校负责人语重心长地解释了项目的目的。"我希望这些古巴的男男女女……看到普利茅斯岩和邦克山，去了解这些东西对我们意味着什么，以便当他们回到祖国时，他们可以讲述自治共和政体的伟大成就。"不过，在理想情况下，当回到古巴后，他们也许会传递另一个信息，那就是自治共和国的确立是一个非常缓慢的过程。就像《宪章》曾劝告人们要有耐心，哈佛大学的行政人员和教师也是如此。校长向教职员工解释说，他期望古巴人"看到八代人在公民、政治、社会和工业自由方面稳固而缓慢的发展带来了什么……[美国人]一直在耐心和缓慢地建立他们自己的制度。对这里的古巴教师来说，这是很重要的一课"。教他们美国历史的教授也遵循同样的路径，始终强调"发展的缓慢性。告诉他们渐进性是我国制度发展的特点"。古巴人则纷纷翘了这个老师的课。[13]

事实上，除了赞同古巴彻底和马上独立外，这些古巴教师经常表现出反对一切的情绪。他们学到了美国例外论，并用这一理论来为自己辩护。"我们古巴人对美国深表感激，古巴独立的那天，我们的感激之情会更加强烈。"一位教师写道。"一看到这个既伟大又强大的民族，想起他们为我国所做的一切，我就能感受到爱；我相信他们会遵守诺言——古巴是古巴人的古巴，自由而独立。"另一位教师写道。[14]

无论古巴教师在哈佛学到了什么，他们都拒绝了美国官员最希望他们接受的那一课。他们不会充当传声筒，告诉古巴人要无限期地等待古巴独立。出于这个以及其他一些原因，想要利用教育作为一种微妙的、间接的手段来达到将古巴美国化的目的，并劝说古巴人不要立即独立的想法——失败了。

虽然教育可能是伍德在古巴最钟情的项目，但他对经济政策也给予了大量且持续的关注。事实证明，在这方面的渗透要简单得多，而且在伍德离开后很长一段时间内，经济上的影响仍真实可感。简而言之，美国占领时期的经济政策为古巴人从战争中恢复经济设置了障碍，与此同时却消除了美国投资的障碍。

1895—1898年的独立战争摧毁了古巴的乡村。1894年岛上经营的大约1100家糖厂中，只有207家在战争中幸存下来。几乎每个地方的农业都受到了影响。农作物被焚毁，机器遭到了破坏，牲畜或死或丢。古巴人请求美国占领政府的官员向农民提供贷款，以让他们恢复或建立农场。这么做一方面有助于重建农村，另一方面还可以为最近解散的解放军提供就业机会。尽管发出了这些呼吁，但美国占领政府还是拒绝提供贷款。这清楚地表明，一个遍布小农场的古巴土地风貌并不符合美国政府对古巴岛未来的设想。[15]美国官员还拒绝了古巴要求驱逐西班牙人或征用西班牙人土地的提议，要知道，美国革命之后，美国对效忠英国的人就是这么做的。最后，结束美西战争的条约成立了一个美西条约索赔委员会，负责赔偿在独立战争期间财产所有者遭受的损失。但只有美国公民有资格提出索赔，古巴人则没有这样的追索权。所有这些政策对古巴的土地所有者都大为不利，尤其不利于那些没有太多门路和手段的人。

与此同时，伍德总督为美国投资者收购古巴土地大开方便之门。1899年，古巴占领当局曾宣布临时暂停收取债款，以防人民在战后的这段时期内失去土地。但在1901年，伍德解除了暂停令，允许债权人在债务人逾期未还的情况下索要抵押的财产。由于战争造成的破坏，抵押贷款的数目往往远远高于土地的实际价值。在大多数情况下，土地所有者并没有能力支付这些费用。结果就是出现了大规模的剥夺财产和破产浪潮。在谈及政策对古巴糖厂所有者的影响时，伍德直言不讳地说道："这一阶层的人不大可能摆脱债务危机。"[16]

占领时期的其他政策也有类似的效果。第62号民事法令解决了美国官员所谓"混乱"的西班牙土地所有权状况。他们所说的混乱，是指在古巴东部尤其盛行的大型公社土地制度。在这一制度下，个人所有者享有最初由西班牙授予的较大的公有土地的一部分（有些土地是几百年前授予的），也被称为"个人占有"（pesos de posesión）。但这些个人的主张并没有具体划分出界线清晰的地块。相反，他们仅仅确立了"对土地的权利，也就是对较大公有土地边界内一部分的权利。"世代以来，所有者们都在转让、出售和分割"个人占有"，但所授的大型公有土地的边界从未改变，只是对应人员所占有的百分比发生了变化。这片土地从未被丈量过，边界是由诸如海螺壳声音传播的距离来界定的。当美国官员试图理解和描述这一制度时，他们感到混乱和迷惑。不过，他们所了解的已经足以使他们明白，这种制度阻碍了他们想要在古巴进行的开发。[17]

一个为研究公有土地而成立的古巴委员会告知美国占领政府官员，这一制度是岛上部分地区农业社会的基石。三四代人以来，人们一直在彼此之间分配土地。对许多人来说，获得土地是"得到一个家庭礼节性支持"的保证。委员会告诫美国官员，在尚未"在耕作者之间分配土地"之前，不要实施任何政策，从而破坏这些长期以来形成的土地制度。[18]

美国官员无视这一建议，发布了第 62 号民事法令。此法令允许人们聘请律师和土地测量师来确定一块公有土地的边界。官员们随后审查了所有对该部分土地的个人要求，确定其合法性，并发布了更符合美国财产概念的新土地所有权。按照该法令的设计，那些找得到律师且拥有现金的人很容易就能获得土地，但古巴的小农户几乎不可能有这样的机会。其他没有正式成为法律的一些东西，也进一步增加了现有地产持有人的负担。例如，战争的巨大破坏意味着旧的产权——无论多么模糊或不精确——并不总是存在。除了花钱聘请测量员和律师外，潜在的买家往往买通了当地的官员，而后者的工作就是确定对公有土地旧有主张的合法性。正如一位大地产的管理人后来所承认的那样，拆分公有地产的法律程序"欺上瞒下——无一例外"[19]。

因此，第 62 号民事法令破坏了岛上旧的土地所有制，并在古巴创造了一个繁荣的土地市场。此举通过其他手段完成了美国联邦政府一个多世纪以来一直在北美做的事情，也就是通过土地测量、立法和公然的暴力，在以前的原住民、西班牙和墨西哥的土地上创造新的土地投机空间。在古巴，这一壮举是由第 62 号民事法令实现的。该法令奠定了现代企业在农村出现的基础。事实上，美国占领期间推动建立的土地制度，其特点将持续数十年，直至革命使得菲德尔·卡斯特罗（Fidel Castro）于 1959 年上台，这一制度才开始被摧毁。

对于岛上的美国占领政府而言，另一个焦点则是以美国认可的方式启动古巴的政治生活。然而，不同于经济和土地方面的政策，关于古巴政治前途的讨论在美国和古巴都引起了激烈的辩论。

在此方面,伍德总督的首要任务之一就在于必须决定选举的性质。在后西班牙时代,古巴计划于 1900 年 6 月进行第一次选举,意在选举市政官员。因此,美国占领政府需要决定一些基本的问题:谁有选举权?谁可以竞选公职?伍德想要的是一个有限的选举权,即只向那些能够提供财产证明或识字的人开放选举权。但古巴人却不以为然。他们指出,伍德的体系将剥夺数以万计为了古巴独立而同西班牙作战的男子的投票权。这或许本就是伍德的意图,不过古巴人的压力迫使他做出了妥协。1900 年 4 月的选举法规定,任何年满 21 岁的男性,只要符合以下三个条件之一均可享有选举权:财产达到 250 美元,识字,或在古巴解放军中服过役。

第一次选举于 6 月举行。如果选举为暴力所破坏,那么美国人就可以借此来证明古巴人还没有做好自治的准备。但是,从各方面来看,这次选举都是和平的。然而,选举结果却让美国官员感到不满。在整个岛上,胜利都属于伍德所谓的"极端革命分子",也就是那些口头上最支持美国立即撤军的人。胜利的古巴国民党成员给麦金莱总统发电报,说他们正满怀信心地等待着总统快速做出决定,希望他能够遵守《泰勒修正案》,将古巴留给古巴人。[20]

市政选举一个月后,美国占领政府宣布开始进行制宪会议代表的选举。制定宪法是建立新共和国过程中的一个关键步骤。然而当流程文本公布,古巴人仔细阅读之后,宣布选举伊始的热情和轻松旋即变成了怀疑。按照美国的指示,除了起草宪法外,大会还会随即采纳宪法,而这通常是属于人民的权力。指示进一步指出,制宪会议将"同意美国政府就其政府与古巴政府的关系所做出的决定"。[21]

这种做法并不是件好事。古巴人本希望由新建立的政府——由正式选举产生并拥有主权——来决定古巴岛与美国的关系。如果美国的新提议得到采纳，就意味着一个小小的制宪会议，而非一个自由独立的政府，将决定古巴想要与美国保持什么样的关系。制宪会议同样也会决定与目前仍然占据该岛的美国军队的关系，而且这一决定将被永久写入共和国的建国宪法。古巴人再次动员起来。各政党组织抗议集会，公民们给麦金莱发电报。作为参加过十年战争和独立战争的老兵，72岁的萨尔瓦多·西斯内罗斯·贝当古（Salvador Cisneros Betancourt）代表古巴向美国人民发出了慷慨激昂的呼吁。在他看来，让制宪会议考虑美国与古巴的关系没有任何意义，这不是一个宪法问题，一旦选举成立古巴政府，就应该由其决定该与美国维持什么样的关系。事实上，他认为美国对古巴的占领需在制宪会议之前就终止。[22]

如同对投票所做出的要求一样，美国政府认为有必要重新考虑最初的计划。制宪会议将起草并通过宪法，一旦流程完成，制宪会议将对作为单独议题的美古关系发表意见。伍德将这一让步视为挫折，而且担心他所看好的候选人会在选举中被击败，因此他决定在选举制宪会议的代表之前周游全岛。伍德每到一处，都会做出一些并不那么隐晦的威胁，如果古巴人选出"很多政治上的激进分子作为代表，那么他们就别指望自己的成果会被认真对待"。在一个单独的警告中，他所说的将不认真对待的意思得到了阐明："请记住，美国不会接受任何无法提供稳定政府的宪法。"[23]是的，这一点的确显而易见。古巴人很快就会开会制定宪法，但宪法没有美国政府的批准是不可能通过的，而没有宪法的采纳和通过，美国对古巴的军事占领就不会结束。

尽管伍德做出了警告，但是在制宪会议成员的选举中，狂热扬言"现在就独立"的派别仍然获得了胜利。用伍德的话说，选民们选出了"古巴最坏的一些煽动者和政治流氓"。据他所说,在这些人中,"大约有10个绝对一流的人,15个资质可疑的人以及大约6个古巴最坏的流氓和骗子"[24]。

1900年11月5日,制宪会议开幕。伍德宣布会议开始,祝愿成员们一切顺利,随后离开会场。在近3个月的时间里,代表们商谈了人们所期待的以下问题:国家领土的边界、政府的结构、公民的权利。最后,大会产生了一项决议,这一决议在许多方面都与美国宪法类似,不过古巴宪法从一开始就包含了男子普选权,这是与美国宪法不同的。

向来质疑古巴自治能力的伍德一反常态地对宪法留下了深刻的印象。他如此写道:

> 我并不完全同意此宪法的某些条款是非常明智的,但宪法规定了共和制政府的形式,而且宪法是在长期且耐心的审议和讨论后通过的,宪法代表了古巴民选代表们的意见,此宪法不包含任何可以证明以下论断正确的特征:在根据此宪法组织起来的政府下,美国无法适当地移交其保护生命和财产的责任。[25]

伍德的这些话是在哈瓦那写的,但这并不是华盛顿的掌权者们希望听到的。事实上,古巴关系委员会主席参议员奥维尔·普拉特(Orville Platt)一直在幕后工作,以防止古巴宪法顺利通过。他的逻辑很简单:古巴人的独立得归功于美国,古巴人心怀感激之情是应该的,应该由美国来决定这种感激将采取什么形式。他写道:

> [这个]国家确保了古巴的自由……这一事实使美国在古巴享有某些权利和特权……比如我认为,国会可以宣布根据什么

条件和情况对古巴的军事占领应停止。在这样做时，国会也可以就宪法中应体现出哪些必要事项来保证我们未来与古巴的关系发表意见。[26]

普拉特所指的宪法是古巴宪法，而非美国宪法。他希望新宪法赋予美国干预古巴的权利，并希望古巴割让一块土地作为美国的海军基地。

伍德在古巴待了很久，久到足以使他预测到古巴人对这种诉求的反应。他并没有把制宪会议成员叫到办公室来告知他们这件事，相反，他邀请代表们陪他去猎鳄鱼。在一列开往猪湾西边大沼泽的火车上，他向代表告知了美国的立场。人们可以很容易地想象到，当代表们听到普拉特的条件时，他们的脸上得呈现出怎样痛苦和惊愕的表情。代表们签署宪法的同一天，他们收到了美国的书面提议，最糟糕的事情得到了证实，这给原本值得庆贺的日子覆上了一层阴影。老萨尔瓦多·西斯内罗斯·贝当古拒绝同意美国人提出的任何建议。事实上，他甚至反对向华盛顿提交一份宪法副本。他坚称"古巴现在是独立的"，"我看不出有什么理由要把这部宪法送到美国以求接受。美国政府无权对其进行裁决"[27]。

古巴代表们拒绝了普拉特的要求，并针锋相对地提出了他们自己的意见。在这些提议中，没有任何一项涉及美国有干涉古巴的权利。然而，他们确实表示，古巴永远不会允许在其领土上有任何敌对美国的或外国势力的行动。如果真的有第三国利用古巴来对付美国，这一提议在理论上应能消除美国人的担忧。[28]

无论古巴代表们在制定提案时如何谨慎，美国政府压根就不会理睬他们。仅仅几天后，1901年2月25日，参议员普拉特就提出了一项决议，作为军队拨款法案的修正案。此修正案又名《普拉特修正案》（*Platt Amendment*），这一修正案着眼于历史又完全改写了历史。《普拉特修正案》错误地指出，1898年授权开战的联合决议责成美国只有在以下条件达成后才会离开古巴：古巴在一部明确规定了"美国与古巴未来关系"的宪法下建立了政府。然而，联合决议根本没有诸如此类的东西。恰恰相反，联合决议承诺，一旦古巴恢复和平，美国就应该把古巴留给古巴人。在占领的三年多时间里，美国官员将原来的标准转化为一个新的且更模糊的要求，即古巴人需要证明他们具备自治的能力。现在，华盛顿正在将这一门槛转变为一个更加明确的标准：古巴的自治能力只能通过采纳《普拉特修正案》来证明。

那么这一修正案建立了什么？虽然不是彻头彻尾的殖民主义，但也相差无几——美国享有在古巴行使永久的间接统治的特权。除其他事项外，《普拉特修正案》的八条规定限制了古巴政府与第三国签署条约或自行承担债务的能力。它把古巴的领土留给美国人用作海军基地和供煤站。第三条，也是古巴人最鄙视的一条，给了美国不请自来地对古巴进行军事干预的权利。

古巴人感到难以置信，怒不可遏。在哈瓦那和全岛范围内，人们组织了抗议集会和火炬游行。全体古巴人几乎异口同声地强烈反对《普拉特修正案》。制宪会议代表们的反应也如出一辙：沮丧且愤慨。最有力的陈述来自1854年出生的代表胡安·瓜尔韦托·戈麦斯（Juan Gualberto Gómez），他的父母都是奴隶，在他出生之前，父母为其赎买了自由。在19世纪80年代和90年代，戈麦斯成了记者和何塞·马蒂的亲密伙伴，也成了一名支持古巴独立和黑人民权的杰出活动家。如今，戈麦斯作为制宪会议代表的一员写了一篇长文，驳斥了《普拉特修正案》的假设和主张。他特别关注修正案的第3条，该条款以多种借口授予美国干涉古巴的权利：比如维护古巴的独立；维持一个有秩序的政府；保护生命、自由和财产。戈麦斯对上述每项借口都进行了否定。维护古巴的独立？这一点古巴人当然比美国人更感兴趣。"让美国人保留决定何时古巴独立受到了威胁的权利，从而确定他们应该在什么时候进行干预，这就像是把我们房子的钥匙交给他们。"同样地，出于维持一个有序政府的目的，给予美国干涉的权利，就是赋予华盛顿控制古巴内政的权利。他问道，在什么样的逻辑下美国人居然比古巴人自己有更大的权利来决定什么时候成立一个古巴政府是合适的？为了保护生命和财产而考虑美国的干预，是完全没有必要的，戈麦斯说道，因为这是每个政府的首要职责。如果这一保护的权力最终落在美国的肩上，那么就定义上而言，古巴政府天生就是无能的，就是一个名存实亡的政府，也配不上共和国的称号。[29]

制宪会议整体上也秉持同样的立场。4月6日的投票以24票对2票否决了《普拉特修正案》。一群大会代表前往华盛顿与麦金莱和美国战争部长伊莱休·鲁特（Elihu Root）会面。鲁特给出了一个修正过的历史，在这一历史中，美国一直支持古巴独立——尽管自19世纪20年代以来（直到美国能够将古巴占为己有之前），美国所推行的政策都是专门为确保古巴留在西班牙而设计的。鲁特坚称，《普拉特修正案》仅仅是对1823年门罗主义的更新而已，仿佛这么说对古巴人而言是一种安慰。局势正变得越来越明朗：古巴人要么接受《普拉特修正案》，要么继续接受美国的军事统治。事实上，美国人是明确这样说的。鲁特告诉伍德，要让古巴人明白，"在他们采取行动前，除美国的干预政府外，古巴人永远不可能有任何政府"。鲁特所说的采取行动，就是指接受《普拉特修正案》。[30]

1901年6月12日，制宪会议代表们认识到已没有其他可能的选择，于是以 16 票赞成，11 票反对接受了《普拉特修正案》，并将其作为一个附录纳入古巴共和国宪法。投反对票的人有胡安·瓜尔韦托·戈麦斯，他是最近一些论述的作者；以及可敬的萨尔瓦多·西斯内罗斯·贝当古。一些投赞成票的人解释说，他们之所以这样做是因为这是建立古巴共和国的唯一途径，是结束美国军事占领的唯一办法。但大家肯定都还记得胡安·瓜尔韦托·戈麦斯最近说的话，在他看来，根据《普拉特修正案》，古巴岛"有的只是一个伪政府"。即使是伦纳德·伍德也基本对此表示了认同。1901 年 10 月 28 日，伍德在给泰迪·罗斯福的信中写道："在《普拉特修正案》的安排下，古巴当然没有多少真正的独立。"[31]最终的权力，最终的主权都在美国政府的手中。

181　　不管古巴人多么憎恶《普拉特修正案》——大多数人对其深恶痛绝——在某种程度上，它也意味着美国对古巴意图的部分失败。伍德早年的信念——古巴可以在美国化的"上层阶级"的影响下，被巧妙地间接统治——已经被证明是行不通的，因为这些人没有在选举中获胜。相反，古巴人，包括许多现已解散的解放军的成员，一直以来都在选举那些争取结束美国占领，建立一个主权共和国的候选人。伍德希望古巴教师们能塑造新一代的亲美顺民，但古巴教师们拒绝扮演这个角色。令华盛顿失望的是，大多数古巴人都倾向于要求立即且彻底的独立。在这一背景下，《普拉特修正案》是一种有效且有预见性的保障，可以避免新的古巴共和国出台与美国利益相抵触的政策，而保障的手段则是美国军队。现在，只要华盛顿认为有必要，军队就有权占领和管理古巴。只有在这一权利确立后，美国才会或多或少地把古巴交给古巴人。

第六部分
奇怪的共和国

古巴于1902年独立后,美国在古巴岛的经济、文化和政治领域发挥着重大的影响。20世纪20年代,古巴首都哈瓦那年均接待9万名美国游客,进口约5千辆美国汽车。图为在建于1920年的豪华总统府(如今的革命博物馆)前面,一群人在一辆斯图贝克车上摆造型。

第十五章
糖的帝国

1902年5月20日距离正午还有5分钟,在西班牙都督的旧宫里,伦纳德·伍德从左侧走进礼堂,古巴新总统托马斯·埃斯特拉达·帕尔马(Tomás Estrada Palma)则从右侧进入。他们在礼堂中央会面、握手,伍德将古巴统治权交给了埃斯特拉达·帕尔马。古巴有了一位总统,而且是个古巴人。[1] 新生的古巴共和国诞生于《普拉特修正案》签署之际,而并非大多数古巴人争取独立斗争时所设想的那样,但这是他们唯一拥有的共和国,所以人们还是进行了庆祝。人群拥挤在新落成的马莱孔(Malecón),即哈瓦那如今标志性的滨海长廊,观看古巴国旗在莫罗城堡升起。著名街角的临时拱门上挂有马赛奥和马蒂的照片,以及代表自由和古巴女性的照片。那里还有宴会和诗歌朗诵会,当夜色降临时,人们聚在一起看烟花。在一片欢腾中,那天晚上的人们可能是满怀自信和振奋之情步行回家的。也许他们的奇怪诞生的共和国会茁壮成长呢。聚会结束后,随着新共和国的公民们在美国占领政府撤离之后逐渐安顿下来,他们感到脚下的土地既坚实又摇晃。他们抵达了线的另一端,来到了一个新时代的边界。该由他们来建设独立后的古巴了吗?

1902年,托马斯·埃斯特拉达·帕尔马及其内阁在总司令旧宫。这张立体照片给使用立体镜的观众一种"进入"会场的感觉。

仿佛没有任何问题一般,新政府开始运行起来。托马斯·埃斯特拉达·帕尔马总统已年近七旬,他曾是古巴武装共和国的前总统,是何塞·马蒂在纽约的亲密合作者,也是皈依的贵格会成员,还曾入籍美国。国会挤满了准备立法的退伍军人,他们才刚刚结束战争。所有立法者都是男性,有几个是非裔古巴人。摆在古巴新政府面前首要的也是最重要的事项之一,就是确定古巴与美国的商贸关系。《普拉特修正案》确立了两国之间的政治关系,这已没有任何商量的余地。但是,在美国占领政府官员的鼓动下,古巴政治家们相信,接受《普拉特修正案》使他们有权获得美国在其他方面的一些让步,而他们最想要的让步就是以优惠条件进入世界上最大的经济体。

1902年在哈瓦那签订,并于1903年得到两国批准的商业互惠条约就是这些努力的结果。该条约削减了美国产品进入古巴的关税,并将进入美国的古巴糖的关税大幅降低20%。当时的古巴领导人认为，这是个重大的胜利：在迅速扩大的美国糖业市场中，他们得以挤占更大的份额。1899 年，美国每年人均消耗 63 磅糖；"一战"前夕，人均每年食用 81 磅糖。[2] 如今，古巴将提供其中的绝大部分。有了一个永久性的市场做保障，而且由于关税降低，利润将大幅增加，古巴的制糖业似乎即将再次腾飞。由于糖是古巴国民经济的基石，糖业繁荣也就意味着古巴的繁荣。无论如何，这就是古巴新政府的成员们所希望的。

他们没有充分考虑到的是，古巴糖工业的古巴属性一直在减少。美国占领政府的政策使得土地变得多而廉价，美国公民和公司成了主要的受益者。对美国拥有的古巴土地占比的统计出入很大——从三分之一到三十分之一不等。据估计，至 1907 年，外国人拥有古巴所有农村土地的 60%，西班牙居民拥有另外的 15%，这样一来，只有四分之一的农村土地归古巴人所有。这个数字太过惊人，值得我们以略有不同的语句重复论述一下：独立后不到十年，古巴可能有四分之三的土地属于外国人，其中很大一部分属于美国人。在某些地区，这一比例甚至更高。例如，在圣斯皮里图斯的中部地区，美国人拥有大约八分之七的农村土地。事情发展的趋势太明显了，以至于独立战争中的著名老兵以及制宪会议上《普拉特修正案》最激烈的批评者之一曼努埃尔·桑吉利（Manuel Sanguily），于 1903 年起草了一项法律供古巴参议院审议。法律的第 1 条相当之明确："从今日起，严厉禁止签订任何将土地转让给外国人的合同或协议。"然而该法律甚至未能进入讨论阶段，1909 年和 1919 年的类似提案也遭遇了同样的命运。[3]

在某些情况下，美国公司购买大块土地，将其分割开来，然后作为独立的地块卖给美国买家。他们吹嘘土壤肥沃，阳光充足，美国政府对财产的保障，以及古巴政府的稳定。纽约的一个组织就以这种方式购买了18万英亩的土地，一家洛杉矶的公司拿到了15万英亩的土地，匹兹堡的一家公司则抢到了13.5万英亩的土地。芝加哥的"古巴土地、贷款和产权担保公司"买下了一大片土地，这块土地是以泰诺语命名为马吉巴科亚的公有土地。这家芝加哥公司以美国中西部地区另一种土著人的名称，即奥马哈（Omaha）重新命名了这块土地。该公司对土地进行了分割，并通过向每个家庭提供10英亩的免费土地来招募美国定居者。作为交换，拿到土地的家庭得建造房屋，扎起栅栏，支付10美元的税款用于开设一所英语学校，每月在通往最近的古巴城镇的道路上提供一天的劳动，并在第一年种植2.5英亩的柑橘作物。新的奥马哈镇（Omaja）——西班牙语中的j听起来像英语中的h——很快就变成了一个像位于热带地区的美国中西部社区，镇子里有新教教堂、圣经学习团体、教会点心义卖、社会俱乐部和青年舞会。至1903年，古巴有37个这样的美国"殖民地"；10年后，达到了64个；到1920年，已经有大约80个，其中最大的拉格洛里亚在其鼎盛时期拥有一千名居民。[4]

尽管古巴的美国城镇风靡一时，但迄今为止，美国在19、20世纪之交占有古巴土地的最重要的后果在于制糖工业的大规模美国化。同一个世纪前相比，制糖业已经发生了重大变化。在美国参议员詹姆斯·德沃尔夫拥有几个古巴庄园的时代，抑或是副总统威廉·鲁弗斯·金在马坦萨斯种植园一座山峰上宣誓就职时，制糖业是由大面积的甘蔗种植地与一个甘蔗原料加工厂构成的。然而，从19世纪70年代开始，技术的进步淘汰了那些无力推进现代化的工厂主，三次独立战争又消灭了其他的一些工厂，剩余的工厂主投资新技术，并吞并了那些竞争落败者的土地。在19世纪最后30年里，制糖业变得高度集中化。在 1860 年的大约 2000 家工厂中，只有 207 家存活至 1899 年。美国占领期间，土地的集中仍在继续。至 1929 年，还在运营的工厂就只有 163 家了。[5]

古巴独立之前，现代糖业种植园已经集中起来了，这在古巴中西部尤为明显。美国占领期间，这一情况发生了剧变。在东部地区，战争对农业造成的破坏最大。此外，现代制糖业还没有延伸到这一地区。因此，美国大部分的糖业新投资集中于奥连特省和卡马圭省。依靠美国占领期间颁布的法律，美国制糖公司购买了数十万英亩的土地，并将土地从茂密的硬木森林转变为大规模的糖厂。联合果品公司在中美洲、加勒比海和南美的部分地区大肆圈地，仅仅这家公司就在古巴购买了 20 万英亩的土地。[6] 1903 年的互惠条约保障的正是这些新产业的大部分利润。

这些新的美国资产公司都是巨无霸型的企业。它们的核心业务是大型的现代化工厂，在西班牙语中是 central，在英语中有时被称为中央工厂。正是在那里，工人们和机器设备将甘蔗转化为原糖，然后再加工成精制糖。有着奇怪名字的闪闪发光的机器——振动器、切碎机、粉碎机、搅拌机、离心机、绿色果浆燃烧器、多效蒸发器——做着几个世纪以来奴隶们一直在做的工作。利润就来自这一处理过程，因此工厂主们努力以低价收购大量原糖。他们把一些土地租给农场主（colonos）来种植和收获甘蔗，根据合同，这些土地上的产出只能卖给工厂主。为了耕种没有租出去的其他土地，工厂主们从海地和英属加勒比海的岛屿上引进廉价的季节性劳动力。在制糖业繁荣的年代，有多达 5.8 万名来自海地和牙买加的工人按季来到古巴，这些公司会建造营房来安置他们。事实上，他们在糖厂周围建立以公司为主的整个小镇。在一些观察家看来，这些美国拥有的中央工厂——加上毗邻的城镇和工人营房以及向各个方向延伸的广袤甘蔗地——就像是占据了越来越多古巴领土的外来王国。[7]

20世纪初在古巴建立的所有美国工厂中，查帕拉是最大的一个。该工厂的创始人是得克萨斯州共和党议员罗伯特·霍利（Robert Hawley）。霍利是得克萨斯州加尔维斯顿的一名糖业经纪人，也是路易斯安那州一家精炼糖厂的老板。1899年，他加入了纽约的一群投资客，来到古巴寻找致富的机会。霍利在哈瓦那的联系人是马里奥·加西亚·梅诺卡尔（Mario García Menocal）。梅诺卡尔的一些祖先属于17世纪来到古巴的有衔贵族，他们从西班牙王室那里获赠了一些土地。在更近的过去，梅诺卡尔曾在美国学习工程学，也曾在古巴解放军中担任将军，他在战争的大部分时间里所驻扎的地区正是如今向美国投资开放的地区。1899年，当霍利前往古巴时，"具有杰出能力和双语技能"的梅诺卡尔已经在为美国占领政府工作了。他建立并领导哈瓦那警察局，且短暂担任过公共工程的督察。但梅诺卡尔的目标更高，且并不局限于一个方面。[8]

除此之外，梅诺卡尔还说服这位得克萨斯州议员购买查帕拉旧糖厂以及周边6.6万英亩的原始森林。这块土地位于古巴的东北部海岸，梅诺卡尔对这片区域很是熟悉，他在古巴解放军中担任军官时经常造访此地。霍利延请梅诺卡尔勘察土地，并请他在那里督建一个新糖厂。1899年10月，由霍利出任董事长，以华尔街为总部，资本存量100万美元的查帕拉糖业公司正式成立。[9]

在靠近哥伦布第一次航行探索新世界的那段海岸线上，树木纷纷倒下，茂密的森林变成了巨大的甘蔗田。"古巴将建造庞大的糖厂"，一家美国报纸如此宣布。糖厂相当大，"在古巴乃至整个世界都史无先例"。这并不是美国政客第一次在古巴拥有糖厂,但从未有任何糖厂能达到这种规模。查帕拉公司是古巴历史上最大的企业,它拥有岛上第一台十二辊轧机,初始产能为 20 万袋(4 万吨),占 1900 年古巴全部糖产量的 10%。1910 年,公司又收购了毗邻的德利西亚斯工厂,并着手将两家工厂整合经营,从而成为世界上最大的糖业公司。[10]至 20 世纪头十年,查帕拉公司城有 600 户家庭,其中既有普通的住宅,也有高档的木屋。城里有宽阔的大道,一家酒店,多达 10 所学校,3 家电影院,1 个共济会支部、干洗店、牙医诊所、药房、邮局、公司医院,甚至是基督教青年会。查帕拉发行的货币——代币——可用于公司产业中的商店。然而,由于古巴货币短缺,代币实际上就相当于古巴的法币,在古巴东部地区甚至远至西边的马坦萨斯都经常有人使用。因为公司从邻近的岛屿引进工人,所以公司也就决定了移民的模式和该地区的人口构成。此外,由于公司把土地租给农民,于是人们种什么,在哪里种,什么时候种也都由公司说了算。换句话说,查帕拉糖业公司的控制大大小小无所不包。[11]

这家工厂虽然是美国的,但马里奥·梅诺卡尔以总经理的身份经营着。他选择场地;监督土地的清理,设计工厂,并督建工程。他任命古巴人——其中许多是其在古巴解放军中的同伴或下级军官——担任各个部门的负责人。他把甘蔗农场分给古巴人,也分给他的六个兄弟。梅诺卡尔还向古巴农村警卫队捐赠了一块查帕拉的土地作为永久基地,这支警卫队是美国政府为保护农村财产而设立的。[12]几年后,一位西班牙女记者造访了工厂,她听到了有关工人受到残酷甚至是致命惩罚的传言,但没有人愿意公开或详细说说。女记者躺在查帕拉酒店的床上过夜时,听到远处有人唱着使人不安的歌：

Tumba la caña,	切断甘蔗，
Anda ligero;	脚步轻盈；
Corre, que viene Menocal	快点，梅诺卡尔来了
Sonando el cureo.	鞭子噼啪响。[13]

正如一位古巴历史学家后来写的那样，"每个中央工厂都位于乡村的核心，整个区域的经济体系都附着于此，工厂在政治和经济上支配着整个区域……要想反对它，无论是法律还是任何抗议都是不切实际的"[14]。

查帕拉可能是美国在古巴最大的糖厂，但它实际上只是冰山一角而已。1905年，美国在古巴的工厂年均糖产量约占全岛的21%。在随后的几十年里，这一趋势愈益加速。至1926年，75家美国工厂生产的糖占古巴每年糖产量的63%。这些糖厂共同构成了美国在古巴的糖业王国。因此，出口到美国的古巴糖绝大部分是由美国企业生产的这一事实并不令人意外。1903年与美国签订的互惠条约，保证了古巴糖生产者占据美国市场的主要份额，而且降低了美国进口古巴糖的关税。独立20年后，其影响已经再清晰不过了：古巴主要出口产品的利润绝大部分都归于美国公司了。[15]

互惠条约还降低了美国产品进入古巴的关税。美国制造的廉价商品随之充斥了古巴市场，这使得羽翼未丰的古巴企业几乎不可能与之竞争。在全岛范围内，有357家古巴制造商关门歇业。因此，互惠条约使政府难以实现国民经济的多样化和工业化，因为它阻碍了新产业的发展，并使老产业愈发难以为继，条约更是确定了古巴对糖的依赖性，单一作物种植在这里得到了延续。[16]

对一些古巴人来说，经济上的发展和机遇，最切实的保障在于充当美国资本的"小伙伴"。这样的合作伙伴随处可见。以何塞·拉克莱特（José Lacret）为例，作为一名独立战争的老兵，他于1900年被选为制宪会议的成员。他曾支持男子普选权，反对美国对普选权进行限制，也曾强烈反对《普拉特修正案》，他还将修正案通过的那天称为"一个悲痛的日子"。然而，至1902年，他已经成了一名房地产顾问，为有兴趣在古巴投资的美国人提供咨询服务。他在哈瓦那的英文报刊《哈瓦那邮报》（Havana Post）上做广告，提出要用他"有关全岛的实用知识"，协助"购买和出售农场、种植园、矿场、本地木材和各种租约"。[17]

在与美国投资者合作的人当中，越来越多的人在古巴政府中占据了一席之地。在奥连特省帕德雷港一个美国所有的庄园内担任督工的人，当上了该镇的理事；关塔那摩的市长在一家美国工厂里工作了25年；古巴众议院主席以及一位参议员，都是总部设在纽约的古巴甘蔗公司的董事会成员；另一位参议员则是联合果品公司在古巴的高级顾问。巴内斯镇一家联合果品公司的糖厂在那里无须纳税，因为该镇的镇长就是工厂的律师。而查帕拉公司雄心勃勃的总经理马里奥·梅诺卡尔——挥鞭子的梅诺卡尔——在1912年成了总统[①]，不是查帕拉公司的总裁，而是古巴的总统。[18]

在古巴农村的这个大地界里，美国糖业公司成了国王。他们利用当地的盟友颠覆或歪曲法律，比如，逃税或惩罚工人而不受处罚。但是，即使有古巴人的帮助——参议员从他们那领工资，总统是他们的座上宾——美国公司也知道，最终在背后给他们撑腰的另有其

---

① 原文为president，该词可译为总统或总裁。——译者注

人,最终的仲裁者在华盛顿特区。美国投资者可以向华盛顿要求他们想要的一切,从巡逻海岸的炮艇到进口廉价劳动力的全权委托,简直应有尽有。在1901年《普拉特修正案》的庇护下,他们的特权得到了保证,而根据1903年的互惠条约,他们的利润也有了保障。1903年的另一份条约进一步保证了美国在古巴东部土地所有者的利益。这一年的《美古永久条约》使美国得到了45平方英里的土地,也就是从一个名为关塔那摩的大海湾两边延伸出来的领土,这也是迄今为止美国海军基地的所在地,长期以来,华盛顿一直称之为"吉特莫"(Gitmo)①。关塔那摩每年的租金仅2000美元,而且没有规定明确的租约结束日期。因此,如今除了以下所列举的好处——轻松获取古巴土地资源,有利的贸易保障,美国建立的农村警卫队的保护——拥有土地的美国人又让美国军方在近在咫尺的地方牢牢站稳了脚跟。对于美国投资者来说,这个奇怪的古巴共和国很适合他们。

---

① Gitmo 一词源自关塔那摩(Guantanamo)的缩写 GTMO。——译者注

第十六章
梦想之城

没有一个国家只专攻一事。在距古巴东部的美国糖厂千里之外的哈瓦那，一个名叫勒妮·门德斯·卡波特（Renée Méndez Capote）的女孩与新世纪一道降临了。勒妮后来写道，她出生的时间差不多就是一小群当选者在哈瓦那举行会议的时候，他们正在为即将成立的古巴共和国起草宪法。她的父亲负责主持讨论，并在1902年成为参议员，又于1904年成为古巴的副总统。由于她的家庭就处于这些圈子之中，因此当她还是个小女孩时，就已经认识了许多共和国早期的政治家，总统托马斯·埃斯特拉达·帕尔马就知道勒妮的名字。独立战争的老兵以及《普拉特修正案》的批评者，参议院主席曼努埃尔·桑吉利也对她很熟悉，老是打趣她心不在焉。曼努埃尔每周都会和勒妮一起在波多黎各诗人罗拉·罗德里格兹·德·蒂奥（Lola Rodríguez de Tío）的家里喝茶。这位诗人是位留短发、总是戴着耳环的"现代"女性。罗拉允许小勒妮参加她在自己家举办的文学沙龙。正是在那里，勒妮看到了一场技艺精湛的钢琴表演。演奏者是一个比她大不了多少的男孩——神童恩纳斯托·莱库纳（Ernesto Lecuona），如今他被视为古巴最有成就的钢琴家和作曲家之一。不过，沙龙里的谈话要比现场音乐频繁得多。当大人们争论政治、文学和生活的时候,勒妮就静静地坐着倾听。有时,女主人会对她的家乡波多黎各感到绝望,该岛仍在美国的直接控制之下。这个时候,曼努埃尔·桑吉利就会把手放到她肩上,以示支持和团结。年轻的勒妮都看在眼里,这种感觉、这些想法、来来往往的各色人物,以及新世纪在新共和国蓬勃发展的首都所引起的激动之情,所有的这一切,都为勒妮所吸收。[1]

一种新的能量——一种现代的能量——在勒妮身边随处可见。在整个城市,曾经以国王名字命名的大道现在改为以独立英雄的名字命名。一个新的室外音乐演奏台矗立在哈瓦那最古老的西班牙堡垒拉蓬塔外面。现代公园开始取代古老的殖民时期的广场,成为城市居民最喜欢去的地方。1906年,一个科尼岛风格的游乐园开园,还成了古巴第一部电影的主题。少女们戴着白帽子,从高高的滑梯上一圈圈滑下来,脸上洋溢着未知事物带来的刺激感。马莱孔越来越受欢迎,因为其宽阔的大道为当时城里刚出现的汽车提供了便利——至1910年,整个城市有4000多辆汽车。新的有轨电车依靠自身的动力在哈瓦那街道上行驶,每天约有6万名乘客搭乘电车通勤,人流量最大的电车线路连接了哈瓦那老城和贝达多。贝达多之前属于首都的郊区,现在则是一个繁荣且令人向往的周边城市。[2]

就勒妮这个阶层的同龄女孩来说,她对有轨电车线路两侧的社区可算是非常了解了。她所敬爱的导师罗拉·罗德里格兹·德·蒂奥的沙龙在哈瓦那老城阿吉亚尔街的一幢房子里。她还定期陪同母亲去哈瓦那老城奥莱利街上的一家高档女装裁缝店。在那里,她第一次体会到了"漂亮衣服的价值"。她们又从那里出发去老哈瓦那最好的冰激凌店。即便有马车,她们也老是走来走去,总是很晚才筋疲力尽地回到位于贝达多的家。[3]

在哈瓦那老城，还有其他一些像勒妮这样的女孩不会去的地方，其中最主要的就是位于圣伊西德罗的工人阶级社区。这个社区位于靠近港口的老城区的一个角落，那里有一个由旧兵工厂改造而成的国家档案馆。圣伊西德罗也是"容忍区"的所在地，"容忍区"是一种委婉的说法，指的其实就是红灯区。这个包含了12个街区的地区熙熙攘攘，充满了罪恶，人们在那里谋取钱财或纵情声色。围绕着妓院的附属产业逐渐增多：色情影剧院、音乐酒吧、赌场，街头小贩们沿街叫卖食物和商品。人口普查数据显示，在城中的338家妓院中，有700多名妓女，其中大多数是古巴出生的白人，不过也有各种肤色和各个国籍的女性在做皮肉生意。哈瓦那的卖淫区国际知名，名声远达巴黎和纽约。[4]

这个小社区有自己的国王，因为每个人都这么叫他——亚里尼（Yarini）国王。"国王"的真名是阿尔贝托·亚里尼·庞塞·德·莱昂（Alberto Yarini y Ponce de Léon），他的父亲是很久以前的意大利移民的后代，母亲则来自一个古老的贵族家庭，据说与最初探索不老泉的人有着不为人知的关系。亚里尼所在的家族很富裕，且受人尊敬，男人们都是医生和牙医，卡利斯托·加西亚综合医院的一个大厅至今仍以其中一人的名字命名。在这个显赫的家族中，没有人理解被大家称为"亚里尼国王"的这个家族成员的志向所在。[5]

亚里尼掌管着这个社区及其大部分的性交易。没人知道在他统治圣伊西德罗的时候，有多少女人为他工作。不过他和其中的一些人住在一街之遥的一个街区，这个街区也因此得名。当地传说称，亚里尼受人爱戴、富有魅力。他只有五英尺六英寸高，但身材干练、衣着整齐、英俊潇洒，而且总是散发着芳香，老是带着一个保镖和两只纯种的圣伯纳犬在社区里闲逛。[6]

亚里尼也是一名政客，他是古巴保守党的选区老大，这个党也正是小勒妮的父亲所主持的党。有些人认为，亚里尼也算是一位爱国英雄，他因太年轻而无法参与反对西班牙的战争，但自独立以来，他已因支持古巴反抗外国人而出名。1908年，亚里尼和朋友们坐在普拉多大街上的一家高档咖啡馆里时，无意中听到一些美国人贬低古巴人，说古巴人放松了种族限制，因为在这么好的咖啡馆里，黑人和白人居然可以如此随意地混坐。亚里尼会说英语，而且当时正与一位独立战争时期的黑人将军坐在一起，他感到很生气。准备离开的时候，他让他的朋友们前去与美国人对峙。他们怎么敢不尊重英雄？但这些人毫无悔意，亚里尼于是打了他们一顿，还打断了其中一人的鼻子，而这个人恰好就是美国大使馆的代办。美国人提出了指控，但当地的政客们却行了个方便，让这些指控都消失了。[7]

两年后，亚里尼死了。在一次暴力冲突中，他被一个法国竞争对手杀死。他的葬礼配得上他的"国王"之称：八匹披上盛装、饰有羽毛的马拉着灵车，四辆满载鲜花和花环的马车紧随其后。送葬车队有100多辆车，还有数千人的送葬队伍——有人说人数多达一万——与棺木同行。悼念者中有身居高位的政客、独立战争的英雄、医生和律师、装卸工人、木匠、音乐家、女演员。是的，还有在圣伊西德罗卖淫的女性。葬礼花圈的系带上就写着其中一些人的名字。有一个花圈来自亚里尼所主持的地方团体委员会，上面写着："致我们令人难忘的主席，圣伊西德罗保守委员会。"[8]

亚里尼英雄般的送别仪式激怒了美国观察员——不是那些经常去附近妓院的观察者，而是那些在远处观察的人。俄克拉荷马州的一份报纸认为，亚里尼的葬礼淋漓尽致地体现了古巴人的傲慢和忘恩负义：

美国人流血牺牲是为了古巴能摆脱束缚。古巴人民从未真诚地为这个国家帮助其摆脱暴君统治而表示感谢……作为对美国人的一种侮辱，不久之前阿尔贝托·亚里尼的葬礼可谓极尽哀荣。要知道亚里尼可是古巴臭名昭著的白人奴隶贩子的领头人。这个恶棍成为古巴人的偶像，就因为他于［1908］年袭击了……美国公使馆的代表，他就成了哈瓦那首屈一指的反美人物。古巴报纸还称赞亚里尼是一位杰出的爱国者。[9]

在参加亚里尼葬礼的人当中，很可能就有多明戈·门德斯·卡波特（Domingo Méndez Capote），也就是亚里尼所代表的保守党的主席、活泼小女孩勒妮的父亲。

勒妮不属于亚里尼的那个圣伊西德罗世界，她属于新有轨电车线另一端的那个世界：贝达多。此地毗邻大海，离1555年著名法国海盗雅克·德·索尔入侵的地方不远。该地区在殖民时期的大部分时间里都被封锁禁止开发——因此得名贝达多（Vedado），即禁地。虽然自19世纪末开始这里有了一些建筑，但此地真正的开发还得等到独立后。彼时哈瓦那老城里的有钱人厌倦了拥挤，开始在贝达多建造豪宅。这里很快就成了前解放军富裕军官的家园，新共和国冉冉升起的年轻政治家们也把家安在那里，城里的美国居民也群集于此。

哈瓦那老城街道狭窄，街边的建筑直接挨着人行道，与哈瓦那不同，贝达多是现代的。贝达多的布局有序且合理，街道呈简单的网格状分布：与海岸线平行的是奇数编号的街道；与这些街道垂直，并从马莱孔的上坡处穿过的是带字母或偶数编号的街道。贝达多是个花园城市，道路宽阔、绿树成荫，树木和附近的豪宅一样宏伟，其长出的树枝直直地垂下来，并在地上生根。像勒妮一样，年轻的杜尔塞·玛利亚·罗伊纳斯（Dulce María Loynaz）也在未来成了一位作家，她是独立战争时期一位将军的女儿。她描述了自己坐落在东19街的新房美景，周围是"一个绿树成荫的花园，到处都是海棠花、茉莉花、罕见的丁香色大丽花、金银花、蓝色、白色和红色的藤蔓，还有结实的树木"。她说那里甚至还有白孔雀。勒妮则回想起了那里所有的蝙蝠和猫头鹰。对她来说，在她身边发展起来的花园城市令人惊叹。有一天，她醒来后发现自己所在的街区出现了一个帐篷城，里面有很多她称之为吉普赛人的人。这些人开起了商店，到处都是疯狂的活动。男人们给马穿鞋，女人们算命，还有一只熊在跳舞。几天后，这些人离开了，他们到了别处开店，但勒妮从不知道开在哪里。[10]

贝达多的奇迹感和可能性滋养着勒妮，与此同时，她也注意到了其他事情，那是一些更为世俗且时而令人不安的事，大人们往往会用一个词来搪塞：政治。比如说，她注意到西班牙人的优势就是一个例子。他们拥有大部分的零售商店（也有一些例外，像是中国人经营的小商店以及非裔古巴女性的裁缝店）。她还注意到，许多警察也是西班牙人。对于一个小女孩来说，这样的观察可谓十分敏锐，她的观点也得到了数据的证实，虽然勒妮无法获得这些数据。1902—1916年，有40多万西班牙人移居古巴，由于西班牙在近来的战争中败北，大量西班牙人移民到了西班牙刚刚失去的领土上。在几乎每一个不断扩张的经济部门中，都有西班牙移民忙碌的身影。岛上90％的矿工是西班牙人，他们取代非裔古巴人当起了服务员，他们还拥有城里大约一半的雪茄厂。西班牙人甚至加入了新的共和政府，尽管数量不多（20人），但还是超过了非裔古巴人（只有9人）。因此毫不奇怪，在独立后的古巴，小勒妮会注意到西班牙人的优势地位。但她的父亲,一位富有的保守派政治家,大抵是不会与她讨论任何这些问题的。[11]

如果社会习俗允许工人与老板的小女儿谈论政治话题,那么勒妮家的一个人肯定会提起这些问题,这个人就是埃瓦里斯托·埃斯特诺斯(Evaristo Estenoz)。埃瓦里斯托是个建筑能手,在1904—1905年设计并监督建造了勒妮父母的房子及其隔壁邻居的房子。在勒妮的印象中,埃斯特诺斯是个优雅的人,有一双绿色的眼睛和一头卷发。他总是穿着白色的衣服,戴着巴拿马帽,用左手的粉色长指甲弹掉手中雪茄的烟灰。勒妮形容他是"黑白混血儿",因为他的父亲是白人,母亲是黑人。[12]在美国,根据一滴血原则,他就是个黑人,但在古巴并没有这样的规定。

埃斯特诺斯是解放军的一名老兵。他来自古巴东部,战争结束后搬到了哈瓦那。1899年,作为瓦工协会的负责人,埃斯特诺斯领导了后西班牙统治时期的第一次大规模工人罢工,并为罢工工人赢得了八小时工作制。在为工人权利斗争的同时,埃斯特诺斯也在捍卫非裔古巴人的权利。在美国占领期间,许多古巴白人领导人劝诫黑人同胞不要提要求,以免给美国人延长其占领提供口实。随着美国不再对古巴实行直接统治,埃斯特诺斯和其他黑人老兵希望能够享有充分的公民权利,毕竟,独立战争战士大多数都是非裔古巴人,这是他们自己赢得的权利。1902年5月25日,美国占领结束仅五天,他们就组建了一个黑人老兵组织。6月,该组织的代表团两次与古巴总统埃斯特拉达·帕尔马会面,要求在法律上享有更大的代表权和平等保证,埃斯特诺斯也是代表团的一员。他们抱怨黑人退伍军人经常被排除在国家公职之外,无论是联邦政府还是市政警察部队,其中的大部分人都是白人。黑人老兵们向总统解释说,为了创建他们共同为之奋斗的共和国，需要保证古巴有色人种的权利，并同种族歧视作斗争。埃斯特拉达·帕尔马认为他们的要求并不合适。当这些人仍然坚持诉求时，他告诉他们，当他们坚持主张黑人权利时，他们才是种族主义者。[13]

埃斯特诺斯并没有被吓倒，他继续为非裔古巴人的权利摇旗呐喊。他在报纸上撰文，与其他黑人老兵和活动家一起参加会议。他将行动主义与谋生需求结合了起来。他与妻子在哈瓦那老城租了一间房子，距离混混阿尔贝托·亚里尼被杀的地方步行不到十分钟。妻子胡安娜（Juana）正是在那儿经营着一家花哨的法国服装和帽子精品店。在此期间，埃斯特诺斯以替人设计房屋谋生。贝达多许多著名白人老兵的房子就是他建的，比如勒妮·门德斯·卡波特家那样的住宅就是他在1905年春完成的。[14]

也许正因有这份工作的收入，埃斯特诺斯才定下了那年夏天的纽约之行。他与马蒂的老搭档，黑人政治家、教育家和作家拉斐尔·塞拉结伴而行。据美国黑人报刊的报道，埃斯特诺斯此行是为了考察非裔美国人的境遇。他会见了著名的黑人商人和知识分子，包括出生于波多黎各的黑人社会历史研究会创始人阿瑟（阿图罗）·朔姆堡（Arthur Arturo Schomburg），埃斯特诺斯后来也成了该研究会的通讯成员，该研究会之后发展成现今位于哈林区的纽约公共图书馆朔姆堡黑人文化研究中心。[15]

除此之外，我们对埃斯特诺斯1905年的纽约之行知之甚少。不过回到古巴后仅仅几个月，埃斯特诺斯就成了阴谋推翻托马斯·埃斯特拉达·帕尔马的领导人之一。此时，后者正在为连任进行竞选。这是自美国占领以来的第一次总统选举，因此也是古巴共和国历史上的第一次总统选举。虽然埃斯特拉达·帕尔马第一次是以无党派人士的身份当选总统的，不过现在他以温和党（以前的保守党）的名义参选。他的副总统是勒妮的父亲多明戈·门德斯·卡波特，他的竞争对手是独立战争的老兵何塞·米格尔·戈麦斯，何塞代表自由党参选，而该党积极并成功地争取到了黑人的选票。

竞选季几乎每天都有关于欺诈、腐败和舞弊的指控。温和党领导人解雇了不与他们为伍的公务员，甚至连学校老师都未能幸免。选举前两个月，选举名单上出现了15万个虚构的名字。自由党反对派的一位领导人在西恩富戈斯遭到了暗杀。在这一背景下，也就是在选举（许多人认为选举存在欺诈）的前夕，埃斯特诺斯参加了一场反政府的叛乱。叛乱者靠着收集的武器与哈瓦那附近的农村警卫队交战；警方声称，城里的另一个团体要刺杀总统。叛乱者们很快就被逮捕了，选举也如期进行。托马斯·埃斯特拉达·帕尔马在总统选举中获胜，但胜利的意义并不大。自由党对选举进行了广泛的抵制，而总统候选人则由于担心自己的生命安全，在几周前就逃到了纽约，他还在纽约呼吁美国根据《普拉特修正案》的规定进行干预。[16]

这就是美国人即将了解的关于《普拉特修正案》的事：由于美国在法律上有义务为保护生命和财产而进行干预，因此反对派和志在夺权的人不一定非要打败现行政府，才会触发干预行动。如果他们构成了足够可信的威胁，那么美国会进行干预的流言就会大量涌现。一位美国参议员早先曾预测到这种危险："假设他们进行了选举，那么总会有一个政党被击败。出局的一方很容易产生不满，而有了这样的规定，在我看来……通过制造麻烦和困难，他们反而会导致需要美国入场干预的条件出现，从而把获胜的一方排挤出去。"[17]

1905年的动荡远不仅于此。一代古巴人曾为摆脱西班牙的统治而斗争过、努力过，如今的结局却令他们大失所望。美国的占领曾属于这种失望的一部分，但是随着美国的军事统治于 1902 年结束，很多人期待政府能够充分履行共和国的承诺。然而这并没有发生。事与愿违的是，古巴人的财产被美国买家鲸吞蚕食，古巴人的工作则被西班牙移民大肆抢占。作为古巴解放军主体的非裔古巴人尤其感受到了切肤之痛。他们抱怨他们为之浴血奋战的政府在公务员方面的工作完全忽视了他们，周遭到处都是晋升无望的人。

作为一名解放军老兵以及有色人种老兵协会的成员，建筑能手埃瓦里斯托·埃斯特诺斯是指责政府的人之一。尽管他由于参与了选举前夕的叛乱而被捕入狱，不过他本人及其同伴于 1906 年 5 月 19 日被埃斯特拉达·帕尔马赦免，那一天是帕尔马第二次就任古巴总统的前一天，也是何塞·马蒂逝世 11 周年的纪念日。然而，埃瓦里斯托和其他黑人老兵并不愿意就此罢休。被赦免后不久，他们就参与了一场自由党反总统的新叛乱。叛乱者建立了所谓的宪法军，根据一些统计，这支充满前解放军老兵的部队 80% 都是黑人，其中的一位主要领导人正是黑人将军和三次独立战争的老兵金廷·班德拉。他曾于 1895 年与安东尼奥·马赛奥以及马克西莫·戈麦斯并肩作战，带领古巴军队挺进西部；传闻中戴着鼻环的将军也是他。[18]

独立后，众多前革命者颇感沮丧失望，班德拉就是最好的例证。在战后的美国占领政府时期，班德拉找不到适合的工作。他向政府说项想要谋个差事，但从未得到一官半职。他甚至连最基本的生活都得不到保障，只好写信寻求帮助，他的朋友和伙伴于是在哈瓦那的佩雷拉剧院为他组织了一场募捐。他曾冲进参议院，当时会上正在进行申讨，说对这样的一位战争英雄处置失措。然而，当他要求担任哈瓦那警察局局长的时候，政府只给了他参议院大楼看门的职位。他还曾一度干过给洗衣女工分发肥皂样品的活。古巴著名的锁牌肥皂公司把班德拉的照片印在了广告上，照片下方写着，"我是人民的儿子"。为生活所迫的班德拉甚至一度不得不去捡垃圾。为了表明自己的观点，并对诋毁他的人进行羞辱，他在收垃圾的时候穿上了自己的将军服。[19]

金廷·班德拉将军

因此，1906年8月，当一场新的自由党叛乱开始时，班德拉成了其中一个叛乱团体的领导，而建筑能手埃瓦里斯托·埃斯特诺斯也很快加入。尽管叛军在哈瓦那东部乡村取得了一些胜利，但是叛乱不到一周，班德拉就知道他们已经输了。他表示愿意投降，但前提是让他安全离境。在城外的一个农场里，他等待着政府的回复。午夜时分，当军队出现的时候，他自信满满地认为自己的要求已被允诺,于是起身迎接士兵的到来。然而士兵脸上的表情告诉他事情绝非如此。73岁的班德拉提醒年轻的士兵,他已为古巴征战数十载,但士兵们置若罔闻,他们遵照政府的命令开枪打死了他,随后又用砍刀砍了上去,并补了几枪。随后他的尸体被随意扔在车上,运往首都。尼普顿公园的停尸房外,一大批人(主要是黑人)聚集起来神情凝重地默默看着:班德拉的左耳不见了,残缺的尸首被展示给大众。他的遗孀希望能给他收尸,以便好好安葬他,但总统埃斯特拉达·帕尔马拒绝了这一请求。班德拉简陋的棺木被放在一个通常用来拉煤的推车上,既没有旗帜,也没有他这个职位的人应享有的军事荣誉。棺木随后被拉到哥伦布公墓,草草埋在一个不起眼的坟墓里。20世纪40年代,人们在哈瓦那市中心的一个小公园里给班德拉立了一座纪念碑。由于金廷·班德拉在生前、葬礼和国家记忆中的遭遇,时至今日,他的后人仍一直在为他鸣不平。如今,尽管班德拉的家人和黑人活动家一直都在恳求政府做些什么来保存他的旧居以及有关他的记忆,但他在哈瓦那的房子几乎成了一片废墟。[20]

　　班德拉被杀之际,自由派的反政府叛乱已经蔓延到每个省。大多数独立战争时期的老兵都被卷进了其中的某一方。查帕拉糖业公司的总经理马里奥·梅诺卡尔,以及一位退伍军人协会的主要领导人,都试图在总统和叛军之间进行干预与调解,但都无功而返。到处——尤其是地主和企业主——都是要求美国根据《普拉特修正案》第3条进行干预的呼声。

　　在华盛顿,前莽骑兵,现今的总统泰迪·罗斯福正火冒三丈:"我对那个该死的小古巴共和国气得不行,我真想把它的人民从地球上抹去。"罗斯福派美国战争部长和助理国务卿前往哈瓦那在双方之间进行调解，但他们没有取得任何进展。三天后，美国海军部队在圣地亚哥登陆。一周后，古巴总统带着整个政府提交了辞呈，并将国库交给了这两个美国人。美国战争部长威廉·H. 塔夫脱（他将成为美国的下一任总统）成了临时总督。十天后，他任命了自己的继任者，美属巴拿马运河区近来的总督查尔斯·马贡（Charles Magoon），现在，查尔斯·马贡成了古巴共和国的新总督。[21]

1906 年美国的占领解决了古巴两个政党之间的直接冲突，解决了备受争议的选举所引起的动荡以及针对非法选举胜利者的叛乱，但它留下了其他更重要的没有解决的问题。第一个问题是《普拉特修正案》明显的自相矛盾之处：为了维护秩序和财产，美国有义务对古巴进行干预，这使得两个国家彼此都受到对方的制约，古巴人必须始终考虑美国对任何特定政策的立场；与此同时，美国政府担心古巴人会借机进行操纵，假美国干预之机击败内部对手。第二个问题是，导致第二次干预的冲突的根源在于那些真正使古巴获得独立之人的强烈不满。他们为自己同西班牙作战中的表现感到自豪，但因在独立后的古巴缺乏机会而愤懑不平。此种怨怼之情在非裔古巴老兵中表现得尤为强烈，金廷·班德拉和埃瓦里斯托·埃斯特诺斯正是这样的人。美国的干预永远无法解决这一特定的问题。

美国的新占领持续了三年。哈瓦那繁华依旧，勒妮·门德斯·卡波特所在的贝达多愈发高雅。美国人继续在乡村——无论是作为个人还是作为公司负责人——购买土地。在占领结束之前，古巴于 1908 年举行了新的选举，自由党以压倒性优势获胜，独立战争老兵何塞·米格尔·戈麦斯成为总统。美国人随后离开，大部分人希望这是美国的永别。但《普拉特修正案》仍然存在，这意味着没人能确定（是不是真的永别）。测试很快就会到来。

第十七章
兄弟阋墙

1910年5月18日,哈瓦那的人们看着海湾对面的莫罗灯塔,以为世界末日就要来临。哈雷彗星就在那里,"一动不动地立着[并]威胁着用它的尾巴扫向这个世界"。这颗著名的彗星大约每70年就会在地球附近现身,但1910年的这一次靠得特别近,事实上,这一次,地球将直接穿过哈雷彗星的尾巴。一时间,有关世界末日的预言大量涌现。一些人认为,彗星尾巴中的气体将渗入地球的大气层,并摧毁地球上的所有生命。哈雷彗星就在那里,几乎触及哈瓦那人心爱的灯塔顶端,所有敢于抬头看的哈瓦那人都能看到。"人们被吓哭了",哈瓦那一位著名的女演员后来回忆说。药店里的镇静剂和嗅盐销售一空,一些人死于心脏病。在古巴西部的比那尔德里奥,一场事故引爆了军械库中的一箱炸药,造成约50人死亡,150多人受伤。人们相信爆炸某种程度上是由彗星的气体引发的,惊慌的人群在街上奔走呼号。[1]

在古巴东部,关于哈雷彗星的预言与另一种更熟悉的恐惧结合在一起,造成了更具破坏性的恐慌。这个故事的核心是建筑能手埃瓦里斯托·埃斯特诺斯,这位戴着白色巴拿马帽、在贝达多建造高档住宅的优雅男士。作为独立战争、工人罢工和1906年自由派叛乱的老兵,埃斯特诺斯在1908年成立了有色人种独立党(Partido Independiente de Color,PIC)。这个新政党在选举中推出了候选人(没有取得很大成功),并在埃斯特诺斯位于哈瓦那老城的家旁边出版了一份周报,后来又改成了日报。报纸的第一个原则宣言解释了该党的目标:"一个和谐的民族,这是马蒂所设想的,也是马赛奥……以及全部古巴杰出黑人所为之抛头颅洒热血的。"该党的纲领特别要求在种族平等方面进行改革,包括结束歧视、平等获取公职。纲领还呼吁扩大免费的义务教育,废除死刑,把土地分配给古巴人。"古巴是古巴人的古巴",报纸的第一期如是郑重宣布。[2]

至1910年,根据PIC自己的统计(也许有所夸大),其在全岛有150个支部和大约6万名党员,其中有1.5万名独立战争的老兵,包括12位将军和30名上校。PIC的不断壮大使得自由党忧心忡忡,因为在此之前,自由党一直是岛上大量黑人选票的主要受益者。在自由党内外,其他人则担心PIC明确的种族诉求会破坏民族团结。出于这两方面的考虑,1910年,古巴立法机构禁止成立限定种族成分的政党。起草该法律的参议员马丁·莫鲁亚·德尔加多(Martín Morúa Delgado)本人就是一个有色人种。① 其他非裔古巴立法者——他们在参议院和众议院约占15%的份额——同样拒绝了成立黑人政党的想法,他们认为这样做会遭到许多古巴人的强烈反对,他们还认为在既有框架内工作更有利于争取平等权利的斗争。将基于种族成立政党是非法的拟议法律,几乎得到了全体一致的支持。[3]

为了在该议案成为法律之前挫败它,PIC在全岛进行了动员。埃斯特诺斯发起了一次雄心勃勃的巡回演讲,数百人前去聆听他的演说。他告诉听众,自己继承的乃是安东尼奥·马赛奥的斗争。几乎

---

① 因而也被称为《莫鲁亚法》。——译者注

一有机会，埃斯特诺斯和其他领导人就据理力争地表示，他们只想要平等和正义，而非诋毁者所说的那样，想要凌驾于白人之上。"和平，"他如此说道，"是我们的基础，而选票是我们的［武器］。"[4]

尽管埃斯特诺斯做了解释，但1910年5月4日，当哈雷彗星接近古巴上空时，埃斯特诺斯的有色人种独立党还是最终被定为非法组织。该党的领导人在全岛组织了和平抗议活动，但所有抗议似乎都被置若罔闻。政府逮捕了包括埃斯特诺斯在内的党内活动家，并向那些看起来特别易受攻击的地区派遣了军队。在一些地区，士兵的出现加剧了恐慌；而在其他地区，反倒是士兵的缺席加剧了恐慌。古巴东部的一些白人官员预测，PIC的活跃分子将借哈雷彗星到来之机"杀死所有白人"，他们说一个黑人领袖甚至自称"哈雷"。在圣地亚哥，总督向哈瓦那发送了一些疯狂的信件，预言埃斯特诺斯和他的手下将"砍下几个人头"。在埃尔科夫雷，报纸称黑人政党成员在慈善圣母面前发誓，要彻底消灭白人。在关塔那摩，据说在彗星经过的那个晚上，白人们彻夜未眠，因为他们觉得会在床上遭到袭击。而在关塔那摩海军基地以北的凯马内拉渔村，白人居民在恐惧中仓皇出逃，他们划船到邻近的小岛上，冒着碰到凯门鳄（此地就是以这种鳄鱼的名字命名的）的危险露营过夜。[5]当然，这些预防措施是完全没有必要的，尽管近乎一片混乱，双重灾难——不论是由彗星还是种族战争所带来——却从未发生。

不过，我们还是可以说，某种接近种族战争的东西确实来临了——仅仅只是晚了两年，而且不是以大多数预言家所想象的方式。尽管PIC在1910年就被取缔，但它仍在继续动员和游说，意图推翻法律，以便其能在选举中推出候选人。由于这些努力都没有什么结果，该党决定组织一次全国性的武装抗议，反对《莫鲁亚法》（*Morúa Law*）。抗议时间定在 1912 年 5 月 20 日，那天正好是古巴共和国成立十周年的日子。埃斯特诺斯和独立战争的老兵、PIC 领导人佩德罗·伊沃内（Pedro Ivonet）一起，选择了东部的奥连特省作为抗议的主要地点，这里是古巴独立斗争的发源地，也是非裔古巴人占选民人数 44% 的省份（是全岛所占比例最大的地方）。抗议的目的不是叛乱，而是在选举年有纪律地展示黑人的力量。埃斯特诺斯坚称，他一直坚守建立一个种族亲善的古巴的承诺，但共和国最近的历史使他相信，为了使这个承诺真实有效，黑人活动家必须面对古巴真实存在的种族歧视。最终，PIC 领导人所希望的是，通过在独立日展示力量，可以促使总统何塞·米格尔·戈麦斯，一个过去曾与黑人官员和选民结盟的自由党人，废除《莫鲁亚法》，并在 1912 年选举前使 PIC 合法化。此种武力展示是标准的政治手段，但有的时候，可能会如 1906 年所发生的那样，导致武装冲突和美国的干预。然而，这次发生的事情几乎使每个人都大为震惊。[6]

抗议活动一经宣布，诋毁者就给它贴上了熟悉的老标签。"种族主义革命。"一个标题写道。"这是种族主义起义，是黑人的起义。"另一篇文章宣布。报纸说得好像整个奥连特省都沦陷了，而岛上的其他地方也很快就会沦陷。他们声称领导人不仅是黑人，而且是海地人。他们报道了黑人叛乱分子强奸白人妇女的可怕谣言。埃斯特诺斯试图反驳这些描述，他接受了新闻界的采访，并明确表示："我们不抢劫，也不与女性搭讪，更不用说暗杀白人了……认为这是一场种族战争的［想法］是错误的。"[7] 但木已成舟。新闻报道酿成了一股反对黑人、力主镇压的势头，并将种族亲善的共和国概念击个粉碎。

不过，不管新闻界扮演了怎样的角色，古巴政府才是于1912年开始将暴力和无情的镇压落到实处的主体。5月21日，戈麦斯总统开始向古巴东部派遣军队并运送武器。两天后，政府要求平民志愿者加入军事行动。历史学家艾琳·赫尔格（Aline Helg）写道，在整个岛屿上，"成千上万的白人自发组成地方'自卫'民兵，自愿前往奥连特省作战"。在这些志愿者中，有许多是解放军老兵。安东尼奥·马赛奥的一名白人前副官组织了一支500人的志愿民兵，他们乘着一艘名为帕特里亚号的船离开哈瓦那前往奥连特。独立战争老兵马里奥·加西亚·梅诺卡尔——美国所有的查帕拉糖厂的总经理以及保守党在1912年的总统候选人——表示，愿意带领3000名志愿者去镇压黑人运动。在镇压中发挥最大作用的何塞·德·赫苏斯·蒙特亚古多（José de Jesús Monteagudo）将军也是一名独立战争的老兵。5月27日，他带着1200人驶向奥连特，指挥镇压PIC抗议活动的行动。4000多名正规兵、农村警卫队和志愿者已经在那里，准备在他到达时加入战斗。[8]

在华盛顿，威廉·霍华德·塔夫脱总统正在观察并考虑美国是否需要根据《普拉特修正案》再次进行干预。[9]古巴东部是美国最近在古巴的大部分投资所在地——不仅有大规模的糖厂，还有铁路和矿场。该地区还有几十个美国"殖民地"，有数百名美国公民住在那里。因此，5月24日，当塔夫脱政府宣布将向关塔那摩派遣军舰和750名海军陆战队队员，以保护古巴东部的美国财产和美国公民时，没有人感到太过惊讶。6月5日，美国派出了4艘军舰和450名海军陆战队队员。美国当局称这次部署只是"预防性的"——不是干预的前兆，而是试图提供保护，以便无须进行干预。[10]

戈麦斯总统火冒三丈，他向华盛顿抱怨说，古巴不需要干预，一切都在他的掌控之中。由于戈麦斯必须向美国证明所谓的"黑人叛乱"已经得到控制，因此他进一步升级对抗议者的镇压。美军介入保护美国财产，也使得古巴军队能够全力以赴地对待本就缺兵少将且大部分没有武装的叛军。[11]

镇压黑人独立运动的军事行动毫不留情，到处都流传着有关大规模杀戮的报告。曾是独立战争老兵的关塔那摩市市长杀死了 50 个被认为是叛军的人。5 月 31 日，卡洛斯·门迭塔（Carlos Mendieta）将军——另一位解放军老兵，也是古巴未来的（临时）总统——在模拟攻击叛军营地时，邀请记者观看军队新机枪的效能。实际上，所谓的叛军营地根本就称不上是营地，而是一个小型的农村定居点，换句话说，里面都是非战斗人员。那一天，古巴军队在那里枪杀了 150 人。在整个地区，军队和志愿民兵几乎把每个有色人种都当作嫌疑犯。大量的报道称，当士兵在农村遇到黑人农民时，他们就认定这些黑人是叛军，并旋即将他们杀害。目击者说，黑人的尸体很快就遍布农村。遇难者的死亡方式多种多样：有的是在战斗中被射杀，有的则是被近距离击毙，还有些人是被砍刀砍死的。据说有一次，白人志愿兵带着所有黑人反叛者的耳朵进入了一个城镇。有的时候，黑人男子则被绞死在树上。一份报纸的标题问道："这是私刑先生驾到了吗？"——这是指在美国盛行的私刑。[12]

将古巴政府对 PIC 运动的反应说成是大题小做，这一言论完全是站不住脚的。事实上，PIC 的抗议规模相对较小，对财产和人员的威胁也不大。据保守估计，有 300 名抗议者参加了 5 月 20 日在古巴东部的示威，他们中的大多数都没有武器，许多人刚刚结束季节性的收糖工作，"只带着工作用的砍刀和吊床"参加了抗议活动。面对暴力镇压且明知成功无望，他们大多试图撤退到山区。据说他们偷了一些马，还有农村商店里的一些商品。5月31日，他们进行了一些破坏活动。6月1日，一些人打败了一小群农村警卫队，控制了非裔古巴人占大多数的拉玛雅镇。彼时抗议者们实际上是在与政府的焦土政策作斗争，也就是说，镇压先于实际的叛乱。[13]

当然，将冲突描述为白人对抗黑人的故事并非总是成立。有许多古巴黑人并没有加入或支持抗议活动，无论是因为意识形态，还是因为害怕遭到镇压。然而，还是很难避免这样的结论：抗议运动开始后不到两个星期，政府在奥连特的军事行动就已经演变成某种接近种族战争的东西。几乎所有参与镇压的政府人员都是白人，同样，受害者也几乎都是黑人。因此，镇压实际上就是大部分的武装白人弹压绝大多数没有武装的黑人。[14]

6月5日，政府中止了古巴东部的宪法保障。一位观察家说道，现在，军队可以"在没有法院介入的情况下杀害黑人了"。镇压的暴力和野蛮程度进一步升级，就连政府行动的指挥官蒙特亚古多将军也承认，这场运动已经变成了单纯的屠杀。[15]在中止宪法保障的第二天，戈麦斯总统向古巴人民发表了一份宣言。人们可能会认为这是在试图恢复和平，呼吁结束暴力。恰恰相反，这是战斗的号召。总统再次将PIC运动称为种族战争，将古巴政府的镇压视为捍卫文明本身，他呼吁更多的志愿者来对抗"凶残的野蛮行为……那些行为超出了人类文明的界限"。敌人甚至不再是人类。[16]

埃瓦里斯托·埃斯特诺斯针锋相对地写了一份给古巴人民的宣言。这也是一个战斗的号召——但反对的是政府的残酷镇压。他强调抗议者并不想打仗，他说他们现在这样做，是"带着遗憾和悲伤"来打倒"这片同样也属于我们的土地上的……不公正和压迫。因为我们在这块土地上出生,我们用汗水浇灌了四个世纪的土壤,我们流血牺牲,为争取自由进行了史诗般的斗争"。前奴隶制下的黑人以及作为独立战争战士的黑人,创造了古巴,现在,他们要求在共和国中占有一席之地。在整个宣言中,埃斯特诺斯没有把自己和 PIC 的运动说成是对文明的威胁,而是将其视为文明的体现,以"野蛮的自私"行径行事的是他们的敌人。这份文件不仅对埃斯特诺斯的行为及其种族进行了辩护,而且呼吁实现他曾认为可能存在的古巴。他最后直接反驳了总统的宣言:"我们想让大家知道:这不是一场种族战争。"[17]

埃斯特诺斯从来没有机会分发或出布该宣言。6 月 13 日,在躲避追捕者时,他把宣言落下了。一位陆军上尉发现了它,并把它交给了上司。随后有几家古巴报纸刊登了这份宣言。6 月 27 日,就在宣言发表后的数天,埃瓦里斯托·埃斯特诺斯,这位优美的贝达多曾经的建筑能手死去了,他在 50 名手下面前被近距离枪毙。古巴士兵将埃斯特诺斯的尸体运到圣地亚哥市,尸检后不久,两名医生和一群白人军官还在桌后合影留念。他的躯干看起来似乎被肢解了,肉被重新缝在一起。由于他的头背对着照相机,因而照不到他的正脸。一名医生用手托着埃斯特诺斯的头,展示脑后的大弹孔。这张照片被刊登在全国各地的报纸上,甚至有人用这张可怕的照片制作了纪念性的明信片。埃斯特诺斯的尸首——赤身裸体、残缺不全、蚊蝇满身——被运到圣地亚哥,并在以吉列尔莫·蒙卡达名字命名的军营前公开展示。蒙卡达是三次反西班牙独立战争的黑人英雄。观察者们注意到,该城的非裔古巴人的脸上愁云惨淡。然后,埃斯特诺斯被埋在一个没有墓碑的普通坟墓里,以防该地成为朝圣地。[18]

埃斯特诺斯只是 1912 年众多伤亡人员中的一个。古巴官方消息称,叛军的死亡人数为 2000 人。居住在该地区的美国公民以及一些幸存的 PIC 成员估计,死亡人数介于 5000 到 6000 之间。最近,一位古巴学者认为死亡人数为 3000 人。尽管死了这么多人,但政府所没收的武器不过只有不到 100 把的左轮手枪和几十把猎枪、步枪和砍刀,毕竟大多数被政府杀害的人都没有武器。与此同时,官方统计政府军方面的死亡人数是 16 人,其中 8 名非裔古巴士兵是被手持武器的同伴杀死的。[19]

种族暴力事件向来丑陋不堪,1912 年的故事也是如此。事实上,这可能是古巴共和国历史上最丑陋的一章。成千上万的公民——大多数是手无寸铁的黑人——被他们的白人同胞杀害。"种族战争"的指控在古巴很常见。从历史上看,这个词是为了凸显白人对黑人暴力的恐惧;害怕种族战争,即是惧怕黑人暴力。然而,也许在大多数情况下,运用暴力的乃是国家及其白人代理人。无论白人公民在种族战争的谣言中感受到怎样的恐惧,与黑人所感受到的白人暴力相比,白人的恐惧既没有那么严重,他们也没有理由那么恐惧。

不管对这个故事进行基本的复述有多么令人不适,当我们结合之前的独立运动来思考这个故事时,这种感受都变得更加深刻。独立运动颂扬了种族平等的原则,而多种族的解放军则是实现这一原则的手段,黑人在解放军中得到晋升,握有实权。在何塞·马蒂的设想中,种族平等的努力是一场爱的革命。在这场革命中,白人不仅与黑人并肩作战,有时还心甘情愿、充满敬意地站在黑人身后。显然,1912 年的暴力事件是对这些原则的否定。

然而,使 1912 年的暴力事件变得更丑陋不堪的是另一个事实:敌对双方往往是曾经并肩作战的战友,他们曾为了建立一个包容的共和国而战斗，曾是一支多种族军队的战友，曾自豪地喊出反种族主义的原则，而现在，他们在一场战斗中对峙，却正是为了确定这一愿景的意义和边界。当黑人老兵作为古巴黑人动员起来，要求权利，谴责歧视，揭露政府未能实现曾许诺的反种族主义共和国的理想时，白人老兵却指责他们是危险的分裂分子，是在否定共和国得以建立的原则。此种说辞使得白人的镇压行动在当时的政治上变得"合理"。然而，1912年的镇压事件太过残酷和赤裸，以致人们对争取和赢得古巴独立的根基产生了怀疑，它使古巴在某种程度上超越种族主义的愿景成了谎言。部分地出于上述原因，1912年的历史至今仍是古巴历史对话中最具挑战性和争议性的话题之一。

在1912年事件发生后不久，人们确实都在谈论。由于暴力是由自由党实施的，因此反对派就利用这一可怕的事件来攻击当政者。事实上，正是因为这些事，何塞·米格尔·戈麦斯总统——他将永远受到1912年政治事件的困扰——在当年的选举中败给了马里奥·加西亚·梅诺卡尔，这位独立战争的老兵曾是美资查帕拉糖厂的总裁。古巴人用选票击败了1912年大屠杀的制造者。差不多20多年后，政府在哈瓦那为戈麦斯立了一块大型的豪华纪念碑，如今，这块纪念碑位于贝达多两条主街道——第23大街和总统大道的交叉口，但没人为埃斯特诺斯建纪念碑。

1912年后，黑人政治家、活动家和知识分子都不得不小心翼翼。这一年的事件使人们难以直陈种族歧视，也几乎不可能按照种族路线进行新的动员。多种族运动所颂扬的乃是一个为所有人谋福祉的理想共和国，然而，独立十年后，这一理想彻底破灭了——这并非是由战争造成的，而是拜美国所赐，后者在古巴制造了一个充满缺陷的和平。

也许是现实实在太令人失望了，1915年9月24日，两位年迈的黑人将军率领一支由解放军老兵组成的两千人的队伍，骑着马自圣地亚哥市鱼贯而出，踏上了曾被1912年的残酷镇压所蹂躏过的土地。这一行人并不都是黑人，他们分属各个种族和党派，这些人也不是去打仗，相反，他们的目的地是埃尔科夫雷山顶上古老的慈善圣母院。领头的人带了一份古巴老兵致梵蒂冈请愿书的副本，请愿书恳请罗马教廷承认他们心爱的圣女为古巴共和国的主保圣人[20]，四个世纪前，这位棕色圣女曾在两个原住民和一个非洲小男孩面前现身。在更接近当下的叙述中，其中一个原住民变成了白人。如此一来，圣女现身的故事——出现在一个印第安人、一个非洲人和一个西班牙人面前——就恰好体现了古巴民族的历史根源。

古巴人认为这就是他们谈论种族的方式——多种族的爱国队伍拥护一个和谐古巴的多种族象征。对游行队伍中的黑人来说，参加这一活动意味着什么呢？仅仅在三年前，很多人目睹了难以言喻的种族暴力。这种经历至少会让他们怀疑：他们的游行及请愿所体现的古巴是否存在。但是，如果说大多数人都怀疑一个和谐古巴是否真的存在，那么也有许多人选择相信这一原则。让棕色圣女成为所有古巴人的主保圣人，这一努力或许是在祈祷，上述原则能以某种方式变得更加真实。尽管1912年发生了不可言状的血腥镇压，但古巴黑人仍旧继续动员起来，寻求公职、出版报纸、组织罢工、成立机构，所有这些都旨在实现为所有人谋福祉的古巴共和国的愿景。

第十八章
繁荣，危机，觉醒

1917年4月7日，古巴总统马里奥·梅诺卡尔对德国宣战，这一天是美国总统伍德罗·威尔逊对德宣战的次日，彼时，一战已经持续了三年。帕特里亚号战舰——当年载着士兵和志愿者，前往古巴东部镇压黑人政治抗议活动的同一艘船——搭载着出生于"古巴最好家庭"的人离开哈瓦那港，他们先是前往加尔维斯敦和圣安东尼奥接受训练，或是学习驾驶战机，或是成为技术工人，随后他们作为古巴飞行小队去往法国前线。[1] 等到他们准备出发的时候，战争已经结束了，古巴加入第一次世界大战就这样以纯粹的象征性之举告终。

然而，第一次世界大战却给古巴带来了巨大的变化。由于战争把欧洲的甜菜田变成了战场，古巴糖的价格随之水涨船高。即使存在战时的价格管控，但糖的利润依旧相当丰厚。战争一结束，管控随之取消，利润更是进一步飙升。1919—1920年的收获简直堪称神奇。开始时，世界市场上的糖价是每磅7.28美分，这个数字实际上已经超过了行业预期，到收成季结束时，也就是仅仅6个月后，价格已经攀升至每磅22.51美分。最终，这次收获带来了大约10亿美元的收入——比1900—1914年所有收获的总和还要多。这是古巴历史上最大的繁荣，观察家们说，这就"像梦一样"，更像是一部电影而非现实生活。人们将这一时期称为肥牛时代（era of the fat cows），或者更文雅的说法是百万之舞（dance of millions）。[2]

人们利用极高的糖价进行投资，卖出、买入和投机，但是繁荣来得快去得也快。所有那些在几个月前以糖价为基础进行借款的糖厂老板，突然发现自己破产了。先是糖厂拖欠贷款，然后是银行倒闭，20家古巴银行的334家分行关门，而有美国母公司支持的美国银行则幸存下来。事实上，由于新危机的到来以及随之而来的债务违约，越来越多的财产处于美国银行的控制之下。古巴四分之一的糖厂被转让给了纽约城市银行。到1922年，美国拥有或控股的公司，其生产的糖足足占了古巴糖产量的三分之二。[3]

美国主导古巴经济并不是什么新鲜事。在第一次军事占领期间，美国制定的政策就牺牲了古巴土地所有者的利益，便利了土地向外国所有者的转让。但是，第一次世界大战及其后果带来的变化加速了这一进程，使美国在古巴的权力更加稳固。

美国的经济影响强大且持久，它塑造了古巴人的生活方式，影响了他们的饮食习惯、旅行方式、工作方式、娱乐方式，甚至影响了他们的外貌。美国的大规模生产兴起之时，古巴是个十分容易进入的市场。1914年，美国产品的进口额为6900万美元；在糖业繁荣高峰期的1920年，进口额飙升至4.04亿美元。在这些进口产品中，有古巴出口经济不可或缺的产品，比如提高制糖厂产量的先进机械，以及铺设纵横交错的铁路和公路所需的设备。不过美国出口到古巴的产品比这更广泛，从成衣时装到简单的家用电器，从香烟到收音机，从电话到电梯，从马桶到汽车，一应俱全。汽车也许比任何其他进口产品都更象征着一个新时代。随着西班牙统治的结束，汽车于1899年首次来到古巴。据一位外国记者的报道，至1919年，古巴的人均汽车保有量是世界上最高的。这种观察主要来自印象，实际上并不准确。事实上，古巴的人均汽车保有量在拉丁美洲排名第三（低于阿根廷和墨西哥），而哈瓦那的汽车保有量则大致与纽约市齐平。古巴大多数的汽车，例如1922年进口的5117辆汽车中，有4722辆是美国汽车，其中大部分是福特汽车，它有各种型号，且比竞争对手更加实惠。哈瓦那的第一辆出租车就是福特汽车，几十年来古巴人都把乘坐出租车称为"打到了一辆福特"。[4]

汽车、闪亮的电器、四通八达的铁路、有轨电车和高速公路系统；豪华的电影院，有些甚至是有声影院；备有奢华大堂和最新电梯的高级酒店，所有这些都使哈瓦那——1919—1931年间人口翻了一番——具有明显的现代感。但是，现代性当然没有排除贫穷或不平等。在离现代汽车和有轨电车行驶路线不远的地方，在离装满现代产品的拥挤的集装箱码头不远的地方，棚户区也在逐渐发展——没有铺柏油的土路、恶劣的环境、一大家子挤在摇摇欲坠的建筑中。城乡差距也在哈瓦那和岛上其他地区之间开始显现。省会城市享受了许多与哈瓦那相同的现代化福利，但小城市特别是农村则更加落后了。

随着美国经济渗透的日益深入，美国本就十分强大的政治影响力也进一步得到巩固。1917年，也就是在糖业繁荣并随后崩溃的三年前，一场具有争议的选举导致几个省发生了叛乱，美国随之进行了干预。1920年12月，在一片经济大萧条中，又有一场充满争议的选举使得动乱的流言四起，伍德罗·威尔逊总统于是派遣伊诺克·克劳德（Enoch Crowder）作为他的特别代表前往哈瓦那。克劳德是密苏里人，也是将几代美国人征召入伍的《美国义务征兵法》（*Selective*

Service Act）的起草人。他于 1921 年 1 月 6 日抵达哈瓦那，并很快表明了自己的意图。他明确表示，根据《普拉特修正案》，美国在古巴的权力可以扩展至"每一项规定，只要这项规定在保护生命、财产和个人自由时，为一个合适的政府所援引"。克劳德开始对古巴政府发号施令，他告诉新总统阿尔弗雷多·萨亚斯（Alfredo Zayas），除非接受他的改革，否则古巴将无法得到美国的贷款。利用他所谓的"胁迫性影响"和"坚持不懈地提意见、建议，以及最后的实际要求"，他迫使萨亚斯解散了内阁。也许自 1899—1902 年以及 1906—1909 年的美国军事占领以来，美国在古巴的政治权力从未像现在这样无所顾忌。[5]

战后的变化也加速了美国在古巴的另一种力量的发展——旅行的力量。战争使得通常去欧洲度假的美国人未能成行，于是他们转而去了古巴，并且喜欢上了这里。战后，前往古巴的美国游客数量几乎和糖的价格一样呈现出爆炸性的增长。从第一次世界大战到 1929 年的股灾，访问古巴的游客数量翻了两番，涌向古巴的美国人越来越多：1914 年有 3.3 万人，到 1928 年有 9 万人，到 1937 年有 17.8 万人。旅游业如此兴旺繁荣，以至于一些古巴人开始将其视为该岛潜在的"第二作物"——当然是排在糖之后。[6]

古巴旅游业的发展源于美国战后的一种特殊繁荣。根据一项统计，在漫长的 19 世纪和 20 世纪之交，美国百万富翁的人数增加了 14 倍——从 1875 年的大约 1000 人增加至 1927 年的 1.5 万人。在 20 世纪 20 年代，许多百万富翁都喜欢去古巴旅游。一本流行的旅游书上说，对于那些"先前在里维埃拉过冬的一部分时髦人士来说"，哈瓦那正迅速"成为他们的第二故乡"。美国权贵的支柱都去了那里：

范德比尔特家族、惠特尼家族、阿斯特家族。各类名流也是如此：阿米莉亚·埃尔哈特、欧文·柏林、查尔斯·林德伯格、加里·库珀、格洛丽亚·斯旺森、兰斯顿·休斯、阿尔伯特·爱因斯坦、纽约市市长吉米·沃克、可口可乐公司和大通银行的总裁。比尔特莫连锁酒店的老板约翰·鲍曼在哈瓦那已经拥有一家豪华酒店，他又成立了比尔特莫-哈瓦那游艇和乡村俱乐部。他把俱乐部宣传为"地球上最伟大的地方"。为了凸显俱乐部的伟大，约翰·鲍曼甚至要求广告的每个字母都要大写："总有一天比尔特莫-哈瓦那会被医生当作药方的（SOME DAY BALTIMORE-HAVANA WILL BE PRESCRIBED BY PHYSICIANS）。"另一则广告是"年轻英俊、面带微笑的约翰·雅各布·阿斯特五世……他躺在古巴的白沙滩上，正准备在学校寒假的假期里玩多米诺骨牌游戏"[7]。

美国战后的经济增长也扩大了中产阶级的队伍，更多的人拥有了更充裕的可支配收入。与此同时，每周五天工作制和带薪休假的兴起创造了另一种有价值的商品：休闲时光。技术的进步进一步普及了前往古巴的旅行。20世纪头十年，从纽约出发，先乘火车到基韦斯特，然后再乘汽船到哈瓦那，需要花上56个小时；到20世纪20年代末，行程缩减至不到40个小时——这个目的地比欧洲近得多，而且这里的冬天比欧洲更加温暖明媚。同样是在20世纪20年代，商业航班的出现极大地缩短了两地的距离。美国公司开始组织到古巴出差，选择古巴作为年会的地点，一代又一代的美国新婚夫妇也在那里度蜜月。[8]

金钱、时间、气候和距离都使得古巴成了美国人的热门旅游地，但也有一些完全不同的因素在起作用：美国人的道德——更确切地说，是国会决定采纳热切的禁酒主义者的呼吁，通过了禁止生产、运输和销售酒精饮料的"第十八修正案",也就是俗称的禁酒令。从1919 到 1933 年,禁酒令一直是美国的法律,而这段时间正是古巴第一次旅游热潮的全盛时期。这也解释了为什么当时最受欢迎的古巴旅游书的标题是这样的:《现在是古巴鸡尾酒时间》(*When It's Cocktail Time in Cuba*),该书由巴兹尔·伍恩所作。

20 世纪 20 年代,哈瓦那拥有大约 7000 家酒吧,有些是禁酒令期间美国人在古巴重开的。艾德·多诺万就把他在新泽西州纽瓦克的酒吧打包——桌子、椅子、镜子、招牌,甚至酒吧本身——然后在普拉多大道上重新开张。这条大道通向哈瓦那的中央公园和新落成的国会大厦,这个大厦与华盛顿的美国国会大厦非常相似。美国的酒客们接踵而至——"爱玩的来参会的人、放荡的寡妇、成千上万的游轮观光客"。他们下船后的第一站通常是对岸码头众多酒吧中的一家。"白发苍苍的女士们紧紧抓住邋遢乔酒吧(Sloppy Joe's Bar)的栏杆",这是一个备受游客欢迎的酒吧,古巴人索性将其称为"美国酒吧"。该酒吧 90% 的顾客都来自美国,酒吧里有 80 多种鸡尾酒,还有自主品牌的陈年朗姆酒。游客们会在酒吧喝上一杯(或者喝好几杯)。游客攻略将哈瓦那称为"鸡尾酒的天堂",而古巴则是"绵延七百英里的娱乐场"。[9]

喝酒只是诱惑的一部分。哈瓦那还以另一种消遣而闻名,这种消遣在美国同样是非法的:赌博。1919 年,在梅诺卡尔总统的催促下,古巴国会将赌场赌博合法化。当拉普拉亚赌场开业时,总统的家人吹嘘他们拥有回力球游戏的独家经营权(并从中获利)。1920 年,贝比·鲁斯(Babe Ruth)在哈瓦那打了十天的棒球(美国大联盟球员经常在古巴打"冬季球"),他的出场费高达每场两千美元,而他的大部分收入都花在了玩回力球游戏上。赌场的不远处是东方公园，这是一个巨大的赛马场，可容纳约一万名观众，奖金出了名得丰厚。在1925年的赛季开幕式上，新上任的总统格拉多·马查多（Gerardo Machado）恰好也是一位养马人，他有自己的观赛包厢，上面挂着一面古巴国旗。[10]

赌博、喝酒，一切在古巴似乎都是合法的，这成了美国人理解古巴的一个重要部分。美国游客称赞这个岛屿是个一切皆有可能的地方。一位记者在1921年称其为"个人自由的理想国度……当我们来年再来的时候"——因为这个岛屿怎么说也值得再次造访——"我们应该把自由女神像带上，放在哈瓦那港口，那才是属于她的地方"。另一位作家说，越来越多的美国人到古巴旅行，因为他们想"按照20世纪的版本追求生命、自由和幸福"。她说，古巴人把他们的国家称为"自由古巴"，在她看来，这样的说法名副其实。对于美国游客来说，这种自由也许意味着在不违反法律的情况下喝酒或赌博，甚至可能意味着无过错离婚在古巴合法化的时间比美国第一个州承认它要早50多年。[11]

美国游客的自由感不仅来自不用担心法律，也来自他们有机会表现得与他们在大雪纷飞的匹兹堡或波士顿认识的自己有所不同。他们可以穿得更开放，可以在更有诱惑力的节奏下跳更具挑逗性的舞蹈。当其他人纵情跳舞之时，矜持一点的人则可以简单地眉目传情。蜂拥而至的外国游客在具有异域风情的古巴找乐子，使得当地的夜总会一时风头无二。露天的马德里城堡提供餐饮、舞蹈和精心制作的节目表演，其中包括伦巴舞者、美国轮滑运动员、古巴歌手、美国爵士乐手，甚至还有美国西部片中的电影明星。数十家新的夜总会各自推销自家的活动：欢乐之夜、哈瓦那最好的节目表演、热辣甜美的音乐，当然还有"美丽的女郎"。[12]

古巴虽然近在咫尺,但却让人感到新奇和浪漫,兴许还有那么一点危险。《纽约客》(*New Yorker*)和《新共和》(*New Republic*)的作家沃尔多·弗兰克如是描述道:

> 这个哈瓦那——这个古巴人的哈瓦那——是不真实的……这种感觉如此鲜明,我于闷热的半睡眠状态中醒来,感觉身处极度的危险之中。既然这只是一场梦的话,我为什么要躲避这辆汽车呢?……就如梦中一般,许多世界混杂在一起……西班牙、加勒比海、非洲、蒙古、尤卡坦附近树木丛生的废墟,通过肉体的一次震颤,通过一双眼睛的凝视,全都闯了进来。就像一个真实的昨天随着夜色降临,闯入一个疯狂梦境的角角落落,古巴人的哈瓦那就是如此。这种不真实无处不在。百加得朗姆酒……是一种缓慢消逝的香水:当你饮尽杯中酒后,仿佛有一个梦在你口中徘徊。古巴的水果有一种飘飘欲仙的模糊口感。芒果、曼密苹果、番木瓜、鳄梨、番石榴……每一种水果都带有异域水果和气候的曼妙回忆……甚至是景色之梦……你知道梦境的特点:目之所视是怎样与朦胧的幻想融合在一起。这就是古巴的特点。[13]

欧内斯特·海明威更简洁地表达了他因何对古巴着迷。一个朋友回忆道,海明威喜欢古巴,因为古巴"既可以钓鱼,也可以做爱"。哈瓦那的街道、郊外的海滩,甚至港口对面贫穷(但"有趣")的工人阶级的雷格拉街道都吸引着美国游客。他们渴望置身于一个特殊的地方,在那里他们能够感受到"你可以做任何你想做的事情,并且知道没有什么是错的"。[14]

古巴人是如何看待这一切的呢?从赚钱的角度看,一些人对此求之不得。著名的邋遢乔酒吧的老板将酒吧从主要出售食物转为主要提供酒品。他并不觉得人们把他的店称为"美国酒吧"有什么问题。许多人都很乐意用英语来命名他们的生意，并在橱窗里打出广告。他们迎合了美国人的取向，因为游客大多是美国人，而且美国人才是花钱的人。但其他不从事旅游业的古巴人则对此表示了担忧。一位政治家质疑，赌博和饮酒式的旅游是否将古巴岛变成了美国的"厕所"呢？旅游业的新主导地位是否预示着美国化悄然而至，预示着民族文化的日趋淡化呢？也许正是这种不安促使一些古巴人注意到美国游客的行为方式，"他们觉得自己是大国公民，说话蛮横，到处发号施令"[15]。

当然，并不是所有的游客都扮演了"丑陋的美国人"的角色。事实上，大多数人的行为可能都是得体的。这些美国游客可能是与妻子一起旅行的推销员、认真来度蜜月的人、教会团体、孤独的寡妇和鳏夫，以及善良的普通度假者。有些人可能看了低俗的节目表演，但他们也涌向了更安静的娱乐活动，他们去了阳光明媚的海滩，看了一流的爵士乐表演。他们甚至可能看了1921年在哈瓦那举行的国际象棋锦标赛，古巴象棋天才何塞·劳尔·卡帕布兰卡（José Raúl Capablanca）赢得了那一届的冠军并一直将冠军头衔保持到1927年。阿尔伯特·爱因斯坦于1930年访问哈瓦那，并在国家科学院发表了演讲。他知道这个城市还有比时尚的酒店和表演更有意义的地方，因此他坚持参观了贫民区和棚户区。其他美国人则过来钓鱼，休养生息，观看冬季棒球或参与其中。许多受种族隔离之苦的美国黑人联盟（US Negro Leagues）的成员并不仅仅是出于天气原因喜欢在古巴打棒球，在古巴，他们可以在一个美丽迷人的城市，在一流的综合体育场打所有的比赛，而不必遭受他们在吉姆·克劳时代的美国所遭受的羞辱。虽然许多古巴球队都有美国球员（包括黑人和白人），但古巴的棒球推广者有时会把整个大联盟的球队邀请过来与古巴球队打比赛，这些比赛吸引的观众是最多的。在这个古巴棒球的黄金时代的多年后，仍有很多人还记得这样一场比赛：贝比·鲁斯没有得到一支安打，古巴明星克里斯托瓦尔·托连特（他也曾在美国黑人联盟打过球）打出了三支全垒打，古巴队以 11∶4 击败了纽约巨人队。[16]这可能是一场激烈对抗最好的结果，但主要是为了娱乐。

　　在这一时期成千上万造访古巴的美国人中，最引人注目的是1928 年 1 月总统卡尔文·柯立芝一行。这是柯立芝在其总统任期内唯一的一次国外访问，也是在任美国总统第一次——直到 2016 年 3 月奥巴马的访问之前——和唯一一次访问古巴。柯立芝受到了盛大的欢迎，总统府的一个侧翼被重新装修用以接待他和他的妻子。当人们无意间用朗姆酒招待他时，他遵守了美国的禁酒令，优雅地予以拒绝。当然，柯立芝并不是以游客的身份造访古巴的，他在古巴进行的是正式的国事访问，并为第六次泛美会议开幕，泛美会议是西半球国家定期召开的大会。在 1826 年的第一次泛美会议上，美国代表曾反对拉丁美洲新生国家帮助古巴摆脱西班牙统治的任何努力。

　　一个世纪后，为了欢迎美国总统，古巴政府在新近完工的缅因号（缅因号的爆炸引发了美西战争）纪念馆周围修建了一个精美的广场。新的广场上有空旷的平地、花园和威廉·麦金莱、西奥多·罗斯福总统以及古巴前军事总督伦纳德·伍德的半身像。会议（泛美会议）的场合和地点（缅因号广场）显然在提醒人们，美国与古巴独立有着漫长且麻烦重重的关系。但无论是东道主古巴还是来访者美国，任何一方都不想让人注意到这一点。会议召开之时，美国正忙于对海地、多米尼加共和国以及尼加拉瓜进行军事占领，于是此次会议设法避免了对美国的政策进行明确的谴责。[17]

当柯立芝起身向代表们讲话时，仿佛那段历史从未发生。"本着克里斯托弗·哥伦布的精神，"他如是起头，"所有美洲人都有一个永恒的团结纽带，一份只留给我们的共同遗产。"在对那些"所有美洲国家"的美洲人讲话时，他坚持认为大家都是平等的："在这里出席的所有国家都立足于一个完全平等的基础上。在这里发言的最小最弱的国家与最大最强的国家享有同样的权力。"代表们起身鼓掌，这一举动与其说是相信这一声明的真实性，不如说是热切地希望其能够实现。柯立芝凝视着会场，谈到了古巴的历史和现状。"三十年前，古巴是外国的属地。遭到革命和敌对势力的撕扯……如今古巴是自己的主人了。古巴人民……在政府的稳定性方面，在通过投票箱表达真正的民意方面达到了新高度……［古巴］赢得了普遍的尊重和敬佩。"[18]

柯立芝知道但没有说的是，1928年的古巴政府正在把投票箱变成一个骗局。1924年，参与过独立战争最后阶段的老兵格拉多·马查多作为进步改革候选人以明显的多数票当选总统。他承诺大规模投资基础设施，并终止臭名昭著的《普拉特修正案》。从一开始，他就承诺不谋求连任。然而，在任不到两年，马查多就明白，他想要的不仅于此。他没有违背不再参加竞选的承诺，而是试图通过推动宪法修正案来延长总统任期，该修正案禁止连任，但将总统任期延长至六年，从而使他的任期得以再延长两年。古巴最高法院驳回了该修正案，认为既不能禁止连任，也不能在事后延长总统任期。目前的任期将仍维持为四年，连任也是合法的，但以后的总统任期将调整为六年，且不允许连任。根据新的规则，马查多可以在四年任期结束后再次竞选六年的新任期,如果他赢了,他将继续担任总统,其任期将长达10年,直至1935年。通过一系列恐吓和贿赂的恶劣行径,马查多成功地在没有对手的情况下竞选了第二任期,并成为每个主要政党唯一的候选人。当柯立芝抵达哈瓦那之时,他对这些伎俩一清二楚,但是他却称赞古巴的选举是民主的典范,是公众意见的完美表达。[19]

如果说柯立芝歪曲了古巴的选举状况,那么当他用主权一词来描述古巴时,许多人也认为他所说不实。事实上,古巴人一直在谈论主权,但是当他们这样说的时候,通常是在谴责美国在古巴享有的权力。一个近来成立的古巴法学家协会发表了反对《普拉特修正案》的法律论据,工会成立了一个全国性的工人伞状组织,女权主义者成立了自己的组织并召开了全国妇女大会。所有人都支持终止《普拉特修正案》。历史学家有充分的理由将古巴的20世纪20年代末称为"民族主义觉醒的时刻"。[20]

最后,不论是古巴政府,还是这位美国造访者,都没有让人关注到以下事件:反政府情绪的高涨以及政府愈发倾向于用法律之外的手段对付反对者。在柯立芝访问的前夕,政府大肆搜捕潜在的捣乱分子,其中有两名劳工领袖和两名学生活动家因张贴反帝国主义的海报而遭到逮捕。柯立芝离开后不久,其中一人的尸体被冲到了码头边,尸体已经腐烂,但还被监狱的铁链重重地压着。据称,在一条鲨鱼肚子里发现了另一具尚未消化完全的尸体。事件发生后,政府突然禁止捕鲨。这让警惕的古巴人猜测,这些囚犯是通过卡瓦尼亚堡垒地牢中的一个旧活板门被喂给鲨鱼的。[21]

在同心协力挑战马查多、反对美国霸权的古巴团体当中,就有哈瓦那大学的学生。哈瓦那大学坐落于连接哈瓦那市中心和新城贝达多的一座山丘上,其主入口是一个又宽又高的大楼梯,楼梯顶端有一尊女性坐像,由一位在捷克出生的美国雕塑师所做。雕塑师用一位数学教授兼独立战争老兵16岁的女儿,白人费利西亚娜·维拉隆(Feliciana Villalón)充当雕塑脸部的模型。至于身体部位的模型,雕塑师找了一位年长的混血妇女。与费利西亚娜不同,她的名字不为人知——这再次提醒我们,历史学家用来重建历史的档案存在无声的偏见。

大学所在地是个安静学习的好地方,但在20世纪20年代,这里成了反对派进行政治活动的主要场所。1921年,当学生们得知大学官员正在考虑将授予伊诺克·克劳德荣誉学位时,他们进行了抗议示威,克劳德就是声称有权对古巴内政行使"胁迫性影响"的美国特别代表。1923年,学生们成立了一个联合会,要求大学脱离政府,实行自治。为了应对学生骚乱,当局宣布停课三天,学生联合会随即占领了大学。他们宣布了可以继续授课的教授名单,以及那些取代思想落后学生的先进学生的名字。他们不仅向学生,而且向整个古巴公众开放大学。[22]

学生联合会主席——在学生占领大学期间被指定为"临时教务长"的年轻人——是胡里奥·安东尼奥·梅利亚(Julio Antonio Mella)。他的父亲是多米尼加人,母亲是爱尔兰人。由于这对夫妇并没有结婚,因此胡里奥就用了母亲的姓氏——麦克帕特兰(McPartland),但大家都叫他梅利亚。梅利亚不是最用功的学生,但他是赛艇冠军,一个优秀的篮球运动员,也是一个产生了众多学生政治家的国度中最重要的学生政治家之一。梅利亚是占领大学运动并在1923年对公众短暂开放大学的策划者。他利用这一运动领导进行了另一项事业:

227 在同年成立了何塞·马蒂人民大学,为工人提供关于古巴历史、劳工权利和国际政治的免费夜校课程。在从事这项工作和其他一些活动时,梅利亚和同伴们怀着一股紧迫感和十足的活力进行交谈、聚会和写作。但这些活动对那些蜂拥而至追寻其他东西的游客来说,几乎是无法察觉的。[23]

梅利亚的目光远远超出了大学的范围。1925年,他与其他人共同创立了古巴共产党(1944年改名为人民社会主义党)。梅利亚对俄国革命特别感兴趣,尽管他也主张一位历史学家所说的"真正的古巴马克思主义"。在一篇关于弗拉基米尔·列宁逝世的文章中,他写道:"我们不[希望]在如今的情况下,对其他民族的革命进行简单的复制……人们[必须]按照自己的思维行事……我们想要的是人,不是绵羊。"1925年,他成为震动首都的罢工和抗议浪潮的最重要领导人之一。当局以所谓的煽动反政府的恐怖主义罪名逮捕了他。梅利亚为此进行了为期18天的绝食抗议,这使得更多人起来反对政府,也为他赢得了公众的同情。梅利亚的一名合作者会见了马查多总统,就释放梅利亚进行了谈判。但据称由于这位来访者称马查多是"带爪子的蠢驴",谈判因此破裂。女权主义俱乐部的成员则采取了不同的方法。她们在圣克拉拉拜访了马查多的母亲,向她描述了梅利亚糟糕的身体状况。此举让马查多的母亲大为触动,于是给总统府的儿子发了一封电报。[24]

228 不论是因为以上的某个尝试奏效了,还是由于要求释放梅利亚的呼声越来越高,马查多最后还是屈服了。不久之后,梅利亚秘密离开了古巴。他假扮成商人,携带着以胡安·洛佩斯(Juan López)为名的假证件,登上了一艘开往洪都拉斯的香蕉船。他很快在墨西哥城安定下来。在那里,他与当地的共产主义者、知识分子和艺

学生活动家和古巴共产党创始人胡里奥·安东尼奥·梅利亚，1928 年摄于墨西哥城。拍照片的是他的情人，意大利著名摄影师兼共产党员蒂娜·莫多蒂（Tina Modotti）。

家一起活动，其中就包括壁画艺术家迭戈·里维拉、艺术家弗里达·卡洛和苏联大使斯坦尼斯拉夫·佩斯特科夫斯基。在这一时期，梅利亚积极进行组织和旅行。例如，他参加了在布鲁塞尔举行的反帝国主义联盟的成立大会，还去了苏联。在墨西哥共产党的官方报纸《镰刀报》（*El Machete*）上，梅利亚猛烈抨击马查多的统治和柯立芝的权力，将其斥为资本主义和帝国主义的双重暴政。[25]

梅利亚是 20 世纪 20 年代古巴民族主义觉醒的关键人物，是一群改变了古巴政治的活跃知识分子的领袖。在一个大众消费的时代，他们倡导一种新的"大众政治"，工人和学生可以进行大规模的抗议、游说和结社。他们知道，对大多数古巴人来说，旅游小册子和杂志广告中吹嘘的现代古巴只是一种幻象。他们试图围绕社会和经济正义问题组织起来，并将其与国家主权问题明确地联系起来。对他们来说，建立一个公正的古巴社会需要一种不同于以往的美古关系——一种美国人不会轻易同意的关系。梅利亚和志同道合的同胞们因此确立了两个政治敌人："美帝国主义"，以及不能或不愿捍卫古巴主权的古巴政府。这就是古巴激进主义潮流的起源，它将在20世纪剩下的时间里产生巨大的力量——即将发生的1933年革命和更著名的1959年革命。

不过，如果说梅利亚和他的同伴将当前的古巴政权视为敌人，那么这个政权则以更大的力量进行反击。1929年1月10日晚，当梅利亚与他的情人——意大利摄影家、女演员和共产党员蒂娜·莫多蒂——走在回家路上时，有人开枪打死了他。尽管人们普遍认为是马查多的人干的，但是墨西哥政府试图把暗杀的罪名安在梅利亚的共产主义伙伴身上。[26]

1929年1月梅利亚被暗杀时，古巴经济正饱受糖价下跌之苦。10月，纽约股灾爆发，随后各地的股票市场都崩盘了。古巴陷入了有史以来最严重的经济危机。到1932年，糖价暴跌至每磅半美分多一点。糖厂解雇工人，降低工资，并将收获期缩短至两个半月左右。1930年，糖厂每天付给工人80美分的工资，用于砍伐、搬运甘蔗。而在20世纪初，这份工作的平均工资是每天1.80—2.50美元。一份报告称，工资是"自奴隶制时代以来最低的"，而奴隶制时代早在

40多年前就已经结束了。观察家们描写了各地出现的贫困现象。在古巴东部的部分地区，也就是美国主导的新糖业经济的中心，据说人们靠甘蔗和山药为生。在公共部门，为了努力度过危机，政府削减工资，解雇工人，关闭医院、邮局和其他国家机构。公务员们几个月都领不到工资。[27]

经济危机加剧了业已存在的政治危机。政府试图禁止公众示威，但学生和工会却不断组织游行示威。1930年3月，约20万工人举行了大罢工。同年的五一节示威活动至少在一个城市引发了暴力，不久后又在其他地方发生了冲突。当已经6个月拿不到工资的学校教师威胁要进行罢工时，马查多宣布他将动用军队进行镇压。到1930年底，他已经关停了哈瓦那的主要报纸（一份保守的日报）、哈瓦那大学，甚至是哈瓦那游艇俱乐部——美国富裕的度假者和哈瓦那上流社会的传奇场所——理由是这些地方窝藏了恐怖分子和国家的敌人。由于无法支付教师工资，又担心学生反对政府，马查多干脆关闭了所有学校。1930年10月，他在哈瓦那中止了宪法保障，然后在接下来的一个月里将其推广至全岛其他地方。[28]

然而，形势继续呈螺旋式下降。被关停的报纸很快从1份变成了15份，大学学生会的每个成员都被逮捕了，85名教授被指控煽动和阴谋推翻政府。几位前总统曾试图与马查多进行协商，之后又公开举起了反抗的旗帜，但这两种尝试都没有成功。马查多时不时就增强政府的镇压力量，配备新的专家小组、酷刑专家和政府行刑队（Partida de la Porra）。反对派的策略也在升级。一个自称ABC的新团体组织了秘密的基层小组，并扬言将以暴制暴。一个人坐在飞奔的汽车上，射杀了马查多镇压"专家"的头目。警察局长和参议院主席也都遭到暗杀。还有几次尝试刺杀马查多本人的行动。关于全

230　面革命的流言不绝于耳。当然，关于美国是否会援引《普拉特修正案》并在古巴登陆的讨论也沸沸扬扬。据传，马查多即将下台，纽约市著名的浮夸（且腐败的）市长吉米·沃克（Jimmy Walker）即将成为古巴总统。然而，马查多并不打算下台。[29]

美国报纸报道了古巴发生的麻烦，但报纸投入更多的内容还是广告，这些广告将读者的目光转移到其他更令人愉快的事情上。他们为前往"欢乐哈瓦那"的度假游轮套餐做广告；讲述在东方公园举行的紧张刺激的赛马比赛；他们甚至指出，马查多和妻子为其中一场比赛捐赠了漂亮的奖杯。1931年即将结束时，他们预测新的一年将是哈瓦那的"最佳旅游年"。[30]马查多在哈瓦那的声色犬马中大肆庆祝节日。1931年平安夜的前一天，他向古巴公众发表讲话，仿佛他能解决自己的问题。他站起身来，注视着听众，在厚厚的眼镜框后面，他的眼神如钢铁般坚定。他说，他将继续担任古巴总统，直到1935年5月20日中午，"一分钟都不会多，但一分钟都不能少"。[31]

1933年8月3日，在哈瓦那的美国记者鲁比·哈特·菲利普斯（Ruby Hart Phillips）在日记中写道："在政治上，小事有时会变成大事。"她所指的"小事"是指一周多前开始的工人罢工，哈瓦那公交车司机抗议涨价和新的汽油规则。数日之内，整个城市就完全陷入瘫痪。铁路工人、出租车和卡车司机、有轨电车驾驶员和收垃圾的人也号召进行声援性的罢工。商店关门，甚至连报社也开始罢工。很快，公交车司机的"小"罢工演变成了总罢工，岛上的每个省和几乎每个经济部门都受到了波及。荷枪实弹的警察在城里的中央公园安下了营寨。街头到处都是"马查多，辞职！"的呼声。每个人都说，没有哪个总统能经受住这种考验。[32]

8月7日黄昏，当人们听闻马查多已经逃离古巴岛时，他们相信了这一消息并为之欢欣鼓舞。在国会大厦前，大约有五千人聚集于此。在街对面的一个街区外，有人爬上了中央公园何塞·马蒂的雕像。人们高喊着马查多已经辞职了。但事实并非如此。当人们向总统府行进时，警察开始向他们开火，在著名的邋遢乔酒吧前，警察向"拥挤的人群"肆意开枪。据《纽约时报》的统计，此番冲突加上当天的其他冲突，共造成至少20人死亡，123人受伤，其中包括许多预计无法生还的人。[33]

暴力冲突是一条不归路。负责拉美事务的助理国务卿萨姆纳·韦尔斯（Sumner Welles）几个月来一直在哈瓦那试图通过谈判使马查多和反对派达成和解。8月7日，他坦率地告诉马查多，如果事情继续发展，美国将别无选择，只能根据《普拉特修正案》的规定对古巴进行干预。马查多很不服气，当天晚上，他在电视广播中抨击美国对古巴事务的干涉，并呼吁一旦美国进行干预，古巴人就起来保卫古巴岛。马查多很清楚，富兰克林·D. 罗斯福担任总统仅5个月，而且没有对古巴进行军事干预的意愿。了解到这一点后，马查多明白美国大使不过是在虚张声势。第二天早上，在与韦尔斯的另一次私人会晤中，马查多让他"通知美国总统，他更愿意接受武装干预"，而非接受任何要求他在1935年之前离任的美国提案，他也经常对公众这么说。他暗示说，要是美国进行干预，古巴人就会和美国交战。[34]

总的来说，古巴公众对美国干预古巴政治深恶痛绝。不过至少在这一时刻，他们对马查多也同样恨之入骨。虽然他可能激起了古巴人抵制美国干预的想法，但古巴军队无动于衷。古巴军队现在向马查多发出了最后通牒：离开古巴，否则我们将用武力把你赶下台。直到那时，在除了自己的小圈子外找不到任何盟友的情况下，马查多才不得不面对严峻的现实。1933年8月12日至13日深夜，他和几个同伴前往机场，有些人甚至还穿着睡衣。圣地亚哥前市长、著名音乐家和同名演员的父亲老德西·阿纳兹（Desi Arnaz）帮助把一袋袋黄金搬到等待的飞机上。"事情好似一部相当精彩的电影进入了高潮时刻，"《纽约时报》作家鲁比·哈特·菲利普斯写道，"当飞机在跑道上轰鸣时，一群复仇者开着汽车疯狂地冲了上来，他们吼叫着要让这个暴君血债血偿。但他们只能朝着迅速消失的飞机开火。"马查多坐在飞机上看向窗外，透过灰色的细雨，他看到烟雾从下方升起，混乱吞噬着古巴首都。[35]此时此刻，他势必意识到，独裁者的个人意志只不过是国家政治生活中的一股力量罢了。不可一世的马查多倒台了。

第七部分
共和国，第二幕

20世纪20年代末至50年代,古巴工人和学生成了一股重要的政治力量。图为1940年的一场劳工集会。同年,古巴人热情洋溢地通过了新宪法。

第十九章
真正的大众

1933年8月13日上午8点，美国驻巴哈马拿骚（Nassau）的领事给在华盛顿的上司发了一份电报："前总统马查多于今日破晓时分抵达。"来自三方面的压力，致使马查多从一个拥有无上权力的总统变成了一个在枪林弹雨中逃离国家的"前总统"。古巴军队决心不再支持他，这给他总统生涯的最后几天造成了致命打击。而美国大使自从清楚地意识到马查多无力维持秩序后，就想要将他赶下台，对马查多来说，这同样是无法扭转的。第三种压力则是高度动员的民众，他们发出了自己的声音和力量。工会、学生和失业工人组织了罢工，他们进行抗议和集会，他们发声、写作，并处处向马查多发起挑战。即使总统派秘密警察抓捕他们，其他古巴人仍前仆后继地加入抗议者的事业。萨姆纳·韦尔斯和古巴军队或许给了马查多最后一击，但多年来一直持续不断、不可遏制地敲击着反抗鼓点的，乃是大众政治的力量。最终打败总统的是总罢工。公众在驱逐旧政权方面发挥了相当关键的作用，这就是为什么古巴人，以及历史学家不把1933年的事件称为政变，而称为革命的原因所在。

随着马查多的离去，每个人都在猜测这三股力量——军队、美国政府和古巴公众——会如何塑造未来和眼前的局面。一开始是一片混乱。群众袭击了马查多政府的前官员们，将他们的家洗劫一空。马查多秘密警察的头目在普拉多大道的一家药店被射杀，他的身体"被子弹打得千疮百孔，尸体被拉去游街"。当警察局长意识到自己受到围困之时，他选择了自杀。据统计，马查多倒台后，有1000多人丧生，约有300多座属于政府成员的房屋受到攻击。英国大使报告说，"衣着光鲜的家庭开着帕卡德和凯迪拉克到来，并抢走了路易十五风格的陈列柜和镀金椅子"。人们甚至闯入总统府，大喊大叫现在这是他们的房子了。一位妇女还带走了一盆高大的室内植物。[1]

在一片混乱中，一个临时政府上台了。新总统是在美国出生并接受教育的卡洛斯·曼努埃尔·德·塞斯佩德斯（Carlos Manuel de Céspedes）——他是古巴第一位独立英雄的儿子，和自己的父亲名字一样。他的父亲解放了自己的奴隶，宣布古巴将从西班牙独立。小塞斯佩德斯是个中立人物，他的名字让他受到尊重，但从性情上看，他似乎并不适合现今的革命时刻。他优柔寡断，在父亲的遗产面前过于谦逊。有人称，他的钱包里有一张乃父塞斯佩德斯的照片，每当他不知道如何行事时，就会把照片拿出来看看。[2]

塞斯佩德斯也会咨询一位切实存在的顾问：美国大使萨姆纳·韦尔斯。许多古巴人认为是韦尔斯亲自把塞斯佩德斯推上了这个位置。事实上，韦尔斯的确对新总统有着举足轻重的影响力。韦尔斯不仅挑选了总统内阁的一些成员，还对政府大大小小的决定发表意见。新政府成立不到一周，韦尔斯就开始抱怨这一负担："我的个人处境正变得越来越困难。一来是因为我与塞斯佩德斯总统的个人关系非常亲密，二来是由于在过去几个月中，我与他所有的内阁成员都形成了非常紧密的关系，现在我每天都得对所有影响古巴政府的事项作出决定。"在这一周内，他对周遭正发生的"普遍解体过程"表示哀叹。骚乱仍在继续，传闻中的阴谋无处不在。[3]

然而，有一件事再清楚不过了：马查多的倒台只解决了马查多的问题。新政府没有得到什么支持，也没有合法性。酿成危机的经济萧条有增无减。最重要的是，动员起来推翻马查多的人们仍然在呼吁变革。制糖工人仍旧在罢工，他们要求提高工资并接管糖厂。港口工人、鞋匠、纺织工人、制帽师、纸板工人、面包师，全都在继续罢工。8月20日，在哈瓦那举行的示威吸引了一万名抗议者，他们提出了经济诉求，并要求起诉马查多的党羽。8月24日，学生们发表了一份宣言，谴责新政府既不代表古巴的利益，也不代表推翻马查多的人们的意愿，他们要求建立一个新的政府，一个能够抵制美国干涉并恢复秩序的政府。他们还想要其他东西：征用大宗土地，在无地者中分配土地，让女性享有投票权。他们甚至想要一部新宪法——一部不像1901年的宪法那样在美国的监督和压力下制定的宪法。他们说，解除马查多的职务只是第一步；现在，真正的革命即将开始。[4]

在革命的过程中，学生们找到了一个不太可能的盟友——军队，特别是中士和下士。一群军士已经开了好几个星期的会议来讨论各种不满。他们希望得到如下保证：士兵们将失去职位和削减薪水只是谣言罢了。他们还希望军队清除之前坚定拥护马查多的人，并要求将那些直接参与独裁者镇压行动的人绳之以法。他们还抱怨工资微薄，升迁机会渺茫。在9月4日下午的一次会议上，军士们拟定了一些要求，准备在当天晚上向哥伦比亚营的上级提出。哥伦比亚营位于哈瓦那郊区的马里亚诺，是岛上最大的军事营地。至晚间8点，军营里的大多数高级官员都已离开，留下来的高级军官拒绝听取军士们的不满,让他们向军队的临时负责人反映情况,随后就离开了,并不觉得这样做会有什么后果。但是,由于没有人阻止,军士们一枪未发就掌握了基地的指挥权。然后,他们向岛上的每一个基地都发出号召,称他们已经掌握了指挥权。收到号召的军士们都对此表示欢迎。消息像野火一样传播开来。一个消息灵通的士兵走过哈瓦那的中央公园,来到一个下士面前,问他是否听说了军士们接管了哥伦比亚营的消息。"谁在负责?"那人问道。"是巴蒂斯塔在负责。""谁是巴蒂斯塔呢?""一名速记员,"士兵说道。[5]

这名速记员就是32岁的富尔亨西奥·巴蒂斯塔(Fulgencio Batista)。他出生在美国主要糖厂所在地巴内斯附近,曾在一所贵格会学校短暂上过夜校,年纪轻轻就开始工作。他在一条美资铁路上当过司闸员,砍过甘蔗,在一个种植园的劳动队里当过茶水工和计时员。20岁时,巴蒂斯塔加入了军队,后来在农村警卫队服役,最终又重返军队。至1928年,他已是一名中士速记员,经常参加高层会议,记录讨论内容。当他于1933年进入政治舞台时,观察者评价他"经常微笑",而且英俊迷人。《纽约时报》的一位记者写道:"他相当能说会道。"当然,不是每个人都这么认为,但有一点是显而易见的:巴蒂斯塔很有政治手腕。起初他只是这场密谋的几位领导人之一,但形势、联盟和狡黠结合在一起,使他在9月4日的事件中成了核心人物。他成了那天晚上古巴军队中愤愤不平的士兵和下级军官的发言人。从此,巴蒂斯塔开始主宰古巴政治——不仅仅是在那一刻,而且是在接下来的整整25年,直到菲德尔·卡斯特罗(Fidel Castro)将他推翻。[6]

军士起义的消息在哈瓦那传开后,大学生们纷纷赶到军营,希望与哗变者结盟。实际上,他们想要的不止于此。士兵们岂会没有意识到，在夺取了军队之后，如今的他们正控制着国家的命运？他们能实现的远不止小幅加薪，他们甚至能够推翻被普遍视为非法的政府。简而言之，学生们想让士兵们成为革命者。至少就短期而言，这种想法奏效了。[7]

塞斯佩德斯总统和他的内阁下台了。9月5日，一份新闻报纸的标题宣称，政府的统治权已经移交给"真正的革命"。起初，革命者试图作为一个团体进行执政，他们建立了一个五人执政核心小组，被称为五头统治，巴蒂斯塔成了军队总司令。五头统治的试验只维持了五天，随后该政府任命了一位个人——临时——总统：拉蒙·格劳·圣马丁（Ramón Grau San Martín）。[8]

格劳是哈瓦那大学的生理学教授，深受学生们的爱戴，自20世纪20年代以来，他就一直支持着学生活动家，并曾因反马查多的活动而身陷囹圄。如今，1933年9月10日，他走到总统府北台，在众人面前宣誓就职。他拒绝在古巴宪法上宣誓，说这并不合适，因为宪法中包含了《普拉特修正案》。他将手臂伸向聚集在阳台下的人群，解释说，宣誓效忠人民就是他的誓言。阳台上有人靠近他，告知他华盛顿打来了电话。格劳用足以让众人听到的声音说道："告诉华盛顿，让他们等着。我现在和我的人民在一起。现在是我照顾他们的时候了。"台下瞬间掌声雷动（事实上，当时打电话的是古巴驻美大使）。[9]

就这样，古巴共和国第一届没有得到美国明确承认或默认的政府开始了统治。格劳立即宣布他打算废除《普拉特修正案》，在此之前，他没有与美国进行任何事先的讨论，甚至没有任何警告和提醒。当然，许多古巴人已在滔滔不绝地谈论取消《普拉特修正案》的必要性。然而，直到那时，也从未有人从总统府的阳台上如是宣布。

当天最紧迫的问题是美国政府会如何反应。美国会不会进行干预，恢复它曾扶持的塞斯佩德斯政府的权力？许多人只想到这一点。事实上，被军士起义推翻的军官们就躲在美国人在贝达多的豪华国家酒店里，他们在那里等待美国的军事干预，美国大使萨姆纳·韦尔斯也住在那里。韦尔斯也在向华盛顿方面征询指示。在军官起义的第二天，他要求"一定数量的部队"在古巴登陆。45分钟后，他要求登陆1000人。两天后，他建议"在哈瓦那登陆一支大军，在共和国某些最重要的港口部署少许部队"。9月7日，美国战列舰印第安纳波利斯号进入哈瓦那港，随行的还有驱逐舰戈尔夫号和小树号，美国海军部长本人就在战舰上。[10]

向来被称为"西印度群岛钥匙"的哈瓦那，自然是一座水上城市。在马莱孔微风习习的海滨长廊，或是在林荫大道和以海堤为起点（或终点）的狭窄街道，人们绝不会错过美国军舰进港的场景。那天中午，路上人头攒动，人们见证着美军的到来。人群排满了整个普拉多大道，从海堤向内几乎到了中央公园，并沿着马莱孔一直到了海关大楼。逾十万的人群对着船只发出了嘘声和嘲笑。在卡瓦尼亚堡垒，古巴士兵将大炮重新定位，指向美国军舰的方向。[11]华盛顿——哈瓦那亦然——从未见过这样的事情。英国驻古巴大使描述了当时的紧张局势：

> 通常情况下，美国驻古巴大使像总督一样行事……他关于政府和任命的意愿往往被当作法令。然而，新革命政府的建立没有与韦尔斯先生协商，甚至几乎与他的想法背道而驰……因此我们在古巴的这一周是在以下境遇中度过的：一个事实上未得到承认的政府，一支由军士领导的军队，一位被士兵和机枪包围在旅馆里的美国大使，以及一个被美国军舰包围的岛屿。

很快就会有29艘美国政府船只在古巴水域徘徊,"以备不时之需"[12]。

就在美国政府考虑该怎么办的时候,"真正"的革命开始了。新政府开始进行一项又一项改革,人们把这一时期称为"百日改革",类似另一位进步政治家富兰克林·德拉诺·罗斯福的百日新政。在格劳上任后的三个月里,古巴妇女获得了选举权,大学从政府那里获得了自主权。农民得到了留在自己耕作的土地上的权利,以及一头公牛、一头母牛、一些种子和科学建议。工人,包括砍甘蔗的人,赢得了诸如最低工资保障、工伤赔偿和强制仲裁等权利。当古巴美国糖业公司两个最大的糖厂——著名的查帕拉糖厂和邻近的德利西亚斯糖厂拒绝与工人进行谈判时,新政府将这些糖厂国有化。这一举措清晰地表明,有意义的社会和经济变革,哪怕是从国内事务开始,也会不可避免地与美国在古巴的现实权力发生冲突。[13]

在国际关系方面,政府也制定了新的方针。10月,政府宣布古巴军队将不再与美国军队一起训练,而是与由革命政府掌权的墨西哥军队一同训练。12月,古巴新政府派代表团参加了在乌拉圭举行的泛美会议。当古巴代表团团长起身发言时,他捍卫了拉丁美洲国家的主权,谴责外国干涉,痛斥《普拉特修正案》。这与之前的泛美会议形成了巨大的反差,那次会议由卡尔文·柯立芝于1928年在哈瓦那正式宣布开幕,会议全程处于马查多的高压之下。[14]也许这一次,古巴将进行一次真正的革命。

然而,那些试图巩固这场革命的人却面临着巨大的障碍。从一开始,美国大使萨姆纳·韦尔斯就提醒华盛顿,一场影响深远的革命很可能在古巴扎根。格劳就职一周后,韦尔斯坦露了他最担心的事情:"这是……完全有可能的……正在进行的社会革命无法被阻止。美国的财产和利益正受到严重损害……物质损失很可能会非常大。"他说，新政府"完全是共产主义性质的"。新政府的"没收"政策表明，它想限制"美国在古巴任何形式的影响"。[15]

起初，韦尔斯认为，最好的解决办法是进行干预。对于那些被免职的躲在国家酒店里的官员来说（由于工作人员都罢工了，他们得自己做饭和打扫卫生），韦尔斯的立场使他们感到安心。他们希望韦尔斯能说服华盛顿恢复他们的权力，但他们全都失算了。10月2日，巴蒂斯塔领导的新军冲进了这家豪华酒店（此时韦尔斯已经搬走），逮捕了躲在这里的官员，并杀死了其中的14人。此举消除了新政府的一个潜在威胁，同时也巩固了巴蒂斯塔作为灵魂人物的地位。[16]

与此同时，由富兰克林·罗斯福领导的新一届美国政府也一心想要改变与拉丁美洲的关系。20世纪前30年，美国在该地区进行了20多次军事干预。虽然有些干预很短暂，比如1914年对墨西哥的干预，但其他的一些干预，如对海地和尼加拉瓜的占领则持续了几十年。罗斯福想把这段历史搁到一边。军事干预太过直白且靡费良多，其效果也适得其反，反而在整个地区都酿成了高涨的反美情绪。这次，美国决计不再进行军事干预。

既然军事干预不再是美国的选择，韦尔斯转而继续通过其他手段开展行动——努力阻止美国承认格劳政府。他给华盛顿发电报，"如果我们的政府承认现有的古巴政府"。他于10月5日如是写道，这将"意味着我们向一个受到古巴所有商业和金融利益集团反对的政权提供官方支持"。他继续说道，承认古巴政府将"招致这些古巴阶层的反感……一旦这些反常的情况消失，这些阶层将重新统治国家"。[17] 华盛顿应允了，同意暂缓承认古巴政府。华盛顿的拒绝加剧了深刻的不确定性和不稳定，也使其他国家对承认古巴政府感到为难。当时，只有墨西哥和乌拉圭承认了古巴。更重要的是，这使得反政府的古巴人不断暗中破坏新政权。

"在所有的街角，各大团体时时刻刻都在忙碌，忙着安排新秩序……每个人都在一直谈论政治、政治。我们看起来仿佛生活在一个疯人院里"，一位美国观察者如此说道。[18]不过，表面上的政治狂热，其实只是革命动荡的一种迹象罢了。正如韦尔斯所预言的那样，社会革命是无法被遏制的。古巴人，尤其是受到大萧条冲击的穷人和工人阶级不断提出要求：提高工资，分配土地，提供食物以抵御饥饿。学生们对这些要求表示支持，并提出了其他要求，例如，不支付外债，以及更坚决地拒绝美国的干涉。抗议者、罢工者和活动家并不寻求推翻新政府，相反，他们在推动政府迎接革命的到来。格劳政府可能已经颁布了增加工人工资等诸如此类的法律，但清楚地意识到还没有承认新政府的美国企业主们拒绝遵守法律。因此，工人们明白，他们的施压是必要的，唯有如此，受恢复正常经营压力困扰的政府才能履行其进行真正变革的承诺。

糖是古巴经济的支柱，也是美国在该岛投资的一个重要领域。正是在这个部门，工人们提出了最激进、最坚持不懈的要求。该行业的劳工骚乱并不新鲜，其原因也很充分。自1925年以来，政府一直在通过削减产量和限制收获时长来应对糖业市场的危机，但这些推动糖价上涨的举动都是徒劳的。传统上120天的收获期，至1933年已经锐减至微不足道的66天，工资水平也急剧下降。马查多下台所造成的真空——国家及其镇压机构力量的削弱——为制糖工人提供了更多表达诉求的空间。一位历史学家把马查多下台后在古巴糖厂发生的事情称为"一场革命性的雪崩"。[19]

事实上，甚至是在军士和学生发动政变以及发起"真正的革命"之后，这场雪崩还在继续，乃至进一步加剧。9月4日，中士起义爆发。9月5日，美资巨头查帕拉工厂的工人们从管理人员手中夺取了工厂，使得这些管理人员不得不在港口的一艘英国货船上寻求庇护。两天后，卡马圭的鲁加雷尼奥工厂被500多名挥舞着砍刀和棍棒的工人占领。到九月底，工人们已经控制了36家糖厂。[20]

在其中的8家糖厂，工人们建立了"苏维埃"或工人委员会来管理工厂。在一些地区，他们建立了"飞行大队"，从一个工厂赶到另一个工厂，帮助其他工人成功组织起来。来自奥尔金附近塔卡的（Tacajo）数千名工人征用了一列火车，乘着火车到邻近的工厂与管理层对抗。两个工厂的工人又合成了一个班向第三家工厂进发。当他们到达时，一名农村警卫队员建议他们选出一个15人的委员会与管理层进行谈判。但是，当警卫爬上一棵树来预估这支队伍的规模时，他看到了一望无际的罢工者，只好打开大门让他们进来。工人们走到塔楼前——高大威猛的糖厂力量的象征——张贴了两面新的旗帜：一面是古巴国旗，另一面是巴黎公社和俄国革命的红旗，这是劳工运动和社会主义的国际象征。在占领糖厂时，无论是此次占领还是后来的占领，工人们都会唱古巴国歌，唱完后接着唱共产主义的《国际歌》。[21]

工人们占领工厂后，从管理层手中夺取了控制权，开始亲自领导工厂。他们确定了工作任务和时间表，把糖卖给买家，并用这些钱来支付工人的工资。他们还建立了施粥点，分发食物、工具甚至土地。在一家工厂，工人们建立了一所学校、一个法庭和一支自卫队。在许多工厂中，工人们驱逐了农村警卫队，并接管了公司的商店。他们逮捕了工厂经理（哪怕是美国人也照抓不误），组织诸如棒球比赛之类的休闲活动。他们还采取了具有象征性的权力反转举措，迫使管理层住进工人的宿舍，吃工人吃的食物，还要自己熨衣服。[22]

正是这种来自底层的持续动员，迫使新政府开始对过去几年出现的进步议程采取行动。安东尼奥·吉特拉斯（Antonio Guiteras）是政府中最愿意倾听这些诉求的人物。1933年9月10日，当被任命为格劳内阁的新任内政部长时，吉特拉斯已近27岁。他留着中分短发，头发光溜溜地梳至大大的耳朵后面。他只有一套西装，且老是穿同一套，以至于有人称他为"单套西装男"。大多数人都叫他托尼。吉特拉斯出生在费城郊外，母亲是美国人，父亲是古巴人。他一生中的大部分时间都在古巴度过，他在哈瓦那大学拿了个药学博士学位，并像他那一代的很多人一样，参与了学生政治。他曾因反马查多的活动在监狱里待了大约四个月，后作为大赦的一员才被释放，但甫一出狱，他又立即重返这些活动之中。事实上，当马查多逃离古巴岛的时候，吉特拉斯正在古巴东部策划革命。1932年，在为运动撰写纲领时，吉特拉斯主张废除大庄园，并将公共服务领域（如交通和电力）的私人垄断企业国有化。如今，作为革命内阁的成员，他着手将此方案付诸实践。当时采访他的一位记者称他为古巴的约翰·布朗（John Brown），后者是美国内战前夕激进的废奴主义者和后来的革命者。[23]

当吉特拉斯开始推行其政策时——制定最低工资标准、降低公共设施使用费、国有化三大美资实业——一个主要的障碍出现了：受改革波及的企业主表示了反对。他们拒绝向新政府缴税，明目张胆地违反政府的新法律，拒绝支付新的最低工资或与罢工工人谈判——该死的新政府。企业主们之所以敢于拒绝，也是因为美国没有承认格劳政府,致使他们抱有新政府可能不久就会灭亡的想法。[24]

在整个过程中,吉特拉斯都试图利用他的权力在工人和雇主之间进行调解,并确保有利于工人的新立法得到雇主的支持。11月,当古巴电信工人因公司拒绝他们的要求而罢工时,吉特拉斯进行了干预。他亲自主持了双方的会议,并最终说服公司满足工人的要求。在铁路工人和铁路公司的冲突中,他也做了类似的事。事实上,各个运输行业的劳工纷争使得吉特拉斯相信,有必要着手建立一个国营交通系统。12月,也就是著名的美资查帕拉糖厂发生持续数月的冲突后,吉特拉斯将查帕拉糖厂及其所有的另一家糖厂收归国有。接下来的一个月,他又将美国拥有的古巴电力公司收归国有。哪怕碰到美国企业,他也毫不犹豫地将其国有化。事实上,在此类特殊情况下,他更倾向于直接采取行动。正如吉特拉斯后来解释的那样,"不反帝国主义的运动不可能是革命的"[25],而吉特拉斯是个革命者。但是,当吉特拉斯面临强大的财产所有者时,另一个主要问题凸显出来:革命政府内部存在着巨大的分歧。事实上,分歧一直存在,而且是新革命政权的核心问题。

这一肩负"真正的革命"任务的政府内部有着深深的裂痕。吉特拉斯代表左翼。格劳总统本人处于中心,本质上他是一位改革主义者,他的首要任务是制定一部没有《普拉特修正案》的新宪法。格劳一直致力于推动众多的社会立法。不过,法律通过后,冲突却越来越多,格劳忧心忡忡,从而不得不主张一种更缓慢、更温和的方式。太多的冲突可能意味着美国永远都不会承认新政府,这会使政府的生存难以为继。格劳认为,他们的重点应该放在政治独立以及重建共和制规范上,如此,才可以让一个正式选举产生的政府在新宪法的基础上实施更深远的经济改革。但对吉特拉斯来说，这种区分没有意义："众所周知，没有经济独立，政治独立就不可能存在。"[26]

格劳的疑虑暂且不论，对吉特拉斯来说，政府另一部门的阻碍更具威胁。革命政府是靠军士叛乱上台的，但是，正如美国大使萨姆纳·韦尔斯常说的那样，那次兵变"不是为了让［这个政府］上台"。当吉特拉斯的一只手正在制定革命政策时，军队——特别是巴蒂斯塔——却用另一只手来破坏它。[27]当吉特拉斯向工人让步时，巴蒂斯塔却总是支持工人的雇主。对于革命政府的存续来说，新政府核心领导层之间的巨大分歧并不是个好兆头。一位领导人对另一位来说过于激进，另一位对前一位领导人来说则过于保守。

美国对这些内部分歧给予了密切关注，并首先利用这些分歧来推动美国的利益。美国大使韦尔斯着力栽培巴蒂斯塔，与他进行私下的秘密会面。他略带奉承地向巴蒂斯塔保证，他"是古巴如今唯一代表权威的人"，是唯一得到"古巴绝大多数商业和金融利益支持"的人。在此基础上，韦尔斯打开了沟通的渠道，而巴蒂斯塔似乎也接受了这个如此推崇他的人，韦尔斯从而得以自由地提出建议。他问巴蒂斯塔"是否打算允许以下不可容忍的状况，即目前糖厂已持续了至少五周的情况继续存在"，这当然是指众多的工人罢工和占领工厂的情况。韦尔斯的这一询问已经暗示了他想要听到的答案。巴蒂斯塔答应：军队将驱逐外国煽动者，监禁古巴共产党人，保证所有者和管理者的权利，并在"必要时使用军队来恢复秩序"。巴蒂斯塔说到做到，他的军队袭击了被占领的糖厂。正如巴蒂斯塔在古巴主要报纸上解释的那样，"将不惜一切代价维持糖厂的秩序"。在其他地方，他甚至说得更加直白："要么丰收，要么流血。"[28]10月，在卡马圭的美资糖厂哈罗努（当时世界上最大的糖厂），巴蒂斯塔的士兵向9月8日以来控制糖厂的工人开火，至少10人丧生。同样，在这个国家最古老的糖厂，士兵们暴力拘留了罢工委员会的所有成员。在附近的考尔塔德拉斯，农村警卫队杀死了22名工人，造成数十人受伤，这些人大部分是来自海地的季节性甘蔗砍伐工。[29]

然而，对韦尔斯来说，问题并不在于任何特定工厂的任何特定冲突，问题要比这严重得多。他确信格劳的政府过于激进，因此希望有一个新政府。韦尔斯于11月离开哈瓦那（这一行程在之前就已经计划好了），此时仍然没有新政府。接替他的是杰斐逊·卡弗里（Jefferson Caffery），在1928年联合果品公司的香蕉工人罢工和大屠杀期间，卡弗里曾担任美国驻哥伦比亚大使——加布里埃尔·加西亚·马尔克斯在《百年孤独》中对这场大屠杀有过著名的描述。几乎自抵达的那一刻起，卡弗里就开始重复前任一直以来的说辞：不，美国不会承认目前的古巴政府；古巴政府有"共产主义倾向"；它的措施是"没收性的"；它的行动"缺乏准备"，它的支持者是"被乌托邦式的承诺所误导的无知群众"。[30]

与韦尔斯一样，卡弗里视巴蒂斯塔为一个潜在的拉拢对象，两人会定期会面和交谈。1月10日，巴蒂斯塔坦率地问他，美国"希望古巴做什么来获得美国的承认"。美国要怎样才能承认古巴政府？卡弗里以外交辞令式的语句进行了答复："我不会提出具体的条件；你们的问题是古巴的问题，要由你们来决定如何处理。"他补充说："至于我们的承认，需要考虑到我们反复谈及的声明。"这些声明是什么？几个月来，大使馆一直在说，"古巴现政府没有满足任何……使我们的承认成为可能的条件"。因此，1月10日，当巴蒂斯塔询问美国大使要怎样才能赢得美国的承认时,大使可能会说,"一个新政府"[31]。

1月13日,巴蒂斯塔会见了格劳总统,告诉他他应该辞职,以及美国人永远不会承认他。在两天的时间里,部长、官员和学生们开会、辩论,甚至发生了冲突。然而在一片敌意中,每个人都接受了明显的事实。没有美国的承认,格劳的总统任期就得结束。两天后,格劳辞职了。以雄心勃勃的"百日改革"和影响深远的法令以及提案开始的政府,总共只统治了127天。充满希冀的真正的革命已经结束。1月18日,巴蒂斯塔的宠臣,也是美国大使亲信的卡洛斯·门迭塔宣誓就任总统。仅仅5天后,即1月23日,美国大使馆就收到了在格劳任期内从未出现过的电报:"根据总统的授权,请你立即代表美国向古巴政府发出正式和友好的承认。"[32]看起来获取美国的承认花不了多少时间,只是需要一个新政府罢了。

巴蒂斯塔对格劳发动政变四个月后,从各个维度来看都应该载入古巴史册的重大事件发生了。1934年5月29日,也即古巴共和国成立32周年的大约一周后,古巴和美国政府废除了《普拉特修正案》。这是美国在1901年强加给古巴的一项备受唾弃的法案,且经常被用来威胁古巴或证明美国的干预是合理的。古巴的进步力量长期以来一直在为废除该法案而奋斗。具有讽刺意味的是,这个结局是在他们失败之后才出现的。

第二十章
新宪法

富尔亨西奥·巴蒂斯塔的阴谋以此告终：改革派总统以及将美国公司国有化的革命部长下台。被废黜的总统格劳跑到迈阿密定居，加速了古巴政治流亡者在迈阿密的漫长历史。他在那里建立了一个名为真正党（Partido Auténtico）的新政党，以表达其对"真正的革命"理念的坚守。尽管取了这个名字，但该党和格劳本人在任时一样，都是改革派。格劳政府中最激进的成员，之前的内政部长安东尼奥·吉特拉斯也重新组织起来，成立了另一个政治团体——古巴青年（Joven Cuba），或称青年古巴，这个名字包含了美国和旧政治阶级所蔑视的东西——革命者的年轻气盛，做事毫无准备，以及希望将前几代政治家所做的事情一笔勾销。

至于巴蒂斯塔，即便没有共和国总统的头衔，他仍然成了古巴政坛最有权势的人。每个人都知道，从1934年政变到1940年选举，在任的总统基本上都是傀儡，所有这些人最终都听命于统领古巴武装力量的巴蒂斯塔。正是仰仗这种能力，巴蒂斯塔试图抹除1933年革命的所有激进痕迹。军队暗杀了吉特拉斯和其他反对派领导人；警察将数以百计的学生和工人投入监狱；国家解散工会，中止公民权利，并宣布戒严。许多在袭击中幸存下来的人离开了古巴——他们在佛罗里达组织起来，在革命的墨西哥感受政治气氛，在西班牙内战中加入共和派。随着反对派被彻底击败，巴蒂斯塔，这位曾经的速记员成了古巴军队的领袖并得以独揽大权。一个激进的反对者曾对巴蒂斯塔有过敏锐的观察：他"有速记员的想象力"，他的力量和手段都由此而来。像所有优秀的速记员一样，他"有能力迅速解释一个混乱的符号、一个毫无意义的段落。如果将这种能力应用于政治，他也能立马对一个困难的局面做出分析……在今天的古巴，他也许是最具政治手腕的人……［一个］在预估其力量时……永远不会忘记预估敌人力量的人"[1]。

巴蒂斯塔明白，敌人的力量主要来自民众对有意义的改革的支持。自20世纪20年代末以来，社会上的众多部门都要求提高工资、获得土地、更好的学校、制定新的宪法、更加独立于美国。在1934年推翻了格劳政府，并在随后的两年里粉碎了剩余的反对派之后，1936年，巴蒂斯塔开始推行他的敌人曾经实行的政策，仿佛这些政策从来都是他所主张的。

这一变化与其说是受意识形态的驱使，不如说是出于实用主义的考量。巴蒂斯塔意识到，想要保持持久的稳定，就需要对过去20年民众提出的要求做出一些让步。他明白，解决这些要求会使他受到人们的欢迎，而这会赋予他更大的权力来对付潜在的敌人。因此，巴蒂斯塔披上了民粹主义改革者的外衣，一个为无权无势之人工作的人，一个属于人民的人。他并不是唯一这样做的人。彼时，整个拉丁美洲的领导人，右派和左派，从阿根廷到墨西哥，从巴西到多米尼加共和国，都在以人民的名义发声。而在这个过程中，他们也改变了政治文化，改变了国家与社会的关系以及这一地区的未来。

巴蒂斯塔的各项举措纷至沓来。1936年，他制定了一项计划，将士兵派往农村，参与教育和社会项目。1937年，他发布了一个"三年计划"，其中包括健康和养老保险，废除大地产，在糖业工人和工厂主之间分享利润，建设新学校，实行作物多样化，以及扫盲运动。巴蒂斯塔的"三年计划"相当宏大，以至于怀疑者讥其为"三百年计划"。1938年4月，他开始将小块的国有土地授予农民。1939年，他颁布了全国性的租金管制并降低了抵押贷款利率。备受欢迎的巴蒂斯塔开始进一步扩大自己的统治基础，他将共产党合法化，并取消了对工会组织的限制。此后，工会领导层将由古巴共产党成员主导，并与巴蒂斯塔密切合作。历史学家通常将这些年称为巴蒂斯塔和平时期（Pax Batistana）。巴蒂斯塔已经消灭了反对派，并与一部分精英改革者结成联盟，他还知道自己有美国驻哈瓦那大使馆作为后盾。因此，巴蒂斯塔可以自由地按照自己的心意解决民众长期以来的要求。[2]

251　　巴蒂斯塔野心勃勃。他想在别人失败的地方取得成功，鉴此，他认为没有比为古巴共和国制定新宪法更好的途径了。现有的1901年宪法是在美国占领下制定的，当时参加会议的代表们被迫接受赋予美国干预古巴权力的《普拉特修正案》。1934年，这一修正案被废除，但依旧作为宪法的附录存在。在1933年革命中，陷入困境的格劳总统曾承诺为新的制宪会议举行选举，但他还没来得及实行就倒台了。现在，那个让他下台的人要亲自出马了。

　　为了给新宪法铺路，巴蒂斯塔赦免了之前的反对者，允许在格劳下台后逃离或流亡的人返回古巴。巴蒂斯塔还将新的或以前被取缔的政党合法化，为各界广泛参与宪法进程创造了可能。最重要的是，政府安排了选举，古巴人民将通过这些选举选出参加制宪会议的代表。[3]

公众被卷入了所有的准备工作中。报纸和杂志刊登了关于宪法条款的议案,公共讲座和会议也专门讨论了这一主题。在这些活动中,最重要的也许是在哈瓦那的一个黑人精英社交俱乐部——阿特纳斯俱乐部举行的活动。从 1939 年 2 月起的四个月里,阿特纳斯俱乐部接待了来自各政党的代表——大大小小的政党都有——让他们介绍各自政党对新宪法的想法。这么做有两方面的考量:让选举代表的选民了解候选人及其方案;创造一个空间,让投票的公众和可能参加制宪会议的代表一起考虑古巴基本法的内容。[4]

对制宪会议的热情以及紧锣密鼓的筹备工作,最终使得在享有投票资格的选民中,选举代表的投票率达到 57%,这也许是古巴共和国历史上投票率最高的选举之一。选举产生的 77 名代表体现了意识形态光谱中的九大政党。代表们分属两大投票阵营:一个与政府和巴蒂斯塔结盟,另一个代表反对派,由前革命总统拉蒙·格劳·圣马丁领导,他获得的选票比任何其他候选人都要多。拥有 6 名代表的共产党人最初拒绝加入任何一个阵营,但是后来加入了政府联盟。即便如此,反对派阵营仍保有微弱多数。[5]

代表们来自各个地区的各行各业。他们当中有习惯法律师、教授、银行家和知识分子。显然,由于美国控制了制糖业,古巴难以出现拥有大片土地的大地主,在这样的社会中,庄园主、农场主和独立的甘蔗种植者都不多。代表中包括一名女性参政论者、一名金工技工、一名瓦工、一位劳工领袖、一位农民活动家、一名制糖工人和一名鞋匠,还有爱国英雄安东尼奥·马赛奥的一位后裔(何塞·马赛奥),一位黑人女性共产主义者兼药剂师(埃斯佩兰萨·桑切斯·马斯特拉帕),一位热爱演讲的黑人共产主义教育家(萨尔瓦多·加西亚·阿圭罗），一位明显的反共记者和电台名人（爱德华多·奇瓦斯），以及一位前总统（拉蒙·格劳·圣马丁）。[6]

1940年2月9日下午2点左右，当选的制宪会议代表开始抵达国会大厦，着手开展工作。他们发现人群环绕着大楼，在宏伟的五十五级楼梯上排起了长龙，甚至挤到了走廊里。在会议厅内，旁听席、专席，甚至是通常为立法者保留的区域都有大量民众落座。大约有五千人前来见证这一历史性事件。[7]

下午3点20分，铃声响起，众人集合开会，所用的铃就是1901年制宪会议开幕时的那个铃。第一位发言的代表是位66岁的老人，也是代表中唯一一个参加过第一次会议的人。然后是点名和三次演讲。首先发言的是20世纪的重要知识分子豪尔赫·马纳奇（Jorge Mañach），他代表的是反对派。他说："如果说我们在这里，那是因为人民想要如此，而我们在这里也是为了争取人民想要的东西。"接下来是曼努埃尔·科尔蒂纳（Manuel Cortina），他代表亲政府联盟的一派发言。他引用了何塞·马蒂的话——"马蒂的祖国属于所有人，与所有人休戚与共，并为所有人的福祉服务"，底下掌声雷动。第三位是代表共产党的胡安·马里内略（Juan Marinello）。他也提到了人民，或者更具体地说，提到了"人民群众"。人民"近年来的主要诉求是一个符合时代和需要的宪法"。有人宣读了雷格拉（与哈瓦那港隔海相望的小镇）童子军的说明，恭敬地捐赠了一面古巴国旗，希望它能保护和激励聚集在此起草宪法的男男女女。从一开始以及之后的每一次会议，专业速记员都会细致地记录会议进程。这些记录每天都会在《会议日报》（*Diario de Sesiones*）上发表，所有卖报纸的地方都可以买到这些会议记录。[8]

然而，哪怕对会议记录阅读得再仔细，也会忽略制宪会议最重要的其中一个因素：高度动员且热情十足的公众。每天，人们都聚集在建筑外，从走廊朝里头望去。2月24日，当大会主席提到古巴最后一场独立战争开始的周年纪念日时，人们站起来鼓掌并高呼："古巴万岁！"制宪会议在立法厅外也产生了很大反响。人们通过电台广播收听了会议的实况。古巴是拉丁美洲人均收音机保有量最高的国家之一。不过就算没有收音机，人们也能听到广播。在城市里，酒店允许人们进入酒店大堂收听议会辩论，还有其他一些人则在朋友或亲戚家听广播。乡下的小村庄有时会在不大的中心广场上安装喇叭，人们会步行数英里去听广播。[9]

公众所做的远不止听取或阅读宪法辩论的内容，他们还积极地参与其中。那些站在国会大厦外的人用欢呼或喝彩迎接前来的代表们，他们向代表们散发传单和小册子，并对代表们正在讨论和抉择的事情表明立场。工会、社交俱乐部和公民个人给代表们写信并呼求，有时还把这些内容发表出来供人阅读。各协会组织了明信片活动，支持或反对特定提案的呼吁雪花似地涌入国会大厦。一些给代表的信还在会议过程中被大声朗读出来，以确保公民的声音能传及全岛大量的广播听众。[10]

辩论通过广播进行，以及许多代表在当年的晚些时候需要在选举中竞选职位的现实，意味着房间里的每一位代表（如果他或她想要的话），突然有了一个使自己声名远播的平台。不过在大多数情况下，讨论的基调是礼貌且深思熟虑的。辩论往往很活跃，有时甚至出人意料。例如，关于是否在宪法序言中援引上帝的讨论引发了严重的分歧。同样地，几个月前，关于是否向苏联入侵后的芬兰表示声援也有不同的意见。虽然一项限制代表发言时间的提案并未在实践中得到普遍遵守,但该提案很快就得到了批准。最重要的是,辩论是真诚的。代表们极其认真地肩负起撰写国家基本法的任务,鉴于第一部宪法是在美国占领时撰写的,有些人认为这才是古巴共和国第一部真正的宪法。

254　　大会中最令人印象深刻的辩论之一是有关第 20 条的讨论。该条款规定古巴人在法律面前人人平等。要想理解为什么一个看似不言而喻的原则会引起如此大的争议,我们必须回到古巴历史上最棘手的问题之一:种族。

拟议中的条款以 1901 年宪法中所使用的相同措辞开始:"所有古巴人在法律面前都是平等的。共和国不承认豁免或特权。"但 1940 年的提案进一步提出:"所有因性别、种族、阶级或任何其他有害于人类尊严的动机而产生的歧视,皆为非法并应受到惩罚。法律将对违反这些规范的人进行制裁。"这项条款因而超出了抽象的平等原则,明确地指出歧视行为是非法的。

这一创新的最有力倡导者是黑人共产主义教育家和知识分子萨尔瓦多·加西亚·阿圭罗(Salvador García Agüero)。他说,古巴黑人在任何地方都面临着歧视——不论是在劳动力市场,还是在公共空间。他还苦笑着说,在宗教学校里,甚至连上帝都在歧视。显然,1901 年宪法完全抽象的法律,即所谓法律面前人人平等的原则并没有保证这种平等。他支持有关明确禁止歧视的提议,但他希望法律能走得更远。他认为,禁止歧视而不实际界定歧视,只会使禁令失去效力。他希望宪法明确规定它所宣布的非法行为和应受惩罚的行为,只有这样,这一条款才可能是有效的。[11]

加西亚·阿圭罗和其他共产党代表因此建议对提案做如下修改:

凡因种族、肤色、性别、阶级或任何其他歧视性原因而妨碍任何公民充分获取公共服务、到达公共场所，或阻碍公民在工作和文化各方面的权利，阻碍公民充分享受所有民事和政治活动的行为或行动，都应被宣布为非法并加以惩罚。在六个月内……法律将出台对违反规范之人的制裁措施。

上述提到的歧视形式在古巴很常见，但大多数古巴白人坚持认为歧视并不存在，而且他们自己也肯定没有歧视行为。通过赋予歧视更具体的内容，该条款试图使歧视更容易被识别，从而也使歧视行为更易受到惩罚。[12]

这一共产主义修正案坚持了岛上许多黑人社会俱乐部所表达的原则。古巴有色人种协会全国联合会发表了一份宣言，呼吁大会明确处罚歧视行为，以便使平等的"抒情宣言"不致成为简单的"司法虚词"。人们寄来支持通过反歧视条款的明信片，其中一封来自何塞·安东尼奥·阿庞特——他也许是一位名字相同的人的后裔，后者曾创作了一本神秘但后来失传了的画册，并策划了1812年哈瓦那的反奴隶制暴动。[13]

尽管有这样那样的支持，4月27日，这一共产主义修正案仍因微弱劣势未获通过。当反对者起身解释他们何以投反对票时，也无意中揭示了为什么提出修正案的人认为首先有必要界定歧视。一位直言不讳的保守派代表德利奥·努涅斯·梅萨（Delio Núñez Mesa）根本不承认存在种族主义或歧视。他坚称，哪怕出现一些歧视行为，那也不是国家的错，甚至也非古巴白人的错："黑人根本不懂得如何主张他们的宪法权利。他们不知道如何要求［权利］……不论是宪法，抑或任何法律，都不能使这些公民了解如何像有尊严的人一样捍卫自身。"此言一出，舆论哗然。会议随后结束。[14]

但1940年是个选举年，制宪会议全程通过无线电进行了广播，国会大厦的公共长廊里挤满了密切关注辩论的市民。5月2日，当代表们返回大厦，对第20条继续进行讨论的时候，国会大厦外的市民向步入大厦的代表们分发了小册子。对于一些代表来说，这一举动仿佛是在向他们发起挑战。[15]

在5月2日的讨论中，核心议题并非共产主义修正案，因为这一提案已经被否决了，辩论现集中于原始条款上，即宣布古巴人在法律面前一律平等且歧视（未界定）应受法律惩罚。刚刚被否决的修正案的作者加西亚·阿圭罗如今又提出了一项修改，在宪法禁止的歧视形式中增加了"肤色"——而不仅仅局限于种族。增加的内容看起来微不足道，但其支持者则坚称并非如此。"［在］我们这样的国家中，混血的历史久远且复杂，用一个明确的界限区分一个种族和另一个种族是非常困难的，这是一个庞大的任务。在这里，把人区分开的是肤色……［而且］人们是根据一个人的肤色深浅来确定歧视对象的。"[16]

虽然这一改动未经多大争论就被接受了，但根本性的问题——是否将歧视定为犯罪——仍处于激烈的辩论之中。那位在周五时其言论引起争议的保守派代表再度起身发言："我依旧相信在古巴不存在歧视。"其他代表对此感到不可思议，问他是否真的能摸着良心说歧视不存在。他回答说："只有在他们自己允许（被歧视）的情况下，歧视才存在。""他们"自然是指非裔古巴人。房间里的气氛再度紧张起来。[17]

这场辩论呼应了古巴历史上长期存在着的围绕种族的广泛冲突。在整个殖民时期，种族奴隶制是最残酷的剥削形式。在独立战争期间，大量加入斗争的古巴黑人总是不得不证明他们对古巴的忠诚要高于对种族的忠诚。在共和国初期，当独立战争的黑人老兵谴责种族主义并动员起来反对种族主义时，古巴白人觉得黑人才是搞种族主义运动的人，并认为运动是对古巴民族的一种危险的侵犯。如今时值 1940 年，当代表们，特别是黑人代表在这片土地最崇高的讲台上公开谴责种族歧视时，同样的旧论调和指控再度浮出水面。

这位保守派代表继续说道："谈论古巴的种族主义问题是反古巴且不爱国的。我认为每个人无一例外都必须非常小心地谈论这个问题，因为这一问题可能会变得非常危险。"另一位保守派代表视国会大厦外聚集的大量人群为这种危险的预兆。"一进门……就有人把谴责性的小册子塞到我手里，这些小册子用粗鲁的语言写成，愤怒地攻击那些投票反对修正案的代表们。这件事情已经失控了……在这一过程中产生了先前不曾有过的问题。"场面一度陷入混乱，激烈的讨论开始针对个人。一位保守派代表指责黑人共产主义代表萨尔瓦多·加西亚·阿圭罗试图恐吓他，以让他保持沉默。加西亚否认了这一指控。随后，双方进行了短暂而激烈的交锋，愤怒地指责对方为骗子。在对峙中，一位保守派代表站起来，提出了一种古老而可靠的做法：秘密会议。公众被请出场外，辩论继续持续了两个小时，但没有任何官方记录。[18]

无论这些论点多么熟悉且陈旧，事实上时代已经变了。当天晚上公开讨论恢复时，反对条款的人已经做出了让步。一位保守派人士公开宣称他支持这一条款。他并不认为该条款会有效，但还是投了赞成票，并希望他的怀疑将被证明是错误的。最后，投票得到了全体的一致通过。国家新的奠基性宪法第 20 条如是写道：

> 所有古巴人在法律面前一律平等。共和国不承认豁免或特权。任何基于性别、种族、肤色或阶级的歧视，以及任何其他

有损人类尊严的歧视,都被宣布为非法并应受到惩罚。法律应出台违反这一条款的人应受到的处罚措施。

尽管投票是一致通过的,但关于种族和平等的辩论依然是整个大会中最激烈且最富争议的。[19]

讨论一直持续到6月21日代表们完成宪法的起草工作。不久之后,所有代表——黑人、白人、共产党人、自由派、保守派——都登上火车,前往古巴东部一个叫瓜马罗的小地方,那是1869年古巴第一部宪法——武装反叛共和国宪法签署的地方。1940年7月1日,在一个小小的农村校舍里,代表们一个接一个地拿起高档镀金搪瓷钻石笔(这是古巴学童捐资购买的),在新的共和国宪法上签字。庞大的人群挥舞着旗帜,高呼:"自由古巴万岁!"四天后,宪法在国会大厦的门廊上正式颁布,"密密麻麻的人群挤满了高高的台阶,并溢向周边的人行道、街道、阳台,甚至连附近的屋顶都站满了人"[20]。

1940年的宪法分为19个部分286条,而且显然是一部进步的宪法。宪法将数十年来民众动员起来所追求的一系列社会权利纳入国家的基本法中。这些权利中有许多都与劳动有关:第61条规定了全国最低工资;第62条强制同工同酬;第64条禁止了长期以来以代币或临时凭证支付工人工资的做法;第65—67条规定了工人的社会保险、八小时工作制和带薪休假;与此同时,第68条赋予女性带薪产假;第70—72条确保了加入工会和罢工的权利。其他措施则主要针对农村社会。第90条旨在调整土地所有权的模式。该条款宣布大庄园制(latifundio),即大土地所有制是违法的,并规定了农村私有土地的最大规模,这一措施本身就会严重影响美国在古巴的投资。事实上，该条款还进一步指出："法律应限制外国人与外国公司收购和占有土地，并应采取措施使土地重新为古巴人所有。"第271条的涵盖范围更广。条款规定："国家应指导国民经济的发展，以造福人民，确保每个人的适当生存。"宪法承认了传统的个人权利——投票权、信仰自由、言论自由、集会自由、财产自由以及不被任意扣押的自由。宪法还引入了与直接民主有关的措施，只要公民个人能收集到一万名选民对其提案的签名，就可以向立法机构提交议案。[21]

历史学家拉斐尔·罗哈斯（Rafael Rojas）指出，涉及"个人权利"的条款有20条，而涉及"社会权利"——与工作、教育、家庭、文化有关——的条款超过了40条，从而对宪法进行最终的平衡。总的来说，新宪法代表了一种意识形态上的转变，即从传统自由主义的信条转向"温和左派的愿景"。宪法承认传统的自由主义财产权，但通过重视财产的社会功能又将其与自由主义财产权实现平衡。与新宪法最接近的可能是墨西哥1917年的革命宪法，格雷格·格兰丁将称此革命宪法为"世界上第一部构思充分的社会民主宪章"。在墨西哥革命宪法诞生后的四分之一个世纪里，14个拉丁美洲国家重写了宪法，其中大多数国家都像古巴一样，在传统的政治和个人权利之外增加了新的社会权利。最后，虽然古巴新宪法的条款可能与罗斯福政府的新政主旨产生了呼应，但这些政策从未被写入美国宪法。[22]在古巴，1940年的宪法代表了1933年革命的顶峰，表明20世纪30年代早期的许多革命思想已经成为古巴政治生活主流的一部分。

宪法于1940年10月10日生效，即富尔亨西奥·巴蒂斯塔担任总统的第一天。这是古巴历史上第一次根据一部没有外来政府（无论是西班牙政府还是美国政府）参与起草和签署的文件来进行统治的宪法。宪法颁布之时，显而易见，这是部充满进步性且非常受欢迎的宪法。不论是宪法中涉及劳工和社会权利的诸多条款，还是起草过程中的全民参与和密切关注，以上种种都证明了宪法的进步性及深得民心。

然而，宪法颁布后不久，另一件事也变得十分清晰：宪法本身是无法自我执行的。为了使宪法成为现实，需要制定"补充性法律"，而古巴公众一直苦苦等待着这些补充性法律。历史学家路易斯·佩雷斯（Louis Pérez）写道："尽管宪法有很多开明的条款，但1940年的宪法实质上仍然是一份目标声明，一纸有待今后来实现的计划书。"[23]不过起草宪法的整个过程已经将古巴公众动员起来，并使他们在宪法中占有一席之地。因此，无论执行与否，此宪法文件都是古巴政治中的一个重要存在，每个人都在引用它，政治家们根据他们对宪法的忠诚以及他们践行宪法的承诺来获取民众的支持。宪法签署12年后，一位名叫菲德尔·卡斯特罗的年轻政治家据此发出了第一声号召。

第二十一章
手提箱

这可能是古巴历史上最糟糕的一次就职典礼。五天前，即1948年10月5日，一场飓风——这是最近几周内的第二场——在古巴西南海岸登陆，持续风速高达每小时132英里，造成至少11人死亡，另有200人受伤。在哈瓦那，海水冲垮了古老的防御设施，破坏了数百座建筑，连当选总统卡洛斯·普里奥·索卡拉斯（Carlos Prío Socorrás）的游艇都被潮水所淹没。不是每个人的电力都能得到及时恢复，以便打开收音机收听新总统的就职演说或他对着1940年的宪法宣誓。在总统府的阳台上，普里奥向楼下聚集的人群发表讲话，一支阅兵队伍沿着惯常的路线前进。这是一场普通且不怎么引人注目的就职典礼。但是，真正使其成为古巴历史上最糟糕的就职典礼的并非仪式本身，而是正当每个人都专注于行政权力的仪式性交接时，在几个街区外发生的事情。[1]

在附近的国库大楼，一起非同寻常的事件不受任何阻碍地发生了。四辆绿色的通用卡车开进了车库，似乎都是来自教育部的政府卡车，而即将离任的部长何塞·曼努埃尔·阿莱曼（José Manuel Alemán）站在一群拎着手提箱的人的前面。认识他的警卫开玩笑说："你不会是要抢劫国库吧？""谁知道呢？"部长俏皮地回答道。随后他就领着同伙进了内部的金库,他们打开手提箱,开始往里面装钱:古巴比索、英国英镑、法国法郎、苏联卢布、意大利里拉,还有一大笔美元。阿莱曼拿起装有美元的手提箱,直奔机场,登上一架DC-3飞机,大约一小时后在迈阿密降落。当海关人员问他携带了什么时,这名窃贼很诚实地说:大约 1900 万美元。当官员们为难他时,阿莱曼让这些官员给华盛顿打电话,以确认他已经知道的事情:法律并不禁止携带大量美元进入美国。因此,在古巴的就职典礼上,一位即将离任的政府部长带着从古巴国库中抢来的巨款跑到了美国。[2]

靠着这笔钱以及其他通过窃取教育部数千名幽灵工人的工资而来的可疑款项,阿莱曼建立了一个地跨佛罗里达和哈瓦那两岸的帝国。他拥有豪宅、公寓楼和遍布迈阿密海滩的酒店,更是在迈阿密的西南部建了一个日后所称的"小哈瓦那"。他买下了曾经属于阿尔·卡彭(Al Capone)的一座豪华庄园,还买下了比斯坎岛——现在通通都属于他了。他在古巴拥有一家糖厂、一家货运公司、一支棒球队,并在与老城隔海相望的哈瓦那德尔埃斯特拥有大片的土地。不到两年,阿莱曼就去世了,他的资产总计达 7000 万至 2 亿美元。[3]

1940—1952 年通常被某些学者视为古巴历史上正式民主的巅峰,就职典礼日的抢劫案就发生于这一时期。这一时期始于新宪法的制定,宪法似乎许诺了一个欣欣向荣的共和国,一个建立在社会正义基础上的充满活力的民主社会。每位总统候选人都以实现这一承诺为目标,然而令人大跌眼镜的是,在宪法加持下当选并就职的三位总统都背叛了这一承诺。

首先是富尔亨西奥·巴蒂斯塔。1940 年,经过多年的运作,巴蒂斯塔在一次公平和自由的选举中再度当选总统。他统治着一个相对来说还算稳定的国家。糖的收成是几十年来最好的，美国购买了古巴的大部分收成。然而，腐败丑闻困扰着政府。1942年，一起诉讼案显示，在分配给公共工程项目的近200万比索中，只有微不足道的1623美元被用于购买物资，其余大部分的钱都被用于大家所说的botellas，即"雇佣幽灵工人"的术语。这些人领取工资却不用去上班，工资换取的是他们的选票和忠诚。[4]

1944年，巴蒂斯塔遵守新宪法中不得再度参选的规定，让位给总理，希望他的总理成为继任者。然而，大多数古巴人更喜欢另一位候选人：拉蒙·格劳·圣马丁，1933年百日改革的平民革命总统。格劳·圣马丁的当选主要是基于"真正的革命"的传奇。1933年将他推上总统宝座的那一代学生已经进入了属于他们的时代。1934年，巴蒂斯塔窃取了革命果实，现在轮到他们反击了。因此，在1944年，他们这一代人再次把格劳推上了总统的位置，然而结果是令人失望的。英国历史学家休·托马斯（Hugh Thomas）在总结格劳的四年任期时直言不讳地说道："这是一场窃贼的狂欢，却被情绪化的民族主义演说伪装起来。他［格劳］在扼杀古巴民主实践的希望方面做得比其他任何人都要过分。"[5]

曾担任格劳政府总理的普里奥于1948年当选为总统，且有样学样。作为总统，他建造了"西半球最奢华的豪宅之一"。豪宅就位于哈瓦那郊外，配有游泳池、瀑布、动物园、养阿拉伯马的马厩和一个装有空调的理发店。最为激烈的批评者质问道，怎么会没有钱用于学校、公共工程或赡养独立战争的老兵呢？[6]

腐败问题让三任总统焦头烂额：巴蒂斯塔（1940—1944）、格劳（1944—1948）和普里奥（1948—1952）。如果说腐败是一种道德上的堕落，那么它同时也是一种制度上的失败。美国的经济力量仍在制约古巴人经济发展的途径，美国和其他外国资本主导着制糖业、铁路行业和各类公用事业等。正如一位美国记者在十年前就观察到的那样，"除了政府，古巴人在岛上真的没有什么可以称之为是自己的东西"。讽刺的是，有些人说，"官僚机构"及其贪污和腐败的机会是该岛的第二种"作物"或第二种"收获"。政府高级官员或多或少地都在中饱私囊——或是买座乡村别墅，或在迈阿密旅行、购物，甚至直接在迈阿密置业购房。这一时期的每一任总统政府都用现金或许诺吃空饷的方式进行贿选；他们将政府合同交给朋友或亲戚来干，而这些人往往无法兑现合同承诺，他们还将枪手列入政府工资单。[7]最后，20世纪40年代的三届总统政府都与世界上最高效的贪污和非法团体之一——美国黑帮合作。

在禁酒令期间，美国黑帮首先将目光投向古巴，将该岛作为酒类的转运点。以黑帮会计师之称闻名的梅耶·兰斯基（Meyer Lansky）更是看到了在那里建立一个庞大帝国的潜力，古巴岛可能是许多事情的解决方案。随着禁酒令的结束，古巴可以提供使黑帮企业多样化的手段。投入赌场资金的增长将为其他投资提供资本，到20世纪40年代后期，这些投资主要包括毒品，而所有的这些利润都是美国政府无法管束的。

梅耶首先向黑帮头目和同伙，"老大中的老大"拉基·卢西安诺（Lucky Luciano）提出了进军古巴的计划。卢西安诺立即就看出了这个计划的价值。然而，为了向古巴扩张，兰斯基和卢西安诺还需要古巴方面的支持。具体而言，他们需要古巴政客的合作，当然，这得付出一定的代价。1933年底，兰斯基和一位同伙带着满满一箱现金飞往哈瓦那。据称，他们在酒店见到了富尔亨西奥·巴蒂斯塔。

此次会面的故事从未被证实，但据黑帮的传说，兰斯基打开了行李箱，巴蒂斯塔则盯着钱看，随后两个人握了握手。[8]

那时的古巴刚经历了大萧条和政治动荡，查理·卢西安诺又在1936年被捕入狱，这使得双方的合作拖延了一些时日。不过至20世纪30年代末，站稳脚跟的巴蒂斯塔已经准备就绪。兰斯基开始定期前往哈瓦那，并拿到了一份允许经营几家赌场的合同。随着战后新一轮繁荣的全面展开，兰斯基向古巴进军的计划真正起飞。1946年，拉基·卢西安诺从狱中获释（作为帮助盟军对意大利和德国作战的奖励），条件是他得留在意大利，远离美国。他刚刚在欧洲的新家安顿下来，就收到了老朋友兰斯基的一张神秘纸条：

12月——国家酒店。

沿着从那不勒斯开始，途经里约热内卢、加拉加斯和墨西哥城的迂回路线，卢西安诺于1946年10月29日在古巴登陆，并与兰斯基碰头。当他到达国家酒店的房间时，服务员拉开了垂在大窗户上的窗帘，卢西安诺感受到了自由。"当我从窗户往下俯视加勒比海时，我意识到了另一件事；这里的海水和那不勒斯湾一样漂亮，但它离美国只有90英里。这意味着我实际上已经回到了美国。"拉基·卢西安诺找到了一个新家。[9]

兰斯基把卢西安诺叫到哈瓦那的国家酒店，参加美国所有黑帮大家族的会议。这是十四年来第一次召开这样的会议。三个月来，卢西安诺和兰斯基一直在为这次聚会做准备。在会议预定开始的几周前，酒店工人因工资纠纷而威胁罢工，因而影响了整个会议。古巴总统亲自出面，迫使各方进行谈判，从而使这个本不太可能的会议能够顺利地进行。[10]

1946年12月的会议在黑帮历史上臭名昭著。据说约有20多名黑帮代表下榻国家酒店，而且酒店不对公众和媒体开放。在四天的时间里，造访者过着比平时更奢侈的生活。据传，他们大吃烤海牛、烤火烈鸟胸脯，以及由古巴农业部长提供的鹿肉。他们有自己的私人保安和50辆配有司机的豪华轿车。无论时间是否合适，他们都会从哈瓦那的几家大夜总会，如热带雨林、忘忧坊、蒙马特，叫舞女过来，或直接让哈瓦那著名高端妓院的妓女上门。连法兰克·辛纳屈（Francis Sinatra）[①] 都前来表演。纵情声色之外，每个人都是为了工作而来。他们的议程之一就是古巴。他们琢磨着将古巴西南海岸的松树岛，打造成比拉斯维加斯还大的壮丽的"热带蒙特卡洛"[②]。但最雄心勃勃的提议还是卢西安诺提出的计划，用美国麻醉品和危险药物管理局局长的话来说，卢西安诺想使古巴成为"所有国际麻醉品的交易中心"[11]。

想要在古巴大力发展黑帮需要古巴人的参与，尤其需要有权势的古巴人在必要时愿意转移视线。业已在古巴经营几家赌场的梅耶有一些人脉，而哈瓦那的新居民拉基·卢西安诺则在着力培养这些关系。12月的会议之后，卢西安诺在哈瓦那高档的米拉玛郊区租了一幢宽敞的房子，这里离格劳总统的私人宅邸不远。格劳总统的政府已经为卢西安诺提供了签证，使其能够来到古巴。卢西安诺与古巴的上层政客宴饮社交，邀请他们喝酒吃饭，在游泳池边、赌桌上、表演旁觥筹交错。他甚至给一位参议员的妻子送上了一辆崭新的汽车。卢西安诺的政客朋友圈令人大开眼界。

被美国特工归为贩运可卡因毒枭的爱德华多·苏亚雷斯·里瓦

[①] 美国男歌手和奥斯卡奖得主，被公认为20世纪最优秀的美国流行男歌手之一。——译者注

[②] 蒙特卡洛是欧洲地中海之滨、法国东南方一个版图很小的摩纳哥公国，世人称之为"赌博之国""袖珍之国""邮票小国"。——译者注

斯是一位古巴参议员，而据美国特工所称，古巴未来总统的兄弟弗朗西斯科（帕科）·普里奥·索卡拉斯是另一名贩毒的参议员。作为国会议员的因达莱西奥（或内诺）·佩蒂拉，同时也是东方赛马场赛马俱乐部的经理。美国缉毒人员称他是古巴和美国黑帮的"轴心"，他还是一家名为Q空中航线的新航空公司的共同所有人。在格劳总统的庇护下，此航空公司在军用机场外运营，定期飞往哥伦比亚购买可卡因。毫不意外的是，臭名昭著的何塞·曼努埃尔·阿莱曼——日后策划了1948年就职典礼日国库大楼抢劫案的主谋——是拉基·卢西安诺在哈瓦那的另一名亲信。[12]

至1947年2月，每个人——甚至连美国政府都知道卢西安诺躲在哈瓦那。事实上，他并没有真正躲起来，而是一直在公开地四处钻营并到处聚会。有一次，人们听说法兰克·辛纳屈带着200万美元现金来找他。当他们正开着闹哄哄的派对时，一位修女和一支女童子军无意中冲撞了进来，因为她们想见见这位著名的歌星。卢西安诺躲在哈瓦那的事实使得古巴和整个美国到处都流传着令人咋舌、匪夷所思的丑闻。华盛顿向哈瓦那施压，要求将卢西安诺驱逐出境；作为回应，格劳总统则指出，古巴不满"外国干涉"的呼声已经很高了。但是，当美国威胁要扣留出口古巴的所有药品时（可能是因为卢西安诺会将这些药品倒手卖入活跃的黑市），格劳做出了让步。1947年3月29日，卢西安诺被送上一艘离开哈瓦那的船，参议员帕科·普里奥和其他古巴友人在港口为他送行。[13]

对于美国黑帮来说，卢西安诺的离开是个挫折，但他们从未放弃在古巴的计划。梅耶·兰斯基仍与他在古巴积累的人脉保持密切联系。黑帮头目继续在哈瓦那投资，在那里过冬、经营赌场、买卖毒品、赚钱藏钱，所有这些都得到了古巴政客的批准。黑帮并没有控制古巴，但用一位历史学家的话说，黑帮显然是"制度化腐败的一部分，他们定期向古巴政府官员支付回扣"[14]，双方一直有来有往，相互利用。

双方的关系太过密切，以至于有时古巴作为一个国家的某些方面都开始同黑帮变得越来越像。越来越多的政治派别雇佣私人保安队，从事黑帮式的暴力活动。一些触目惊心的黑帮式处决向古巴公众凸显了这一相似性。人们为这一时期的政治风格创造了新的术语，一个带有西班牙语后缀的美国词：强盗行为（gangsterismo）[15]。

强盗行为一词的产生，最有力地表明了公众和公民的风气在20世纪40年代发生了多大的变化。这一时代是以制宪会议所体现的希望和原则开启的，然而，当40年代行将结束之际，腐败猖獗，黑帮泛滥，总统就职日国库横遭劫掠，这一切都使得宪法辩论显得抽象且幼稚。

任何国家都不可能只专攻一事。尽管20世纪40年代的政治领域乏善可陈，但文化领域却充满活力、欣欣向荣。类似曼波这样的新音乐流派开始兴起，新的文学运动推出了新的出版物，古巴艺术家在纽约的现代艺术博物馆、罗马、太子港、伦敦和加拉加斯举办展览。即使在政治上，蜕变也很少是彻底的，总统政府也并非完全腐败。这一时期的政府越来越重视经济的多样化，创建了一个新的发展银行，旨在减少古巴对糖和进口食品的依赖。从1946年到1948年，古巴的法学家们帮助联合国起草了《世界人权宣言》。同样是在40年代，退伍军人动员起来，敦促政府纪念黑人领袖，比如何塞·安东尼奥·阿蓬特（《画册》作者）、普拉西多（反奴隶制诗人）和金廷·班德拉将军（1906年被政府杀害）。尽管30年代初的革命浪潮已经消散，但人们继续向政府提出要求。事实上，在1933年挫败马查多以及在1940年围绕新宪法进行的大众动员，至40年代末已经演变成具有相当力量的公民行动主义，越来越多的古巴人要求消除腐败。

在这场政府廉洁战中，爱德华多·奇瓦斯（Eduardo Chibás）或许是最主要的人物。奇瓦斯很年轻，戴着一副眼镜，经常穿着白色西装。和其他许多人一样，他是在哈瓦那大学求学时开始关注政治的。20世纪30年代初，他曾与马查多的独裁统治作斗争，并支持格劳总统的百日进步政府。1940年，奇瓦斯以格劳建立的新真正党党员的身份入选制宪会议。事实上，除了格劳，他获得的选票是最多的。1944年，格劳赢得了总统职位，奇瓦斯支持了他，并以同一政党成员的身份获得了一个参议院的席位。[16]

如果说奇瓦斯仅仅是对格劳1944年的总统任期感到失望，这未免太过轻描淡写了。"从未有一个政府如此迅速且彻底地骗取了古巴人的信任"，这是奇瓦斯的著名论断。对格劳来说，不幸的是，奇瓦斯不仅仅是个政客，他还是整个古巴最受欢迎的电台名人，而古巴到处都是电台。每周日晚8点，成千上万的人都在收听奇瓦斯的节目，没有收音机的人也会跑到有收音机的人那里去听。在比那尔德里奥的科尔特斯小山村里，约有800人步行到菲利韦托·波文（Filiberto Porvén）家听广播。当他们听到喜欢的东西时，他们会鼓掌，"就似奇瓦斯在现场一样"。奇瓦斯节目的受众远远多于任何其他政治家，就连真正党的官方广播节目的听众都完全比不上。在政治节目中排名第二的是萨尔瓦多·加西亚·阿圭罗主持的节目，他是参加1940年制宪会议的黑人共产党代表，并于1944年成为哈瓦那的参议员。不过，听奇瓦斯广播的人数要多得多，他的受欢迎程度甚至可以和肥皂剧媲美。[17]

奇瓦斯用激昂的演说和尖锐的言辞，痛斥古巴政府官员的腐败。他的表演平易近人，方法也非常有效，以至于当人们想斥责他人的任何不当行为时，就会以"告诉奇瓦斯"相威胁。1947年1月，奇瓦斯向格劳总统发出了一封长达12页的公开信，敦促他解雇腐败的部长并将他们绳之以法。格劳没有理会，但奇瓦斯不断公开要求他负起责任。几个月后，在5月11日的节目中，他"表示愿意在经济独立、政治自由和社会公正的真正党最初的理想的基础上建立一个新政党"。在接下来的周四，奇瓦斯将志同道合的公民们组织起来召开了一个会议。出席会议的人中有一位20岁的哈瓦那大学法律系学生，名叫菲德尔·卡斯特罗。会议的主要议程是脱离真正党。奇瓦斯决定给格劳72小时的时间来召开党的会议，但格劳再次无视了他。[18]

因此，5月18日星期日，在最后期限的两小时后，奇瓦斯在广播中宣布，他正在组建一个新的政党。新政党的名称为古巴人民党（Partido del Pueblo Cubano），通常被称为正统党（Ortodoxo）。新政党的总部设在前世界拳击冠军埃利希奥·萨迪纳斯（Eligio Sardiñas）的旧体育馆内，后者又被称为"巧克力小子"。新政党的党员们称此处是他们用"革命肌肉打倒腐败和肮脏的政治活动"的地方。他们选取了"Vergüenza contra dinero"——最恰当的翻译为"荣誉对抗金钱"——作为党的口号。由于该党提议扫除腐败，因此党以一把扫帚作为象征——这是一把普通的扫帚，寓意着该党所追求的政治类型：廉洁。拥护者们开始将扫帚放到他们的前门或门廊上，以示支持，并表明反对政府的腐败。新政党很快就获得了足够的支持，使其能够在1948年的选举中提名候选人。奇瓦斯本人参加了总统竞选。为了拉票，他飞往了古巴东部。从那里出发，他与一个大型车队一起旅行，一路演讲并与选民见面，最终回到哈瓦那。在圣地亚哥举行的一次集会吸引了大约 6 万名听众，其中有数千人手持扫帚。[19]

爱德华多·奇瓦斯的支持者举起扫帚，此举象征着正统党的廉政立场。

奇瓦斯在全岛倡导一种新的政治，但是人们（哪怕是支持者）往往认为传统的政治模式仍居于统治地位。奇瓦斯的秘书后来解释说，人们会来找奇瓦斯，请他帮忙——为孩子提供奖学金，为生病的父母提供病床。作为交换，一些人会提供金钱；另一些人则提供他们的身份证，大概是为了有人能用身份证来给正统党投票。当奇瓦斯拒绝接受捐赠时，"人们不理解，他不得不多次进行解释"[20]。奇瓦斯还试图消除政治家和选民之间的传统界线。据一位传记作者所说，奇瓦斯经常"自己从车斗上跳下来，投入仰慕者的怀抱"。他在每周的节目中步行往返演播室，沿途会与大量的支持者聊天。奇瓦斯俨然是位政治明星。据传，很可能赢得选举的普里奥对奇瓦斯十分担心，他许诺任命奇瓦斯为总理，并将内阁一半的职位留给奇瓦斯的政党。"休想。"奇瓦斯如是答复道。[21]

奇瓦斯的竞选表现令人印象深刻，但这还不足以使其获得胜利。其他任何参选政党的得票数都远远少于政党成员人数，但正统党却收获了两倍于登记成员的票数。因此尽管正统党败选了，但所有人都对他们所取得的成绩惊叹不已。一位观察选举的美国人称此为"一次重大的道德胜利"。古巴最受欢迎的杂志《波西米亚》(*Bohemia*) 的专栏作家将此称为一个奇迹，一个好事即将发生的预兆："没有许诺工作，也没有贿选等诸如此类的东西，[奇瓦斯] 赢得的选票可以被当作一个杠杆，他可以利用这个杠杆，组建一个大党。在接下来的几年中，这个党可以成为无可争议的反对派领袖。"[22]

败选后的奇瓦斯不再是参议员，于是他全身心投入正统党的建设当中，随时揭发看到的腐败。他指控法官，指控总统的兄弟，甚至指控总统本人。"卡洛斯·普里奥，告诉我，你怎么买了那么多的农场……与此同时，你却说没有钱也没有物资来修路……告诉我，你为什么突然释放走私毒品的国际毒贩？这个人在国家酒店给秘密警察头子送一批毒品的时候，是你抓的他。"他的节目不止一次因类似的揭发而遭到中断。不过奇瓦斯这种慷慨激昂的指控已深入人心。每每奇瓦斯入狱，正蓬勃发展的媒体就会介入，广泛散播他想传达的信息，使政府试图让他闭嘴的做法失效。[23] 普通市民也竞相效仿奇瓦斯的做法，揭露政府的腐败。有时，新闻界和公民也会动员起来反对除腐败以外的事情。例如，1949年3月，一个醉酒的美国水兵爬上了哈瓦那中央公园何塞·马蒂纪念碑的顶部，还在雕像的头上撒了一泡尿。学生们和共产主义者在美国大使馆前组织了抗议活动，不过抗议声远远超出了这两个群体，美国大使被迫在全国范围内发表电视道歉声明，同时在纪念碑脚下表示歉意。但是道歉没有达到预期的效果，因为美国大使在讲话的时候忘记了马蒂的名字。不过如果没有公众的参与和行动，可能压根就不会有道歉。[24]

奇瓦斯开创了一种新的风格，年轻的改革者纷纷效仿。他的控诉性演讲风格，经常重复"我控诉"（yo acuso）这个短语——很快就成了古巴政治的主旋律。菲德尔·卡斯特罗在1952年竞选参议员时，就在演讲中使用了奇瓦斯"我控诉"这句话，这位政治和演说天才因而开始崭露头角。其他政客则不仅仅在演讲方面效仿奇瓦斯。一个人向古巴刑事法庭提起诉讼，指控前任和现任政府官员贪污174241840.14美元。该案被称为第82号诉讼案，详细阐述了猖獗的贪污和欺诈行为，其中大部分是1948年在就职日策划抢劫国库的教育部长何塞·曼努埃尔·阿莱曼所为。

第82号诉讼案的控诉书长达33页，由参议员佩拉约·奎尔沃·纳瓦罗（Pelayo Cuervo Navarro）所作。当他着手收集证据上诉时，朋友们都劝他放弃。他们警告说，他最终会成为莫罗附近鲨鱼的盘中餐。不过佩拉约靠着儿子们全天候的保护，坚持了下来。不久，支持案件的证据开始以各种神秘方式抵达：比如匿名电话，比如在意想不到的地方留下纸条，告诉他文件"在国库大楼64号房间的第三个架子上"等着他。他在贝达多的房子里放满了与此案有关的文件。虽然最初有几位法官拒绝审理此案，但有一位法官同意了。这批数量超过五千份的文件的堆放地被转移到了法官的办公室，并确定了审判日期。然而，1950年7月22日凌晨2点，一辆绿色的通用卡车停在了法院门口，五个人提着手提箱走进了法官的办公室，他们打包好每一张纸，随后带着文件离开。纳瓦罗又花了近一年的时间来重新收集证据。法官下达了一份起诉书，起诉对象包括古巴前总统（格劳）和他的10位前部长，腐败的教育部长阿莱曼就是其中一员。当有罪判决下达时，法庭认定的贪腐金额较小（4000万美元而非1.74亿美元），而此时的阿莱曼早已作为一个富人去世了。[25]

  在许多方面，82号诉讼案都是古巴历史上这一时刻的恰当代表。一方面，它暴露了这一时期古巴政坛腐败程度之深；另一方面，它凸显了公民行动主义的力量和持久性——记者、政客、学生和公民一直在努力挑战被卖官鬻爵和贪污腐败所恶化的政治环境。

  这一时期是以另外两起意想不到的舞弊案落下帷幕的。第一件是奇瓦斯本人在无意间犯下的，当时他是1952年即将举行的总统选举中的热门人选。奇瓦斯与新任教育部长在广播中论战，他指控部长盗用学校早餐资金在国外购买地产，并扬言在1951年8月5日的每周日广播中拿出无可辩驳的证据。8月5日当天，他带着一个小手提箱出现在广播站，人们以为里面装着证据，然而出于至今未明的原因，他没有拿出任何证据。他在广播中说得很激动，重复了对现任和前任总统以及现任和前任教育部长的常规控诉。随后他进一步提高了音量："为了经济独立、政治自由和社会正义！"他喊道。"让我们清除政府中的骗子！古巴人民，站起来，行动起来！古巴人民，觉醒吧！这是我最后一次敲响警钟！"随后他打开公文包，拿出一把枪，在直播中开枪自杀。但他说得太长了，在枪响之前，节目就切入了皮隆咖啡的广告。我的一些朋友当时还没出生，或者还太小，不记得这一情节，不过他们记得自己的母亲和祖母告诉他们，在节目结束奇瓦斯开枪自杀的那一刻,她们正在做什么。[26]

没有人知道奇瓦斯是否真的想自杀。子弹射进了他的肚子,他挨了一个多星期,想要活下去,最后在1951年8月16日死去。奇瓦斯让赢得选举的希望从自己手上溜走了,当时的他是古巴最受欢迎的政治家,很有可能会成为古巴的下一任总统。他的葬礼规模是古巴有史以来最宏大的。约有30万人执绋,一路从哈瓦那大学的停棺点玛格纳礼堂走到哥伦布公墓。[27]此后,一切都变得不一样了。他所建立的正统党试图保持这种势头,新的选举口号使用了他的名字和形象。信众们说,奇瓦斯留存下来的记忆和榜样,将会为政党在选举日带来胜利。然而这并没有发生。不过,奇瓦斯和他的政党还是留下了一份持久的遗产。奇瓦斯将20世纪20年代末开始涌现出的对社会民主持续且广泛的追求,与新型的政治激进主义联系起来,而这种联系将贯穿整个50年代。事实上,它有助于解释菲德尔·卡斯特罗的崛起及其吸引力。

1952年3月10日,整个时期最大的舞弊案悄然发生。彼时,富尔亨西奥·巴蒂斯塔正在竞选总统。他的竞选广告牌上有一张巨大的剪影,他身着西装站在那里,下方写着:这是你们需要的人(Este es el Hombre)。但在12月的杂志调查中,他在竞争中排名第三。每个人都猜测他才是即将失败的人。[28]

当日凌晨时分,太阳尚未完全升起,我母亲正在上班路上,她看到巴蒂斯塔坐在一个车队领头的吉普车里,而车队开进了哥伦比亚营。巴蒂斯塔是去那里窃取总统职位的,而他做到了。那天早上,巴蒂斯塔的政变持续了1小时17分钟——有人说,这是一个标志,表明古巴人因对政治的普遍冷漠和玩世不恭,而被限制了反应能力。

但巴蒂斯塔没有冒险,他谋划好了政变的细节,使得抵抗无济于事。他的手下夺取了整个城市的军队据点,并在所有战略点设立了指挥部;军事路障封锁了哈瓦那,任何人都不得进出;军队接管了公共汽车和火车站、银行和政府办公室、广播电台以及电视台。当居民们醒来,打开新闻以了解有关政变的猖獗流言时,他们只能听到不间断的音乐,看到坦克在哈瓦那的市中心巡逻。普里奥逃离了总统府,很快又跑到了墨西哥,最后躲到了迈阿密。巴蒂斯塔立即解散了国会,并在国会大厦周围安排了军事警卫,以防止国会议员和工作人员聚集。翌日,巴蒂斯塔向公众发表讲话并取消了他本会落选的选举,他还悄悄地把总统的工资从每月 2000 美元提高到 12000 美元。[29]

起初,尽管巴蒂斯塔的政变残酷且高效,但这并没有压制住广泛的反对声,学生们像往常一样,进行游行和写作。他们在第 25 街和医院街的拐角处,在何塞·马蒂的半身像前,象征性地埋葬了 1940 年宪法。年长的政治家们则寻求联合国和美洲国家组织的帮助。奇瓦斯正统党的年轻成员试图组织抵制活动,女性们决定不购买化妆品或衣服。在电影院的阳台上,匿名的活动家们向底下的人群散发传单,呼吁:"古巴人,拿出你们的荣誉感!"政变发生后不到一周,学生们聚集在爱德华多·奇瓦斯的墓前声讨政变,菲德尔·卡斯特罗就在其中,他爬到墓室的顶部,挥舞手臂,号召公众用武力推翻巴蒂斯塔。一周后,也许是不相信武装叛乱会成功,又或是不相信有足够的人愿意去行动,卡斯特罗对巴蒂斯塔提起了诉讼。该诉讼案详述了巴蒂斯塔违反 1940 年宪法的每一项行为,并要求对每一项行为判处最高刑罚,或判处总计一百多年的监禁。但最终,该案石沉大海。[30]

巴蒂斯塔的政变成功了，但这是通过外科手术式的镇压成功的，而非由于古巴人民的漠不关心。政变两周多后，美国总统哈里·杜鲁门正式承认了巴蒂斯塔政府。在纽约，梅耶·兰斯基收拾好行李箱，订好机票，前往国家酒店。他认为，事情正在好转。[31]

第八部分
起源故事

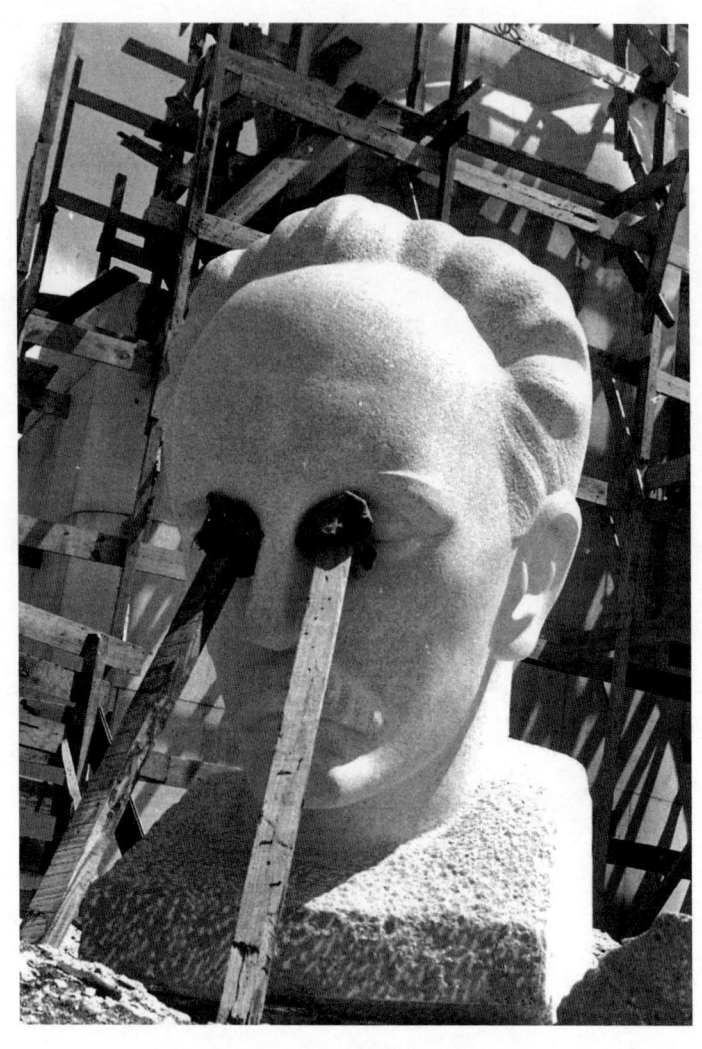

1953年，古巴人庆祝民族英雄何塞·马蒂的百年诞辰。是年，一座雕塑破土动工，立在城里的新市民广场（后来改名为革命广场）上。

第二十二章
百年精神

　　1953年，古巴人庆祝了何塞·马蒂的百年诞辰，马蒂是居住在纽约的古巴人，是倡导古巴从西班牙独立的知识分子。纪念活动计划持续一整年，预计费用为1000万美元。根据1945年国会的一项法案规定，工人们每年将拿出一天的工资来支付这项支出。1953年1月28日，在马蒂诞辰百年来临之际，整个古巴都准备好了。大量人群在哈瓦那的中央公园聚集，观看向马蒂纪念碑敬献花圈的仪式。几个街区开外，在哈瓦那大教堂前搭建的平台上，著名文学朗诵家贝尔塔·辛格曼（Berta Singerman）正在朗诵马蒂的诗歌，她的身后灯火通明。著名的钢琴家举办音乐会，国际学者开办讲座。工人们为山上的一座纪念碑破土动工——这是一尊白色大理石马蒂坐像，马蒂的手臂垂在膝盖上，一副若有所思的样子；在他身后是一座高达350多英尺的灰色大理石五角塔。政府发行了许多面额不一的新硬币，全都印有马蒂的肖像以及"马蒂百年诞辰，1953"的字样，这些硬币都是在美国铸造的。[1]

　　举国庆祝马蒂百年华诞之时，富尔亨西奥·巴蒂斯塔的政变已经过去一年。巴蒂斯塔知道，即使是那些恨他的人也不能抗议或抵制他这个被古巴人称为"使徒"的人。然而，即便在官方行为中，人们也意识到，在巴蒂斯塔统治下纪念国家自由的象征是一种讽刺。在官方举行的百年纪念的第一个晚上，哈瓦那大学的学生们搞起了火炬游行，并通过对独裁者高喊"自由"向马蒂致敬。为了保护自己免受警察的打击，他们在火炬上加了尖钉。

在岛的另一边，也就是1895年马蒂战死的山岭附近，有另一场非常不同的纪念活动。一位年轻教师提议在岛上的最高点图尔基诺山为马蒂立一座纪念碑，此山海拔6476英尺，位于郁郁葱葱的马埃斯特拉山脉，躲避西班牙人的古巴土著、逃离奴隶制的奴隶、守望慈善圣母的矿工以及与西班牙军队作战的叛乱者，很久之前都曾在那里寻求庇护。艺术家吉尔玛·马德拉（Jilma Madera）用青铜铸造了马蒂的半身像，由于无人出资，她靠出售纪念章和微型模型才筹集到了资金。[2]

在古巴东部，这位雕塑家得到了一位乡村医生的智力和后勤支持。这位医生是百年庆典全国委员会地区分会的主席，是岛上考古学会的成员，是正统党地方支部的创始人，也是巴蒂斯塔的激烈批评者。因为同样对现政权不满，所以他请求艺术家邀请他四位女儿中的一位前往图尔基诺山探险。"她很想见见你，"他说道，"也想陪我一起去跋涉一趟。"[3]

这位女儿名叫赛利亚·桑切斯（Celia Sánchez），33岁的她又高又瘦，顶着一头黑发，手指和四肢细长。她在一所小型公立学校接受启蒙，在那里，所有年级的学生都在一个房间里学习；下雨的时候，"老师用右手在黑板上写字，左手则撑着伞"。后来，她的父亲在中央糖厂谋得了一个医生职位，家庭状况才有所改善。赛利亚开始上私立学校，一家人搬进了通常为公司的美国行政人员和工作人员保留的漂亮的黄房子。作为该地区唯一的医生的女儿，她了解当地工人和农民的家庭。和父亲一样，赛利亚也是正统党的组织者。事实上，在进行戏剧性的广播自杀的几年前，爱德华多·奇瓦斯曾于1948年在赛利亚的小镇上发表竞选演讲，而当时桑切斯就站在他旁边的讲台上。现在，赛利亚和父亲、雕塑家以及其他马蒂的信徒们一道跋涉，参与最浪漫的百年纪念活动——将马蒂的半身像安放在古巴岛的最高处。他们说，在那里，"使徒"将监督这个国家的道德命运。[4]

5月19日，也即马蒂的忌日，这群人聚集于位于圣地亚哥主墓地的马蒂陵墓前。翌日，他们排成一列纵队进山，男人们轮流扛着雕像和设备。5月21日上午，他们抵达了图尔基诺山。他们就地取材，给雕塑建了一个底座，从而不必拉更多的石材过来。随后，他们小心翼翼地把重达163磅的半身像置于顶部。青铜马蒂像面朝东方，对着日出和海地。在底座的一侧，他们刻上了艺术家给雕塑挑选的马蒂语录：

> 能够从山上俯视，感受到一个国家和人类的灵魂的人，像山一样稀少。

在底座的背面，他们放置了一块牌子，上面写着所有为此次行动出力之人的名字。赛利亚·桑切斯，一位具有公民意识的乡村医生的女儿，她的名字就在名单上。在当天拍摄的照片上，赛利亚的窄脸上透着微笑，身后是一座既宏伟——毕竟矗立在岛上的最高点——又朴实的雕像——由一位年轻女子无偿设计，而且是民众自发地按照自己的需求竖立和敬献的。[5]

1953年，当赛利亚·桑切斯随着马蒂的半身像一同攀爬马埃斯特拉山脉时，菲德尔·卡斯特罗，这个二十六七岁，身材魁梧，时

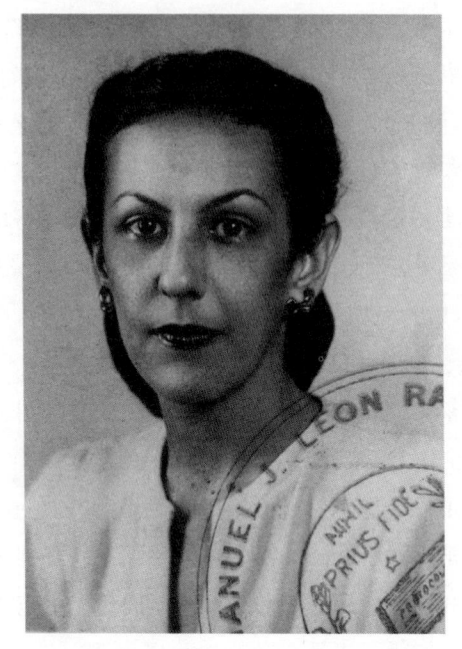

正统党活动家赛利亚·桑切斯,摄于1948年。

而有些冲动的年轻人正在哈瓦那策划一件比在山顶上放置马蒂雕像更不可能且更危险的事。

那时,菲德尔已经在哈瓦那待了11年。不过总的来说,他是个地道的古巴东部人。菲德尔出生于1926年,父亲是西班牙人,在古巴独立战争期间曾为西班牙作战,母亲是古巴人(是他父亲的第二任妻子),曾是父亲家中的厨娘。在巴内斯附近比兰村旁一个2.5万英亩的种植园里,菲德尔度过了生命的最初几年。那里离慈善圣母首次在黑人和土著渔民面前现身的海湾并不太远,克里斯托弗·哥伦布首次在古巴登陆的海岸就在稍远处。直至20世纪初美国在此地投资和扩张糖业前,这基本是块尚未开发的土地。在古巴,很少有像菲德尔少年时的乡村那样受美国资本所支配的风景。卡斯特罗一直待在那里，直至父母把他送到古巴东部首府圣地亚哥的一所耶稣会学校。1942年，他前往哈瓦那，就读于古巴最负盛名的贝伦耶稣会学校，还获得了全国最佳全能学生运动员奖。1945年，他作为法律专业的学生进入哈瓦那大学，并很快卷入了动荡的学生政治中。几十年来，政治运动一直是哈瓦那大学的主流，而近期，"强盗行为"开始主导政治运动。1948年，在普里奥总统就职典礼和教育部长臭名昭著的抢劫案的两天后，卡斯特罗与一位古巴政治家的女儿米尔塔·迪亚斯·巴拉特（她后来成为美国众议院两位反卡斯特罗顽固分子的姨妈）结婚。巴蒂斯塔是这位政治家的座上宾，他送来了一份结婚礼物，这对新婚夫妇还在纽约度了蜜月。1952年巴蒂斯塔发动政变时，卡斯特罗已是一名执业律师，也是正统党一名冉冉升起的政治新星。政变刚一发生，他就对巴蒂斯塔提起了诉讼，指控他篡夺权力、违反古巴宪法，但诉讼未获成功。卡斯特罗对巴蒂斯塔的自满情绪感到越来越不满，他开始相信，现在是时候创造一些新东西了，甚至也许应该搞点大动静。[6]

卡斯特罗很快就拿定了主意，他决定对岛上的第二大军事设施——圣地亚哥的蒙卡达军营发动武装攻击。菲德尔与兄弟劳尔一起，为置办武器和车辆筹集资金，并招募年轻人，其中许多人来自正统党的青年团。他知道成功的机会渺茫，只有135名起义者参与进攻，在人数上完全寡不敌众。不过他们也有一些优势。他们把进攻时间安排在圣地亚哥的狂欢节期间，彼时圣地亚哥将是古巴岛上最热闹的地方。节日活动意味着许多士兵和警察都会酩酊大醉或夙夜不归，熙熙攘攘的狂欢节也有助于隐藏陌生人的存在。进攻者则会穿上正规军的制服进行伪装，以便混进军营，并从内部进行突袭。

最后，起义者希望一旦他们在名义上控制了军营，士兵们就会倒戈，转而加入反巴蒂斯塔的斗争。卡斯特罗起草了一份宣言，准备在最初的胜利后立即在广播中宣读，宣言面向"全国"，署名"古巴革命"，声称要"以祖国神圣权利的名义，为［马蒂］百年纪念发声"。[7]

为了攻打军营，菲德尔将部队分成若干组。劳尔和他的手下负责攻击司法大厦，从司法大厦的屋顶，他们能够控制邻近军营的进出。阿维尔·桑塔马里亚（Abel Santamaría）是哈瓦那庞蒂克（Pontiac）经销店一名24岁的会计，也是正统党的成员，他负责控制隔壁的军事医院，时刻察看有无人员受伤。菲德尔本人将领导对军营的攻击，95名攻击人员组成一个小组，大多数人穿着军装，各自乘坐不同的车辆抵达。这就是行动计划。[8]

1953年7月26日清晨，第一批4名攻击者走到3号军营门前，向卫兵敬礼，并顺利进入营中。然而，几乎在同一时间，就有人认出这些人是外来者，随即拉响了警报。军队开火了。在菲德尔的95人队伍中，只有45人成功抵达军营。一些车辆在城里迷路了，许多起义者来自城外，他们发现预定路线因狂欢节被封道了。与此同时，一些与桑塔马里亚在医院的起义者，以及一些与劳尔·卡斯特罗在司法大厦的起义者都遭到了杀害或被俘。菲德尔的汽车遭到射击，而他也从未能成功地进入军营，他逃到了附近的山区，并于几天后被抓获。[9] 这次袭击是一次惊心动魄但彻头彻尾的失败。

不过，菲德尔·卡斯特罗进攻蒙卡达军营在后来变成了一个激动人心的起源故事：一小撮充满理想主义的年轻人（其中有两名女性）怀着马蒂的精神向独裁政权发起了冲击。在事后的回溯中，攻打蒙卡达军营成了走向必然的胜利所经历的最初失败。1955年，菲德尔用攻打蒙卡达军营的日期来命名他的革命计划，称其为"七二六运动"。1959年菲德尔上台后，攻击事件的周年纪念日成了古巴最重要的国家节日。在革命广场上，在马蒂大理石雕像的注视下，人们举行声势浩大的政治集会来庆祝这一节日。[10]

但是，即便在此之前，在攻击失败后的几天和几周里，卡斯特罗在公众舆论的斗争中也已经取得了胜利。在这一点上，他还得感谢巴蒂斯塔政府的无心插柳。军队在此次袭击中损失了33名士兵，于是他们狠狠地进行了报复，50多名被俘的起义者惨遭杀害。有时候，他们将起义者的尸体扔在看起来像是死于战斗的地方。许多死者被埋时失去了眼睛或牙齿。两名参与袭击的女性被烟头烧死，她们还遭受了其他更残酷的折磨。记者和后来的历史学家称政府对蒙卡达攻击事件的反应是"独立战争以来，最大规模的杀俘事件"。[11]

如此一来，一次失败的起义成了菲德尔·卡斯特罗的一场政治胜利。这并不是说大多数古巴人支持攻击军营，也不是说他们对攻击者及其具体目标有多少了解，相反，恰恰是因为一个已经不得人心的政府的反应太过分、太残忍，以至于公众的同情心立马倒向了年轻的起义者。在整个古巴，法官、记者、大学官员、牧师，甚至是岛上的两位大主教都谴责军队的行动，要求对被告进行公正的审判，并尊重宪法对他们的保障（袭击事件发生后的第一时间，巴蒂斯塔就中止了宪法保障）。[12]

因此，当9月底开始对蒙卡达攻击案中幸存的起义者进行审判时，许多人都在关注。卡斯特罗的审判定于1953年9月21日开庭。他走进水泄不通的法庭，站在中央，所有人都在看着他。"他在那里"，围观者指着菲德尔小声说道。卡斯特罗身高超过6英尺，穿着他最喜欢的海军羊毛套装,一头卷发梳理得一丝不苟,胡须也修剪一新。卡斯特罗被带至法庭前,他立即将手臂举过头顶,露出手上的手铐,对法官说道:"主席先生……这次审判有什么保证?哪怕是最邪恶的罪犯,也不会这样被关押在一个自称正义殿堂的大厅里……你不能审判被戴上手铐的人……"一阵彻底的沉默后,法官下令摘除手铐。被告变成了原告——国家对菲德尔·卡斯特罗的审判即将成为菲德尔·卡斯特罗对国家的审判。[13]

在几分钟内,卡斯特罗第二次让大家感到震惊,他声称自己作为律师有权给自己辩护。法官再次同意了,他下令像其他律师一样,给卡斯特罗一件黑袍。在接下来的审判中,菲德尔在扮演律师时就穿上黑袍,变成被告时则脱下黑袍。菲德尔被问到的第一个问题很简单:你是否参与了对蒙卡达军营的攻击?是的,他回答道。律师菲德尔指着其他起义者问道,那么这些年轻人呢?菲德尔的回答较之前长了一些:"这些年轻人和我一样热爱祖国的自由。他们没有犯罪,除非为了使我们的国家能够变得更好是一种罪。学校里不就是这样教我们的吗?"法官打断了他的话,告诉他只需回答问题。当律师们问菲德尔从哪里得到准备起义的资金时,菲德尔将自己比作何塞·马蒂。就像马蒂没有接受不义之财一样,他也没有从腐败政客手中获取过金钱。有位律师问他,是出于什么政治立场来动员整个民族的,菲德尔回答说,他的立场就是每个古巴人都知道的独立英雄的立场:比如年轻的律师卡洛斯·曼努埃尔·德·塞斯佩德斯在开启第一场独立战争时所秉持的立场,又或是骡夫安东尼奥·马赛奥奋起反抗西班牙的立场,而这两位爱国者一开始并不怎么出名。当被问及谁对攻击蒙卡达进行了策划时,菲德尔回答说:"只有何塞·马蒂,我们独立的使徒。"法庭上的人们鼓起了掌,法官不得不进行干预。

在审判的最后一天，就在法官宣判之前，在一个战略性地不对公众开放的法庭上，卡斯特罗发表了他一生中最重要的演讲之一。密密麻麻的演讲稿有50多页，虽然措辞有所收敛，但这仍是一个重要的声明。声明详细介绍了这个国家对年轻的革命者犯下的罪行，包括虐待和杀害投降或被俘人员；否认了据以指控他的前提——攻击国家宪法权力。"检察官生活在什么国家，"他反问道。"首先，压迫国家的独裁政权不是宪法权力，而是一种违宪权力：独裁政权违背宪法，凌驾于宪法之上，违反了共和国的合法宪法。"如同在审判期间一样，菲德尔援引了古巴历史上的英雄人物：马蒂、马赛奥、戈麦斯、塞斯佩德斯。但他的视野不仅仅局限于此：还有1688年的英国革命，1776年的美国革命以及1789年的法国革命。他引用了托马斯·潘恩和让·雅克·卢梭，以及许多其他不那么为人所知的名字：宗教改革的哲学家、苏格兰改革者、德国和西班牙的法学家、弗吉尼亚州的一位神职人员。他谈到了古巴人民，并详细论述了他所谓的古巴人民一词的含义。

> 我们谈论的是60万没有工作的古巴人，他们每天只想实诚地赚点面包钱，而不必背井离乡到国外去寻找生计；50万生活在棚屋里的悲惨农场工人，他们一年工作四个月，其余时间则忍饥挨饿……40万退休金被侵吞的产业工人和劳动者……10万小农，他们在不属于自己的土地上生活和劳作，直至死亡……

这个名单还在继续：教师、小商人、年轻的专业人员、艺术家。他说，所有这些人都是人民。[14]

最后，卡斯特罗谈到了他自己的革命。他解释了他们原本打算在蒙卡达军营取得胜利后，在广播中宣读的五条革命法律：第一条法律是恢复 1940 年宪法，承认它是"国家真正的最高法律"。另一条法律承诺向农民提供土地，还有一条法律命令没收所有的不义之财。这些拟议的法律听起来很熟悉，因为自 20 世纪 20 年代后期，直至 1933 年的革命和 1940 年宪法的起草，它们已然成为古巴政治景观的一部分。如果说仓促进攻军营并不常见，那么这一运动的目标似乎并没有什么特别之处。菲德尔·卡斯特罗通过不同的方式，宣扬了一个人们非常熟悉的政治纲领，并吸引了古巴社会的广大民众。这一纲领表明，支持民主原则和社会正义是人们的共识。

然而，共识救不了他。菲德尔以他最著名的一句话结束了可以说是他最著名的演讲："审判我吧。这没什么。历史将宣判我无罪。"法官判处他 15 年监禁，这是菲德尔意料之中的结果。在演讲中，菲德尔还透露了其他一些他预料到的事情："我知道，相比任何人，我的监禁环境都将更加严苛。"[15]

卡斯特罗在古巴最现代化的监狱中服刑：位于松树岛的模范监狱（Presidio Modelo）。这座监狱建于 20 世纪 20 年代后期赫拉尔多·马查多统治时期，圆形的建筑内部分布着一个个牢房，中间是瞭望塔。作为一座现代全景监狱——设计的名称来源于希腊神话中的多眼怪兽，由英国法学家杰里米·边沁创造于 18 世纪——它使得警卫在任何时候都可以监视狱中的任何牢房，而囚犯们则不知道他们是否正在被监视。

被监禁的时候，菲德尔最厌恶的事情就是很难说话。"被监禁，"他在狱中写给朋友的信中说道，"就是被判处保持沉默，听别人说话，自己看书，但不能说出来……"[16]在头四个月里，菲德尔是被单独监禁的。当然，在那里，他感受到了最深刻的孤独和被迫沉默的感觉。但在那段时间之后,他得以和兄弟劳尔同住一间牢房,并与其他一起被判刑的蒙卡达军营攻击者广泛交往。菲德尔被允许为自己和这群人做饭,他试着用意大利面的酱汁做了鱿鱼。他们还享有充足的时间在院子里活动。菲德尔经常穿着短裤坐在外面,感受阳光和海风。"卡尔·马克思会怎么评价这样的革命者呢?"他如此琢磨着。[17]

卡斯特罗向他的同伴们推行了一个类似于学校日常活动的惯例,一个涉及政治、历史和意识形态的实践学校。每天早上,菲德尔都会召集同伴们授课——一天讲哲学,一天讲世界历史。组里的其他成员还会就其他主题进行授课:古巴历史、语法、算术、地理,甚至是英语。到了晚上,他们又聚集在一起,菲德尔会讲授当天的第二堂课。他每周有三个晚上讲政治经济学,另外两个晚上,他教同伴们如何做公共演讲,"如果你能将这称为公共演讲的话",他给一个朋友写道。在那堂课上,他一般会朗读半小时,要么是"一场战役的完整描述,例如拿破仑·波拿巴的步兵在滑铁卢的进攻",或者是"像马蒂对西班牙共和国的讲话这样的意识形态文本,或者诸如此类的东西"。随后,听众们就讲课主题进行三分钟的讨论,并由评委决定给谁颁发奖品。每个月的26日,为了纪念7月26日对蒙卡达的攻击,课程会被取消而改开派对;每个月的27日,他们纪念在此次攻击中失去的同伴。卡斯特罗把他的临时学校称为阿维尔·桑塔马里亚思想学院,这是以被杀害并受到残酷折磨的庞蒂克会计和蒙卡达攻击者的名字命名的。[18]

菲德尔还组建了一个监狱图书馆,图书馆大约有300本书,大部分都是朋友送来的。事实上,他在监狱的大部分时间都在疯狂阅读。他每天阅读10个、12个或14个小时——"直至我睁不开眼睛",他给一个朋友如是写道。他钟情古巴的作家,特别是马蒂。他在读完康德的《先验感性论》(Transcendental Aesthetic of Space and Time)后立即打起了瞌睡。在伟大的法国小说家中,他特别喜欢奥诺雷·巴尔扎克(卡斯特罗推测,巴尔扎克的文风极大地影响了卡尔·马克思的《共产党宣言》)。维克多·雨果的《悲惨世界》让他兴奋到"难以言语",尽管他觉得作者"过度的浪漫主义,话痨和掉书袋"有时"太累人和夸张"。他似乎更喜欢陀思妥耶夫斯基的小说,读了不少他的著作:《白痴》《被侮辱和被伤害的人》《穷人》《死者之家》《罪与罚》。他还读了西格蒙德·弗洛伊德作品集的4卷,并要求一个朋友再把另外14卷也送来,因为他想"自己理解这些内容的重要性,并将这些内容应用于陀思妥耶夫斯基的一些人物"[19]。

卡斯特罗看书不仅仅是为了消遣和打发15年的刑期,他还通过阅读来学习和思考关于古巴、关于历史、关于人性、关于当代政治的一切。他想象着,一旦重获自由,就要应用这些经验教训。他读了有关富兰克林·德拉诺·罗斯福的书,这个他从14岁起就感兴趣、并曾写过一封信的人,当时的菲德尔在信的开头写道,致"我的好朋友罗斯福",他为自己蹩脚的英语道歉,还请求得到一张"10美元的绿色美钞"。在监狱里,当读到罗斯福的新政时,他感到十分震惊:"考虑到美国人民的个性、心态和历史,罗斯福实际上做了一件很了不得的事情,而他的一些同胞从未原谅过他所做的这些事情。"[20]

不过,相比改革(回想一下他是如何入狱的),菲德尔从一开始就对革命更感兴趣。他向一位朋友坦言:"说实话,我很想把这个国家彻底革命一遍!我确信这会给古巴带来幸福。几千人的仇恨和恶意阻止不了我，这些人当中一些是我的亲戚，一些是我认识的一半人，还有我三分之二的同行和五分之四的前校友。"年轻时，卡斯特罗曾喜欢读拉丁美洲解放者西蒙·玻利瓦尔的文章。现在，他又如饥似渴地阅读了法国和俄国革命的壮丽史诗。在阅读过程中，他思考着革命为什么会成功或者失败，乃至革命何以发生的问题。取决于领导革命的那个人吗？还是取决于革命发生的具体时刻和环境？抑或是潜在的社会结构条件？卡斯特罗认为，具体的背景始终是关键所在。菲德尔也喜欢考虑所有革命的内在逻辑。阅读使他得出这样的结论：每场革命的高潮都是"激进分子扛起旗帜的时刻"。此后，革命的浪潮开始退却。在法国，罗伯斯庇尔代表革命的顶点，他是革命最激进最血腥阶段的领导人。卡斯特罗解释了他与这位法国人的契合："革命处于危险之中，国界被四面八方的敌人包围着，叛徒们随时准备在背后捅刀子，骑墙派挡住了去路——领导者必须严厉、严格、强硬——走得过远总好过于走得不够……"菲德尔总结说，古巴"需要更多的罗伯斯庇尔"。[21]

有关革命的阅读帮助卡斯特罗思考自己的策略。在阅读了关于"革命人格"和革命"技术"的晦涩文本后，他确信了宣传所具有的无与伦比的重要性，这意味着他打算在公开场合坚持不懈地宣传革命的主张，发出革命的声音。在给一位伙伴的信中，他声称这样的宣传是运动的首要任务，"这是每场斗争的灵魂"，他如是写道。菲德尔的监狱教学大纲还包括政治理论的一般文本。弗拉基米尔·列宁的《国家与革命》深深地吸引了他，他一口气连续阅读了6个小时。他还阅读了卡尔·马克思的《法兰西的阶级斗争》以及《路易·波拿巴的雾月十八日》。他"深入研究了"马克思的《资本论》，称其为"五卷经济学的巨著，以科学的准确性对经济学进行了研究和解释"。事实上，在他读的所有关于革命的书中，卡尔·马克思似乎特别吸引他。[22]

菲德尔·卡斯特罗将适时地从全景监狱中获释，我们一会儿就会谈及当时的情况。现在或许值得我们就另一问题稍作停顿，即长期以来为人所谈论的卡斯特罗与马克思主义的关系的问题。几乎从一开始，卡斯特罗的诋毁者就谴责他是一个共产主义者。在美国猪湾入侵的前夕，卡斯特罗公开宣布，他本人及其革命都信奉社会主义。在同年晚些时候的另一次演讲中菲德尔如此宣称：我们将永远是社会主义者，永远是马克思列宁主义者。[23]

卡斯特罗相对较晚公开接受马克思主义，为学术界和大众研究他究竟何时成为一名共产主义者提供了一个初具规模的研讨空间。右派，尤其是后来演变成亲美的古巴右派，倾向于认为卡斯特罗为了攫取权力隐瞒了他共产主义者的身份。而自由派则倾向于将他的共产主义信仰视为伴随着革命本身的进展而随之演化的事物。当时，随着与美国的对抗日益失控，对受挫的革命感到沮丧的古巴公众把卡斯特罗推向了前台，国外的压力加上来自民众的支持，或许最终促使菲德尔决定（就像罗伯斯庇尔所做的那样），"走得过远总好过于走得不够"。

多年来，卡斯特罗本人对他何时成为马克思主义者的问题给出了不同的答案。至20世纪70年代，他正式宣称马克思列宁主义从1953年开始就在指导他的革命。耐人寻味的是，在生命的最后阶段，他的解释越发接近右派长期以来的观点：他一直都是一个共产主义者。2005年，在与他唯一授权的传记作者伊格纳西奥·拉莫内特（Ignacio Ramonet）进行的最后一次长时间访谈中，菲德尔解释说，即使是在阅读马克思或列宁之前，他就已经是"一个乌托邦式的共产主义者了"。在狱中阅读和学习这些内容，只是让他有了更坚实的基础。他说，马克思主义对他而言，就像指南针之于克里斯托弗·哥伦布，或塞壬的歌声之于尤利西斯一样——既是漫长旅途中不可或缺的指南，同时又是充满魅力且难以抗拒的。

在革命时期和之后的几十年里，菲德尔没有了那么多的神秘感和顾虑，他接受了何塞·马蒂的影响。在马蒂的百年纪念期间，他发动了对蒙卡达军营的攻击。在其他许多场合，卡斯特罗也说过，他的政治哲学的本质在于对马蒂和马克思的特殊结合。在与拉莫内特的访谈中，菲德尔逐字逐句长篇累牍地引用了马蒂写的最后一封信，即马蒂在1895年5月19日战死前不久未完成的那封信。以下是菲德尔引用的马蒂的话：

> 马蒂承认："现在，我每天都面临着为我的国家献出生命的危险……古巴及时独立，可以阻止美国将其触角延伸至安的列斯群岛，阻止美国以更大的力量落在我们的美洲的土地上。我到目前为止所做的一切，以及将做的一切，都是出于这个目的。"马蒂随后补充道："这必须悄悄地做，而且是间接地做，因为有些事情必须隐瞒起来才能实现：挑明在干什么，会引起难以克服的巨大障碍。"以上都是一字不差的引用。[马蒂]最后一封未完成的信上说……他所说的真是太棒了：随着古巴和波多黎各的独立，可以阻止美国以更大的力量落在我们的美洲的土地。"我到目前为止所做的一切，以及将做的一切……"，然后他补充道，"必须悄悄地做"，而且他还解释了为什么要这么做。这就是这个人[马蒂]给我们古巴革命者留下的珍贵遗产。

以上这些都是菲德尔对他的传记作者说的。也许是由于菲德尔逐字逐句大篇幅地引用了马蒂的信,部分内容还引用了两次,拉莫内特对此感到大为惊讶。他说道:"这些话似乎在您身上留下了印记。您是否将这些话当作您自己的话,作为您的政治纲领?"卡斯特罗言之凿凿地说:"是的,的确如此。正是从这些话中,我开始获得政治意识……"[24]

秘密行动、为了取得胜利隐藏真实意图,菲德尔显然被马蒂所秉持的这些政治理念吸引了。菲德尔对马克思主义也采用了同样的策略吗?在2005年的采访中,他似乎的确暗示了这一点,但我们无从得知这种解释是否是后来出现的。因此,虽然我们可以确定菲德尔公开承认革命的社会主义和马克思主义性质的确切时刻,但我们可能永远无法明确知晓菲德尔·卡斯特罗内心做出决断的时刻。

不过,马蒂的最后一封信受到卡斯特罗如此的重视,还是揭示了某些东西。这封未完成的信是马蒂戏剧性地死于战场前写的,这肯定会让菲德尔对殉道的想法产生兴趣。也许更重要的是,菲德尔认同马蒂信中对美帝国主义表现出来的极端厌恶。马蒂对此深恶痛绝,以至于他所做的或将要做的一切都旨在反对美国。1958年,当菲德尔在古巴东部山区写下自己的战时信件时,他也许就想到了马蒂的话。他的那封信是写给朋友赛利亚·桑切斯的,这位女士在1953年帮忙把马蒂的雕像立在了古巴最高的山上。在目睹了美国的火箭弹击中了一个朋友的房子后,菲德尔写道:"我发誓,美国人将为他们的所作所为付出沉重的代价。当这场战争结束时,对我来说,另一场更加漫长、规模更大的战争即将开始:我将对美国发动战争。我意识到这会是我真正的天命。"[25]他真正的天命——用马蒂的话来解释,就是他将要做的所有事的目的。

第二十三章
反叛路线

对古巴感兴趣的人经常会犯一个错误，那就是过多地考虑菲德尔·卡斯特罗。这是个情有可原的错误。高大、强壮、自信，卡斯特罗看起来总是那么不同凡响，仿佛注定要获得胜利。然而，1955年初，当他坐在监狱里阅读卡尔·马克思和维克多·雨果时，他只不过是众多革命者中的一员。自1952年巴蒂斯塔政变以来，古巴人一直在进行各种形式的抗议反对违宪政权：他们在大型百货公司外抗议警察的暴力行为；在有褶的裙子口袋里藏传单，然后从剧院的包厢里抛下传单；穿着饰有古巴国旗的衣服出现在集会上；上演"街头爱国剧目"或"集体居家不出门"。他们所做的这一切都是为了抗议巴蒂斯塔的统治。[1]

1954年11月，巴蒂斯塔通过在选举中作弊赢得了总统职位，在此次选举中，他是唯一的候选人，反对派于是对此进行了抵制。如果巴蒂斯塔指望这一可疑的胜利能让人们将其视为民选总统，而非军事政变的发动者，那么古巴人将再次证明他打错了算盘。古巴人仍然希望他下台。不过，人们也意识到实现这一诉求的艰巨性，因此他们有时会把注意力放在更迫切的要求上。巴蒂斯塔当选后，活动家们发起了一场声势浩大的运动，要求大赦政治犯。这场运动成功的几率很高,因为这样的赦免是古巴政治一种常见的基本操作,特别是在选举之后,胜利者往往会大赦囚犯或被流放的反对者,以示对国家团结统一的支持。由于急于获得合法性,以及创造一种在选举后一切正常的感觉,巴蒂斯塔决定答应这一请愿,对政治犯进行大赦,毕竟之前当选的总统也经常这么做。1955年5月获得大赦的人包括在政府弹压下离开国家的反对派人物,其中就有前总统卡洛斯·普里奥(1952年被巴蒂斯塔的政变推翻)。至于那些离开古巴后又秘密潜回,暗中生活和组织的异见者也都露面了。当有传言说大赦不包括菲德尔·卡斯特罗及其攻击蒙卡达的同伴时,活动家们再次进行了抗议。学生领袖何塞·安东尼奥·埃切维里亚(José Antonio Echeverría)在《波西米亚》上发出了振奋人心的呼吁:"任何将攻击蒙卡达的战斗人员排除在大赦之外的企图,都将受到公众舆论的广泛谴责……不要让任何反对独裁统治的战斗人员继续受到关押。"巴蒂斯塔对此表示了默许。菲德尔获得了自由,这要归功于民间的活动家,尽管他们中许多人的名字已经消失在历史的长河中。[2]

历史学家有时认为,赦免卡斯特罗是巴蒂斯塔"最大的失误"。[3]不过后见之明是历史学家而非政客们的权限。在1955年,巴蒂斯塔的这一决定并没有什么值得注意的,他只不过是通过对公众诉求和民主实践的例行让步来寻求合法性,其他总统也曾赦免过更具威胁的敌人。如果说有什么失误的话,那就是对菲德尔的赦免,这表明,当时包括巴蒂斯塔在内的观察家都低估了卡斯特罗对现政权的威胁。他策划了一次对军队的进攻,虽然失败了,但却不失为一次壮举,而他的伙伴也因此遭受了残酷的镇压。出狱后,菲德尔·卡斯特罗并没有成为反对派的领导人。在1955年,反对巴蒂斯塔的运动并不是单一的,也不存在独占鳌头的人物。在卡斯特罗获释后的几年里,反对运动开辟了多个战场，包括岛上的几乎每一个城市、东部山区，甚至是墨西哥。古巴社会的大多数阶层都卷入其中：学生、制糖工人、中产阶级的家庭主妇、农民、天主教徒、律师，甚至还有美国大学的学生。在三年多的时间里，这些地方和这些人所从事的运动在多条路线上推进，这些路线有时会交汇，有时则独自发展。简单地说，古巴人如何在1959年1月1日将独裁者富尔亨西奥·巴蒂斯塔赶下台的故事，永远是一个多数人合力的故事，只有回顾历史，我们才能想象革命从一开始就是由菲德尔·卡斯特罗主导的。

当卡斯特罗和同伴们以自由人身份走出监狱时，最活跃、最有力的巴蒂斯塔反对者是哈瓦那大学的学生。自1952年政变以来，他们一直在游行、抗议并参与公民反对活动。全国性的学生团体大学生联合会（Federation of University Students）比菲德尔·卡斯特罗及其蒙卡达的攻击者享有更高的知名度和更多的支持。事实上，在争取赦免卡斯特罗方面，学生们的游说是最有效的。1955年，他们正在加紧活动。这一年，学生领袖们决定创建一个新的名为"革命理事会"（Revolutionary Directorate）的组织。在何塞·安东尼奥·埃切维里亚的领导下，这个新组织将秘密运作，组成秘密小组。他们的目标和之前一样——推翻巴蒂斯塔，但所采取的手段将不再是和平的公民抗议，而是武装抵抗。当警察攻击他们时，他们会进行反击。事实上，他们就是想让警察来攻击他们，通过这种方式来激化冲突，公众也会由此变得激进。这就是越来越多的古巴人所谓的"反叛路线"[4]。

古巴革命者喜欢纪念日。于是，由学生主导的革命理事会选择在1955年11月27日首次推出他们的新战略，1871年的这一天，是西班牙当局处决医学生的日子。1955年,学生们准备了瓶子、烟斗和石头,护理专业的学生带来了酒精瓶,医学生带来了储酸瓶,大约400名学生从哈瓦那大学的大楼梯上走下来,走向警察的路障。当警察示意他们停下来时,他们仍继续前进。学生们向警察投掷各种物品,警察起先开始撤退,随后就冲上前去抓捕抗议者。学生狙击手从屋顶上开枪,一些警察受伤,许多学生遭到殴打和逮捕。[5]

一周后的12月4日,在一场全国电视转播的棒球比赛中,学生们上演了一场戏剧性的抗议活动。在一次连赛两场的棒球比赛中,当比赛进行到第二场第三局的第三次暂停时,22名学生冲进球场,高呼:"打倒巴蒂斯塔!"并展开了一条写着"打倒独裁政权!"的横幅。警察冲进球场开始用棍棒殴打学生。群众对警察报以嘘声,并开始高呼:"打倒警察!"电台的一名实况转播广播员惊恐地叙述了这一幕:"学生们没有防卫;他们没有武器……他们坐下了,他们跪在地上。警察在打他们,在踢他们!这真是可耻的举动!这种行为简直难以言喻!"第二天,报纸谴责了政府的行为,将这些学生与1871年被西班牙人处决的学生相提并论。[6]

随着全国大多数人开始关注到相关事件,革命理事会加速了其抗议活动。1955年12月7日,是传奇的非裔古巴将军和独立英雄安东尼奥·马赛奥战死59周年忌日,这一天,数百名学生和工人聚集在以其名字命名的哈瓦那公园。一位学生领袖登上了马赛奥的骑马雕像,发表了激情四射的讲话,并要求人群随他前往大学。人群行进之时,不断有其他人加入进来。警察试图阻止游行者,但根本无济于事,于是警察开枪进行射击。大约有20名学生受伤,其中一个没胡子的青年卡米洛·西恩富戈斯(Camilo Cienfuegos),后来成了一位重要的革命人物。在窗户和阳台上观看的群众愤怒地叫喊着,从上面朝警察扔花盆、煎锅和手工工具。新闻界再一次几乎全体一致地谴责了政府的行为。[7]

三天后,学生们抬着一口假棺材从大学出发,为最近被警察开枪打死的学生举行象征性的守灵和葬礼。但是,政府的便衣警察悄悄地潜入了游行队伍,他们把棍子藏在卷起来的报纸里,随后对学生们大打出手。人们又看到了几天前他们在阳台上看到的场景,以及在此之前在棒球场上看到的景象。人们惊恐地思索着,我们真的是这样的吗?这就是我们要的结果吗?难以置信和怒火中烧的情绪大大推动了人们对学生事业的支持,对巴蒂斯塔的应对策略更是产生了由衷的厌恶。[8]

学生活动家们知道,如果继续示威,他们有可能遭到残酷的报复,但他们也感觉到,随着政府的反应越来越强硬,古巴公众会越来越反对巴蒂斯塔。革命理事会乘着这股势头,扩大了他们的抵抗运动。董事会主席何塞·安东尼奥·埃切维里亚呼吁停工,以声援学生和反对巴蒂斯塔警察的暴行。公交车司机在中途停了车,许多私家车也这么做了;服务员停止服务,电台播音员停止广播;工厂工人罢工,药店雇员、电信工人、港口装卸工、古德里奇轮胎公司的工人也罢工了。参加罢工的工厂名单在一份报纸上占了整整一页。罢工不仅发生在哈瓦那,圣地亚哥、马坦萨斯和全岛的其他城市也都参与进来了。这是巴蒂斯塔政变以来的第一次大规模动员,其成功和广泛影响远远超出了策划者的预期,这也表明,学生的事业如今也成为其他人的事业了。[9]

事实上,就在学生们谋划抗议活动时,向来是古巴劳工一个主要部分的制糖工人正在进行他们自己的抵抗。从年初开始,他们至少在14家工厂组织了劳工行动,抗议各种工作和工资的损失。1955

年12月，政府宣布将减少糖业工人的传统年终奖金，50万糖业工人随之举行了罢工。工人们集体抵制一些工厂，警察或农村警卫队向罢工者开枪，抗议者转而采取焚烧甘蔗这一古老的策略。罢工和其他抗议行动蔓延至全岛。在马坦萨斯，纺织工人和印刷工人联合起来罢工；在拉斯维亚斯省的兰丘埃洛县，建筑工人、烟草工人和其他人也为支持制糖工人而罢工。在日渐与哈瓦那融为一体的马里亚诺市，传奇的热带雨林夜总会的舞女们也进行了罢工。大约有20个城市和市镇发起了"死亡之城"的抗议活动，这是一种大规模的市民罢工，大多数企业关门歇业，人们清理街道，避免户外活动，仿佛整个古巴都在哀悼。[10]糖业工人得到的高度支持表明，不满和失望有着更广泛的源头。

随着抗议和国家暴力行为的循环往复，人们越来越确信，和平变革是不可能的。公民反对派团体，如曾倡导以更和缓的方式对待巴蒂斯塔政权的共和国之友协会，如今已失去了吸引力，公众已不再相信他们的解决方案。而反对派越是追求反叛和对抗，就会变得更激进且更受欢迎。就在1956年初，革命理事会发表了第一个公开声明，这一天是2月24日，正是古巴独立战争爆发的纪念日，声明指出了武装反抗巴蒂斯塔政权的理由：

> 四年来，面对一个卑鄙无耻、背信弃义的暴君强加给我们的奴役、羞辱和毁灭，看到一次次和平解决的尝试被扼杀，古巴人民根据他们享有的主权权利，宣布他们将坚决进行斗争并做出牺牲。

只有"革命起义"才能打败巴蒂斯塔。[11]革命理事会并不是唯一怀揣此目标的团体，但在1956年初，革命理事会证明了它才是最有效且最卓越的团体。声明最后写道："为了古巴革命。"

然而，到了1956年秋，革命理事会已经改变了想法——推翻巴蒂斯塔的目标没有改变，改变的是实现这一目标的最有效手段。为了给自下而上的普遍起义创造条件，他们决定有必要对高层实行打击。革命理事会在哈瓦那策划了针对内阁部长、警察局长和巴蒂斯塔本人的暗杀计划。他们还在蒙马特夜总会枪杀了调查局的局长。在随后的一次交火中，他们又杀死了警察局长。警察报复性地处决了10名革命者。革命理事会"以牙还牙"，警察也针锋相对。"每天都有学生被枪杀……[革命理事会]的行动小组则在夜间引爆炸弹。"[12]这种循环就这样一直持续着。

当这一切发生的时候，菲德尔·卡斯特罗在很远的地方。出狱一个月后，他与兄弟劳尔和其他蒙卡达囚犯一起去了墨西哥。在流亡墨西哥的早期，菲德尔遇到了切·格瓦拉，这位日后成为世界革命家的阿根廷医生。他们第一次见面就彻夜长谈，谈话结束时，切"已经是未来远征古巴的医生"了。那晚使格瓦拉印象最深刻的是菲德尔的乐观精神："他有一个不可动摇的信念，那就是一旦离开，他就会去古巴，一旦到古巴，他就会开始战斗，而一旦开始战斗，他就会取得胜利。"[13]

在墨西哥的菲德尔一直关注着古巴，他也试图让古巴公众的视线一直停留在自己身上。他在古巴报刊上发表信和文章；在有大量古巴移民社区的美国和加勒比海城市巡回演讲，发表振奋人心的演说。1955年8月8日，在墨西哥待了一个多月后，菲德尔·卡斯特罗提笔写下了《致古巴人民的第一号宣言》（*Manifesto No. 1 to the People of Cuba*）。这份洋洋洒洒的长文将革命的目标概括为15点，其中也包括过去古巴革命的传统进步目标。首先是土地改革，改革将取缔超大庄园制,将土地分给农民。其他目标包括没收前古巴官员贪污所得的资产,公共服务国有化(如电力和电信设施),扩大公共教育,以及恢复被巴蒂斯塔废除的工人权利。在宣言的最后,卡斯特罗写下:"代表七二六革命运动,菲德尔·卡斯特罗。"他的革命如今有了名字。[14]

名字当然很重要。这次,卡斯特罗以一个日期命名他的运动——也就是1953年7月26日这个他攻击蒙卡达军营的日期。这个不常见的名字有几个作用。首先,由于许多人在7月26日的攻击中丧生,这个名字使得这个组织已然拥有殉道者。其次,它还使卡斯特罗的组织与其他反对巴蒂斯塔的组织区别开来,而且比菲德尔在1953年使用的"百年一代"要具体得多,后者实际上囊括了敌视巴蒂斯塔的整整一代人。最后,这个名字将该组织与一个远离首都哈瓦那及其传统政党和传统政党领导人的事件联系在一起。新命名的"七二六运动"完全是另一回事,它有一个领导人,即菲德尔·卡斯特罗。

菲德尔·卡斯特罗一直以来都明白,要想推翻巴蒂斯塔,就必须回到古巴作战。他知道这需要钱——用来购买武器和补给,以及一艘能把人和装备运到古巴的船。卡斯特罗向美国城市中的古巴移民,以及在墨西哥和拉丁美洲出生的古巴裔商人筹集资金。他甚至向他的老对手前总统卡洛斯·普里奥求助,虽然他曾相当积极地指控普里奥的腐败行为。1956年8月的一个晚上,菲德尔和几个同伴驱车数小时来到美墨边境。据说他们游过格兰德河,来到得克萨斯州麦卡伦的一家汽车旅馆,与前总统卡洛斯·普里奥会面。普里奥同意给菲德尔5万美元用于支持他发动对古巴的武装远征,后来,普里奥又给了更多的钱。至1959年1月卡斯特罗掌权时,普里奥已经捐助了近 25 万美元。[15]

除了筹集资金，卡斯特罗还在古巴国内寻求其他组织的援助和支持。他与革命理事会取得了联系，并两次在墨西哥与该组织的领导人何塞·安东尼奥·埃切维里亚会面。他们签署了一份联合承诺，同意在打倒巴蒂斯塔这一共同目标上互相支持，尽管双方在何为实现这一目标的最好方式上未能达成完全的一致。除革命理事会外，卡斯特罗还在寻求其他联盟。其中一位新盟友名叫弗兰克·帕伊斯（Frank País），这位年轻的活动家是圣地亚哥第一浸信会牧师的儿子，是一名有抱负的教师，而且已经积极参与了当地反巴蒂斯塔的斗争。他是一个秘密组织的领导成员，该组织正在迅速获取革命的信任。这一组织袭击了当地军火库，并在圣地亚哥策划了一些爆炸事件。1955 年，菲德尔向帕伊斯建议，将他的组织与"七二六运动"合并，作为回报，帕伊斯将担任古巴东部地区的行动和颠覆组织的负责人。帕伊斯接受了这个建议，在 1956 年夏秋两度前往墨西哥。卡斯特罗还将筹备 1956 年 11 月 30 日在圣地亚哥举行人民起义的重担交给了帕伊斯，同一天，菲德尔和他的手下计划在古巴武装登陆，准备战斗。[16]

回到圣地亚哥后，帕伊斯为起义打下了基础。他与工人和工会成员会面，讨论大罢工事宜。他还为菲德尔的远征确定了可能的登陆地点——圣地亚哥和曼萨尼约港之间漫长海岸上的某个地方，开阔的瓜卡纳亚沃海湾就在那里。在过去的几个世纪里，这个海岸庇护或击退了形形色色的海盗和海上叛徒。这个海岸还是赛利亚·桑切斯当成了家，1953 年，她参与了一次将何塞·马蒂的半身像安在了古巴最高峰上的探险之旅。如今是 1956 年，赛利亚正在古巴东部积极开展反对巴蒂斯塔的秘密斗争。[17]

在组织菲德尔及其手下登陆的过程中，帕伊斯向赛利亚寻求帮助。赛利亚了解海岸和附近的乡村，她了解人民，能识别潜在的盟友和潜在的敌人。在克鲁斯角糖厂附近，也就是她的父亲曾当过医生和她度过了大部分青年时光的地方，赛利亚获得了周围农村和山地的详细地图。她与工人以及他们的家人交谈，其中许多人仍然将她视为老医生的女儿。她找到了一位名声在外的农村族长，名叫克雷森西奥·佩雷斯（Crescencio Pérez）。这位族长是赛利亚父亲的老熟人，几十年来一直在对抗农村警卫队。佩雷斯没有丝毫犹豫，他立马加入了组织，成为赛利亚不断扩大的反巴蒂斯塔网络中热切的新成员，并为动员当地人接受并协助卡斯特罗登陆做好了准备。佩雷斯徒步进入他熟悉的山区，沿途与愿意提供帮助的人建立联系。在预定登陆日的前几天，当地农民开始在一些海岸线上巡逻，有人告诉他们远征队会在附近登陆。按照计划，他们准备好了卡车，以把抵达的战士带到他们需要去的地方。[18]不论是在农村，还是在圣地亚哥，未来的革命者都在等待着菲德尔·卡斯特罗及其手下从墨西哥归来。

菲德尔·卡斯特罗在 11 月 25 日星期日的凌晨启航，82 人登上了格拉玛号，而这艘游艇的设计容量可能只有 20 人。那天晚上，墨西哥当局发布了暴风雨警告，要求船长将船只停在码头，不得出海。但菲德尔要么没有意识到这个警告，要么认为留在原地（遭到逮捕）的风险更大。格拉玛号在墨西哥湾遇到了滔天的巨浪和狂怒的风暴，由于载客太多，且装载了额外的燃料和武器，船舱开始进水。尽管船似乎离海岸已经很远了，但还是有一些人试图游回墨西哥海岸。不过用一位船上人员的话说，"除了纯粹的物理力量外，还有其他力量在抵抗风暴，并将船驶向目的地"。[19]

与此同时，一封电报抵达了圣地亚哥"七二六运动"的一位当地代表的家中。"所需书籍，已经绝版。传播出版社。"这是封预先对好口径的密电，电报从墨西哥发出，秘密宣布远征队将在48小时内登陆古巴。由于登陆时正值圣地亚哥发生全面反叛，因此电报也是对叛乱的号召。当地的每个密谋者都开始行动起来。11月30日星期五一早，反叛者们第一次戴上了如今众所周知的红黑袖章，上面用白布缝个了数字26。随后，一切都出现了问题。负责操作迫击炮的人被警察认了出来。尽管并不清楚这位警官是否需要证据来逮捕这个人，但此人口袋里一张写有"迫击炮行动"的地图立马就把他牵扯了进来。叛乱者在警局附近与警察交火，不过被警察击退了。当局现在处于高度戒备状态。叛乱分子摘下袖章，尽力混入人群中，但还是至少有30人遭到逮捕并被监禁。圣地亚哥的叛乱几乎在一开始就失败了。[20]

哈瓦那甚至没有发生叛乱。"七二六运动"的哈瓦那支部没有及时收到警报，无法采取任何有效行动。与此同时，革命理事会的武器只够大约30人使用。以这么少的武器尝试发动叛乱，完全是痴人说梦。无论如何，革命理事会有自己的策略——对高层进行有针对性的打击，也有自己的计划——暗杀巴蒂斯塔。当菲德尔·卡斯特罗驶向古巴之时，比之菲德尔的计划（人员登陆古巴，激起大叛乱），这一计划成功的可能性更大。[21]

卡斯特罗一行人的登陆——一如未能成功迎接他们的城市叛乱——充满了意外。载着远征队的船晚到了两天，而且在错误的地方登陆。在科罗拉达海滩（Playa Colorada）离岸近百码的地方，他们放下了一艘救生艇。然而由于搭载人数太多，救生艇很快开始下沉，他们不得不蹚过泥泞的海底，但大海似乎永远没有尽头。前方是源源不断的水,还有泥浆和红树林。当这批人最终踩到坚实的地面时,大部分的补给已经用完,脚上也起了水泡,人人意志消沉。在他们的头顶上方,政府的飞机呼呼作响。巴蒂斯塔的军队正在搜查着整个地区,之前一直等待着他们的农民不得不先行撤退。菲德尔一行人孤立无援、又饥又渴,几乎手无寸铁,且早已疲惫不堪,"我们是一支影子军队",切·格瓦拉后来说道。[22]

在抵达古巴的第四天早上,由于实在走不动了,这些人在一个叫阿莱格里亚·皮奥的地方扎了营。这个地方在一块甘蔗地边上。哪怕能与任何一位派来接应的农民向导联系上,他们就会知道这不是一个扎营的好地方。中午时分,他们听到了飞机的声音。巴蒂斯塔的军队向着他们来了。有三人在袭击中丧生,其余的人则被打散了。菲德尔身边只有两个人和两支步枪,弟弟劳尔的队伍还剩8个人和7支步枪。[23]

政府在哈瓦那得意洋洋地宣布了菲德尔·卡斯特罗的死讯。巴蒂斯塔打电话给美国大使,他和妻子经常和这位大使一起打牌,已经成了好朋友。他告诉大使,一艘试图在古巴东部登陆的船只被古巴空军击中,只有几个人幸存下来,而他们都被逮捕了,菲德尔是死者之一。合众社驻哈瓦那的一位记者报道了这一事件。12月3日,《纽约时报》的头版也对此进行了报道。标题写道:"古巴消灭了入侵者,40名死者中包括领头人。"哈瓦那和其他城市的人们为死难者的家属进行了募捐。不过,菲德尔·卡斯特罗当然并没有死。革命现在有了一个新舞台:马埃斯特拉山脉。革命还有了一个新战略:游击战。在纽约报纸刊登报道的两周后,卡斯特罗兄弟已经聚首。现在,他们带着15个人以及不到15支的步枪,向山的更高处进发。改变古巴命运的游击战由此开始。

第二十四章
群山耸立

1957年1月17日，在一个海拔900多英尺名叫拉普拉塔的小地方，菲德尔·卡斯特罗的山区游击队取得了首胜。切·格瓦拉对这一事件的描述读起来仿佛电影脚本一般。游击队监视着一支小军队的哨岗，后来又抓了两个农民。农民告诉他们，军队只有大约15名士兵，而且附近种植园一个不受欢迎的工头马上会过来。当游击队看到这个人坐在骡子上，醉醺醺地过来时，他们中的一人喊道："站住，这是农村警卫队的命令！"工头回答说他有口令，这也意味着游击队骗到了口令。卡斯特罗假装是一名从山区执行侦察任务回来的军官，他走到工头面前，抨击军队的无能，说他们连个游击队都消灭不了。游击队向工头询问了地区居民的情况，以了解哪些人值得信赖。当工头说某人值得信赖时，菲德尔知道那正是他们要避开的人。而当工头说某人是麻烦时，菲德尔明白那可能是他们的盟友或可招募的新成员。切后来回忆了菲德尔是如何说服工头陪他去军队驻地，并出其不意地拿下了营地，从而让士兵们明白这个哨所有多么的不堪一击。工头在路上向菲德尔吹嘘，说他脚上穿的鞋子是一名被他杀死的叛军的，他还杀了两个农民而不必承担任何后果，他爱"他的"巴蒂斯塔将军。工头无异于是在宣判自己的死刑。当他们到达驻地时,游击队处决了这个不知情的向导,并向士兵们开火。两名士兵死亡,5 人负伤,枪支、弹药、食物、燃料和衣物都被没收。游击队在这次袭击中没有损失一人。[1]

此番胜利后仅仅过了五天,他们又取得了第二次胜利。自一个多月前失败的登陆计划以来,卡斯特罗的山区游击队第一次尝到了成功的滋味。对抗巴蒂斯塔军队的战争早已开启,但这也许是士兵们第一次觉得他们已经做好了战斗准备。

早在取得这些胜利之前,卡斯特罗就已经设想自己做好了准备。当被关在监狱的时候,他已然在脑子里演练了一遍战争。那个时候,他就已经明白,在一场革命中,军事战略只是战斗的一部分,另一部分是宣传,即每场革命的公众形象。从他的部队取得第一次军事胜利的那一刻起,他就在考虑如何争取人心、不负众望。他的首要任务很简单:让古巴人知道他还活着,且正在山区作战。为了反驳关于他死亡的虚假报道,"七二六运动"城市分部的活跃分子组织了电话联络网。一个人给另外十个人打电话,然后这十个人又给其他十个人打电话,传播菲德尔还活着,并且刚刚在某个地方取得战斗胜利的消息。但卡斯特罗知道这还不够,他希望能有更广泛的影响力。为此,他做了古巴人经常做的事情:将目光投向美国。

在游击队取得第二次胜利约一周后,菲德尔向哈瓦那派出了一名使者。使者的任务重大,但几乎没有任何指示:寻找一名愿意到古巴东部山区亲自采访卡斯特罗的外国记者。使者得到了哈瓦那"七二六运动"领导者的帮助,并通过他们找到了古巴国家银行前董事、巴蒂斯塔著名的敌人费利佩·帕索斯(Felipe Pazos)。拥有强大人脉的帕索斯立即联系了鲁比·哈特·菲利普斯,她是《纽约时报》自 20 世纪 30 年代以来驻哈瓦那的记者。帕索斯后来回忆起在菲利普斯家的那次会面。

> 当时还有三四个人，进进出出的人员比较杂，有杂货店和药店的伙计，还有女佣、朋友等。当我要求私下交谈时，她把我带到附近一个没有门的房间。那里与大厅隔开，距人员聚集的大厅最多相隔了五码。我小声告诉她，菲德尔·卡斯特罗希望有一个外国记者到山区拜会他。她用最具穿透力的大嗓门答道——声音大到一个街区外的人都能听见——"也就是说你和菲德尔·卡斯特罗有联系！这简直难以置信！请告诉我你所知道的一切。"

菲利普斯知道这将是个了不得的重大事件，激动好奇之情不禁溢于言表。不过今时不同往日，两人觉得让一位美国女性在马埃斯特拉山脉上徒步不仅太过显眼，也太过危险，于是，另一位记者最终获得了独家报道权：《纽约时报》记者兼社论版作家赫伯特·马修斯（Herbert Mathews）。[2]

马修斯和妻子于 1957 年 2 月 9 日抵达哈瓦那，在那里等待着指示。2 月 15 日下午的晚些时候，他们收到消息说他们将在数小时内乘车前往古巴东部。他们伪装成前来购买地产的美国夫妇，来到了东部沿海城镇曼萨尼约。在赛利亚·桑切斯的领导下，曼萨尼约当地的地下组织蓬勃发展。赛利亚与这对夫妇会面，并与其他活动家一起护送这位记者到山上去见菲德尔。这也是赛利亚第一次与菲德尔见面。[3]

2 月 17 日，当卡斯特罗听说记者要来营地时，他转身对士兵说道："精神点儿，像个军人。"他穿上了崭新的制服，戴上一顶类似夏尔·戴高乐常戴的帽子。他打开一盒新雪茄，让马修斯先挑。两人交谈了三个小时，马修斯匆忙记了7页笔记，每页都是三折的纸。这些笔记记录了谈话的一些片段，字迹凌乱潦草、横七竖八。马修斯用了缩写，而且几乎没有使用标点符号。有些内容用了引号，表明这些是菲德尔的话："'我们正在为民主的古巴，以及结束独裁统治而斗争'。"菲德尔向他展示了用棕布包裹着的看起来像是几千美元的东西，说道："'我们能得到一切我们想要的钱'。"马修斯还记录了他自己的印象——关于风景（"可怕的棕榈树"和"脚下的泥土"），关于游击队（"多么年轻啊！杂乱的武器和制服"），当然还有菲德尔·卡斯特罗，"白皙——有力——带望远镜的枪"，马修斯草草写下。别处又有："一个天生的领袖。"最后一页："信仰坚定、自信满满。""所有人都会支持他。"马修斯如此猜测道。[4]

在长达数小时的交谈中，一名游击队员打断了他们的谈话，他向菲德尔转告："我们已经成功到达第二纵队。"他气喘吁吁地说道。卡斯特罗斥责他不该打扰，然后解释说，在山上的其他地方还有别的游击队纵队，这个人刚刚从其中一个纵队回来。这与菲德尔后来不按顺序给部队编号的策略如出一辙，目的是使他的部队看上去比实际的要多。这一策略奏效了。马修斯写道，游击队"以7或10人为一组或一小队，少数为30或40人"。当时，菲德尔的游击队其实只有一个纵队，人数超过10人，但不到40人。[5]

采访结束后，马修斯让菲德尔在他的采访笔记上签名并注明日期，以证明其真实性。在最后一页的末尾，有一行与纸上所有其他内容朝向都不同的墨水字迹，那就是卡斯特罗醒目的签名。这一签名与多年前他向罗斯福要"十美元绿色美钞"的签名没有多大区别。就这样，马修斯把菲德尔亲笔签名的笔记藏在他妻子的腰带里，离开了古巴。他迫不及待地想把自己的所见所闻发表到报纸上，于是在回家的飞机上就写了起来。[6]

对菲德尔·卡斯特罗来说,这篇报道登上《纽约时报》的时机再合适不过了。巴蒂斯塔政府正再次散布假消息,说叛军已被击溃,叛乱分子已被斩草除根,没有什么能比《纽约时报》头版对叛军领袖本人的采访更有效地平息这些谣言了。菲德尔在采访中也暗示了这一点,当被问及为什么不更多地宣传自己的存在时,菲德尔回答说,"他在适当的时候会这样做。延迟会产生更好的效果"。让马修斯来采访就是在适当的时间采取的适当手段,这比游击队当时能赢得的任何军事战斗都要有效。

马修斯的文章发表于1957年2月24日星期日。作为三部曲的第一篇,文章以完美传达卡斯特罗本人希望表达的内容的句子起笔:"菲德尔·卡斯特罗,古巴青年的起义领袖还活着,他在马埃斯特拉山脉崎岖不平、难以攻克的要塞成功地进行着艰苦卓绝的斗争。"要塞(fastnesses)这个词,放在报纸文章的开头也许令人难以理解——该词指的是一个安全的庇护所,一个被自然环境保护起来的地方。文章一侧的照片所透露的信息更引人注目:菲德尔·卡斯特罗,精力充沛,留着胡子,穿着制服,拿着他最爱的带望远镜的步枪,身后是茂密的丛林。照片下面是卡斯特罗亲自在纸条上签名的图片:"菲德尔·卡斯特罗·鲁斯。马埃斯特拉山,1957年2月17日。"马修斯写道,这是第一个表明卡斯特罗还活着的"确切消息"。"除了这位记者,任何外部世界的人……都不曾见过卡斯特罗先生。直至这份报道公布之前,哈瓦那没有人知道,哪怕是拥有各种信息渠道的美国大使馆也不知道菲德尔·卡斯特罗是否真的在马埃斯特拉山。"[7]

在这三篇文章中,《纽约时报》的读者们看到了一个高大、自信、亲切的菲德尔。这位资深记者描述了卡斯特罗接待他的方式:食物、饮品和雪茄一应俱全。马修斯向读者分享了这位领导人告诉他的事情。是的,尽管菲德尔确实认为自己是一个反帝国主义者,但他并不反对美国人民。他抱怨说,美国政府给巴蒂斯塔提供了用来对付古巴人民的武器。虽然他在与巴蒂斯塔的军队作战,但古巴士兵并不是自己的敌人。马修斯猜测了古巴人民对菲德尔的看法。他写道,他们"全心全意地支持菲德尔·卡斯特罗",并越来越"反对巴蒂斯塔总统"。不过这位《纽约时报》的记者最为强调的是——除了菲德尔还活着这个简单事实——卡斯特罗满怀"自由、民主、社会正义的想法,想要恢复宪法,举行选举"。虽然卡斯特罗的纲领还比较"模糊",但它带来了"一个新古巴的方案,这个方案是彻底的、民主的"。[8]

古巴当局立即对此进行了断然否认。一位政府官员对《纽约时报》驻哈瓦那的记者说,采访卡斯特罗的报道充斥着"不实的信息",是由"[马修斯]的想象"杜撰出来的。巴蒂斯塔的国防部长给《纽约时报》发了一份官方电报,声称:"我很确定,政府和古巴公众的意见也是如此,那就是记者马修斯的采访及其描述的冒险不啻奇幻小说的一个章节。马修斯先生并没有采访亲共的叛乱分子菲德尔·卡斯特罗……"《纽约时报》刊登了古巴政府的指控,下面紧接着的就是马修斯的声明,以及一张马修斯与卡斯特罗并排坐着的大幅照片:马修斯正在做记录,而卡斯特罗在点雪茄。[9]现在,没有人会出来否认了。

古巴反对派则用他们自己的方式来传播这篇报道,揭露政府的谎言。活动家们前往美国,期待这篇报道的出版,以便购买副本。

他们复制了这篇文章,并在寄往古巴的包裹中塞进大约三千份复印件。在迈阿密,《星期日泰晤士报》(Sunday Times)几乎被抢购一空,黑市上的售价每份高达 1.5 美元。当复印件卖完后,人们开始出售原件的影印本。新闻报纸和复印件被旅行者偷渡到古巴,或者通过邮件抵达古巴。尽管政府进行了审查,但马修斯那幅引人注目的图片还是在岛上流传开了。[10]

对卡斯特罗来说,在西半球最重要的新闻报纸上刊登采访,是他在公共关系上的一次重大胜利。一旦世人知道他还活着并且还在战斗,就会想亲自去看看,尤其是巴蒂斯塔一直坚称马埃斯特拉山没有游击队营地。马修斯采访过后约一个月,美国记者安德鲁·圣乔治(Andrew St. George)又跋山涉水前去采访。由于几乎不会讲西班牙语,他在采访卡斯特罗的时候用英语写下他的问题,菲德尔则用西班牙语做出书面答复。在接下来的一个月,罗伯特·泰伯(Robert Taber)和摄像师温德尔·霍夫曼(Wendell Hoffman)来到卡斯特罗的营地,为哥伦比亚广播公司的一部纪录片进行现场采访。该片于 1957 年 5 月在美国各地播出,片中,身穿制服的士兵们在山间跋涉,喝树枝上流淌下来的水,在吊床上休息。美国人看到女性游击队员赛利亚·桑切斯和艾迪·桑塔马里亚与男人们并肩而行,他们还直接看到并听到了三个年轻美国人的样貌和声音,这三个人分别为 15 岁、17 岁和 20 岁,是驻扎在关塔那摩海军基地的美国公民的儿子。在为美国观众拍摄的镜头中,其中一人解释说,他们参加革命是真的想"为世界的自由尽[他们的]一份力"。泰伯跟着游击队上山,一直到达古巴的最高峰图基诺峰。在那里,在 1953 年何塞·马蒂的百年纪念碑前,菲德尔与泰伯一起坐下来,在镜头前接受了采访。"与首都的传言相反,我们俩似乎都在马埃斯特拉山脉，"泰伯如此开头，"菲德尔，我相信你在这里。"菲德尔用磕磕绊绊但清晰的教科书式的英语解释说，他们在为自由而战，反对"暴君（tirano）巴蒂斯塔"，暴君这个词他是用母语西班牙语说的。菲德尔直视镜头，继续说道："这只是开始，最后的战斗将在首都打响。[这一点] 你可以确定。"菲德尔和士兵们围着马蒂纪念碑，高声唱起了古巴国歌。随后他们举起步枪和拳头，以示对巴蒂斯塔发起挑战。这部广为传阅的纪录片让美国观众目睹了马修斯笔下的那个菲德尔，现在的他甚至比之前更自信。[11]

4月下旬，卡斯特罗对泰伯说了一些他在2月的时候不可能对赫伯特·马修斯说的话，因为那时候这些还不是事实，即山区的居民每天都会来到他的营地，自愿提供服务。浸礼会牧师的儿子弗兰克·帕伊斯在城市开展组织运动，从圣地亚哥和其他城市派来了增援部队。钱和武器弹药也一并运到了。当哥伦比亚广播公司的纪录片在美国播出时，菲德尔这颗新星正在冉冉升起。胜利的前景可能仍然渺茫，但事情看起来肯定与6个月前大为不同了。卡斯特罗相信——正如1955年他在墨西哥对切·格瓦拉所说的那样，或是他刚刚对泰伯和每一个在哥伦比亚广播公司纪录片看到他的美国人所说的那样——革命终将胜利。

《纽约时报》的采访和哥伦比亚广播公司的纪录片，共同开启了美国媒体和菲德尔·卡斯特罗之间的蜜月期，每个人都想去古巴采访卡斯特罗。1957年和1958年，美国最具影响力的《时代》杂志刊登了31篇关于卡斯特罗在山区进行革命的文章。文章作者们称菲德尔是个"挥洒自如的年轻律师"，一个"29岁敢想敢干的富家子弟"和一个"高大魁梧、留有胡子、永不言败的反巴蒂斯塔领袖"。美国的大学生们也在暑假期间加入卡斯特罗的行列，甚至连德怀特·戴维·艾森豪威尔总统的兄弟都把卡斯特罗视为"崇高革命的象征"。卡斯特罗已经不仅仅是一个家喻户晓的名字，而且成了一个浪漫得令人难以抗拒的英雄。当他还是一个因攻击蒙卡达军营而身陷囹圄的年轻人时，他就已经明白宣传的极端重要性，知道塑造公众形象和引导叙述有多么不可估量的价值。当美国人充满敬畏地谈及他的名字时，菲德尔或许在想他的成功已经超出了他曾经最疯狂的梦想。[12]

正当卡斯特罗和他的"七二六运动"日益取得进展之际，巴蒂斯塔的其他对手却节节败退。损失最惨重的是何塞·安东尼奥·埃切维里亚所领导的革命理事会。1956年，这一组织曾是最重要且最有影响力的反巴蒂斯塔团体，其目标是通过打击高层来击败政府。他们精心策划了暗杀巴蒂斯塔的计划来达到目的。在哈瓦那大学酝酿的暗杀计划成立了三个小组：一个由50人构成的小组将进入总统府，在位于二楼的巴蒂斯塔办公室袭击他；第二组人数更多，一旦第一组攻破总统府的防线，第二组就会蜂拥而入；第三组由埃切维里亚领导，他们将冲进广受欢迎的国家新闻电台"时钟"的演播室，宣读一份声明，宣布巴蒂斯塔已经死亡，并呼吁所有古巴人起来反抗政府。

1957年3月13日，学生们准备将计划付诸行动。下午3点30分左右，埃切维里亚开枪冲进"时钟"电台的广播室，抢过话筒："独裁者富尔亨西奥·巴蒂斯塔，"他如此宣布，"刚刚受到了革命的正义处罚。在总统府周围可能仍然可以听到送嗜血暴君上西天的枪声。"他继续说道："可耻的政权还在痛苦中垂死挣扎，完成最后致命一击的是革命理事会，是古巴革命的武装力量。"当埃切维里亚在电台宣读声明时,枪声确实包围了总统府。他的同伴们已经进入大楼,来到了二楼的巴蒂斯塔办公室。但是,革命者们不知道,总统正好在三楼的办公室工作,他们并不知道还有这个办公室。由于无法接近巴蒂斯塔,革命者开始撤退,然而此时军队的增援部队已经到达,学生们被屠杀了。在电波中宣布巴蒂斯塔被杀消息的埃切维里亚对此一无所知。宣布完几分钟后,就在埃切维里亚离开广播站时,一名警察认出了他,并在很近的距离朝他开了三枪。他的同伴们四散开来,他们知道假如救他的话,自己也会被杀。埃切维里亚独自躺在血泊中,皮带环上挂着一颗手榴弹,正如几分钟前他对巴蒂斯塔的独裁统治所说的那样,此刻在痛苦中挣扎的却是他自己。除了一群修女,没有人敢靠近并施以援手。枪击后约一小时,埃切维里亚死在了街上。[13]

对总统府的攻击失败后,革命理事会遭到了大清洗。一个月后,警察在位于哈瓦那大学和马莱孔之间的洪堡街7号屠杀了自袭击以来就躲在这里的学生领袖。当菲德尔在东部登陆之时,革命理事会是古巴最重要的反对派团体,而在攻击总统府失败之后,该组织被彻底摧毁。从那时起,反对巴蒂斯塔的进步青年将主要流向菲德尔的"七二六运动"。

然而,在当时,"七二六运动"并不完全等同于卡斯特罗的山区游击队。在山区的游击行动只是运动的一部分,而且也并非人数最多最重要的部分。"七二六运动"也是一场城市运动,在哈瓦那、圣地亚哥以及全岛各省会城市和小城市都有成员。尽管表面上各大小城市都由一位全国性的统筹者指挥,但实际上这些地方的分支机构或多或少地都在独立行动。这位全国性的统筹者就是弗兰克·帕伊斯,他曾在墨西哥与菲德尔会面,帮助组织了格拉玛号的登陆,并为山区的斗争征召新兵，筹集武器和金钱。作为该运动的国家战略负责人，帕伊斯在全国各地奔走，组织和募集资金，下令地方支部攻击桥梁、发电机、电话线和高速公路。毫无疑问，帕伊斯是"七二六运动"城市分部的灵魂人物，时人和如今的历史学家直白地称之为"地下城市"的门面。[14]

1957年夏，帕伊斯带头发起了两项倡议。一是发动将使全岛陷入全面瘫痪的大规模总罢工。要知道，1933年时，正是大罢工推翻了古巴最后一个独裁者赫拉多·马查多。从在墨西哥的第一次会面开始，菲德尔和帕伊斯就同意由帕伊斯承担组织罢工的任务。用切·格瓦拉的话说，两人都把总罢工设想为"最终武器"，巴蒂斯塔不可能在罢工中幸存下来。[15]

弗兰克·帕伊斯的第二项任务更复杂一些，而且这是他自己，而非菲德尔倡议的。由于卡斯特罗常驻山区，在山中作战，因此反而是帕伊斯对反对派和独裁政权的状况有更深的了解。他认为，起义军领导层需要向全国人民展示反对派的执政能力，正如他在给菲德尔的信中所解释的那样，"不再有人怀疑当前政权的垮台，但［人民］关心的是［我们］的工程师重建大厦的水平"。在没有与领导人协商的情况下，帕伊斯开始招募"一系列在国家公共生活中极具代表性和价值的人"，将他们纳入"七二六运动"，并邀请他们前往马埃斯特拉山与卡斯特罗会面。[16]

会面最直接的成果或许是一份由菲德尔和两位最著名的与会者——劳尔·奇瓦斯（正统党的创始人爱德华多的兄弟，爱德华多就是在广播时自杀的电台播音员）和费利佩·帕索斯（古巴国家银行的创始董事）——联合签署的声明。该声明被称为《马埃斯特拉山宣言》(*Sierra Maestra Manifesto*)，并于1957年7月28日在《波西米亚》上发表。宣言承诺，一旦巴蒂斯塔下台，反对派团体不会组建军政府，而是任命一个临时政府，这一政府将统治一年，届时将举行民主选举。临时政府将推行一个符合古巴进步政治长期要求的方案：释放政治犯，言论和新闻自由，承认1940年宪法赋予的所有政治和个人权利，深入开展扫除文盲的运动，以及一个土地改革的方案。宣言还明确拒绝外国对古巴的调解或干预，并呼吁美国停止向巴蒂斯塔输送武器。[17]

在《波西米亚》杂志上，全国人民都能看到卡斯特罗热情拥抱来访者的照片。这正是弗兰克·帕伊斯在安排会面时想要的：向公众展示菲德尔及其山区游击队是一个更广泛的运动的一部分，这一运动包括具备管理新政府所需威望和经验的人。通过把更传统的反对派带到菲德尔的山地运动中来，他们默默地完成了两件事。其一，作为游击队的领袖，菲德尔的形象质朴、浪漫而又令人振奋，现在，他的形象少了些不切实际，多了些政治家风范。其二，虽然会谈和宣言将菲德尔与更多的传统反对派人物联系起来，但这同时也将反对派人物与菲德尔联系起来了，这种联系发生在他的地盘上，甚至按他的条件来。宣言宣称要团结一致，但整个事件让菲德尔的"七二六运动"占据了最重要的位置——在宣言标题中，菲德尔是使得这篇宣言得以诞生的会谈主持人，而文本本身也强调了菲德尔的作用。"自由已然在我们同胞的心中扎下了根。马埃斯特拉山就是自由坚不可摧的堡垒。"文章如是写道。美国记者的那次传奇性采访使菲德尔开始能够在国际舞台上发挥影响，因此，采访过后仅几个月，菲德尔在古巴本土业已高涨的声誉又得到了重要的提升。

《波西米亚》杂志发表《马埃斯特拉山宣言》两天后，此次会面的策划者弗兰克·帕伊斯在圣地亚哥被警察开枪打死。6万人——

超过该市三分之一的人口——参加了他的葬礼。商店、餐馆和剧院关门，公共汽车停止运行。帕伊斯是浸礼会教徒，但身着黑衣的天主教妇女跟着帕伊斯的母亲走在送葬队伍中，拿着念珠祈祷。市民团体和共济会的成员也参与了送葬游行，男女老少、古巴黑人和白人都参与进来。游行者们唱着国歌，不时喊道"巴蒂斯塔去死"。当游行队伍蜿蜒穿过老城区的狭窄街道时，人们从阳台上抛下鲜花。这已经不仅仅是一场葬礼了，而是整个城市对独裁的控诉。[18]

至1957年夏末，有两件事已经很清楚了。首先，到处都是反对巴蒂斯塔的人。圣地亚哥的一位观察家估计，城里95％的人现在都反对巴蒂斯塔。岛上的美国领事官员告诉在华盛顿的上司，对巴蒂斯塔来说，恢复秩序十分困难，警察和军队的残暴行为只会"加剧这种情况，使许多迄今为止对巴蒂斯塔持冷漠态度的古巴人加入反叛者的行列"。[19]另一件很明显的事情是，虽然到处都有反对者且人数不断增加，但杰出领导人的数量正在减少。至1957年8月，古巴城市里巴蒂斯塔反对派的两大领导人——革命理事会的何塞·安东尼奥·埃切维里亚，以及"七二六运动"城市分部的弗兰克·帕伊斯已双双离世。正如几个月来所发生的那样，势头转向了——现在是决定性的转向——菲德尔·卡斯特罗和山区的游击战。菲德尔·卡斯特罗本就深受欢迎，如今无疑成为反对派最突出的象征和领导人。

当然，并非所有其他反对派人物都死了，老政客们仍旧在密谋着。流亡迈阿密的前总统普里奥为反对巴蒂斯塔的斗争提供了数以万计的资金，甚至亲自发动了一次武装远征。此次远征失败后，纽约的一个联邦大陪审团以违反美国中立法的罪名起诉了他。革命理事会也在谋求重整旗鼓。自袭击总统府失败后，该组织的大批领导层死亡，实力一落千丈。如今的革命理事会试图从"七二六运动"中独立出来，重组为反对派的另一个分支。不过他们现在不再暗杀高层，而是采取了菲德尔的革命战略，在古巴中部的埃斯坎布雷山区建立自己的游击战线。与此同时，与菲德尔一起签署了《马埃斯特拉山宣言》的帕索斯和奇瓦斯则在迈阿密继续他们的活动。1957年10月，各派反对势力在迈阿密举行会议，并敲定了一项新的联合协议。

与《马埃斯特拉山宣言》一样，后来被称为《迈阿密公约》的协议承诺联合反对派的"精神和物质力量"，以在巴蒂斯塔垮台后建立"符合宪法的民主秩序"。然而，与《马埃斯特拉山宣言》不同的是，协议完全没有提到反对外国对古巴事务的干预。由于协议认为巴蒂斯塔的灭亡差不多就是近在眼前的事了，所以新协议的商讨更多地围绕着临时政府的细节，以及巴蒂斯塔倒台后由谁担任临时总统的问题展开。西装革履的温和派政客们主导着会谈。当时，菲德尔认为自己的实力比其他谈判者要强得多，无论是旧政党，还是处于草创之中的新团体。最终，在一封签署于1957年12月14日，并于1958年2月2日刊登在《波西米亚》的一封长信中，菲德尔将"七二六运动"从《迈阿密公约》中撤出。他认为，就其性质而言，在迈阿密筹建的临时政府"既不具备革命性，也无助于形成我们在巨大的社会和政治变革中的国家所需要的力量"[20]。此时，他所设想的革命已经与温和派领导人想要的不同了，他的革命并不会随着巴蒂斯塔的下台而结束。

1958年初《迈阿密公约》发表之时，没有谁拥有如菲德尔·卡斯特罗及其山区游击队一般的知名度和地位，也没有任何组织能如此长久。1958年，只有卡斯特罗的军队在不断扩大。春季的时候，卡斯特罗的军队大约有400名士兵，而更多的人正在源源不断地加入。到了夏末，游击队人数接近三千人，其中大约四分之三是当地的农民。圣地亚哥及其周边的年轻人也跑去参加游击队。天主教牧师们为宗教勋章赐福，然后将勋章送到山中的战士手中。运动的实力大增，菲德尔得以开辟新的战场，其中包括由劳尔·卡斯特罗指挥，位于关塔那摩北部克里斯塔尔山脉的第二东方阵线（1958年3月），以及由切·格瓦拉指挥，位于古巴中部埃斯坎布雷山脉的一条新战线（1958年10月）。其他团体也有小规模的游击活动，但都没有菲德尔游击队的实力和经验。[21]

当然，也没有任何其他团体具备菲德尔在古巴东部山区建立的革命基础设施。一位参观者称其为"一个名副其实的军事—农业国"。临时搭建的营地已经成了马埃斯特拉山上一个成熟完备的大本营。大本营被称为拉普拉塔司令部，位于大山深处的高地之上，有16个经过伪装的轻木小屋，以便避开空中侦察。菲德尔的居所有多条秘密逃生通道，以防巴蒂斯塔的士兵找到他们。其中一间小屋是解放区民政局，包括司法、卫生、土地事务、公共工程、财政、教育等部门。在游击队大本营东北部的克里斯塔山脉，劳尔·卡斯特罗从当地农民中招募人员，建立了警察部队和情报部门。他还建立了学校，教士兵和当地儿童读书。这些学校甚至还教授公共演讲，坚持要求学生使用正确的双音节 para 发音（没有成功），而不是缩短的 pa'（仍旧居于主导地位）。[22]

为了做到以上这些，游击队建立了自己的税收制度。事实上，1958年该地41家糖厂中有36家向游击队政府缴税。游击队政府还主持结婚仪式，规定离婚合法，并对新生儿进行登记。司法也被纳入游击队政府的管理之中，对有罪的人——要么处决，要么监禁。作为解放区的最高权力机构，游击队政府制定了自己的法律。例如，早期的游击队政府的法令规定禁止种植和销售大麻，还给咖啡的收获设定了价格。后来的法律涵盖的范围更广，其中最重要的是第3条将土地分给耕作者的法律。然而，对当地农民来说，一纸法律条文是不够的。法律签署后，他们就开始鼓噪着要立即实施法律。[23]在这个不断扩大的山地王国里，可以说革命几乎已经掌权了。

当然，在哈瓦那还有一个由富尔亨西奥·巴蒂斯塔掌舵的真实存在的国家。巴蒂斯塔一心只想保住权力，让他的安全部队在对抗敌人时有更大的优势，因此他经常发布临时中止宪法保障的命令。1958年3月，巴蒂斯塔因担心暴力事件而关闭了全国各地的学校。但他所做的一切都无法维持和平，因为只要他还在掌权，就不可能有和平。在哈瓦那，仅3月的一个晚上，全城就有100多起炸弹爆炸事件。每天，抵抗运动都在进行破坏和示威活动，每天都有反抗者被警察杀害。圣地亚哥有一种被占领的感觉，占领者不是外国军队，而是古巴的警察和军队。炸弹、爆炸、破坏、焚烧甘蔗、谋杀、殴打和酷刑的消息充斥着美国领事的公文。局势变得动荡不堪且一发不可收拾，以至于1958年3月15日，代表20万人的民间机构公开呼吁巴蒂斯塔辞职。糖厂老板和甘蔗种植者协会不再支持巴蒂斯塔，天主教会也成了反对派，古巴共产党也正式发声支持卡斯特罗的"七二六运动"。巴蒂斯塔政权于3月迎来了另一个重大打击——美国宣布停止向古巴运送任何武器。[24]

然而，巴蒂斯塔并没有放弃，他以更大的力量来应对革命者的挑战，而这只会更加坚定革命者的决心，增加他们的人数。5月，巴蒂斯塔全心转向他认为或许可以解决所有问题的方案：一场他称之为"终结菲德尔行动"的大规模军事进攻。行动失败了。1958年的平安夜，也许是为了借助另一种不同的力量，巴蒂斯塔在俯瞰哈瓦那港的山顶上敬献了一尊巨大的耶稣基督雕塑（设计者是吉尔玛·马德拉，位于山顶的马蒂半身像也是出自她的手笔），这也同样没有拯救他。一周后，在新年前的那天中午，巴蒂斯塔取来了护照，并下令准备好一架飞机。午夜过后不久，新年伊始之时，巴蒂斯塔最后一次离开了古巴。

第九部分
革命现在开始!

1959年1月，古巴人民以极大的热情庆祝富尔亨西奥·巴蒂斯塔的垮台，以及菲德尔·卡斯特罗革命政权的上台。图中展示的是革命早期，人群在哈瓦那标志性的海滨大道马莱孔聚集的场景。

第二十五章
第一次

1959年新年第一天上午10时左右,古巴媒体开始报道富尔亨西奥·巴蒂斯塔出逃的消息。人们涌上街头,在没有音乐伴奏的情况下就跳起舞来,汽车鸣笛,教堂敲钟。巴蒂斯塔的警察待在室内,城市里的革命者占领了政府大楼。在有些地方,童子军出来指挥交通。[1]

许多人将广播调至秘密运行的反叛电台,直接收听独裁者最强大的敌人的声音。"暴君巴蒂斯塔已经逃走了。"菲德尔·卡斯特罗怀着胜利的喜悦说道。但战斗并没有结束,巴蒂斯塔离开时,留下了一名将军指挥军队,并让最高法院院长管理政府。于是,卡斯特罗命令起义军向圣地亚哥和哈瓦那挺进,还宣布举行大罢工。他发誓说:"除了革命胜利,我们……不会容忍任何其他结果。"随后,仿佛在等待全世界跟上他的节奏——他也许想象着听众正在疯狂地召唤友邻,大喊"快点,巴蒂斯塔跑了!菲德尔在广播里讲话!"——他放慢了速度,用不同的言语再次重复了他的观点:

> 一个与暴君勾结的军政府已经掌握了权力,以确保暴君和这个国家的刽子手的逃亡,并阻止革命浪潮,以及夺取我们的胜利。古巴人民和工人必须立即准备起来,于明日(1月2日)

在全国各地举行大罢工,以支持武装的革命者,从而保证革命的全面胜利。

卡斯特罗命令古巴中部的指挥官切·格瓦拉和卡米洛·西恩富戈斯向哈瓦那进军,他的弟弟劳尔则开向关塔那摩。最后,他宣布自己将向圣地亚哥挺进,圣地亚哥位于卡斯特罗活动的山区山脚附近,两年来,卡斯特罗的军队在这里的山里同巴蒂斯塔的军队展开了游击战。[2]

菲德尔的军队抵达时已近黄昏。一位大胡子起义军写道:"一列列留胡子的起义军,让兴高采烈的人们欣喜若狂。"在城市的中心广场,菲德尔向数十万人发表了讲话。按照他一贯的作风,他一讲就是好几个小时。讲话抄录下来后,字数超过一万二千字,单面纸记了30页,而这全是没有任何底稿的。[3]

"我们已经抵达",卡斯特罗在雷鸣般的欢呼声中说道。然后他宣布了一个让所有人都感到惊讶且长久以来被人遗忘的事。他宣布,哈瓦那不再是国家的首都,从今以后,圣地亚哥将成为首都。圣地亚哥是西班牙征服时期古巴的首都,也是菲德尔家乡的省会。不过,这不仅仅是个事关当地荣誉的问题,也是一个权宜之计。巴蒂斯塔任命的将军在当天晚上仍掌控着哈瓦那,如果起义军控制了圣地亚哥,那么圣地亚哥就将成为首都。

这一宣告几乎从宣布的那一刻起就失去了意义。因为就在宣布后的第二天,切·格瓦拉和卡米洛·西恩富戈斯就抵达哈瓦那,控制了哈瓦那的主要军事设施。就这样,哈瓦那保住了作为国家首都的地位。然而,当菲德尔·卡斯特罗站在众人面前发表第一次胜利演说,并宣布一个几乎毫不相干的消息时,他无意中透露了关于这场新的古巴革命更基本的东西。"这项措施,"他说——指的是关于国家首都的声明,"可能会让一些人吃惊。诚然,这是一项新举措,但革命的特点恰恰在于革命的新颖,在于革命会做前所未有的事情。"在这一胜利的时刻,当权力近在咫尺时,这是菲德尔·卡斯特罗的第一个承诺:革命将是空前的,革命要做许多从未做过的事情。

要理解这一声明的重要性,理解卡斯特罗如此说时群众的感受,意味着我们要去理解之前所有的革命或革命的尝试。正是在与先前革命的对照中,菲德尔才赋予了如今这一革命意义和目的。"革命现在开始!"他喊道。但革命不会像以前那样了。此次革命不会像1895年独立战争那样,那时美国在最后阶段进场,攫取了胜利,阻止古巴军队进入圣地亚哥城。这一次,在菲德尔的命令下,革命者进入城市,圣地亚哥欢呼雀跃。此次革命也不会像1933年那样,当时学生和工人举行了起义,新政府颁布了革命措施,但巴蒂斯塔和他的军队将一切都扼杀了。此次革命亦不会像1944年那样,当时满怀希望的古巴人根据新宪法选出了一位曾是革命者的总统,结果他却成了贪污腐败的巨鳄。"不要盗贼,不要叛徒,也不要干涉者。这一次是真正的革命(Esta vez sí que es la Revolución)。"[4]

但是,如果古巴人从未经历过真正的革命,他们又怎会知道一场真正的革命是什么样子的,又是什么感觉呢?弄清这一点就是现在的目的,对于古巴人来说,那是一个多么美好的时刻啊!在最初的几天里,一股充满能量的振奋感和兴奋感席卷了全国,人们不仅为这个不寻常的时刻感到高兴,也为周遭出现的共识欢欣鼓舞。百货公司、共济会、保险公司,甚至银行和同业行会都发表了支持革命的声明。之前的政府军成员立正站好,向走过的大胡子起义军敬礼。年轻人拍打着红色和黑色的袖章,以示自己是"七二六运动"

的追随者。如果没有袖章，他们就穿上红色T恤以示支持。城里的青年立即开始蓄须，流亡者也开始从迈阿密回来为此欢庆和出力。1959年2月，占据绝对主流、地地道道的中产阶级杂志《波西米亚》进行的一项民意调查显示，认为革命政府"一切都做得很好"的人的比例达到了惊人的92%。美资糖业公司的一位美国官员似乎也对此表示了赞许："到目前为止，这场革命是多年来最令人惊喜的。"甚至连美国政府都深以为然。1月7日，德怀特·艾森豪威尔政府正式承认了新政府。[5]

与大多数革命一样，一种鲜明的节奏占据了上风。哈瓦那的一份新闻报纸勉励读者，"快点，我们已经失去了50年"，这指的是半个多世纪前的正式独立。时间本身不再是客观事物，而是古巴人可以掌握的东西。菲德尔·卡斯特罗经常连续讲话数小时，仿佛他可以让时间服从于他的意志，将时间浓缩，使长达数小时的讲话变得不再漫长。与此同时，新政府似乎将时间拉长到了极致，仿佛它可以在几天内完成几个月的变化，在几个月内完成几年的变化，在几年内完成几十年的变化。政府接二连三地颁布了一系列法令。今日的法律或撤销上月的法律，或延长昨天的法律。仅仅在1959年1月6日，政府就通过了14条新法律，包括一条暂停所有对于现有公职年龄要求的法律。年轻的革命者现在可以担任政府公职了。在1959年的头九个月里，新政府颁布了大约1500条法律、法令和条例。政府提高了工资，降低了电话费和电费，削减了城市租金，没收了前政府官员的财产，并采取了决定性的行动，通过了期待已久的土地改革。短短几个月内，革命就完成了在几十年前就承诺的事情。正如菲德尔·卡斯特罗1月1日在圣地亚哥所说的那样，这一次是真正的革命。[6]

1月8日，菲德尔·卡斯特罗成功进抵首都哈瓦那。古巴人感受到了这场革命有多么的与众不同。卡斯特罗坐着坦克从东部进入首都，整个哈瓦那城似乎都出来迎接他。公交车窗上的挡风玻璃雨刷器和高档建筑的阳台栏杆上都挂着"谢谢你，菲德尔"的标语。卡斯特罗的第一站是总统府，他到那里会见新任命的总统曼努埃尔·乌鲁蒂亚（Manuel Urrutia），赛利亚·桑切斯就在卡斯特罗身边。作为一位备受尊敬的法官，曼努埃尔·乌鲁蒂亚是巴蒂斯塔的公开批评者，在胜利之前的几个月里，他一直都是菲德尔·卡斯特罗和其他革命者的一致选择。在总统府的阳台上，乌鲁蒂亚对菲德尔表示了感谢和欢迎，人群沸腾了。然而，当菲德尔上前讲话时，他一反常态地说不出什么：他讨厌总统府，更想在其他地方向古巴人民讲话，于是他选择了哈瓦那郊区的大型军事基地。"我希望人们去哥伦比亚营，"他说道，"因为哥伦比亚营现在属于人民了。让如今属于人民的坦克开路，当人民的先锋，现在没有人可以阻止他们进入了，我们将在那里见面。"卡斯特罗对数十万人说了这番话，仿佛在大约7英里外的地方再次会面根本没有任何后勤方面的障碍。他不仅要求人们听他的话，还要求他们真的跟随他。菲德尔继续说道：

> 现在，我想让哈瓦那的人民给我一些证据。上面刚刚有人告诉我，如果我要穿越这里的人群，需要一千名士兵护送，我不这么认为。我将独自穿过人群……没有一个士兵会在我前面为我开路。我将呼吁人民打开一条宽阔的通道，我会与共和国总统一起通过。同胞们，如此一来，我们就可以向全世界，向在场的新闻记者证明，古巴人民是有纪律和公民意识的。让开一条过道，我们会穿过去，这样他们就会看到，我们不需要一个士兵就能穿过人群。[7]

事情就这么发生了。日落后很久，卡斯特罗领着一队坦克和吉普车抵达哥伦比亚营，后面跟着一大群人，没有人阻止他们进入。从分析的角度来看，显然，菲德尔在将民众对革命的支持从一个公民权力的场所（总统府），转向一个平行的、相互竞争的权力场所（古巴的主要军事基地）。但在那一刻，人们感受最深的不是这些，而是触手可及的解放感和可能性。

菲德尔大约在晚上 8 点开始在哥伦比亚营发表演讲。凌晨 1 点半时，他还在讲。他说他根本不累，但他知道，人们可能要走很远的路才能回家。人们喊道："没关系！继续讲！"对新革命来说，时间、距离，甚至睡眠仿佛都不是障碍。在那场漫长而曲折的演讲中，一个额外的时刻完美地预示了卡斯特罗将在多大程度上颠覆传统的政治规范。他解释说，为了保证革命的成功，新政府的首要任务是确保和平，避免和过去一样，在推翻其他独裁者后出现混乱和暴力。

当菲德尔谈到和平时，太阳早已下山，一只白鸽在他头顶盘旋，随后落在他的肩上。一位目击者说，这只鸽子仿佛是降临在耶稣基督身上的圣灵，好似天父亲自来到哈瓦那宣布："这是我的爱子。"人群渐渐安静下来，有些人可能划了个十字。翌日，革命理事会的成员开始交出武器。[8] 1 月 1 日，菲德尔曾承诺了一些新的东西，如果从一周以来政治言论的腔调来判断，一切似乎都表明他将兑现承诺。

当然，政治必然不只是演讲和场面，而一场革命，如同历史本身一样，也从来不仅仅局限于领导人的声明。为了避免古巴其他革命的常见结局，例如美国的干预或古巴军事政变，新革命必须以切实具体的方式牢牢抓住权力，而这首先就意味着要建立一个政府。因此，胜利初期的那几天，总统内阁就组建了起来——如果进步且反腐败的正统党赢得了选举，就会成立这样的内阁。《时代》杂志称这批官员"大多数是负责任且温和的人，已经准备好开始工作"。他们是律师、法官和受过美式教育的经济学家。总理何塞·米罗·卡多纳（José Miro Cardona）是哈瓦那律师协会的主席，几年前，他曾为前总统格劳·圣马丁辩护，当时格劳被起诉于在任期间贪污了8400万比索。奥斯瓦尔多·多尔蒂科斯（Osvaldo Dorticós）是一位富有的律师，曾担任西恩富戈斯游艇俱乐部的会长，现在他成了一个政府新部门的负责人，负责研究革命法律并提供建议。内务部长曾参加过卡斯特罗的山区游击队。新的财政部长和国家银行的新行长，都曾在格劳总统和普里奥总统的政府中担任要职。还有一些担任职务的年轻人，许多人都来自"七二六运动"的城市分部。卡斯特罗有一个重要的官方职位：军队的指挥官和首长。美资哈瓦那希尔顿酒店23层的一间套房，成了卡斯特罗的新总部和家。[9]

新政府甫一建立，就开始对旧政权进行清洗。第一批革命法律解散了国会，解除了所有现有民选官员的职务，废除了现有政党，遣散了旧军队，并取缔了巴蒂斯塔的秘密警察和其他镇压机构。有了这些法令，一家报纸自信地宣布："我们结束了所有的恶习，终结了所有旧的政治游戏。"上台不到两周，新内阁就修改了两项宪法条款。这些措施为政府废除旧的政治游戏，消除旧的政治阶层扫清了道路。几乎所有人都欢欣鼓舞。[10]

事实上，在审判那些曾在巴蒂斯塔政府时期为虎作伥的人上，有时似乎是公众在带头行动。在古巴全岛，人们要求对前几年恐吓自己社区的巴蒂斯塔分子进行报复。在圣地亚哥附近的一个村庄，居民们近来发现了一个乱葬岗，里面都是被巴蒂斯塔部队暗中杀害的受害者，居民们于是要求惩罚肇事者。一些城镇的居民组织了罢工和抗议活动，因为他们觉得惩罚还不够。由于担心民众的报复行为会像1933年马查多倒台后那样一发不可收拾，新政府设立了革命法庭来审判巴蒂斯塔政府的前官员。在每次审判中，起义军老兵和当地社区的成员都会组成陪审团在公众面前听取证人的证词。母亲们与杀害她们儿子的凶手对质，孩子们指控杀害父亲的凶手。有时，前巴蒂斯塔军队的士兵会详述上司的犯罪行为。在许多情况下，受审的人会认罪，但他们也常常采用其他著名审判中的有名辩护词："我是奉命行事。"[11]

1月的一个清晨，71名囚犯在圣地亚哥被处决，他们都是巴蒂斯塔盟友领导的私人民兵成员。此次处决引起了深远的反响。记者和摄影师在现场记录了一切，并向哈瓦那和纽约的新闻节目提供了录像。观众看到一个又一个被告面对行刑队，他们听到开枪的命令，看到身体对子弹的反应，尸体倒地，然后躺在地上一动不动。新闻摄影师捕捉到了这样的画面：一位牧师正在听取一个死刑犯的忏悔，已被处决之人的尸体在他们身后排成一排。一些照片显示，处决后的尸体被堆放在长40英尺、宽10英尺、深10英尺的沟渠里。[12]

到1月底，全岛已有250多人被处决。至3月，这一数字超过了500人，其中大部分是被指控犯有各种虐待罪行或杀害囚犯的前军人、警察和情报人员。[13]

随着处决的消息流传开来，美国政客和记者开始发出反对的声音。国会议员们愤怒的谴责声不绝于耳。一位俄勒冈州的共和党人在参议院大厅控诉"血洗"的暴行。《时代》杂志刊登了一篇谴责审判的长文。文章的描述很形象，选取的照片——从录像带中截取的照片——很惊悚。[14]

然而，审判和处决在古巴得到了大部分公众的支持，他们认为迅速审判凶手是在正确地伸张正义。2月的民调显示，新政府的支持率超过90％。《波西米亚》杂志指出，在政府着手进行的所有事情中，"革命法庭"是最受欢迎的。专业协会、学生，甚至天主教牧师和他们的教区居民都写信给艾森豪威尔，声明他们支持审判。例如，国际狮子俱乐部哈瓦那分部认为，美国人对审判存在着误解。分会坚称，革命法庭的建立是为了审判那些犯下野蛮罪行的人，政府的措施和革命法庭的行动都是为了"避免更严重的流血事件"[15]。

虽然公众对审判表示了支持，不过审判最有力的捍卫者还是菲德尔·卡斯特罗。在1月17日的一次演讲中，他指责美国试图阻挠革命及其对司法的合法应用。他问道，美国有什么权利自认为可以指挥一个自治的民族。为了向美国和世界证明审判是古巴公众的合法要求，卡斯特罗邀请了一个由加拿大、拉丁美洲、英国和美国的记者以及政府官员组成的代表团，让他们亲自见证审判。随后，为了表明审判乃是出于人民的意志，他宣布于1月21日在总统府举行集会。[16]

美国大使馆说有50万古巴人参加了此次集会，古巴政府则声称人数达到了100万。不管最终的数字是多少，许多人都认为，这次集会的人数甚至比1月8日欢迎菲德尔抵达哈瓦那的那一次还要多。英语和西班牙语写就的横幅表明了群众的立场："为了革命的正义！""引渡帝国主义的走狗！""古巴妇女要求处决杀人犯！"[17]

那天，菲德尔又发表了一篇激情澎湃的演讲，在这篇演讲中，之后成为卡斯特罗标志性主题的反美言辞已初露端倪。"我不需要向任何美国议员解释，"他向全神贯注、深表赞同的群众说道，"〔他们] 与古巴事务无关。"然而，他又确实做了解释，只不过并非如美国政客们所期望的那样。根据卡斯特罗的估计，在古巴每处决一人，在14年前的广岛和长崎就有1000名男女老少被美国的原子弹炸死。备受赞誉的纽伦堡审判是根据事后制定的法律定罪的，而古巴的被告人违反的是已经存在的法律。最后，他将批评古巴之人如今的愤慨与他们过去的沉默做了对比。他问道，在巴蒂斯塔政权杀人的时候，这些批评者在哪里？他们当时有发出抗议的声音吗？没有。他总结道，唯一的解释是，批评者谴责的并不是审判，他们本身就是一场联合的反革命运动——反对所有聚集在此听他演讲的古巴人。

如同几周前进入哈瓦那时的讲话一样，菲德尔直接呼吁听众的帮助。"我要问人民一些事：那些同意现行执法的人，那些赞同应该枪毙走狗的人，请举起你们的手。"一位历史学家写道："人山人海的古巴人举起了手，表示一致同意。"还有些人把两只手都举了起来。菲德尔随后转向三百位受邀的嘉宾，说道："外交使团的先生们，整个大陆的记者们：代表所有观点和社会阶层的一百万古巴人组成的陪审团已经投了票。对那些民主人士，或自称民主人士的人，我想说：这就是民主……"[18]

不过，在古巴，并不是每个人都对审判感到满意。2月中旬，革命政府的第一任总理何塞·米罗·卡多纳辞职，菲德尔成为新任总理。大约在同一时间，一项新法律赋予了总理职位更多的权力，而总统的权力则明显减少。如此一来，菲德尔不但在实际上，而且在名义上成了新政治秩序无可争议的领导人。

政府行动的节奏进一步加快。在革命政府成立后一个半月的时间里，潮水般的新法律瓦解着旧政权，并深深影响了与旧政权有直接联系的人。卡斯特罗担任总理一职后,政府下达了一系列影响愈发深远的政策。第一项重大措施于3月颁行,这一名为《城市改革法》的法律直接将租金削减了50%。巴蒂斯塔也曾制定过城市改革方案,但从未达到这样的规模,也不曾涉及如此大规模的民众。1959年,63%的古巴人租房居住,改革法颁布后,许多房东的收入骤减,更多的人则突然成为革命政策的受益者——以上两种情形与他们同巴蒂斯塔政府或革命的关系并没有什么关联。新政权颁布该法律后又进行了一系列其他改革:增加工资、降低公共服务使用费、出台反对种族歧视的措施。历史学家路易斯·佩雷斯写道:"在几个月内,革命的成功就对不计其数的古巴人产生了迅速而持久的影响。"[19]

然而,如果把这些变化简单地说成是新政府给满怀期待的民众的礼物,那就错了。诚然,民众的确满怀期待,但他们也被动员起来了。革命者一掌权,民众的要求也开始变多。非裔古巴活动家要求采取反歧视措施。妇女们组成了新的团体,要求建立日间护理中心、咖啡厅和夜间营业的杂货店,为工人阶级的妇女提供服务。[20] 与此同时,农民也要求兑现数十年来对他们所作的承诺,他们想要土地,并对要求他们耐心等待的呼吁感到不满。早在菲德尔于1月8日到达哈瓦那之前,一些地区的人们实际上已经开始实施他们自己的土地改革,分配小块土地的所有权。这种自下而上的临时性土地改革太多了,以至于革命政府在2月20日通过了一项法律,规定任何未能等待《土地改革法》而占用土地的人,都将失去法律出台后所赋予的各项权利。[21]

工人和工会也向政府施压,要求将工资全面提高20%,改善工作条件,修改劳动合同,重新聘用因政治原因而被解雇的工人等。

在执政的头几个月里，面对劳工动乱的可能性，政府出面进行了调解。国家调解劳资纠纷的做法对革命来说并不新鲜，但不曾有哪个政府（也许除了1933年短暂的革命政府）做到这种程度——仅在1959年初就有超过5000次的调解。国家没有像工会所要求的那样实现工资的普涨，但在大多数情况下，国家在个别的调解中都偏向工人。通过这种方式，仅在头十个月，政府就下令为糖业工人增加了6600万比索的工资，为其他领域的工人增加了2000万比索的工资。总的来说，在革命的第一年，工资上涨了14.3%，而之前两年的年平均工资增长率为4.2%。[22]

这些行动与革命政府掌权头十个月的1500条法令中的许多一样，既是为了响应街头巷尾、报纸专栏、电台广播和教堂布道所进行的不懈动员，也与之密不可分。富人也行动起来，涌入政府办公室补交税款。至1959年6月，哪怕扣除政府的所有开支，国库内也仍有3400万美元的盈余。哈瓦那的共产主义报纸指出，这些资金使新政府摆脱了美国的财政控制。[23]

美国人当然在密切关注着动态。除了研究新颁布的法律以了解其对美国利益的影响外，他们还密切观察菲德尔·卡斯特罗本人。他们记录他的话，揣摩他的语气，记下谁在何时何地与他在一起，破译他对部长和军官的任命，估计他的追随者的规模，计算他讲话的时间。他们甚至还记录了他说话的速度——据统计，每分钟可达300个字。美国驻哈瓦那大使馆建议华盛顿"要习惯在一座火山边缘轻轻走动的感觉，这座火山碰到一丁点儿挑衅就会爆发出硫磺"[24]。

然而，尽管有着各种观察，美国对菲德尔·卡斯特罗和古巴革命并无共识。一位观察家宣称菲德尔是个秘密的共产主义者，另一位则坚持相反的观点，后者是中情局顶级拉美专家的结论："卡斯特罗不仅不是一个共产主义者，而且是一个强有力的反共斗士。"同样，美国人对卡斯特罗如何看待美国也存在分歧。当菲德尔说他不反美时，一些人相信了他的话，另一些人则不这么认为。一位南方民主党人说："卡斯特罗憎恨美国政府，就像魔鬼憎恨圣水一样。"[25]

这些认知上的混乱部分源于菲德尔本人，有时，他发出的信号和声明，让人很难琢磨。以选举问题为例，1959年1月8日，菲德尔抵达哈瓦那，宣布将在18个月后举行选举。几天后，他宣布将在15个月后举行选举。一个月后，他又说立即进行选举是不公平的，因为他将得到"压倒性的多数票"。然后他说等政党组织起来后再进行选举，时间待定。他一次又一次地提及这个问题，并指出当他提到选举时，人群总是会发出嘘声和倒彩声。在一次演讲中，他指出，如果听众想要选举，就请举起手来，结果很少有人或没有人举手。然后他又让不想选举的人举起手来，数不清的手举了起来，似乎是一致同意。在另一次演讲中，他又问人们想在一年内还是在十年内举行选举，人们异口同声地喊出了"十年"。4月，他又创造了一个新口号：先革命，后选举。他喊道："土地第一，选举在后；每个古巴人的工作第一，选举在后；所有孩子的学校和教师第一，选举在后；医院和医药第一，选举在后；司法第一，选举在后；国家主权第一，选举在后。"台下掌声雷动。[26]

美国官员和美国公众很快得以近距离观察和询问卡斯特罗。应美国报纸编辑协会的邀请，卡斯特罗于1959年4月15日开始美国之旅。他晚了两个小时到达哈瓦那机场，穿着一件皱巴巴的制服，看起来比平时要紧张些。更加焦虑的是与他一起出访，胡子刮得干干净净、西装革履的部长们，包括国家银行行长和财政部长。卡斯特罗讨厌繁文缛节，言行不可预测，且显现出反美的倾向，这些都让一同出行的人胆战心惊。他们知道，此行陪同卡斯特罗的主要目的是获取美国的财政援助，而且他们在行前已经与卡斯特罗沟通了有关获得美国援助的建议。因此，在华盛顿的第一次新闻发布会上，当菲德尔宣布他不是去要钱的时候，随行的部长们感到惊讶是在所难免的。翌日，当卡斯特罗在美国报纸编辑协会发表英语演讲时，他注意到财政部长起身去和美国财政部长会面。据《纽约时报》报道，当时菲德尔在演讲中途停了下来，转而用西班牙语对部长说："记住，鲁弗，我并不希望你去要钱。"然后他继续用英语演讲，直至在长时间的掌声中结束。[27]

事实上，卡斯特罗所到之处，人潮涌动，掌声经久不息：弗农山庄、杰斐逊纪念馆、纽约宾夕法尼亚车站、中央公园、普林斯顿大学、哈佛园都是如此。在其中一个会场，他转身对财政部长说："他们是美国人，他们喜欢我，鲁弗！"在纽约皇后区，他与戴着绿色帽子、贴着胡须的古巴裔美国少男少女合影（一家美国玩具制造商最近生产了10万套菲德尔帽和胡须套装）。在林肯纪念堂，他用英语朗读了葛底斯堡演说，并在林肯脚下敬献花圈。《纽约时报》评述道，卡斯特罗似乎不仅从另一个世界，而且"从另一个世纪——塞缪尔·亚当斯、帕特里克·亨利、托马斯·潘恩和托马斯·杰斐逊的世纪"袭入华盛顿。记者继续说道："也许是因为他勾起了人们对早已褪色的革命历史的回忆，唤起了曾经深受触动的革命热情……菲德尔·卡斯特罗至少部分和暂时地打消了人们的不信任感。"[28]

虽然美国公众把菲德尔当成英雄，美国政府却没受到太多动摇，他们甚至可能比菲德尔到来之前更加困惑。卡斯特罗一行并不是进行正式的国事访问,这使得每个人都不知道该如何行事。艾森豪威尔决定在卡斯特罗造访期间离开城里去打高尔夫,留下副总统理查德·尼克松与古巴领导人会面。参与会面的只有尼克松、菲德尔以及各自的翻译。菲德尔到达时"紧张忐忑",担心他在当天早些时候在《与媒体见面》节目中的失言。尼克松让他宽心:这是任何政治家能做的最艰难的演出,而菲德尔有勇气用英语去表达。副总统尼克松承认,卡斯特罗的表现令人印象深刻。但尼克松旋即转向了建议和责备。为什么召集选举需要那么长的时间?尼克松建议卡斯特罗明确声明他希望在可行的情况下尽快举行选举,且肯定会在四年内举行。尼克松还就处决问题指责了他。在会议即将结束时,尼克松建议菲德尔效仿波多黎各总督在经济上的举措——波多黎各当时和现在都是美国领土。也许没有什么比这一随意提出的建议更能体现出美国政府对菲德尔·卡斯特罗的了解有多么贫乏。"他对这一建议的看法非常模糊",尼克松在会后写道。卡斯特罗告诉他,"古巴人民是'非常民族主义'的,在他们视为美国'殖民地'的地方所发起的任何计划都会受到他们的怀疑"[29]。

在尼克松给出建议的同时,卡斯特罗也针锋相对地提出了自己的建议。尼克松转述了其中的一些:"你们在美洲"——尽管菲德尔肯定说的是美国而不是美洲——"不应该过多地谈论你们的担忧,担心共产党人可能在古巴、拉美、亚洲或非洲其他国家做出什么。你们应该更多地谈论自己的优势,以及为什么你们的制度比共产主义或任何其他类型的制度要更优越。"一位在办公室外等候的国务院官员报告说,尼克松从会谈中走出来时看起来"非常疲惫",需要从"相当艰苦的两个半小时"中放松下来。

几天后,当尼克松准备他的会谈报告时,他已经不那么累了,但他仍旧琢磨不透卡斯特罗:

> 我对[卡斯特罗]这个人的评价有点复杂。我们可以确定的一件事是,他具备那些使其成为领袖的难以界定的品质。无论我们怎么看他,他都将成为古巴发展,乃至很有可能成为拉丁美洲事务总体发展的一个重要因素。

当然,就这一判断而言,尼克松是正确的,而且并非只有他一个人这么想,美国国务院也得出了同样的结论。"低估这个人就大错特错了。"艾森豪威尔读了这句话后,在空白处写道:"归档。我们一年后再看!"[30]

艾森豪威尔的感叹号不经意间成了一个预兆,预言了在这一年中将会发生多么剧烈和迅速的变化。卡斯特罗结束旅行回到哈瓦那后,马上宣布要进行重大的变革,他将这一变革称为"我们革命的基本法律,我们革命的决定性法律"[31]。他说的当然是土地改革。在20世纪的大部分时间里,土地改革向来是政治斗争的重中之重,因此许多古巴人都把施行土地改革视为共和国所有希冀的象征。正如菲德尔在1月1日所说的那样,如果这次是真正的革命,那么没有什么能比向无地者分配土地更能无可辩驳地证明这一点的了。

整个国家已经做好了充分的准备。在一些地区,农民及其盟友不待政府的法律颁布,就已开始分割土地。渴望土地改革的不仅仅是农村的人,全国各地城市和城镇的人们也纷纷声援。3月1日,《波西米亚》杂志发起了一场旨在促进土地改革的筹款活动——自由行动。

各个阶层的古巴人或亲自到场,或邮寄现金和支票,或打电话

绝大多数古巴人支持1959年的土地改革，许多人还捐资助力改革的实施。图为一群工人向改革运动捐赠了一台拖拉机，位于画面右侧的是1959年哈瓦那狂欢节的女王埃斯佩兰萨·布斯塔曼特（Esperanza Bustamante）。

捐款，共同支持这一事业。筹款活动开始三天后，杂志就已经募集了超过25万比索的资金。杂志会定期公布捐款人的姓名和捐款数额。参与的企业包括：哈土依啤酒（百加得朗姆酒的子公司），2.5万比索；哈瓦那中心汽车站药店所有人，136比索；美国国际人寿保险，1000比索。有的时候，人们会集体捐款：比那尔德里奥第87学校的教师，8比索；芝加哥的古巴人，15.5比索；樱桃咖啡店的员工，20比索。不过在大多数情况下，人们都是以个人或家庭的名义提供力所能及的资金：独立战争老兵拉蒙·雷纳尔多（Ramón Reynaldo），1比索；阿林娜·萨乌尔（Alina Saúl），4比索；莱昂纳多·埃斯特维斯（Leonardo Estévez）和家人，2.25 比索；阿·马西亚斯（A. Macias），25 美分。认捐的金额总计超过 1300 万比索，这也是一次大规模的民意表达。募捐既不是菲德尔·卡斯特罗号召的，也不像那些因其演讲而欢呼的人群那样是匿名的，尽管一位妇女谦逊地拿出了 5 比索，说道她只是作为一位"感恩的妇女"为这一事业简单地出份力。[32]

1959 年 5 月 17 日，《土地改革法》的签署仪式在马埃斯特拉山举行。革命尚未掌权之前，正是在那里第一次推行了土地改革。1958 年，马埃斯特拉山的第三号法律将土地分给了解放区的农民。1959 年的法律使得《土地改革法》成了适用于整个古巴的法律。在某种程度上，新法律严格遵循 1958 年的法律，废除了大庄园，规定持有的土地面积不得超过 30 块骑兵给养地（约 400 公顷或 1000 英亩）。不过有些类型的农场，如糖业种植园和放牛牧场，对于面积的限制则没那么严格。任何超出限定范围的土地都会被收归国有，原土地所有人会收到年利率 4.5% 的 20 年期应付债券作为补偿。法律规定了政府对征用土地的三种可能用途：小块土地分给无地者；组建农业合作社；国营农场，由国家招募农业工人。后两种形式——农业合作社和国营农场——让不少人感到惊讶，因为这在 1958 年的马埃斯特拉山法律中并没有提及。新法律还禁止以任何形式从农民手中剥夺他们正在耕作的土地，也禁止外国人收购古巴的土地——这一限制在 1940 年宪法中也出现了，但从未强制执行。最后，新法律设立了国家土地改革协会来监管整个流程。[33]

总的来说，新法律相当温和且符合当时经济思想的主流。新法律禁止持有大面积土地的做法不仅在古巴 1940 年宪法中出现，而且也契合一些像是联合国这样的国际主体提出的土地改革的建议。不过，哪怕是受到绝大部分人热情拥护的温和法律也会制造敌人，在那些受到损失的地主之中尤其如此。例如卡马圭的牧场主和比那尔德里奥的烟草种植者就公开发声反对新法律。[34]

然而，改革最强大的敌人在美国。华盛顿的一些政策制定者和经济学家明白，温和的土地改革越来越被视为古巴发展的基石。可是问题在于，受《土地改革法》直接影响的许多古巴土地都归美国所有。6月11日，美国发出了一份正式的外交照会，对新法律提出抗议，要求补偿必须是具有实效的（也就是说，现金支付而非法律提出的债券）、迅速的（6个月内，而非20年），且按照市价（而非课税价格）来算。古巴政府在四天后进行了答复，对政府的选择进行了辩护和解释：古巴政府规定的利率比第二次世界大战后美国在日本定的利率要高得多；由于巴蒂斯塔将国库洗劫一空，政府无力用现金来支付赔偿；最重要的是，土地改革是革命的根本，政府无法等到拥有足够的现金后再来推行改革。尽管两国都清楚地表明了各自的立场，但就目前而言，这种土地补偿是种十分慎重的做法。[35]

新法律施行后，第一批征收于6月进行，在这批被政府征收的土地中，有一处4万英亩的土地是由一家在得克萨斯拥有国王牧场的公司所有，这家公司是当时美国最大的私人地产公司。公司总裁立马向艾森豪威尔去信，要求他没收古巴所有在美资产，并派遣海军舰队前往加勒比海。他还说，总统该让古巴人记得"1898年，是我们的战斗将古巴从［西班牙］的暴政中解放出来——我们不会袖手旁观，任凭共产主义永远地破坏这一自由"[36]。

不过，1959年之时，1898年美西战争还不是什么被遗忘的遥远历史。在这一革命的背景下，每当菲德尔·卡斯特罗做了什么挑战美国利益的事的时候，一些美国人就会拿美西战争来说事。"在人们的记忆中,是我们将古巴岛从中世纪的束缚之中拯救出来;是我们带来了秩序、活力、技术知识和财富,现在我们却因我们的文明和合作的美德遭到咒骂!"1960年,一位参议员如是咆哮。甚至就连美西战争之际只有七岁大的艾森豪威尔总统都表达了同样的情感:"是我们让他们得到了解放。当他们遇到麻烦时,我们进行了占领……随后又让他们独立自主,给他们自由。"古巴现在凭什么挑战美国?[37]

这种情绪是古巴人和美国人对其共同历史不同理解的最佳体现,二者的历史阐释完全是针尖对麦芒。美国人视为无私善举的事,在古巴人看来是殖民主义的强迫行为。如今这一对立情绪比以往任何时候都更剑拔弩张,因为革命肇始所要挑战的正是美国和古巴之间的殖民主义关系。美国并不认同它与古巴是一种殖民关系,因此对古巴发生的事情茫然不解。或许,美国会将古巴的所作所为看作是不知感恩的无知之举;又或许,美国会将一切都视为彻底的共产主义。

随着土地改革运动的展开,被征收的土地越来越多。在土地改革之前,《时代》和《新闻周刊》杂志只发表过一篇暗示古巴革命是共产主义革命的文章,新法律通过后,此类文章在这些杂志和其他美国媒体上大量涌现。即使在古巴政府内部,没收土地也使得内部分歧日益尖锐(人们争论共产主义该在革命中扮演什么样的角色)。1959年6月,内阁发生了大动荡。农业部长递交了辞呈,马埃斯特拉山《土地改革法》就是这位部长撰写的,但他却被排除在1959年5月的法律起草工作之外。同月,其他温和派部长和反共部长或是辞职,或被迫离职。[38]

古巴总统曼努埃尔·乌鲁蒂亚是最后坚守的温和派之一。1959年7月16日晚,卡斯特罗在电视上宣布,他将辞去总理职务。他解释说，由于与总统政见不合，他决定辞职。他认为像乌鲁蒂亚那样，抬出所谓"共产主义幽灵"的说辞，只会助长国内外利益集团联合反对改革的气焰。当卡斯特罗向全国发表讲话时，支持他的消息涌向了电视台。群众聚集在总统府外，要求乌鲁蒂亚而不是菲德尔辞职。至当夜 11 点，总统也辞职了。[39]

现在，这个国家没有了总统和总理。内阁拒绝接受卡斯特罗的辞呈，一些工会领导人开始呼吁举行大罢工，人们打出横幅和标语，以示对菲德尔的极度忠诚："没有菲德尔的革命就是叛国。""我们与你同在，菲德尔！"哈瓦那大学的一块牌子上写道。"要么菲德尔，要么死亡！"城市公交车上的另一条标语写道。[40]

就当全国都在对卡斯特罗是否会重新掌权拭目以待时，整个国家又为近来人们记忆中最大的一次聚会进行了动员。1959 年 7 月 26 日是 1953 年攻击圣地亚哥蒙卡达军营的纪念日，也是自革命掌权后举行第一次庆祝活动。7 月 25 日午夜，教堂的钟声响起，哈瓦那大教堂举行了一场隆重的弥撒，以纪念那些在 1953 年的攻击中牺牲的人。一支名为"大胡子"（Los Barbudos）的球队参加了棒球比赛，由菲德尔·卡斯特罗负责开球。[41]

但这次庆祝活动不仅仅是庆祝纪念日，甚至也不仅仅是庆祝革命。按照计划，这是对土地改革的礼赞，可能会有 50 万农民前来哈瓦那参加盛会。巴士公司为他们提供交通服务，哈瓦那居民自愿提供居所，酒店房间大打折扣。"欢迎来到哈瓦那"以及"哈瓦那是你的"的标志和广告随处可见。纺织厂为他们生产白色的瓜亚贝拉衬衫和传统的雅雷帽。著名的古巴天后赛莉娅·克鲁兹（Celia Cruz，后来成了古巴裔美国人）为这一场合创作并演唱了一首歌。[42]

活动的高潮是在市民广场举行的大型集会——当时尚未改名为

革命广场，但已经有了为纪念何塞·马蒂百年诞辰而建造的巨型大理石纪念碑。有人估计，包括前往哈瓦那参加庆祝活动的农民在内，大概有一百万人参加了盛会。照片显示，到处都是饰有"我和菲德尔在一起"标语的白色瓜亚贝拉衬衫和草帽。男人们挥舞着马刀，在刀尖上旋转他们的草帽。

卡斯特罗坐在讲台上，但并不是以总理的身份，因为他已经放弃了这个职位。他感受到了群众的力量，听到了让他回归的呼喊声。他站起来，走到新总统奥斯瓦尔多·多尔蒂斯（Osvaldo Dorticós）面前，在他耳边低声说了几句。然后，多尔蒂科斯说："作为共和国总统，我可以向你们宣布，应公众的要求，菲德尔·卡斯特罗博士已经同意回到总理任上。"[43]群众欢呼雀跃，农民们把帽子高高抛向天空，他们把砍刀的刀刃撞在一起，发出最喧闹的声响，声音震耳欲聋。

这是最纯粹的欢呼。人们再次感受到了新年第一天听闻巴蒂斯塔出逃之时的那种欣喜之情，不过1959年7月26日下午和夜间的情况有一些不同的特质，这时的这种感觉更确定也更稳固。革命正在实践它的承诺，人民是重要的，未来是属于他们的。菲德尔站在讲台上，看着茫茫的人群为他的回归欢呼。人民和他站在一起，人群的喜悦在他眼中成了奇迹。

想要单独指出未来在哪一刻变得清晰可见或许是个错误，因为未来从来都不是可以被完全预见的，任何一个时刻都是如此。但在那一刻，一切似乎皆有可能，一场真正的革命指日可待。在1959年7月，绝大多数的古巴人民似乎对此都没有什么异议。毕竟，这场真正的革命他们也参与其中。

第二十六章
日趋激进

如果说1959年以一种感觉开始，那么这很快变成了一个问题。这个问题看起来似乎很简单：这场新的古巴革命会怎样发展？要回答这个问题，古巴人不能脱离当下的时间和空间，他们必须在具体的现实层面上进行和定义他们的革命。如果能有所选择的话，他们可能会选择世界历史上的另一个时代作为革命的背景。事与愿违的是，他们恰好陷入了冷战最激烈的时刻之一。

在古巴革命之前的十年里，冷战将世界分为由苏联和美国领导的两大敌对阵营。1959年时，这场冲突的结果还无从得知，事实上，美国当时处于守势。1956年，苏联领导人尼基塔·赫鲁晓夫曾扬言要"埋葬"西方的资本主义国家。1957年，苏联出人意料地先于美国将世界上第一颗卫星发射至太空。1960年，苏联击落了一架美国间谍飞机，令美国人震惊不已。此外，随着非洲和亚洲各地的殖民地相继获得政治独立，两个超级大国之间的冲突不断升级，双方都在一个日益两极化的世界中寻求新的盟友，由于冷战的结果尚未明晰，每个新政府的决定都变得极为重要。

无论是出于哲学原因还是战略原因，菲德尔·卡斯特罗最初确实在试图回避这一将世界一分为二的残酷冷战。1959年4月卡斯特罗在纽约这样说道:"这就是人道主义。"[1]然而,无论卡斯特罗多想回避,共产主义这个问题根本无法回避——在当时世界的那个时刻,古巴与冷战的超级大国有着错综复杂的关系,而且这个超级大国还想着拉拢古巴,因而回避上述问题是不可能的。

在古巴,每个人似乎都在讨论共产主义的问题。有时,这个问题甚至从天而降,新近流亡美国的古巴人驾驶着飞机投下成千上万的传单,敦促古巴人与"共产主义独裁政权"作斗争。他们还以打击共产主义的名义向糖厂和甘蔗地投掷炸弹。这一问题更是侵入了周日的布道会,有时还会导致人们在教堂外大吵大闹。课堂讨论和大学会议也基本都是关于这一问题。在哈瓦那的中央公园,年轻人不厌其烦地辩论着这个问题,他们都认为自己是革命者,但有些人强烈反对共产主义,有些人则认为,"如果菲德尔是个共产主义者,那我也加入!"每一方都在公园有己方的长椅。积极参加反对巴蒂斯塔斗争并在其倒台时欢欣鼓舞的天主教学生团体,称另一条长椅上的古巴人是莫斯科的同伙,后者则称天主教学生才是梵蒂冈的附庸。这并非仅仅是指名道姓、装腔作势的辱骂,人们确实在严肃认真地思考革命的性质,他们知道这事关重大。[2]

在政府的最高层,共产主义的问题更是引起了官场的地震。1959年的早些时候,这个问题已经导致革命后的第一位总统辞职。10月,当一位"七二六运动"前成员乌贝尔·马托斯(Huber Matos)辞去政府职务以抗议所谓的共产主义影响时,卡斯特罗以叛徒之名将其逮捕,这使得部分内阁成员感到愤慨。一位成员说,如果马托斯因反对共产主义而遭逮捕,那他们中的一些人也应该被逮捕,因为他们也反对共产主义。在随后的几个月里,越来越多的部长辞职。至1959年底和1960年初,共产主义已经不是一个理论问题,而是成了代表一切的争论，其他问题都只能退居边缘。

对一些人来说，也许特别是对那些曾与巴蒂斯塔作战，现在开始从革命政府辞职的人而言，发出反对共产主义的警告是强调和维护革命初心的一种方式。这场革命源于古巴历史上基础最广泛的联盟：天主教徒和学生、流亡者和农民、传统政党和非传统的秘密组织、中产阶级和工人阶级。

然而，对于菲德尔·卡斯特罗和革命联盟的另一部分人来说，革命在实现其承诺之前，总是面临着被颠覆的危险。危地马拉就是一个近在眼前的模板。就在几年前，一个合法选举产生的政府颁布了进步的土地改革方案，美国斥其为共产主义，并策划了一场政变，推翻了政府，终止了土地改革。古巴进行土地改革之后，很可能会面临同样的结局。

正是在这一背景下——温和派政府官员纷纷辞职，传单和炸弹从天而降，危地马拉的例子近在咫尺——关于共产主义在革命中作用的争论不断加剧。一场场争论接踵而至，每场争论都建立在先前的争论之上，并随之产生新的争论。

1960年的第一次争论源于一次（与苏联）出乎意料的冒险接近。2月4日，苏联副主席阿纳斯塔斯·米高扬抵达哈瓦那进行访问。米高扬此行是为一个关于苏联科学、技术和文化的新展览揭幕，这个展览已在墨西哥城和纽约展出过，卡斯特罗邀请米高扬将其带到哈瓦那，当时古巴和苏联还没有建交。在过去的历史中，由于美国对古巴的占领与渗透，古巴在国际事务上一直跟随美国的步伐，在联合国里跟着美国投票，承认美国所承认的政府，回避美国不承认的政府。因此，米高扬的访问意味着美国的死敌来到了古巴的土地上——而且是在冷战的高峰期应古巴政府之邀。

古巴政府隆重地招待了这位苏联访客。四十人代表团被安排住在巴蒂斯塔旧盟友的一个豪华庄园中,后者早已在迈阿密安家。米高扬亲自带领卡斯特罗参观了展览,赞扬了苏联的技术和文化成就,摄影师们纷纷拍下照片。米高扬头戴一顶正面写有"古巴"字样的农民草帽,与菲德尔一起参观了古巴岛。在哈瓦那的中央公园,他向民族英雄何塞·马蒂的旧纪念碑敬献了必不可少的花圈。在一次公开演讲中,他敦促政府更进一步,"没收——没有任何补偿——所有的生产资料"。[3]

在苏联展览的最后一天,古巴媒体公布了两国之间签订了贸易协议的消息,对此,没有人感到特别惊讶。苏联人同意在未来五年内购买古巴食糖年收成的20%,他们将只需支付美国支付数额的一小部分,付款方式包括现金、机器、石油和苏联技术人员的服务。米高扬似乎仅仅是第一个在革命的古巴度过一段时光的苏联公民。[4]

米高扬的访问和古巴—苏联贸易协定的消息在华盛顿引起了震动。闭门会议一个接着一个,每场会议的结论都比前一场更黯淡。国务院的一名工作人员准备了一份题为"挽救古巴的可能性"的长篇备忘录,做出了极度悲观的评估。"在我国历史上,从未经历过像[古巴革命]这种强度的反美情绪、没收要求以及苏联对西半球的威胁,"他如此写道,"我们的人民还没有清晰地认识到,卡斯特罗之前的古巴回不来了。或者说,如果我们想要在古巴重新建立影响力,就得在一个与过去情况不同的背景下进行。"他劝告上级,谦逊是有必要的。[5]

就古巴人而言,他们似乎对苏联的高调访问和贸易协议作出了支持甚至是热情的回应。当米高扬在公开场合发表演讲时,他不得不多次停下来等待漫长的掌声过去。当他提到贸易协议时,群众高呼"还要枪和飞机!""无论是出于信念还是警告,"历史学家莉莲·格拉(Lillian Guerra)写道,"大多数人倾向于将米高扬的访问视为对古巴新建立的国家主权的承认。"[6]与美国的敌人进行贸易,还有什么能比这更清晰地证明古巴独立于美国呢?

然而,并不是每个人都感到欢欣鼓舞。早已有人对共产主义日益增长的影响发出警告,他们也是第一批反对苏联访问的人。天主教学生抗议米高扬瞻仰马蒂纪念碑,他们移走了来访者留下的花圈,并在原处放上了另一个花圈。

古巴媒体充斥着关于这次访问的激烈争论,但这些辩论从来都不仅仅是关于这次访问。从根本上来看,他们都在讨论另一个问题,一个媒体已经问过的问题,一个怎么都避免不了的问题:古巴革命与共产主义到底是什么关系?但是,一件事总是很快会导致另一件事,媒体关于米高扬和共产主义的讨论很快引起了另一重大争议——自由媒体在革命古巴的作用。

几十年来,古巴报纸一直在转载美联社和合众国际社等国际通讯社的报道。随着革命的深入——没收了美国的财产并接待了苏联官员——这些转载的报道对古巴政府的批评越来越多。他们对共产主义提出指控,贬低古巴领导人,对两国之间的争端采取亲美立场。因此,记者和印刷工人的职业协会宣布,每当报纸刊登国际电讯的报道时,工人们有权在报纸上标注澄清声明,指出他们并不同意该报道。比如,一则声明这样写道:

> 秉着古巴合法维护新闻自由的精神,本社刊登了上述信息。但是,本社记者和排版人员,同样根据这一权利,申明这篇文

章的内容不符合事实，也不符合最基本的新闻伦理。

这些被人们叫作"小尾巴"（coletillas）的澄清，很快就开始无处不在。[7]

1960年1月16日，《信息报》（*Información*）打算刊登美联社和合众国际社的两篇报道，工人们坚持要加上一个"小尾巴"，不过报社老板拒绝了他们。工人们于是去找警察，在警察的干预下，他们成功地印刷了他们想要的报道，也就是加上了澄清说明。翌日，许多自由派（和保守派）媒体发表了捍卫《信息报》老板的辩护，并声明接下来将不再刊登"小尾巴"，但其中许多辩护下却又都有如今正处于激烈讨论之中的"小尾巴"，这些"小尾巴"又再一次为出版商所澄清，然后又是工人的最后澄清。有时候，"小尾巴"所占据的版面甚至都与文章本身不相上下。单页报纸上不同字体的拼接效果和内嵌的方框，直观地传达出混乱的异议声，也传达出当时人们强行追求共识的情绪。[8]

《信息报》继续保留了小尾巴，大多数传统报纸则不然。就在《信息报》冲突发生的两天后，不愿刊登小尾巴的《前进报》（*Avance*）出版人宣布暂停出版。不到一周，该出版人就在美国现身，开始为《迈阿密先驱报》（*Miami Herald*）撰稿。[9]2月，政府又查封了其他一些报纸，包括《世界报》（*El Mundo*）和《国家报》（*El País*），后者通过完全不发国际电讯报道来避免刊登"小尾巴"。但是，当该报决定刊登一位著名牧师对米高扬访问古巴的谴责时，麻烦来了。工人们纷纷在报纸上附上他们的反对意见，报社出版人只好辞职。当工人们在报社出版人缺席的情况下开会决定下一步该怎么做时，卡斯特罗来到了会场，宣布这家报纸的办公室将被改造成新成立的国家出版社的总部。仅仅两个月后，国家出版社就出版了第一本书，新的古巴版的《堂吉诃德》，这是一本关于"世界英雄"的"不朽之书"——一篇评论指出，这位英雄留着胡子还好好地活在 1960 年的古巴。[10]

5 月，古巴最古老的报纸《滨海日报》停刊。这是一份成立于 1832 年的保守派报纸，曾为西班牙殖民主义、美国的干预以及赫拉尔多·马查多与富尔亨西奥·巴蒂斯塔的独裁政权辩护。1959 年 1 月，该报曾欢迎菲德尔·卡斯特罗和他的大胡子革命者进驻哈瓦那，但蜜月期转瞬即逝。5 月，该报的一群雇员签署了一封信，为本报陷入困境的编辑辩护时，事情到了一发不可收拾的地步。该报的另一群工人拒绝刊登该信，并打破了印版。[11]

该报的最后一期出版于 1960 年 5 月 12 日，头条标题醒目地写道："为人民服务了一天，为反动派服务了 128 年"。头版有一封致"古巴人民和革命政府"的信，信是报社的员工写的。信中宣布工人们接管了报社并决定永久关停该报，他们用一句拉丁文作为信的结尾："Requiescat In Pace, DIARIO DE LA MARINA"，即安息吧。这句话的右上方恰好是一份讣告——报纸本身的葬礼。"古巴同胞！今天我们将埋葬 128 年的耻辱。"送葬队伍自哈瓦那老城的报社外开始，所有人连同棺材一直行进前往哈瓦那大学。一位随行人员后来写道，有十万人参加了葬礼，美国大使馆的估计则是几千人。这位当事人说还有三个坟墓也已经准备就绪——估计是为其余三家尚未与政府挂钩的报纸准备的。葬礼后四天，三家中的一家［《自由报》（Prensa Libre）］倒闭了，报社出版人离开了古巴，政府接管了报社办公室。[12]

有关《滨海日报》的所有争议，虽然一定程度上是在争论新闻界在古巴扮演的角色，但其核心乃是关于革命性质及其影响范围的冲突。革命将在多大程度上维护1940年宪法所大力支持但在巴蒂斯塔统治下被践踏的传统政治权利？各大独立报社的出版人大声疾呼恢复并保护这些权利。像新政府一样，这些出版机构中的许多工人反驳说，在这个时候公开提出这样的要求，就是在给国内外的反对派鼓劲。正如在《滨海日报》"葬礼"上的发言者所认为的那样，现在古巴只有两条路可走：革命或反革命。前者是古巴的道路，后者是旧巴蒂斯塔派和美国干预派的道路。"保卫革命，"该报的工人宣称，"就是捍卫古巴。"[13]

如果保卫革命就是捍卫古巴，那么不言而喻，攻击革命就是攻击古巴，哪怕对革命提出些许质疑也可能为潜在的攻击打开大门。这场革命似乎是在兑现早已做出但又长期受挫的承诺（最显著的例子是土地改革），许多人把践行承诺置于其他可能会造成不适的事情之上。也许是因为在此之前的每场革命都被扼杀了，所以大众对何谓彻底永恒的革命没有概念，也没法在一开始就知道这次革命会有多么不同。当短时间内发生的一连串事件削弱了新闻界或独立工会时，一些人肯定会感到担心。因此，就目前而言，人们把报纸堆进草草制成的棺材里，支持社会革命的方案，并忠于整个方案的掌舵人。

1960年，还有一个重要的原因推动古巴政府保持强势：美国。菲德尔·卡斯特罗多次提到，由于古巴进行了大众革命，敌对的美国政府急于惩罚古巴，而美国似乎每次都能验证卡斯特罗的观点。卡斯特罗还提到了那些威胁要派战舰来对付古巴的好战议员，这些议员随后又给他提供了更多的口实。他警告说，美国可能会发动攻击，头顶上盘旋的飞机会投下传单和炸弹。古巴人民很轻易地——

而且有理由——相信美国政府会毫不留情地反对他们的革命。这一信念产生了一种力量，一种将众多古巴人团结和动员起来支持新政府的力量。

这种团结一致的战斗性在法国拉库布雷号（Le Coubre）军火船爆炸后表现得淋漓尽致。1960年3月4日下午3点10分，在没有收到任何警告的情况下，停靠在繁忙的哈瓦那老港，装载着来自比利时的弹药的法国船只发生了爆炸。船的上部结构几乎完全被摧毁，船尾沉没，周围的码头和建筑物顷刻间就着起了火。45分钟后，正当大家都冲去灭火和抢救伤员的时候，第二次爆炸又冲击了这一地区。总共有75人死亡，200多人受伤，其中有古巴码头工人、法国船员和士兵，以及死于第二次爆炸的救援人员和前来帮忙的平民。[14]

时至今日，也没人知道爆炸的真正原因。在古巴的美国官员将爆炸归咎于工人没有经验，不曾卸载过如此危险的货物。与此同时，船只所属的法国公司则认为没有任何理由责备"装卸不符合要求"，因为爆炸原因"完全无从得知"。《纽约时报》记者赫伯特·马修斯采访的码头工人则认为爆炸是由于人为的破坏。古巴政府的说法也如出一辙，并把责任归咎于美国。面对这一针对古巴领土的致命袭击，古巴政府做好了同仇敌忾的准备。哪怕是那些曾痛斥米高扬访问及革命滑向共产主义的人——比如基督教青年团体，在拉库布雷号爆炸后也都立即与政府站在了一起。[15]

全国都处于哀悼之中，并举办了情真意切的葬礼。餐厅、酒吧、商场都关门了，汹涌的人潮在街头纪念遇难者。菲德尔·卡斯特罗、总统多尔蒂科斯、切·格瓦拉、劳尔·卡斯特罗走在悲痛的送葬队伍的前方。菲德尔发表了主要演说，在这一激情澎湃的演说中，美国被提及了30多次。他说，调查正在进行当中，但凶手肯定是那些想要置古巴于无力自卫状态之中,不希望古巴政府拿到船上军火物资的人。那是谁呢?答案显而易见:美国。数月以来,美国一直都在给其他政府施压,让它们不要向古巴出售武器。卡斯特罗出人意料地提及了1898年在同一港口爆炸的缅因号。当时的美国政府将缅因号爆炸归咎于西班牙,并以此为借口开战,进而干涉古巴。但是他警告美国,今日的古巴与1898年的古巴已不可同日而语,他说,这一代的古巴人会战至最后一兵一卒,流尽最后一滴血。

> 身处这些逝者当中,在这一幕中……让我们最后说一次……古巴人民——工人、农民、学生、妇女、青年人、老年人,哪怕是儿童——都会毫不犹豫静静地补上他们的岗位。如果有一天,任何外来势力胆敢登上我们的海岸,不论他们是坐船来,还是空降而来,抑或开着飞机过来,不管他们怎么来,也不管他们有多少人,古巴人民都不会退缩,甚至连眼睛都不会眨一下。[16]

人们欢呼雀跃,政府部长们也投来赞许的目光。一位著名的古巴摄像师抓拍了切·格瓦拉的一张照片,长发掠过他拉链夹克的领子,星星贝雷帽端端正正地戴着,眼神坚毅。这一名为《英勇的游击队员》的照片日后成了切的标志性形象,被印在T恤上风靡全球。这场政治性的葬礼集会还诞生了另一个标志。卡斯特罗用他愤怒且雄壮的声音喊出了革命的新口号:"祖国或者死亡(Patria o Muerte)。"[17]

美国官员一如既往地密切关注着一切。原本建议持观望态度的美国驻哈瓦那大使无奈地承认:"只要菲德尔·卡斯特罗、劳尔·卡斯特罗、切·格瓦拉和其他志同道合的人控制着古巴政府,美国就永远没有希望与古巴建立令人满意的关系。"提到拉库布雷号爆炸事

邮票上的切·格瓦拉

件以及卡斯特罗的谴责时，华盛顿国务院古巴部门的官员写道："从此以后，对话就真的不复存在了。"[18]

事实上，针对上述情况，华盛顿当局已经考虑了一段时间。1959 年 11 月，艾森豪威尔总统签署了一份国务院关于古巴的新政策，政策的主要提议是："美国政府的所有行动和政策，都应致力于号召人们在古巴内部和拉美的其他地方抵制极端反美的卡斯特罗政权。"不过就当时而言，这一政策是指导性的大体方针，而非具体的实践方案。1960 年初的头几个月，更细致的政策出台了。拉库布雷号爆炸后，当菲德尔提出"祖国或者死亡"的口号时，美国该采取什么政策已经变得非常明确。1960年3月17日，在国家安全委员会会议上，艾森豪威尔总统批准了名为"针对卡斯特罗政权的秘密行动方案"。该方案的明确目标是"以一个更符合古巴人民真正利益，更能为美国所接受的政权来代替卡斯特罗政权"。然而，政权更迭应"避免任何美国干预的痕迹"。[19]

"秘密行动方案"包括四项政策建议。首先，中情局要建立"一个负责任且有吸引力的反卡斯特罗政权统一组织。此组织需要公开表明其反卡斯特罗的立场，因此必须位于古巴境外"。中情局已经与几个古巴境外反对派团体进行了接触，并希望将它们整合成一个统一阵线。其次，"为了让人们［在古巴］听到反对派的声音，从而破坏卡斯特罗的民意基础"，该方案将建立"向古巴人民进行大规模宣传的方式，以便以反对派的名义发起强大的宣传攻势"。因此，中情局买下了古巴能够收听到的美国和拉美广播电台的广播时段，并在洪都拉斯沿海的天鹅岛建立了一个秘密电台。再次，美国将继续拓展已在进行中的工作，"在古巴境内建立秘密情报和行动组织。这一组织将响应'流亡'反对派的命令和指示"。最后，美国将加紧在古巴境外发展一支准军事部队。一旦反对力量建立了有效的行动基地，就可以将上述人员立即部署到古巴，训练和领导反对力量。最重要的是，在以上四项部署中，美国那只在背后推动的手都是隐而不见的。正如艾森豪威尔总统在3月17日的会议上所说的那样，"每个人都必须发誓他什么都没有听到"[20]。

制定这一反古巴政府秘密行动政策的美国官员明白——当然也很无可奈何——古巴革命深孚众望。因此，中情局的结论是，若想成功对抗卡斯特罗政府，由美国支持的反对派就必须与革命本身有一些相似之处。反对派不能与巴蒂斯塔有任何瓜葛，而且还得赞同革命斗争期间倡导的一些原则。反对派甚至应该宣扬一个"现实的土地改革计划",并吸收那些"支持最初革命设想"的人。美国官员据此寻找那些与菲德尔决裂的前革命者,因为他们觉得"卡斯特罗背弃了'七二六运动'的最初纲领,而且他显然愿意屈从于共产党的统治"。[21]

中情局并没有制造古巴人的"背叛感",但它确实试图利用这种情绪并使之成为武器。美国的策略其实很简单:菲德尔·卡斯特罗已经"背叛"了革命,然后,每个人——从反对派的领导层到普通成员,再到美国总统本人——都坚持这一事实。艾森豪威尔总统说:"坦率地说,我必须声明,许多古巴长期以来的朋友……当古巴现任领导层掌权时,他们都曾为领导人所表达的理想感到振奋,但是这种掌权后来被视为对理想的背叛,更让他们深感幻灭……"因此,此次美国设计的反革命口号是"恢复革命"。[22] 当时没人知道冲突什么时候会爆发,但两国政府都日渐确信对抗迟早会来。

古巴和美国政府之间第一次真正激烈的争端以另一场葬礼宣告终结。在接下来的几个月里,双方都试图用计谋打败对方,再不断加码,做同样的事以挑衅对方。争端肇始于古巴和苏联的贸易协定,根据该协定,苏联将每年向古巴提供600万桶原油。原油当然需要提炼,而古巴现有的三个炼油厂埃索、壳牌和德士古都归美国公司所有。作为古巴国家银行的负责人,切·格瓦拉给这些公司下达了指令:第一,接受古巴政府以苏联石油来偿还债务;第二,提炼石油。然而,在与华盛顿沟通后,这些公司拒绝了格瓦拉的命令。菲德尔亲自介入,命令这些公司提炼石油,公司再次予以拒绝。古巴政府的下一步做法更为强硬:卡斯特罗要求对三个炼油厂进行"干涉"。这意味着炼油厂所有权仍旧属于他们各自所属的美国公司，但日常的经营活动则归古巴政府管辖。美国人称这是古巴"无情的经济侵略"的又一实例，也是古巴试图破坏该岛"与自由世界传统投资和贸易关系"的又一力证。7月6日，华盛顿以削减食糖配额——这是美国政府长期以来遵守的协议，即以承诺的价格购买一定数量古巴出产的食糖——进行反击。在整个20世纪，食糖配额一直是古巴经济的基石。削减食糖配额，意味着古巴出产的大部分食糖都将找不到买主。正如人们预料到的那样，哈瓦那的官员转向了苏联政府，而后者同意购买美国不再购买的东西。[23]

然而，冲突并没有就此结束。8月5日星期五，劳尔·卡斯特罗给出了极为含糊的暗示。"明天，在埃尔塞罗体育场，菲德尔将发表重要声明。现在你们都知道了：明天，菲德尔将与你们同在。"第二天晚上，棒球场的3.5万个座位座无虚席，还有成千上万的人聚集在下面的场地上。这不是一场体育赛事，而是拉丁美洲有史以来第一次青年大会的闭幕式。菲德尔于晚间10点25分到来。还没有站起来的人都起身欢呼，人们把贝雷帽和帽子抛到空中，空中挥舞着的手帕就像蜂鸟振翅。当菲德尔于晚上11点40分走上讲台时，工作人员放出了大约200只白鸽。他抓住了一只又放飞了它，掌声和呼声震耳欲聋。15分钟后，即11点55分，他终于开始讲话。25分钟后，他失声了。[24]

人们高呼让他休息会儿。劳尔·卡斯特罗拿起话筒，对人群讲了几句话。几分钟后，不知是有所启发还是有意为之，他回头看了看菲德尔。兄弟俩商量了一下，然后劳尔宣布："我有个坏消息带给美帝国主义。菲德尔的声音恢复了！"欢呼声随即不绝于耳，劳尔示意大家静一静。"让我们一起努力，菲德尔轻声说话，你们保持沉默。"菲德尔·卡斯特罗回到讲台上,用沙哑的声音宣读了第851号法律的每一个字,该法律授权政府通过没收的方式将美资或美国控制的财产国有化。政府确定了该法律适用的首批26家美国公司。美国炼油厂仅仅是个开始,古巴政府还没收了美资电信和电力公司以及36家糖厂,政府对这些公司的估值为8.29亿美元。从理论上讲,公司所有者将得到一笔年息为2%,时长50年的债券作为补偿,资金来自古巴向美国售糖的所得。然而,美国刚刚取消了购买古巴糖的协议。如此一来,一个事实再清楚不过了:美国公司得不到赔偿。

当卡斯特罗用沙哑的声音读出每家公司的名字时,人群欢呼雀跃。名单上的第24家公司是联合果品公司。菲德尔在"果品"一词的发音上有些吃力,但大家都知道他的意思。1954年时被美国政府和联合果品公司策划的政变推翻的危地马拉前总统哈科沃·阿本斯(Jacobo Arbenz)当时就在主席台上。当菲德尔说到联合果品时,阿本斯站起来拥抱了古巴领导人。人们的欢呼声越来越大,当一切都结束时,已近凌晨4点。一位记者观察到,当人们渐次离开时,"他们看起来就似重获新生一样"。另一位记者则写道:"这是第二次独立。"[25]

公开宣读法律开启了政府所谓的"民众欢庆周"。在公共仪式上,旧有的美国公司名称从建筑物上被撤下,取而代之的是印有古巴新名称的横幅。在国会大厦前的集会上,古巴人再度起誓:"以最大的努力和牺牲来捍卫革命,因为革命就是国家夙愿的化身。"随后人们前去参加葬礼——一场声势浩大的象征性葬礼,为刚被古巴政府没收的美国公司而举办。葬礼充满了节日和戏谑的气氛。女人们身着黑衣,举着牌子,表明她们是某某美国公司的寡妇;男人们成了代表埃索、壳牌、联合果品等公司的空棺材的抬棺人。人群中时而有人跳起舞来，他们共同朝马莱孔前进，然后隆重地把棺材吊到海堤上，最后扔进大海。在那里，被本·富兰克林很久以前命名为墨西哥湾流的水流可能会把棺材冲向佛罗里达。[26]

对美国财产的没收在不动声色中继续进行。事实上，这成了革命政策的基石。9月，政府将所有美国银行在古巴的分行都收归国有，包括大通曼哈顿银行、纽约第一国家城市银行和其他银行。10月，政府没收了105家糖厂、18家酒厂、8家铁路公司，还有百货商店、酒店、赌场、药店等。到月末，政府已经没收了大约550笔美国和国内财产，几乎囊括美国在古巴的所有非住宅资产。[27]在革命政府上台前，此等规模的征用并不是革命计划的一部分，而现在，没收财产似乎是不可阻挡且不证自明的。

没收行为进一步加剧了华盛顿和哈瓦那之间的敌意。是年秋天，卡斯特罗在联合国大会上发表了有史以来最长的演讲之一，以前所未有的方式痛斥了美国。一有机会，古巴代表团就跟着苏联投票反对美国。回到哈瓦那后，菲德尔宣布成立一个新组织：保卫革命委员会（Committees for the Defense of the Revolution）。卡斯特罗将这个组织称为"一个革命的集体警戒系统"，旨在打击任何潜在的"帝国主义走狗"。在喧闹的欢呼声中，他解释说，"每个人都会认识他所在街区的其他人，知道他们在做什么……他们信什么，他们遇到了谁"。在菲德尔讲话时，两颗炸弹爆炸了，人群高呼"去处决墙！"（¡Paredón!）和"我们将取得胜利"（¡Venceremos!）。1961年1月3日，华盛顿宣布不久将关闭驻哈瓦那大使馆。"美国自尊心的忍耐程度是有限的，现在我的忍耐已经到了底线。"艾森豪威尔说道。自古巴独立以来，两国首次断绝了所有外交关系。[28]

为什么这么快就发生了如此多的事情？这本是一场多阶级共同发动的革命，其目标与古巴政治中长期存在的进步要求完全一致，为什么会产生如此看似出乎意料的事情呢？这一问题的答案不应从任何一个单一时刻找寻，而应该在革命的头两年里日复一日所累积的事件中找。在那段动荡时期，一些模式在这场漩涡中变得显而易见，它将进步的社会和经济目标转变为某种影响更深远的东西。在革命的第一阶段，有权势的人失去了财产和特权，但在这个过程中，更多的人获得了土地，识字率提高，工资也增长了，广大人民群众在革命中分到了一杯羹。随着革命获得了大多数人的拥护，他们反过来又进一步巩固和推动了政策的转向。因此，民众的支持既是革命发展至如此的原因，也是其结果。

与此同时，另一过程也许正朝着其相反的方向展开。革命的社会和经济目标扩张了，但更传统的政治诉求却在收缩。革命政府上台前，革命者曾承诺了一些事项，但随着革命在实践中的展开，这些承诺被忽略了。强敌环伺——尤其是外部敌人虎视眈眈，使得政府暂时不得不搁置传统政治权利。事实上，如今再谈论这些权利已经不啻于反革命。尽管参与反对巴蒂斯塔革命斗争的人员是多元的，目标也是多样化的，但到1960年末，古巴领导人成功地把他们整合成了一种单一形式：革命（The Revolution）。

除了革命可能提供的任何直接的物质利益，以及菲德尔·卡斯特罗展现的领袖魅力和权威之外，革命走向还受其他因素的影响。这些因素来自外部，来自全球冷战剑拔弩张的气氛，也许最重要的是，来自古巴与美国的关系，毕竟美国一直出现于古巴岛的历史中。美国人在古巴拥有如此之多的财产，而华盛顿又如此习惯于在那里行使权力，因此革命要贯彻其承诺必然会威胁到美国的利益。美国的敌意已经昭然若揭，对于古巴政府来说，不论是基于任何内在的优势，还是出于主权和爱国主义，为革命行动辩护都变得更加容易。这是前所未有的——可能除了1933年革命127天的插曲——国家和人民都怀有如此强烈的反帝国主义情绪。美国或许可以对这一威胁作出不同的反应，卡斯特罗的变革步伐或许可以迈得慢一点，双方兴许都可以采取更和缓的方式，但一场重大冲突的轮廓几乎从一开始就已经勾勒出来并日渐清晰。历史学家不愿意把任何事情都看作是不可避免的，不过考虑到两国的历史——一个多世纪以来纠缠不清、时近时远的亲密关系——没有什么能比这样或那样的冲突更加不可避免了。

第十部分
冲　突

第二十七章
战　斗

　　地理环境使这个地方对变化具有无与伦比的抵抗力。这个地方位于哈瓦那东南方向约 85 英里处，与哈瓦那的面貌截然不同，在这个巨大的萨帕塔半岛上，生活着与雷龙和翼龙一样古老的生物物种。芦苇从一大片稠水中冒出来，水面下是已有几千年历史、密密麻麻纠缠在一起的阔叶林。古巴雀鳝在半岛的河流和湖泊中游弋，这一物种相当古老且没有什么变化，科学家们都称其为活化石。在树顶上，则栖息着一种珍奇的夜莺，唱着前辈们万世前唱过同样的旋律。沼泽的绝大部分延伸到加勒比海，不过在一些地方出现了长条的坚实沙地。沿着海岸的一部分是大片的犬牙岩架，这一名称来自坚硬、锯齿状的石灰岩。即使在人类开始给役畜穿靴子之后，该地区也仍然不适宜居住。广阔沼泽地的东端附近是一个深而宽的海湾，与沼泽地一样，这里也有古老的物种，其中包括可能使海湾因而得名的珊瑚礁居民：女王鲀，在古巴，它被称为 cochinos，也就是猪。

　　人类很久之后才来到这里，他们给这些地方和物种取了名字。一代又一代的泰诺人在这块不寻常的土地上安家，在黑土和蜗牛壳交替堆积的土丘下，将死者脚朝西埋葬。1493 年，哥伦布在第二次航行中经过了这个海岸。一个世纪后，据说海盗们把他们的宝藏藏在了这里。在那之后的两个世纪里,奴隶贩子有时会让非洲奴隶在这块不受人待见的海岸非法登陆。在漫长而艰辛的跨越大西洋旅行后,奴隶们又被迫光着脚在犬牙交错的石灰岩上跋涉。撇开这些非法用途,这个地方大体上荒无人烟,与岛上的其他地方隔绝,无论是土著泰诺人,还是西班牙人、非洲人,抑或是这些人的后裔,都只是零星分散地居住在那儿。

湿地几乎不能耕种,也没有城镇可言,在那里定居的人都在艰难谋生。他们使用简陋的工具,利用自己身体的重量踩松水下一英尺或更深处重重多节的根,在沼泽地里进行收割。他们挖出一小块土,在里面生火,烧掉木头,制成木炭。这就是他们的营生,木炭是本地区唯一的产业。只有一条窄轨铁路进出沼泽,这条铁路经常被水覆盖,无法使用,使得住在那里的人与岛上的其他地方一断联就是几个星期。[1]

1959年12月24日,菲德尔·卡斯特罗乘坐直升机抵达的正是这片沼泽地,他将在这里庆祝执政后的第一个圣诞节。他带着苏打水、啤酒和1头半猪来到这里,并邀请13个同伴在一位居住在此的木炭工人家里吃平安夜的晚餐。"我记得,"那个人后来回忆说,"[菲德尔]对我说,'你们都会看到从哈瓦那来的巴士是怎么行驶到这的'。我以为他疯了。"然而,到下一年的圣诞节,一条新修建的深入沼泽的公路正在促使整个地区发生变化。这里有了人员齐全、崭新的综合医院,有了水渠、发电厂和电报机。售卖服装和工艺品的新商业中心拔地而起,药店、肉店、理发店和邮局也都开了起来。30名扫盲工作者在附近地区教人们识文断字,预计很快还会有更多的人到来。根据1959年《土地改革法》获得土地的木炭工人也不用再付租金了。此前,美丽的吉隆海滩常年被岛上一些最贫穷、最特别的乡村所包围,如今,新政府正在那里建造一个海滨度假村:这个大项目包括游泳池、夜总会、自助餐厅、游戏室等,以及153间家具齐全的一居室和两居室的小木屋。菲德尔出席圣诞晚宴的几周后,度假村的建设就开始了,开业日期定在1961年5月20日,即古巴独立和美国第一次军事占领结束的59周年纪念日。[2]

在一个没有月亮的夜晚,差不多就在度假村预定开幕前一个月,大约1400人坐在海岸边的船上,而船上的人对所有这些活动一无所知。这些人属于美国训练和资助的2506旅,由计划回国推翻菲德尔·卡斯特罗的古巴流亡者组成,他们计划拿下一个滩头阵地,以激起内部抵抗运动,并引起一场总叛乱,三天后,一个新的古巴临时政府将从迈阿密出发抵达古巴。如果计划顺利,2506旅将从滩头向北,朝左向哈瓦那进军。一些人希望事情进展得足够顺利,那么也许他们还没到首都,菲德尔的政府可能就已经垮台了;如果事情进展得没那么顺利,或者他们遇到了麻烦,他们就会隐入山区,与那里的叛乱分子会合。就像几年前菲德尔本人对巴蒂斯塔发动的战争一样,他们会在山里进行游击战。

最先意识到事情不会按计划进行的是水下爆破队的人,他们驾驶着一艘小型汽艇驶向位于吉隆海滩的登陆点。他们的任务是设置标记灯,引导大船及其登陆装置上岸,然后让大队成员和物资下船。但是,当蛙人乘坐着橡皮筏接近并抬头看时,前方的海滩映入了眼帘。其中一人后来回忆道,那里"亮得像科尼岛一般"。在离预定登陆点50码远的地方,人们正在举行派对,泛光灯"把[他们的]登陆点照得如同白昼"。[3]

在战争中,士兵们习惯随机应变。那天晚上,在古巴海岸,士兵们迅速调整了登陆地点，以避开聚会的人群。但不管怎么说，一切都被打乱了。他们在华盛顿的上司拿到了侦察照，并告知他们图上的黑影是海草，事实上这些黑影是参差不齐的珊瑚礁。这些人现在不得不把木筏抬到头上，在珊瑚礁上行走。就在他们与自然艰难斗争之时，木筏内的一个灯短路并亮了起来，这向岸上的两个人——一个是13岁的扫盲人员，另一个是位民兵指挥官——泄露了他们的行踪。这两个古巴人都没往最坏处想，他们以为木筏不过是艘在珊瑚礁旁寻找出路的渔船。木筏上的队员自然不知道这一点。因此，当古巴人将吉普车的灯光对准小船，引导它上岸时，水里的人开始射击。现在，方圆几英里的人都知道他们在那里了。此次行动已经失去了奇袭的效果，而且在很短的时间内，士兵们就将面对一车车赶来的古巴军队。与此同时，在拉尔加海滩的第二个登陆点，登陆工作进行得好似"醉酒的芭蕾舞演员"般"优雅"。用于将小登陆艇放到水面上的辘轳因生锈而嘎嘎作响，周围几英里的地方都能听到。有些船压根无法启动，有一艘船的马达脱落并沉了下去。这些登陆部队很快也将受到攻击。

不过，虽然最初的几个小时里出了这么多的问题，但2506旅的士兵们仍然渴望战斗，且期待获胜。当到达海滩时，他们不禁欢呼雀跃起来，有些人还跪下来亲吻了地面。[4]

就在凌晨1点前，此次行动的指挥舰美舰布拉加号收到了来自华盛顿的消息："卡斯特罗仍有可用的飞机。预计天一亮你们就将受到攻击。卸下所有的人员和物资，把船开到海上。"为了争分夺秒地在破晓前卸下所有东西，小登陆艇加足马力在锯齿状的珊瑚上左冲右撞。一艘船还没把人载上岸就沉没了，另一艘把人送上岸后沉没了。随后，正如警告的那样，黎明时分，古巴政府的飞机开始空袭。

对于登陆队员阿尔弗雷多·杜兰（Alfredo Durán）来说，当他抬头看到自己正被一架"本不应该在这里出现的"古巴海怒飞机射击时，他才意识到事情不会按计划进行。至上午10时，古巴飞机击沉了美国的军火船。[5]

登陆队指挥官何塞（佩佩）·圣罗曼［José（Pepe）San Román］在海滩上发送一条又一条的无线电信息："几小时内，必须得有喷气式飞机空中支援，否则我们将被歼灭。"不一会儿又发了一条："请求空中支援，否则无法坚持。形势危急。"然后又是："坦克没有弹药了，部队弹药也所剩无几。"第二天午夜前，他发了一条更长的信息，躁狂且愤怒："你们这些人意识到局势有多绝望吗？你们打算支持我们还是准备放弃？我们所要的不过是低空喷气机掩护和近距离喷气机支援。敌人都有飞机支援。我非常需要飞机，否则我们将无法活下来。请不要抛弃我们。"最后一条消息是第三天发出的："我正在摧毁所有设备和通讯。坦克就在眼前。我已经弹尽粮绝。我正撤入森林。我不能等你们了。"没过多久，这些人就意识到，中情局所谓的用以逃生的山，实在是太远了。多年以后，一名老兵解释说："走了一段路后，我突然意识到了什么。好吧，我看了看地图，说道，我们不可能抵达那儿了。"发出最后一条无线电信息后不久，一位海军上将给五角大楼发了信息："卡斯特罗正在海滩上等着。"[6]

在72小时的时间里，一场由美国资助的旨在推翻菲德尔·卡斯特罗的入侵古巴行动被证明是"史上罕见的事件之一——一次彻底的失败"。1996年，有两位学者召集了一群曾以不同身份参与该行动的人——登陆古巴的老兵，反卡斯特罗的短期城市抵抗运动参与者，以及肯尼迪时期的白宫人员，国务院、中情局和国防部的前成员——他们一起阅读了当时最新解密的文件,重新解读和理解发生了什么。这是一项有趣的活动,不过对许多参与者来说,这也意味着回忆的苦楚。然而,在讨论过程中,另一种压倒性的情绪占了上风——一种难以置信的讶异之感。参与猪湾计划的中情局第一任主管雅各布·埃斯特莱恩(Jacob Esterline,他也是1954年危地马拉政变行动的华盛顿主管)这样总结道:"我已经记不清回想多少次了,我们明明占得了先机,怎么就让机会溜走了呢?……这是怎么发生的?更确切地说,我们是怎么搞成这样的?"[7]

起初,美国人如今所知的猪湾入侵事件既不被视为入侵,也不被认为发生于猪湾。在艾森豪威尔1960年3月的批文中,该计划写作"反对卡斯特罗政权的秘密行动计划",意在不显露美国存在的情况下推翻菲德尔·卡斯特罗。行动计划主张建立一个温和的流亡反对派,在古巴境内成立秘密的情报和行动网络(响应流亡的领导人),以及一支在古巴境外接受训练,在境内开展游击行动,由古巴流亡者组成的准军事部队。不过这支部队从一开始就不是按照入侵部队的设想建立的,相反,这支部队是由"一些准军事干部"组成的。他们受到美国政府的训练,并被秘密部署在古巴,"组织、训练和领导在那里招募的抵抗力量"。该计划的重点是在古巴境内进行游击战,由美国提供物质和后勤支持。将侧重点放在古巴境内的游击战并不全是华盛顿方面的一厢情愿,古巴的确存在着一些反卡斯特罗政府的小规模武装,其中最主要的一支分布于古巴中部的埃斯坎布雷山区。在中情局的构想中,一支规模不大的流亡部队将加入并领导这支反抗部队以及岛上其他更小的反抗力量。[8]

计划的第一个重大变化似乎出现于1960年8月,当时中情局开始质疑古巴境内的游击战和叛乱是否足以在短期内推翻卡斯特罗。

该计划的 8 月版进一步表达了这一考量。与之前的版本一样,计划打算发展和支持岛上的游击队,但该版本增加了新的特点:由流亡部队进行海空联合攻击,时间上与游击队—流亡部队共同向首都进军相吻合。在 8 月 18 日的一次会议上,人们讨论了是否应该让更多的部队,甚至是一些美国军队登陆。不过美国人在这一点上分歧很大,遂决定日后再做打算。[9]

1960 年秋季,一个新的行动理念形成了。美国官员越来越担心卡斯特罗羽翼日丰,担心他从东方集团获得武器。此外,美国为支持古巴内部抵抗力量而将人员和物资秘密送入古巴的计划,也遭遇了后勤问题。例如,9 月 28 日在埃斯坎布雷山区的一次秘密空投中,机组人员投偏了 7 英里,将武器投到了一个水坝上。这些武器很快就被古巴政府军收缴了。在两天后的另一次投掷中,降落伞把武器带到了一个新成立的农业合作社,合作社的成员立马将武器交给了当局。[10]美国人意识到,行动计划的游击战部分可能太难操控了,也意识到所剩的时间已经不多,这些考虑促使他们转向另一个方向展开行动。一些人也许开始觉得,从海上进行传统的步兵登陆作战成功的几率会更大。因此,10 月 31 日,中情局总部向正在训练流亡新兵的危地马拉营地发出电报:渗透小组减员至 60 人,其他所有人将接受传统的两栖和空降登陆训练。这个计划需要更多的人,"攻击人数不应少于 1500 人。考虑到目标的情况,人数太少几乎没有成功的可能"[11]。

至 11 月中旬,中情局、国务院、国防部和总统国家安全委员会代表组成的秘密委员会成立了一个特别小组,小组每周至少召开一次会议讨论古巴计划,每开一次会,计划的形式似乎都变得更为清晰(姑且可以这么说)。游击战和秘密渗透的想法逐渐退出人们的视线,与此同时,海上登陆和空袭开始占据更多的注意力。行动开始变得有点像是入侵,但还没有人准备如此称呼。以1960年11月29日特别小组与总统艾森豪威尔的会面为例,一些政府调查人员后来说,艾森豪威尔在那天批准了该计划。然而,会谈的官方记录并没有传达出这种意思。首先,会上没有人明确讨论正在成形的变化,没有人提到接受游击训练的部队人数大幅减少,也没有人讨论传统的海空登陆战在实践中可能是什么样子。艾森豪威尔首先表达的不是赞同,而是一种不安的感觉,他问道:我们做得足够了吗?我们所做的事情有效吗?他想知道"情况是否有开始失控的迹象"。在四个不同的场合,他都回到了一个简单的问题:有一个人作为总负责难道不是更好吗?"一个能随时掌握情况的人","一个能将整个古巴局势整合在一起的执行者,在任何时候都能准确地知道国家、中情局和军方在做什么"。总统想要的是一个"协调负责人",但是没有人能担任这样的领导角色。在整个会议期间,讨论似乎都在兜圈子。决定被推迟了,主要问题悬而未决。[12]

当华盛顿的人在考虑如何处理古巴问题时,他们也正在为约翰·F.肯尼迪的就职典礼做准备,这也引起了11月29日举行的会议的不安感。艾森豪威尔说,他希望新总统"会延续"本届政府古巴计划的"总体路线"。他没有说的是,他对是否给予该计划的任何特定版本以明确的批准十分犹豫,因为他明白自己待在白宫且作为总司令的日子即将结束。

12月8日,即选举结束后刚满一个月,特别小组开会审议修改后的计划。当时,行动的核心是进行两栖部队登陆作战。这支部队由600—750人组成,配备"超强火力的重武器"。行动将以空袭古巴军事目标为先导。作战计划的转变现已完成,游击队式的渗透作战已经变为入侵。有人质疑，入侵之时古巴人民是否真的会起来响应，但没有人完全解决这一问题。具有讽刺意味的是，同一天，中情局发布的《国家情报评估报告》认为，卡斯特罗"仍然牢牢控制着局势"，他仍然"在贫困阶层，尤其是在农村享有广泛的支持"。不过这一判断似乎并没有影响高层正在制订的计划。[13]

事实上，该计划的另一个重要总结完全忽略了这一判断。"预计，"中情局1961年1月4日的报告称，"这些行动将在整个古巴引发一场大起义，并导致大部分的古巴军队和民兵叛乱。"流亡部队建立的滩头堡，"希望能成为成千上万准备公开抵抗卡斯特罗，但在没有确切把握之前犹豫不决的人的集结点"。报告接着大胆地指出，"如果我们的行动成功地引起了古巴的全面叛乱，那么在几周内就可以推翻卡斯特罗政权"[14]。这种乐观主义简直近乎疯狂。

1961年1月，约翰·F. 肯尼迪入主白宫之际拿到手的计划就是这样。尽管肯尼迪在上任前已经听过汇报，但他的汇报人中情局局长艾伦·杜勒斯（Allen Dulles）以及中情局计划处副处长理查德·比塞尔（Richard Bissell）都在强调计划的游击属性，并将美国的军事干预视为"应急计划"。然而，肯尼迪在尚未上任和缺乏所有相关信息的情况下，就将整个行动视为"应急计划"。"他还没有意识到，"顾问阿瑟·M. 施莱辛格（Arthur M. Schlesinger）写道，"应急计划是如何产生自己的动力并创造自身现实的。"[15]

总统职位交接后，政府机构的运作既快又慢，因为肯尼迪下令对该计划进行评估。各机构负责人在备忘录中概述了所有有待完成的工作：选择登陆地点，分析内部叛乱的可能性，为古巴组建一个新政府。国务院的一些人开始把这个计划称为"古巴冒险"。自始至终，中情局都是该行动最热心的鼓吹者。中情局还拉拢了其他一些人和机构——参谋长联席会议、国务院和总统本人。但实际上，与其说中情局赢得了人们的支持，不如说它打消了人们的反对意见。

最重要的会议之一发生于1961年3月11日。当时，入侵人数已达850人，并且还在持续增加。分析师们选择了一个登陆地点：一个名为卡西尔达（Casilda）的海滩，靠近特立尼达镇，离埃斯坎布雷山脉不远。根据3月的计划版本，这一细节至关重要，原因有二：首先，埃斯坎布雷山区是反抗菲德尔·卡斯特罗的中心，可能已有大约700—800名游击队员在那里战斗并组织起来，因此，流亡远征军在那里会有自发的盟友和部队；第二，如果流亡远征部队不能拿下滩头阵地，他们可以很轻松地撤退至山区，重新集结并继续战斗，这一保险机制堵住了一些怀疑者的嘴。[16]

但肯尼迪讨厌这个计划，这太大张旗鼓了，更像是第二次世界大战的登陆，而非他所许诺的秘密行动。"别搞出太大声响"，他指示道。他想要的是沉稳安静、不动声色的行动，在这样的行动中美国政府的角色可以隐而不见。这最后的要求不啻痴人说梦。在危地马拉的人亲眼看到了训练营，那里的共产党人通知了苏联大使馆，后者又将消息传给哈瓦那。在入侵发生的7个月前，古巴报纸就开始报道流亡训练营和即将到来的入侵。人们在迈阿密呷着小杯浓咖啡，言谈间都是有关入侵的话题。在华盛顿，一位参议员称此计划是"一个公开的秘密"[17]。流言纷飞，中情局根本无法平息，不过它可以按照新总统的要求，尽量使行动别那么显山露水。

几番尝试后，中情局提出了一个更低调的版本。这个时候，行动的代号是"颠簸之路"。"颠簸之路"行动减少了登陆前的空袭次数，登陆将于夜间进行，运送人员的船只将在黎明前离开，没有人会注意到他们。另一个非常重要的变化是入侵的登陆地点。原来的登陆地点在人口稠密的特立尼达市附近，有造成平民伤亡的风险。中情局认为，那里的机场不适合他们打算给古巴流亡飞行员使用的B-26飞机（入侵后的一份政府报告显示事情并非如此），如今他们转而建议在猪湾登陆，那里人烟稀少，周遭是有几千年历史的沼泽地，一代代的古巴木炭工人在那里安家。[18]

肯尼迪于4月4日召开会议，并就该行动作出决议。仍然有许多人对此行动持怀疑态度。参谋长联席会议认为，在近来提出的所有版本中，新计划成功的可能性最大。不过会议同时也认为，即便如此，计划也不大可能实现目标。副国务卿在会议前给上司写了一份备忘录，并请他与总统分享。按照"现在的计划"，备忘录上写道，"成功的机会不会超过三分之一"。我们并不清楚肯尼迪是否看过这份备忘录。[19]

在此次会议上，有几个人提出了一些问题，以表示他们的担忧。一位官员问道，如果这些人无法建立一个滩头堡怎么办？中情局的理查德·比塞尔回复称他们可以撤退到山区，并在地图上指出了在这一带的埃斯坎布雷山脉。也许地图上缺少地形信息，又或者地图上缺少指示距离的比例尺，也可能由于计划已箭在弦上，蓄势待发，因此人们犹豫不决，不敢贸然指出。另一位华盛顿的内部人士问道，如果古巴人不起义怎么办？比塞尔转向一位助理，问道："我们有一份关于这个问题的《国家情报评估报告》吧？"事实上，他们确实有一份这方面的报告，但他们的言论并不能打消在场任何人的疑虑。卡斯特罗稳稳地掌握着权力，备受支持，并牢牢控制着岛上的所有机构。3月的一份报告称，抵抗运动存在并不"会对卡斯特罗产生任何严重的威胁"。不管怎么说,情报报告都忽略了关键的信息:新登陆点猪湾处于菲德尔·卡斯特罗庆祝第一个革命圣诞节的同一地区,政府一直在那分配土地,大兴土木。[20]

总统对这个不怎么引人注目的计划差不多感到满意了。他在房间里绕了一圈,倾听了每个人对这个计划的意见。除了一人之外,其他人都表示同意。会议上的讨论不太可能真正打消许多人表达或感觉到的疑虑。因此,势头,或者说一种不可避免的感觉主导着这一时刻。会议开了不到一个小时,最终决定执行此计划。然而,在会议结束时,肯尼迪却问道,终止此计划的最后期限是什么时候。比塞尔回答说,14日中午进行空袭,16日中午开始登陆。[21]

4月14日,在肯尼迪和比塞尔的一次私人谈话中,肯尼迪下达了第二天进行空袭的命令。距离空袭不到24小时,几乎跟"事后再问差不多了"之时,肯尼迪才询问了第一次空袭的飞机数量。当比塞尔回答说16架时,肯尼迪指示他缩小规模,尽量"最少化"。两人在未与任何其他人协商的情况下,比塞尔当场就将空袭飞机的数量砍了一半,降至8架。4月16日中午时分,肯尼迪给比塞尔打电话,对登陆行动给予最后批准。当天9点半左右,当运载远征队的船只接近古巴时,肯尼迪在国务院的敦促下,于11时批准了一项重大变化:取消原定于第二天和第三天的空袭,在远征队获得一条从古巴境内起飞袭击古巴的飞机跑道前,不会有进一步的空袭。这么做是为了更好地掩盖美国参与的痕迹。中情局的抗议没什么效果,行动在没有他们的情况下继续进行。

因此,数月飘忽不定的筹划之后,4月17日凌晨,2506旅抵达目的地,决心推翻菲德尔·卡斯特罗,解放古巴。登陆时,他们不得不避开从未有人跟他们说过的障碍——珊瑚礁、建筑工人的深夜聚会、地面上的古巴民兵和空中古巴海怒战斗机的火力。古巴飞机轻松地躲过了华盛顿最终批准的最小规模的空袭，朝着远征队而来。尽管中情局曾评估过古巴军队和民兵，但事实是，他们仍然忠于菲德尔·卡斯特罗，因此远征队还得应对这些人。地面上的古巴部队没有叛变，而远征队也无法撤入山区。登陆后不到72小时，他们就被打败了——114人战死，1189人被卡斯特罗的部队俘虏。同样的问题再次冒了出来：美国是怎么输得如此彻底且盲目的呢？

和大多数重要问题一样，答案取决于你问谁。对于2506旅的人来说，答案可以用一个词来概括：背叛。美国曾许诺进行空袭，以对抗古巴空军。然而这并没有发生，对这些人来说，这一失败，以及其他失败，注定了整个行动的失败。事件发生后几十年，这种背叛感在美国的古巴流亡圈子里仍司空见惯。这有助于解释部分古巴裔美国人对肯尼迪的蔑视，甚至可以进一步解释他们对民主党的反感。

历史学家对远征队成员的解释则没那么看重。他们反驳说："肯尼迪从未在任何情况下，向任何人承诺过在猪湾提供军事支持。"这一说法可能是真的，但即使是4月4日批准的低调版计划也包括进行空袭以对抗古巴空军。远征队队员对最后改变计划的讨论毫不知情。自始至终，他们在危地马拉的指挥官都真挚且毫不含糊地表示，他们能得到所需的一切支持。危地马拉的一些指挥官甚至可能使士兵们相信，如果他们需要，也会有陆上支援部队。事实上，在古巴海岸有两千名海军陆战队员，他们显然是在没有得到总统授权的情况下被派往那里的，而且给人一种他们会是"后续行动的一部分"的印象。正如一位失望的远征队成员后来所说的那样，没有美军的支援，整个计划没有任何意义。考虑到以上诸多情况，这些人感受到的背叛，他们在海滩上感受到的绝望——很久之后仍刻骨铭心——都是合乎情理的。[22]

如果说古巴远征队感受到了背叛的切肤之痛，那么在某种程度上，几乎所有参与其中的人也有同样的感受。肯尼迪感觉遭到了背叛，或者至少是被中情局误导了。中情局从未清楚地告诉他失败的可能性有多大，他们夸大了古巴内部反对卡斯特罗的程度，也没有说明远征队撤到山区有多么困难。肯尼迪尤其责怪中情局。他已经表示，行动必须是秘密进行的，空袭的规模要尽量小，而且永远不会有美国军队现身。而中情局居然不放在心上。因此毫不奇怪，在此次溃败的几个月后，肯尼迪就解除了中情局局长艾伦·杜勒斯以及负责该计划的中情局头目理查德·比塞尔的职务。[23]

与此同时，中情局认为肯尼迪从一开始就对这个计划不够尽心尽力。对他们来说，是肯尼迪在最后关头的背叛才致使时机到来之时行动未能成功。时任中情局局长的艾伦·杜勒斯在事后写道，许多行动都是以猪湾的形式开始的，但限制和问题往往"随着行动需求的明确而消失。[我们]觉得，当筹码已经下注，当现实情况中出现危机时，为了获得成功，任何行动都将获得授权，而不是放任事情失败"。当肯尼迪坚称美国军队不会直接参与时，中情局根本不以为意，令中情局吃惊的是，肯尼迪是认真的。[24]

几乎是在行动失败的当下，中情局监察长就立即展开了调查。在 7 个月的时间里，他审查了数百份文件，访问了 125 名参与者。随后的报告和其他的后续报告指出了一个又一个的错误，一个比一个更糟糕的判断失误：改变登陆地点，入侵时机可能不成熟或者说太晚，以及当入侵人员抵达时，大部分为了渗透古巴而训练的古巴人从未被送回古巴。这个"错误"列表还可以继续列下去：情报保密系统被渗透成了筛子，行动还未发生，就已世人皆知；一个本应秘密进行的行动变成了中情局力不能及的名副其实的军事行动。中情局所谓古巴人会支持入侵的论断是错误的，在当时可获得的证据中没有任何依据。中情局管理者像对待"木偶"一样对待古巴的流亡政客，将远征队队员视作"尘埃"。然后，在最后一刻，总统缩减了空袭的飞机数量，但据报告来看，总统做决定的时候，既没有得到中情局的充足情报，也缺乏对成功的可能性的直率评估。最后，大多数评估报告都认为中情局该负主要责任。"这场灾难的根本原因在于，"监察长的报告指出，"尽管中情局明知这一计划关系重大且有可能会对美国造成巨大的伤害，但是中情局在组织、人员配备和监督方面都没有赋予这一计划应有的一流应对，"结果就是一系列"严重的操作错误和纰漏"以及"缺乏对发展中的危险的认识"。用德怀特·艾森豪威尔的话说，难道没有人能真正负责吗？[25]

1971年，耶鲁大学的一位心理学家发明了一套理论来解释猪湾事件。他称之为"群体思维"，即一个房间里有太多的人，他们不愿意发表不同意见，不愿意提出有时很明显的问题，哪怕所有的事实都客观清楚地指向那个方向，他们也不愿意改变方向。他认为猪湾事件完美地概括了群体思维导致决策失灵的过程。[26]

然而，即使政府和学者的研究指出了所有的不足与错误，他们却忘了去考虑一个更基本的问题：流亡者的入侵究竟有没有可能成功？这个问题掩盖了一个更基本的事实：入侵不是建立在空中楼阁之上的，干预也不是在白板上就能展开的。

当两任总统和无数政府机构官员在华盛顿准备入侵的时候，古巴的时间并没有停滞不前。美国政府在1959年11月就已经秘密决定推行反卡斯特罗的计划,当时距古巴革命成功还不到一年;1960年3月,统筹协调推翻卡斯特罗的计划就开始了。在此期间,菲德尔·卡斯特罗一直在谴责美国的侵犯,并对入侵可能提出了警告,政府也一直在严阵以待。1959年底,卡斯特罗下令建立一支民兵队伍。这支队伍由接受兼职军事训练的男性和女性组成,以帮助保卫有可能遭到入侵的目标。1960年初,随着美古关系的迅速恶化,菲德尔扩大了民兵的规模和作用。卡斯特罗确信存在美国入侵的可能性,而且怀疑入侵地点也许会在埃斯坎布雷山区附近,因为那里的反政府游击队很活跃,于是他下令在该地区开展大规模的军民一体军事行动。政府没收了从国外运来的武器,抓获了25名渗透到该地区的美国特工。在美国入侵前的几个月,该地区的古巴军队可能有6万人。正如一位历史学家所指出的那样,相比反政府游击队,中情局派遣到古巴的特工更有可能遇到古巴民兵。[27]

在美国策划者的最初设想中,古巴远征队的登陆地点就位于最靠近这些山脉的海滩上。他们一开始选择这个地方,一来是这里的山地可以为远征队在需要的时候提供庇护;二来是远征队可以与当地存在的游击队联合,然后进行指挥。时至今日,出于以上这些原因,一些人认为最初选择的登陆点要优于最终的方案。但这种观点没有考虑到那里有重兵把守。可以肯定的是,选择在山区行动与选择在沼泽地行动会有不同的结果,不过考虑到山区大约有6万名古巴士兵,没有任何证据证明远征队可以在那里取得胜利。[28]

在古巴远征队后来实际登陆的海滩上,古巴政府也有不少活动。虽然规模比不上埃斯坎布雷山区,但民兵很活跃,他们在海滩巡逻,保卫基础设施,至少有30名扫盲人员在那里教当地人读书认字。让我们回顾一下，要知道最早发现入侵者的两个人，一个是13岁的扫盲员，还有一个是民兵指挥官，之后民兵部队也迅速赶到。即使是一片相对荒凉的海滩，也并非一块可以任由侵略者随意谋划的白板。那里正在建设和已建设的一切——医院、道路、电话亭——都证明了这一点。菲德尔曾在那里庆祝圣诞节，土地改革没收了大片土地并组建了木炭工人合作社。华盛顿无意间将2506旅派到了这样一个地方，无垠的时间在这个地方不曾留下什么痕迹，但在两年的革命中，这个地方的变化可能比之前整个世纪的变化还要大。纵览整个古巴西部，革命可能使得此地成了最不利于美国发起入侵的地方之一。[29]

在远征队进攻的前夕，卡斯特罗还采取了其他措施来防范即将到来的入侵。他在沿海地区布置了哨兵和部队，命令他们挖掘战壕并加强巡逻。他还让空军将飞机转移到其他地点并隐藏起来，以便躲避美国侦察机的侦察。这一战术奏效了。4月15日上午6点前几分钟，伪装成古巴飞机的美国军机袭击了古巴的三个空军基地。这些袭击本应使古巴空军失去作战能力，限制它们打击2506旅的效果，但这次行动只摧毁了古巴空军22%的战力。[30]

空袭不仅表明入侵已然逼近，其中一次空袭投弹后更是炸死了7名古巴人，炸伤53人。菲德尔·卡斯特罗发表全国讲话，呼吁古巴人"坚守自己的岗位"。保卫革命委员会逮捕了那些他们怀疑可能支持美国入侵的人。根据一项估计，仅在哈瓦那就有5万人被拘捕。因监狱不够，剧院和体育场被改造成临时的拘留中心。大多数拘留人员后来都被释放了，而那些支持入侵的地下反政府组织的成员则很快被逮捕、审判并处决。[31]

4月16日，这一天，入侵随时可能发生，人们聚在一起为前一天在空袭中遇害的人举行葬礼。菲德尔·卡斯特罗当天的讲话仍然是其漫长的职业生涯中最重要的讲话之一。他第一次说,这是一场社会主义革命。他继续说道,出于这一点,美国永远都不会放过我们。他们永远不会原谅"我们就在他们的眼皮底下,就在美国后院里搞了一场社会主义革命!"[32]随后,4月17日的午夜时分,当新的一天来临时,入侵像他说的那样如期而至,而入侵者遭到了一场溃败。

对美国来说,同猪湾军事溃败所预示的政治失败相比,猪湾事件本身显得微不足道。古巴的新告示牌上写着,猪湾事件是"美帝国主义的第一次失败"。这句标语暗示其他失败也会随之而来。入侵的失败也严重削弱了古巴内部本就脆弱的反对派。美国的此次行动将不少反对派成员带离古巴,将他们训练成为游击队员和秘密行动的执行者,但一些人从未被送回古巴。那些回来担任秘密特工的人被政府发现后,要么身陷缧绁,要么被处决。那些加入远征队的人在入侵行动中不是被杀就是被俘。美国的行动非但没有推翻卡斯特罗,反而帮助了菲德尔。甚至就连中情局也承认,入侵的失败大大增强了卡斯特罗的实力。入侵行动发生十天后,中情局报告说,"卡斯特罗的地位比入侵行动前更稳固了"。入侵行动四个月后,大概是在1961年8月17日凌晨2点多,在乌拉圭蒙得维的亚一位外交官的生日聚会上,肯尼迪的顾问理查德·古德温(Richard Goodwin)与切·格瓦拉秘密会面。切得意洋洋地说,古巴革命是不可逆转的。菲德尔·卡斯特罗将担任共产党书记和国家元首。古巴人民全身心地支持政府,政府将继续扩大与东方集团的联系。切十分高兴地与美国官员分享了另一个信息,"他非常感谢我们的入侵,这对他们来说是一个重大的政治胜利,这使他们巩固并转变了以下事实——从一个遭欺凌的小国变成了需要平等视之的国家"。古德温几乎无言以对,只好说:"欢迎你。"[33]

卡斯特罗从猪湾胜利中得出了另一个结论:美国政府不会坐视失败。第一次入侵失败了,但另一次入侵,一次规模更大、更有组织的入侵肯定还会来临。菲德尔猜测,肯尼迪的政治前途就取决于此。因此,在猪湾入侵之后,卡斯特罗与苏联走得更近了,他不仅公开宣布革命是社会主义性质的,而且还积极寻求大规模的军事援助。苏联人超出了古巴的预期,为18个月后一场重大的全球危机搭好了舞台。[34]

第二十八章
悬崖边缘

古巴革命后第三个年头的秋天,全世界的目光都聚焦于哈瓦那以西约 65 英里的寂静小村镇圣克鲁斯·德洛斯皮诺斯(Santa Cruz de los Pinos)。那里的男人戴着传统的农民帽;家家户户都耕种着小块土地,养猪、养鸡,有的时候也养奶牛。当小镇里突然到处都是年轻的苏联士兵时,居民们不禁疑惑起来。这些真诚的想念家乡的苏联士兵只会一点点西班牙语,他们用手表、肥皂、鞋子和皮带换取一款烈酒,那是一种 90 度的朗姆酒,古巴人却觉得这种酒太烈了无法入口。他们还寻觅古巴女孩和古巴食物;用西里尔字母在树上和石头上刻下自己的名字,以记录他们曾来过古巴西部这个不起眼的小村镇的事实。

镇上的大多数人仍然靠步行、马匹、马车和旅行出租车出行,但如今在午夜时分,居然突然开始堵车了,这让当地对苏联人的到来愈发有了不详的猜测。一辆辆卡车大得离谱,驶及街角处都难以转弯,经过时连地面都震颤起来。一家鞋店所在的建筑物被当场拆除了一部分,以便卡车转大弯;在另一个角落,一个门廊的柱子被移除了。古巴士兵示意居民待在家里,但人们还是透过百叶窗的木板条向外张望,看到的景象让他们感到困惑:卡车上有长长的床铺,上面覆盖着防水布，而防水布下的物体看起来像是巨型棕榈树的树干。[1]

圣克鲁斯·德洛斯皮诺斯的居民们很快就有了其他困惑：美国飞机在小镇和附近的乡村低空飞行，发出很大的声响。多年以后，当人们回忆起飞机、苏联卡车以及苏联士兵时，这些景象仍历历在目。人们瑟瑟发抖，以为飞机会投下炸弹。尽管炸弹并没有扔下来，但这些飞机进一步坐实了居民们的感受，即某些不详且危险的事正在酝酿之中。这是一种身体能感受到的危险——地面在重型卡车的重压下震动，低空飞行的飞机带起的风声猎猎作响，时刻有一种芒刺在背的感觉。[2]

1962 年 10 月 14 日，一架由南向北飞越圣克鲁斯·德洛斯皮诺斯的飞机向世界揭示了一件大事，这是村民们伸长脖子看向窗户木板条外所未能看到的：卡车背后的树形物品是苏联的导弹，苏联人称之为 R-12 导弹，北约则称其为 SS-4 导弹，这种射程可达 1400 英里，其打击距离能够到达迈阿密、华盛顿和纽约。每枚导弹上的核弹头威力都是美国在广岛上空引爆的原子弹的 75 倍。后续的侦察发现了散布在全岛六个地点的几十枚导弹，且全都指向北方的美国。而圣克鲁斯·德洛斯皮诺斯的人们是第一个，也是最后一个知道此事的。

在古巴部署核导弹是尼基塔·赫鲁晓夫的想法。1962 年 5 月 21 日，他在国防委员会的一次会议上宣布："我想谈一些关于古巴的问题，指望不可避免的第二次入侵会像第一次那样处置失措，那就太愚蠢了。"他解释说他谈论的是猪湾事件。像菲德尔一样，这位苏联领导人相信，一次失败并不能阻止美国人再次入侵古巴，但除此之外,赫鲁晓夫有其他更具决定性的理由来支持用核武器武装古巴这一冒险举动。美国在意大利和土耳其部署了导弹,导弹发射后10分钟内就能打到苏联本土,而距离美国本土90英里的导弹将消除这一威胁。赫鲁晓夫说:"现在他们会知道敌人的导弹对准[他们]是什么感觉了。"[3]

差不多一周后,一个苏联代表团抵达哈瓦那,明面上是为了研究灌溉问题。美国情报部门似乎没有注意到一些关键人物的存在,这些人的工作与灌溉毫无关系,而全都与火箭有关。苏联代表团抵达后,一名代表悄悄告诉劳尔·卡斯特罗,其中一名火箭工程师需要与菲德尔直接交谈。在三小时后的会议上,苏联人提议在古巴部署核导弹。一位造访者回忆说:"这是唯一一次,他看到古巴人把事情记下来。"[4]

7月,劳尔·卡斯特罗前往苏联进行了为期两周的访问,洽谈具体细节。7月13日,他提笔签署了新的《古巴—苏联防务协议》,协议的封面上印着"严格保密"。

莫斯科之行后,劳尔及时地赶上了"七二六运动"纪念日,这个全国性的节日是为了纪念1953年革命者攻击蒙卡达兵营。那天菲德尔像往常一样自信,他宣称:"我们是所向披靡、不可战胜的。"但他忍不住透露了一些新东西:那些认为能打败我们的人"忘了我们的人民开始时只有几把小步枪,但现在却有各种武器了;有了现代的武器,强大的武器"。在他说这句话的时候,苏联的舰艇已在开往古巴的路上。[5]

赫鲁晓夫将用核导弹武装古巴的计划称为"阿纳德尔",这是有意为之的误导,因为此乃西伯利亚一个战略空军基地的名字。为了不露出马脚,政府告知行动人员为极寒天气做好准备。为了躲避美国侦察机的侦察，士兵们只能在夜间分小批上到甲板。白天，船员们用水管淋士兵，好让他们在甲板下的酷热中得到一些喘息。显然，士兵们完全不需要按照指示准备防寒装备。[6]

阿纳德尔行动向古巴做出了许多许诺，其中最主要的是 40 枚中程导弹和远程弹道导弹：前者为 24 枚射程为 1050 英里的 R-12 导弹，后者为 16 枚飞行距离为前者两倍的 R-14 导弹。这两种类型的导弹都可以携带核弹头，其威力相当于一百万吨的 TNT 炸弹。由于导弹不能自行安装或操作，因此阿纳德尔行动还包括其他一些东西：四个机动步兵团、两个坦克营、一个米格-21 战斗机联队、42 架轻型轰炸机、两个巡航导弹团、高射炮组、地对空导弹、两辆苏联最新的坦克，以及 5 万多名军事人员（包括顾问、技术人员、工程师、士兵、水兵、飞行员和护士）。[7]

1962 年 9 月初，当这些苏联船只开始抵达古巴时，美国官员已经有所怀疑。9 月 4 日，肯尼迪总统发表公开声明，声称美国现有无可争议的证据表明：防空导弹、装有舰对舰导弹的鱼雷艇、大量的雷达和其他电子设备，以及可能帮助安装和训练的苏联军事技术人员已经抵达古巴。但肯尼迪也向美国人民保证，这些只是防御性武器，没有证据表明它们有任何"强大的进攻能力"。他警告说："如果情况并非如此，就会出现最严重的问题。"[8]

苏联对此予以否认。苏联驻华盛顿大使向美国政府保证，送往古巴的都是防御性武器。苏联官方通讯社塔斯社发表了一份长达 10 页的声明，表达了相同的意思，并声称美国进攻古巴就是在"挑起战争"。在联合国大会上，苏联外交部长也发出了类似的警告。[9]

事实上，战争似乎是每个人都在考虑的问题。在华盛顿特区，参议院通过了一项关于古巴的决议，授权在必要时使用武力。10 月初，大西洋司令部命令各军事单位为空袭古巴的312行动计划和全面入侵的314和316行动计划加强准备。与此同时，古巴总统奥斯瓦尔多·多尔蒂科斯告诉联合国，古巴已做好击退美国的准备，且含糊地透露出古巴具备实现这一目标的新手段。"我们有足够的手段来保卫自己；我们有……我们宁可没有获得，也不希望使用的武器。"[10]

尽管一些官员心存疑虑，但美国政府仍然对于古巴拥有苏联的核武器或进攻性武器一无所知。当时，至少就美国方面而言，甚嚣尘上的战争挑衅还只是假设用常规武器进行常规军事行动。但是，9月和10月初，美国一直在不断谈论战争，因此，当美国和世界发现关于这些武器的真相时，一种非常不同且前所未有的歇斯底里的状态就占据了主导。

肯尼迪于10月16日清晨得知古巴拥有苏联导弹。从那一刻起，讨论就几乎没有停下。不过此时的肯尼迪与猪湾事件时的肯尼迪早已不可同日而语，之前的大败使他如今对此事全神贯注。他召集了一个被称为国家安全委员会执行委员会的古巴危机小组，该小组负责打探侦察信息，咨询导弹专家，并仔细研究相关机构制订的方案和计划。在10月16日晚的一次会议上，小组成员们得知苏联导弹将"在两周内完全投入使用"，而且个别导弹可能会"提前"准备好。10月18日，他们又得知中程导弹"可能于18个小时内发射"。五天来，总统掌握了这些信息，参加了执委会的讨论，并考虑了两个主要的可行性方案：第一个方案是在海上封锁古巴，以杜绝古巴进一步引进攻击性武器；第二个方案是对导弹基地进行空袭。但两种方案都有很大的缺点。支持空袭的人指出，封锁对业已进入古巴的武器无济于事。支持封锁的人则指出，不加警告就攻击是不道德的，这与日本偷袭珍珠港没有什么不同。此外，直接攻击古巴可能会引来苏联的军事报复，情况有可能"升级为全面战争"。在场的每个人都明白，在这种情况下，"全面战争"不过是核战争的委婉说法。[11]

肯尼迪将抉择的最后期限定在了10月22日。那天，有史以来第一次，所有属于防空司令部的飞机都配备了核武器。世界各地的美军都进入了三级戒备状态（与2001年911恐袭事件后宣布的军事戒备状态相同）。美国的B-52远程轰炸机队开始24小时不间断飞行。至10月24日，每20分钟就有一架飞机从美国空军基地起飞。B-52轰炸机机型巨大，来势汹汹，后来得了个BUFF的绰号，即大丑胖子（Big Ugly Fat Fucker）。每架B-52轰炸机都为应对危机配备了足够的核火力来摧毁多个苏联目标。近200架中程B-47核轰炸机被部署至33个机场，其中一些已准备好用20兆吨的武器摧毁古巴。所有这些都是悄悄准备的。当危机的细节被媒体得知时，肯尼迪亲自打电话给《纽约时报》和《华盛顿邮报》，要求他们出于国家安全的考量保留这些报道，暂不发表。[12]

随后，10月22日晚7点，肯尼迪总统向全国发表了讲话。他开门见山地说道："正如承诺的那样，本届政府密切监视着苏联在古巴岛的军事集结。在过去的一周里，明确无误的证据表明，在这个被封锁的岛上，一系列进攻性导弹基地已处于筹备当中。"唯恐有人不明白这到底是什么意思，肯尼迪继续说道："建立这些基地的唯一目的不是别的，正是为了提供对西半球的核打击能力。"他说，中程弹道导弹能将核弹头发射至华盛顿特区、墨西哥城或巴拿马运河。第二种为中程导弹设计的装置尚未安装完成，其打击距离是前者的两倍，加拿大的哈得孙湾，或另一个方向的秘鲁的利马都在其射程之内。为了应对这一威胁，美国正在对运往古巴的所有攻击性军事装备进行严格的查验。他严肃地警告说:"古巴向西半球任何国家发射任何核导弹,都将被美国视为苏联对美国的攻击,美国因而将对苏联采取全面的反制措施。"总统所说的全面反制措施,是指对苏联、中国以及东方集团的国家波兰、民主德国、阿尔巴尼亚、保加利亚、南斯拉夫、罗马尼亚、捷克斯洛伐克和匈牙利同时进行核打击。苏联随后定会以牙还牙。这两个超级大国的行动意味着地球上大多数生命的终结。肯尼迪恳求赫鲁晓夫:"把世界从毁灭的深渊中拉回来。"[13]

是夜,数百万美国人观看或收听了肯尼迪的演讲。军事基地里的服役人员聚在收音机旁,专注地听着每一个字。百货商店里的人们围在电视边观看演讲。在全国范围内,每个人的注意力都集中到了这一正在发展中的令人窒息的事件上。[14]

赫鲁晓夫也在认真地听着。最初的迹象表明,肯尼迪措辞强烈的讲话完全没有改变他的想法。塔斯社于10月23日发表声明,警告说如果苏联船只受到攻击,那么美国船只也会被击沉。赫鲁晓夫给当时正在莫斯科访问的西屋电气公司总裁传达了一个战斗性十足的信息。他说,将苏联部署在古巴的导弹视为攻击性导弹是错误的。他打了个比方:"如果我这样用手枪对准你,要攻击你,那么这把手枪就是攻击性武器。但如果我的目的是避免你对我开枪,那这把枪就是防御性的,不是吗?"如果美国真的想弄清楚古巴有什么样的苏联武器,它能做的就只有入侵。赫鲁晓夫放话说,如果真是那样,那么关塔那摩海军基地"在第一天就会消失"[15]。

在古巴,菲德尔·卡斯特罗将军队置于最高警戒状态,还动员和扩大民兵组织。岛上到处都是大大的红色横幅,上面写道:"武装起来！"（¡Alas armas!）卡斯特罗发表了讲话，比肯尼迪前一天晚上的演讲还要长 73 分钟，言辞间充满了不屑。他说，作为一个主权国家，古巴有权"获得我们想要的武器用于防御，我们采取了我们认为必要的防御措施。这就是我们所做的"。他补充说，现在解除武装就是放弃古巴的主权。对于古巴来说，这就意味着"必须把我们从地球上抹去"。这一后果如今是完全有可能的。[16]

至 10 月 26 日周五，古巴所有 24 个中程导弹基地都已投入使用，其他武器设备的建设也在加速进行。聚在肯尼迪周边的人认为，仅仅进行封锁显然是不够的，小组讨论时出现了两个针锋相对的阵营：一个阵营希望与赫鲁晓夫谈判，找到一个政治解决方案；另一个阵营则更直言不讳地主张用军事手段解决，先进行空袭，然后全面入侵。鹰派中的一些人看到了最终将菲德尔·卡斯特罗赶下台的机会，肯尼迪则犹豫不决。与此同时，为了进一步对赫鲁晓夫施压，并为可能进行的空袭获取信息，他要求古巴上空的侦察飞机将频次提升至两小时一次。如果事情发展到非空袭不可的地步，空袭计划将包括每天三次的大规模打击，行动的第一天将有 1190 架次的轰炸。[17]

在古巴，卡斯特罗气愤不已地仰望着低空飞行的 U-2 飞机，他确信这是空袭的前奏，而就像猪湾事件期间一样，空袭肯定会成为入侵的前奏。10 月 26 日下午，他给联合国秘书长写了一封怒气冲冲的信："古巴不接受任何战机无法无天、肆无忌惮地侵犯我国领空……任何这么做的战机都是将自身置于我们防御火力的危险中。"[18]

卡斯特罗坚信美国的攻击近在眼前，这在当时是完全合理的。虽然肯尼迪还没有决定做什么，但军事行动已经摆在了台面上。当天，美国国务院的一位官员发布了一份公开声明，里面提到了封锁之外的"进一步行动"。这是个不详的信号，数百架攻击机已经在佛罗里达集结，数以万计的军队正在登上两栖船舰。10月26日，卡斯特罗从巴西总统那里得到消息，称除非导弹基地在48小时内停工，否则美国将对其予以摧毁。位于纽约的古巴新闻机构告诉卡斯特罗，美国流言纷纷，说肯尼迪已经给联合国定了一个最后期限。要想避免美国的军事行动，就必须在此期限前拆除核设施。卡斯特罗预计美国会发动攻击，自美国在猪湾失败后，他就一直预测会有一次进攻。他心想，现在，时候到了。[19]

卡斯特罗在哈瓦那苏联大使馆的防空洞里度过了一夜，在那里给莫斯科写了封信。他用西班牙语口述，大使和一名助手转写时翻译成俄语。由于这个原因，此信的西班牙语版本——最能体现卡斯特罗当晚想法的版本——并不存在，更谈不上保存下来了。菲德尔说说停停，停停说说了好多次。他想要清晰冷静地表达他的想法，而大使要努力地理解他那有时很复杂的西班牙语。卡斯特罗首先表示，他确信美国势必会在24—72小时内发动攻击，攻击可能采取空袭导弹设施或全面入侵古巴的形式。卡斯特罗继续说，如果美国入侵古巴，"苏联决不会允许帝国主义首先进行核打击的情况发生"。美国入侵古巴之时"就是永远消除这一危险的时刻，此行为完全是正当防卫。无论这个解决方案多么残酷和可怕，都别无他途"。在气氛紧张的核掩体进行抄写和翻译的大使生怕理解得不够准确，问道："你的意思是说，我们应该先发制人，首先对敌人进行核打击？"卡斯特罗立马答道："不，我不想说得那么直接。但在某些情况下，是这样。"是在什么情况下，菲德尔的建议是什么呢？"如果他们攻击古巴，我们应该把他们从地球上抹去。"[20]

卡斯特罗不知道的是，赫鲁晓夫正在莫斯科考虑其他的方案。

苏联领导人于10月26日致信肯尼迪，提出从古巴撤出导弹，条件是肯尼迪承诺永不入侵古巴。尽管赫鲁晓夫从一开始的时候就预计美国会进攻古巴，但此时他已经对此有所怀疑。如果美国要入侵，他们不应该早就这么做了吗？在赫鲁晓夫看来，既然美国还在做一些试探性的举动，那么肯尼迪应该是倾向于和平解决的。赫鲁晓夫正是在此时提高了拆除导弹的条件。他给肯尼迪写了第二封信，提出将武器运离古巴，并由独立的联合国调查小组进行确认。作为交换，他有两点要求。第一，他再次提到美国要公开承诺不入侵古巴。第二个条件是新提出来的。"您被古巴所困扰……因为古巴离［您的］海岸只有90英里……但土耳其与我们接壤，我们的哨兵来回巡逻，彼此都能看见。那么，您是否考虑过，您认为有权谋求自己国家的安全……却不给予我们同样的权利？"赫鲁晓夫提出了一个简单的交易：如果美国从土耳其撤走导弹，那么苏联就从古巴撤走导弹。[21]

10月27日，在又一次紧张的执委会会议期间，赫鲁晓夫的信抵达白宫。历史学家有时会把这一天称为黑色星期六。肯尼迪似乎倾向于接受赫鲁晓夫的提议，但会议室里的鹰派人士希望无视苏联的新提议并进攻古巴。当会议进行到一半时，有消息说一架美国侦察机在古巴东部被击落，飞行员已经丧生。鹰派的立场一时间变得更加坚定，这一事件也使得开战的呼声越来越高。华盛顿现在似乎达成了共识，如果古巴继续向美国飞机开火，那么美国将不得不通过摧毁所有地对空导弹基地进行反击。房间里的每个人都知道，一旦发生这种情况，事件就会迅速升温，最终导致入侵古巴以及与苏联的核战争。[22]

肯尼迪总统并不希望发生入侵或战争。在与几位顾问商谈后，他让弟弟鲍比·肯尼迪安排了与苏联大使的秘密会面。双方于当晚7点45分在司法部见面。小肯尼迪开场就做出了一个可怕的预测：U-

2飞机被击落后，总统受到了极大的压力。如果再有飞机被击落，他就会下令还击，而这将引发"连锁反应"且"很难停下来"。鲍比指出，如果导弹被撤走，那么美国将保证不入侵古巴。"那土耳其呢？"大使问道。小肯尼迪回答说，"如果这就是达成决议的唯一障碍"，"那么总统认为在解决这个问题上没有任何障碍"。但是，他补充说，不能对交易进行公开讨论。[23]

会议只持续了15分钟，鲍比及时回到了白宫，参加当晚的最后一次执委会会议。会议房间里只有几个人知道他刚刚参加的会议，哪怕是那些知情的人也不知道鲍比与苏联大使的会议是否会得出他们想要的回复。因此，美国继续为一场似乎仍很有可能发生的战争做着准备。总统说，如果美国飞机遭到射击，美军将摧毁地对空导弹基地。总统还批准了一个指令，召集24个空军预备役中队，其中包括1.4万名军事人员和300辆运兵车。会议结束时，国防部长罗伯特·麦克纳马拉（Robert McNamara）转向鲍比·肯尼迪说道："我们需要准备好两件事，一是一个古巴政府，因为我们马上就需要一个了……二是如何应对苏联在欧洲的计划，因为他们绝对会在那里做点什么。"有人开玩笑说，鲍比要成为哈瓦那市长了。[24]

在哈瓦那，当地的官员们正在为战争做准备。军队和民兵已经动员了好几天。他们在马莱孔海堤的机枪周围叠起了沙袋屏障。就连文职官员也来帮忙挖掘战壕，在岸边架铁丝网。民防行动也加速运转起来，医院做好了准备，组织献血活动，用床单和粗麻布制作担架。卡斯特罗在著名的国家酒店设立了总部，该酒店曾是美国黑帮的聚集地，其高耸的地基使得酒店可以俯瞰整个马莱孔，如今这里则藏着一个地下掩体。来自古巴电台的指示告诉听众，收集沙桶，以便在发生火灾时使用,不要囤积食物,以及"在手边备一小块木头,轰炸开始时把木头放在牙齿之间"。外国人评论说,当时的一切看上去是多么的平静。哈瓦那的街头比平时空了不少。不过当时是10月,季节性降雨也可能使人们留在室内。一个在黑色星期六跑腿的哈瓦那居民无意中听到了两个民兵在电梯里的谈话,一人抱怨说,一切都太疯狂了,他那天早上都没来得及刮胡子;另一人回答说,你得等到战后再刮了,因为有人告诉他,攻击将于今天下午三四点间发动。然而,当这位居民走在壮丽的哈瓦那时——海浪在海堤上卷起浪花,红艳艳的树木盛开着花,一位美丽的女子在树冠下行走——他突然想到,"一切都将在今天下午三四点间消失,这真是太可惜了"。一位年轻士兵后来告诉两位美国学者,他所在部队中的每个人都以为古巴会被彻底摧毁,他们还希望苏联人能在加勒比海上古巴"曾经存在的地方"放置一座漂浮的纪念碑。[25]

随着准备工作的展开,没有人知道——菲德尔·卡斯特罗肯定不知道——肯尼迪和赫鲁晓夫正在进行秘密谈判。10月28日星期日上午,莫斯科电台的播音员宣读了赫鲁晓夫给肯尼迪的信,信中宣布:"为了尽快消除危及和平事业的冲突……除了早先下达的不再继续建造武器基地的指示外,苏联政府又下达了一项新的命令,即拆除您所说的攻击性武器,并将它们装箱运回苏联。"考虑到鲍比·肯尼迪要求不要公开提及土耳其导弹的照会,赫鲁晓夫的信只提到了美国不入侵的承诺。"我尊重并信任您于1962年10月27日所作的承诺,即不会攻击或入侵古巴。"在信的另一部分,赫鲁晓夫自以为是地代表古巴说话:"古巴人民希望在没有外来干涉的情况下,按照自身的利益过自己的生活。这是他们的权利,不应指责他们想成为自己国家的主人,处置自己的劳动果实。"[26]

当信息到达华盛顿时，执委会中的一些鹰派人士对赫鲁晓夫的诚意表示了怀疑，但肯尼迪被打动了。上午 11 点 10 分，他同意发表一份公开声明。"我对赫鲁晓夫主席具有政治家风范的决定表示欢迎。""我真诚地希望，"他继续说道，"随着古巴危机的解决，世界各国政府可以将注意力投向迫切需要之处，即结束军备竞赛以及缓和世界紧张局势。"当天午后刚过，苏联在古巴的指挥官就接收到了拆除导弹和基地的指令，下午 5 点，拆除工作开始了。翌日，《纽约时报》头版的大标题宣布："美国和苏联已经就古巴问题达成协议，肯尼迪接受了赫鲁晓夫在联合国监督下拆除导弹的承诺。"每个人，或者说几乎每个人，都长长地舒了一口气。[27]

但没有人去费心征求菲德尔·卡斯特罗对这件事的意见，他也是通过莫斯科的电台才知道赫鲁晓夫撤回导弹的决定。据说他当下就怒不可遏。导弹虽部署在古巴，但赫鲁晓夫与肯尼迪交易的达成和宣布不仅没有跟他协商，甚至懒得通知古巴政府。这很容易让人想起历史上的先例。1898 年，古巴独立战争和美西战争结束之际，独立军和起义军政府被禁止参加最终和谈。菲德尔对一个同伴说，这简直是奇耻大辱、大错特错，他不会接受这一点。他给联合国写了一封公开信，声明古巴拒绝接受肯尼迪和赫鲁晓夫之间的协议。如果没有其他五项措施，仅仅肯尼迪一个不入侵古巴的承诺是不够的，这五项中，其中两项包括美国停止经济禁运，以及关闭在关塔那摩的美国海军基地。[28]

赫鲁晓夫可能已经意识到他遇到了一个问题。他与肯尼迪的协议建立在联合国检查古巴的基础之上，这意味着协议能否达成部分地取决于菲德尔是否接受。赫鲁晓夫给菲德尔写了封信："我们现在想建议你在这个关键时刻,不要被情绪所左右,要表现出克制。"他警告说,五角大楼"肆无忌惮的军国主义分子"正在谋求通过挑衅卡斯特罗来破坏协议。"为此,我们想向你提出以下友好建议:表现出耐心,克制克制再克制。"卡斯特罗对赫鲁晓夫的答复很冷淡:"就你所提出的问题,我国政府的立场已在今日做出的声明中阐明。"这一声明指的是古巴在联合国所做的公开声明及其五点要求。信的最后没好气地说:"我也要告诉你,通常来说我们反对在我们的领土进行检查。"[29]

在联合国的监督下从古巴撤出武器,然后经联合国确认后,美国才会承诺不入侵古巴,两个超级大国现在公开宣布了这项交易,卡斯特罗则表示他不会允许对古巴领土进行这种检查——除非美国同意在自己的领土也进行这样的检查。[30] 也许这就是赫鲁晓夫警告卡斯特罗应避免的那种情绪,或者也有可能这仅仅是卡斯特罗一种冷静但又挑衅的逻辑。

权力在某种程度上关乎话语权,更确切地说,权力关乎谁能被听取。而在那一刻,肯尼迪和赫鲁晓夫没什么意愿听取菲德尔·卡斯特罗的话。对美国、苏联和世界上的大多数人来说,当赫鲁晓夫和肯尼迪达成从古巴撤出核武器协议的那一天,即10月28日星期日,古巴导弹危机就结束了。长期以来,人们把这场危机称为"十三天",那个周日就是这场危机发生的第13天。但是,只要卡斯特罗拒绝古巴领土接受国际检查,困境就无法解决。

危机一直持续到11月,虽不再那么沸沸扬扬,但仍然十分紧张。美国一直坚持将检查作为交易的前提条件,且每天仍派出20—30架飞机拍摄核设施,而卡斯特罗则一直坚守他的五点主张,其中就包括美国停止侵犯古巴领空。11月15日,他甚至重新授权射击飞越古巴领土的美国军机。他始终拒绝在古巴进行国际检查的可能性，而这种情况最终也未能发生。11月20日，赫鲁晓夫和肯尼迪意识到，卡斯特罗永远都不会同意。两人再次在未与卡斯特罗协商的情况下，达成了第二项协议。苏联现在不仅同意从古巴撤走导弹，还同意撤出轻型轰炸机；美国放弃了现场检查——卡斯特罗是永远不会允许的——同意由侦察机在开放水域检查苏联船只。[31]

古巴导弹危机是一个奇怪且出乎意料的事件，关于这一事件的研究堆积如山。如果核战争爆发，对于幸存者的后代来说，这一事件的含义显然是痛苦的。而核战争没有发生这一事实也产生了持久的影响。事件加速了白宫与克里姆林宫之间建立直接的沟通——"热线"或"红色电话"——如此存在于我们有关冷战的集体想象中。更重要的是，导弹危机减缓了核军备竞赛的势头，并最终导致了《有限禁止核试验条约》的签署。[32]

评估导弹危机对古巴本身的影响则更为困难。肯尼迪曾发誓永不入侵古巴。在这个意义上，导弹危机（加上古巴在猪湾的胜利）可以说增强了古巴在国际上的影响力。古巴于1961年打败了美国，1962年，美国人又承诺不再入侵古巴。

但卡斯特罗从未把肯尼迪的承诺放在心上，毕竟这只是口头承诺罢了。在11月20日的新闻发布会上，肯尼迪再次表示，"一旦对核设施的充分检查完成，我们就会解除海上封锁，并保证不入侵古巴"。当记者问及他所说的充分检查是否是指现场检查时，肯尼迪含糊其词地回答："嗯，我们认为充分的检查，应该是现场检查。但如你所知，卡斯特罗先生不同意这样做，所以我们不得不用我们自己的手段。"那么，保证不入侵的承诺是否对于其他不太理想的核查手段也适用呢？在给赫鲁晓夫的最后一封信上，肯尼迪在这个问题上没有做出明确表示："我感到遗憾的是，你未能说服卡斯特罗先生接受适当的检查方式……因此我们必须继续依靠我们的信息手段。不过……在目前一切向好的情况下，不必担心我们入侵古巴。"最后一句话很难说是一种保证。事实上，1963年，美国国务卿迪安·罗斯克（Dean Rusk）在参议院外交关系委员会的一次非公开听证会上证实：如果卡斯特罗做了一些从美国政府的角度来看有理由入侵的事情，那么不入侵的承诺就不再具备约束力。[33]

与此同时，在危机期间短暂中止的反古巴政府的秘密活动也全面恢复。有毒的笔、黑手党杀手、爆炸雪茄和有毒潜水服都是中情局尝试过的暗杀手段。中情局还试验了一种从迷幻药中提取的物质，并计划在菲德尔演讲前喷在他身上，以使他看起来精神错乱。他们用铊盐制造了一种脱毛物质，想着让菲德尔失去胡须，或许这样他就会失去领袖魅力。所有这一切都没什么用。[34]

导弹危机奇怪的解决方式，以及赫鲁晓夫未能与菲德尔·卡斯特罗进行协商，几乎导致了古巴和苏联关系的破裂，但双方的联盟仍在继续。事实上，联盟关系其实还得到了加强。1962年后，苏联的军事建设加速（没有核武器），这使得古巴岛成为世界第二大军事化国家（人均）。十余年后，古巴将利用苏联的武器装备和经济支援在国际上投射影响力，支持世界各地的解放事业。

然而，从核灾难的边缘被拉回来后，大多数古巴人还得面对与之前几乎一样的现实。至1962年底，古巴岛上已经感受到美国经济禁运和中央计划经济的双重影响。是年3月，广泛的配给制建立起来，物资短缺在当时已是众所周知。圣克鲁斯·德洛斯皮诺斯小镇的古巴年轻人曾与苏联青年建立了友谊，那里的人们很惊讶士兵们为何那么快就消失了。导弹危机十年后,古巴政府重新启用空荡荡的苏联基地来训练古巴士兵,以在非洲进行大规模大胆的军事行动——这不仅是对美国的蔑视,而且也没有费心去通知苏联人。卡斯特罗用自己的傲慢回应超级大国的傲慢。不过圣克鲁斯·德洛斯皮诺斯的古巴人用他们自己的方式重新利用了基地。苏联人撤离营地后,他们悄悄地进入基地,拿走了苏联人留下的东西:穿孔钢板、钢丝和混凝土屏障,然后按照自身的需求进行回收再利用,他们用这些东西扎成围栏圈养他们最爱的肉类来源:猪。革命古巴的生活仍在继续。[35]

第十一部分
心与脑

切·格瓦拉和菲德尔·卡斯特罗一度相信古巴革命能产生"新人"——男女老少都愿意工作，且自愿舍小家为大家。图中所示可能是1970年千万吨收获运动中，一个年轻人在自愿收获甘蔗。

第二十九章
新人？

真正的革命都是为了同过去决裂，用一位法国大革命史学家的话来说，就是粉碎过去。[1]在许多方面，古巴革命似乎就是如此。旧有的军队、立法机构、政党，旧古巴的许多机构都消失不见了。美国游客感到越来越不受待见，而且很快就被自己的政府禁止到岛上旅行，美国游客销声匿迹，美国大使馆也关门了。古巴与美国政府之间一度看似不可动摇的关系已经发生了根本性的变化。大型私有产业——无论是大庄园还是公司，外资企业或本国企业——都消失了。革命还冲击了旧阶级关系的象征。配给制理论上让每个人都能以相同的价格获得相同数量的同一商品。从前的女仆能上学了，如今可以作为会计和银行出纳与之前的雇主打交道。白领们自愿在烈日下砍甘蔗，而且通常干得不如革命前他们可能看不起的人。中产阶级的青年男女上山下乡，教人们读书写字，学着习惯没有厕所、干体力活的生活。政府将劳动人民迁入豪宅，豪宅的前主人现在在迈阿密或纽约，他们住在公寓楼里，在制衣厂干活。Señor 和 Señora 的称谓也一去不复返了，这两个词通常被翻译成先生和夫人，但 Señor 的历史含义其实更接近主人或领主。新古巴显然已经用不着这些词了，因为男人和女人都成了 compañero（同志）和 compañeras

（女同志）。服务员是同志，他所服务的顾客也是同志。就连菲德尔·卡斯特罗（在革命之初一直被称为博士）也简化成了菲德尔，或者有时就称菲德尔同志。当然，过去不会轻易消失，变化也不可能完全彻底，不过革命熔炉中发生的众多事情都指向了一个明显的事实：古巴现在已经不同了。

在猪湾事件中获胜并安然度过导弹危机后，菲德尔·卡斯特罗打算实施比古巴任何时期都更系统、更有目的性的变革。学者们有时将 1963—1970 年这段时间称为"共产主义推进期"。按照马克思的观点，历史是分期展开的。根据这一观点推论，古巴领导人设想，如果政策得当，古巴可以加快进程，加速通过社会主义阶段（资本主义和共产主义之间的过渡阶段），朝着共产主义跃进。为了加速向共产主义过渡，国家几乎废除了所有的私有财产。1959 年的《土地改革法》已经取缔了大地产制，1960 年的国有化则没收了大中型私人企业。1963 年，革命政府又往前推进了一步。这一年，第二次土地改革进一步缩小了私人拥有土地的规模。至 60 年代中期，古巴农村总计三分之二的土地都被划归国有。1968 年，一场名为"革命攻势"的运动将多达五万八千家企业从私人手中转为国家所有——从酒吧、餐馆到零售店和街头小贩的小车，皆是如此。[2] 1963—1970 年对共产主义的推动旨在一劳永逸地与过去决裂，完成彻底且不可逆转的变革。

但革命并不局限于此。革命者认为，与过去的决裂不应该只发生在社会层面，个人层面也需要决裂。由于革命改变了社会的基本结构，人们自身也会发生变化，社会关系将被完全改变，个人与工作、金钱、他人以及自己之间都会发展出不同的关系。在古巴革命中，这一观点的主要支持者是切·格瓦拉。这位阿根廷医生在墨西哥加入了菲德尔·卡斯特罗的革命，跟着他跑到了马埃斯特拉山脉，后来又到哈瓦那担任工业部长和国家银行行长，并最终到世界的各个角落推动其他的"古巴革命"。1965年，格瓦拉在刚独立的阿尔及利亚写了一篇或许是他最著名的文章《古巴的社会主义和人》(*Socialism and Man in Cuba*)。格瓦拉在其中阐述了实现真正的共产主义的方式。"正在形成的新社会，"他如此写道，"必须与过去进行激烈的竞争。"在向这个新的未来社会过渡的过程中，过去还没有消亡，这对新社会来说是致命的。在格瓦拉看来，与过去的斗争无处不在，甚至发生在个人内部。为了实现共产主义，人们必须战胜自己的过去，并采用一个"全新的价值尺度"。形象地说，就是人们必须重生为新的男人和新的女人。[3]

革命从儿童入手创造新人。新政府知道，要创造一个具有新价值观的新社会，儿童是关键。用切·格瓦拉的话说，他们是"可塑的黏土，从中可以塑造出不含一点旧缺陷的新人"。因此，政府着重将注意力放在为儿童和青年建立新机构上。1960年，政府宣布建立免费的国营托儿所。这一举措旨在为女性提供更多走出家门的机会，也是为了创造"更先进的青年"——革命青年。第二年，古巴共产党建立了一个儿童辅助机构，即少年先锋队，旨在向6—14岁的儿童进行爱国教育和革命教育。同年，卡斯特罗将教育国有化，关闭了所有私立学校，每个儿童如今都由国家来教育。政府还在农村建立了寄宿学校，将传统的学校科目与社会主义价值观的熏陶和农业劳动相结合。到1967年，大约85%的高中生在这些寄宿学校就读。[4]

所有这些对古巴父母来说都是全新的，有些人因为想到过去的模式而更担心了。传统上，是由父母而非政府来教导孩子的价值观，由家庭而非政府来决定孩子何时离家。现在，父母们觉得政府正在对他们的子女进行文化和道德进行干预。他们说，新的学校和课程是国家急于干预父母和子女之间私人关系的证据。一时间流言四起。这导致一些父母不得不选择骨肉分离，将他们的孩子送到国外。1960—1962年，1.4万名学龄儿童在"彼得潘行动"中离开古巴前往美国，这是当时西半球历史上规模最大的一次有组织的无人陪护的未成年移民。[5]

在一个非常不同的教育项目中，即1961年的扫盲运动中，政府与古巴儿童之间的关系也变得紧张。该运动旨在消除本国的文盲（古巴文盲率超过20%），因此受到了广泛的欢迎。几十年来，扫盲一直是古巴进步政治纲领的一部分，巴蒂斯塔本人就曾在20世纪30年代后期带头开展扫盲运动。但是，如果说普及识字率是一个长期目标，那么革命政府则以新的手段和完全不同的规模来追求这一目标。教师手册和学生的早期读物通过教授革命内容来授课。在这些书中，M代表Martí"马蒂"，R代表Raúl"劳尔"。F是指Faith"信仰"、Fusil"步枪"、Fidel"菲德尔"，或三者兼而有之。简单的陈述句讲述了土地改革的故事。因此，扫盲运动不仅仅是消除文盲的一种手段，它也成了一个政治纲领。扫盲运动给农民上新政治课，大规模地动员和吸纳年轻人成为教师，让他们不仅成为教师，也成为革命的生动体现。

在古巴大约700万的居民中，约有125万人或是作为教师，或是作为学生直接参与了扫盲运动。一年中，约70万古巴人学会了读书写字。近30万人自愿教农民看书认字，其中许多人跑到了岛上最偏远的角落。自愿参加这项运动的年轻人相当之多，政府于是将他们组织成特殊的青年队，队伍成员超10.5万名，其中大约48%的人介于 15—19 岁之间，另外 40% 的人介于 10—14 岁之间。略多于一半的人是女孩，其中一名教师只有 8 岁。没有参与这项运动的古巴人则以其他方式被卷了进去。为了使教师能够参加扫盲运动，大多数学校关闭了 8 个月。不再教课的母亲们自愿去看护突然间整天没事干的孩子们，其他人则替那些离开的教师代班。群众欢呼雀跃地给扫盲工作者送行，志愿教师们拿着巨大的铅笔——这是教师版的菲德尔步枪——游行。新学会识字的农民在节日般的公开毕业典礼上受到表彰。[6]

然而，尽管围绕着扫盲运动进行了各种动员，但其影响可能在私下里才感受最深。农民们向教师敞开家门——给他们提供食物和住宿，为他们洗衣服，与他们建立关系。教师们绝大多数是城里的年轻人，他们突然间在完全不熟悉，有时甚至是不舒适的条件下与陌生人亲密地生活在一起。每一位满怀憧憬、充满理想的年轻教师的启程，都伴随着众多的家庭谈话。许多家长为孩子参加这样一个崇高的项目而感到自豪。但也有不少古巴父母对孩子要求很严格，尤其是女孩子，父母如何都不肯答应，他们强迫一心想去参加扫盲运动的青少年在文件上伪造签名，将他们的计划隐瞒至最后一刻。一个年轻姑娘在 15 岁时加入了扫盲队，她后来回忆了亲戚们是如何反对的："鬼知道她一个人会去到什么地方，会和谁住在一起。她妈妈怎么能让她去没有自来水、没有电的农村呢？"这些迫切想去远方扫盲的年轻女性听了一遍又一遍，说她们这个年龄的女孩不能离家。

具有讽刺意味的是，当城市青少年因去不去农村而跟父母发生冲突时，农村的年轻女性却因要不要去城市而与父母发生了争执。政府把农村女孩带到哈瓦那的"安娜·贝当古"农家女学校，她们将在那里学习缝纫和阅读，并接受政治教育，这所学校是另一个更大的女性教育（或再教育）项目的一部分。其他学校则会把女仆和妓女重新培训为司机、会计和打字员。在新学校上学的农家女住在新近腾出来的米拉马尔公馆（房子的主人跑去迈阿密了），并在著名的奢华的国家酒店的会议室里上课。该酒店曾经接待过约翰·韦恩、温斯顿·丘吉尔和西蒙娜·德·波伏娃等名人，如今它被用来帮助政府改造农家女，帮助女孩们在远离父母的情况下重塑自我。在远离父母的地方更容易创造新人，因为父辈们是在革命前的旧时代成长起来的。[7]

如同革命试图塑造父母和子女之间的关系一样，革命也希望在夫妻关系上做到这一点。革命对古巴男人的一切期望——为保卫革命委员会服务、加入民兵组织或自愿劳动——也同样落到古巴女性身上。随着女性在家庭外的工作越来越多，女主内的传统分工在新责任、新期望的重压下发生了变化。

成立于1960年的古巴妇女联合会监督了一项让更多的妇女加入劳动队伍的重要运动。联合会计划每年招募10万名新女工，1969—1974年，实际上有超过70万名妇女进入劳动力市场，但旧的规范仍在阻碍她们的加入。这一时期开始外出工作的70万人中，只有约20万人在一年后继续工作。对于大多数离开劳动力市场的女性来说，工作与家庭责任之间的冲突是促使她们离开的最重要的单一因素。这是一场熟悉的斗争：女性在外干着有偿工作，在家干着无偿工作，这一双重转变引起了广泛讨论。但在革命的古巴，为了肩负起政治工作的责任，女性不得不应对一些人所称的"三班倒"。这种"三班倒"成了革命电影和报刊的一个主题，经常引起人们对下述两个方面的斗争进行热烈讨论：一方面是新出现的革命现实，另一方面是对性别角色的顽固守旧观念。[8]

或许这就是切·格瓦拉所预见的那种冲突，一个过渡时期的副产品，在这个时期，新的秩序已经开始显现，但过去还未消亡。如同儿童问题一样，国家也对此进行了干预。国家规定了为期18周的带薪产假，然后是长达一年的无薪产假。免费日托中心的设计，一定程度上也是为了解放女性，让她们能腾出时间来工作。职业女性还享有其他小福利，比如在商店里付款时无须排队。[9]不过政府知道，此类制度变革是不够的，古巴男人也必须改变。

革命政府对此毫不避讳。最显著的例子是于1975年成为法律的《家庭法典》。该法典旨在"男女权利绝对平等"的基础上维护家庭，认为婚姻是"建立在夫妻双方平等的权利和义务的基础之上的"。这意味着双方都有权利在外工作（或学习），并负有支持对方在外工作（或学习）的责任。法典还明确表示，在外工作并不意味着可以免除任何一方在家庭内部的工作。双方都将参与管理家庭和养育子女。法典补充说："这是根据社会主义道德的原则施行的。"[10]

为了确保上述平等不仅仅只停留在纸面上，国家在《家庭法典》成为法律前的几个月内发起了大量讨论。在一场又一场的会议上，在工作场所和街区协会，很少有人会随意地公开反对婚姻平等的原则，或者公开质疑政府对个人关系进行立法的特权，但许多人还是表达了不置可否的态度。妇女们满怀疑虑地指出这部法典永远不会成功：国家永远没法强制推行，她们的丈夫也永远不会改变。她们预言，古巴男人不会平等地分担做家务和养育孩子的职责。男人们在会议上提出的反对意见当然会助长以上疑虑。一些人说，虽然他们愿意"帮忙"洗碗并做一些其他家务，但他们不想做在院子里或阳台上晾衣服之类的事，因为这样会被邻居们看到他们在做家务。

尽管有了社会主义道德，但在公共场合做"女人的工作"，还是会被男人们视为是没有男子气概、令人尴尬的事。[11]

这样的情绪表明，推行法律面临着艰巨的挑战。为了赋予法律更强的效力，国家下令将《家庭法典》中的"丈夫和妻子间的权利和义务"（第24—28条）条款纳入国家婚礼仪式（当时几乎没有人举行教堂婚礼）。在岛上每个合法的婚礼上，伴侣彼此都要高声宣誓平等地分担家庭、家族和社会主义的责任。有了国家的干预，个人在步入婚姻时所说和听到的最后一件事，就是发誓在家庭中完全平等。[12]

不过国家对性别关系的干预，则有所不同。抱着创造理想的共产主义个体——新男人或新女人——有时会引出这样的假设：有些人比其他人更需要改造。对古巴同性恋的改造就是最显著的例子。一方面是传统对于性别角色和男子气概的信念，另一方面是传统的社会主义道德观念，在二者的结合下，男同（以及女同——罪名没那么严重）被斥为社会的异类，是不受欢迎的旧资产阶级腐朽残余。1965年，政府在农村开设了营地。在那里，同性恋以及其他被视为"反社会"的人，将被重新改造成"新人"。

革命虽然热衷于干预家庭和性别关系，但在人类关系的另一个领域，即种族问题上却十分谨慎。从历史上看，在革命前的古巴，种族隔离并不像美国那样猖獗和顽固。不过，私刑事件还是时有发生；存在着一个小型的三K党，公共场所也会不时出现带有种族隔离痕迹的物品。在我母亲长大的那个小乡镇，人们用绳子把唯一的舞厅分成黑人区和白人区。然而，白人男子却享有特权，他们可以随心所欲地越过界限，与有色人种女性跳舞，让自己的非白人女儿与白人男子跳舞。在省会圣克拉拉，中央公园的人行道被分为白人区和黑人区。种族歧视也是结构性的,私立学校拒绝招收黑人儿童,就业中心为"外貌良好"的工人——这是白人的委婉说法——打广告。几乎所有的社会学指标——教育、收入、预期寿命——都显示非裔古巴人遭受着制度化的种族主义的影响。[13]

当革命政权于1959年上台时,黑人活动家和知识分子坚称,仅仅通过革命并不能解决"种族问题",而是需要出台果决且明确的反歧视政策。黑人的诉求早已有之,但1959年的黑人活动家希望革命政府能有所不同,能真正实现这些诉求。起初,革命的领导层似乎应允了这些诉求。1959年3月,刚上台的菲德尔·卡斯特罗在一次劳工集会上直接谈及这个问题。他大谈特谈就业中存在的种族歧视,认为这是最残酷的种族歧视形式,因为它剥夺了人们谋生的权利。随着演讲的深入,菲德尔开始阐述社会生活中的歧视问题。他的解决方案与切·格瓦拉一致,教育可以作为落后的资本主义价值观的一味解药。如果所有的古巴儿童都在优良的公立学校里接受教育,那么他们在放学后就会一起玩耍。事实上,国家希望所有人都能玩到一起,进行社交互动。因此,国家还将建立社交俱乐部、娱乐中心以及其他古巴人(不论他们是什么种族)可以一起享用的空间。看起来似乎每个人都表示赞同。[14]

然而,集会之后,许多古巴白人提出了异议。很少有人为就业歧视的做法辩护,但许多人质疑菲德尔为什么越过了这一点,而将其他更私人的空间或社交空间整合起来,社交俱乐部是私人事务,决定孩子和谁一起玩是父母的事。批评者似乎暗示,在私人领域实行一些种族隔离是可以的,而且这当然不关国家的事。此次讲话一石激起千层浪,就连卡斯特罗本人都被迫对此进行挽回。仅仅三天后,他现身国家电视台,以安抚一些不安情绪。虽然他谴责种族歧视,但他现在似乎接受了批评者所援引的对于公共领域和私人领域之间的区别。"我没有说我们要开放专属俱乐部,让黑人去那里跳舞或娱乐。我没有这么说过。人们想和谁跳舞就和谁跳舞……想和谁社交就和谁社交。"保持团结比执着于种族话题更重要,虽然在古巴社会中,种族问题向来是一个人们争论激烈的话题。[15]

这一时刻决定了政府在今后的几十年里对种族问题的态度。自始至终,国家都避免了所谓私人领域的种族问题。在经济和社会政策方面,政府推行使穷人受益,不分种族的政策。由于穷人中黑人比例很高,这些政策使国家无须刻意关注种族问题,就可以提高非裔古巴人的生活水平。为了解决职场的歧视问题,国家拒绝了种族配额的想法,而是在1960年建立了全国求职者登记册。登记册涵盖的信息不仅包括潜在工人的技能,还包括他们的家庭收入、经济需求,等等。有职位空缺的雇主不会直接雇用工人,而是通知劳工部用人需求,然后由劳工部根据登记册提供的信息填补这些空缺,这一切都是在不知道候选人的种族甚至姓名的情况下进行的。为了解决公共空间中的种族隔离问题,政府重新划分了空间,消除了物理隔断。例如,在圣克拉拉主公园的人行道上,分隔白人和黑人道路的花盆被移除了。改变物理空间会改变人们的习惯,而改变人们的习惯则最终会改变他们的态度和价值观。[16]

至1961年,卡斯特罗认为,两年来政府在这个问题上采取的行动已经成功地消除了种族偏见和歧视。一旦国家宣布问题解决了,谈论歧视问题就变得更加困难了。[17]

还有一点很重要,革命政府在国内处理种族问题的方式与在国际上处理种族问题的方式形成了鲜明的对比。古巴进行革命之时,美国的民权斗争正如火如荼。古巴媒体重点报道了美国民权斗争的新闻,以及反对这场斗争的种族主义暴力,哈瓦那为杰出的黑人激进分子提供了庇护。全美有色人种协进会领导人及有影响力的著作《持枪黑人》一书的作者罗伯特·威廉姆斯(Robert Williams),于1961—1965年间在古巴居住,他在古巴广播《自由迪克西电台》,谴责美国的种族主义,呼吁美国黑人奋起反抗。黑豹组织的早期领导人,同时也是另一本有影响力的著作《冰上灵魂》的作者,埃尔德里奇·克利弗(Eldridge Cleaver)于1968年因被指控企图谋杀两名警察而在保释期间逃离了美国,后在古巴待了一段时间。

革命政府对待种族的方式与对待性别的方式之间还有一个鲜明的对比。就后者而言,国家十分愿意通过干预私人空间来塑造家庭内部的行为,包括夫妻之间以及父母和子女之间的行为。革命政府还鼓励就歧视女性问题进行持续的公开讨论。但对于种族主义问题,革命政府却没有这么做。也许领导层认为种族主义不是大问题,又或许革命政府认为在需要团结的时候,正面攻击种族主义可能会造成分裂。因此,政府做出了让步,把私人领域放在一边,而以其他方式(使用阶级和国家的话语而非种族话语)瞄准其他事情(如就业歧视)。政府希望通过这些手段来消除种族主义问题。归根结底,这是一种经典的马克思主义站位:因为种族歧视源于资本主义社会的结构和关系,因此一旦资本主义被瓦解,种族主义本身也将不复存在。这种观点认为,在一段时间内,仍然会有残余的个人种族主义行为,但一旦结构性的原因消失,上述情况也会随之消亡。换句话说,政府觉得简单地消灭资本主义比消除旧的种族态度和观念更容易。

古巴人似乎陷入了一个漫长的过渡期。在这个过渡期,过去一直没有消亡。正如威廉·福克纳(William Faulkner)曾说过的一句名言："过去从未消亡，它甚至从未过去。"为了做想做的事情，革命政府需要古巴人以不同于以往的方式行事。但难点就在这里：为了成为一场真正的革命，革命需要新人，而为了成为新人，个人需要一场真正的革命。革命会造就新人，新人会成就革命。这些事情会同时发生吗？其中一个会先于另一个发生吗？人的这种彻底变化究竟会如何发生？

诸如此类的考虑引发了革命领导层之间的一场大讨论。在一个层面上，这是一场关于人性本身的抽象讨论。在另一个层面上，讨论影响了政府在劳工、教育和经济方面的具体政策。讨论部分集中于以下问题：人们投身革命是出于道德激励还是物质激励？讨论的一方是切·格瓦拉。他支持道德激励和新人的理念。对新人来说，道德激励就足够了。针对这一观点，其他官员则认为，道德激励不足以动员劳动力——从长远来看，在实现真正的共产主义之前，道德激励是不够的，工人缺勤率的上升即是佐证。在国家的一些地区，每天都有20%—29%的劳动力缺勤。国家是唯一的雇主，而工会是由政府管理的。当工人对工资或工作条件等问题不满时，磨洋工、迟到和旷工是工人们为数不多可以独立表达不满的方式。1968年进行的一项研究估计，部分由于工人们采取的这种策略，有四分之一到二分之一的工作日被浪费了。[18]

多年来，菲德尔·卡斯特罗一直赞成道德激励的观念，直到严峻的现实侵入并改变了他的想法。这一转变源于一场名为"千万吨收获"（zafra de los 10 millones）的特殊运动。顾名思义，这是一场目标在1970年收获1000万吨糖的史诗级运动。这是迄今为止古巴历史上最大的收获。这场运动的想法是短期内集中力量生产糖，以便为实现工业化提供资金。卡斯特罗说，运动的成功将消灭贫困，推动古巴革命的最终胜利。

然而，这里有一个问题。要想生产数量如此庞大的糖，现有糖业工人的数量是远远不够的。革命后，制糖工人一直在往城市迁移，在城里寻找教育和工作的机会。革命前，有许多失业工人会在收获季节到种植园里干活，但革命后他们不需要这么做了，他们有工作，或去上学或有了自己的土地，他们不想再遭砍甘蔗的罪了。因此，要想生产 1000 万吨的糖，国家不得不依靠一场运动，一场来自城市和乡镇自愿劳动的特殊运动。这需要巨大的努力和牺牲，是值得新人去做的事情。[19]

政府将 1969 年命名为"决定性的奋斗年"。1 月 1 日，菲德尔宣布："大发奋的一年开始了。为期 18 个月的一年开始了！"人们鼓起掌来，有些人看上去有点疑惑。收获期将延长数月，且第一次从炎热的夏天开始，天气太热了，"过去从没有人想过在此时砍甘蔗"。圣诞节和新年将被推迟到 1970 年 7 月，也就是收获结束的时候。在场的一位外交官向一位朋友问道："你听过如此诡异的事情吗？"如同 1959 年一样，时间本身也不得不屈服于革命的意志。[20]

尽管这场革命已经有过许多大规模的动员，但千万吨收获仍是一次声势浩大、史无前例的动员。国家广播电台定期更新收成情况，岛上的主要报纸每天都在头版刊登一个表格，显示 1000 万吨收成的进展。到处都有标语问道："你为 1000 万做了什么？"因为每个人都被认为应该做些什么。学校关闭了，餐馆和剧院也关门了。尽管没有人在度假，但城市居民的数量就像 8 月的巴黎一样少。公交和特快专列载着志愿者去农村砍甘蔗，就业中心将男男女女送到田里。在那漫长的一年里，总计大约有 160 万古巴人参加了收割工作。他们中有男人、女人和年仅 14 岁的青少年，包括教师、银行家、学生、工厂工人、政府部长,甚至有芭蕾舞演员和小说家,他们现在全都在砍甘蔗。[21]

参加过这次传奇性甘蔗收割行动的人对此都终生难忘。一个叫大卫的年轻人在砍甘蔗时只有 17 岁,他后来回忆了那种兄弟情谊。"我们所有人都要确保分配给每个人应砍的 [甘蔗] 数量达标",哪怕这意味着要顶替迟到、生病或不愿工作的同伴。"每当广播上宣布古巴某地又砍了 100 万阿罗瓦①时,人们就会感到欢欣鼓舞。因为要砍的东西少了,而且你会感觉到自己的工作产生了全世界都能看得到的东西,有着巨大的希望,因为……古巴、经济和一切事情都因此受益。"但是工作很艰辛,很多人记住的是其他事情。小说家雷纳尔多·阿雷纳斯(Reinaldo Arenas)后来将这种劳动强度比作但丁的最后一层地狱。砍甘蔗的人得凌晨 4 点起床,拿着砍刀在田里一干就是一整天。烈日当空,甘蔗的枝叶锋利。为了在最后几个月加快进度,管理者下令在田里有节制地放火,烧掉蔗叶,以便更容易地砍掉蔗秆。砍甘蔗的人夜间放火后,在营房里稍事休息,早上进入有时还烟熏火燎的田里,再度开始工作。为防止烧过的枝叶刺入眼睛,他们戴上了头盔和网罩。卡斯特罗将这项工作比作"奴隶制",他警示说:"只有当自由人愿意做奴隶必须做的事情时,革命才会达到其最高的道德标准。"[22]

一位观察收成的法国农学家指出了一个明显的问题:较之经验丰富的制糖工人,诗人、速记员、理发师等人收获的甘蔗要少得多。他估计城市居民每天大约砍 500 千克甘蔗;要是碰上"不习惯体力劳动的官员或知识分子",这个数字可能低至每天 250—300 千克。相比之下,一个经验老到的制糖工人,每天平均要收割 3.5 吨—4 吨

---

① 西班牙等国的重量单位,1 阿罗瓦合 11.5 千克。

甘蔗。不幸的是，对于那些眼睛盯着 1000 万吨目标的人来说，绝大多数从事收割工作的人都是没有经验的。每两百名志愿者中，只有约 6 名是有经验的田间工人。在纽约接受过训练，后又在哈瓦那教芭蕾舞的墨西哥舞蹈家阿尔玛·吉列尔莫普列托（Alma Guillermoprieto）基于不同的经验得出了类似的结论："任何一个舞者本都可以告诉菲德尔，收割之舞的动作——大部分的糖都储存在秆的底部，弯腰到底部时，身体要有弹性；一刀砍断一捆甘蔗时要有力度；给每根甘蔗剥叶时要精准——不是一天就能学会的，甚至好几天都不一定能学会。"多年以后，这位舞者仍然记得一个钢琴学生的名字，他因为砍刀不幸砍到手而失去了一根手指。[23]

一直以来，千万吨收获这项事业占据了人们大量的精力，致使其他所有事情基本都处于停摆的状态。因此 1970 年 5 月的一个周四，当报纸突然没有像往常一样在头版刊登显示收获状况的表格时，人们感到震惊不已。周五，也没有表格刊登出来。周六，头版没有刊登糖的收获情况，而是报道了两名非裔美国学生在密西西比杰克逊市的一次示威中被杀的消息。周日的头版报道了在哈瓦那举行的反美集会；照片显示抗议者举着标语，上面写着如下拼写的尼克松的名字：Ni 乐 on。[24]

然而，那天，另一个古巴故事吸引了大家的注意力：两艘古巴渔船被一个美籍古巴人准军事组织击沉，船上的人被绑架。一周后，当这些人被释放时，政府组织了一次盛大的集会来欢迎他们。先是渔民们发言，然后是菲德尔发言。有人威胁要占领前美国大使馆大楼，并将尼克松和希特勒相提并论。卡斯特罗站在讲台上发言，当演讲接近尾声时，夜已深了，他做了个痛苦的宣告：1000 万吨的收成实现不了了。他承认，现实无可避免——他说话的节奏慢了下来，声调也没那么坚定了,手不安地摸着面前的麦克风。[25]

政府曾试图恢复与早期一样朝着一个目标奋斗的感觉,但这远远不够。最后,糖的收成达到了850万吨,这依然是古巴历史上总量最大的收获。但是,此时世界糖价还不到20世纪60年代初的一半,这严重限制了古巴从这一历史性的产量中获得收益。[26]与此同时,此次收获也付出了巨大的代价。其他经济领域被忽视了;日以继夜的工作使得机械耗损严重;适合种植水稻等作物的土地全被用于制糖,如今这些土地不论是种植水稻还是甘蔗产量都不高;工人几个月不上工,学生几个月不上学。简而言之,经济完全陷入混乱。每个人都在想:如果1000万吨的收成意味着结束贫困,那么目标的失败是否意味着在可预见的未来,贫困将继续存在?

无论是扫盲运动,还是1961年的猪湾入侵,抑或是1962年的导弹危机,政府所动员的力量都比不上此次生产大丰收运动。在两次冲突中,古巴都同美国针锋相对。在第一次冲突中,古巴取得了胜利;在第二次冲突中,古巴得以全身而退。1970年,在一场同贫困、时间、自然和身体极限的斗争中,胜利女神没有眷顾古巴人。人们后来回忆了他们是多么的震惊。2010年,一位著名的科幻小说家回忆说,那一刻,许多古巴人对革命胜利的憧憬不得不面对一个不同的现实。[27]

1000万吨收获的失败是古巴革命历史的一个转折点。早期的革命者曾希望,甚至认为,他们能创造新人。但在那次失败之后,卡斯特罗一再强调革命领导层太过理想化,现在以及接下来相当长的一段时间内,古巴都将处于过渡时期。他在1971年12月31日说道:"真正的新人……还比较遥远。"[28]虽然在意识形态上仍然很重要,但随着政府开始优先考虑其他能够激励工作的物质因素,"新人"的理念已经让位于不同的工作和人格概念。模范工人不仅会得到奖章或文凭形式的表扬,还会拿到奖金或赢得购买苏联消费品以及到国有度假村度假的机会。如同古巴经济本身一样,国家之所以侧重新的物质奖励,是因为苏联和东欧与古巴之间的经济联系增强了。1972年,随着古巴加入苏联领导的共产主义国家经济联盟——经济互助委员会(COMECON),上述经济联系制度化了。

1000万吨的收获是个奇怪的转折点,自此之后,革命政府对劳动和经济的态度发生了变化。此事件也揭示出,那些革命前在古巴历史上根深蒂固的模式,在如今的古巴会继续存在。1000万吨的收成目标落空了,工业化的梦想也随之消散了。与东方经济联系的加强——用糖交换石油等更有价值的东西——意味着古巴经济和社会两大长期特征的延续:单一产品制和依赖性。古巴经济的未来,如今看起来和过去是一样的:糖和更多的糖。以前古巴在经济上依赖美国;现在则完全依赖苏联和东方集团。发生了如此多的变化,但是过去——或者说部分的过去——仍然根深蒂固。

第三十章
新美国人？

很久以前，研究其他革命的历史学家曾提出，革命的烈度可以进行客观冷静的计算。如何计算呢？通过计算"逃离革命"的人数。古巴就有很多人离开了。第一年，超过2.5万人离开古巴；第二年又有6万人离开。到1960年底，每周有1500名古巴人抵达美国。至1961年底，在美国驻哈瓦那大使馆已经关闭的情况下，每个工作日向美国移民归化局申请入境的古巴人达到了惊人的1200人。从1959年1月古巴革命开始到1962年10月的导弹危机，近25万人离开古巴。[1]一波一波的移民潮接踵而至，有几波的人数甚至更为集中。数字最终给感性的印象敲上了量化的钢印：古巴革命的的确确是场剧烈的革命。

对于大多数离开古巴岛的人来说，美国大陆最南端的大城市迈阿密是他们落脚的首选。如今任何到迈阿密旅行的人，都会看到一个因古巴的存在而有所变化的城市。不过城里的古巴移民也改变了古巴。事实上，移民是古巴革命历史中的核心力量。在革命的古巴，去与留的抉择已成为日常生活的一部分，关于去留的重要决定更是塑造了个人和集体的革命经历。亲人申请护照，邻居把贵重物品留给邻居保管，人们早已厌倦了各种告别。"今天是星期一，"一位哈瓦那居民给一位已在美国的朋友写道,"我一直待在家里,等着人们的习惯性访问,他们会告诉我他们要留下的所有东西。"一个月后,他抱怨说,他只能赶忙抽空写信,因为他不断地被离人的造访所打断。

但离开古巴并非总是那么容易。机票得用美元购买,航班要排队等候,而且自1961年后,人们只允许携带5美元和重30磅的行李离开。[2]除了这些现实的障碍之外,还有情感上的羁绊。他们真的能离开祖国吗?他们何时才能再见到家人?他们还有机会回来吗?对于许多离开的人来说,启程的那一刻仍清晰地刻在记忆中。每个人都记得在机场与家人告别后,旅客在一个被称为鱼缸(pecera)的封闭玻璃房里等待,从里面可以看到外面的亲人凑近玻璃,用手势进行沟通。女人们戴着墨镜掩盖哭得红肿的眼睛。一名青少年后来回忆说,那是他第一次看到成年男子哭泣。一个6岁的男孩亲眼看到海关人员把父亲在哈瓦那大学的毕业证书撕掉了。一位年纪不大的奶奶记得自己浑身上下被一通乱搜,个人物品被翻得乱七八糟,还被要求脱衣服,还看到人们在穿着尿布的婴儿那里检查出隐藏的珠宝。一位母亲,也就是我的母亲,回忆起一位穿制服的年轻女性摸着她孩子柔软的耳垂,想着是否要没收这些小金饰,最后决定随它去吧。旅客登机后,沉重压抑的气氛笼罩着一切。飞机起飞时,有些人会小声啜泣,有时则会有乘客鼓掌。[3]

一开始,离开古巴的是那些与巴蒂斯塔关系最密切的人。然后,其他许多受影响的人买了去迈阿密的票。再后来,其他人也选择了离开。当这些人到达佛罗里达时,他们中的大多数人都对菲德尔·卡斯特罗有微词,但许多人一开始并非如此。1962年在迈阿密进行的一项调查中，22％的受访者承认他们最初将菲德尔视为古巴的救世主。这一比例可能更高，因为当时在迈阿密很少有人会急于承认这种观点。事实上，无论是参加卡斯特罗的"七二六运动"，还是参加其他团体，迈阿密到处都是以这种或那种方式参与反对巴蒂斯塔斗争的人。与革命政府的第一任财政部长以及其他一些人一样，革命政府的第一任总理辞职后也去了迈阿密。

专业人士和商人也大批离开。1959年，古巴的6000名医生当中，约有一半去了美国。近2000名牙医中，有700多位前往美国，300名农学家中有270位前往美国。1961年，哈瓦那大学1959年的教员有三分之二以上住在迈阿密，高级医学教员从200人骤减至17人。这些早期古巴流亡者的教育水平普遍比整个古巴人口要高得多。流亡者中36％的人或多或少接受过一些大学教育，而古巴人口中接受过大学教育的只有约4％。流亡者中只有4％的人没上到四年级，而古巴人口中52％的人都没上到四年级。在古巴，这些人的离去为那些留下来的人，以及在新政府的培训下从事这些工作的人，创造了大量的向上流动的机会。与此同时，这些流亡者在美国也可以依靠他们卓越的文化资本——教育、关系，有时甚至是英语。因此，这些早期的移居者后来被称为"黄金流亡者"也就不足为奇了。

不过甫一到迈阿密，这些人通常没法从事老本行。为了生存，医学博士们在医院干起诸如护工之类的活，建筑师当起了园丁，教师去当门卫，药剂师则当挤奶工。有些曾住在豪华的贝达多或米拉马尔（位于哈瓦那）或比斯塔阿莱格雷（位于圣地亚哥）豪宅里的人，现在都挤进了一个个小公寓里。小公寓所在的落魄街区很快被称为小哈瓦那。正是在那里，人们第一次感受到了古巴人给迈阿密带来的变化。该街区多年来一直在衰落，这使得初来乍到，手头并不宽裕的古巴人可以负担得起。这里离市中心很近,有不少工作机会,但租金却很便宜。学校招生人数激增,附近的高中几乎在一夜之间成为本州最大的学校。"按字母顺序排列 300 个冈萨雷斯可太乏味了。"学校年报的英裔美国编辑抱怨说。古巴人也逐渐开起一家家小店——咖啡馆、摄影工作室、珠宝店,店铺的名字通常与在古巴时的名字相同。[4]

并非所有人都欢迎古巴人来到迈阿密。迈阿密的英裔美国人就写信给编辑,抱怨他们的新邻居。公寓楼开始张贴标语,上面写着:"孩子、宠物、古巴人不得入内。"商人们嘟囔说,古巴人只想和其他古巴人做生意。一个人评论道:"古巴人居然这么快就把美国人赶走了,真是奇了怪了。"这种现象并不仅限于商业领域。在不到 10 年的时间里,非西班牙裔白人从事服装业的人数占比从 94% 下降到只有 18%,这一变动几乎完全是由新来的古巴人造成的。[5]

突然被蜂拥而至的古巴人所排挤,在这一点上,迈阿密的黑人的感受或许是最深的。自 19 世纪 90 年代以来,上城(Overtown)就是迈阿密传统的黑人社区,小哈瓦那与上城隔迈阿密河相对。迈阿密属于《吉姆·克劳法》统摄下的南方。随着古巴人在那里安家落户,非裔美国人注意到了各种矛盾之处。在一个种族隔离盛行的时代和地方,他们发现几乎所有的古巴人——通常无论其肤色——都变成了白人。有时,这种情况就发生在抵达之时。当古巴人在市中心的难民中心登记时,如果他们需要的话,就会收到酒店的优惠券。除了肤色最黑的难民,几乎所有人都得到了白人酒店的优惠券。迈阿密的海滩也同样有种族隔离。一些海滩仅限白人,另一些则仅限黑人,"但古巴人两处都可以去"。1959 年 4 月的《观看》杂志如是报道。古巴儿童——几乎不管是什么肤色——都可以进入白人公立学校，而这些学校的资源总是比黑人学校更好。1961年，一位当地的黑人牧师推测，迈阿密的非裔美国人只需要让孩子们只说西班牙语，就能解决学校的种族隔离问题。撇开这些观察到的现象不谈，黑人领袖们一直强调，新移民本身并不是问题所在，问题在于政府给予他们的优惠待遇。正如迈阿密城市联盟的负责人所坚持的那样，"我们不是对古巴人感到愤怒，我们所恼怒的乃是一个对外人比对自己的公民更优待的制度"[6]。

然而，古巴人并不是什么随随便便的外来者。他们是在冷战巅峰期"逃离"共产主义的外来者，这使得古巴难民成为一种资产。他们可以成为华盛顿反卡斯特罗计划的潜在征召人员，他们的大批抵达至少可以玷污古巴革命在全世界的形象。因此，移民归化局给予古巴人临时的合法身份。随后，艾森豪威尔又在任期即将结束时成立了古巴难民应急中心，统筹协调对抵美古巴人的救济。这一计划后来被肯尼迪重新命名并加以拓展，使得古巴人能够获取各种资源：工作许可、就业培训、英语课程、小额贷款、抚育津贴、住房援助和工作介绍。[7]

有了这些福利，古巴人就能从事低于他人工资的工作——有时甚至只有黑人同行所获工资的一半。一份报告估计，1959—1962年，有1.2万名非裔美国人的工作被古巴人抢走。有时则是美国政府直接雇用古巴人。20世纪60年代初，中情局的工资单上有1.2万名古巴人，这使得中情局成了佛罗里达州古巴人最大的雇主之一。事实上，中情局在世界上最大的情报站（除位于弗吉尼亚州兰利的总部外）就设在迈阿密。中情局还控制着50多家幌子公司，其中很多都在小哈瓦那，它们是由中情局控股，由古巴流亡者经营的旅行社、枪支店、房地产办公室等。这些企业"帮助流亡者锻炼了他们的创业技能，在经济上给了他们很大的支持"，虽然他们并没做什么事来推翻卡斯特罗。[8]除了文化资本或自力更生的决心，正是美国政府的援助使早期古巴流亡者成为所谓的"黄金流亡者"。

革命刚开始那几年，跑到美国的古巴人——怀着回国的渴望、对菲德尔·卡斯特罗的憎恨以及拥有美国政府的支持——正在彻底改变一个美国大城市。然而，如果没有另一批没那么出名的古巴人的涌入，迈阿密也不可能成为现在的样子。这股新的移民潮发生在导弹危机后一段相对冷淡的时期，当时两国间的商业航班永久性地停飞了。导弹危机后，想去美国的古巴人不得不另找路子。一些人取道第三国，如墨西哥或西班牙，另一些人——每年都有更多的人——则通过危险的海路非法进入佛罗里达。1964年和1965年，美国报纸经常报道古巴人乘船"逃亡"的故事。

这些人的离开及其所造成的负面效应令卡斯特罗十分不满，但他的反应完全出乎意料。在1965年9月28日的一次演讲中，卡斯特罗宣布，政府将允许在美国的古巴人航行到卡马里奥卡港（古巴北岸的一个小渔村），并接走想离开古巴去美国的亲属。"现在让我们看看帝国主义会做什么或说什么。"[9]

卡斯特罗的宣告恰逢《1965年移民和国籍法案》（*Immigration and Nationality Act of 1965*）的通过。该法案逐步取消了美国基于国籍的移民配额制度，林登·约翰逊于10月3日在自由女神像脚下签署了该法案。在演讲中，约翰逊给了卡斯特罗一个答复："今天下午我向古巴人民宣布，那些向美国寻求庇护的人将会得偿所愿。"迈阿密的古巴人早在约翰逊宣布之前就已经开始行动了。他们提取了存款，租船，给在古巴的亲属发电报。到11月底，卡马里奥卡的船队已经将大约3000名古巴人带到了佛罗里达海岸，还有更多的人等着被接走。[10]

两国政府对这一安排都不满意。菲德尔的宣传恰好被美国人利用，而美国人则担心这种非常规、无序的移民方式会在管理入境美国的人员方面带来麻烦。海路也给移民带来了显而易见的危险：海岸警卫队已经营救了几十艘遇险船只。由于以上原因，两国政府同意暂停船运，改为空运。1965年12月1日开启了在美国被称为"自由航班"的航线。每天有两个航班快线从马坦萨斯的海滨度假胜地瓦拉德罗飞往迈阿密。位于迈阿密的古巴广播电台每天都会播报到达者的姓名。到1973年，3048个航班把近30万古巴人带到了美国。这将是几十年来古巴人向美国移民的最大浪潮。[11]

"自由航班"的移民与之前的"黄金流亡者"明显不同。美国政府批准入境的对象，主要是业已居住在美国的古巴人的亲属。与此同时，古巴政府拒绝向参军年龄段的人发放出境签证，却加快了对老年人的签证发放。这两件事加在一起，意味着新一波移民中女性和老年人的数量要明显多于第一波。在革命的头三年，许多年轻的专业人士离开了，现在他们的父母跟了过来。如果说早期抵美的人被称为"黄金流亡者"，那么我们可以称现在移民的这些人为"白银流亡者"。

此次流亡潮的特点也同样受到古巴政府推行的其他政策的影响。1968年，卡斯特罗的革命攻势以城市的小商业为目标，这导致许多曾经的小商业主很快就离开了。因此，在"自由航班"中，小企业主占了很大比例。也正是在这一波浪潮中，相当一部分的中国人和犹太人离开了古巴，他们在古巴的小企业主中占有很大比例。[12]

由于又有许多古巴人来到迈阿密，城市的资源日趋紧张，联邦政府提供了激励措施，让移民到其他地方定居。许多华裔古巴人在纽约定居，这也解释了为什么在20世纪70年代，古巴式中餐馆不是在迈阿密，而是在纽约大量涌现。也正是在这一时期，新泽西州北部的古巴移民社区发展最为迅猛。然而，尽管政府在重新安置古巴人方面做出了努力，还是有大约一半的古巴新移民留在了迈阿密，还有一些人在经历了北方的冬天后又回到了迈阿密。[13]

"自由航班"的移民在许多方面都保证了迈阿密成为一个古巴人的城市。事实上，正是在这一时期，小哈瓦那成了小哈瓦那，那里85%的居民都来自古巴。小哈瓦那成了一个典型的"垫脚石"社区。先前来的古巴人搬走了，分散到城市的其他区域。新来的人则在小哈瓦那取代了他们的位置。迈阿密许多著名的古巴企业——像凡尔赛餐厅这样的标志性场所，几十年来，古巴流亡者一直在那里抗议古巴岛民的来访，或庆祝菲德尔·卡斯特罗去世等事件——正是在这一时期开业的。1968年，WMIE电台变成了WQBA。如果说字母Q-B-A没有向人们显露出节目的重点，那么电台的另一个名字则再明显不过了："La Cubanísima"。电台全天候用古巴西班牙语广播。至1976年，在迈阿密所有的广播节目中，无论是英语还是西班牙语节目，此电台的招牌新闻节目的听众是最多的。[14]

"自由航班"的移民和早期的"黄金流亡者"一起，使迈阿密在20世纪六七十年代初不仅成为一个古巴式的美国城市，而且成了另一个"平行世界"。迈阿密是合法永居者和思乡市民的飞地，是那些缅怀革命前的人的天堂，是一个关于哈瓦那1959年的辩论永不停息、政治撕裂的地方，是一个沉浸在反革命而不是反主流文化中的地方，是一个两个种族壁垒分明的国度中三个种族交织的城市，是一个少数群体实则占了多数的世界，是一个店员总是用西班牙语询问顾客是否更喜欢说英语的地方。

与此同时,美国政府继续对离开古巴的古巴人给予优惠,以诱使更多的古巴人离开古巴。1966 年,美国政府调整了他们的移民身份,这样他们只需两年就可以申请合法居留权。如此一来,古巴人就走上了获得公民身份和投票权的快车道——要知道当时非裔美国人争取同样权利的斗争才刚刚获得成果,即 1965 年的《投票权法案》。尽管《古巴调整法》于 1966 年通过,但其条款适用于 1959 年 1 月 1 日后到达美国的所有古巴人,并且将无限期地适用下去。后来的修正案进一步免除了以下要求:古巴人需要证明他们在美国有工作或有家属在等待,又或者证明他们不会成为公共负担。政府还将古巴人申请居留权的等待时间缩减了一半(至一年零一天)。其他来自拉美的移民在抵美时均未享有这些便利政策。显然,移民政策仍然属于冷战政策的一部分。[15]

然而,美国政府的冷战斗士和古巴裔美国鹰派之间的关系从来都不是简单的。在猪湾事件中,古巴流亡者服从美国政府的指令,但他们之所以这样做,很大程度上是因为将卡斯特罗赶下台也是他们的目标。失败使华盛顿和流亡激进分子之间的关系恶化,肯尼迪于 1962 年向赫鲁晓夫承诺不入侵古巴也激怒了他们。至 1970 年,古巴流亡社区越来越多地与美国共和党结盟。

然而,到了 20 世纪 70 年代中期,古巴裔美国人中的一部分保守派却通过故意挑战美国政府来继续执行反卡斯特罗的计划。随着华盛顿和莫斯科关系的缓和,保守的流亡者担心美国的古巴政策也会开始注重共存。事实上,吉米·卡特总统的确向国家安全委员会发出指令,着手与古巴进行旨在使双边关系"正常化"的秘密会谈。就算不知道这一举动,古巴流亡社区的激进分子也向来处于动员状态，反对与古巴进行任何形式的和解。1974 年，一些猪湾事件的老兵成立了一个新的组织 Omega-7。他们打算使用暴力，暗杀古巴共产党人以及在美国境内与古巴共产党人谈判的人。尽管此组织不是唯一的反卡斯特罗集团，但联邦调查局仍将其视为"在美国境内活动的顶级恐怖组织"。该组织在迈阿密、纽约和新泽西都很活跃。仅在 1974—1975 年间，Omega-7 和其他类似团体似乎就应对迈阿密发生的一百多起爆炸事件负责。反卡斯特罗的流亡者在纽约的古巴驻联合国代表团、肯尼迪机场的环球航空公司航站楼以及艾弗里·费舍尔音乐厅放置炸弹。这些举动都与古巴政府的某种态度有关。[16]虽然许多古巴流亡者正在成为美国移民，但古巴社区得以存在的第一推动力——古巴革命——从未淡出过人们的视线。

1978 年 9 月，卡斯特罗公开邀请在美国的古巴人前往古巴，与他本人会面和交谈，他还将考虑允许古巴裔美国人回岛上探亲——这是自他们离开后从未被允许过的事情。当有人问他为什么改变了对流亡者的态度时，他回答说："革命很快就要满 20 年了。在我们看来，革命已坚不可摧且不可逆转。我们明白这一点，美国政府也明白，我想海外的古巴社区也明白。"1976 年，古巴通过了一部社会主义宪法（取代了 1940 年宪法）。同年，立法机构全国人民政权代表大会成立。以上举措将革命和这个国家置于无可否认的牢固基础之上。正是基于这样的实力地位，卡斯特罗向宿敌们发出了邀请。[17]

这一邀请震惊了迈阿密。许多人坚称这是某种陷阱，与卡斯特罗谈判就是承认他的合法性，就是给予他更多的权威。30 个流亡组织，公开严词拒绝会面。但这远非唯一的观点。事实上，古巴裔美国人涌进了古巴政府在美国的办公室，他们都带着自愿参与哈瓦那会面的电报。卡斯特罗对谁能参加会谈有最终决定权。与会人员中有一些是学者；一些是年轻的古巴裔美国人，他们已经去过古巴并与古巴政府建立了多年的联系；少部分是猪湾事件的老兵，他们放弃了原来的立场，现在赞成与卡斯特罗进行协商。那年秋天，75名古巴流亡者来到了哈瓦那。他们与菲德尔会面，参加大家所说的"对话"。一个更大的团体回来参加第二组会议。流亡者中的强硬派火冒三丈。一份古巴流亡报纸（在波多黎各出版，但主要在迈阿密流通）刊登了那些前往古巴之人的姓名和家庭地址，并怂恿读者骚扰他们。会谈的批评者轰炸了迈阿密大陆银行，起因是银行行长贝尔纳多·贝内斯（Bernardo Benes）是对话的主要支持者，他于1978年曾14次前往古巴。他们还抵制迈阿密的主要雪茄公司，就因为在一张照片上公司老板给卡斯特罗递了一根雪茄。不过，虽然几乎整个流亡社区都喜欢抨击菲德尔，但当协商的成果——所谓的政治犯开始抵达迈阿密时，大多数人都欢呼雀跃。而且尽管大多数人都在咒骂卡斯特罗，但是当卡斯特罗宣布海外的古巴人可以访问古巴时，大批人都兴冲冲地利用这个机会返回自流亡后就未曾谋面的家园。政治上的意识形态是一回事，对家庭的爱又是另一回事。[18]

始于1979年的家属团圆探亲是古巴革命历史上影响最大但却被忽视的事件之一。第一年，十多万生活在美国的古巴人带着礼物、现金和爱回到了古巴。探亲的人花了很多钱来更新古巴护照；他们还急着完备他们在美国的居住证，以免重回美国时遇到麻烦。他们要去古巴，但无论他们对返程曾抱有怎样的想象，他们都知道逗留时间只有一个星期，这是古巴政府设定的访问期限。[19]

在一场场为期一周的探亲之旅中，他们尽可能地多做一些事情。他们在从前的街坊里漫步，给旧相识送些小礼物，这里给个5美元，那里送瓶指甲油。他们给孙辈准备了崭新的蓝色牛仔裤,给儿媳带了时兴的日立电饭煲(尽管古巴出台了《家庭法典》,但基本还是女性在做饭)。一家人去到专门为访客开设的特供商店购物。最重要的是,探亲人员可以沉浸在与亲人的亲密接触之中,对于他们的古巴家人来说,这也是最为重要的。[20]

当时住在古巴岛上的古巴人对这些探亲之旅记忆犹新。在近20年的时间里,卡斯特罗用一些不太友好的词汇来称呼那些离开古巴的人,现在,政府欢迎这些人作为"古巴海外社区"的成员回来。对于那些与革命一起长大的年轻人来说,他们的遭遇最初是令人困惑的。这种困惑与其说由于政府陡然改变了腔调,不如说是因为如今在他们面前出现的这些人看起来如此正常,如此古巴。一位女性回忆起邻居的探亲者,当时她只有15岁,"他们根本不是我想象的那样……他们是和我们一样的人"。对于这些青少年的父母来说,与亲人久别重逢是一种悲喜交加的体验。分离一二十年后的亲人重逢时无不相拥而泣。不过当这位古巴共产党的医生看到迈阿密妹妹的购买力时,或许会有点恼火,因为他想到自己空荡荡的厨房里,如今摆满了一堆堆杂货。他可能也会想到那些在国外没有家人的朋友——一个黑人占比较高的人口群体——他们无法获得大量的现金和商品。[21]

当海外古巴人拿着满满当当的东西与本土古巴人重逢时,后者往往会感到疑惑。政府为什么要向那些离开的人提供留下来的人不曾有过的东西呢?毕竟从事义务劳动,或在集会上欢呼,或加入保卫革命委员会的人是他们。古巴人用文字来解释这个难题。他们开玩笑说,虫子(Gusanos)变成蝴蝶回来了,叛徒(Traidores)实际上只是带来美元的人(traedolares)。这些探亲之旅对古巴来说利润颇丰。

分析人士预计，特供商店里的消费支出、护照和签证的手续费以及回国人员所需购买的全套旅游套餐（即使他们与家人同吃同住），这些全部加在一起，开启探亲之旅的第一年政府就赚到近 1.5 亿美元。[22]

然而，古巴政府为家庭团聚付出了意想不到的巨大代价。虽然探亲人员的"示范效应"恰逢经济衰退，但探访引起了一些政府本希望避免的问题和比较。在 1979 年底的一次演讲中，菲德尔表示，国家目前困难重重，而且困难还得持续一段时间。"离上岸还很远。"他感叹道。[23]这不是菲德尔第一次这么说，也不会是最后一次。

1980 年 4 月 1 日，发生了秘鲁大使馆事件，约 10800 名古巴人进入秘鲁大使馆，试图离开古巴。人数太多了，有些人坐到了树枝上，还有些人跑到了院内建筑的屋顶上。浴室不够，食物不足，也没有足够的空间可以躺下睡觉。两名婴儿出生了，还有一位老妇人死了。情况太混乱了，古巴政府不得不开始发放安全通行证。政府承诺拿到通行证的人可以离开古巴，但他们得在家里等待，直到解决出境问题。一些人又饿又累，接受了这一提议；另一些人则选择在原地等待。

当时，许多人心中的疑问是，10800 人该如何离开秘鲁大使馆，离开这个国家。有几个国家提出愿意接收一些难民；吉米·卡特决定美国将接收 3500 人，哥斯达黎加同意作为集结地筛选前往美国的移民，并于 4 月 16 日开始派飞机接走寻求庇护的人。4 月 19 日，古巴在米拉马尔第五大道组织了一场百万人的游行。群众对秘鲁大使馆里的人破口大骂，大喊让他们滚出古巴。但没有人知道这次离开会如何发生。[24]

在迈阿密的古巴人开始行动起来。他们为大使馆里的人收集食物、衣服和其他物资。一些人——一个小群体——把军需商店抢购一空,他们认为这场危机意味着卡斯特罗统治的终结,他们可能会回去与卡斯特罗作战。一个名叫拿破仑·比拉博亚(Napoléon Vilaboa)的人则采取了不同的方式。他曾是哈瓦那电台的节目主持人,每周都在直播中谴责富尔亨西奥·巴蒂斯塔,还曾热情地支持菲德尔的革命。但在 1960 年,蓬勃发展的共产主义使他胆战心惊,于是他离开了。1961 年,他参与了猪湾入侵事件。1980 年 4 月大使馆危机爆发时,比拉博亚已是迈阿密的一名汽车销售员,不再遵循 60 年代初他全身心秉持的争强好胜的路线。他曾是 1978 年前往哈瓦那与菲德尔进行对话的迈阿密代表团的一员。古巴人冲击秘鲁大使馆时,他也正好在哈瓦那。他去那里与这些古巴人见面,并证实了许多人的猜测:寻求庇护的人并不想去秘鲁,他们想去的是迈阿密。[25]

根据比拉博亚自己的说法,他给古巴政府提了个建议:允许古巴裔美国人航行到指定港口去接走他们的亲属,条件是他们也要从大使馆带走一些人。卡斯特罗对此表示同意,随后将交接地点定在了马里尔港。该港口在哈瓦那以西约 25 英里,位于基韦斯特差不多正南方向约 125 英里处。回到迈阿密后,比拉博亚决定行动起来。4 月 17 日,他在 WQBA 的一个热门新闻节目中发言,对这一计划进行了解释。一些人认为他这是在给菲德尔解围,但是也有不少群体急着把亲属从古巴接过来,因而把所有的疑虑都放到了一边,立即着手准备了起来。在几个小时内,他们就开始提取存款,四处借钱,寻找船只和船长,让船长们把他们带到古巴去接人。许多人都不会游泳,但这并不是什么障碍。比拉博亚本人是第一个去的。他有一艘 41 英尺长的游艇,游艇名为奥椿(Ochún),取自非裔古巴人的爱和淡水之神，且总是与古巴的守护神童贞圣女结合在一起。作为第一艘前去接人的船只，奥椿也是第一批返回佛罗里达的船只之一。1980 年 4 月 21 日，奥椿带着古巴人回来了。执勤的海岸警卫队队长几乎没有注意到此次返航，毕竟多年来都不时有载着古巴人的船只抵达基韦斯特。但花不了多长时间，他就会意识到，奥椿的抵达是一件不同寻常之事的开端。[26]

抵达的船只一天比一天多，几乎每小时都有。几天之内，在基韦斯特和古巴的马里尔港之间就有数千条船。一位观察家说，如果有人能把所有的船一字排开，那么他们的亲属就能走到佛罗里达。在 4 月 21 日第一艘船只抵达佛罗里达的两个月后，在佛罗里达海岸上岸的古巴人达 113969 人，大约相当于当时迈阿密总人口的三分之一。[27]

如此规模的迁移必然是破坏性的，而此番迁移更是混乱且时常令人心碎的。海上迁徙碰上了狂风暴雨的季节。在这次迁徙中，龙卷风和风暴多次袭击了佛罗里达群岛。在一个暴风雨的日子（4 月 27 日），有 10—15 艘船沉没，但只有 10 人从水中获救。5 月 17 日，一艘名为奥卢·由米的游艇搭载了 52 人，船上有 14 人溺水身亡，其中包括一个名为伊比斯·格雷罗（Ibis Guerrero）的小女孩的一大家子——母亲、父亲、祖母和两个姐妹——在基韦斯特的葬礼上，这个小女孩没有流泪。她对《迈阿密先驱报》（Miami Herald）的记者说："已经有这么多人死了。"[28]

在马里尔港，前来接亲属的古巴裔美国人看到了几乎难以置信的场景。港口里数百艘船挤来挤去地抢位置，新来的人把船绑到其他已经在那里的船上。古巴政府的船只在水面上巡逻，岸边每隔 100

码就有一名古巴警卫用AK-47步枪对准港口的船只。到了晚上，泛光灯照亮了一切。为吸引等待的船长和船员，政府开设了流动夜总会，夜晚的空气中弥漫着夜总会的声音。在这种紧张不安的氛围中，每位船长都向当局递交了一份想要接走的古巴人的名单。古巴当局收到这些名单后会检查一下，确保名单里没有特别突出的人或其他具有高端技能的人。官员随后会通知那些船长们要接走的亲属。[29]

然而，官员们做的不仅仅是通知那些要离开的人，他们还通知了当地的保卫革命委员会。对于那些试图离开的人，保卫革命委员将会进行公开斥责。群众会出现在他们的房屋前，指名道姓地骂那些离开的人，还朝他们扔石头和鸡蛋。群众称他们为人渣、叛徒、罪犯、蠕虫，总之什么都骂得出来。从表面上看，在离开和留下之间，古巴似乎产生了两大阵营，但各自阵营的几乎每个人都互相认识——有时甚至彼此喜欢。许多古巴人曾公开斥责离开的邻居，事实上，连迈阿密都充满了加入斥责的人。不论是在古巴还是在迈阿密，对当时采用的诸多标签来说，现实生活实在是太复杂了。[30]

一切之所以变得如此混乱，部分原因在于，离开的古巴人远远超出了古巴和美国政府的预期。行动开始后没多久，船上就涌进了从未去过秘鲁大使馆，也没有家人接他们上船的人。这一点在港口很明显。4月24日，长65英尺的"圣丹斯二号"抵达马里尔港，当时船上只有不到100名去接家人的古巴裔美国人。差不多一个月后，船只返航时却载着大约300名乘客，乘客中只有约10人在美国有亲属。[31]

古巴政府也强迫人们离开。一名在假释期间的男子在哈瓦那被警察带走，押上了一艘启程的船，该男子后来在迈阿密电台转述了这个故事。与此同时，《迈阿密新闻》（*Miami News*）一位曾前往马里尔港报道的摄影师报告了这么一桩事情：在返程的船上，古巴乘客告诉他，政府把犯人从监狱里放了出来，把他们拉到从马里尔港开往迈阿密的船上。甚至有传言说，古巴政府正在驱逐精神病患者。事实比这更复杂。（在约12.5万的移民人口中）约有1500人有精神健康或认知问题。一位学者估计，可能有2.6万人有犯罪记录。不过根据古巴法律，酗酒、吸毒，以及参与一直存在的黑市交易等都是犯罪。[32]

古巴政府急于让这些人离开，但这并不意味着美国就会允许他们留下。任何形式的犯罪记录——不论是否是暴力犯罪，也无论情节轻重——都构成美国不予以接纳的理由。任何形式的"精神缺陷"也是如此。由于美国政府认为同性恋是精神失常的证明，因此这也构成被驱逐的理由。最终，因犯罪记录或精神健康问题，2746名从马里尔港抵达的人被认定为"可排除"在美国之外的人，很多人被遣送回国。但在大多数情况下，许多人在美国被关押数十年后都没有得到释放。[33]

无论这一波的移民规模有多小，观察家们的认识都没有错，即马里尔港移民潮与早期的几波古巴革命移民潮并不相同。在这轮难民潮中，白人并不占据绝对优势，也不像第一波难民潮那样大多是上层和中产阶级。在"自由航班"那股移民潮中，白人、女性和老年人占了绝大多数。这一波却并非如此，非裔古巴人的比例占了15%—40%。与之相较，在1959—1973年间抵美的古巴人中只有3%为非洲裔。一位小哈瓦那的前居民后来回忆说，马里尔港移民潮重新矫正了他对自我和古巴的认识："我们曾创造了一个人人皆为白人的古巴。当马里尔移民（marielitos）[①] 到来时，我们被强行提醒，

[①] 指从马里尔港离开的古巴移民。——译者注

古巴不是一个白人的岛屿,而主要是一个黑人的岛屿。"[34]简单地说,新来的人是古巴社会的一个截面。

然而,对于那些喜欢对马里尔移民品头论足的人来说,这似乎无关紧要。在美国,越来越多的人用古巴政府使用过的词汇来谈论他们:不可救药之人、罪犯、失败者、不速之客,等等。《纽约时报》5月11日的头版醒目地写道"在古巴移民中有弱智和罪犯"。《迈阿密先驱报》的批评就更多了。到5月中旬,该报大约90%的报道对新来的古巴人持负面看法。[35]

马里尔移民来得越多,报道就越是负面。某天晚上(4月29日至30日),一个小时内就有3000名古巴人抵达基韦斯特,随时都有发生人道主义灾难的风险,一位州政府官员随机应变,给国民警卫队发放了1万美元的礼券,又把岛上的糖果棒和香烟一扫而空。5月11日——同一天,《纽约时报》刊登了"弱智和罪犯"的报道——抵美人数打破了之前的所有记录,在基韦斯特有近5000名古巴人登陆,仅一艘船上就有700人,这艘三层甲板、120英尺长的双体船名唤"美国号"。[36]

基韦斯特人潮汹涌,迈阿密也不遑多让。门罗县和戴德县都处于紧急状态。由于无力在基韦斯特处置所有的入境者,政府在迈阿密开设了多个处理中心。1965年时,美国为免受古巴攻击在大沼泽地边缘建了一个导弹基地,名叫克罗姆,此时这一早已废弃的基地被重新启用,用以处置入境者(如今克罗姆仍是移民滞留处理中心)。但即便这样也远远不够。最终,当局在橘子碗体育馆的看台和停车场搞了一个临时营地,没有家属或其他资助人认领的移民被安置在那里,其他一些人则被安置在匆忙搭建的帐篷城里,这个帐篷城位于小哈瓦那和上城之间,在95号州际公路立交桥下的一个旧棒球场上,很多人在那一待就是好几个月。但这样也还是不够。[37]

由于无法处理所有抵达基韦斯特和迈阿密的移民,联邦政府在远在威斯康星和阿肯色的军事基地建立了处理中心。在政府未决定如何处理之前,超过6万名马里尔移民被安置在这些营地里。有些人在那里只待了几天,因为他们有家人来接和入境许可。其他许多人——没有家人或不确定是否可以入境——等了更久。看看美国是怎么迎接这些移民的。在佛罗里达狭长地带的埃格林空军基地外,三K党搞了一次抗议活动,雇了一架挂着他们旗帜的飞机,在基地上空盘旋。由于基地很快就达到了最大容量,因此即便是与三K党无涉的居民也起来抗议古巴人出现在他们的社区。处置移民的过程迁延日久,加之夜间宵禁,滞留的古巴人备感沮丧失望,他们或是绝食抗议,或私翻围墙,或投掷砖头和石块。[38]

阿肯色州查菲堡的情况更是一发不可收拾。随着处置过程一拖再拖,一些古巴人设法逃离了基地。5月29日,一大群人进抵大门前,警卫在剑拔弩张的对峙中喝退了人群。三天后,大约1000名古巴人揭竿而起。他们烧毁了几座建筑,40名古巴人和14名警察受伤。基地所在地巴林市的市民开始武装起来,以防备古巴移民的入侵。身陷困境的州长比尔·克林顿得到了来自华盛顿的不再向本州输送任何古巴人的承诺。但这样的承诺无济于事且为时已晚。克林顿当时正在谋求连任,他后来将秋季竞选的失败归咎于查菲堡的古巴人危机。全国范围内的官员们都宣布拒绝接受任何马里尔移民。古巴人已经变得不受欢迎了。[39]

随着时间的推移——以下严重夸大的说法不胫而走,即移民大都来自古巴监狱和精神病院;此外,人数激增,帐篷城到处都是,暴力事件频发——甚至连迈阿密也不再欢迎古巴人。在自1973年起就被正式定为双语城市的戴德县，一群英裔市民乘机在县选举中提出了一项议案，"本县的财政支出不得用于除英语以外的任何语言，也不得用于促进除美国文化以外的任何文化"。该议案成功地得到了通过。议案还规定，县里的所有会议"都应该只使用英语"。也正是在同一时期，汽车保险杠上出现了这样的贴纸："最后离开迈阿密的美国人请带走国旗好吗？"[40]

迈阿密的非裔美国人自20世纪60年代初以来就心怀不满，如今这一怨恨之情愈益加深。5月17日，坦帕的一个全白人陪审团做出判决，宣布戴德县的4名警察无罪，而这4名警察之前击毙了一位33岁手无寸铁的黑人保险代理人阿瑟·麦克达菲（Arthur McDuffie）。一时间，迈阿密历史悠久的黑人社区上城和自由城的居民群情激奋，竭力反对这一判决。动乱持续了四天，18人身亡或受了重伤。这一事件在当时也被视为非裔美国人失望与不满的表达。因为他们觉得古巴人受到了优待，而他们却从未享有相同的待遇。[41]

在迈阿密的古巴裔中，这股移民潮也带来了反感。甚至连用来识别难民的名字——马里尔移民——也被赋予了贬义。老流亡者说，这些新古巴人与他们不同。在此之前，这些人已在古巴生活多年，光凭这一点，他们就是可疑的，他们会改变迈阿密，会改变这个社区。在这一点上，老流亡者们说对了。马里尔移民确实改变了迈阿密及其古巴社区。在某一时期，马里尔移民使得迈阿密的古巴人分裂成了老古巴人和新古巴人两个群体。评判标准不是年龄，而是抵达的年份。马里尔移民还使得古巴社区在种族和阶级方面更加多样化，更接近于——尽管仍比古巴本岛要白一些——古巴本岛的人口构成。至1980年，古巴人移民美国已停滞了多年，古巴人社区更像古巴裔美国人的聚集地，社区里的人也更像移民而非流亡者。然而，新的移民潮为这些社区注入了更具古巴特色的古巴人,他们是卡斯特罗革命的孩子,但却离开了古巴。

问题在于迈阿密的古巴裔美国人还没有做好准备。当古巴裔美国人开始拥有些许政治能量的时候,恰好发生了马里尔移民事件。在马里尔难民抵达时,早期的古巴裔美国人已是公民,拥有投票的权利。1981 年,在新当选的罗纳德·里根政府的鼓励下,他们甚至创建了一个强大的游说团体,名为古巴裔美国人全国基金会(Cuban American National Foundation)。因此,志在获胜的总统们开启了以下模式:抨击菲德尔·卡斯特罗,以便在万年摇摆州佛罗里达赢得古巴人的选票。[42]

不论是在马里尔事件之前还是之后,两大关系一直塑造着迈阿密:与古巴的密切联系以及与美国其他地区的关系。正如许多熟悉古巴和迈阿密的人所评论的那样,彼此都是对方的一面特殊的镜子。1980 年 5 月 11 日,彼时还是青少年的普利策奖得主记者米尔塔·奥伊托(Mirta Ojito)抵达基韦斯特。她记得自己跑到黎明号甲板上,第一次看到了美国:"我听到了熟悉的'自由古巴万岁'的响亮欢呼声。男男女女站在铁丝网后喊'古巴万岁'喊到喉咙沙哑。另一群人不停地循环歌唱古巴国歌。"

但这种感受——迈阿密的认知失调,这是琼·蒂蒂恩(Joan Didion)的说法——并不总是不祥的。有时,此种感受只是关于家庭和生存、憧憬和依恋。所以,一个在古巴长大的小女孩,家里会有一个特别的抽屉,里面装满了美国亲戚给她的漂亮衣服;而一个在迈阿密长大的小女孩,家里也有另一个特别的抽屉,里面也装满了经过熨烫、精心保存的漂亮衣服,等待着被寄给古巴的家人。在大大小小许多方面，两地彼此依赖着对方。但有两个事实是十分清楚的：不了解迈阿密就不可能了解古巴革命，而不了解古巴革命就不可能了解迈阿密。

第三十一章
其他"古巴"？

在里斯本，这个于16世纪初在世界上开启了跨大西洋奴隶贸易帝国的首都，一群来自葡萄牙非洲殖民地的年轻人在一个名为"帝国学生之家"的寄宿处安了家。他们定期聚会，讨论非洲的未来。在非洲大陆的北部，许多前欧洲殖民地最近获得了独立。在撒哈拉以南的非洲，独立运动也在不断深入。从1957年的加纳开始，一个又一个殖民地结束了英国、法国和比利时的统治。但到目前为止，葡属非洲还没有实现独立。在里斯本的学生们思考着历史的奇怪进程，他们广泛阅读、激烈辩论，并梦想着——有时小心翼翼，有时高谈阔论——有朝一日自身的独立。在各种著作中，他们也读了菲德尔·卡斯特罗的《历史将宣判我无罪》，这是1953年蒙卡达审判中卡斯特罗为自己辩护的演讲。1959年，学生们在远处关注着卡斯特罗击败巴蒂斯塔的过程。1961年，他们看到卡斯特罗的军队大败美国支持的入侵。1962年，他们与古巴在里斯本的特工秘密会面。[1]

像里斯本的学生一样，许多第三世界的人都将目光投向古巴，他们看到了一些值得注意的东西：一个年轻的政府——胡子拉碴、不守规矩、桀骜不驯——挑战地球上最强大的力量。同样值得注意的是，古巴新领导人对像他们这样的民族说：还会有其他的"古巴",而古巴将帮助它们诞生。1966年,来自82个国家的500名代表齐聚哈瓦那,参加非洲、亚洲和拉丁美洲的三大洲会议。美国官员称这是"西半球历史上最强大的亲共反美力量的聚会"。在闭幕式上,卡斯特罗承诺"世界上每个角落"的革命运动都可以依靠古巴。他还宣布成立亚非拉人民团结组织(OSPAAAL),以作为三大洲革命运动的桥梁。[2]

这不仅仅是说说而已。几乎从上台的那一刻起,卡斯特罗政府就谋求在国外输出类似的革命。1959年,古巴政府资助了一次针对多米尼加独裁者拉斐尔·特鲁希略(Rafael Trujillo)的入侵,只不过没有成功。1961年,卡斯特罗又向阿尔及利亚的反殖民武装运送枪支弹药;军火船返回古巴时,船上搭载着76名受伤的阿尔及利亚叛军以及20名儿童,其中大部分都是战争孤儿。1962年,古巴人向新近独立的阿尔及利亚派遣了一个军事特派团。根据美国国务院的说法,阿尔及利亚很快就成为"在外古巴人志同道合的第二故乡,以及古巴在非洲扩大影响力的重要基地"[3]。

事实上,阿尔及利亚曾一度成为古巴的全球基地。美国的监视使哈瓦那难以直接支持拉美的革命,不论是输送枪支弹药,还是将古巴训练的军事骨干渗透到拉美都十分困难,而阿尔及利亚同意充当古巴与南美之间的桥梁。古巴和阿尔及利亚共同训练阿根廷与委内瑞拉的新兵进行游击战。与此同时,在古巴受训的阿根廷人和委内瑞拉人则绕道阿尔及利亚返回国内,以躲避侦察。因此,阿尔及利亚帮助古巴将其影响力跨越大西洋延伸至拉丁美洲。[4]

对古巴来说,采取这样的外交政策有这么几点考量。一是出于意识形态。非洲去殖民化展开之际正是古巴革命站稳脚跟之时,二者共同为反帝反殖民的团结创造了肥沃的土壤。非洲一些新独立的政府也属左派，这为意识形态上的亲近提供了另一源泉。事实上，1950—1990年间，三分之二的非洲国家在某一时期都建立了某种社会主义性质的政府。古巴最初在拉丁美洲更加致力于团结一致。切·格瓦拉本身是阿根廷人。早在1955年于墨西哥见到菲德尔·卡斯特罗之前，格瓦拉就已经游历整个大陆，并矢志于社会革命。在古巴大山里成功策划游击战的经历使他相信，在拉丁美洲进行革命是可行的。他认为，革命领袖可以通过组织农村游击队叛乱来创造条件而不是等待革命条件成熟。切的承诺——也是古巴政府在20世纪60年代大部分时间里的承诺——是在"拉丁美洲创造一个横跨大陆的反帝主义革命大舞台"。卡斯特罗的确创建了一个名为美洲部的政治实体，为拉丁美洲的革命者提供培训和物质支持。古巴革命是可以复制和输出的，安第斯山脉可以成为南美洲的马埃斯特拉山脉。[5]

无论其意识形态的动机如何，古巴外交政策的导向是为了挑战美国的利益。积极主动的外交政策说明古巴有了新的国际声望，这部分是由于古巴在猪湾打败了美国。充满敌意的美国向其他国家施压，要求他们遵循美国对古巴秉持的立场。例如，禁止总部设在美国的跨国公司与古巴有贸易往来，或者威胁不再援助那些与古巴有贸易往来的国家。但是，美国越是试图在国际上孤立古巴，古巴就越是寻求建立与世界其他国家的联系——而且不仅仅局限于普通的联系。在国外助推革命——通常支持美国的对立面——就是一大有力方式：既可以赋予古巴在世界上新建立的角色以实质，也使得古巴与美国根深蒂固的敌意有了实质。"他们把封锁国际化了，"卡斯特罗多年后回忆说，"我们则把游击战国际化了。"[6]

华盛顿的官员们认为，古巴在国际上扮演的是苏联代理人的角色，但古巴的外交政策实际上经常与苏联的期望相抵触。"这场革命，"卡斯特罗说道，"将遵循自己的路线。"格瓦拉公开质疑莫斯科与西方的贸易政策，哈瓦那则在《禁止核试验条约》上与苏联公然决裂。不过，古巴与苏联最大的争执乃是一个更宽泛的意识形态问题：是否要向国外输出革命。莫斯科的立场是与西方和平共处，古巴则不然。让我们回顾一下切的名言："两个、三个、许多个越南。"[7]

尽管如此，古巴毕竟是一个小国，因而在推行大国外交政策时，面临着各种各样的障碍。20世纪60年代末，古巴的国际主义立场遭到了重大挫折。随着阿尔及利亚总统本·贝拉（Ben Bella）于1965年倒台，古巴失去了一个重要盟友。1967年，切·格瓦拉在玻利维亚的山区试图制造另一个"古巴"时被杀。卡斯特罗在国家电视台宣布了这一消息，并宣布全国哀悼三天。随着格瓦拉的离去，古巴失去了西半球革命的主要支持者。此外，随着古巴越来越依赖苏联，古巴也失去了一些回旋的余地。苏联的经济援助对古巴来说至关重要，因此古巴很难推行与资助人公开龃龉的外交政策。[8]

不过与此同时，苏联的支持也给了古巴在外施展力量的手段。正是在古巴最为依赖苏联的20世纪70年代，古巴的对外活动达到了顶峰，甚至将平民也牵涉其中。古巴向全世界近40个国家派遣了工程师、医生、教师和其他专业人士，他们在这些近如牙买加，远至越南的国家参与各种开发项目，这种民间国际主义的规模是史无前例的。至80年代末，超过11万名古巴人在国际民事任务中服务。80年代中期，古巴每625名居民中就有一名政府援助人员，而美国几乎每3.5万名居民中才有一名政府援助人员。在社会主义阵营中，其他国家的参与度与古巴相比同样相形见绌：古巴只占本阵营总人口的2.5%，但援助人员却占了近20%。1978—1979年，在与一位著名的古巴裔美国人的秘密谈话中，菲德尔·卡斯特罗一直在谈论古巴的国际使命。他说，他想让整个世界到处都是古巴医生和护士，让肯尼迪的和平队望尘莫及。卡斯特罗想让医生收取一人 10 美元的费用。事实上，古巴已经根据一定的比例对民众收费。到 1977 年，民间国际主义者估计为政府带来了 5000 万美元的硬通货。[9]

无论古巴对外的民事支援规模有多大，与古巴提供的军事援助相比，不过是小巫见大巫。古巴在境外最有影响力的军事行动涉及近 50 万古巴人，这一策略从根本上挑战了苏联的外交政策，使古巴走上了与美国对抗的道路，并改变了南部非洲的历史进程。

为了追溯此次军事冒险的直接起源，我们得对里斯本的帝国学生之家稍做回顾。在那里，年轻的活动家们兴高采烈地阅读着菲德尔·卡斯特罗的作品，不少人属于最近成立的安哥拉人民解放运动（简称安人运，MPLA），这是一个主张安哥拉独立的马克思主义团体。当安人运于 1961 年发起反对葡萄牙的游击战时，他们将哈瓦那视为天然的盟友。切与安人运领导人会面，并讨论了支援问题。1966 年，当哈瓦那主办三大洲会议时，安人运是安哥拉唯一受邀的组织。[10]

20 世纪 70 年代，古巴与安哥拉的联盟愈益巩固。1975 年 1 月，葡萄牙同意在 11 月 11 日正式结束在安哥拉的统治，在此期间的几个月里，安哥拉将由三个曾反对葡萄牙统治的政党组成的联盟进行统治：争取安哥拉彻底独立全国联盟（简称安盟，UNITA）、安哥拉民族解放阵线（简称安解阵，FNLA）以及与古巴结盟的安人运。联盟几乎顷刻间瓦解，因为这三个组织开始互相争斗。据一位历史学家称，当时有 30 多个国家间接参与了安哥拉的冲突，向不同的团体提供武器、顾问和资金。卡斯特罗承诺在6个月内派遣480名顾问。与此同时,安人运的竞争对手(安盟和安解阵)得到了南非的支持。事实上,南非派出了一部分的正规军攻击安人运。在葡萄牙撤离的既定日期之前,南非军队入侵安哥拉,占领了该国的第二大城市,并开始北上挺进首都罗安达。[11]

1975年11月11日在罗安达举行的独立仪式是件怪异的事。这座城市几乎被遗弃了,留下来的每个人都担心南非军队可能随时会来。当晚比往常更潮湿,云层遮住了月光,空气像时间本身一样凝固了。教堂的午夜钟声敲响时,来自安人运的新总统阿戈斯蒂纽·内图(Agostinho Neto)起身宣布安哥拉独立。他的演讲很简短,人们欢呼了一阵,然后迅速散去。他们被告知要避免人群集聚,以避免南非人到达时发生大屠杀。安人运的一些士兵或许认为独立之时如此沉闷是不合适的,于是开始向空中鸣枪庆祝。"当时随即产生了一阵喧嚣,夜晚也有了些许活力。"一位报道了数月战争的波兰记者回忆说。[12]

是夜庆祝独立的焦虑人群并不知道的是,古巴政府已经承诺向安哥拉新总统提供重要的军事支持。1977年,在接受芭芭拉·沃尔特斯(Barbara Walters)的一次著名采访中,卡斯特罗后来解释了这个决定。"要么我们袖手旁观,让南非接管安哥拉,要么我们竭诚相助。帮忙的时候到了。11月5日,我们做出决定,向安哥拉派遣第一支军事部队,与南非军队作战。"[13]

11月5日,即卡斯特罗决定援助安哥拉的那一天,是著名的1843年奴隶起义的纪念日。在这次起义中,一位名叫卡洛塔的非洲妇女带头行动,并在行动中遇害。卡斯特罗为纪念她而将此次安哥拉动员行动称为"卡洛塔"。这一称呼在很多方面都恰如其分。一个多世纪前，大批戴着镣铐被强行带至古巴的男男女女就来自安哥拉。古巴军队——其中不少人都是 19 世纪安哥拉奴隶的后代——如今将返回非洲，同奉行种族隔离的南非军队作战。古巴领导人看到了这一象征意义的力量。1977 年，劳尔·卡斯特罗在访问安哥拉时说道，许多出生在非洲的古巴奴隶，曾在 19 世纪末为古巴独立而战。"古巴奴隶曾为了我国的自由而献出生命。现在他们的后代将为祖先故土之自由而抛洒热血。只有反动派和帝国主义者才会对这一事实感到惊讶。"菲德尔·卡斯特罗指出，"那些曾把非洲奴隶送到美洲的人"，此处的美洲指的是整个美洲，"也许从未想过，接收奴隶的地方之一有朝一日会派出士兵为解放非洲黑人而战"[14]。

做出该决定后，古巴立即开始了动员工作。运送部队和武器的飞机全都超负荷工作。通常每月飞行 75 个小时的飞行员记录了 200 多个小时的飞行时间。据一位飞行员回忆，他在座位上不间断地飞行了 50 个小时，其间只有几次短暂的休息。罗安达机场大部都处于荒废状态，8 至 10 月间，50 万主要由白人构成的难民从机场撤离后，机场就没有清理过。然后有一天晚上，跑道上方突然出现了前灯的光束。几分钟后，4 架古巴飞机降落，开始卸下全副武装、身着制服的士兵。空运士兵的同时，大规模的海运也在同步进行。

在短短几个月内，古巴向安哥拉派出了 3.6 万名士兵组成的作战部队，这一方面是为了支持安人运，另一方面，则是为了反对两大强权：南非和美国。在整个战争期间，美国在物质上支持南非和安人运的其他对手，而这种支持是间接且隐蔽的，毕竟，美国刚刚从越南和水门事件中抽身，现在坐在白宫里的是一位未经选举的总统，共和党人正进入一个喧闹的初选季，美国人正在纪念独立 200 周年。国会和公众舆论都不愿意政府卷入另一场外国战争，更不用说在这场战争中与种族隔离的南非站在一起,反对一个新独立的非洲国家的政府。不过美国还是深深地卷入其中。国务卿亨利·基辛格后来把美国开始介入的时间确定为 1975 年 4 月。他不顾非洲事务处的建议,说服杰拉尔德·福特总统支持安人运的对手,并将首批一百万美元装在手提箱里送至扎伊尔共和国的蒙博托·塞塞·塞科(Mobutu Sese Seko)处,让他把钱带到安哥拉。古巴军队还未抵达之时,杰拉尔德·福特总统就已经批准拨款 3500 万美元用于援助与安人运作战的两个团体。[15]

美国知道古巴卷入了这场冲突。一份国家情报评估表明,在古巴于 11 月进行全面行动的几周前,卡斯特罗就已意志坚定地要在国际上树立威望。革命已经稳定且制度化了,卡斯特罗的声望和权力都在上升,经济"比 1959 年以来的任何时候都好"。一切都顺风顺水,卡斯特罗成功地成了第三世界和全世界革命事业的代言人。一周后,中情局报告说,古巴已经开始向安哥拉派遣军事人员。与此同时,基辛格的安哥拉问题工作组报告说,古巴的介入正在大幅增加。但是,美国官员怎么都想不到古巴会进行全面行动。[16]

哪怕在此次事件发生后,美国政府似乎也不愿意或无法认识到这究竟是怎么一回事。基辛格认为:"一个没有资源的 800 万人口的小国,却在向地球的另一端派遣远征军,这太荒谬了。"由于他认为此乃荒谬之举,所以觉得绝不可能。美国官员唯一能接受的解释是,古巴代表的是苏联。因此,他们认为,作为苏联的代理人,古巴人可以被莫斯科召回。但是,当基辛格让苏联驻华盛顿大使撤回古巴军队时,大使让他自己去和古巴谈。大使后来写道,古巴人"自己主动在干预,没有与我们协商"。事实上,连莫斯科都是从他们驻几内亚的大使那里第一次听说了古巴的行动。当时,古巴驻几内亚的大使偶然提到，"一些载有古巴军队的飞机"将在前往安哥拉的路上在几内亚降落加油，莫斯科驻几内亚大使这才得知此事。冷战结束后，基辛格查阅了一些相关文件，承认了自己的失误。"我们无法想象［卡斯特罗］会在离家这么远的地方采取如此挑衅性的行动，除非莫斯科给了他压力，要他对苏联的军事和经济支持予以回报。现在的证据表明，情况恰恰相反。"在安哥拉，是古巴人领导苏联人。[17]

古巴在安哥拉的存在扭转了战局。1975年11月13日，古巴人炸毁了桥梁，以阻止敌军前进；11月23日，他们伏击了南非军队，给予敌军致命打击。古巴干预仅几个月后，南非撤军，安人运的两个对手也即刻溃败，其他非洲国家正式承认安人运为独立的安哥拉的合法政府。因此，在没有苏联帮助的情况下——与美国支持的集团以及拥有核武器的南非作战——古巴支持的一方赢得了胜利。[18]

当古巴的胜利之师凯旋之际，著名魔幻现实主义巨作《百年孤独》的作者加夫列尔·加西亚·马尔克斯刚刚抵达哈瓦那。

> 一到机场，我就很确定，自我一年前来到古巴，古巴发生了一些非常深刻的变化。这种难以定义但非常明显的变化不仅体现在人们的精神面貌上，甚至在事物的本质，动物和海洋，以及古巴生活的性质上都有所体现。这里有新人类的风尚……街上的谈话中出现了一些一知半解的新的葡萄牙语词汇，流行音乐中古老的非洲口音也出现了新的腔调。[19]

作为一个小说家，马尔克斯肯定夸大了变化的深度——动物和海洋真的看起来不同了吗？但他无疑发现了一些问题。古巴人刚刚在大西洋彼岸一个与古巴有着深厚历史渊源的地方，进行了一次大规模的军事行动。他们击败了美国和种族隔离的南非所支持的一方，古巴的确是一个强大的国家。对菲德尔·卡斯特罗来说，这可能是他政治生涯的巅峰。

在那个胜利的时刻，卡斯特罗不会想到古巴军队还会在安哥拉再停留15年。这是一个胜利者往往不愿意接受的教训：守业更比创业难。战斗即刻恢复，就像战斗从未停止过一样。古巴军队来了一批又一批，不停地作战。安哥拉反政府武装在南非和美国的支持下，持续威胁着安人运的统治。和平谈判一次又一次地失败。在古巴最初胜利的10年后，全面战争仍在继续。此时，战斗不仅仅是为了维护安人运的统治，更重要的是为了击败南非的种族隔离政权。这一制度不仅在南非自身发挥着影响力，而且在自第一次世界大战后就被南非占领的纳米比亚也颇具规模。如果安哥拉不敌南非，就意味着种族隔离制度会进一步扩大。

在一场漫长而著名的战役中，战争来到了最紧要的关头。这场战役以发生地的村庄命名：奎托·夸纳瓦莱（Cuito Cuanavale）。该村是南非和古巴占领区之间的拉锯地。卡斯特罗认为，丢掉这块地就等于输掉了战争。卡斯特罗一心想要取得胜利，在没有通知莫斯科的情况下，他派遣由1.5万名士兵组成的新特遣队远渡重洋。卡斯特罗后来说，他80%的时间都在计划古巴在奎托·夸纳瓦莱该如何行动。这是第二次世界大战以来在非洲土地上进行的最大规模的战斗。古巴和安人运部队取得了决定性的胜利。[20]

奎托·夸纳瓦莱战役的胜利使安哥拉政府能以强势地位进行和平谈判。和谈在此之前已经进行了一段时间，但主要是在美国、安哥拉和南非之间进行的。尽管古巴扮演着关键角色，却被美国人挡在了谈判桌外。随着奎托·夸纳瓦莱的胜利以及如今旨在用政治手段解决问题的势头，美国几乎别无选择，只能接受古巴在场。在新一轮的和平谈判中,古巴同意在 27 个月内从安哥拉撤出所有部队。南非也同意这样做。南非还同意邻国纳米比亚独立,从而结束那里的种族隔离政权。[21]

古巴在安哥拉的行动留下了什么遗产?要回答这个问题,部分取决于看的是哪个地方,以及问的是谁。此次干预对古巴本国的影响显然是巨大的。从 1975 年到 1991 年最后撤离,大约有 43 万古巴人在安哥拉度过了一段时间,其中绝大多数(37.7 万)是军人。数万平民在安哥拉担任教师、工程师、建筑工人、医生,甚至还有艺术家。据估计,古巴约有 5% 的人口在战争期间以某种身份在那里工作。如果我们把那些留在古巴的人也考虑进去——父母孩子、兄弟姐妹、爱人朋友、丈夫妻子——可以说,安哥拉直接或间接地影响了整整一代古巴人。古巴人亲眼见证了一场残酷的内战——战斗、屠杀、酷刑。他们看到了这一切,并参与其中。时至今日,没有人确切知道有多少古巴人在那里付出了自己的生命。政府从未直截了当地给出具体数字,据估计,人数在 2000—1.2 万不等。[22]

那些活着回来的人有时会带上纪念品——一张照片、一条项链、一件乐器。有些人有皈依宗教的经历,他们带着骨头和土壤等器物回来,并在古巴为圣人搭建祭坛。还有些人把豪猪的刺带了回来,并将它们作为礼物送给亲人,甚至送给从美国来的亲戚。但他们很少谈及战争本身和他们的所见所闻,许多人对于战争的心态是矛盾的。

一些安哥拉人可能也有同样矛盾的心境。即便有人愿意被实行种族隔离的南非占领,但这种人只占极少数。然而,后殖民时代的自由也并非人们所期望的那样。事实上,古巴人离开后仅 16 个月,一次有争议的选举过后,冲突再次爆发,并一直持续到1994年。1998—2002年,安人运与安盟之间的另一场战争致使数千人丧生。战争的破坏力投下了长久的阴影。殖民主义的破坏力也是如此。

由于古巴战胜了南非军队,后种族隔离时代的南非对古巴在安哥拉的作用给予了积极的评价。多年后,纳尔逊·曼德拉——著名的反种族隔离斗士,后来成了南非总统并获得了诺贝尔和平奖——承认古巴在南非的关键作用。1991年曼德拉访问古巴时,他在一年一度的纪念卡斯特罗7月26日进攻蒙卡达军营的集会上发表了讲话。谈到古巴在奎托·夸纳瓦莱战役中对南非的胜利时,曼德拉解释说:"这一对种族隔离侵略势力的致命一击,打破了白人压迫者不可战胜的神话……[并且]对处于斗争中的南非人民起到了激励作用……在解放非洲大陆以及使我国摆脱种族隔离祸害的斗争历程中,奎托·夸纳瓦莱是至关重要的一步。"很明显的是,种族隔离的结束是一件非常复杂的事情,它远远超出了古巴的能力。但对曼德拉来说,古巴对南非的胜利结束了纳米比亚的种族隔离制度,并加速了与本国反种族隔离力量的谈判,最终促进了南非种族隔离政权的解体。出于这些原因,曼德拉觉得自己与古巴领导人之间存在着强大的纽带。[23]

对菲德尔·卡斯特罗来说,古巴介入安哥拉显然是件值得骄傲的事。他支持了一个与古巴革命类似的事业,并在多个方面——军事、政治和道德——展示了古巴的力量和合法性。他曾与南非,这个地区最强大但又最受鄙夷的国家对峙,并最终获胜。革命的古巴已经接受了作为世界参与者的角色,它帮助击败了种族隔离制度。在这一过程中,古巴挑战了美国的强权,这也让卡斯特罗感到欣慰。

许多年后,当曼德拉于2013年去世时,菲德尔·卡斯特罗因病无法前去参加葬礼。时任古巴总统的劳尔·卡斯特罗出席了葬礼，并坐在了主席台上。身处第二任期的美国总统巴拉克·奥巴马也出席了葬礼，他与卡斯特罗热情且随意地握手。此举震惊了世界。在奥巴马出生之前，没有一位美国总统公开承认过古巴总统，奥巴马知道，全世界——以及他的共和党对手——都会密切关注他的举动。但他对顾问们说，他肯定会向卡斯特罗致意。"古巴人，"他如此说道，"在种族隔离问题上，站在正确的一边，而我们站在错误的一边。"在曼德拉的葬礼上，古巴有权利坐在主席台上。后来，古巴和美国政府进行了谈判，谈判的结果最终实现了半个多世纪以来最重要的关系转变。谈判期间，顾问本·罗兹（Ben Rhodes）向他的古巴对接人重复了奥巴马的私人感言。一时间，谈判房间里的某些东西似乎发生了变化。古巴人在知道奥巴马如何看待古巴在安哥拉扮演的角色后，开始相信奥巴马政府的表态是严肃认真的。有一段时间，这甚至使得菲德尔·卡斯特罗的敌对情绪走向了缓和，但这是之后的故事了。[24]

第十二部分
启　程

第三十二章
"特殊阶段"

在某些文化中，据说额头上的胎记预示着这个人没有能力预见自身行为的后果。如果有什么例子能让人相信这种迷信的话，那就是米哈伊尔·戈尔巴乔夫额头上那块大大的波特酒色胎记。这个有着一半俄罗斯血统、一半乌克兰血统的农民的儿子，在 1985 年成了苏联领导人。年轻高大的戈尔巴乔夫让大部分国民相信，雄心勃勃的改革将迎来更加光明的时代，他开始做一些其他苏联领导人之前从未做过的事。他在全国各地旅行，行事高调且伴有电视转播。他释放了异见者，允许放映和出版之前被禁的电影和小说。他还着手结束苏联在阿富汗的战争，并令罗纳德·里根大吃一惊地提议削减核武器。最重要的是，他采取了两种新的治理方法。一是开放（glasnost），发起一场旨在提高政府和公共生活公开性和透明度的运动。二是改革（perestroika），对经济、政党和政治进行重组。在经济方面，戈尔巴乔夫开创了一个权力迅速下放的时代。在政治方面，除共产党外，其他组织也都合法化了，他还说服领导人允许新成立的人民代表大会进行有争议的选举。

戈尔巴乔夫再造苏联的运动于 1991 年圣诞节这一天结束了。一些他上任时可能从未预料到的事情发生了：他自身的辞职以及他所统治的国家的解体。十月革命74年后，苏联建国69年后，苏联不复存在。菲德尔·卡斯特罗的古巴也几乎随之消失了。

戈尔巴乔夫开始改革之时，卡斯特罗也正在谋求改变。与戈尔巴乔夫一样，他给这些改变起了个名字——修正错误与消极倾向运动——简称纠偏进程。纠偏进程于1986年启动，旨在回归到一个更理想的社会主义形式，这让人想起切·格瓦拉的"新人"信仰。一如20世纪60年代，政府将道德激励置于物质激励之上，扩大道德激励在经济中的作用，并呼吁更多的自愿集体劳动，而这与戈尔巴乔夫的做法恰恰相反。[1]

然而，古巴的经济对苏联的依赖很深。自1972年加入经济互助委员会后，古巴对莫斯科和东方集团的依赖程度大幅增加。苏联改革开始时，古巴约有85%的产品都出口到了苏联和东方集团，而且产品往往像糖一样，以远高于市场价的价格出售。与此同时，苏联还提供了各种必要的材料。1987年，苏联提供了古巴100%的石油和石油产品，91%的化肥，94%的粮食，70%的铁，以及70%的卡车，几乎所有贸易都使用软货币①。最后，由于古巴无力偿还对苏联的债务，这些贸易基本被当成了援助款。1990年发布的一份报告指出，古巴欠苏联150亿卢布，按当年的官方汇率计算，差不多是280亿美元。[2]

苏联实行开放政策期间，公众知道了对古巴的补贴细节，而这些补贴并不受到民众的支持。1991年4月，一位美国经济学家的非正式调查显示，十个"普通苏联公民"中有九个——"出租车司机、

---

① 外汇市场上汇价不稳并且看跌的货币。——译者注

学生、购物者、工人、家庭主妇，以及街上的其他人"——都反对苏联对古巴的援助。[3] 许多人相信，由于古巴是苏联对外援助最多的国家，削减这一援助能提振国内凋敝的经济。

在戈尔巴乔夫之前，古巴和苏联政府经常就为期五年的经济协议进行协商。新的协议应于1990年签订。当年最后一天签署的新协议遵循了一个新的原则，即两国之间的贸易必须是互利的。这个新要求置古巴于明显的不利地位。新协议将石油供应量从1300万吨减少至1000万吨，而且苏联保留在必要时减少供应量的权利。莫斯科将不再以高于市场的价格购买糖，也不会提供冰箱和电话之类的耐用消费品。古巴政府也必须改变与苏联进行贸易的方式。此前，古巴购买和销售产品只需与中央政府打交道。如今，古巴政府不得不与数百个独立的实体打交道，其中的大多数对古巴要出售的东西并不感兴趣。由于戈尔巴乔夫的改革允许企业以硬通货的形式保留外贸的部分利润，因此没有人愿意将商品卖给古巴。[4]

此外，1990年的经济协议只有一年的有效期，而非通常的五年。在当时的氛围中，这意味着下一个协议只会更糟。1990—1991年的两项变故也确实关上了苏联援助古巴的大门。一是苏联的解体，加盟共和国纷纷脱离并宣布独立，其中就包括联盟中最大的共和国俄罗斯。如今，鲍里斯·叶利钦统治着俄罗斯，他退出了共产党并公开反对援助古巴。另一对卡斯特罗不利的变故是老共产主义卫队发动的一次未遂政变，八名策划者中四人曾是莫斯科"古巴游说团"的成员，他们都是援助古巴的有力支持者。随着政变失败和一些领导人被捕，苏联政府中愿意支持援助古巴的已所剩无几。[5]

苏联与古巴关系紧张的另一主要因素来自外部——美国政府。随着苏联深陷危机，前途未卜，美国突然能对这个冷战时期的老对手施加相当大的影响。1990 年，华盛顿向莫斯科透露，如果停止援助古巴，那么美国就有可能给苏联提供贷款和经济援助。戈尔巴乔夫同意了，并承诺在一年内结束苏联对古巴的贸易补贴。1991 年，美国国务卿詹姆斯·贝克（James Baker）前往莫斯科。与戈尔巴乔夫会面时，他要求苏联从古巴撤出所有军队。戈尔巴乔夫出人意料地同意了，并在之后的新闻发布会上公开宣布撤军。[6]

在哈瓦那的菲德尔·卡斯特罗是通过公开的新闻发布会才得知这一消息。卡斯特罗脸色铁青——撤军当然让人生气，但宣布撤军之前既没有被征求意见，甚至都没有被通知，这更令人恼怒。这和导弹危机如出一辙，当时的苏联在没有与古巴协商的情况下就同意了美国的要求。消息爆出两天后，卡斯特罗在古巴的主要报纸《格拉玛报》（Granma）上发表了一篇措辞尖锐的社论。他写道，苏联的撤军无异于给美国"开了绿灯，好让美国实施侵略古巴的计划"。卡斯特罗坚称他不会接受撤军——除非美国同意从关塔那摩撤出自己的军队。[7]

菲德尔可以说他想说的话，但他知道接下来会发生什么。他在东欧的许多盟友已经放弃了国家社会主义的道路，柏林墙已经不复存在，各共和国正在抛弃苏联。卡斯特罗在 1991 年说道："在这个包围着我们的资本主义海洋中，我们是孤独的——彻底的孤独。"[8] 这是一个新世界，它的出现对卡斯特罗在古巴所做的一切，以及未能做到的一切——都构成了挑战。

一有机会，卡斯特罗就批评席卷东方的变革，以特有的风格表达他的不满。"如今，资本主义改革的倡导者被视为是进步的，[而]马克思列宁主义……以及共产主义的捍卫者则被称为是僵化的。僵化万岁！"卡斯特罗把前盟友放弃社会主义视为背叛。为了说明他的观点，他转向了历史，将苏联改革者等同于1878年古巴冷漠的爱国者，这些人背弃了古巴的事业，向西班牙投降，而今天的古巴人则是拒绝投降的硬骨头爱国者。全国各地的牌子上都写着："古巴：一个永恒的巴拉瓜"——安东尼奥·马赛奥在十年战争中著名的最后落脚点。菲德尔谴责苏联的另一道德资本来自最不可能的地方：1986年切尔诺贝利发生的灾难性核事故。1990年，当苏联不再援助古巴之时，卡斯特罗开设了一个康复中心治疗受灾的苏联儿童。当苏联放弃了社会主义的团结统一时，卡斯特罗以苏联的反面自矜。[9]

无论是治疗苏联儿童还是援引19世纪的爱国者，传达的信息都很明确：古巴将坚持社会主义的道路。1989年12月，卡斯特罗开始用一个新的口号来结束他的演讲，在原先的"祖国或死亡"之外，增加了新的"社会主义或死亡"。

在社会主义和死亡之间，有一个特殊阶段。美国一贯的敌意意味着古巴政府几十年来一直在为"战争时期的特殊阶段"做准备。在东方阵营发生的剧变意味着古巴如今必须在没有战争的情况下，调整这些措施。1990年1月，卡斯特罗首次公开使用"和平时期的特殊阶段"这一短语，这指的是为应对迫在眉睫的经济危机，政府所制定的一个前所未有的紧缩计划。1990年12月30日，《格拉玛报》宣布"特殊阶段"并非马上就要到了，它已经到来。一年后，也就是1991年的圣诞节，苏联解体，事情变得更糟了。[10]

在美国的经济禁运和苏联援助消失的双重压力下，古巴人民的生活变得窘迫。数字为我们提供了一种理解"特殊阶段"古巴经济危机到了何种程度的方式。三年来，国家失去了70%的购买力。1992年，与苏联阵营的贸易突然急剧下降（直至最近还占古巴全部贸易的80%以上）。同苏联的贸易腰斩，与东欧的贸易则几乎不复存在。由于没有燃料来驱动机器，糖的收成在两年内几乎减少了一半。为了节省燃料，政府下令关闭了至少一半的企业，相当一部分劳动力不得不转移（有失业保险）。[11]

然而，这些数字并不能说明古巴人在特殊阶段的日常生活是怎么样的。在生活的各个方面，苏联解体的影响侵入了古巴人生命的每个细胞。日均卡路里消耗量平均下降了三分之一。三十年来的主食——俄罗斯肉罐头、保加利亚蔬菜罐头、德国香肠——都消失了。200种消费品被列入配给品清单，配给品的配额也大幅削减。为了生存，古巴人不得不花更多的钱。政府商店里产品的价格飙升——土豆涨了150%，西红柿涨了125%，大蕉涨了75%。然而涨幅最大，波动最为激烈的还是黑市。例如，鸡肉的官方价格是70分（比索）一磅，但在黑市上——黑市日渐成为古巴人唯一能买到鸡肉的地方——原本1.40比索就能买到的一只两磅重的鸡却要卖到20—30比索。对于一个领养老金的人来说，黑市上一只鸡的价格就大约占了她每月工资（90比索）的三分之一。而古巴比索在黑市上的价值最低跌至1美元兑150比索。[12]

人们不得不尽力而为。他们把炒制的柚子皮称为牛排。在农村，他们用猪油做肥皂；在城市，他们在浴缸里养猪。烧饭改用柴火了，刷牙也不放牙膏了。由于家里实在没什么食物，有些人把狗遗弃在街头。在一家专卖兔肉的旅游餐馆的垃圾箱旁，我还曾看到一只猫的尾巴。女人们抱怨说，她们几乎一夜白头。这既是因为各种物资的短缺使她们压力巨大，也是由于市场上的染发剂全都断货了。[13]

石油短缺也意味着全国变得黑暗了。在一开始，国家还对电力、水和天然气进行配给式供应，在某些地方的某些时段错峰停供。但很快，附近的居民就会连续几天没有其中的一样，或者干脆三者都没有。一位医生突然发现自己在几周内第一次同时有水、电和天然气可用，于是邀请朋友们即兴吃了一顿饭——自带食物和饮料。停电太频繁了，以至于古巴人开玩笑说，他们有进光（alumbrones）而不是停电（apagones）。

事实上，古巴人给这一国家的危急状态开发了一整套词汇，"这并不容易"（No es fácil）成了口头禅，不论是开启谈话，还是结束谈话，抑或从一个话题切到另一个话题，又或是续上令人尴尬的停顿，全都可以用这句话。古巴人还用 inventar（字面意思是发明）一词表示他们为了生存必须做的一切。但他们并不谈论在危机中生存，他们谈论的是 resolviendo（解决），解决一些问题，不是为一个普遍的问题找到解决方案，而是为他们每天必须处理的大大小小的事找到解决方法——换双鞋，搞到药品或生日蛋糕，装满一个空水箱。生存，生活，成为所有这些发明和解决行为的素材。然而，正如古巴人喜欢说的那样，这并不容易。

哈瓦那每次一有什么口号，迈阿密通常就会有另一个。那里的保险杠贴纸写着"明年到哈瓦那去！"《迈阿密先驱报》记者安德烈斯·奥本海默（Andrés Oppenheimer）出版了一本畅销书，书以预测性的论断作为书名：《卡斯特罗的最后时刻》（*Castro's Final Hour*）。保守而强大的古巴裔美国人全国基金会为后卡斯特罗时代的古巴起草了一部宪法，因为在他们看来，如今的古巴所剩的时间显然已经不多了，随着一个又一个社会主义国家变色，古巴能得到的经济支持几乎为零，古巴的经济已凋敝不堪，菲德尔·卡斯特罗势必是"一个行走的死人"了。[14]

华盛顿的政客们也急匆匆地得出了同样的结论。他们认为，卡斯特罗的垮台是不可避免且近在眼前的。不过不管怎么说，推波助澜一下也是合适的。美国于是出台了《古巴民主法案》(*Cuban Democracy Act*)，进一步收紧了对古巴的禁运，而此时古巴正深受苏联解体的影响。除其他事项外，法案规定曾前往古巴的船只在180天内禁止登陆美国。法案还规定，对任何援助古巴的国家，美国总统都有权削减对所涉国家的援助。该法案的提案人，来自新泽西州的民主党人鲍勃·托里切利（Bob Torricelli）直言不讳地阐述了该法案的目的："必须让卡斯特罗屈服"。当美国为1992年的总统选举做准备时，两位候选人——比尔·克林顿和现任总统乔治·H. W. 布什——都支持这项立法。1992年10月24日，布什在迈阿密当着古巴裔美国人全国基金会成员的面，签署了该法案。此时距离他败选还有两周。[15]

尽管美国出台了严苛的法律，还出现了乐观的预言，但卡斯特罗并没有倒台，虽然20世纪90年代初的古巴人真真切切地感受到了困难。《时代》杂志称卡斯特罗是一头冬天的狮子。[16]那时他已经戒掉了日常抽的雪茄，但晚上还是会喝点马提尼。他已近70岁了，但仍身着制服，他的体重增加了一些，胡子也变白了，从远处就能看到他眼睛周围的鱼尾纹。他继续写作、发表长篇演讲，在演讲中抨击美国、资本主义，现在也抨击前共产主义国家的背信弃义。

在这一前所未有的十字路口中，如何解释古巴共产主义政府的继续存在呢？1959年，当古巴不得不面对失去最主要的贸易伙伴——美国——的危机时，卡斯特罗能够依靠两样东西：一个新近革命的强大且充满活力的民众的支持，以及苏联替代性市场的出现。现在时间来到20世纪90年代初,许多情况都发生了变化。

在严峻的形势下,古巴党和政府及时调整了经济发展战略。正如我们所看到的,卡斯特罗首先诉诸的就是严格的紧缩措施。但他知道,这些措施是不够的,政府需要做一些更积极的事情。为此,他发明了一种回归方式——一种有选择、有步骤、有策略地回归到革命前的古巴的方式。政府转向了国际旅游业和外国投资。旅游业最初被视为缓解眼前危机的临时战略,后来则成了古巴经济的重要组成部分。新酒店建了起来,旧酒店也翻新了。孤岛上开起了海滩度假村。面向游客且只接受美元的餐馆、夜总会和特殊商店,在各地都雨后春笋般冒了出来。这些调整几乎立即就收到了成效。1990年,古巴接待了34万名游客;五年后,这一数字增长了近120%,达到74.55万人;至2000年,古巴接待的游客约为175万人,又增长了138%。因此,十年间,国家的旅游总收入从1990年的2.43亿美元增长至2000年的约19亿美元。旅游业成为国家最大的收入来源,超过了不断萎缩的糖业收入以及不断增长的家庭汇款的数额。旅游业成为长期优先发展的重点。[17]

为了促进旅游业的发展,政府还合法化——并积极寻求外国投资。古巴以前就有一些外国投资,但规模非常小,而且有限制,在任何特定实体中外国公司最多只允许持有49%的份额。现在,一切都要重新考虑了。1992年,社会主义宪法得到了修订。三年后,政府颁布了《外国投资法案》(*Foreign Investment Act*)。这些变化加在一起,使得外国公司在古巴做生意变得更容易,也使得他们更有意愿在古巴做生意。他们可以持有大部分的投资股份,可以将所有的利润汇回国内,可以获得暂缓缴税的待遇。至1992年,古巴官员报告说,有30家新的合资企业已经开始运作,另有20家已蓄势待发,还有100家正在谈判中。在新的合资企业中，旅游业占了大头，因为外国（主要是西班牙）公司在全国各地建造新的酒店。智利、加拿大、墨西哥、英国、意大利、以色列、法国、澳大利亚和荷兰的公司也加入进来，对资本密集型项目进行投资，如装瓶厂、镍矿、洗涤剂和盥洗用品工厂、纺织品、电信产业，等等。

1993年，政府推出了另一项重大创新：美元合法化。数十年来，卡斯特罗一直在抨击美国及其对古巴的禁运。突然欢迎美国货币，这一象征意义可能看起来匪夷所思，但这是在对世界现状和古巴现状了解后的一种合理调整。政府知道，公民们手里已经有美元——在不断发展的旅游部门工作的人可以拿到美元，那些在美国有亲戚朋友的人就更不用说了。在大多数情况下，这些美元都进入了黑市。通过使美元合法化，政府重新获得了这一重要收入来源的一部分。古巴人现在可以用美元在国营的美元商店购物——这个商店名称当然不是指商品的价格，而是指商店接受的货币。同年，117个行业获准自许经营，1997年这个数字扩大到157个。政府还允许个人在家里经营小规模的含早旅馆，以及有12个座位的餐厅。这些措施也为国家创造了更多的收入。[18]

专家们后来一致认为，这些调整有助于古巴经济的恢复。新企业带来了急需的收入，并为最近失业的人提供了工作。政府甚至能够得以继续保障社会服务的供给。卫生保健和教育继续像之前一样维持着，古巴仍旧保持了拉丁美洲婴儿死亡率最低和医生人口比例最高的国家的地位。[19]不过，当时没有人确定这些措施会不会奏效。

革命历来以能够平等接受教育为荣，特殊阶段并没有改变这一点，但这一时期人们与教育的关系也确实有所变化。人们不遗余力地维持生计，他们知道硬通货越来越必不可少，因此人们逐步更重视那些可以获得美元的琐碎工作，而把专业工作以及获得这些工作所需的教育置于次要的地位。由于小费和薪水的一小部分以硬通货形式支付，因此服务员、侍者和酒店女佣的收入往往高于教师、建筑师和医生。随着人们流向可以获得美元的工作，许多学生对一些传统职业失去了兴趣，政府很快就不得不面对教师短缺的问题。与此同时，许多留在工作岗位上的专业人员不得不做些其他事情以确保生计。

其他没有机会从事旅游业，或没有什么与工作相关副业的人，又或是没有海外亲友汇款的人，转而搞起了古巴人所说的jineterismo。这个词的字面意思是骑马，但其实更接近拉客的意思。这个词可以指代一系列的活动，包括用美元交易黑市的雪茄，弄到参加萨泰里阿教仪式的路子以获取商品，为了在游客餐厅里免费用餐而担任野导。

早期的革命也以消除——或至少减少制度性的歧视而自豪。虽然种族偏见显然仍旧存在，但政府成功地在一些关键领域缩小了种族的不平等。白人和黑人在诸如婴儿死亡率和预期寿命等方面的鸿沟消失了。1981年，古巴黑人的预期寿命比白人少一岁；而在同一时期的美国，二者的差距是6.3岁。在教育方面也是如此，革命时期，高中和大学毕业的黑人和白人人数大致相同。由于国家是主要的雇主，就业中的种族歧视也减少了。在1964年古巴诗人尼古拉斯·纪廉（Nicolás Guillén）所作的诗歌《我拥有》（*Tengo*）中，革命对种族平等的承诺得到了很好的呈现。"我拥有，瞧瞧/作为黑人/没人可以阻拦我/无论是舞厅或酒吧门口/甚至是酒店前台……"他继续列举了一长串他现在可以做的事，结尾处是一句翻成英文就韵律全无的西班牙句子：Tengo lo que tenía que tener"我拥有我必须拥有的东西。"[20]

特殊阶段有可能对这种状况有所影响，因为很难阻止外国酒店老板的歧视行为。古巴黑人发现他们再次处于不利地位。他们无法进入新的私人酒店和餐馆，因为这些都是外国人在经营的。20世纪90年代末的一首说唱歌曲对纪廉1964年的《我拥有》进行了颠覆性的改编。歌曲用了同样的标题，列出了黑人在"特殊阶段"拥有（和没有）的东西："我有那么多我碰都不能碰的东西/那么多我去都不能去的地方/我在铁囚笼里拥有自由。"[21]

特殊阶段成了时间的分水岭。此后，时间分为特殊阶段之前和特殊阶段之后。有些人怀念20世纪70年代和80年代初相对平等的富足。一位朋友略带缱绻地回忆起70年代，那个时候圣诞玩具是通过抽签出售的。人们随机抽出一个号码，这个号码决定了顾客进入商店的顺序。如果你运气好，抽到的号码小，你就可以买到商店里几乎随便哪个玩具；如果你抽到的号码大，那么那一年给家里小孩挑到心仪玩具的概率就不大。

在深深的不确定性中，有时感觉人们只是在等待——等待情况改善，局势明朗，等待某些事情发生改变。在排队等待之时，或是在6月等待原本5月分配的肉，或是等待水电恢复，或等待一辆从未抵达的巴士，时间一次又一次地被暂停。

对一些人来说，未来变成了——实际上成了——另一个国家。随着经济形势的恶化，加之美国移民政策的唆使，偷渡美国的现象越来越多了。由于无法拿到签证，许多人开始走海路。1990年，美国海岸警卫队拦截了467名古巴漂流者。1993年则创下了3656人的新纪录。无论将视线放在佛罗里达的海岸还是古巴，一切都表明1994年的偷渡人数更多了。[22]

哈瓦那标志性的马莱孔向来熙熙攘攘，如今则变得更加繁忙了。在美国的煽动下，人们聚在那里，分享关于偷渡的消息和传闻，可以看到筏子从下面的岩石间驶出来。面对此情此景，卡斯特罗认为，如果华盛顿能遵照承诺每年发放2万份签证，人们就不会乘坐不耐风浪的船只出海了。不过菲德尔也做了一些其他事情。1994年8月11日，菲德尔宣布古巴政府不会阻止人们离开古巴。[23]

现在，一场海路逃亡危机正在全面展开。古巴人乘坐着各种形式的船只离开。有木筏、小船、绑着漂浮物的车顶、固定在拖拉机轮胎上的松木板、绑在一起或单独使用的内胎。要这些奇怪的船只漂起来，还要它们抵达佛罗里达，看上去似乎是一个奇迹。事实上，的确有许多人未能成功。仅一个月内，海岸警卫队就救了3.7万人。还有很多人——25%至50%的移民——根本没有获救，而是命丧大海。[24]

对于入主白宫不到两年的比尔·克林顿来说，这一切太熟悉了。他还对1980年那一波古巴移民耿耿于怀，那次移民让他失去了阿肯色州州长的职位。"不再有新的马里尔"成了克林顿主政时期白宫的口号。为了尽快结束这场危机，他修改了美国对古巴移民的政策。约翰逊时代给予古巴人自动庇护的法律保持不变，但克林顿对何谓抵达美国采取了新的标准，海上获救的人和到达美国土地的古巴人将被区别对待，这就是后来所称的湿脚/干脚原则。后者如果不属于遭驱逐之列的人员，美国将予以庇护。而那些在海上捞起的人将被遣送回古巴。在此期间，政府想出了具体操作的办法，政府会把被拦截的人员带到美国的关塔那摩海军基地（1991至1993年期间，海地数以万计类似的偷渡者就曾被关押在那里)。[25]

由于古巴人意识到海岸警卫队确实在把人带到关塔那摩，外流人口减少了。此外，经过吉米·卡特、小说家加布里埃尔·加西亚·马尔克斯、墨西哥总统等人的斡旋，古巴政府开始适度地控制移民。美国承诺遵守协议，每年向古巴人发放2万份移民签证。此后的第一年（1995年），18.9万名古巴人申请了美国签证，但只有不到8000人获得批准。

不过，还有一些人更愿意留在国内，而不是跑到国外。戈尔巴乔夫的改革在一些古巴人中燃起了希望，他们在想菲德尔或许会在古巴搞类似的开放。一些独立团体开始形成并积极倡导这种政策。到1991年，已经有十几个小规模的团体。有的团体与保守强大的迈阿密古巴裔美国人有联系，有的则没有。许多人主张搞自由市场，一小部分坚持社会主义。但参与其中的古巴人一直以来都不多。这是由许多因素造成的：对政府真心实意的支持，对可能发生的变化抱有不确定感，日常为了生存危机而焦头烂额，以及一种感觉，即申请签证比试图发起一场和平的革命更有可能成功。

1996年，其中一个团体的领导人奥斯瓦尔多·帕亚（Oswaldo Payá）组织了巴雷拉项目（以19世纪初在纽约支持独立的古巴牧师命名）。古巴宪法允许公民向国民议会建言献策，前提是他们得提交一份至少有一万人签名的请愿书。帕亚起草了一份呼吁进行政治和经济改革的请愿书。2002年，凑够所需的签名数量后，帕亚将提案上交国民议会。此时距吉米·卡特总统访问哈瓦那还有两天。当卡特在直播中公开提及这一提案后，大部分的古巴民众才知道这一提案的存在。卡特离开后不久，政府组织了一次关于宪法修正案的全民公投，意在使古巴的社会主义不可侵犯，无法逆转。

一些观察家用这些一波又一波的行动来解释卡斯特罗政权何以在20世纪90年代严重的经济危机中生存下来，这些因素固然重要，但不能脱离政府为克服特殊阶段的混乱而采取的其他措施——旅游业转向、外国直接投资的出现、适度的内部经济改革措施（美元合法化、自主就业等）。1999年后，一个关键因素是古巴与委内瑞拉新当选的乌戈·查韦斯的关系。后者很快为古巴提供了所需的大部分石油——每天5.3万桶——无需用硬通货支付。[26]所有这些因素使古巴得以与预测相反，顽强地生存下来。

正如西方期待古巴共产主义在20世纪90年代初垮台一样，许多人也期待美国和古巴之间长期冷战的结束。真正的冷战已经结束了，苏联甚至都不存在了，延长对苏联旧盟友的战争还有什么意义？克林顿总统在第一个任期内实现了与越南关系的正常化——越南是个共产主义国家，也是曾经的战争对手。如果美国能与越南和解，显然美国和古巴之间也没有合理的理由继续对峙下去。然而，古巴和美国之间的敌意非但没有减弱，反而进一步加强了。这种态势在某种程度上类似于1959年至1961年的情况，当时任何一方的每个行动都会引起另一方更极端的反应。以1996年的《赫尔姆斯-伯顿法》（*Helms-Burton Act*）为例，该法案强化了对古巴的现有制裁，意欲使对卡斯特罗统治下的古巴的禁运像禁止卡斯特罗本人一样永久化。万一总统想要终止禁运，法案赋予了国会在这方面更高的优先权，即可以推翻总统的决定。法案还授权向古巴境内的异见者团体提供财政支持。[27]

所有这些都对菲德尔·卡斯特罗有利。现在，当他抨击为美国服务的异见者时,他只需简单地指出美国的法律规定。除此之外,他还把《赫尔姆斯-伯顿法》视为可以对等反制的理由。是年底,古巴国民议会通过了第 80 号法律,即《重申古巴尊严和主权法》(*Law Reaffirming Cuban Dignity and Sovereignty*)。第 1 条明确指出:"《赫尔姆斯-伯顿法》是非法的,不可适用,没有任何法律价值或效力。"正如《赫尔姆斯-伯顿法》可以惩罚任何与古巴打交道的个人或公司一样,古巴现在可以惩罚任何直接或间接合作实施《赫尔姆斯-伯顿法》的人。1999 年,政府还颁布了《保护古巴民族独立和经济》的第 88 号法律,对 1996 年的法律进行了拓展。该法规定,与美国广播电台合作或传播来自美国的颠覆性材料等行为,最高可判处 20 年监禁。由于《赫尔姆斯-伯顿法》授权向古巴异见者提供资金,因此该法也将接受此类资金定为犯罪。[28]

1996 年时,最初并不清楚共和党人是否会投票通过《赫尔姆斯-伯顿法》,也不清楚克林顿是否会在通过后签署。当年的 2 月 24 日,古巴击落了两架美国海盗飞机,克林顿便以此为借口,顺利通过了该法案。

为什么这一似乎无休止的对峙一直在持续?虽然两国断断续续地愿意通过后台渠道就移民等问题进行谈判,但对于彼此的戒心并不能如此轻易地消除。由于苏联已经不复存在,菲德尔·卡斯特罗警告古巴人,现在美国入侵的可能性比 60 年代初以来的任何时候都要大。1992 年,当我在哈瓦那的古巴国家档案馆做研究时,外头不时传来爆炸声。政府正在建造地下掩体,以备入侵时使用(到了 90 年代末,在一个典型的弯弯绕绕、黑不溜秋的古巴隧道里,人们在其中种植国际高端旅游市场消费的蘑菇)。古巴政府在最不可能的地方,即岛屿中部的农村小城镇,修建了巨大的防御沟。十年后,当我在中南部海岸的一个小镇上询问居民关于主广场上的沟渠时，人们解释说："以防美国入侵。"他们的这种反应完全是不假思索、脱口而出的，简直是电影的完美素材。2011年获奖的古巴电影《僵尸胡安》（*Juan of the Dead*）准确地把握住了人们的心境。在一幕场景中，古巴政府电台宣布，哈瓦那的僵尸入侵是受美国政府雇佣的异见者所为。2001年6月的一个早晨，菲德尔在烈日下演讲时晕倒了。他自己走回讲台，愉快地宣布，"我没事！"[29]他没有倒下，也没有改变。

更大范围内的冷战已经在数年前结束了，但是古巴和美国之间的战斗还在继续。尽管这乍看起来令人迷惑不解，但我们只需深入了解一下古巴与美国的关系，就会发现这没什么可惊讶的。这两个美洲国家之间的冷战从来都不只是关乎冷战，也不只是涉及共产主义。两国之间的对抗——事实上，主要是——关乎在冷战乃至苏联之前就存在的东西。古巴和美国之间漫长而激烈的交锋是围绕美国霸权和古巴主权之间的斗争，以及关于两者的特点和界限的斗争。但是，对于古巴人来说，坚守自己的主权——反对北方邻居长期以来秉持的应该对古巴进行直接和间接统治的想法——不仅仅是为了强调自身的自治权。从根本上说，这也挑战了美国作为一个国家的概念。古巴历史可以有很多含义，也有很多功能。正如我以前所说的那样，古巴历史能做的众多事情之一，就是映照美国的历史。在这种映照中，追求自由的美帝国——无论是杰斐逊时代，还是罗斯福时代，抑或是里根时代——呈现出不同的面貌。美国压根不是一个追求自由的帝国，而只是一个帝国。这可能是美国政府最不愿意宽恕的地方，冷战结束又有什么影响呢。

第三十三章
开放与封闭

2006年7月31日,古巴电视台的一则意外消息使得不少迈阿密的古巴裔美国人倍感喜悦且充满期待。那一天,一位主持人宣读了菲德尔·卡斯特罗的声明。卡斯特罗生病了,需要进行肠道手术,劳尔·卡斯特罗成为临时总统。然而,宣布之后,小卡斯特罗,如今的临时总统似乎毫无踪影。没有人在哪里看到过劳尔,也没有人听到他说话。关于菲德尔生病的具体情况成了国家机密,一时间谣言四起。

美国向古巴广播,宣布华盛顿支持一个民主的古巴。美国预期古巴人会走上街头推翻政府或出海逃亡,因此国务院设立了一个"作战室"以应对古巴即将发生的崩溃。美国给驻欧洲和美洲的大使们发电报,要求他们与所驻国政府的最高层对话,提醒后者,现在是美国及其盟国在古巴推动多党制选举,以及建设一个没有卡斯特罗的新政府的时候了。[1]

然而事情并没有像美国官员预测的那样发展。除少数几个国家外,他国政府并没有跟着美国的步调走。相反,外国政府给哈瓦那发电报,祝贺新的临时总统上台并祝愿老卡斯特罗早日康复。古巴人也没有遵循华盛顿写的剧本。他们没有涌上街头进行革命,也没有发生所谓的"海上逃亡"。对于大部分人来说,古巴人只是继续着他们的日常生活。

2006年8月13日是菲德尔·卡斯特罗的80岁生日,此时距卡斯特罗最初宣布患病已有两周。一家国营报纸发布了一则消息,敦促古巴人既要保持乐观,也要"随时准备面对坏消息"。在报道所附的几张照片里,卡斯特罗身着阿迪达斯运动服。在其中一张照片中,他举起了一份8月12日的报纸,显然是在表示,外面流传的都是谣言,他还活着,而且很精神。[2]

劳尔·卡斯特罗一直担任代理总统,直至2008年正式就任总统一职。菲德尔仍然是共产党的主席,多年来,他一直穿着标志性的红色、白色或蓝色运动服接待来访的政要。他不再发表演讲,转而在《格拉玛报》写起了"反思",并一如既往地斥责美国的霸权。美国和古巴的冷战,持续时间似乎要比菲德尔·卡斯特罗的统治时间还要长。

劳尔·卡斯特罗上台后,开始制订适度的经济改革方案。尚处襁褓之中且规模非常有限的私人经济有所扩大。新措施允许古巴人购买手机,在没有出境许可的情况下离开古巴,租赁国有土地,出售或购买主要居所,并在数百种职业中从事自营职业。但是,古巴的经济和政治制度仍旧没有根本性的改变,革命和社会主义的持久性仍然是政治话语的基石。不过在风格方面倒是有了显著的不同。劳尔·卡斯特罗的演讲比起菲德尔的要短得多,而且抨击美国的时间也明显减少。他在公开和私下场合都表示过,愿意与华盛顿在共同感兴趣的领域合作——灾害应对、毒品走私、移民问题。在菲德尔·卡斯特罗首次患病时,劳尔就曾发出过这些信号。华盛顿觉得不过又是毫无意义的老一套,因此完全置若罔闻。

但是，在政治和历史中，时机总是很重要。2008年，劳尔·卡斯特罗成为古巴总统。同年，美国人选出了本国的第一个黑人总统：巴拉克·奥巴马。奥巴马似乎对古巴有新的想法。他坚称美国50年的敌对战略没有在古巴国内带来任何变化。此种战略也使美国在欧洲，特别是在拉丁美洲的盟友中被孤立。那里的领导人峰会经常抱怨美国的古巴政策。奥巴马说得很直白：华盛顿的古巴政策从未奏效，在逻辑上没有理由继续下去。他还表示愿意与古巴进行双边会谈——不设任何前提条件。

也许是出于以上原因，奥巴马从一开始就在古巴大受欢迎。在2008年的竞选中，古巴人和世界上的大部分人怀有同样的想法：一个黑人不可能当选美国总统。他们对北方邻居所了解的一切使他们做出了奥巴马会败选的预测。当奥巴马获胜时，许多人欢欣鼓舞。在哈瓦那一个以黑人为主的居住区，人们带着惊讶的笑容出门，他们在想现在可能会有什么变化。"我听着巴拉克·奥巴马的话，"一位非裔古巴知识分子写道，"看看我的皮肤还有孩子的皮肤，我又哭又笑。"有人甚至不无感慨地说这是"我们"的总统。[3]两个半月后，我在哈瓦那与朋友们一起观看了奥巴马的就职典礼，有一件事很明显：奥巴马受欢迎不仅仅是因为他说了什么，还因为他是谁。

菲德尔·卡斯特罗对于黑人当选美国总统不以为意。退休后，菲德尔继续就各种国家和国际问题发表看法——中东和平、气候变化、美国选举。对于奥巴马，他说了几句他通常不会用来评价美国总统的赞美之词，他说奥巴马睿智且秉性温和真诚。但是观看完就职典礼后，卡斯特罗问道，一旦奥巴马意识到，他刚执掌的所有权力在美国体制的巨大矛盾前都是无用的，那么奥巴马的善意还能做些什么呢？作为一个根深蒂固的马克思主义者，他所谓的矛盾可能是指资本主义矛盾。不过他也可能是指更通常意义上的华盛顿政治，包括紧张的两党关系以及既得利益者的力量。卡斯特罗总结说，奥巴马改变不了太多事情。[4]

没过多久，奥巴马和华盛顿就佐证了菲德尔的假设。上任第二天，奥巴马就发布了一项行政命令，要求关闭美国在关塔那摩的监狱，这是整个竞选期间奥巴马一直承诺要做的事。2001年911恐袭之后，乔治·W. 布什政府就把关塔那摩当作反恐战争中关押"敌方战斗人员"的基地。随着布什政府将古巴列入臭名昭著的"邪恶轴心"名单，美国将阿富汗（以及后来的伊拉克）战争中的囚犯也转移到关塔那摩。在这个美国人称为Gitmo的基地，美国法律将不再适用。这正是问题所在。囚犯们无须受到起诉就可以被当局预先无限期地关押，而且在通常情况下远离人们的视线之外。一些人遭到了被华盛顿政府委婉地称之为"攻击性审讯技术"的待遇。200多名联邦调查局特工报告说那里的囚犯受到了虐待。美国海军的总顾问，古巴裔美国人阿尔贝托·莫拉（Alberto Mora）称，关塔那摩是造成伊拉克战斗人员死亡的最大原因之一——"根据招募叛乱分子参加战斗的有效性来判断"。至奥巴马上任时，近800名年龄从13岁到89岁不等的所谓敌方战斗人员已被送往关塔那摩；大多数人都没有被起诉，只有三人已定罪。最高法院已经裁定整个行动违宪。奥巴马在竞选期间曾说，现在是永久关闭关塔那摩的时候了。选举之夜，基地里的囚犯高呼"奥巴马，奥巴马，奥巴马"，他们对新总统的承诺充满信心。当选翌日发布的行政命令表明，奥巴马打算兑现承诺。从此以后，不再有任何美国辖区可以凌驾于法律之上。[5]

然而，在奥巴马第二任期结束时——直到今天——美国在古巴土地上的监狱仍未关闭。共和党的敌意、奥巴马的犹豫不决、各州不愿意接收囚犯、国防部和五角大楼的反对——总之，华盛顿使新总统关闭关塔那摩的承诺落空了。后来，有一个七年级的学生问奥巴马，总统任期内最大的遗憾是什么，奥巴马解释说，关闭关塔那摩是个很棘手的政治问题，"阻力最小的方式就是让它继续保持开放"[6]。菲德尔·卡斯特罗可能会想"我早就告诉过你了"。

不过，在另一个方面，奥巴马却让卡斯特罗感到惊讶。候选人奥巴马曾承诺采取新的古巴政策。在他的第二任期，他兑现了承诺。该政策酝酿了三年之久，主要设计师是本·罗兹，这位白宫高级顾问被奥巴马称为"我们在哈瓦那的人"。罗兹的古巴对接人是劳尔·卡斯特罗的儿子、安哥拉战争的老兵亚历杭德罗·卡斯特罗（Alejandro Castro）。谈判过程波诡云谲，从某种意义上说，两位领导人都愿意搁置疑虑，仿佛扭转50多年来的政策只是一个意愿问题。奥巴马告诉罗兹，他并不担心推行新古巴政策的政治问题。这只是在做正确的事情，"政治会配合我们正在做的事情"[7]。

2014年12月17日正午，巴拉克·奥巴马向全国发表讲话，宣布美国和古巴正走上一条新的道路。在讲话的最后一刻，工作人员意识到奥巴马会在《泰迪·罗斯福冲上圣胡安山》的大型画像前宣布这一消息。他们把活动移到了另一个房间。"美国和古巴之间的历史错综复杂，"奥巴马如此说道，"我们永远不能抹去这段历史。"但现在是时候摆脱历史束缚向前迈进了。双方刚刚交换了囚犯，并会进一步加强在公共卫生、灾难应对以及移民方面的合作；限制旅行、信息、资金流动的措施将大幅放宽；电信联系也会继续得到拓展。此外，美国承诺考虑将古巴从支持恐怖主义的国家的名单上除名。简而言之，两国已经走上了关系正常化的道路。半个多世纪以来，两个国家将首次彼此设立全方位运作的大使馆。这就是奥巴马表达的一切。[8]

几十年来，美国政客们都奉行渐进式的古巴谈判策略——如果古巴做了 X，美国会做 Y 来回应，以此类推，直至实现有意义的变革。奥巴马放弃了这一路线。他于 12 月 17 日发表的讲话不是渐进式的变化，而是与后革命时代的古巴建立新关系的开始。奥巴马不顾批评，先发制人地指出，50 多年来一直做同样的事情却期望有不同的结果，这是不可能的。他念了一句古巴人在"特殊阶段"的口头禅"这不容易"。他还引用了何塞·马蒂的话。也许是本着马蒂的精神，奥巴马用西班牙语说道："我们都是美洲人。"（todos somos Americanos）这是一位现代美国总统使用"美洲"一词而没有将这个词作为美国的同义词。

在奥巴马发表讲话的同一时间，劳尔·卡斯特罗也向全国发表了讲话。他的讲话更简短，更谨慎，也没那么宏大。他首先传达了一个消息，5 名被美国当作间谍关押的古巴人现在将被送回古巴。讲话刚到一半的时候，劳尔说道："我们还同意恢复外交关系。"他就这么简短地说了一句。随后劳尔提醒听众，奥巴马并没有结束对古巴的禁运，只有美国国会才能做到这一点，他呼吁奥巴马运用他所拥有的行政权力修改禁运规定。最后，劳尔表示，古巴有意愿采取旨在实现两国关系正常化的双边措施。[9]虽然劳尔此次的讲话主旨不是很集中，但却是历史性的。此后，古巴人将此次讲话——以及讲话所代表的新开放——称为 17-D。他们上一次直截了当地用日期来称呼某件事是 911 事件，再往前一次则是"七二六运动"。一些重要的事情已经初露曙光，古巴人迫不及待地欢迎这一前景。

事实上，几乎每个地方的每个人——除了少数例外，如俄罗斯和部分迈阿密的古巴裔美国人——都在庆祝。消息传出时,几位拉美国家的总统正在阿根廷参加一个峰会,他们自发地鼓掌回应。美国公众也非常支持这一消息。超过60%的美国人认可两国关系正常化,逾三分之二的人赞成放宽旅行限制。就连许多古巴裔美国人也持肯定意见:44%的人同意关系正常化,48%的人则表示反对。不过,(古巴裔群体中)在美国出生的人以及65岁以下的人,支持变化的人占了绝大多数。年长的流亡者以及他们在华盛顿的代表,是最不认可变化的群体。[10]然而即便在这一群体中,有些意见有时也会令人吃惊不已。我年迈的父母就对这一变化感到高兴。他们认为,事情已经过去太久了,是时候来点变化了。

变化的迹象很快就出现了。美国潜在的投资者几乎立刻就纷至沓来。来自捷蓝航空、谷歌创新实验室、亚马逊、万豪酒店、嘉年华邮轮、迪尔公司、美职篮、北达科他州大麦种植和其他许多公司的代表来到古巴,探索投资和合作的新机会。如同20世纪20年代一样,有名望的名人来到古巴,想要在"变化之前"一睹古巴的风貌:碧昂斯和Jay-Z、卢达克里斯和亚瑟小子、帕里斯·希尔顿和娜奥米·坎贝尔都来了。喜剧演员柯南·奥布莱恩在古巴拍摄了一集他的深夜喜剧节目。他站在哈瓦那老建筑的废墟前,将每座建筑想象为美国连锁店的子公司——盖璞童装(Baby Gap)、露露乐蒙(Lululemon)、福洛客(Foot Locker)。50多年来,两国之间的直邮首次恢复。同样地,两国之间的直航商业航班也是半个多世纪来首次恢复运行。新关系建立的官方标志是——50多年来第一次——哈瓦那设立了全面运作的美国大使馆,在华盛顿也同样设立了全面运作的古巴大使馆。17-D之后的数月间,两国之间发生了众多历史性的第一次。《纽约时报》记者达明·凯夫(Damien Cave)开玩笑说,他都想搞个输入"50多年来首次"的快捷键了。[11]

随后，88年来，一位美国总统首次抵达了古巴。同1928年柯立芝一行一样，哈瓦那做了准备。一些更温和的公告牌取代了充满战斗性的反帝主义公告牌：Haz el bien sin mirar a quien（大意是做正确的事，不管人们怎么想）。道路重新铺设，建筑粉刷一新，窗户也换过了。政府还在国会大厦外浇筑了新的人行道，搞了一个花园。

奥巴马于2016年3月20日棕枝主日下午抵达。奥巴马说，此行"要埋葬美洲最后的冷战残余"。在飞机于何塞·马蒂国际机场降落的几个小时前，我正站在哈瓦那的大教堂里。人们挤满了教堂的每个座位，还有许多人站在侧面的过道和教堂的后面。一位牧师宣读了耶稣胜利抵达耶路撒冷的圣经故事。在信友祷文中，牧师让信众们为所有古巴人的和解祈祷。他祈祷奥巴马总统和卡斯特罗之间即将举行的会晤能得到圣灵的指引，能为古巴和美国人民造福。他举起手臂呼吁大家响应，人群随之报以当天上午最热烈的回应。几分钟后，举行了传统欢乐祥和的和平礼。教堂外，随着下午来临，奥巴马的抵达时间越来越近了，气氛似乎变得胶着。身着便装的国家安全人员随处可见，他们的目光显然是在细致地梳理人群，不放过任何可疑的蛛丝马迹。不一会儿，哈瓦那两个多星期以来第一次出现了乌云，大雨倾盆而下。

这场雨对奥巴马很有帮助。他从空军一号的舷梯走下时，立即给站在身旁的第一夫人米歇尔打伞。一位朋友当时在中哈瓦那①的一家酒吧观看了奥巴马的抵达。他告诉我，坐在他旁边的一位男士在那一刻鼓起了掌。在整个哈瓦那城，古巴人沿着奥巴马的车队路线

---

① 中哈瓦那，古巴首都哈瓦那的一个区。——译者注

聚在一起。他们希望能看到奥巴马及其家人，哪怕只看下他的车队也好，古巴人将车队称为"野兽"——la bestia。在贝达多的利内亚沿线，一位上了年纪的白人妇女很高兴有机会在穿制服的古巴警察面前见到她称之为"我的总统"的人。在街道上方的阳台上，人们兴高采烈地拍摄了奥巴马抵达黑人所有的私人餐厅圣克里斯托瓦尔的过程。在一段录音中，一位女性情不自禁地用英语喊道："哦，我的上帝。"[12]

古巴人知道，奥巴马大力支持无人机战争，还曾下令重新审查美国的驱逐出境制度，他没有关闭臭名昭著的关塔那摩监狱，以及诸如此类的负面消息。但此时此刻，同奥巴马此行所预示的未来相比，以上种种似乎都没那么重要了：有了新的接触，就会有新的机会。人们满怀着迫切且激动的希望。在近来（以及不那么近）的记忆中，没有什么能比奥巴马的访问更符合古巴人民的愿景的了。古巴政府认为，美国的禁运是经济发展的主要障碍，如今有一位美国总统似乎有意愿结束禁运，这一事实使古巴人感受到了一种新的可能性。

毫无疑问，奥巴马一行的高光时刻是其抵达哈瓦那第三天所发表的全国电视讲话。这是一次令人惊讶且引人注目的演讲。奥巴马一改美国在古巴问题上的陈词滥调，不再提及古巴是"被孤立的岛屿"——这是自1962年约翰·F.肯尼迪如此表述后的标准话术。相反，奥巴马像谈论一个正常国家一样谈论古巴，像谈论任何重大历史事件一样谈论古巴革命。他明确地表示反对美国的禁运，并明确承认禁运伤害了古巴人民，这让古巴人震惊不已。如此一来，一位现任美国总统就对美国的古巴政策进行了公开的批评。

不过演讲中最有趣的部分或许是奥巴马谈论古巴历史的方式，

在这次演讲中，有两个时刻特别突出。第一个时刻出现得很早，当美国的第一位黑人总统开始概述两国的联系时，奥巴马宣称：

> 我们流着同样的血液……我们都生活在一个被欧洲人殖民的新世界里。古巴和美国一样，部分是由非洲来的奴隶建设的。与美国一样，古巴人民的遗产可以追溯至奴隶和奴隶主。

共同的奴隶制历史以及共同的种族认同感，被奥巴马视为古巴和美国的共同点。在一个政治话语中很少明确提及种族的国家里，作为访问者，奥巴马似乎在对非裔古巴人说：我看到了你们，我理解你们在古巴的过去和未来所占据的中心地位。

在演讲的最后，奥巴马又回到了种族问题上：

> 我们都意识到，为了促进各自国家的平等，我们还有更多的工作要做——在我们各自的国家都要减少基于种族的歧视。我们希望我们的参与能在古巴提升非裔古巴人的境遇。

一位年长的黑人女性听了奥巴马的话，她后来引用黑人知识分子胡安·雷内·贝当古（Juan René Betancourt）1959年一篇文章的标题来描述她最初的感受："黑人，未来的公民。"古巴裔美国文化评论家安娜·多皮科（Ana Dopico）写道："在那一刻，奥巴马差不多成了美国第一位非裔古巴人总统。"[13]

演讲的第二个惊喜来自奥巴马对古巴与美国历史关系的描绘。当奥巴马谈及革命前的古巴时，他所使用的词汇与古巴政府自己使用的词汇有些许相似之处。奥巴马认为美国把革命前的古巴共和国"当作一个可以剥削的国家，无视其贫穷并助长了腐败"。他似乎在暗示，1959年前的古巴是一个需要革命的国家，或者至少需要与美国建立一种新的关系。谈及古巴人所进行的革命时，奥巴马以尊重的口吻说道,这是一场争取国家主权、受欢迎且有原则的运动。他提到"理想是每场革命的起点——美国革命、古巴革命、世界各地的解放运动"。这种比较将古巴革命视为一场解放战争。从哪里获得解放呢?从美国自身。值得注意的是,一位美国总统在谈到1959年的古巴革命时,紧接着就谈及了1776年的美国革命。美国和古巴之间的冷战已经延续了半个多世纪,而现在,冷战似乎要结束了。

但在历史上,结局——如同开始和中期——通常只有在事后才能知晓。演讲后的第二天,奥巴马离开了哈瓦那。离开之际,美国仍然执行禁运政策,古巴人之前面临的几乎所有障碍依然存在。但绝大多数的古巴人认为,现在有可能出现一些好的变化。我和奥巴马是同一天离开哈瓦那的,我的房东是位虔诚的天主教徒,她在迈阿密有两个已经成年的孩子,为了维持生计,她把家里的一个房间租了出去。离开之时,她与我拥抱告别。

与此同时,即将年满90的菲德尔·卡斯特罗密切关注着奥巴马的访问。彼时菲德尔已经老了,做不了演讲了,但他仍然在《格拉玛报》上发表书面感想。针对奥巴马的演讲,菲德尔给出了一篇1500字的回应,题名就叫"奥巴马兄弟"。他援引了奥巴马有关两国关系的"暖心话语",即两国要捐弃前嫌,满怀希望地展望未来。奥巴马说"我们可以作为朋友、邻居和家人一起走完这段旅程"。从奥巴马的这一声明中,美国人可能会察觉到一种和解乃至乐观的心态。然而菲德尔的长文——上起西班牙征服者的到达,中间涵盖了为争取种族正义的革命斗争以及古巴在安哥拉所扮演的决定性角色,下迄奥巴马一行——表现出了一种怀疑态度。文章不一定是在质疑奥巴马的善意,但文章质疑的是奥巴马或任何一位总统以及任何一个人超越历史的能力。菲德尔写道:"首先要想到的是,我们个人的生命不过是历史上的一瞬,而人类往往高估了自己[在历史上]的角色"。[14]

在写下这些话的 8 个月后,2016 年 11 月 25 日晚间 10 点 29 分,菲德尔·卡斯特罗去世了。公告于午夜时分发出,随后一切都停了下来。音乐俱乐部里的表演者中途停演,电视和广播节目也暂停了。政府宣布哀悼九天,其间不准放音乐,也不能销售酒类。全岛的古巴人都在葬礼登记簿上签名。他们在街道和公路上排队观看庄严的送葬游行。送葬队伍从哈瓦那一路蜿蜒至东部城市圣地亚哥。卡斯特罗的骨灰就安葬在圣地亚哥的主墓地。他的墓十分简单,大卵石般的墓碑上只写了个"FIDEL"。墓地离何塞·马蒂的宏伟陵墓只有几码远。卡斯特罗去世时,充分证明了 1959 年理查德·尼克松的预言:毋庸置疑,卡斯特罗是"古巴发展的一个重要因素",而且其影响力不仅仅局限于古巴。但正如菲德尔本人在奥巴马访问后所说的那样,个人的生命不过是历史的一瞬。

奥巴马的历史性访问结束后不到 8 个月,也就是菲德尔·卡斯特罗去世前两个半星期,希拉里·克林顿赢得了普选,但却在总统选举中败给了唐纳德·特朗普。菲德尔·卡斯特罗熬过了与其仍在世时重叠的十位美国总统,但他没能活着看到美国最奇怪的现代总统上任。同世界各地的人一样,古巴人几乎对任何事物都开玩笑。在特朗普当选和卡斯特罗去世后,有一个笑话说道:菲德尔过去总说,除非美国被摧毁,否则他可不能死。看来特朗普的胜利使他相信这一结果有了保证,所以他选择撒手西去。加拿大的一幅漫画传达了同样的情绪。画面中切·格瓦拉推着坐在轮椅上生病的菲德尔,上方的对话气泡写道："恭喜你，菲德尔，你比美国的民主活得更久。"[15]

对许多古巴人来说，2016 年菲德尔·卡斯特罗的去世意义重大。直至 2018 年 4 月，劳尔·卡斯特罗一直在位。此后，劳尔的副总统米格尔·迪亚斯-卡内尔（Miguel Díaz-Canel）接任总统，米格尔长期以来一直是共产党干部和前高等教育部部长。1959 年古巴革命政权上台时，现任新总统都还没出生。岛上绝大多数人的情况也是如此，数据显示，2019 年的中位年龄是 42 岁，几乎 79% 的人是在 1959 年之后出生的。事实上，大约三分之一的人口是在苏联解体后出生的。[16]

2019 年，古巴通过了一部新宪法。新宪法重申了政府对社会主义的承诺。不过与 1976 年的社会主义宪法相比，这部宪法赋予私有财产更大的作用，并将外国投资作为国家经济发展的重要组成部分本来推进。宪法通过后，其他改革也随之推进起来。国家允许私营企业主持有外币银行账户，且可以不经政府控制的实体直接进出口。

唐纳德·特朗普的当选，以及随之而来的美国古巴政策的变化却产生了重大的影响。就在特朗普当选总统的前几个月，他的商业组织代表还曾前往古巴寻觅投资机会。然而，在特朗普履职期间，他却对其他美国人关闭了所有此类机会。他逆转了奥巴马的破冰之旅，恢复并加强了过去的失败政策。奥巴马为美国居民和公民提供的新旅行机会不复存在。他还禁止美国游轮在古巴停靠，要知道仅在 2018 年，游轮就载了 80 万名游客前往古巴。特朗普还限制了古巴裔美国人向岛上亲属寄钱的金额。除哈瓦那外，特朗普政府终止了美国飞往古巴任何其他城市的航班。特朗普把这些举措说成是为了促进古巴的民主。然而他自己的专制倾向却使他成了一个不伦不类的民主倡导者。特朗普通常是在迈阿密宣布这些新政策的。随着2020年选举的日益临近，此类政策发布的频率越来越高。对他来说，古巴始终是他的绝招。[17]

毫无疑问，哈瓦那政府感受到了特朗普政策的刺痛。古巴每年收到的汇款超过36亿美元，特朗普政府限制汇款的举措大大打击了这一收入来源，而剥夺旅行机会则使古巴政府又失去了数十亿美元的收入。但古巴政府仍有一些选择，据此至少可以部分缓解特朗普收紧禁运政策带来的挑战。俄罗斯和委内瑞拉设法顶住美国的制裁和压力，仍在提供石油进口；中国的新投资使中国成为仅次于加拿大的古巴第二大贸易伙伴；古巴政府与加拿大的一家企业合作，希望该企业能在古巴西部的一座新矿里找到黄金。这些投资的规模以及所有这些努力的收益至少都有助于克服危机。

许多古巴人也受到了特朗普政策的影响。之前有一些人希望好好利用美国游客来做一些小生意，如今他们又关了门，把购物车叠了起来。旅行和汇款的减少意味着人们不能再指望来自国外的家人和朋友的帮助。石油供应的减少使得交通运输变得更加困难。食品供应锐减，队伍越来越长，价格也日益攀升。人们早上5点起床排队买鸡肉，面包价格上涨了20%，电费翻了三番。到处都有人开始谈论——谈论另一个如同苏联解体后那段时间的"特殊阶段"。有些人说，新的危机甚至会更加糟糕。除了特朗普外，Covid-19的大流行等历史都是影响因素。迁延日久之后，政府开始实施一项政策，旨在消除长期存在的双币制以统一货币。这是一个非常痛苦的过程，那些无法获得硬通货的人对此感受更深。在特朗普担任总统期间，上述群体的规模变得越来越大。正如一位古巴教师在2020年说道，"特朗普想把我们都活埋了"。

出于以上原因,约瑟夫·拜登的当选——他在竞选期间承诺扭转特朗普伤害古巴人民的政策——受到了古巴人民的热烈欢迎。2020年11月7日,古巴人并没有像美国人那样在亚特兰大和费城的街上跳舞。但是,至少在那一刻,他们觉得自己也许马上就能畅快呼吸了。

当然,未来怎样还远未明朗。拜登上任后究竟会做什么,仍然是个未知数。不过不管怎么说,古巴人民日常生活的改善不仅仅取决于谁入主白宫,还取决于古巴政府如何应对危机,以及政府如何规划前进的道路。或许我们有必要回顾一下霍华德·津恩关于历史的警告:历史永远不能只被理解为国家的记忆。对于未来而言或许也是如此。因为历史毫无疑问不仅仅是所涉及的两个政府行动的总和。如是观之,真正的问题就在于,古巴人民能有多少空间来开辟他们想要和应该得到的未来。

尾声
如果纪念碑会说话

1902年12月，特奥多罗·拉莫斯·布兰科（Teodoro Ramos Blanco）在哈瓦那出生，恰好与古巴共和国同年。两年又几个月后，即1905年3月18日，特奥多罗·拉莫斯·布兰科被带到基韦斯特这座众多古巴雪茄工人安家的城市，他和母亲及年幼的弟弟去那里看望父亲。长期以来，古巴和美国之间存在着连接彼此的旅行和移民网络，幼年的特奥多罗·拉莫斯·布兰科已经是这一网络的一部分了。15岁时，他进入了哈瓦那的专业艺术学校圣亚历杭德罗（San Alejandro）。该校成立于1818年，其初衷就是为了限制像他这样的黑人在艺术领域的影响，因为黑人在那个时候就已经在艺术领域占据了主导地位。为了负担学费和生活费，他当了11年的警察。作为一个年轻人，特奥多罗已经熟悉了诞生于奴隶制和殖民制度，并在解放和独立后以不同形式重塑的排斥制度与结构，因此各种成功和国际声誉接踵而至。1928年，他赢得了给著名非裔古巴将军安东尼奥·马赛奥的母亲玛丽安娜·格拉哈莱斯（Mariana Grajales）设计大型国家纪念碑的竞赛，许多非裔美国人都以这位将军的名字给自己的儿子命名。正如雕像中所描绘的那样，母亲伫立在儿子面前，指着前处的远方，似乎在暗示他要继续前进。

在取得这一早期成就后的几十年中，拉莫斯·布兰科一直在构想古巴的历史，并以大理石和青铜的形式赋予其坚固的形式。事实上，他给本书中出现的许多人物都制作了纪念碑：普拉西多，诗人和有色人种，因在 1843 年和 1844 年的反奴隶制密谋中所发挥的作用而遭处决；胡安·瓜尔韦托·戈麦斯，父母都是奴隶，本人是民权斗士和《普拉特修正案》的激烈批评者；安东尼奥·吉特拉斯，激进的政府部长，生于宾夕法尼亚，母亲是美国人，父亲是古巴人，1933 年革命期间他将一些美国财产收归国有。有的时候，拉莫斯·布兰科还给其他国家的黑人制作雕塑：兰斯顿·休斯（Langston Hughes），哈勒姆文艺复兴的开拓者，不止一次访问过哈瓦那；亨利·克里斯托夫（Henri Christophe）和让-雅克·德萨林斯（Jean-Jacques Dessalines），他们都是海地革命的领导人，对古巴的历史至关重要。无须惊讶，拉莫斯·布兰科还为古巴两位最著名的英雄制作了多个纪念碑：安东尼奥·马赛奥和何塞·马蒂。他给两人都制作了半身像，并将它们捐赠给美国人民和机构——霍华德大学、埃利亚诺·罗斯福、巴尔的摩市。他给马赛奥立的纪念碑坐落在古巴西部的一个地方，正是在那儿，马赛奥将军于 1896 年 12 月 7 日被西班牙军队杀死。他还在一个古老的采石场竖起了马蒂的半身像，就在这个采石场里，彼时年仅 17 岁的马蒂被西班牙政府强迫戴着镣铐干活。纪念碑离哈瓦那大学不远，落成后成了政治朝圣点。学生们的游行始于此也终于此。当富尔亨西奥·巴蒂斯塔于 1952 年发动政变时，学生活动家们为 1940 年宪法举行了葬礼，这传达出一种重要的象征意义。在其职业生涯中，拉莫斯·布兰科用双手塑造了历史，为古巴历史上一些最伟大的人物制作了纪念碑。这些纪念碑就像是沉默静止的见证人，历史在这些纪念碑的影子下继续铺展开来。[1]

一个国家或一个时代的书面历史有时就像个传奇，这个传奇是由雕塑家所为之制作纪念碑的英雄所推动的，但有的时候，一个国家或一个时代的书面历史不是由特殊的个人，而是由更抽象的力量——社会阶层、开创性的思想或经济结构推动的。有时，历史的发展就像是巨大的变革同顽固的传承在较量。事件仿佛复写本般一页一页地堆积起来，每一页都为之后的事件留下痕迹。

但是，如果历史就是所有这些东西，那么历史同时也是寄寓其中的无数生命。让我们想想，从克里斯托弗·哥伦布到来之前到如今，在古巴的漫长历史中，所有可能在某个时刻生活过的人。这些人中的每个人都是他们所创造的历史的体现和凝结。历史上的大事——征服、奴役、革命、战争——一点点地传导至个人生活中，像石头或泥土一样塑造着他们。历史创造了人，人也创造了历史。如此日复一日地循环往复，笨拙地为周遭的世界赋予意义，其运作方式往往同伟人的史诗相契合。

也许这就是为什么特奥多罗·拉莫斯·布兰科（为著名的英雄制作纪念碑的人）也喜欢雕刻无名的人，雕刻那些可能每天都从他的纪念碑前走过的人。在木头、青铜和大理石上，他也为他们雕刻了美丽的雕像。其中一个简单地命名为《奴隶》（*The Slave*）的雕像在1929年的塞维利亚世界博览会上赢得了第一名；另一个名为《黑人老妇》（*Negra Vieja*）的雕像则被纽约现代艺术博物馆永久收藏。布兰科最负盛名的作品之一是在白色大理石上雕刻了一位黑人女性的头和脸。他给这件在哈瓦那国家艺术博物馆永久展出的作品起了一个回味无穷的名字：《内心生活》（*Interior Life*）。女人的面部平静，仿佛若有所思，两只眼睛闭着。她可以是一个正在思考昨晚发生了什么事的女人，也可以是五百多年来，与本书中的古巴历史相交叉的数百万的女性中的任何一个。她可能在回忆第一次戴着锁链来到古巴，在古巴海岸边锋利的珊瑚上行走时的感觉，她或许在想萤火虫是如何照亮奴隶小屋内部的。她可以是在1912年的种族暴力中为（被残忍杀害的）爱人哀悼的女人；可以是1933年或1957年的一位年轻活动家，担心在刚刚策划的集会上警察会施暴；可以是一个在脑海中读出词的新读者；可以是一个18世纪或20世纪的糖业工人，她的骨头能感受到收获的痛苦；可以是一位准备前往非洲抗击埃博拉病毒的医生，也可以是一位正在考虑前往美国大地的潜在移民；可以是一个在大流行病中想起母亲临终时的女儿，也可以是一个向圣母祈祷安全分娩的准妈妈。拉莫斯·布兰科也创作了几件这样的作品，其中就包括马里亚瑙工人保育院入口处高耸的母子雕像。在革命的旋涡中，当我的母亲独自一人进医院分娩时，她在门口看到了那座雕像，此时距离我们离开古巴还有10个月。

当我们将几个世纪一扫而过时，重要的是对这些生命稍做停留。用19世纪海地历史学家埃米尔·诺（Émile Nau）的话说，不仅仅是要提到他们，而是要仿佛在他们中间行走一样，努力通过他们的眼睛来把握历史。在很多方面，这一尝试都是不可能的——我们无法轻而易举地置身他人的位置。但这种尝试本身是至关重要的，此种尝试有可能打破我们对民族、地方和过去的认知（即使是短暂的突破），促使我们以不同的方式窥视这个世界，以更人性化的尺度把握历史，甚至可能通过他人的眼睛来审视自身。

这种尝试还有可能使我们以不同的方式理解现在和未来。如果每个当下都是一个十字路口，那么如今看起来则尤其如此，当今许多事情——从地球的命运到种族和经济正义的可能性——似乎都处于危险之中。这一特殊的当下可能蕴含着古巴和美国之间新关系的可能性，蕴含着一个摆脱过去60年的敌意以及在此之前长期存在的强加的不平等的机会。但是，这一未来，同过去一样，也将孕育数十亿人的生命。如果我们想以合乎道德的方式构建未来，那么我们就需要了解以前的情况，意识到在一个地方采取的行动会在其他地方产生影响，并在面对未来的诸多挑战时表现出宽容和谦逊。最后，过去和未来还需要相互认可，否则就不可能有正义或和解。如果特奥多罗·拉莫斯·布兰科的纪念碑能够做见证并说话，我想它们可能就会说这样的话。

致　谢

我是从 2015 年开始撰写此书的，不过我着手理解古巴及其历史的旅程在数十年前就开启了。如果要逐一感谢每个曾帮助过我的人——不论是作为老师、导师，还是作为同伴、帮手和对话者——那么致谢一章所占的篇幅将与本书最长的章节一样多。因此，我将尽量简短一些。我要感谢许多古巴的历史学家和学者，我借鉴了他们的工作成果，从中受惠良多。其中包括玛丽亚·德尔·卡门·巴尔西亚、塞缪尔·法伯、托马斯·费尔南德斯·罗拜纳、雷纳尔多·富内斯、塞萨尔·加西亚·阿亚拉、胡里奥·塞萨尔·古安切、莉莉安·格拉、奥列达·赫维亚·莱尼耶、玛丽亚·德洛斯·安吉列斯·梅里尼奥、孔苏埃洛·纳兰霍、艾斯纳达·佩雷拉、路易斯·佩雷斯、何塞·安东尼奥·皮克拉斯、安东尼奥·何塞·庞特、拉斐尔·罗哈斯、祖莱卡·罗迈、爱德华多·托雷斯·奎瓦斯、卡洛斯·贝内加斯、奥斯卡·扎内蒂、迈克尔·泽斯克、罗伯托·苏尔瓦诺。我很幸运他们能成为我的朋友。自我写作此书以来，我原来的几位古巴历史方面的指导者已经去世了，他们是：豪尔赫·伊巴拉、恩里克·洛佩斯·梅萨以及费尔南多·马丁内斯·埃雷迪亚。但他们付出的工作和记忆会在本作品中得到呈现。

我还很幸运地拥有许多朋友和同事。他们阅读了本书的各个章节，并提出了宝贵的意见和建议：埃斯特·艾伦、贝蒂·班克斯、曼努埃尔·巴西亚、大卫·贝尔、汤姆·本德、詹姆斯·布莱特、迈克尔·布斯塔曼特、米歇尔·切斯、罗宾·达维农、玛丽亚·埃莱娜·迪亚斯、安娜·多比科、洛朗·杜波依斯、安妮·埃勒、妮可·尤斯塔斯、艾莎·芬奇、贝基·戈茨、费丝·希利斯、玛莎·霍兹、玛丽亚·伊格莱西亚斯、萨拉·约翰逊、珍妮特·朗、贝内迪克托·马查瓦、詹妮弗·摩根、埃琳娜·施耐德、丽贝卡·斯科特、弗兰妮·沙利文、辛克莱·汤姆森和芭芭拉·韦恩斯坦。几位勇敢的人自告奋勇要阅读整个手稿，我立即抓住了这一机会。我要真诚地感谢亚历杭德罗·德拉福恩特、史蒂文·哈恩和利桑德罗·佩雷斯，感谢他们通读全文并提出了宝贵的见解。多年来，一些优秀的研究生帮我核查史实，辅助我研究，其中许多人现在都成了我的校友：琼·弗洛雷斯、阿纳萨·希克斯、萨拉·科扎梅、凯亚纳·诺斯、阿米尔卡·奥尔蒂斯、米莉亚·彭萨克、凯瑟琳·普拉茨和托尼·伍德。当然，文中倘有任何差错，责任都在于我。

一些机构为此项目提供了重要的支持。我要感谢古根海姆基金会和纽约大学教务长的全球研究倡议。项目初期，我在巴黎社科院担任暑期访问教授，在此期间我的研究取得了很大进展；我得感谢让·弗雷德里克·绍布的邀请，还要感谢罗米·桑切斯、玛莎·琼斯和让·赫布拉德在我造访期间对项目的参与。我在纽约公共图书馆的多萝西与刘易斯·B.库尔曼学者和作家中心担任研究员期间，撰写了本书的重要部分，很难想象有比这更适合搞学术的地方了。我还要衷心地感谢此项目，感谢项目主任萨尔瓦多·斯皮博纳，以及项目的工作人员劳伦·戈登伯格和保罗·德拉韦尔达克，感谢他们的好意和热情。我的研究员同伴们则给我提供了源源不断的灵感和情谊：大卫·贝尔、珍妮弗·克罗夫特、玛丽·迪尔伯恩、沃纳·格罗克、弗朗辛·J. 哈里斯、菲斯·希利斯、玛莎·霍德斯、布鲁克·霍姆斯、卡兰·马哈詹、科里·罗宾、玛丽莎·西尔弗、柯门·乌里韦、阿曼达·瓦伊尔和弗朗西斯·威尔逊。我还要一并感谢我在库尔曼的那一年，以及那里出色的图书管理员为我提供的所有帮助：帕洛玛·塞利斯·卡尔巴加尔、伊恩·福勒、梅丽莎·加斯帕罗托、丹尼斯·希贝和汤姆·兰诺。迈阿密大学古巴遗产馆的工作人员也对我助益良多，我要特别感谢阿曼达·莫雷诺和马丁·唐，他们亲切地帮助我对照片进行研究。拉米罗·费尔南德斯让我有机会接触他无与伦比的四万多张古巴照片，他是善意和耐心的典范。

我感到非常幸运的是，这本书能在斯克里布纳落地。我要感谢南·格雷厄姆、莉兹·梅耶和丹尼尔·洛德尔的支持，还要感谢艾米丽·波尔森、莎拉·戈德伯格和杰森·查佩尔为本书所做的所有工作。编辑科林·哈里森工作出色，十分热心，他使本书变得更好。经纪人盖尔·罗斯给本书题目提了些建议并一直忙前忙后，使如今的一切成为可能。我在西蒙与舒斯特公司的老朋友伊莉莎·肖科夫，以及在小布朗公司的特蕾西·贝哈尔在此过程中给我提供了宝贵的见解，他们的友情始终伴我左右。

我的家庭——丈夫格雷格以及女儿阿琳娜和露西娅——多年来一直与本书同在。早在我构思此书的几十年前，格雷格就发表了关于题目的想法且一直给予我爱与支持。阿琳娜和露西娅有时认为我过于劳累了。不过我想她们也知道，她们是我的世界和快乐源泉。对于他们三人，我的感谢永远无法充分表达我所亏欠他们的一切，以及他们对我意味着什么。

我在古巴出生的那个家庭在此书中随处可见。在我将完成此书之时，我93岁的母亲去世了；我在她的床边撰写并修改了部分内容。我的父亲当时还活着，此书出版前不久，他刚刚满100岁。我美丽的妹妹艾莎在迈阿密生活和工作，她承担了照顾父母的大部分责任，也总是设法来陪我。我的父母永远看不到这本书了；两个同父异母的兄弟也看不到，他们已经不在人世，我永远无法得知他们是否会在书中认出自己或他们的祖先。我永远不会知道我是否成功地在我的古巴历史中为他们留出了空间，我希望我做到了。我还希望，通过最终写下这段历史——这段造就了他们也造就了我的历史——我或许能够更轻松地承担起历史的负担和祝福。

注 释

前言 此与彼

1. Howard Zinn, *A People's History of the United States* (New York: Harper Classics, 2005), 9-10; Leo Tolstoy, *War and Peace* (London: Wordsworth Classics, 1997), 939.

2. Louis A. Pérez, *The War of 1898: The United States and Cuba in History and Historiography* (Chapel Hill: University of North Carolina Press, 1998); Emilio Roig de Leuschenring, *Cuba no debe su independencia a los Estados Unidos* (Havana: Sociedad Cubana de Estudio Historieos e Internacionales 1950).

第一章 天堂与地狱

1. A classic formulation of this distinction is Michel-Rolph Trouillot, *Silencing the Past: Power and the Production of History* (Boston: Beacon Press, 1995).

2. Christopher Columbus, *The Journal of Christopher Columbus (During His First Voyage, 1492-1493)*, trans. Clements R. Markham (London: Hakluyt Society, 1893), 15; Felipe Fernández-Armesto, *Columbus on Himself* (Indianapolis: Hackett, 2010), 32; Tony Horwitz, *A Voyage Long and Strange* (New York: Picador, 2008), 51.

3. Columbus, *Journal*, 37.

4. Horwitz, *A Voyage*, 3.

5. David Ramsay, *History of the United States* (Philadelphia: M. Carey, 1817); George Bancroft, *History of the United States* (Boston: Charles Bowen, 1834); Jill Lepore, *These Truths: A History of the United States* (New York: Norton, 2018).

6. Lepore, *These Truths*, 9-10. 该项目由纽约时报记者 Nikole Hannah Jones 发起,主张重新想象始于 1619 年的美国历史,1619 年也正是第一个非洲奴隶到达英属北美的那一年。See "The 1619 Project," *The New York Times*, , August 14, 2019.

7. Thomas Jefferson to Archibald Stuart, January 25, 1786, in *Founders Online*, National Archives (hereafter FONA), https://founders.archives.gov/documents/Jefferson/01-09-02-0192.

8. Columbus, *Journal*, 38-39, 43.

9. Columbus, *Journal*, 60-63.

10. Columbus, *Journal*, 74.

11. Horwitz, *A Voyage*, 68-69; Irving Rouse, *The Tainos: Rise and Decline of the People*

Who Greeted Columbus (New Haven, CT: Yale University Press, 1992), 145-47.

12. Samuel Wilson, *Hispaniola: Caribbean Chiefdoms* (Tuscaloosa: University of Alabama Press, 1990), 92; Noble David Cook, *Born to Die: Disease and New World Conquest, 1492-1650* (Cambridge: Cambridge University Press, 1998), 58. 一个数量较低的估计最近引发了对该问题的争议。See David Reich and Orlando Patterson, "Ancient DNA is Changing How We Think About the Caribbean," *The New York Times*, December 23, 2020.

13. Lepore, *These Truths*, 25.

14. Bartolomé de Las Casas, *A Short Account of the Destruction of the Indies*, ed. and trans. Nigel Griffin (New York: Penguin, 2004), 27-28.

15. Las Casas, *Short Account*, 28-29.

16. William Keegan and Corinne Hofman, *The Caribbean Before Columbus* (New York: Oxford University Press, 2017), 13; Luis Martínez-Fernández, *Key to the New World: A History of Early Colonial Cuba* (Gainesville: University of Florida Press, 2018), 29-34; Sidney Mintz, *Caribbean Transformations* (New York: Routledge, 2017), 188.

17. Charles C. Mann, *1493: Uncovering the New World Columbus Created* (New York: Knopf, 2011), 308-9; Antonio M. Stevens Arroyo, *Cave of the Jagua: The Mythological World of the Taínos* (Scranton: University of Scranton Press, 2006), 224.

18. Irene Wright, *Early History of Cuba, 1492-1586* (New York: Macmillan, 1916), 102-3.

19. Vicente Murga Sanz, ed., *Cedulario Puertorriqueño: Compilación, estudio y notas* (Rio Piedras: Universidad de Puerto Rico, 1961).

20. Arthur Helps, *The Spanish Conquest in America and Its Relation to the History of Slavery and to the Government of Colonies*, 4 vols., ed. M. Oppenheim (London: John Lane, 1900), 1:264-67.

21. Murga Sanz, *Cedulario Puertorriqueño*, 157.

22. Wright, *Early History of Cuba*, 64, 81.

23. Wright, *Early History of Cuba*, 136.

24. Juan Pérez de la Riva, "A World Destroyed" in *The Cuba Reader: History, Culture, Politics*, eds. Aviva Chomsky, Barry Carr, Alfredo Prieto, and Pamela María Smorkaloff (Durham, NC: Duke University Press, 2003), 22-24.

25. Wright, *Early History of Cuba*, 72.

26. Bernal Díaz del Castillo, *The History and Conquest of New Spain*, ed. David Carrasco (Albuquerque: University of New Mexico Press, 2008), 19.

27. Wright, *Early History of Cuba*, 190; Alejandro de la Fuente, *Havana and the Atlantic in the Sixteenth Century* (Chapel Hill: University of North Carolina Press, 2008), 3.

28. Wright, *Early History of Cuba*, 63-64; Levi Marrero, *Cuba: Economía y sociedad*, vol. 1, *Siglo XVI: La presencia europea* (Madrid: Editorial Playor, 1978), 220.

29. José Barreiro,"Indigenous Cuba: Hidden in Plain Sight", *American Indian* 18, no. 4 (Winter 2017); interview with Beatriz Marcheco Teruel, director of Cuba's National Center of Medical Genetics, Cubahora, August 16, 2018, http://www. cubahora. cu/ciencia - y - tecnologia/de-donde-venimos-los-cubanos-segun-estudios-de-adn.

第二章 西印度群岛的钥匙

1. Louise Chipley Slavicek, *Ponce de León* (Philadelphia: Chelsea House, 2003), 45.

2. Robert S.Weddle, *Spanish Sea:The Gulf of Mexico in North American Discovery, 1500-1685* (College Station:Texas A&M Press, 1985), 42; Vicente Murga Sanz, *Ponce de León* (Ponce: Pontificia Universidad Católica de Puerto Rico, 2015), 109.

3. Marrero, *Cuba*, 1:139.

4. De la Fuente 预测十年后约有 40 个西班牙家庭。See de la Fuente, *Havana and the Atlantic*, 5, 82-83.

5. Sherry Johnson,"Introduction", *Cuban Studies* 34 (2003): 1-10.

6. Marrero, *Cuba: Economía y Sociedad*, vol. 2, *Siglo XVI, La Economía*, 139-42.

7. Marrero, *Cuba*, 2:156; Oscar Zanetti, *Historia Mínima de Cuba* (Mexico City: Colegio de Mexico, 2013), 45-47; De la Fuente, *Havana and the Atlantic*, 51-53.

8. Marrero, *Cuba*, 2:143.

9. 对于袭击的描述基于以下档案: *Colección de documentos inéditos relativos al descubrimiento . . . de las antiguas posesiones españolas de ultramar*, Series II (hereafter *CODOIN* II) (Madrid: Sucesores de la Rivadeneyra, 1885-1932), 6:364-437; 引用出现在 365。Wright, *Early History of Cuba*, 235-41。

10. *CODOIN* II, 6:368-69.

11. *CODOIN* II, 6:372-74, 378, 436.

12. Wright,*Early History of Cuba*, 346.

13. Karen Kupperman, *Roanoke: The Abandoned Colony* (Lanham, MD: Rowman & Littlefield, 2007), 5.

14. De la Fuente, *Havana and the Atlantic*, 77-78.

15. De la Fuente, *Havana and the Atlantic*, 69.

16. David Wheat, *Atlantic Africa and the Spanish Caribbean, 1570-1640* (Chapel Hill: University of North Carolina Press, 2018), 274-75; de la Fuente, *Havana and the Atlantic*, 107; slavevoyages.org 网站有三个数据库: the Transatlantic Slave Trade Database (hereafter TSTD), the Transatlantic Slave Trade Estimates Database (TSTD - E), and the Intra - American Slave Trade Database (IASTD). TSTD, https://slavevoyages. org/voyages/mPTF8byb.

17. De la Fuente, *Havana and the Atlantic*, 136-46.

18. Alejandro de la Fuente,"Slaves and the Creation of Legal Rights in Cuba" in *Hispanic*

American Historical Review 87（2007）：659-92；Wheat, *Atlantic Africa*, 280；Kenneth Kiple, *Blacks in Colonial Cuba, 1774-1899*（Gainesville：University of Florida Press, 1976）.

19. Frank Tannenbaum, *Slave and Citizen：The Negro in the Americas*（New York：Knopf, 1947）. 最近关于奴隶制比较法的出色作品是 Alejan-dro de la Fuente and Ariela Gross, *Becoming Free, Becoming Black：Race, Freedom, and Law in Cuba, Virginia, and Louisiana*（New York：Cambridge University Press, 2020）。

20. "Ordenanzas de Alonso de Cáceres" in *Documentos para la historia de Cuba*, ed. Hortensia Pichardo（Havana：Editorial de Ciencias Sociales）, 1：114.

21. "Ordenanzas de Alonso de Cáceres," 1：114.

22. Louis A. Pérez, *Cuba：Between Reform and Revolution*, 3rd ed.（New York：Oxford University Press, 2006）, 31.

第三章 童贞圣女铜像

1. Olga Portuondo Zúñiga, *La Virgen de la Caridad del Cobre：Símbolo de la cubanía*（Santiago de Cuba：Editorial Oriente, 2001）, 37-86；Salvador Larrua-Guedes, *Historia de Nuestra Señora la Virgen de la Caridad del Cobre*（Miami：Ediciones Universal, 2011）, 1：125-29；José Luciano Franco, *Las minas de Santiago del Prado y la rebelión de los cobreros, 1530-1800*（Havana：Editorial de Ciencias Sociales, 1975）；Levi Marrero, *Los esclavos y la Virgen del Cobre：Dos siglos de lucha por la libertad de Cuba*（Miami：Ediciones Universal, 1980）.

2. 我对于特异现象描述基于的是 Juan Moreno 于1687年作出的证词。关于原始档案的副本，西班牙语翻译和英语翻译，请见 El Cobre, Cuba, University of California, Santa Cruz, http：//humwp.ucsc.edu/elcobre/voices_apparition.html. 这份1687年的证词是此次特异现象目击者之一留下的唯一档案记录。María Elena Díaz, *The Virgin, the King and the Royal Slaves of El Cobre*（Stanford, CA：Stanford University Press, 2000）, ch. 5.

3. Larrua-Guedes, *Historia*, 1：140-41.

4. Larrua-Guedes, *Historia*, 1：142-50, and Jalane Schmidt, *Cachita's Streets：The Virgin of Charity, Race, and Revolution in Cuba*（Durham, NC：Duke University Press, 2015）, 27.

5. Larrua-Guedes, *Historia*, 1：163, 173-75.

6. Portuondo, *Virgen*, 130；Franco, *Minas*, 30-33.

7. Díaz, *Virgin*, 70-71；Franco, *Minas*, 36-37.

8. Díaz, *Virgin*, 60, 79-83, 339-40；关于此份请愿的英语版本在 El Cobre, Cuba, University of California, Santa Cruz, http：//humwp.ucsc.edu/elcobre/voices_petition.html.

9. Díaz, *Virgin*, 92, 147；Larrua Guedes, *Historia*, 1：228.

10. Portuondo, *Virgen*, 153-54；Díaz, *Virgin*, ch. 6；Franco, *Minas*, 39-41.

11. María Elena Díaz, "To Live as a *Pueblo*：A Contentious Endeavor, El Cobre, Cuba",

in *Afro-Latino Voices*, ed. Kathryn Joy McKnight and Leo Garofolo (Indianapolis: Hackett, 2009), 137-40.

12. Larrua Guedes, *Historia*, 1:295-96. 这封信也提到了圣安东尼奥,1782 年,为了应对反复的干旱,市政府将圣安东尼奥命名为田野和花园的守护神。

13. Larrua Guedes, *Historia*, 1:301-2; the Royal Cédula is reprinted in Franco, *Minas*, 133-45.

14. Portuondo, *Virgen*, 218-27; Schmidt, *Cachita's Streets*, 54-58.

15. Ada Ferrer, *Freedom's Mirror: Cuba and Haiti in the Age of Revolution* (New York: Cambridge University Press, 2014), 233; Julio Corbea, "Autógrafos en los libros de visita de la Virgen de la Caridad del Cobre", *Del Caribe*, 57-58: 73-82. 这一纪念碑由古巴雕塑师 Alberto Lescay 制作。

第四章 佛罗里达换哈瓦那

1. Robert Burton, "The Siege and Capture of Havana in 1762", *Maryland Historical Magazine* 4 (1909), 326.

2. Elena Schneider, *The Occupation of Havana: War, Trade, and Slavery in the Atlantic World* (Chapel Hill: University of North Carolina Press, 2018), 68; Nelson Vance Russell, "The Reaction in England and America to the Capture of Havana, 1762", *Hispanic American Historical Review* 9 (1929), 303.

3. Robert Burton, "Siege," 321.

4. Schneider, *Occupation of Havana*, 63-65.

5. Amalia Rodríguez, ed., *Cinco diarios del sitio de la Habana* (Havana: Archivo Nacional de Cuba, 1963), 46; Guillermo de Blanck, ed., *Papeles sobre la toma de La Habana por los ingleses en 1762* (Havana: Archivo Nacional de Cuba, 1948), 199-201; Sonia Keppel, *Three Brothers at Havana, 1762* (Salisbury, UK: M. Russell, 1981), 32.

6. Schneider, *Occupation of Havana*, 138.

7. Blanck, *Papeles*, 199 – 201; A. Rodríguez, *Cinco diarios*, 70 – 72; Burton, "Siege", 327.

8. Burton, "Siege", 327-28; Patrick MacKellar, *A Correct Journal of the Landing of His Majesty's Forces on the Island of Cuba, and the Siege and Surrender of the Havannah*, August 13, 1762, 2nd ed. (Boston: Green & Russell, 1762), 4-5; Antonio Bachillery Morales, *Cuba: Monografía histórica que comprende desde la pérdida de La Habana hasta la restauración española* (1883; repr., Havana: Oficina del Historiador, 1962), 40-41.

9. *An Authentic Journal of the Siege of Havana* (London: Jeffries, 1762), 11, 13; Bachiller y Morales, *Cuba*, 38-40; MacKellar, *Correct Journal*, 4; Schneider, *Occupation of Havana*, 138; Allan Kuethe, *Cuba, 1753-1815: Crown Military and Society* (Knoxville: University of Tennessee Press, 1986), 17.

10. Schneider, *Occupation of Havana*, 17; Kuethe, *Cuba*, 16-17.

11. *Authentic Journal*, 22-23.

12. Bachiller y Morales, *Cuba*, 52-54; Blanck, *Papeles*, 181-82; A. Rodríguez, *Cinco diarios*, 25, 29, 33 - 35; 102; MacKellar, *Correct Journal*, 5 - 6. On the role of Black soldiers, see Schneider, *Occupation of Havana*, ch. 3; César García del Pino, *Toma de La Habana por los ingleses y sus antecedentes* (Havana: Cienias Sociales, 2002), 94.

13. Bachiller y Morales, *Cuba*, 84-85; Ferrer, *Freedom's Mirror*, ch. 7.

14. Thomas Mante, *The History of the Late War in North-America* (London: Strahan & Cadell, 1772), 461; Burton, "Siege", 328-29; MacKellar, *Correct Journal*, 7.

15. *Authentic Journal*, 22-23.

16. A. Rodríguez, *Cinco diarios*, 31-35, 48, 99-100; Mante, *Late War*, 461; Burton, "Siege", 329; Keppel, *Three Brothers*, 65; David Syrett, ed., *The Siege and Capture of Havana: 1762* (London: Navy Records Society, 1970), 323-24.

17. Syrett, *Siege*, xxv.

18. Schneider, *Occupation of Havana*, 69, 121.

19. A. Rodríguez, *Cinco diarios*, 25, 27, 32, 49, 50-59.

20. Asa B. Gardiner, *The Havana Expedition of 1762 in the War with Spain* (Providence: Rhode Island Historical Society, 1898), 172; Blanck, *Papeles*, 73-77.

21. Gardiner, *Havana Expedition*, 174-76.

22. Levi Redfield, *A Succinct Account of Some Memorable Events and Remarkable Occurrences in the Life of Levi Redfield* (Brattleborough, VT: B. Smead, 1798), 2-3; and certificate issued by the Connecticut Adjutant General's Office, Jan. 25, 1901, in Ancestry.com, "U.S., Sons of the American Revolution Membership Applications, 1889-1970."

23. Burton, "Siege", 329; MacKellar, *Correct Journal*.

24. *Authentic Journal*, 33-35; MacKellar, *Correct Journal*, 13; Burton, "Siege", 332; Bachiller y Morales, *Cuba*, 64-66; A. Rodríguez, *Cinco diarios*, 59.

25. Bachiller y Morales, *Cuba*, 66; MacKellar, *Correct Journal*, 15 - 16; *Authentic Journal*, 38 - 39; Gardiner, *Havana Expedition*, 184; A. Rodríguez, *Cinco diarios*, 62, 117-18.

26. Fred Anderson, *A People's Army: Massachusetts Soldiers and Society in the Seven Years' War* (Chapel Hill: University of North Carolina Press, 1984), 22 - 23; Russell, "Reaction", 312-13; Hugh Thomas, *Cuba: The Pursuit of Freedom* (New York: Harper & Row, 1971), 42-43; Rev. Joseph Treat, *A Thanksgiving Sermon, Occasion'd by the Glorious News of the Reduction of the Havannah* (New York: H. Gaine, 1762).

27. Bishop of Havana, May 7, 1763, in Archivo General de Indias (hereafter AGI), Estado, leg. 7, exp. 9.

28. Thomas, *Cuba: The Pursuit of Freedom*, 43; Keppel, *Three Brothers*, 78 - 79; Gardiner, *Havana Expedition*, 185.

29. Blanck, *Papeles*, 92-93; *The Papers of Henry Laurens* (hereafter *PHL*), (Columbia: South Carolina Historical Society, 1970), 2:115n; Redfield, *Succinct Account*, 8; *The Two Putnams, Israel and Rufus, in the Havana Expedition, 1762* (Hartford: Connecticut Historical Society, 1931), 9; Schneider, *Occupation of Havana*, 181.

30. Schneider, *Occupation of Havana*, 197.

31. Sidney Mintz, *Sweetness and Power: The Place of Sugar in Modern History* (New York: Penguin, 1986).

32. TSTD - E, https://www.slavevoyages.org/estimates/gPw1xOTE and https://www.slavevoyages.org/estimates/PyPGntzn.

33. Manuel Moreno Fraginals, *El ingenio: Complejo económico social Cubano del azúcar* (Havana: Editorial de Ciencias Sociales, 1978), 1:36.

34. Schneider, *Occupation of Havana*, 199; Thomas, *Cuba: The Pursuit of Freedom*, 51; Marrero, *Cuba: Economía y sociedad*, vol. 12, *Azúcar, ilustración y conciencia (1763 - 1868)*, 4.

35. Moreno Fraginals, *El ingenio*, 1:27-36; Schneider, *Occupation of Havana*, 205-14; Thomas, *Cuba: The Pursuit of Freedom*, 3-4, 49-51; Peggy Liss, *Atlantic Empires: The Network of Trade and Revolution, 1713-1826* (Baltimore: Johns Hopkins University Press, 1982), 79-80.

36. Francis Thackeray, *History of the Right Honorable William Pitt* (London: Rivington, 1827), vol. 2, ch. 19, p. 14.

37. José María de la Torre, *Lo que fuimos y lo que somos, o La Habana antigua y moderna* (Havana: Spencer y Cía, 1857), 170; David Narrett, *Adventurism and Empire: The Struggle for Mastery in the Louisiana-Florida Borderlands* (Chapel Hill: University of North Carolina Press, 2015), 65-68.

38. Schneider, *Occupation of Havana*, 243-44; Blanck, *Papeles*, 181-82. "Testimonio de las diligencias practicadas sobre el pago hecho a diferentes dueños de esclavos a quienes en nombre de su Magestad se dió libertad . . ." in AGI, Santo Domingo, 2209. 我很感激 Elena Schneider 将此文件分享给我。

39. Gustavo Placer Cervera, *Ejército y milicias en la Cuba colonial* (Havana: Embajada de España en Cuba, 2009), 55-63.

40. Thomas, *Cuba: The Pursuit of Freedom*, 61; Marrero, *Cuba*, 12:36.

第五章 最惠国

1. Rafael de la Luz, Havana, January 14, 1776, in AGI, Cuba, 1221, ff. 316-17, available in English with other correspondence on the Uchiz visits to Havana, at Florida History Online, http://www.unf.edu/floridahistoryonline/Projects/uchize/index.html. *Uchiz* 一词是西班牙语指称被英国人称为奥齐兹克里克人的一群人。See James L. Hill, "'Bring them

what they lack': Spanish-Creek Exchange and Alliance Making in a Maritime Borderland, 1763-1783", *Early American Studies* 12 (2014), 36-67.

2. *Morning Post* (London), January 12, 1779, in New-York Historical Society, *Collections of the New-York Historical Society for the Year, 1888* (New York: NYHS, 1889), 277; John Adams to Samuel Adams, December 7, 1778, and Arthur Lee to Benjamin Franklin, March 5, 1777, FONA; Robert W. Smith, *Amid a Warring World: American Foreign Relations, 1775-1815* (Washington, DC: Potomac Books, 2012), 8-9.

3. L.T. Cummins, *Spanish Observers and the American Revolution, 1775-1783* (Baton Rouge: Louisiana State University Press, 1991), 55-59.

4. American Commissioners to the Committee of Secret Correspondence, March 12, 1777, and A. Lee to Franklin and Deane, March 16, 1777, FONA; Cummins, *Spanish Observers*, 60; Stanley Stein and Barbara Stein, *Apogee of Empire: Spain and New Spain in the Age of Charles III, 1759-1789* (Baltimore: Johns Hopkins University Press, 2003), 256.

5. Helen Matzke McCadden, "Juan de Miralles and the American Revolution," *Americas* 29 (1973): 360; Nikolaus Böttcher, "Juan de Miralles: Un comerciante cubano en la guerra de independencia norteamericana", *Anuario de Estudios Americanos* 57 (2000): 178-79; Cummins, *Spanish Observers*, 105-8.

6. Cummins, *Spanish Observers*, 108-10, 125; J. Rutledge, April 18, 1778, in *PHL*, 13:146.

7. McCadden, "Juan de Miralles", 361; Andrew Mellick, *The Story of an Old Farm, or Life in New Jersey in the Eighteenth Century* (Somerville, NJ: Unionist Gazette, 1889), 485-86; Cummins, *Spanish Observers*, 115-16, 124-25.

8. Martin, *Catholics and the American Revolution* (Ridley Park, PA, 1907), 1:298-301; Charles Rappleye, *Robert Morris, Financier of the American Revolution* (New York: Simon & Schuster, 2010), 206; McCadden, "Juan de Miralles", 362; H. Laurens to Governor Navarro, Havana, October 27, 1778; and H. Laurens to John Laurens, July 26, 1778, in *PHL*, 14:455 and 14:80-81. See also *PHL*, 14:196n; Cummins, *Spanish Observers*, 130; General Orders, December 25, 1778, FONA.

9. Archivo Nacional de Cuba (hereafter ANC), Asuntos Políticos (hereafter AP), leg. 99, exp. 67; Cummins, *Spanish Observers*, 126-27; Rappleye, *Robert Morris*, 207.

10. Library of Congress, *Journals of the Continental Congress, 1774-1789* (Washington, DC: US Government Printing Office, 1909), 15:1082-84; McCadden, "Juan de Miralles", 362-64; Washington to Morris, October 4, 1778, and Miralles to Washington, October 2, 1779, FONA.

11. Washington to Lafayette, September 30, 1779; Miralles to Washington, October 2, 1779; Washington to John Sullivan, September 3, 1779, FONA.

12. James Thacher, *Military Journal during the American Revolutionary War* (Boston: Cottons & Barnard, 1827), 181.

13. Rappleye, *Robert Morris*, 208; Thacher, *Military Journal*, 188 – 89; Griffin, *Catholics*, 1:303 – 4; Washington to Navarro, April 30, 1780, FONA; Rendón to Navarro, May 5, 1780, in Library of Congress, Manuscripts Division (hereafter LCMD), Aileen Moore Topping Papers, Box 1, Folder 4.

14. James A. Lewis, "Anglo – American Entrepreneurs in Havana: The Background and Significance of the Expulsion of 1784 – 1785", in *The North American Role in the Spanish Imperial Economy*, ed. Jacques Barbier and Allan Kuethe (Manchester: Manchester University Press, 1984), Table 38; *The Papers of Robert Morris* (hereafter *PRM*), (Pittsburgh: University of Pittsburgh Press, 1996), 8:63, 67.

15. Stephen Bonsal, *When the French Were Here: A Narrative of the Sojourn of the French Forces in America and Their Contribution to the York town Campaign* (Port Washington, NY: Kennikat Press, 1965), 119.

16. Francisco Saavedra, *Journal of Don Francisco Saavedra* (Gainesville: University of Florida Press, 1989), 200-11. 对于妇女们是否真的捐献出自己的珠宝仍有争议。See James Lewis, "Las Damas de la Habana, el Precursor, and Francisco de Saavedra: Some Notes on Spanish Participation in the Battle of Yorktown", *Americas* 37 (1980), 83-99.

17. J. J. Jusserand, *With Americans of Past and Present Days* (New York: Charles Scribner's Sons, 1916), 78-79; *The Journal of Claude Blanchard* (Albany, NY: J. Munsell, 1876), 143; Eduardo Tejera, *Ayuda de España y Cuba a la Independencia Norteamericana* (Editorial Luz de Luna, 2009), 231, 233; Bonsal, *When the French*, 119-20; Washington to Lafayette, September 2, 1781, and General Orders, September 6, 1781, both FONA.

18. Conde de Aranda in *La revolución americana de 1776 y el mundo hispano: Ensayos y documentos*, ed. Mario Rodríguez (Madrid: Editorial Tecnos, 1976), 63-66; Stein and Stein, *Apogee*, 345-46.

19. Lewis, "Anglo-American Entrepreneurs", 121.

20. 印刷了此条法令的报纸有: *Pennsylvania Evening Post* (Philadelphia), May 19, 1783; *Freeman's Journal* (Philadelphia), May 21, 1783; *Mary-land Gazette* (Annapolis), May 22, 1783; *Newport Mercury* (Newport, RI), May 24, 1783; and *South Carolina Gazette* (Charleston), June 3, 1783。Rendón to Uznaga, June 15, 1783, in LCMD, Topping Papers, Box 2, Folder 3.

21. *PRM*, 8:475-6.

22. Lewis, "Anglo-American Entrepreneurs", 122-23.

23. Linda Salvucci, "Atlantic Intersections: Early American Commerce and the Rise of the Spanish West Indies (Cuba)", *Business History Review* 79 (2005).

第六章　糖的革命

1. Thomas, *Cuba: The Pursuit of Freedom*, 82.

2. TSTD, https://slavevoyages.org/voyages/FjxKjHRo.

3. Ferrer, *Freedom's Mirror*, 29-31.

4. Ferrer, *Freedom's Mirror*, 33-35.

5. Ferrer, *Freedom's Mirror*, 22, 35-36.

6. TSTD, https://www.slavevoyages.org/voyages/IfiSVxkc and https://www.slavevoyages.org/voyages/HAVSASzB. Ferrer, *Freedom's Mirror*, 37.

7. Ferrer, *Freedom's Mirror*, 283.

8. Mary GardnerLowell, *New Year in Cuba: Mary Gardner Lowell's Travel Diary, 1831-1832* (Boston: Northeastern University Press, 2003), 89.

9. Daniel Rood, *The Reinvention of Atlantic Slavery: Technology, Labor, Race, and Capitalism in the Greater Caribbean* (New York: Oxford University Press, 2017), 19-20.

10. Frederika Bremer, *Cartas desde Cuba* (Havana: Editorial Arte y Literatura, 1981), 78-99; Richard Henry Dana, *To Cuba and Back* (Boston: Ticknor & Fields, 1859), 112-42; Letter from Mrs. Wilson to "My dear little friend", Camarioca, April 18, 1819, in Bristol Historical and Preservation Society (hereafter BHPS), DeWolf Family Papers, Box 10, Folder 77.

11. "Expediente criminal contra Francisco Fuertes", in ANC, AP, leg. 9, exp. 27; Ferrer, *Freedom's Mirror*, 213-23.

12. Gertrudis Gómez de Avellaneda, *Autobiografía y epistolarios de amor*, ed. Alexander Roselló-Selimov (Newark, DE: Juan de la Cuesta, 1999), 51.

13. Peter Fregent to Duque de Infantado, June 29, 1826, in AGI, Estado, leg. 86B, exp. 78.

14. Ada Ferrer, "Speaking of Haiti: Slavery, Revolution, and Freedom in Cuban Slave Testimony", in *The World of the Haitian Revolution*, eds. David Geggus and Norman Fiering (Bloomington: Indiana University Press, 2009), 223-47; David Geggus, "Slavery, War, and Revolution in the Greater Caribbean", in *A Turbulent Time: The French Revolution and the Greater Caribbean*, eds. David Geggus and David Barry Gaspar (Bloomington: Indiana University Press, 1997), 46-49.

15. "Autos sobre el incendio de Peñas Altas", in ANC, AP, leg. 13, exp. 1; Las Casas to Príncipe de la Paz, December 16, 1795, in AGI, Estado, leg. 5B, exp. 176.

16. Ferrer, *Freedom's Mirror*, ch. 7, and Digital Aponte, http://aponte.hosting.nyu.edu/.

17. Ferrer, *Freedom's Mirror*, 325.

第七章 亚当斯的苹果

1. Stephen Chambers, *No God but Gain: The Untold Story of Cuban Slavery, the Monroe Doctrine, and the Making of the United States* (New York: Verso, 2015), 3, 7-8, 99, 107,

145-48; TSTD, https://www.slavevoyages.org/voyage/data base # searchId = agomJNP5; Cynthia Mestad Johnson, *James DeWolf and the Rhode Island Slave Trade* (Charleston, SC: History Press, 2014), 50-51, 64; John Quincy Adams, *Memoirs of John Quincy Adams, Comprising Portions of his Diary from 1795 to 1848* (Philadelphia: J. B. Lippincott, 1875), 5:486; Leonardo Marques, *The United States and the Transatlantic Slave Trade* (New Haven, CT: Yale University Press, 2016), 28-32; Marcus Rediker, *The Slave Ship: A Human History* (New York: Penguin, 2007), 343-46; Lowell, *New Year*, 176.

2. Rafael Rojas, *Cuba Mexicana: La historia de una anexión imposible* (Mexico City: Secretaría de Relaciones Exteriores, 2001), 112.

3. Jefferson to Madison, April 27, 1809, FONA.

4. José Luciano Franco, *Politica continental americana de España en Cuba, 1812-1830* (Havana: Archivo Nacional de Cuba, 1947), 16; Philip Foner, *A History of Cuba and Its Relations with the United States* (New York: International, 1962), 1:130.

5. J. Q. Adams to Hugh Nelson, April 28, 1823, in *Writings of John Quincy Adams*, ed. Worthington Chauncey Ford (New York: Macmillan, 1913-17), 7:372-73; Herminio Portell Vilá, *Historia de Cuba en sus relaciones con los Estados Unidos y España* (Miami: Mnemosyne, 1969), 1:226.

6. Ari Kelman, *A River and Its City: The Nature of Landscape in New Orleans* (Berkeley: University of California Press, 2003), 2; Walter Johnson, *River of Dark Dreams: Slavery and Empire in the Cotton Kingdom* (Cambridge, MA: Harvard University Press, 2013), 84.

7. J. Q. Adams to Hugh Nelson, April 28, 1823, *Writings of John Quincy Adams*, 7:373.

8. Francisco Dionisio Vives to Juan Antonio Gómez, May 14 and May 20, 1825, AGI, Estado, leg. 17, exp. 101.

9. Chambers, *No God but Gain*, 93, 96; Portell Vilá, *Historia de Cuba*, 1:207.

10. Foner, *A History of Cuba*, 1:141.

11. J. Q. Adams, *Memoirs*, 6:70; Foner, *A History of Cuba*, 1:141-42; Ernest May, *The Making of the Monroe Doctrine* (Cambridge, MA: Harvard University Press, 1974), 43.

12. J. Q. Adams, *Memoirs*, 6:70-73. See also Foner, *A History of Cuba*, 1:141-43; Portell Vilá, *Historia de Cuba*, 1:214-15.

13. Portell Vilá, *Historia de Cuba*, 1:217-18; Chambers, *No God but Gain*, 108; Louis A. Pérez, *Cuba: Between Reform and Revolution*, 64.

14. J. Q. Adams, *Memoirs*, 6:137-39; Foner, *A History of Cuba*, 1:103-5.

15. F. E. Chadwick, *Relations of the United States and Spain* (New York: Charles Scribner's Sons, 1909), 224-25; Vidal Morales y Morales, *Iniciadores y primeros mártires de la revolución cubana* (Havana: Cultural, 1931), 55; Foner, *A History of Cuba*, 1:104, 120; Andres Pletch, "Isles of Exception: Slavery, Law, and Counterrevolutionary Governance in Cuba" (PhD diss., University of Michigan, 1997).

16. Zanetti, *Historia mínima*, 130; Manuel Barcia, *The Great African Slave Revolt of*

1825: *Cuba and the Fight for Freedom in Matanzas* (Baton Rouge: Louisiana State University Press, 2012).

17. Jorge Ibarra: *Varela, el precursor*: *Un estudio de época* (Havana: Ciencias Sociales, 2004); Enrique López Mesa, *Algunos aspectos culturales de la comunidad cubana de NewYork durante el siglo xix* (Havana: Centro de Estudios Martianos, 2002), 14; J. J. McCadden, "The New York to Cuba Axis of Father Varela", *Americas* 20 (1964), 376–92. 2002 年, Varela 的名词被用于命名一个持不同政见者项目, 该项目试图利用 1976 年宪法的某一条款来推动改革。

18. Chambers, *No God but Gain*, 122.

19. Jefferson to Monroe, June 23, 1823, and October 24, 1823, FONA; Adams, *Memoirs*, 6:185–87; Caitlin Fitz, *Our Sister Republics*: *The United States in an Age of American Revolutions* (New York: Liveright, 2016), 156–58.

20. Adams, *Memoirs*, 6:177–78, 186.

21. Monroe Doctrine, www.ourdocuments.gov; Jay Sexton, *The Monroe Doctrine*: *Empire and Nation in Nineteenth-Century America* (New York: Hill & Wang, 2011), 51–53; R. Rojas, *Cuba Mexicana*, 113, 162–67, 234–35.

22. Roland T. Ely, "The Old Cuba Trade: Highlights and Case Studies of Cuban-American Interdependence during the Nineteenth Century", *Business History Review* 38 (1964), 458n9; Dana, *To Cuba and Back*, 127–30; Robert Albion, *The Rise of New York Port, 1815–1860* (New York: Scribner, 1970), 178; Gerald Horne, *Race to Revolution*:*The United States and Cuba during Slavery and Jim Crow* (New York: Monthly Review Press, 2014), 69.

23. 根据 *Slave Voyages* 一书的估计, 大约有 541 名非洲俘虏在古巴登陆(778 年); 913 名则是在 1820 年奴隶贸易已被定为非法后到达的(551 年)。除这些直接从非洲被带到古巴的人之外, 另有 117941 名非洲人在贸易中从美洲的其他地方被带到古巴。See IASTD, https://www.slavevoyages.org/voyages/HAVSASzB.

24. Horne, *Race to Revolution*, 62; C. M. Johnson, *James DeWolf*, ch. 9, and Thomas DeWolf, *Inheriting the Trade*: *A Northern Family Confronts Its Legacy* (Boston: Beacon Press, 2008).

25. Lisandro Pérez, *Sugar, Cigars, and Revolution*: *The Making of Cuban New York* (New York: New York University Press, 2018), 27–28; Chambers, *No God but Gain*, 18; DeWolf, *Inheriting the Trade*, 42.

26. BHPS, "Nueva Esperanza Account Book".

27. Ely, "Old Cuba Trade", 458–59; Lisandro Pérez, *Sugar, Cigars, and Revolution*, 29–30.

28. DeWolf, *Inheriting the Trade*. Also BHPS, Benson Research Files, Box 4; "Nueva Esperanza Account Book", "Misc. Notes on Cuba", and Joseph Seymour's Journal of New Hope Estate, 1834–39. See also Rafael Ocasio, *A Bristol, Rhode Island and Matanzas, Cuba*

Slavery Connection:*The Diary of George Howe*（Lanham, MD: Lexington Books, 2019）.

29. Joseph Goodwin diary, excerpted in DeWolf, *Inheriting the Trade*, 186;"Diary of George Howe, Esq. 1832-1834", entry for January 5, 1833, in BHPS.

30. Horne, *Race to Revolution*, 52; Louis A. Pérez,"Cuba and the United States", *Cuban Studies* 21（1991）; Laird Bergad, *Cuban Rural Society in the Nineteenth Century*:*The Social and Economic History of Monoculture in Matanzas*（Princeton, NJ: Princeton University Press, 1990）; Moreno Fraginals, *Ingenio*, 1:141.

第八章　酷刑计划

1. Rita Llanes Miqueli, *Víctimas del año del cuero*（Havana: Ciencias Sociales, 1984）, 46-53; Enildo García, *Cuba*: *Plácido, poeta mulato de la emancipación*（New York: Senda Nueva Ediciones, 1986）, ch. 1; Matthew Pettway, *Cuban Literature in the Age of Black Insurrection*: *Manzano, Plácido, and Afro-Latino Religion*（Jackson: University Press of Mississippi, 2020）, 14-15, 93.

2. Aisha Finch, *Rethinking Slave Rebellion in Cuba*: *La Escalera and the Insurgencies of 1841-1844*（Chapel Hill: University of North Carolina Press, 2016）, 119-21; Robert Paquette, *Sugar Is Made with Blood*:*The Conspiracy of La Escalera and the Conflict Between Empires over Slavery in Cuba*（Middletown, CT:Wesleyan University Press, 1988）, 259-60.

3. Finch, *Rethinking Slave Rebellion*, 126-27; Paquette, *Sugar Is Made with Blood*, 258-63.

4. Thomas, *Cuba*:*The Pursuit of Freedom*, 122, 146-48, 154, 203, 207; Dick Cluster and Rafael Hernández, *The History of Havana*（New York: Palgrave Macmillan, 2006）, 77; Expediente reservado sobre un motín de negros en la propiedad de Domingo Aldama, Archivo Historico Nacional（Madrid）, Ultramar, leg. 8, exp. 10.

5. Paquette, *Sugar Is Made with Blood*, 152-56.

6. Paquette, *Sugar Is Made with Blood*, 156-66; Finch, *Rethinking Slave Rebellion*, 115-29.

7. Finch, *Rethinking Slave Rebellion*, 128-29.

8. Paquette,*Sugar Is Made with Blood*, 192.

9. Finch, *Rethinking Slave Rebellion*, 128; Paquette, *Sugar Is Made with Blood*, 201.

10. Finch, *Rethinking Slave Rebellion*, 82-85; Paquette, *Sugar Is Made with Blood*, 177-78.

11. John Wurdemann, *Notes on Cuba*（Boston: J. Munroe, 1844）, 271-72; Jane Landers, *Atlantic Creoles in the Age of Revolutions*（Cambridge, MA: Harvard University Press, 2010）, 223.

12. Finch, *Rethinking Slave Rebellion*, 148.

13. Paquette, *Sugar Is Made with Blood*, 214; Alberto Perret Ballester, *El azúcar en*

Matanzas y sus dueños en La Habana: Apuntes y iconografía (Havana: Ciencias Sociales, 2007), 331-32; María del Carmen Barcia Zequeira and Manuel Barcia Paz,"La conspiración de la Escalera: El precio de una traición", *Catauro* 2, no. 3 (2001), 199-204; E. García, *Cuba*, 54; Lisandro Pérez, *Sugar, Cigars, and Revolution*, 95-99.

  14. In addition to Finch and Paquette, the major works on this extended episode are Gloria García, *Conspiraciones y revueltas: La actitud política de los negros (1790-1845)* (Santiago de Cuba: Editorial Oriente, 2003); Manuel Barcia, *Seeds of Insurrection: Domination and Resistance on Western Cuban Plantations, 1808-1848* (Baton Rouge: Louisiana State University Press, 2000); Michele Reid-Vazquez, *The Year of the Lash: Free People of Color in Cuba and the Nineteenth-Century Atlantic World* (Athens: University of Georgia Press, 2011); José Luciano Franco, *La gesta heroica del triunvirato* (Havana: Editorial de Ciencias Sociales, 2012).

  15. Paquette, *Sugar Is Made with Blood*, 220-22.

  16. Matthew Karp, *This Vast Southern Empire* (Cambridge, MA: Harvard University Press, 2016), 61-67; *Daily Picayune* (New Orleans), May 28, 1843.

  17. Maria Gowen Brooks to W. B. Force, September 3, 1844, Maria Gowen Brooks Papers, New York Public Library, Berg Division; William C. Van Norman, *Shade Grown Slavery: Life and Labor on Coffee Plantations in Western Cuba, 1790-1845* (Chapel Hill: University of North Carolina Press, 2005), 77.

  18. Paquette,*Sugar Is Made with Blood*, 225-26; Rodolfo Bofill Phinney,"Los naúfragos cubanos del Mayflower", June 25, 2014, www.cubaencuentro.com.

  19. Paquette, *Sugar Is Made with Blood*, 221-23, 228-29, 258-59; Landers, *Atlantic Creoles*, 224-25; Gregory Downs, *The Second American Revolution: The Civil War-Era Struggle over Cuba and the Rebirth of the American Republic* (Chapel Hill: University of North Carolina Press, 2019), 63.

  20. Paquette, *Sugar Is Made with Blood*, 232, 259-61; E. García, *Cuba*, 55, 59; Finch, *Rethinking Slave Rebellion*, 119; *Daily Picayune* (New Orleans), April 20, 1844.

  21. Reid-Vazquez, *Year of the Lash*, 65-67; Paquette, *Sugar Is Made with Blood*, 232.

第九章 统治的梦想

  1. Felice Belman,"Worst Inauguration Ever? That Would Probably Be Franklin Pierce's in 1853", *Boston Globe*, January 18, 2017; Daniel Fate Brooks,"The Faces of William Rufus King", *Alabama Heritage* 69 (Summer 2003), 14-23. Franklin Pierce Inaugural Address, March 4, 1853, University of Virginia, Miller Center, http://millercenter.org/president/pierce/speeches/speech-3553. On the significance of Cuba in the election of 1852, see Gregory Downs, *Second American Revolution*, 55, 72-74.

  2. Mrs. Frank Leslie,"Scenes in Sun-Lands", *Frank Leslie's Popular Monthly* 6, no. 1

(July 1878), 417.

3. Wurdeman, *Notes on Cuba*, 7, 137; William H. Hurlbert, *Gan-Eden: Or Pictures of Cuba* (Boston: John Jewett, 1854), 134; Bremer, *Cartas desde Cuba*, 81-82, 90; Dana, *To Cuba and Back*, 123.

4. Thomas Balcerski, *Bosom Friends: The Intimate World of James Buchanan and William Rufus King* (New York: Oxford University Press, 2019), 165-66.

5. The description of King's visit and swearing in comes from "The Week", *Pen and Pencil: Weekly Journal of Literature, Science, Art and News* (Cincinnati, OH), 1, 17 (April 23, 1853), 543-44; "Vice President King," South Carolina Historical Society, Barbot Family Papers, file 11/67/24; Balcerski, *Bosom Friends*, 166; Brooks, "The Faces"; Perret Ballester, *El azúcar*, 193.

6. Warren Howard, *American Slavers and the Federal Law, 1837-1862* (Berkeley: University of California Press, 1963), 192-93, 201, 269; José Luciano Franco, *Comercio clandestino de esclavos* (Havana: Ciencias Sociales, 1980), 231-32; Arthur Corwin, *Spain and the Abolition of Slavery in Cuba* (Austin: University of Texas Press, 1967), 62-63; David R. Murray, *Odious Commerce: Britain, Spain, and the Abolition of the Cuban Slave Trade* (New York: Cambridge University Press, 1980), 185; María del Carmen Barcia Zequeira, Miriam Herrera Jerez, Adrián Camacho Domínguez, and Oilda Hevia Lanier, eds., *Una sociedad distinta: Espacios del comercio negrero en el occidente de Cuba (1836-1866)* (Havana: Universidad de la Habana, 2017); John Harris, *The Last Slave Ships: New York and the End of the Middle Passage* (New Haven, CT: Yale University Press, 2020).

7. Barcia, *Una sociedad distinta*, 17-35; Alfred J. López, *José Martí: A Revolutionary Life* (Austin: University of Texas Press, 2014), 20-23; José Martí, "Verso Sencillo XXX," in *José Martí Obras Completas: Edición Crítica* (Havana: Centro de Estudios Martianos, 2007), 14:335.

8. Frederick Douglass, "Cuba and the United States", *Frederick Douglass' Paper*, September 4, 1851; Foner, *A History of Cuba*, 2:21-23; Robert E. May, "Lobbyists for Commercial Empire: Jane Cazneau, William Cazneau, and US Caribbean Policy, 1846-1878", *Pacific Historical Review* 48 (1979), 383-412; James Polk, *Diary of James K. Polk During His Presidency* (Chicago: A. C. McClurg, 1910), 3:476-80; W. Johnson, *River*, 330.

9. Foner, *A History of Cuba*, 2:23.

10. Foner, *A History of Cuba*, 2:10-12, 21-22, 28, 32.

11. Foner, *A History of Cuba*, 2:43.

12. Foner, *A History of Cuba*, 2:43-55; W. Johnson, *River*, 331-32.

13. Foner, *A History of Cuba*, 2:55-56; Douglass, "Cuba and the United States".

14. W. Johnson, *River*, 359-60; Foner, *A History of Cuba*, 2:60.

15. Foner, *A History of Cuba*, 2:61; "Jordan is a Hard Road to Travel, as written and

sung by Phil Rice, the celebrated banjoist", https://www.loc.gov/resource/amss.sb20241a. 0/? st=text.

16. Foner, *A History of Cuba*, 2:76-78; Karp, *Vast Southern Empire*, 192; Corwin, *Spain*, 117.

17. Ambrosio José Gonzales, "Cuba—The Turning Point", *Washington Daily Union*, April 25, 1854, 3.

18. Foner, *A History of Cuba*, 2:83, 87; Robert E. May, *The Southern Dream of a Caribbean Empire, 1854-1861* (Baton Rouge: Louisiana State University Press, 1973), 46; Downs, *Second American Revolution*, 76; Stanley Urban, "The Africanization of Cuba Scare, 1853-1855", *Hispanic American Historical Review* 37 (1957), 37.

19. Foner, *A History of Cuba*, 98; W. Johnson, *River*, 322; Downs, *Second American Revolution*, 74-75; Ostend Manifesto, reprinted in James Buchanan, *James Buchanan, His Doctrines and Policy as Exhibited by Himself and Friends* (N.P.: Greeley & McElrath, 1856), 5-7.

20. Edward Baptist, *The Half Has Never Been Told: Slavery and the Making of American Capitalism* (New York: Basic Books, 2014), 373-74; Karp, *Vast Southern Empire*, 197; Downs, *Second American Revolution*, 77-87.

21. Buchanan, Inaugural Address, Presidency Project, http://www.presidency.ucsb.edu/ws/? pid=25817; Robert E. May, *John A. Quitman: Old South Crusader* (Baton Rouge: Louisiana State University Press, 1985), 328-29.

第十章 内战之旅

1. Rafael de la Cova, *Cuban Confederate Colonel: The Life of Ambrosio José Gonzales* (Columbia: University of South Carolina Press, 2008); Michel Wendell Stephens, "Two Flags, One Cause—A Cuban Patriot in Gray: Ambrosio José Gonzales", in *Cubans in the Confederacy: José Agustín Quintero, Ambrosio José Gonzales, and Loreta Janeta Velázquez*, ed. Phillip Tucker (London: McFarland, 2002), 143-224.

2. Richard Hall, "Loreta Janeta Velazquez: Civil War Soldier and Spy", in *Cubans in the Confederacy*, 225-39; Loreta Janeta Velazquez, *A Woman in Battle: A Narrative of the Exploits, Adventures, and Travels of Madame Loreta Janeta Velázquez* (Richmond, VA: Dustin, Gilman, 1876). 一些学者质疑 Velázquez 记录的真实性，但军事史家 Phillip Tucker 认为，尽管有一些不一致的地方，"总的来说，在许多小细节上，历史证据都支持她的故事"。Tucker, *Cubans in the Confederacy*, 230, 237.

3. Matthew Pratt Guterl, *American Mediterranean: Southern Slaveholders in the Age of Emancipation* (Cambridge, MA: Harvard University Press, 2008), 58; Tucker, *Cubans in the Confederacy*, 5-6.

4. Portell Vilá, *Historia de Cuba*, 2:170-71; Emeterio Santovenia, *Lincoln en Martí*

(Havana: Editorial Trópico, 1948), 3; Foner, *A History of Cuba*, 2:133-34; A. López, *José Martí*, 30.

5. Adam Rothman, *Beyond Freedom's Reach: Kidnapping in the Twilight of Slavery* (Cambridge, MA: Harvard University Press, 2015), 98-99; *Compilation of the Messages*, 111, 133.

6. *Compilation of the Messages*, 2:111-13, 125; Portell Vilá, *Historia de Cuba*, 145-46; Horne, *Race to Revolution*, 349n28.

7. Horne, *Race to Revolution*, 103-4.

8. Rothman, *Beyond Freedom's Reach*; Horne, *Race to Revolution*, 111; Guterl, *American Mediterranean*, 88, 147, 221n2.

9. *A Compilation of Messages and Papers of the Confederacy*, ed. James D. Richardson (Nashville: United States Publishing Company, 1905), 2:204.

10. Portell Vilá, *Historia de Cuba*, 2:155.

11. William Davis, *Breckinridge: Statesman, Soldier, Symbol* (Lexington: University Press of Kentucky, 2015), 536-47; Guterl, *American Mediterranean*, 76.

12. Davis, *Breckinridge*, 536-47; Trusten Polk Diary, January 1-October 28, 1865, p. 44, Trustan Polk Papers, Southern Historical Collection, UNC; Guterl, *American Mediterranean*, 76; Eliza McHatton-Ripley, *From Flag to Flag: A Woman's Adventures and Experiences in the South During the War, in Mexico, and in Cuba* (New York: Appleton, 1889), 132; Eli N. Evans, *Judah P. Benjamin: The Jewish Confederate* (New York: Free Press, 1989), 41; Ulrich. B. Phillips, ed., *Annual Report of the American Historical Association for the Year 1911*, vol. 2, *The Correspondence of Robert Toombs, Alexander H. Stephens, and Howell Cobb* (Washington, DC: American Historical Association, 1913), 675-76; Lynda Lasswell Crist, Suzanne Scott Gibbs, Brady L. Hutchison, and Elizabeth Henson Smith, eds., *The Papers of Jefferson Davis*, vol. 12, *June 1865-December 1870* (Baton Rouge: Louisiana State University Press, 2008), 270-71; Joseph H. Parks, *General Edmund Kirby Smith, C.S.A.* (Baton Rouge: Louisiana State University Press, 1992), 482-83; *Compilation of Messages*, 2:74, 105, 133.

13. McHatton-Ripley, *From Flag to Flag*, 59-60, 122-26, 155, 170; Guterl, *American Mediterranean*, 88-92.

14. Kathleen López, *Chinese Cubans: A Transnational History* (Chapel Hill: University of North Carolina Press, 2013), 23; McHatton-Ripley, *From Flag to Flag*, 174; Guterl, *American Mediterranean*, 104.

15. *The Cuba Commission Report: A Hidden History of the Chinese in Cuba* (Baltimore: Johns Hopkins University Press, 1993); Guterl, *American Mediterranean*, 105-8.

16. McHatton-Ripley, *From Flag to Flag*, 293-95.

第十一章 奴隶、士兵、公民

1. Ada Ferrer, *Insurgent Cuba*: *Race, Nation, and Revolution, 1868-1898* (Chapel Hill: University of North Carolina Press, 1999), 15, 37; Schmidt, *Cachita's Streets*, 54-56; Foner, *A History of Cuba*, 2:50.

2. Ferrer, *Insurgent Cuba*, 15.

3. Ferrer, *Insurgent Cuba*, 62.

4. Ferrer, *Insurgent Cuba*, 24.

5. Ferrer, *Insurgent Cuba*, 24-25; Teresa Prados-Torreira, *Mambisas*: *Rebel Women in Nineteenth-Century Cuba* (Gainesville: University Press of Florida, 2005); Rosa Castellanos Castellanos, 3er Cuerpo, 1a División, ANC, Fondo Ejército Libertador.

6. Ferrer, *Insurgent Cuba*, 26; Carlos Manuel de Céspedes, *Escritos* (Havana: Ciencias Sociales, 1982), 1:142-46.

7. Ferrer, *Insurgent Cuba*, 26-27; Constitución de Guáimaro, in Pichardo, *Documentos para la historia de Cuba*, 1:376-79.

8. Ferrer, *Insurgent Cuba*, 38-42, 68. 我在19世纪最后30年的有色人种教区居民洗礼的教堂记录中观察到,许多人在赢得自由后以Cuba作为自己的姓氏。

9. Ferrer, *Insurgent Cuba*, 58; José Luciano Franco, *Antonio Maceo*: *apuntes para una historia de su vida* (Havana: Ciencias Sociales, 1989), 1:45.

10. Ferrer, *Insurgent Cuba*, 21.

11. Ferrer, *Insurgent Cuba*, 58-59.

12. Ferrer, *Insurgent Cuba*, 61.

13. Ferrer, *Insurgent Cuba*, 62-63.

14. Ferrer, *Insurgent Cuba*, 63-67.

15. Ferrer, *Insurgent Cuba*, 73.

16. Ferrer, *Insurgent Cuba*, 74, 77.

17. Ferrer, *Insurgent Cuba*, 78-79.

18. Ferrer, *Insurgent Cuba*, 86-87.

19. Ferrer, *Insurgent Cuba*, 79.

20. Rebecca Scott, *Slave Emancipation in Cuba*: *The Transition to Free Labor* (Princeton, NJ: Princeton University Press, 1985), 194.

第十二章 为了世界的一场革命

1. *New York Herald*, November 1, 1880, 9.

2. A. López, *José Martí*, 58-59; José Martí, "Presidio Político", in *José Martí Obras Completas*: *Edición Crítica*, 3rd ed. (hereafter *JMOC* 3), (Havana: Centro de Estudios Martianos, 2010), 1:63. 马蒂的文集有多个版本,我尽量使用了由Centro de Estudios Martianos于哈瓦那出版的28卷本版本,该版本的电子版在以下网站可用:http://www.

josemarti.cu/obras-edicion-critica/.

3. A. López, *José Martí*, 93-191.

4. José Martí,"Del viejo alnuevo mundo, escenas neoyorquinas", in *JMOC* 3, 17:154-56; Laura Lomas, *Translating Empire: José Martí, Migrant Latino Subjects, and American Modernities* (Durham, NC: Duke University Press, 2009), 58; López Mesa, *Algunos aspectos culturales de la comunidad cubana de New York durante el siglo xix*, 36-37.

5. José Martí,"A Town Sets a Black Man on Fire", in *José Martí: Selected Writings* (hereafter *JMSW*), trans. and ed. Esther Allen (New York: Penguin, 2002), 310-13; see also A. López, *José Martí*, 212-14.

6. Martí notebook fragments cited or translated in *JMSW*, 287, and Lomas, *Translating Empire*, 2.

7. José Martí,"Our America", in *JMSW*, 288-96.

8. Jesse Hoffung-Garskof, *Racial Migrations: New York City and the Revolutionary Politics of the Spanish Caribbean* (Princeton, NJ: Princeton University Press, 2019).

9. Ferrer, *Insurgent Cuba*, 126, 123; Hoffnung-Garskof, *Racial Migrations*, 155-62.

10. Montecristi Manifesto in *JMSW*, 337-45.

11. Chronicling America, LOC; Martí, *Diario*, entries for May 2-4, in *JMOC* 3; *New York Herald*, May 19, 1895, 1.

12. Martí to Manuel Mercado, May 18, 1895, *JMSW*, 346-49. Emphasis mine.

13. Ferrer, *Insurgent Cuba*, 148-49.

14. Ferrer, *Insurgent Cuba*, 147-48.

15. Ricardo Batrell, *Para la historia: Apuntes autobiográficos de la vida de Ricardo Batrell Oviedo* (Havana: Seoane y Alvarez, 1912); José Isabel Herrera (Mangoché), *Impresiones de la Guerra de Independencia* (Havana: Editorial Nuevos Rumbos, 1948).

16. Ferrer, *Insurgent Cuba*, 151-53.

17. Ferrer,*Insurgent Cuba*, 142-43;Violet Asquith Bonham-Carter, *Winston Churchill: An Intimate Portrait* (New York: Harcourt, Brace & World, 1965), 2:18.

18. John Tone, *War and Genocide in Cuba, 1895-1898* (Chapel Hill: University of North Carolina Press, 2006), 8; Francisco Pérez Guzmán, *Herida profunda* (Havana: Ediciones Unión, 1998); Emilio Roig de Leuchsenring, *Weyler en Cuba: Un precursor de la barbarie fascista* (Havana: Páginas, 1947), 175; Louis A. Pérez, *The War of 1898*, 28, 72-73.

19. Ferrer, *Insurgent Cuba*, 165-67; Philip S. Foner, *The Spanish-Cuban-American War and the Birth of American Imperialism*, vol. 1, *1895-1898* (New York: Monthly Review Press, 1972), 84-85.

20. Foner, *Spanish-Cuban-American War*, 1:85-88; José Miró y Argenter, *Cuba: Crónicas de la guerra* (Havana: Instituto del Libro, 1970), 3:240-44.

21. Franco, *Antonio Maceo*, 3:214; Foner, *Spanish-Cuban-American War*, 1:90-92;

Miró y Argenter, *Cuba*, 3:267-312, 328.

22. Franco, *Antonio Maceo*, 3:375; Foner, *Spanish-Cuban-American War*, 1:97; López Mesa, *La comunidad*, 51; *The New York Sun*, December 13, 14, and 16, 1896; *Congressional Record*, December 14, 1896. 马赛奥作为非裔美国人的名字的受欢迎程度可以通过搜索以下网站了解：www.ancestry.com birth and military service records.

23. Foner, *Spanish-Cuban-American War*, 1:127-29.

24. Foner, *Spanish-Cuban-American War*, 1:135.

25. Louis A. Pérez, *Cuba and the United States: Ties of Singular Intimacy* (Athens: University of Georgia Press, 1990), 84, 89.

26. Martí to Manuel Mercado, May 18, 1895, *JMSW*, 346-49. Emphasis mine.

27. Ferrer, *Insurgent Cuba*, 171; Louis A. Pérez, *Cuba and the United States*, 90.

28. 标题引用自 *The New York Sun*, February 24 and March 3, 1898; *Washington Evening Times*, quoted in Mark Lee Gardner, *Rough Riders: Theodore Roosevelt, His Cowboy Regiment, and the Immortal Charge up San Juan Hill* (New York: Harper Collins, 2016), 13。

29. Louis A. Pérez, *Cuba and the United States*, 93.

30. Louis A. Pérez, *Cuba and the United States*, 96.

第十三章　一场被重新命名的战争

1. Greg Grandin, *The End of the Myth: From the Frontier to the Border Wall in the Mind of America* (New York: Metropolitan Books, 2019), 136-37.

2. Gardner, *Rough Riders*, 10, 17; Theodore Roosevelt, *The Rough Riders* (New York: Charles Scribner's Sons, 1899), 1.

3. Gardner, *Rough Riders*, 25, 29; Roosevelt, *Rough Riders*, 47. Matthew Frye Jacobson, *Special Sorrows: The Diasporic Imagination of Irish, Polish, and Jewish Immigrants in the United States* (Berkeley: University of California Press, 2002), ch. 4.

4. Roosevelt, *Rough Riders*, 57; Gardner, *Rough Riders*, 17, 22, 25, 29. Luna 在美西战争中的服役记录可在美国国家档案馆的线上网站查阅：https://catalog.archives.gov/id/301062.

5. Roosevelt, *Rough Riders*, 47.

6. Rebecca Scott, *Degrees of Freedom: Louisiana and Cuba After Slavery* (Cambridge, MA: Harvard University Press, 2005), 42-47, 155, 190.

7. Jerome Tuccille, *The Roughest Riders: The Untold Story of the Black Soldiers in the Spanish-American War* (Chicago: Chicago Review Press, 2015), 29-31.

8. Nancy Hewitt, *Southern Discomfort: Women's Activism in Tampa, Florida, 1880s-1920s* (Urbana: University of Illinois Press, 2001); Willard Gatewood, "Smoked Yankees" and the Struggle for Empire: Letters from Negro Soldiers, 1898-1902 (Fayetteville: University

of Arkansas Press, 1987), 22-24.

9. Gatewood, *Smoked Yankees*, 27-29.

10. Gatewood, *Smoked Yankees*, 5.

11. Ferrer, *Insurgent Cuba*, 177; Martí to Manuel Mercado, May 18, 1895, in *JMSW*, 346-49.

12. Ferrer, *Insurgent Cuba*, 185-86; Louis A. Pérez, *Cuba Between Empires, 1878-1902* (Pittsburgh: University of Pittsburgh Press, 1983), 290-92.

13. Louis A. Pérez, *Cuba Between Empires*, 106; Ferrer, *Insurgent Cuba*, 179-80.

14. Ferrer, *Insurgent Cuba*, 180-83.

15. Ferrer, *Insurgent Cuba*, 182-84.

16. Ferrer, *Insurgent Cuba*, 192, 187-88.

17. Ferrer, *Insurgent Cuba*, 189.

18. Ferrer, *Insurgent Cuba*, 187, 192; Marial Iglesias, *A Cultural History of Cuba during the U.S. Occupation, 1898-1902* (Chapel Hill: University of North Carolina Press, 2011), 40-42.

19. Foner, *Spanish-Cuban-American War*, vol. 2, *1898-1902*, 369-70, 372.

20. Foner, *Spanish-Cuban-American War*, 2:423.

21. Albert G. Robinson, *Cuba and the Intervention* (New York: Longmans, Green, 1905), 87; José M. Hernández, *Cuba and the United States: Intervention and Militarism, 1868-1933* (Austin: University of Texas Press, 1993), 76.

第十四章 被占领的岛屿

1. Archivo Nacional de Cuba, *Guía breve de los fondos procesados del Archivo Nacional* (Havana: Editorial Academia, 1990), 46; Joaquín Llaverías, *Historia de los Archivos de Cuba* (Havana: Archivo Nacional de Cuba, 1949), 278.

2. Iglesias, *Cultural History*, 11, 23-24; *El Fígaro*, vol. 15, no. 16, April 30, 1899.

3. Foner, *Spanish-Cuban-American War*, 2:433-43; Louis A. Pérez, *Army Politics in Cuba, 1898-1958* (Pittsburgh: University of Pittsburgh Press, 1976), ch. 1; "Cuban Republic's Army," *The New York Times*, June 26, 1902, 3.

4. Foner, *Spanish-Cuban-American War*, 2:452-53.

5. Foner, *Spanish-Cuban-American War*, 2:453, 519-27.

6. Hermann Hagedorn, *Leonard Wood: A Biography*, 2 vols. (New York: Kraus Reprint, 1969); Leonard Wood, "The Military Government of Cuba," *Annals of the American Academy of Political Science* 21 (1903), 1, 5.

7. Hagedorn, *Leonard Wood*, 1:288, 261-62.

8. Ada Ferrer, "Education and the Military Occupation of Cuba: American Hegemony and Cuban Responses" (MA thesis, University of Texas, Austin, 1988), 7, 28, 35.

9. Ferrer,"Education", 30-34; Iglesias, *Cultural History*.

10. Charter Appendix, quoted in Ferrer,"Education", 30-31.

11. Ferrer,"Education", 41-42, 49.

12. Iglesias, *Cultural History*, 75; Ferrer,"Education", 42-44, 51-55.

13. Ferrer,"Education", 46-49, 65.

14. Ferrer,"Education", 66.

15. Louis A. Pérez, *Cuba: Between Reform and Revolution*, 147-49; Gillian McGillivray, *Blazing Cane: Sugar Communities, Class, and State Formation in Cuba* (Durham, NC: Duke University Press, 2009), 76.

16. Louis A. Pérez, *Lords of the Mountain: Banditry and Peasant Protest in Cuba, 1878-1918* (Pittsburgh: University of Pittsburgh Press, 1989), 95-96.

17. Louis A. Pérez, *Lords of the Mountain*, 96-98; McGillivray, *Blazing Cane*, 76; Carmen Diana Deere,"'Ahí vienen los yanquis': El auge y la declinación de las colonias norteamericanas en Cuba (1898-1930)", in *Mirar el Niágara: Huellas culturales entre Cuba y los Estados Unidos*, ed. Rafael Hernández (Havana: Centro de Investigación y Desarrollo de la Cultura Cubana Juan Marinello, 2000), 131-34.

18. Louis A. Pérez, *Lords of the Mountain*, 100.

19. McGillivray, *Blazing Cane*, 76, 91; Oscar Zanetti,"United Fruit Company: Politics in Cuba," in *Diplomatic Claims: Latin American Historians View the United States*, ed. Warren Dean (Lanham, MD: University Press of America, 1985), 165.

20. Foner, *Spanish-Cuban-American War*, 2:528-34.

21. Foner, *Spanish-Cuban-American War*, 2:540-42.

22. Foner, *Spanish-Cuban-American War*, 2:543-44; Ferrer, *Insurgent Cuba*, 121.

23. Foner, *Spanish-Cuban-American War*, 2:545.

24. Foner, *Spanish-Cuban-American War*, 2:546.

25. Foner, *Spanish-Cuban-American War*, 2:557;"Annual Report of the Secretary of War, 1901", 57th Congress, 1st Sess., House Document 2, vol. 4269, 49.

26. Foner, *Spanish-Cuban-American War*, 2:563-64;"A Symposium on Cuba", *The State*, February 4, 1901, 4.

27. Foner, *Spanish-Cuban-American War*, 2:547-56, 567-69.

28. Foner, *Spanish-Cuban-American War*, 2:572-73.

29. Gómez to Convention, March 26, 1901, in Juan Gualberto Gómez, *Por Cuba Libre*, 2nd ed. (Havana: Ciencias Sociales, 1974), 486-88.

30. Foner, *Spanish-Cuban-American War*, 2:594, 613-15.

31. J. G. Gómez, *Por Cuba Libre*, 132, 486-88; Wood to Roosevelt, October 28, 1901, p. 3, in Library of Congress, Teddy Roosevelt Papers, available online, http://www.theodorerooseveltcenter.org/Research/Digital-Library/Record/? libID=o35547.

第十五章　糖的帝国

1. Emeterio S. Santovenia and Raúl M. Shelton, *Cuba y su historia* (Miami: Rema Press, 1965), 2:385-87.

2. Louis A. Pérez, *Cuba: Between Reform and Revolution*, 149-50; Louis A. Pérez, *Cuba Between Empires*, 363; Ramiro Guerra y Sánchez, *Sugar and Society in the Caribbean: An Economic History of Cuban Agriculture* (New Haven, CT: Yale University Press, 1964), 80, 159; Thomas, *Cuba: The Pursuit of Freedom*, 469.

3. Louis A. Pérez, *Cuba Under the Platt Amendment, 1902-1934* (Pittsburgh: University of Pittsburgh Press, 1986), 72; Louis A. Pérez, *Cuba: Between Reform and Revolution*, 157; McGillivray, *Blazing Cane*, 77; Guerra y Sánchez, *Sugar and Society*, 168-69; Deere, "'Ahí vienen los yanquis'", 140.

4. Deere, "'Ahí vienen los yanquis'", 130, 136-45, 147-52; Louis A. Pérez, *Cuba: Between Reform and Revolution*, 150-51.

5. Guerra y Sánchez, *Sugar and Society*, 63, 77; Alan Dye, *Cuban Sugar in the Age of Mass Production: Technology and the Economics of the Sugar Central, 1899-1929* (Stanford, CA: Stanford University Press, 1998), 11; Susan Schroeder, *Cuba: A Handbook of Historical Statistics* (Boston: G. K. Hall, 1982), 258.

6. Louis A. Pérez, *Cuba: Between Reform and Revolution*, 156; Thomas, *Cuba: The Pursuit of Freedom*, 467.

7. Dye, *Cuban Sugar*, 82; Reinaldo Funes Monzote, *From Rainforest to Cane Field in Cuba: An Environmental History since 1492* (Chapel Hill: University of North Carolina Press, 2008), 181-82, 193; Jorge L. Giovannetti-Torres, *Black British Migrants in Cuba: Race, Labor, and Empire in the Twentieth-Century Caribbean, 1898-1948* (New York: Cambridge University Press, 2018), 72; Matthew Casey, *Empire's Guestworkers: Haitian Migrants in Cuba during the Age of US Occupation* (New York: Cambridge University Press, 2017), 20.

8. Muriel McAvoy, *Sugar Baron: Manuel Rionda and the Fortunes of Pre-Castro Cuba* (Gainesville: University Press of Florida, 2003), 37-40; Mary Speck, "Prosperity, Progress, and Wealth: Cuban Enterprise during the Early Republic, 1902-1927", *Cuban Studies* 36 (2005), 70-71; Louis A. Pérez, *Intervention, Revolution, and Politics in Cuba* (Pittsburgh: University of Pittsburgh Press, 1979), 4.

9. 1906年,它被重组为古巴美国糖业公司。McAvoy, *Sugar Baron*, 40; César Ayala, *American Sugar Kingdom: The Plantation Economy of the Spanish Caribbean, 1898-1934* (Chapel Hill: University of North Carolina Press, 1999), 80; Foreign Policy Association Commission on Cuban Affairs, *Problems of the New Cuba* (New York: Foreign Policy Association, 1935), 226.

10. Foner, *Spanish-Cuban-American War*, 2:476-77; Ayala, *Sugar Kingdom*, 80; McGillivray, *Blazing Cane*, 89-90; *Planter and Sugar Manufacturer*, vol. 28; Montgomery

Advertiser, October 21, 1906, 2.

11. Louis A. Pérez Jr., *On Becoming Cuban: Identity, Nationality, and Culture* (Chapel Hill: University of North Carolina Press, 1999), 222; McGillivray, *Blazing Cane*, 95-106; Imilcy Balboa, "Steeds, Cocks, and Guayaberas: The Social Impact of Agrarian Reorganization in the Republic", in *State of Ambiguity: Civic Life and Culture in Cuba's First Republic*, eds. Steven Palmer, José Antonio Piqueras, and Amparo Sánchez Cobos (Durham, NC: Duke University Press, 2014), 213; Guerra y Sánchez, *Sugar and Society*, 194-208.

12. McGillivray, *Blazing Cane*, 92-93.

13. Eva Canel, *Lo que ví en Cuba* (1916; repr., Santiago: Editorial Oriente, 2006), 278; Louis A. Pérez, *On Becoming Cuban*, 222.

14. Louis A. Pérez, *On Becoming Cuban*, 219.

15. Louis A. Pérez, *On Becoming Cuban*, 221; Cluster and Hernández, *History of Havana*, 118.

16. Zanetti, *Historia mínima*, 203; Louis A. Pérez, *On Becoming Cuban*, 221; Louis A. Pérez, *Cuba Under the Platt Amendment*, 77.

17. Cluster and Hernández, *History of Havana*, 116-18, Louis A. Pérez, *On Becoming Cuban*, 137.

18. Louis A. Pérez, *On Becoming Cuban*, 235-37.

第十六章 梦想之城

1. Renée Méndez Capote, *Memorias de una cubanita que nació con el siglo* (Barcelona: Argos Vergara, 1984), 10-11, 126-29.

2. Cluster and Hernández, *History of Havana*, 113-5; "Relación de las calles ... cuyos nombres han sido cambiados desde 1899 hasta la fecha", in *Jurisprudencia en materia de policía urbana* (Havana, 1924), 382-85; Iglesias, *Cultural History*, ch. 4.

3. Méndez Capote, *Memorias*, 42-43, 127.

4. Mayra Beers, "Murder in San Isidro: Crime and Culture during the Second Cuban Republic", *Cuban Studies* 34 (2003), 103; Cluster and Hernández, *History of Havana*, 125; Leonardo Padura, *Siempre la memoria, mejor que el olvido: Entrevistas, crónicas y reportajes selectos* (Miami: Editorial Verbum, 2016), 52-53; Tiffany Sippial, *Prostitution, Modernity, and the Making of the Cuban Republic, 1840-1920* (Chapel Hill: University of North Carolina Press, 2013), 13, 139-44.

5. Dulcila Cañizares, *San Isidro, 1910: Alberto Yarini y su época* (Havana: Editorial Letras Cubanas, 2000), 12-15.

6. Padura, *Siempre la memoria*, 50-51.

7. 两种不同的(有时甚至是相互冲突的)对峙记录出现在以下文献中:Cañizares, *San Isidro*, 90-93, and Beers, "Murder," 108。

8. Beers, "Murder," 98-99; Tomás Fernández Robaina, *Recuerdos secretos de dos mujeres públicas* (Havana: Editorial Letras Cubanas, 1984), 36.

9. "The Degradation of Cuba", *Daily Oklahoman*, November 29, 1910, 6。这篇文章将这次事件的日期定位在1906年,但它实际上发生于1908年。Yarini的葬礼被许多地区的报纸报道,包括佛罗里达、佐治亚、马萨诸塞、爱达荷、俄勒冈、南加利福尼亚,以及得克萨斯。

10. Méndez Capote, *Memorias*, 16, 47-48; Cluster and Hernández, *History of Havana*, 140.

11. Méndez Capote, *Memorias*, 15-17, 39-40; Zanetti, *Historia mínima*, 205-8; Louis A. Pérez, *Cuba: Between Reform and Revolution*, 155; Ned Sublette, *Cuba and Its Music: From the First Drums to the Mambo* (Chicago: Chicago Review Press, 2004), 293-94; Aline Helg, *Our Rightful Share: The Afro-Cuban Struggle for Equality, 1886-1912* (Chapel Hill: University of North Carolina Press, 1995), 101-2.

12. Méndez Capote, *Memorias*, 15; Renée Méndez Capote, *Por el ojo de la cerradura* (Havana: Editorial Letras Cubanas, 1981), 102-3.

13. Lillian Guerra, *The Myth of José Martí: Conflicting Nationalisms in Early Twentieth-Century Cuba* (Chapel Hill: University of North Carolina Press, 2005), 110, 130-32, 139; Helg, *Our Rightful Share*, 124-26.

14. Méndez Capote, *Por el ojo*, 103; Raúl Ramos Cárdenas, "'Previsión' en la memoria histórica de la nación cubana", 于2014年9月29日在线发布: http://www.arnac.cu/index.php/documentos-en-el-tiempo/prevision-en-la-memoria-historica-de-la-nacion-cubana/2212.html.

15. Arthur Schomburg, "General Evaristo Estenoz," *Crisis* 4, no. 3 (July 1912), 143-44; Jesse Hoffnung-Garskof, "The Migrations of Arturo Schomburg," *Journal of American Ethnic History* 21 (Fall 2001), 20-21, 25.

16. L. Guerra, *Myth of José Martí*, 178-81.

17. David A. Lockmiller, *Magoon in Cuba: A History of the Second Intervention, 1906-1909* (New York: Greenwood Press, 1969), 48.

18. Helg, *Our Rightful Share*, 137-81; L. Guerra, *Myth of José Martí*, 133, 181-83; Alejandro de la Fuente, *A Nation for All: Race, Inequality, and Politics in Twentieth-Century Cuba* (Chapel Hill: University of North Carolina Press, 2001), 65.

19. Ada Ferrer, "Rustic Men, Civilized Nation: Race, Culture, and Contention on the Eve of Cuban Independence", *Hispanic American Historical Review* 78 (1998), 663-86; "The Killing of Bandera: Negro General and Two Companions Shot and Slashed to Death," *The New York Times*, August 24, 1906, 2; Manuel Cuellar Vizcaíno, *12 muertes famosas* ([Havana]: n.p., 1950), 44.

20. Cuellar Vizcaíno, *12 muertes*, 39-40, 45-48; "The Killing of Bandera", *The New York Times*, August 24, 1906, 2; L. Guerra, *Myth of José Martí*, 185. Author's communication

with Heriberto Feraudy and Ida Bandera, Havana, May 2015.

21. Lockmiller, *Magoon in Cuba*, 46, 57, 68-71.

第十七章　兄弟阋墙

1. Miguel Barnet, *Rachel's Song: A Novel*, trans. Nick Hill (New York: Curbstone Press, 1991), 33; Helg, *Our Rightful Share*, 106.

2. "Nuestro Programa", *Previsión*, August 30, 1908. 我十分感激古巴国家档案馆的 Raúl Ramos Cárdenas 愿意将此文章的抄写本分享给我。

3. Helg, *Our Rightful Share*, 154-55, 165; Scott, *Degrees*, 233; de la Fuente, *A Nation for All*, 64, 72-73.

4. Helg, *Our Rightful Share*, 167-68.

5. Silvio Castro Fernández, *La masacre de los independientes de color en 1912* (Havana: Ciencias Sociales, 2002), 67; Helg, *Our Rightful Share*, 169, 174-79, 185; Scott, *Degrees*, 237.

6. Scott, *Degrees*, 236, 239; Helg, *Our Rightful Share*, 191.

7. Helg, *Our Rightful Share*, 194-97; Castro Fernández, *La masacre*, 103.

8. Helg, *Our Rightful Share*, 194, 203-4; Castro Fernández, *La masacre*, 100, 140; McGillivray, *Blazing Cane*, 88; de la Fuente, *A Nation for All*, 74.

9. 一些历史学家认为，是埃斯特诺斯本人向美国请求干涉，依据是1912年6月15日的一封信。最新发现的证据表明，这封信可能是由他人所写，但此人伪造了埃斯特诺斯的签名。See Julio César Guanche, "Una replica documental sobre el 'anexionismo' de Evaristo Estenoz: Una propuesta sobre su testamento político," manuscript under preparation; 感谢作者愿意与我分享。

10. Helg, *Our Rightful Share*, 204-5, 219; Castro Fernández, *La Masacre*, 105-7.

11. Helg, *Our Rightful Share*, 205, 219; *Index to Dates of Current Events Occurring or Reported During the Year 1912* (New York: R. R. Bowker, 1913).

12. Helg, *Our Rightful Share*, 204, 210-11, 221.

13. Helg, *Our Rightful Share*, 199, 205, 210-11.

14. Scott, *Degrees*, 242-43.

15. Helg, *Our Rightful Share*, 203-4, 210-11; de la Fuente, *A Nation for All*, 75.

16. José Miguel Gómez, "Proclama del Presidente al Pueblo de Cuba", quoted in Guanche, "Replica," 18. See also Helg, *Our Rightful Share*, 211.

17. "El manifiesto de Estenoz", in Guanche, "Replica", 18-21.

18. *El Cubano Libre* (Santiago), June 18, 1912; *La Discusión* (Havana), June 21, 1912; L. Guerra, *Myth of José Martí*, 231; Helg, *Our Rightful Share*, 224; Castro Fernández, *La Masacre*, 205.

19. Helg, *Our Rightful Share*, 225; Castro Fernández, *La Masacre*, 3, 100, 142.

20. Portuondo, *La Virgen*, 245.

第十八章 繁荣,危机,觉醒

1. Thomas, *Cuba: The Pursuit of Freedom*, 530; "Cuban Aero Squadron for France," *Aviation Week and Space Technology*, September 15, 1917, 254.

2. Thomas, *Cuba: The Pursuit of Freedom*, 543; Louis A. Pérez, *Cuba Under the Platt Amendment*, 186-94; Luis Aguilar, *Cuba 1933: Prologue to Revolution* (Ithaca, New York: Cornell University Press, 1972), 43.

3. Zanetti, *Historia mínima*, 203-6; Peter Hudson, *Bankers and Empire: How Wall Street Colonized the Caribbean* (Chicago: University of Chicago Press, 2018), 147, 201-2; Robin Blackburn, "Prologue to the Cuban Revolution", *New Left Review*, 21 (October 1963), 59.

4. Louis A. Pérez, *Cuba Under the Platt Amendment*, 230; Schroeder, *Cuba*, 432; Louis A. Pérez, *On Becoming Cuban*, 336-39; Cluster and Hernández, *History of Havana*, 136.

5. Louis A. Pérez, *Cuba Under the Platt Amendment*, 169-70, 190, 195-96, 205-11.

6. Louis A. Pérez, *On Becoming Cuban*, 167; Rosalie Schwartz, *Pleasure Island: Tourism and Temptation in Cuba* (Lincoln: University of Nebraska Press, 1997), 4.

7. Schwartz, *Pleasure Island*, 5, 50, 56-60, 89; Basil Woon, *When It's Cocktail Time in Cuba* (New York: Horace Liveright, 1928); Louis A. Pérez, *On Becoming Cuban*, 168.

8. Louis A. Pérez, *On Becoming Cuban*, 166-68; Schwartz, *Pleasure Island*, 55, 89.

9. Louis A. Pérez, *On Becoming Cuban*, 169, 183-84; Schwartz, *Pleasure Island*, 82; Peter Moruzzi, *Havana Before Castro: When Cuba Was a Tropical Playground* (Salt Lake City, UT: Gibbs Mith, 2008), 42, 83-84; Roberto González Echevarría, *The Pride of Havana: A History of Cuban Baseball* (New York: Oxford University Press, 1999), 164.

10. Schwartz, *Pleasure Island*, 1-2, 30-33; González Echevarría, *Pride of Havana*, 162.

11. Louis A. Pérez, *On Becoming Cuban*, 184-87.

12. Schwartz, *Pleasure Island*, 85-86.

13. Waldo Frank, "Habana of the Cubans", *New Republic*, June 23, 1926, 140.

14. Louis A. Pérez, *On Becoming Cuban*, 167, 187, 194; Schwartz, *Pleasure Island*, 81.

15. Schwartz, *Pleasure Island*, 31-32; Louis A. Pérez, *On Becoming Cuban*, 167, 187.

16. Sublette, *Cuba and Its Music*, 349; González Echevarría, *Pride of Havana*, 127, 160-61; Walter Isaacson, *Einstein: His Life and Universe* (New York: Simon & Schuster, 2007), 371; José Altshuler, *Las 30 horas de Einstein en Cuba* (Havana: Centro Felix Varela, 2005), 5.

17. Marial Iglesias, "A Sunken Ship, a Bronze Eagle, and the Politics of Memory," in

State of Ambiguity, 44−45; Fernando Martínez Heredia, "Coolidge en La Habana: La visita anterior," www.cubadebate.cu, March 8, 2016, at http://www.cubadebate.cu/opinion/2016/03/08/coodlige-en-la-habana-la-visita-anterior/#.XpPPYC2ZNBw.

18. Calvin Coolidge, Address Before the Pan−American Conference in Havana, Cuba, January 16, 1828, http://www.presidency.ucsb.edu/ws/? pid=443.

19. Louis A. Pérez, *Cuba Under the Platt Amendment*, 269−72; Coolidge, Address Before the Pan−American Conference.

20. Zanetti, *Historia mínima*, 215−26.

21. Carleton Beals, *The Crime of Cuba* (Philadelphia: J. B. Lippincott, 1933), 270.

22. Louis A. Pérez, *Cuba Under the Platt Amendment*, 196−210; Jaime Suchlicki, *University Students and Revolution in Cuba, 1920−1968* (Coral Gables, FL: University of Miami Press, 1969), 20; "Los estudiantes proclaman la universidad libre," *Pensamiento Crítico* 39 (April 1970), 20−22.

23. Robert Whitney, *State and Revolution in Cuba: Mass Mobilization and Political Change* (Chapel Hill: University of North Carolina Press, 2001), 44−45; "Relato de Fernando Sirgo", *Pensamiento Crítico* 39 (April 1970), 28−29.

24. Whitney, *State and Revolution*, 49; Thomas, *Cuba: The Pursuit of Freedom*, 580; Lynn Stoner, *From the House to the Streets: The Cuban Women's Movement for Legal Reform, 1898−1940* (Durham, NC: Duke University Press, 1991), 70−71.

25. *Pensamiento Crítico* 39 (April 1970), 36−47; Christine Hatzky, *Julio Antonio Mella (1903−1929): Una biografía* (Santiago de Cuba: Editorial Oriente, 2008); Tony Wood, "The Problem of the Nation in Latin America's Second Age of Revolution: Radical Transnational Debates on Sovereignty, Race, and Class, 1923−1941" (PhD diss., New York University, September 2020), pp. 96−99.

26. Gabriela Pulido Llano and Laura Beatriz Moreno Rodríguez, *El asesinato de Julio Antonio Mella: Informes cruzados entre México y Cuba* (Mexico: Instituto Nacional de Antropología e Historia, 2018); Letizia Argenteri, *Tina Modotti: Between Art and Revolution* (New Haven, CT: Yale University Press, 2003), 113−14.

27. McGillivray, *Blazing Cane*, 200; Aguilar, *Cuba 1933*, 98−100; Louis A. Pérez, *Cuba Under the Platt Amendment*, 266, 280−81.

28. Aguilar, *Cuba 1933*, 98−107; Beals, *The Crime of Cuba*, 249−50; Louis A. Pérez, *Cuba Under the Platt Amendment*, 283.

29. Louis A. Pérez, *Cuba Under the Platt Amendment*, 283, 292; Aguilar, *Cuba 1933*, 107, 121.

30. See, for example, *San Diego Union*, December 24, 1931, 3, and December 26, 1931, 13; *San Francisco Chronicle*, December 26, 1931, 5, 8; December 28, 1931, 24.

31. Newton Briones Montoto, *Esperanzas y desilusiones: Una historia de los años 30*

(Havana: Ciencias Sociales, 2008), 17.

32. Ruby Hart Phillips, *Cuban Sideshow* (Havana: Cuban Press, 1935), 44-46; "Walkouts in Cuba," *The New York Times*, August 6, 1933, 9; "Troops Are Called Out," *The New York Times*, August 8, 1933, 1. See also *Bohemia*, August 6, 1933.

33. Phillips, *Cuban Sideshow*, 51-54; "Havana Police Kill Score in Crowd Outside Capitol; Machado Expected to Quit," *The New York Times*, August 8, 1933, 1.

34. Wellesto Secretary of State, Havana, August 7, 1933 (noon), and Welles to Secretary of State, Havana, August 8, 1933 (9 p.m.), in *Foreign Relations of the United States, Diplomatic Papers* (hereafter *FRUS, DP*), 1933, vol. 5, doc. 129; Louis A. Pérez, *Cuba and the United States*, 190-91.

35. Sublette, *Cuba and Its Music*, 413-14; Welles to Secretary of State, August 11, 1933 (8 p.m.), in *FRUS, DP*, 1933, vol. 5, doc. 150; Louis A. Pérez, *Cuba and the United States*, 192; Phillips, *Cuban Sideshow*, 74.

第十九章 真正的大众

1. Consul Hurley to Secretary of State, August 13, 1933, in *FRUS, DP*, vol. 5, doc. 319; Sublette, *Cuba and Its Music*, 413-14; Thomas, *Cuba: The Pursuit of Freedom*, 628; Phillips, *Cuban Sideshow*, 65, 68, 100.

2. Phillips, *Cuban Sideshow*, 72.

3. Welles to Hull, August 19, 1933, *FRUS, DP*, vol. 5, doc. 327; Phillips, *Cuban Sideshow*, 84; Louis A. Pérez, *Cuba Under the Platt Amendment*, 319; Welles to Secretary of State, August 24, 1933, *FRUS, DP*, vol. 5, doc. 331; Aguilar, *Cuba 1933*, 157.

4. Aguilar, *Cuba 1933*, 157-59; Whitney, *State and Revolution*, 100; Thomas, *Cuba: The Pursuit of Freedom*, 632.

5. Newton Briones Montoto, *Aquella decisión callada* (Havana: Ciencias Sociales, 1998), 153-66; Rolando Rodríguez, *La revolución que no se fue a bolina* (Havana: Ciencias Sociales, 2013), 124.

6. 学者们对于巴蒂斯塔在阴谋中所扮演的角色看法并不一致,一些人认为他是主要的领导人,另一些人则认为他从第一领导人那里攫取了权力,因为第一领导人那晚不在哈瓦那。Briones Montoto, *Aquella decisión callada*, 153-64; Frank Argote-Freyre, *Fulgencio Batista: From Revolutionary to Strongman* (New Brunswick, NJ: Rutgers University Press, 2006), 57-63; "Entrevista a Pablo Rodríguez," *Pensamiento Crítico* 39 (April 1970), 220-26; Lionel Soto, *La Revolución del 33* (Havana: Editorial Pueblo y Educación, 1985), 3:15-40, 73-74; Ricardo Adán y Silva, *La gran mentira, 4 de septiembre de 1933* (Havana: Editorial Lex, 1947), 100-103; Thomas, *Cuba: The Pursuit of Freedom*, 635-37.

7. R. Rodríguez, *La revolución*, 132.

8. Aguilar, *Cuba 1933*, 161-62.

9. Briones Montoto, *Aquella decisión callada*, 172, 182; R. Rodríguez, *La revolución*, 212; Fernando Martínez, *La revolución cubana del 30*: *Ensayos* (Havana: Ciencias Sociales, 2007), 30, 68.

10. Welles to Secretary of State, September 10, 1933, *FRUS*, *DP*, vol. 5, doc. 376; Louis 1. Pérez, *Cuba Under the Platt Amendment*, 323-25; R. Rodríguez, *La revolución*, 153, 186; Phillips, *Cuban Sideshow*, 126.

11. R. Rodríguez, *La revolución*, 186.

12. Whitney, *State and Revolution*, 105; McGillivray, *Blazing Cane*, 207.

13. José A. Tabares, *Guiteras* (Havana: Instituto Cubano del Libro, 1973), 261-3; McGillivray, *Blazing Cane*, 207-8, 211; Whitney, *State and Revolution*, 113.

14. Louis A. Pérez, *Cuba Under the Platt Amendment*, 324; Tabares, *Guiteras*, 262-63.

15. Welles quoted in Louis A. Pérez, *Cuba Under the Platt Amendment*, 323-25. R. Rodríguez, *La revolución*, 153.

16. Welles to Secretary of State, September 12, 1933, in *FRUS*, *DP*, 1933, vol. 5, doc. 385; Aguilar, *Cuba 1933*, 188.

17. Welles to Secretary of State, October 5, 1933 (midnight), in *FRUS*, *DP*, 1933, vol. 5, doc. 430.

18. Grant Watson, September 26, 1933, quoted in Barry Carr, "Mill Occupations and Soviets: The Mobilisation of Sugar Workers in Cuba, 1917-1933," *Journal of Latin American Studies* 28 (1996), 143.

19. Julio LeRiverend, *La República*: *Dependencia y revolución* (Havana: Editorial de Ciencias Sociales, 1973), 246; Barry Carr, "Mill Occupations," 131; McGillivray, *Blazing Cane*, 211.

20. Carr, "Mill Occupations," 140.

21. McGillivray, *Blazing Cane*, 212-13; Carr, "Mill Occupations," 140.

22. McGillivray, *Blazing Cane*, 211-13; Carr, "Mill Occupations," 152-56; Thomas, *Cuba*: *The Pursuit of Freedom*, 657.

23. Tabares, *Guiteras*, 40-46, 70-72, 101, 121-24, 135-40, 275; Thomas, *Cuba*: *The Pursuit of Freedom*, 650; Cluster and Hernández, *History of Havana*, 169.

24. Thomas, *Cuba*: *The Pursuit of Freedom*, 654; Tabares, *Guiteras*, 188, 282-93.

25. Tabares, *Guiteras*, 188, 262, 271, 288-89, 297, 331.

26. Tabares, *Guiteras*, 176, 257-60, 277-79.

27. Welles to Secretary of State, October 5, 1933 (midnight), in *FRUS*, *DP*, 1933, vol. 5, doc. 430; Whitney, *State and Revolution*, 106-7.

28. Welles to Secretary of State, September 16, 1933 (1 p.m.), *FRUS*, *DP*, 1933, vol. 5, doc. 400; Welles to Secretary of State, October 5, 1933 (midnight), *FRUS*, *DP*, 1933, vol. 5, doc. 430; Welles to Secretary of State, October 4, 1933 (7 p.m.), *FRUS*, *DP*, vol. 5, doc. 428; Welles to Secretary of State, October 7, 1933 (midnight), vol. 5, doc. 436;

McGillivray, *Blazing Cane*, 235.

29. Welles to Secretary of State, October 4, 1933, *FRUS*, *DP*, 1933, vol. 5, doc.428; Welles to Secretary of State, October 7, 1933, *FRUS*, *DP*, 1933, vol. 5, doc.436; Tabares, *Guiteras*; Paco I.Taibo, *Tony Guiteras* (Mexico City: Planeta Editorial, 2008), 239, 315; Barry Carr, "Identity, Class, and Nation: Black Immigrant Work-ers, Cuban Communism, and the Sugar Insurgency, 1925-1934," *Hispanic American Historical Review* 78 (1998), 113; *San Francisco Chronicle*, October 27, 1933, 2, and October 28, 1933, 1; *The New York Times*, October 27, 1933, 12, and October 28, 1933, 17; Efraín Morciego, *El crimen de Cortaderas* (Havana: Unión de Escritores y Artistas de Cuba, 1982), 11-13.

30. Jefferson Caffery to Acting Secretary of State, December 21, 1933, *FRUS*, *DP*, 1933, vol. 5, doc. 530; Caffery to Acting Secretary of State, January 10, 1934, *FRUS*, *DP*, 1934, vol. 5, doc.77.

31. Caffery to Acting Secretary of State, January 10, 1934, *FRUS*, *DP*, 1934, vol. 5, doc.77; Caffery to Acting Secretary of State, January 13, 1934 (5 p.m.), *FRUS*, *DP*, 1934, vol. 5, doc.79; Welles to Secretary of State, October 4, 1933, *FRUS*, *DP*, 1933, vol. 5, doc.428.

32. Secretary of State to Caffery, January 23, 1934, *FRUS*, *DP*, 1934, vol. 5, doc.103. Thomas, *Cuba:The Pursuit of Freedom*, 674-77.

第二十章 新宪法

1. Aguilar, *Cuba 1933*, 173; Ariel Mae Lambe, *No Barrier Can Contain It: Cuban Antifascism and the Spanish Civil War* (Chapel Hill: University of North Carolina Press, 2019), 76-100.

2. See Whitney, *State and Revolution*, ch. 7; Thomas, *Cuba:The Pursuit of Freedom*, 707-14; Argote-Freyre, *Fulgencio Batista*, 214-33; Louis A. Pérez, *Cuba: Between Reform and Revolution*, 212; Joanna Swanger, *Rebel Lands of Cuba:The Campesino Struggles of Oriente and Escambray, 1934-1974* (Lanham, MD: Lexington Books, 2015), 62; Julio César Guanche, "Disputas entre populismo, democracia y régimen representativo: un análisis desde el corporativismo en la Cuba de los 1930," in *Las izquierdas latinoamericanas: Multiplicidad y experiencias durante el siglo xx*, ed. Caridad Massón (Santiago de Chile: Ariadne, 2017), 153-64.

3. Zanetti, *Historia mínima*, 235-38; Louis A. Pérez, *Cuba: Between Reform and Revolution*, 217-18.

4. Club Atenas, *Conferencias de orientación ciudadana: los partidos políticos y la Asamblea Constituyente* (Havana: Club Atenas, 1939).

5. Nestor Carbonell, *Grandes debates de la Constituyente cubana de 1940* (Miami: Ediciones Universal, 2001), 48-50; Mario Riera, *Cuba política, 1899-1955* (Havana: n.p.,

1955), 475-76.

6. Carbonell, *Grandes debates*, 17-20, 358; Stoner, *From the House*, 190.

7. Carbonell, *Grandes debates*, 50 – 51; *Albúm histórico fotográfico*: *Constituciones de Cuba*, *1868-1901-1940* (Havana: Cárdenas y Compañía, 1940), 155.

8. *Albúm histórico fotográfico*, 155-66; *Diario de sesiones de la Convención Constitutente* (Havana: [P. Fernández], 1940).

9. Ana Suarez, ed., *Retrospección crítica de la Asamblea Constituyente de 1940* (Havana: Centro Juan Marinello, 2011), 24; Alejandra Bronfman, *Isles of Noise*: *Sonic Media in the Caribbean* (Chapel Hill: University of North Carolina Press, 2016), 59, 104; John Gronbeck-Tedesco, *Cuba, the United States, and Cultures of the Transnational Left, 1930-1975* (New York: Cambridge University Press, 2015), 106; "Manolo Manuscript", New York University Archives, Carl Withers Collection, Box 12.

10. Carbonell, *Grandes debates*, 75, 85; Alejandra Bronfman, *Measures of Equality*: *Social Science, Citizenship, and Race in Cuba, 1902-1940* (Chapel Hill: University of North Carolina Press, 2004), 172-77;Tomás Fernández Robaina, *El negro en cuba*: *Apuntes para la historia de la lucha contra la discriminación racial* (Havana: Ciencias Sociales, 1990), 143-44.

11. Carbonell, *Grandes debates*, 77.

12. *Diario de sesiones*, April 27 and May 2, 1940; Bronfman, *Measures of Equality*, 174-78.

13. Bronfman, *Measures of Equality*, 173, 177; Melina Pappademos, *Black Political Activism and the Cuban Republic* (Chapel Hill: University of North Carolina Press, 2011), ch. 6.

14. Andres M. Lazcano, *Las constituciones de Cuba* (Madrid: Ediciones Cultura Hispánica, 1952), 1:257-84; Carbonell, *Grandes debates*, 74-86; *Diario de sesiones*, April 27 and May 2, 1940.

15. Carbonell,*Grandes debates*, 84-85.

16. Carbonell,*Grandes debates*, 82-84.

17. Lazcano,*Las constituciones*, 1:257-84; Carbonell, *Grandes debates*, 85-86; *Diario de sesiones*, May 2, 1940.

18. Carbonell, *Grandes debates*, 85; *Diario de sesiones*, May 2, 1940.

19. Lazcano, *Las constituciones*, 1:257-84; Carbonell, *Grandes debates*, 74-86; *Diario de sesiones*, May 2, 1940; Stoner, *From the House*, 191; Bronfman, *Measures of Equality*, 177-78.

20. *Album histórico fotográfico*, 251; Gustavo Gutiérrez, *La Constitución de la República de Cuba* (Havana: Editorial Lex, 1941), 2: 86;Timothy Hyde, *Constitutional Modernism*: *Architecture and Civil Society in Cuba, 1933-1959* (Minneapolis: University of Min-nesota Press, 2012), 21-22.

21. Constitución de la República de Cuba, 1940, https://pdba.georgetown.edu/Constitutions/Cuba/cuba1940.html.

22. Rafael Rojas,"La tradición constitucional hispanoamericana y elexcepcionalismocubano," in *El cambio constitucional en Cuba*, eds. Rafael Rojas, Velia Cecilia Bobes, and Armando Chaguaceda (Mexico City: Centro de Estudios Constitucionales Iberoamericanos, A. C., 2017), 64-66; Greg Grandin,"Liberal Traditions in the Americas: Rights, Sovereignty, and the Origins of Liberal Multilateralism," *American Historical Review* 117 (February 2012), 68-91; Roberto Gargarella, *Latin American Constitutionalism, 1810-2010: The Engine Room of the Constitution* (Oxford: Oxford University Press, 2013).

23. Louis A. Pérez, *Cuba: Between Reform and Revolution*, 214.

第二十一章 手提箱

1. *Diario de la Marina* (Havana), October 6, 1948, 1 and October 12, 1948, 1.

2. *Time*, April 21, 1952; *The New York Times*, March 19, 1951; Sam Boal and Serge Flieg-ers,"The Biggest Theft in History," *American Mercury*, April 1952, 26-35; *Alerta*, October 25, 1948; *Bohemia*, April 2, 1950; Humberto Vázquez García, *El gobierno de la Kubanidad* (Santiago: Editorial Oriente, 2005), 438-39; Enrique Vignier, *La corrupción política administrativa en Cuba, 1944-1952* (Havana: Ciencias Sociales, 1973), 119-29; Ilan Ehrlich, *Eduardo Chibás: The Incorrigible Man of Cuban Politics* (Lanham, MD: Rowman & Littlefield, 2015), 83.

3. Vázquez García, *El gobierno*, 125-29; 438-39; Vignier, *La corrupción*, 119-29; Cluster and Hernández, *History of Havana*, 178, 183; Sublette, *Cuba and Its Music*, 558; *The New York Times*, March 26, 1950, 92.

4. Zanetti, *Historia mínima*, 239; Thomas, *Cuba: The Pursuit of Freedom*, 729; Ehrlich, *Eduardo Chibás*, 58; Sublette, *Cuba and Its Music*, 504.

5. Thomas, *Cuba: The Pursuit of Freedom*, 735-37; Louis A. Pérez, *Cuba: Between Reform and Revolution*, 216-17; Zanetti, *Historia mínima*, 240.

6. *Time*, April 21, 1952; Chibás quoted in Thomas, *Cuba: The Pursuit of Freedom*, 763.

7. Vignier, *La corrupción*; Phillips, *Cuban Sideshow*, 130.

8. T. J. English, *Havana Nocturne: How the Mob Owned Cuba and Then Lost it to the Revolution* (New York: William Morrow, 2008), 16; 关于叛乱者在古巴作的新的批判性阐释,请见 Frank Argote-Freyre,"The Myth of Mafia Rule in 1950s Cuba: Origin, Relevance, and Legacies," *Cuban Studies* 49 (2020), 263-88。

9. 在 ancestry.com 网站上可见的佛罗里达乘客的名单披露了 Meyer Lansky 到古巴的几十次旅程,大部分都是在 20 世纪 30 年代到 1958 年。English, *Havana Nocturne*, 3-6.

10. English, *Havana Nocturne*, 31-32.

11. English, *Havana Nocturne*, 33; Enrique Cirules, *The Mafia in Havana: A Caribbean*

Mob Story (Melbourne: Ocean Press, 2016), 35-45; Vásquez García, *El gobierno*, 297; Jack Colhoun, Gangsterismo: *The United States, Cuba, and the Mafia, 1933-1966* (New York: Or Books, 2013), 11; Sublette, *Cuba and Its Music*, 516. 尽管关于此次会议的故事出现在很多黑手党的历史中,但历史学家 Frank Argote-Freyre 最近开始质疑这些故事来源的可靠性, see his "Myth of Mafia Rule in 1950s Cuba"。

12. English, *Havana Nocturne*, 8, 44; Colhoun, *Gangsterismo*, 9-11.

13. English, *Havana Nocturne*, 40-42; Cirules, *Mafia in Havana*, 53.

14. Argote-Freyre, "Myth of Mafia Rule in 1950s Cuba." 265.

15. Samuel Farber, *Revolution and Reaction in Cuba, 1933-1960: A Political Sociology from Machado to Castro* (Bridgeport, CT: Wesleyan University Press, 1976), 119-22.

16. Ehrlich, *Eduardo Chibás*, 3, 10, 107.

17. Ehrlich, *Eduardo Chibás*, 10, 20-21; Bronfman, *Isles of Noise*, 54-59.

18. Ehrlich, *Eduardo Chibás*, 10, 18.

19. Lillian Guerra, *Heroes, Martyrs, and Political Messiahs in Revolutionary Cuba, 1946-1958* (New Haven, CT: Yale University Press, 2018), 57; Luis Conte Agüero, *Eduardo Chibás, el adalid de Cuba* (Miami: La Moderna Poesía, 1987), 568-69; Ehrlich, *Eduardo Chibás*, 18-22, 60-61.

20. Ehrlich, *Eduardo Chibás*, 19-20.

21. Conte Agüero, *Eduardo Chibás*, 567; Ehrlich, *Eduardo Chibás*, 78.

22. Ehrlich, *Eduardo Chibás*, 75; L. Guerra, *Heroes*, 61; Conte Agüero, *Eduardo Chibás*, 564, 571.

23. Conte Agüero, *Eduardo Chibás*, 612-19; Thomas, *Cuba: The Pursuit of Freedom*, 763.

24. Conte Agüero, *Eduardo Chibás*, 614; Thomas, *Cuba: The Pursuit of Freedom*, 763; L. Guerra, *Heroes*, 64.

25. Ehrlich, *Eduardo Chibás*, 94; Boal and Fliegers, "The Biggest Theft in History," 26, 35; Thomas, *Cuba: The Pursuit of Freedom*, 768.

26. L. Guerra, *Heroes*, 74; Ehrlich, *Eduardo Chibás*, 219, 232-33.

27. L. Guerra, *Heroes*, 33; Ehrlich, *Eduardo Chibás*, 233-37.

28. English, *Havana Nocturne*, 88; "El pueblo opina sobre el gobierno," *Bohemia*, December 16, 1951, 27.

29. Louis A. Pérez, *Cuba: Between Reform and Revolution*, 219-25; L. Guerra, *Heroes*, 83-91; Thomas, *Cuba: The Pursuit of Freedom*, 780-82.

30. Antonio R. de la Cova, *The Moncada Attack: Birth of the Cuban Revolution* (Columbia: University of South Carolina Press, 2007), 32. Michelle Chase, *Revolution Within the Revolution: Women and Gender Politics in Cuba, 1952-1962* (Chapel Hill: University of North Carolina Press, 2015), 35-37; L. Guerra, *Heroes*, 81-82.

31. Thomas, *Cuba: The Pursuit of Freedom*, 79; English, *Havana Nocturne*, 95.

第二十二章 百年精神

1. *Bohemia*, February 1, 1953; Willis Knapp Jones, "The Martí Centenary", *Modern Language Journal* 37 (1953), 398-402.

2. Carlos Marchante Castellanos, *De cara al sol y en lo alto de Turquino* (Havana: Consejo de Estado, 2012).

3. Roberto Rodríguez Menéndez, "Jilma Madera. Símbolo de la escultura cubana", *Somos Jóvenes*, no. 259 (October 2006), 34-36.

4. Pedro Alvarez Tabío, *Celia, ensayo para una biografía* (Havana: Consejo de Estado), 125, 135-39.

5. Marchante Castellanos, *De cara al sol*; Alvarez Tabío, *Celia*, 135-39; Tiffany Sippial, *Celia Sánchez Mandeley: The Life and Legacy of a Cuban Revolutionary* (Chapel Hill: University of North Carolina Press, 2020), 53-55.

6. Fidel Castro and Ignacio Ramonet, *My Life: A Spoken Autobiography*, trans. Andrew Hurley (New York: Scribner, 2009), 28, 631-34; Thomas, *Cuba: The Pursuit of Freedom*, 804-9; Cova, *The Moncada Attack*, 5, 27.

7. Fidel Castro, *Revolutionary Struggle, 1947-1958*, ed. Rolando Bonachea and Nelson P. Valdés (Cambridge, MA: MIT Press, 1972), 155-58. The description of the as-sault below draws on Rolando Bonachea and Marta San Martín, *The Cuban Insurrection, 1952-1959* (New Brunswick, NJ: Rutgers University Press, 1974), 18-22; L. Guerra, *Heroes*, 125-30; Cova, *The Moncada Attack*, xxvi-xxvii, 34-38, 68-80.

8. Cova, *The Moncada Attack*, 33-34, 68-80.

9. Bonachea and San Martín, *The Cuban Insurrection*, 22-23; Cova, *The Moncada Attack*, 82-92.

10. Carlos Franqui, *Diary of the Cuban Revolution* (New York: Viking, 1980), 68.

11. L. Guerra, *Heroes*, 123, 128-29; Cova, *The Moncada Attack*, xxvii; Margaret Randall, *Haydée Santamaría, Cuban Revolutionary: She Led by Transgression* (Durham, NC: Duke University Press, 2015), 63; Rafael Rojas, *Historia mínima de la Revolución cubana* (Mexico City: Colegio de Mexico, 2015), 37-38.

12. Jorge Eduardo Gutiérrez Bourricaudy, "La censura de prensa ante los sucesos del Moncada," in *Los Caminos del Moncada*, ed. Reina Galia Hernández Viera (Havana: Editora Historia, 2013), 169-85, 172-76.

13. My description of the trial draws on Marta Rojas, *La generación del centenario en el juicio de Moncada* (Havana: Ciencias Sociales, 1973), 15-73; Georgie Anne Geyer, *Guerrilla Prince: The Untold Story of Fidel Castro* (Boston: Little, Brown, 1991), 121-25; and Jorge Bodes Torres, José Luis Escasena Guillarón, and RafaelaGutiérrez Valdés, *Valoración jurídico penal del juicio más trascendental de Cuba* (Havana: Ciencias Sociales, 1998).

14. Bonachea and Valdés, *Revolutionary Struggle*, 1:164-221.
15. Thomas, *Cuba: The Pursuit of Freedom*, 843.
16. Fidel Castro to Luis Conte Aguero, March 1955, in Fidel Castro, *The Prison Letters of Fidel Castro* (New York: Nation Books, 2009), 65.
17. Franqui, *Diary*, 73-75.
18. Franqui, *Diary*, 68, 75.
19. Franqui, *Diary*, 71-72; Castro and Ramonet, *My Life*, 508.
20. Franqui, *Diary*, 76; Fidel Castro to Franklin D. Roosevelt, November 6, 1940, https://catalog.archives.gov/id/302040.
21. Franqui, *Diary*, 9, 69, 73, 76.
22. Castro and Ramonet, *My Life*, 90; Fidel Castro, *Prison Letters*, 32; Franqui, *Diary*, 66, 71, 73, 75.
23. Fidel Castro's speeches are available online in English at the Castro Speech Database (http://lanic.utexas.edu/la/cb/cuba/castro.html) and in Spanish at Cuban government websites: http://www.cuba.cu/gobierno/discursos/ and https://fidel-discursos.ipscuba.net. Unless otherwise specified all speeches cited are from one of those database. See Castro speeches of April 24, 1959, April 16, 1961, and December 20, 1961.
24. Castro and Ramonet, *My Life*, 151-52.
25. Castro to Celia Sánchez, June 5, 1958, in Bonachea and Valdés, *Revolutionary Struggle*, 379.

第二十三章 反叛路线

1. Chase, *Revolution*, 19-20.
2. "Amnistía, presos y exiliados", *Bohemia*, May 22, 1955, 59-64; Julio Fernández León, *José Antonio Echeverría: vigencia y presencia* (Miami: Ediciones Universal, 2007), 194-95.
3. Thomas, *Cuba: The Pursuit of Freedom*, 862.
4. L. Guerra, *Heroes*, 197; Chase, *Revolution*, 41, 47; Bonachea and San Martín, *Cuban Insurrection*, 53-59.
5. Bonachea and San Martín, *Cuban Insurrection*, 58-59.
6. Bonachea and San Martín, *Cuban Insurrection*, 53-56; L. Guerra, *Heroes*, 150; Chase, *Revolution*, 40; Fernández León, *José Antonio Echeverría*, 269-73.
7. Fernández León, *José Antonio Echeverría*, 274-76; Bonachea and San Martín, *Cuban Insurrection*, 55.
8. Fernández León, *José Antonio Echeverría*, 277; Bonachea and San Martín, *Cuban Insurrection*, 55.
9. Bonachea and San Martín, *Cuban Insurrection*, 55-56; Fernández León, *José Antonio*

Echeverría, 279-80; Steve Cushion, *Hidden History of the Cuban Revolution: How the Working Class Shaped the Guerrilla Victory* (New York: Monthly Review Press, 2016), 80.

10. Cushion, *Hidden History*, 88-94; Chase, *Revolution*, 28. The bonus was called the *diferencial*, 这笔钱在每年收获开始时根据生活费用的增加进行分配。

11. José Antonio Echeverría, *Papeles del Presidente: Documentos y discursos de José Antonio Echeverría Bianchi*, ed. Hilda Natalia Berdayes García (Havana: Casa Editora Abril, 2006), 28-32, 61-63; Rolando Dávila Rodríguez, *Lucharemos hasta el final* (Havana: Consejo de Estado, 2011), 1:55; Chase, *Revolution*, 20; Bonachea and San Martín, *Cuban Insurrection*, 59-60.

12. Bonachea and San Martín, *Cuban Insurrection*, 72-73.

13. Bonachea and San Martín, *Cuban Insurrection*, 65, 68-69.

14. Bonachea and Valdés, *Revolutionary Struggle*, 1:259-71.

15. Dávila Rodríguez, *Lucharemos hasta el final*, 2:157; Bonachea and San Martín, *Cuban Insurrection*, 66; Van Gosse, *Where the Boys Are: Cuba, Cold War America, and the Making of a New Left* (New York: Verso, 1993), 65.

16. Bonachea and San Martín, *Cuban Insurrection*, 70-78; Echeverría, *Papeles del Presidente*, 84-87; Julia Sweig, *Inside the Cuban Revolution: Fidel Castro and the Urban Underground* (Cambridge, MA: Harvard University Press, 2002), 13; L. Guerra, *Heroes*, 183; José Álvarez, *Frank País y la revolución cubana* (repr., CreateSpace, 2017).

17. Bonachea and San Martín, *Cuban Insurrection*, 78.

18. Alvarez Tabío, *Celia*, 100, 156-69; Franqui, *Diary*, 127.

19. Franqui, *Diary*, 122; Dávila Rodríguez, *Lucharemos*, 2:209.

20. Dávila Rodríguez, *Lucharemos*, 2:211-12, 222; Bonachea and San Martín, *Cuban Insurrection*, 80-83; Sippial, *Celia Sánchez*, 70.

21. Bonachea and San Martín, *Cuban Insurrection*, 80-83.

22. Franqui, *Diary*, 123-24; Ernesto Che Guevara, *Episodes of the Cuban Revolutionary War, 1956-1958* (New York: Pathfinder, 1996), 87-88.

23. Franqui, *Diary*, 129.

第二十四章　群山耸立

1. Guevara, *Episodes*, 102-14; Jon Lee Anderson, *Che Guevara: A Revolutionary Life* (New York: Grove Books, 2010), 224-28.

2. Jerry Knudson, *Herbert L. Matthews and the Cuban Story* (Lexington, KY: Association for Education in Journalism, 1978), 5-7; Sippial, *Celia Sánchez*, 75-76.

3. Knudson, *Herbert L. Matthews*, 5-7; Sippial, *Celia Sánchez*, 75-76; Herbert L. Mat-thews, "Cuban Rebel Is Visited in Hideout," *The New York Times*, February 24, 1957.

4. Franqui, *Diary*, 139, 141; Herbert Matthews, interview with Fidel Castro in Sierra

Maestra Mountains, autograph manuscript notes, February 17, 1957, Columbia University, Rare Books and Manuscripts, Herbert Matthews Papers, Miscellaneous Collections Vaults.

5. Matthews, interview with Fidel Castro in Sierra Maestra Mountains, autograph manuscript notes; Matthews, "Cuban Rebel Is Visited in Hideout." See also Anthony DePalma, *The Man Who Invented Fidel: Cuba, Castro and Herbert L. Matthews of the New York Times* (New York: PublicAffairs, 2006), 84-85; Nancy Stout, *One Day in December: Celia Sánchez and the Cuban Revolution* (New York: Monthly Review Press, 2013), 148-49.

6. Knudson, *Herbert L. Matthews*, 5-7.

7. Stout, *One Day*, 136-38; Herbert Matthews, "Cuban Rebel Is Visited in Hideout", *New York Times*, February 24, 1957, 1.

8. Matthews, "Cuban Rebel Is Visited in Hideout".

9. Phillips telegram dated Havana, February 28, 1957, in Matthews Papers, Columbia, Box 10, Folder 3; "Stories on Rebel Fiction, Cuba Says", *The New York Times*, February 28, 1957, 13.

10. Bonachea and San Martín, *Cuban Insurrection*, 91 - 92; Knudson, *Herbert L. Matthews*, 9.

11. CBS, "Rebels of the Sierra Maestra"; L. Guerra, *Heroes*, 249 - 50; Dávila Rodríguez, *Lucharemos*, 3:70, 84-86.

12. Van Gosse, *Where the Boys Are*, 61, 68-71, 90-91, 102n55.

13. Bonachea and San Martín, *Cuban Insurrection*, 109, 114 - 20; L. Guerra, *Heroes*, 222.

14. L. Guerra, *Heroes*, 231.

15. Chase, *Revolution*, 66.

16. Bonachea and San Martín, *Cuban Insurrection*, 143; Sweig, *Inside*, 30.

17. Sweig, *Inside*, 29-34; "Al Pueblo de Cuba", *Bohemia*, July 28, 1957, 69, 96-97.

18. Stout, *One Day*, 213-14.

19. 这两次观察的日期分别是1957年5月和1957年6月12日,全都来自Department of State Central Files, Cuba, Internal Affairs, 1955-1959, Microfilm 6188, Reel 1, frames 646-49 and 713。十分感谢Michelle Chase愿意与我分享这些资源的笔记。

20. Bonachea and San Martín, *Cuban Insurrection*, 165-66; Van Gosse, *Where the Boys Are*, 65-66; Sweig, *Inside*, 68-74; *Bohemia*, February 2, 1958.

21. "Despatch from the Consulate at Santiago de Cuba to State Department", January 21, 1958, in *FRUS, DP*, 1958-1960, Cuba, vol. 6, doc. 18; R. Rojas, *Historia mínima*, 87-89.

22. Sara Kozameh, "Guerrillas, Peasants, and Communists: Agrarian Reform inCuba's 1958 Liberated Territories", *Americas* 76 (2019), 641-73.

23. Kozameh, "Guerrillas"; L. Guerra, *Heroes*, 264.

24. Department of State Central Files, Cuba, Internal Affairs, 1955-1959, Microfilm

6188, Reel 34, passim; secret telegram dated February 21, 1958, and March 27, 1958, memo, Reel 2, frames 710 – 11 and 1000 – 1010; despatch from US Embassy to State Department, Havana, January 10, 1958, in *FRUS*, *DP*, 1958–1960, Cuba, vol. 6, doc. 2; Sweig, *Inside*, 105; Earl Smith, *Fourth Floor: An Account of the Castro Communist Revolution* (New York: Random House, 1962), 77.

第二十五章　第一次

1. Rufo López Fresquet, *My 14 Months with Castro* (Cleveland: World, 1966), 65; Hugh Thomas, *The Cuban Revolution* (New York: Harper & Row, 1977), 248.

2. Fidel Castro, January 1 broadcast, Radio Rebelde, in Franqui, *Diary*, 483–84.

3. Franqui, *Diary*, 501; Fidel Castro speech, Santiago, January 1, 1959.

4. Castro speech, Santiago, January 1, 1959.

5. Thomas, *Cuban Revolution*, 248–49, 283; Franqui, *Diary*, 504; interview, Adelaida Ferrer, December 3, 2018; *Bohemia*, February 22, 1959, 78. 民意调查于1959年2月6日至13日进行,92%的数字是我由91.85%四舍五入而来。

6. Lynn Hunt, "Revolutionary Time and Regeneration", *Diciottesimo Secolo* 9 (2016), 62–76; María del Pilar Díaz Castañón, *Ideología y revolución: Cuba, 1959–1962* (Havana: Ciencias Sociales, 2004), 106–7; Franqui, *Diary*, 503; Louis A. Pérez, *Cuba: Between Reform and Revolution*, 242–43; Lillian Guerra, *Visions of Power: Revolution, Redemption, and Resistance, 1959–1971* (Chapel Hill: University of North Carolina Press, 2012), 57; Santovenia and Shelton, *Cuba*, 3:307.

7. Fidel Castro speech, Presidential Palace, Havana, January 8, 1959. (I use translation from English version; crowd reactions noted in Spanish version.)

8. Ernesto Cardenal, *In Cuba* (New York: New Directions, 1974), 322; Thomas, *Cuban Revolution*, 287–88.

9. Thomas, *Cuban Revolution*, 149, 284–86, 303; Franqui, *Diary*, 503–4; "The Vengeful Visionary," *Time*, January 26, 1959.

10. Thomas, *Cuban Revolution*, 303.

11. Thomas, *Cuban Revolution*, 292–94; Michelle Chase, "The Trials: Violence and Justice in the Aftermath of the Cuban Revolution", in *A Century of Revolution: Insurgent and Counterinsurgent Violence during Latin America's Cold War*, eds. Gilbert Joseph and Greg Grandin (Durham, NC: Duke University Press, 2010).

12. Chase, "The Trials", 177–8; L. Guerra, *Visions*, 46–47; Ezer Vierba, "Image and Authority: Political Trials Captured in Cuba and Panama, 1955 – 1959", *Estudios Interdisciplinarios de America Latina y el Caribe* 26, no. 2 (2015), 77.

13. López Fresquet, *14 Months*, 68; Aleksandr Fursenko and Timothy Naftali, *One Hell of a Gamble: Khrushchev, Castro, and Kennedy, 1958-1964* (New York: Norton, 1995), 8;

"Scolding Hero", *Time*, February 2, 1959; Jules Dubois, "Las ejecuciones en Cuba", *Bohemia*, February 1, 1959, 6; L. Guerra, *Visions*, 46-48.

14. Chase, "The Trials", 165-66; "Scolding Hero", *Time*, February 2, 1959.

15. William A. Williams, *The United States, Cuba, Castro: An Essay on the Dynamics of Revolution and the Dissolution of Empire* (New York: Monthly Review Press, 1962), 31; Chase, "The Trials", 166; L. Guerra, *Visions*, 46-47; Vierba, "Image and Authority"; *Bohemia*, February 22, 1959, 79, Table 2. "建立自由"是第二受欢迎的,占30%。Lions' Club letter to Eisenhower was published in *Revolución*, February 2, 1959. See Díaz Castañón, *Ideología*, 143n44.

16. Fidel Castro speech at Presidential Palace, January 17, 1959; R. Hart Phillips, "Cuba to Try 1,000 for 'War Crimes'", *The New York Times*, January 20, 1959, 1.

17. Thomas, *Cuban Revolution*, 305.

18. Fidel Castro speech, January 21, 1959; L. Guerra, *Visions*, 47.

19. Louis A. Pérez, *Cuba: Between Reform and Revolution*, 244; William Kelly, "Revolución es Reconstruir: Housing, Everyday Life, and Revolution in Cuba, 1959-1988" (PhD diss., Rutgers University, 2021); L. Guerra, 45-46.

20. De la Fuente, *A Nation for All*; Devyn Spence Benson, *Antiracism in Cuba: The Unfinished Revolution* (Chapel Hill: University of North Carolina Press, 2016); Chase, *Revolution*.

21. Sara Kozameh, "Harvest of Revolution: Agrarian Reform and the Making of Revolutionary Cuba, 1958-1970" (PhD diss., New York University, 2020); Thomas, *Cuban Revolution*, 442; Fernando Martínez, personal communication.

22. Marifeli Pérez-Stable, *The Cuban Revolution: Origins, Course, and Legacy* (New York: Oxford University Press, 1993), 67-68.

23. L. Guerra, *Visions*, 46; Zanetti, *Historia mínima*, 268.

24. Lars Schoultz, *That Infernal Little Cuban Republic: The United States and the Cuban Revolution* (Chapel Hill: University of North Carolina Press, 2009), 91.

25. Thomas, *Cuban Revolution*, 417, 431; R. Rojas, *Historia mínima*, 99-100; Schoultz, *Infernal Little Cuban Republic*, 90-91, 101; López Fresquet, *14 Months*, 110.

26. Thomas, *Cuban Revolution*, 301, 418; Schoultz, *Infernal Little Cuban Republic*, 88; Fidel Castro speeches of April 8, April 9, and April 12, 1959.

27. Schoultz, *Infernal Little Cuban Republic*, 93; López Fresquet, *14 Months*, 106-8; Thomas, *Cuban Revolution*, 427-28.

28. Schoultz, *Infernal Little Cuban Republic*, 93; Gosse, *Where the Boys Are*, 113-16; E. 23. Kenworthy, "Castro Visit Leaves Big Question Mark", *The New York Times*, April 19, 1957, E7.

29. 关于尼克松和卡斯特罗此次会面的描述来自两处资源,且都可通过美国国家安全电子档案(DNSA)获取。"Rough Draft Summary of Conversation between the Vice

President and Fidel Castro", April 25, 1959, and Ambassador Bonsal, "Brief Evaluation of the Castro Visit to Washington", April 22, 1959。

30. Schoultz, *Infernal Little Cuban Republic*, 93.

31. Fidel Castro speech, May 8, 1959, Plaza Cívica, Havana.

32. *Bohemia*, March 29, 1959, 4ª Relación, 76-97, passim. 卡斯特罗后来拒绝了牧场主和大公司提供的资金, 故而政府征收的总额也减少了。María del Pilar Díaz Castañón, "'We Demand, We Demand...' Cuba, 1959: The Paradoxes of Year 1," in *The Revolution from Within*, 103-7.

33. Kozameh, "Harvests;" Juan Valdés Paz, *Procesos agrarios en Cuba, 1959-1995* (Havana: Editorial de Ciencias Sociales, 1997), 58-73; Oscar Pinos Santos, "La Ley de la Reforma Agraria de 1959 y el fin de las oligarquías en Cuba", *Temas* nos. 16-17 (October 1998-June 1999), 42-60; Schoultz, *Infernal Little Cuban Republic*, 95.

34. Kozameh, "Harvest."

35. Thomas, *Cuban Revolution*, 437, 445; Schoultz, *Infernal Little Cuban Republic*, 99-100.

36. Schoultz, *Infernal Little Cuban Republic*, 95-96.

37. Schoultz, *Infernal Little Cuban Republic*, 125-26, 129.

38. Thomas, *Cuban Revolution*, 441n; Maurice Zeitlin and Robert Scheer, *Cuba: Tragedy in Our Hemisphere* (New York: Grove Press, 1963), 287-88; R. Rojas, *Historia mínima*, 105.

39. Thomas, *Cuban Revolution*, 452, 455; Luis M. Buch Rodríguez and Reinaldo Suárez, *Gobierno revolucionario cubano: génesis y primeros pasos* (Havana: Ciencias Sociales, 1999), 139-41; Díaz Castañón, *Ideología*, 304.

40. Díaz Castañón, *Ideología*, 120; Thomas, *Cuban Revolution*, 457; L. Guerra, *Visions*, 69; *Bohemia*, July 26, 1959, 68-69.

41. L. Guerra, *Visions*, 73; 卡斯特罗在其中的新闻短片可见: https://www.openculture.com/2014/06/fidel-castro-plays-baseball-1959.html。

42. L. Guerra, *Visions*, 67-73; Celia Cruz, "Guajiro, ya llegó tu día," https://www.youtube.com/watch? v = aB7HNwzenv0&feature = share&fbclid = IwAR3fbaAqomGSF Nx9JT_SmQw2E3szstN4cWT11d59ducGLR6mlixoAOz4FL8.

43. L. Guerra, *Visions*, 73-74; R. H. Phillips, "Castro Resumes the Premiership," *The New York Times*, July 27, 1959, 1; Footage of the rally appears in the Cuban government documentary *Caminos de la Revolución*, vol. 3, at 8:28-9:28.

第二十六章　日趋激进

1. Thomas, *Cuban Revolution*, 452; Schoultz, *Infernal Little Cuban Republic*, 101; R. Rojas, *Historia mínima*, 105; Fidel Castro speech, New York Central Park, April 24, 1959.

2. Schoultz, *Infernal Little Cuban Republic*, 111; Thomas, *Cuban Revolution*, 466-68, 473-74, 477-78; telegram from the embassy in Cuba to Department of State, October 22, 1959, and February 1, 1960, in *FRUS*, *DP*, 1958-1960, Cuba, VI, docs. 374 and 446; Jesús Díaz, *The Initials of the Earth*, trans. Kathleen Ross (Durham, NC: Duke University Press, 2006), 100-101, 131; Eduardo Boza Masvidal, "¿Es cristiana la revolución social que se está verificando en Cuba?" *La Quincena* (Havana), October 30, 1960; Díaz Castañón, *Ideología*, 162-67.

3. "Mikoyan in Cuba", CIA Current Intelligence Weekly Review, February 11 1960, https://www.cia.gov/library/readingroom/docs/DOC_0000132448.pdf; Herbert Matthews, "Confidential Report on Trip to Cuba, March 6-13, 1960," in New York Public Library, New York Times Company Records, Foreign Desk, Box 123, Folder 4; L. Guerra, *Visions*, 110.

4. Jacqueline Loss and José Manuel Prieto, eds., *Caviar with Rum: Cuba-USSR and the Post-Soviet Experience* (New York: Palgrave Macmillan, 2012), 15; Díaz Castañón, *Ideología*, 309; Schoultz, *Infernal Little Cuban Republic*, 114.

5. "Memorandum from Henry C. Ramsey of the Policy Planning Staff, February 18, 1960; and Secretary of State Herter to Foreign Secretary Lloyd," February 21, 1960, in *FRUS*, *DP*, 1958-1960, Cuba, VI, docs. 458 and 461.

6. L. Guerra, *Visions*, 109-13; Jonathan C. Brown, *Cuba's Revolutionary World* (Cambridge, MA: Harvard University Press, 2017), 111; Carlos Franqui, *Family Portrait with Fidel: A Memoir* (New York: Random House, 1984), 66; "Memorandum of Discussion at the 435th Meeting of the National Security Council, Washington, February 18, 1960"; FRUS, 1958-1960, Cuba, VI, doc. 456; "Mikoyan Lauded at Cuban Meeting," *Stanford Daily*, February 6, 1960.

7. Ortega, *Coletilla*, 117-8; Thomas, *Cuban Revolution*, 483, 502.

8. Ortega, *Coletilla*, 138-41; "Ampliado el 'nuevo sistema' de censura de prensa," *Diario de la Marina*, January 17, 1960, A1; "'Libertad de prensa', ¿para qué, para quiénes?" *Hoy*, January 17, 1960, 1.

9. Ortega, *Coletilla*, 143-51. In June 1960, Jorge Zayas began publishing an exile version of *Avance*, called *Avance Criollo*, sponsored by the CIA. "A Program of Covert Action against the Castro Regime," Washington, March 16, 1960, 416; FRUS, DP, 1958-1960, Cuba, VI, doc. 481 and DNSA, The Cuban Missile Crisis Revisited.

10. Ortega, *Coletilla*, 161-64; "Don Quijote llega a Cuba," *Bohemia*, August 7, 1960, 30-31.

11. Havana Embassy, 1674, confidential, May 17, 1960, in maryferrell.org; Ortega, *Coletilla*, 190-99; *Bohemia*, "En Cuba," May 22, 1960, 63. 关于《码头日记》的结局, 存在着相互矛盾的说法。在美国的消息来源中, 那些接管报纸的人被称为带引号的"工人", 而那些签署支持出版商的信的人被称为不带引号的工人; 在古巴的资料中, 那些撰写小尾巴并接管文件的人是工人；那些在信上签名支持出版商的人根本没有被提及。报纸的内部动态——例如，coletillas 的起草方式——尚不清楚。该报的所有者 (José Ignacio Rivero) 在一本名为《普拉多和国王》的回忆录中讲述了他对这些事件的看法。(Miami: Editorial SIBI, 1987)。

12. "Un Día con el Pueblo . . ." *Diario de la Marina*, May 12, 1960, A1; "¡Cubanos!" *Diario de la Marina*, May 12, 1960, A1; Havana Embassy, 1674, confidential, May 17, 1960, p. 12, in maryferrell.org;Thomas, *Cuban Revolution*, 502.

13. "¡Cubanos!" *Diario de la Marina*, May 12, 1960, A1; Havana Embassy, 1674, confidential, May 17, 1960, p. 3, in maryferrell.org.

14. Telegram from embassy to Department of State, Havana, March 4, 1960 (8:55 p. m.), in DNSA;Thomas, *Cuban Revolution*, 491; Díaz Castañón, *Ideología*, 124.

15. George Horne, "City Desk. On the attached tip from Wally Carroll," March 18, 1960 (8 p.m.); Herbert Matthews, "Confidential Report on Trip to Cuba, March 6-13," both in New York Public Library, New York Times Company archives, Foreign Desk, Box 123, Folder 4.

16. Fidel Castro speech, March 5, 1960.

17. Díaz Castañón, *Ideología*, 124; L. Guerra, *Visions*, 125.

18. Telegram from embassy in Cuba to Department of State, March 8, 1960, *FRUS*, *DP*, 1958-1960, Cuba, VI, doc. 470; desk officer quoted in Schoultz, *Infernal Little Cuban Republic*, 116.

19. Christian Herter to President, November 4, 1959, DNSA, Cuban Missile Crisis Revisited; "A Program of Covert Action against the Castro Regime", Washington, DC, March 16, 1960, and Memorandum of a Conference with the President, White House, Washington, DC, March 17, 1960 (2:30 p.m.), both in *FRUS*, *DP*, 1958-1960, Cuba, VI, docs. 481 and 486.

20. "A Program of Covert Action against the Castro Regime", and Memorandum of a Conference with the President, White House, Washington, March 17, 1960 (2:30 p.m.). Emphasis mine.

21. "A Program of Covert Action against the Castro Regime."

22. "A Program of Covert Action against the Castro Regime"; "Ike Takes Swipe at Lost Cuban Ideals", *Daily Review* (Hayward, California), April 9, 1960, 2.

23. Schoultz, *Infernal Little Cuban Republic*, 119-25; "Big Oil Headaches Vex Hemisphere", *The New York Times*, May 29, 1960, F1.

24. The description of the rally is taken from "Sucedió el 7 de Agosto de 1960," *Bohemia*, August 14, 1960, 44, and "¡Se llamaba!," *INRA* 1, no. 8 (September 1960), 4. The text of the speech, Law 851, and audience responses appear at http://www.cuba.cu/gobierno/discursos/1960/esp/f060860e.html.

25. "Sucedió el 7 de Agosto de 1960", and "La Segunda Independencia", *Bohemia*,

August 14, 1960, 44-52.

26. "¡Se llamaban!," *INRA* 1, no. 8 (September 1960), 4; L. Guerra, *Visions*, 142-3.

27. Schoultz, *Infernal Little Cuban Republic*, 124 – 25; R. Rojas, *Historia mínima*, 112-13.

28. Schoultz, *Infernal Little Cuban Republic*, 126, 130-31, 136, 141; Richard Fagen, *The Transformation of Political Culture in Cuba* (Stanford, CA: Stanford University Press, 1969), 69.

第二十七章 战斗

1. Willis Fletcher Johnson, *The History of Cuba* (New York: B. F. Buck, 1920), vol. 5, ch. 7; "The Charcoal Industry of Cuba," *Coal Trade Journal*, January 9, 1907, 28; Julio García Espinosa and Tomás Gutiérrez Alea, *El Mégano* (The Charcoal Worker), 1955 (documentary short, twenty-five minutes); Samuel Feijoo, "Los Prisioneros del Mangle", *Bohemia*, June 3, 1956, 4 – 6; Barcia, *Una sociedad distinta*; Margaret Randall, *Cuban Women Now: Interviews with Cuban Women* (Toronto: Women's Press, 1974), 171.

2. "Raúl Castro en la Ciénaga de Zapata", *Hoy*, August 25, 1959, 1; "En Cuba", *Bohemia*, January 3, 1960, 69; "Ya llegó la justicia a los hombres de la Ciénaga", *Bohemia*, August 7, 1960, 10-13, 109-11; "Playa Girón: Millones de pesos invertidos en el Pueblo", *Bohemia*, January 29, 1961, 28-31; J. C. Rodriguez, *Inevitable Battle: From the Bay of Pigs to Plara Girón* (Havana: Editorial Capitán San Luis, 2009), 201-2; "Ni Girón interrumpió la campaña de alfabetización en Cuba", Radio Cadena Agramonte de Camaguey, http://www.cadenagramonte.cu/articulos/ver/13476: ni - giron - interrumpio - la - campana - de - alfabetizacion-en-cuba0.

3. Grayston Lynch, *Decision for Disaster: Betrayal at the Bay of Pigs* (Washington, DC: Brassey's, 1998), 83-84.

4. Lynch, *Decision for Disaster*, 85 – 86; Peter Wyden, *Bay of Pigs: The Untold Story* (New York: Simon & Schuster, 1979), 136-37, 217-21; Jim Rasenberger, *The Brilliant Disaster: JFK, Castro, and America's Doomed Invasion of Cuba's Bay of Pigs* (New York: Scribner, 2011), 238-39.

5. Lynch, *Decision for Disaster*, 88-9, 111; Howard Jones, *The Bay of Pigs* (New York: Oxford University Press, 2008), 102; James Blight and Peter Kornbluh, eds., *The Politics of Illusion: The Bay of Pigs Invasion Reexamined* (Boulder, CO: Lynne Reiner, 1998), 11-12; *FRUS, DP*, 1961-1963, vol. x, Cuba, Editorial Note, 112.

6. Jones, *Bay of Pigs*, 118; Schoultz, *Infernal Little Cuban Republic*, 143; Blight and Kornbluh, *Politics of Illusion*, 110-12.

7. Blight and Kornbluh, *Politics of Illusion*, 41.

8. "A Program of Covert Action." See also chapter 26.

9. Peter Kornbluh, ed., *Bay of Pigs Declassified: The Secret CIA Report on the Invasion of Cuba* (New York: Free Press, 1998), 30; Memorandum of a Meeting with the President, White House, August 18, 1960, in *FRUS, DP*, 1958-1960, vol. 6, Cuba, doc. 577.

10. Kornbluh, *Bay of Pigs Declassified*, 75; *Verde Olivo* 1, no. 32 (October 22, 1960), 6-7.

11. United States Central Intelligence Agency secret cable, October 31, 1960, DNSA, CIA Covert Operations III; The "Narrative of the Anti-Castro Operation Zapata", which was part of the Taylor Commission Report, gives the date of November 4, 1961, for the cable; Piero Gleijesis, "Ships in the Night: The CIA, the White House, and the Bay of Pigs," *Journal of Latin American Studies* 27 (February 1995), 11.

12. *FRUS, DP*, 1958-1960, Cuba, v. vi, Editorial Note 612; "Memorandum of a Meeting with the President, November 29, 1960, 11 a. m.", in United States, Special Assistant to the President for National Security Affairs, Top Secret, Memorandum of Conversation, December 5, 1960, DNSA, Cuban Missile Crisis Revisited.

13. Arthur M. Schlesinger, *AThousand Days: John F. Kennedy in the White House* (Boston: Houghton Mifflin, 1965), 233-34; "Memorandum No. 1. Narrative of the Anti-Castro Cuban Operation Zapata", June 13, 1961, DNSA, Cuban Missile Crisis Revisited; Gleijesis, "Ships in the Night," 11-12; Wyden, *Bay of Pigs*, 72-73; Special National Security Estimate, Number 85-3-60. Prospects for the Castro Regime, December 8, 1960, DNSA, Cuban Missile Crisis Revisited.

14. "Memorandum from the Chief of WH.4/PM, CIA (Hawkins) to the Chief of WH/4 of the Directorate of Plans (Esterline)", January 4, 1961, *FRUS, DP*; "Briefing of Secretary of State Designate Rusk", January 1961, DNSA, Cuban Missile Crisis Revisited.

15. "Briefing Papers Used by Mr. Dulles and Mr. Bissell—President-Elect Kennedy", November 18, 1960, in DNSA; Schlesinger, *Thousand Days*, 226, 229, 233; "Kennedy Briefed by Allen Dulles, *The New York Times*, November 19, 1960, 1.

16. Rasenberger, *The Brilliant Disaster*, 134; Brown, *Cuba's Revolutionary World*, 151.

17. Schoultz, *Infernal Little Cuban Republic*, 148; L. Guerra, *Visions*, 158; Wyden, *Bay of Pigs*, 122; Department of State, Daily Files, September 29, 1960; Weekly Interagency Summary, November 4, 1960.

18. Schoultz, *Infernal Little Cuban Republic*, 154-55; Memorandum from the Chairman of the Joint Chiefs of Staff to the Commander in Chief, Atlantic, Washington, April 1, 1961, in *FRUS, DP*, 1961-1963, vol. 10, Cuba, Doc. 76.

19. Memorandum for Secretary of Defense from Joint Chiefs, March 15, 1961, DNSA, Cuban Missile Crisis Revisited Collection; Memorandum from Under Secretary of State (Bowles) to Secretary (Rusk), March 31, 1961, in *FRUS, DP*, 1961-1962, vol. 10, Cuba, doc. 75.

20. Schoultz, *Infernal Little Cuban Republic*, 154-5; National Intelligence Estimate, December 8, 1960; "The Situation in Cuba", Department of State, Bureau of Intelligence and Research, Secret, Intelligence Memorandum, December 27, 1960, DNSA, Cuban Missile Crisis Collection; Wyden, *Bay of Pigs*, 99.

21. Rasensberger, *Brilliant Disaster*, 180-83.

22. Rasensberger, *Brilliant Disaster*, 185; Richard M. Bissell Jr., *Reflections of a Cold Warrior: From Yalta to the Bay of Pigs* (New Haven, CT: Yale University Press, 1996), 183; Wyden, *Bay of Pigs*, 170; Blight and Kornbluh, *Politics of Illusion*, 3, 92-97, 102n27.

23. Blight and Kornbluh, *Politics of Illusion*, 2-3.

24. Dulles quoted in Schoultz, *Infernal Little Cuban Republic*, 163; Arthur Schlesinger offers a similar interpretation in Blight and Kornbluh, *Politics of Illusion*, 65, 69.

25. Kornbluh, *Bay of Pigs Declassified*, 12; the IG's report and related documents are transcribed in that volume's appendix.

26. Irving Janis, *Groupthink: Psychological Studies of Foreign-Policy Decisions and Fiascos* (Boston: Houghton Mifflin, 1972), ch. 2.

27. J. R. Herrera Medina, *Operación Jaula: contragolpe en el Escambray* (Havana: Verde Olivo, 2006); J. C. Rodriguez, *The Inevitable Battle*, 52, 99; Brown, *Cuba's Revolutionary World*, 151.

28. Brown, *Cuba's Revolutionary World*, 88-100, 150-51; Juan C. Fernández, *Todo es secreto hasta un día* (Havana: Ciencias Sociales, 1976), 57-58; J. C. Rodríguez, *Inevitable Battle*, 78.

29. *Bohemia*, August 7, 1960, 10-13; "Playa Girón: Millones de pesos invertidos en el Pueblo", *Bohemia*, January 29, 1961.

30. J. C. Rodríguez, *Inevitable Battle*, 206-8, 222-23.

31. US Department of Justice, FBI, June 6, 1961, "Memo on Cuban Situation", Mary Ferrell Foundation; Rosendo Rosell, *Vida y Milagros de la farándula de Cuba* (Miami: Ediciones Universal, 1994), 3:382; conversations with Ramón and Adelaida Ferrer, January 2019; Raymond Warren, "Documentation of Castro Assassination Plots", August 11, 1975, in http://documents.theblackvault.com/documents/jfk/NARA-Oct2017/NARA-Nov9-2017/104-10310-10019.pdf.

32. Fidel Castro speech, April 16, 1961.

33. Kornbluh, *Bay of Pigs Declassified*, 3; Richard Goodwin, Memorandum to the President, August 22, 1961, in FRUS, DP, 1961-1963, vol 10, doc.257; Richard Goodwin, *Remembering America: A Voice from the Sixties* (New York: Open Road, 2014), 199.

34. James Blight and Janet M. Lang, *The Armageddon Letters: Kennedy, Khrushchev, Castro in the Cuban Missile Crisis* (Lanham, MD: Rowman & Littlefield, 2012), 52-54; Fursenko and Naftali, *One Hell*, 97-98, 139-40.

第二十八章　悬崖边缘

1. Anders Gustafsson, Javier Iglesias Camargo, Håkan Karlsson, and Gloria MirandaGonzález,"Material Life Histories of the Missile Crisis (1962): Cuban Examples of a Soviet Missile Hangar and US Marston Mats", *Journal of Contemporary Archeology* 4 (2017), 39-58.

2. Gustafsson et al., "Material Life". On popular awareness of presence of Russian soldiers, Benito to Dr. Claudio Rodríguez, August 20, 1962, Cuban Letters Collection, New York University,Tamiment Archives, Box 1, Letter 14.

3. Fursenko and Naftali, *One Hell*, 180; Tomás Diez Acosta, *Octubre de 1962: un paso del holocausto: una mirada cubana a la crisis de los misiles* (Havana: Editora Política, 2002), 87.

4. Fursenko and Naftali, *One Hell*, 187.

5. Diez Acosta, *Octubre*, 100, 108; Naftali and Fursenko, *One Hell*, 191; "Secret Agreement July 13, 1962", in History and Public Policy Program Digital Archive, Wilson Center, https://digitalarchive.wilsoncenter.org/document/110878.

6. Fursenko and Naftali, *One Hell*, 188, 192.

7. Fursenko and Naftali, *One Hell*, 193; Fidel Castro speech, Santiago de Cuba, July 26, 1962, http://www.cuba.cu/gobierno/discursos/1962/esp/f260762e.html.

8. Laurence Chang and Peter Kornbluh, eds, *The Cuban Missile Crisis, 1962: A National Security Archive Documents Reader* (New York: New Press, 1998).

9. "Soviet Statement on US Provocations", September 11, 1962, CIA, FOIA Reading Room, https://www.cia.gov/readingroom/docs/CIA-RDP79T004 28A000200010014-0.pdf; Chang and Kornbluh, *Cuban Missile Crisis*, 368.

10. Chang and Kornbluh, *Cuban Missile Crisis, 1962*, 368-70; "Excerpts from Dorticós Speech", October 8, 1962, at UNGA, in Princeton University, Adlai Stevenson Papers, Box 346, Folder 1-4, https://findingaids.princeton.edu/MC124/c01827.pdf.

11. Chang and Kornbluh, *Cuban Missile Crisis, 1962*, 371-75.

12. Chang and Kornbluh, *Cuban Missile Crisis, 1962*, 376-77; Michael Dobbs, *One Minute to Midnight: Kennedy, Khrushchev, and Castro on the Brink of Nuclear War* (New York:Vintage, 2009), 38, 95, 249, 279.

13. President John F. Kennedy "Radio and Television Report to the American People on the Soviet Arms Buildup in Cuba", October 22, 1962, https://microsites.jfk library.org/cmc/oct22/doc5. html; James Reston, "Ships Must Stop," *The New York Times*, October 23, 1962, 1; Blight and Lang, *Armageddon Letters*, 42.

14. Photograph in *Harpers*, https://www.theatlantic.com/magazine/archive/2013/01/the-real-cuban-missile-crisis/309190/; Alexa Kapsimalis interview, Storycorps, https://archive.storycorps.org/interviews/grandpa-cuban-missile-crisis/.

15. Chang and Kornbluh, *Cuban Missile Crisis*, *1962*, 380; Dobbs, *One Minute*, 84-85.

16. Chang and Kornbluh, *Cuban Missile Crisis*, *1962*, 380; Fidel Castro speech, October 23, 1962; Adolfo Gilly, "A la luz del relámpago: Cuba en Octubre", *Viento Sur* 102 (March 2009), 82.

17. Fursenko and Naftali, *One Hell*, 265-67; Chang and Kornbluh, *Cuban Missile Crisis*, *1962*, doc. 42 and p. 387.

18. James Blight and janet M. Lang, *Dark Beyond Darkness: The Cuban Missile Crisis as History, Warning, and Catalyst* (Lanham, MD: Rowman & Littlefield, 2018), 36; Dobbs, *One Minute*, 159.

19. Dobbs, *One Minute*, 169-70.

20. Fidel Castro to Khrushchev, October 26, 1962. 关于"original"这个词在俄语中的对应词,我使用了约翰·肯尼迪图书馆的一个用法。https://microsites.jfklibrary.org/cmc/oct26/doc2.html。See also NSA, *Cuban Missile Crisis*, *1962*, doc. 46, and p. 387; Wilson Digital Archive, https://digitalarchive.wilsoncenter.org/document/114501; Diez Acosta, *Octubre*, 177-78; Blight and Lang, *Dark*, 39-40.

21. Khrushchev to Kennedy, October 26, 1962 and October 27, 1962 (Chang and Kornbluh, *Cuban Missile Crisis*, *1962*, docs. 45 and 49); Fursenko and Naftali, *One Hell*, 273-74.

22. Transcript of ExComm meetings, October 27, 1962, DNSA, Cuban Missile Crisis Collection; Chang and Kornbluh, *Cuban Missile Crisis*, *1962*, doc. 50.

23. Fursenko and Naftali, *One Hell*, 282.

24. Transcript of ExComm meetings, October 27, 1962, Chang and Kornbluh, *Cuban Missile Crisis*, *1962*, doc. 50; Dobbs, *One Minute*, 309, 312-13; Jack Raymond, "Airmen Called Up," *The New York Times*, October 28, 1962.

25. Dobbs, *One Minute*, 239-40; telegram from Havana Embassy to Foreign Office, October 27, 1962 (11:35 a.m.), in British Archives on the Cuban Missile Crisis, 340; "Cable no. 328 from the Czechoslovak Embassy in Havana (Pavlíček)," October 28, 1962, History and Public Policy Program Digital Archive, National Archive, Archive of the CC CPCz (Prague); File: "Antonín Novotný, Kuba," Box 122, https://digitalarchive.wilsoncenter.org/document/115210; Gilly, "A la luz," 90; *Hoy* (Havana), October 26, 1962, 5; *Bohemia*, October 26, 1962, 69; James Blight and janet Lang, personal communication, March 3, 2020.

26. Khrushchev to Kennedy, October 28, 1962, Chang and Kornbluh, *Cuban Missile Crisis*, *1962*, doc. 53, https://microsites.jfklibrary.org/cmc/oct28/doc1.html.

27. White House statement, October 28, 1962, https://microsites.jfklibrary.org/cmc/oct28/; *The New York Times*, October 29, 1962, 1.

28. Franqui, *Family Portrait*, 194; Gilly, "A la luz," 91-94.

29. Permanent Representative of Cuba to the UN Secretary General, October 28, 1962, in Chang and Kornbluh, *Cuban Missile Crisis, 1962*, doc. 57.

30. Khrushchev to Castro, October 28, 1962, and Castro to Khrushchev, October 28, 1962, Chang and Kornbluh, *Cuban Missile Crisis, 1962*, docs. 55 and 56.

31. Kennedy to Khrushchev, October 27, 1962, in https://microsites.jfklibrary.org/cmc/oct27/; Khrushchev to JFK, October 27, 1962, https://microsites.jfklibrary.org/cmc/oct27/doc4.html.

32. Chang and Kornbluh, *Cuban Missile Crisis, 1962*, 402-3; Naftali and Fursenko, *One Hell*, 304-9.

33. Chang and Kornbluh, *Cuban Missile Crisis, 1962*, 405.

34. Kennedy, transcript of November 20, 1962 press conference, https://www.jfk library.org/archives/other-resources/john-f-kennedy-press-conferences/news-conference-45; Kennedy to Khrushchev, November 21, 1962, in Chang and Kornbluh, *Cuban Missile Crisis, 1962*, doc. 79.

35. Brian Latell, *Castro's Secrets: The CIA and Cuba's Intelligence Machine* (New York: Palgrave Macmillan, 2012), 159, 202-3; Naftali and Fursenko, *One Hell*, 305; Chang and Kornbluh, *Cuban Missile Crisis, 1962*, 406.

第二十九章 新人？

1. Hunt, "Revolutionary Time".

2. Juan Valdés Paz, "The Cuban Agrarian Revolution: Achievements and Challenges", *Estudios Avançados* 25 (2011), 75; Susan Eckstein, *Back from the Future: Cuba Under Castro* (Princeton, NJ: Princeton University Press, 1994), 57-58, 84; Louis A. Pérez, *Cuba: Between Reform and Revolution*, 262; Zanetti, *Historia mínima*, 290.

3. Hunt, "Revolutionary Time"; Che Guevara, "Socialism and Man in Cuba", *The Che Guevara Reader* (Melbourne: Ocean Press, 2003), 212-28. 格瓦拉用的术语是"新男人"(new man)由于本章中讨论的许多计划的重点在女性，所以我用了"新人"一词。

4. Guevara, "Socialism and Man"; Chase, *Revolution*, 183; Anita Casavantes Bradford, *The Revolution Is for the Children: The Politics of Childhood in Havana and Miami, 1959-1962* (Chapel Hill: University of North Carolina Press, 2014), 186.

5. Chase, *Revolution*; Casavantes Bradford, *Revolution*; Victor Andres Triay, *Fleeing Castro: Operation Pedro Pan and the Cuban Children's Program* (Gainesville: University Press of Florida, 1998), 71-72.

6. Fagen, *Transformation*, ch. 3; Jonathan Kozol, *Children of the Revolution: A Yankee Teacher in the Cuban Schools* (New York: Dell, 1980), 6; Benson, *Antiracism in Cuba*, 200-206; L. Guerra, *Visions*, 82-83; R. Rojas, *Historia mínima*, 20.

7. L. Guerra, *Visions*, 221-23; Anasa Hicks, "Hierarchies at Home: A History of

Domestic Service in Cuba, from Abolition to Revolution" (Ph.D. diss, New York University, 2017).

8. Lois Smith and Alfred Padula, *Sex and Revolution: Women in Socialist Cuba* (New York: Oxford University Press, 1996), chs. 8 and 9; Debra Evenson, "Women's Equality in Cuba: What Difference Does a Revolution Make", *Minnesota Journal of Law & Inequality* 4 (1986), 307. The classic Cuban film on the triple shift dilemma is *Portrait of Teresa*, directed by Pastor Vega, Havana, 1979.

9. Evenson, "Women's Equality", 311, 318.

10. *Cuban Family Code*, Articles 1, 26-28.

11. Elise Andaya, *Conceiving Cuba: Reproduction, Women, and the State in the Post-Soviet Era* (New Brunswick, NJ: Rutgers University Press, 2014), 37; Margaret Randall, *Women in Cuba, Twenty Years Later* (New York: Smyrna Press, 1981), 37-41.

12. *Cuban Family Code*, Article 16; Rachel Hynson, *Laboring for the State: Women, Family, and Work in Revolutionary Cuba, 1959-1971* (New York: Cambridge University Press, 2019), 108.

13. Benson, *Antiracism*, 72-76; de la Fuente, *A Nation for All*, 157, 178-80, 259-60, 269; Adelaida Ferrer, personal communication.

14. Benson, *Antiracism*, 112-21; de la Fuente, *A Nation for All*, 263-8; Fidel Castro speech, March 22, 1959.

15. De la Fuente, *A Nation for All*, 264-65.

16. De la Fuente, *A Nation for All*, 269, 274.

17. Fidel Castro speech, January 1, 1961; he repeated the claim in the Second Declaration of Havana on February 4, 1962.

18. Eckstein, *Back from the Future*, 40; Carmelo Mesa Lago, *Cuba in the 1970s: Pragmatism and Institutionalization* (Albuquerque: University of New Mexico Press, 1974), 36.

19. Brian Pollitt, "Crisis and Reform in Cuba's Sugar Economy", in *The Cuban Economy*, ed. Archibald Ritter (Pittsburgh: University of Pittsburgh Press, 2009), 89; Zanetti, *Historia mínima*, 297-98.

20. Fidel Castro speech, January 1, 1969; K. S. Karol, *Guerrillas in Power: The Course of the Cuban Revolution* (London: Jonathan Cape, 1971), 410; Robert Quirk, *Fidel Castro* (New York: Norton, 1995), 620; Margaret Randall, *To Change the World: My Years in Cuba* (New Brunswick, NJ: Rutgers University Press, 2009), 74.

21. L. Guerra, *Visions*, 305-6; Thomas, *Cuban Revolution*, 659; Alma Guillermoprieto, *Dancing with Cuba: A Memoir of the Revolution* (New York: Vintage, 2006), ch. 4; Randall, *To Change*, 75; Julie M. Bunck, *Fidel Castro and the Quest for a Revolutionary Culture in Cuba* (University Park: Pennsylvania State University Press, 1994), 144; Louis A. Pérez, *Cuba: Between Reform and Revolution*, 260.

22. Reinaldo Arenas, *Before Night Falls: A Memoir* (New York: Viking, 1993), 128-

32；12. Guerra, *Visions*, 311, 315; Guillermoprieto, *Dancing*, 86.

23. René Dumont, *Is Cuba Socialist?* (New York：Viking, 1974), 68-69, 74; Guillermo-prieto, *Dancing*, 85, 89; Karol, *Guerrillas*, 413.

24. Guillermoprieto, *Dancing*, 107-8.

25. Guillermoprieto, *Dancing*, 106-8; Randall, *To Change*, 77; footage of the rally at https：//www.youtube.com/watch？v=4BAlsoBnzlQ.

26. Eckstein, *Back from the Future*, 39-40, 64.

27. Selma Díaz, Julio Díaz Vázques, and Juan Valdés Paz, " La Zafra de los diez millones：Una mirada retrospectiva", *Temas* 72 (October-December 2012)：69-76.

28. Fidel Castro speech, December 31, 1971. 他在这一时期做了类似的演讲；see, for example, speeches of March 1, 1971；July 26, 1971；December 31, 1971；and November 15, 1973.

第三十章　新美国人？

1. María Cristina García, *Havana USA：Cuban Exiles and Cuban Americans in South Florida, 1959-1994* (Berkeley：University of California Press, 1996), 13-19; María de los Angeles Torres, *In the Land of Mirrors：Cuban Exile Politics in the United States* (Ann Arbor：University of Michigan Press, 2014), 72; R. R. Palmer, *The Age of the Democratic Revolution* (Princeton, NJ：Princeton University Press, 1969), 1：188. 古巴的移民比例高于美国和法国，低于海地。Seymour Drescher, "The Limits of Example," in *The Impact of the Haitian Revolution in the Atlantic World*, ed. David Geggus (Columbia：University of South Carolina Press, 2001), 10.

2. M. C. García, *Havana USA*, 16-17. After the US embassy closed in January 1961, Cubans could no longer acquire visas and received "visa waivers" on arrival.

3. Grupo Areíto, *Contra viento y marea* (Havana：Casa de las Américas, 1978), 16; M. C.García, *Havana USA*, 17; Michael Bustamante, personal communication, April 15, 2020. My mother and I left Havana in April 1963 via Mexico.

4. Louis A. Pérez, *Cuba：Between Reform and Revolution*, 261; Richard R. Fagen, Richard A. Brody, and Thomas J. O'Leary, *Cubans in Exile：Disaffection and Revolution* (Stanford, CA：Stanford University Press, 1968), 19; M. C. García, *Havana USA*, 20, 28; Grupo Areíto, *Contra viento y marea*, 26; Guillermo Grenier and Corinna Moebius, *A History of Little Havana* (Charleston, SC：History Press, 2015), 14, 25-28, 36.

5. M. C. García, *Havana USA*, 29; Grenier and Moebius, *History of Little Havana*, 28, 38; Nathan Connolly, *A World More Concrete：Real Estate and the Remaking of Jim Crow South Florida* (Chicago：University of Chicago Press, 2014), 220-22.

6. Connolly, *A World*, 26, 218; M. C. García, *Havana USA*, 29; Chanelle Rose, *The Struggle for Black Freedom in Miami：Civil Rights and America's Tourist Paradise, 1896-1968* (Baton Rouge：Louisiana State University Press, 2015), 185, 219. 旅馆的故事来自我母亲

对她于 1963 年 7 月 4 日到达迈阿密的描述。

7. Guillermo Grenier and Lisandro Pérez, *Legacy of Exile: Cubans in the United States* (Boston: Pearson Higher Education, 2003), 22–23.

8. Alejandro Portés and Alex Stepick, *City on the Edge: The Transformation of Miami* (Berkeley: University of California Press, 1993), 43; Connolly, *A World*, 220–21; M. C. García, *Havana USA*, 19; Grenier and Moebius, *History of Little Havana*, 41.

9. Fidel Castro speech, September 28, 1965.

10. M. C. García, *Havana USA*, 38; Sidney Schanberg, "Cubans Continue to Leave by Sea", "Refugee Flow Continues," "Cubans in Miami Rush to Help Kin", *The New York Times*, October 13, 1965, 18; October 14, 1965, 3; and October 24, 1965, 60.

11. M. C. García, *Havana USA*, 37–39, 43; Grenier and Pérez, *Legacy of Exile*, 24.

12. Grenier and Pérez, *Legacy of Exile*, 24; M. C. García, *Havana USA*, 43.

13. Yolanda Prieto, *The Cubans of Union City: Immigrants and Exiles in a New Jersey Community* (Philadelphia: Temple University Press, 2009); M. C. García, *Havana USA*, 39–40; "The Simple Pleasures of a Chino – Cubano Restaurant," https://cubannewyorker.wordpress.com/2012/07/01/the-simple-pleasures-of-a-chino-cubano-restaurant-2/.

14. Grenier and Moebius, *History of Little Havana*, 27, 41, 47, 62–63; Grupo Areíto, *Contra viento y marea*, 116–19; Geoffrey E. Fox, *Working–Class Emigres from Cuba* (Palo Alto, CA: R & E Research Associates, 1979), 96.

15. M. C. García, *Havana USA*, 42. See also Cuban Adjustment Act, http://uscode.house.gov/statutes/pl/89/732.pdf and https://www.uscis.gov/greencard/caa.

16. Jimmy Carter, Presidential Directive/NSC-6, in https://nsarchive2.gwu.edu/news/20020515/cartercuba.pdf; Grenier and Moebius, *History of Little Havana*, 62–63; Joan Didion, *Miami* (New York: Simon & Schuster, 1987), 99–101.

17. M. C. García, *Havana USA*, 47–50; Mirta Ojito, *Finding Mañana: A Memoir of a Cuban Exodus* (New York: Penguin, 2005), 51.

18. M. C. García, *Havana USA*, 48–50; Ojito, *Finding Mañana*, 48–51.

19. M. C. García, *Havana USA*, 51–52; Ojito, *Finding Mañana*, 59–60.

20. Ojito, *Finding Mañana*, 59–64; José Manuel García, *Voices from Mariel: Oral Histories of the 1980 Cuban Boatlift* (Gainesville: University Press of Florida, 2018), 44; Adelaida Ferrer, personal communication, May 21, 2019.

21. Ojito, *Finding Mañana*, 59–64; M. C. García, *Havana USA*, 53–54.

22. Ojito, *Finding Mañana*, 63–64; M. C. García, *Havana USA*, 52; Jorge Duany, *Blurred Borders: Transnational Migration Between the Hispanic Caribbean and the United States* (Chapel Hill: University of North Carolina Press, 2011), 141.

23. Ojito, *Finding Mañana*, 114.

24. Graham Hovey, "US Agrees to Admit up to 3500 Cubans from Peruvian Embassy",

The New York Times, April 15, 1980, A1; Ojito, *Finding Mañana*, 132; M. C. García, *Havana USA*, 58–59.

25. 在 1989 年《迈阿密先驱报》的一次采访中，Vilaboa 声称他曾是一名古巴代理，但在同一份报纸于 2010 年对他的采访中，他又对此予以否认。Liz Balmaseda, " Exile: I Was Mastermind of Mariel," *Miami Herald*, July 31, 1989, 1–B; Juan Tamayo, " Napeleón Vilaboa, Father of Mariel Boatlift, Speaks," *Miami Herald*, May 15, 2010.

26. Ojito, *Finding Mañana*, 137–53; Kate Dupes Hawk, Ron Villella, and Adolfo Leyva de Varona, *Florida and the Mariel Boatlift of 1980: The First Twenty Days* (Tuscaloosa: University of Alabama Press, 2014), 49–50. 1980 年，迈阿密的城市人口为 346865。see US Census Bureau, 1980 Census of Population, Florida (Volume 1, Chapter A, Part 11), Table 5。

27. By October, 125,000 had arrived. Hawk et al., *Florida and the Mariel Boatlift of 1980*, 70; M. C. García, *Havana USA*, 60–61; Ojito, *Finding Mañana*, 253.

28. Hawk et al., *Florida and the Mariel Boatlift of 1980*, 80; Grenier and Lisandro Pérez, *Legacy of Exile*, 21; Juan Tamayo, " El éxodo cobra vidas en la isla y por naufragios", *Nuevo Herald*, May 2, 2010.

29. Hawk et al., *Florida and the Mariel Boatlift of 1980*, 77; Stephen Webbe, " One Man Who Sailed to Cuba", *Christian Science Monitor*, May 29, 1980, B6; author interview with Matt Cartsonis, crew member aboard the *Sundance II*, September 18, 2020; Ojito, *Finding Mañana*, 184–85.

30. J. M. García, *Voices from Mariel*, 16–17, 46–48; Ojito, *Finding Mañana*, 174–74; Arenas, *Before Night Falls*, 285–86; Abel Sierra Madero, " ' Here Everyone's Got *Huevos*, Mister!' : Nationalism, Sexuality, and Collective Violence in Cuba during the Mariel Exodus", in *The Revolution from Within*, 244–74.

31. Author interview with Matt Cartsonis, September 18, 2020.

32. Sam Verdeja and Guillermo Martínez, *Cubans: An Epic Journey: The Struggle for Truth and Freedom* (St. Louis: Reedy Press, 2012), 152; Ojito, *Finding Mañana*, 241; Hawk et al., *Florida and the Mariel Boatlift of 1980*, 31, 41, 240–41.

33. M. C. García, *Havana USA*, 64–65; Julio Capó, " Queering Mariel: Mediating Cold War Foreign Policy and US Citizenship among Cuba's Homosexual Exile Community, 1978–1994," *Journal of Ethnic History* 29 (Summer 2010): 78–106; Jennifer Lambe, *Madhouse: Psychiatry and Politics in Cuban History* (Chapel Hill: University of North Carolina Press, 2016), 200–10; Mark Hamm, *The Abandoned Ones: The Imprisonment and Uprising of the Mariel Boat People* (Boston: Northeastern University Press, 1995), 60–65, 71.

34. M. C. García, *Havana USA*, 68; Grenier and Moebius, *History of Little Havana*, 69.

35. Edward Schumacker, " Retarded People and Criminals Are Included in the Cuban Exodus," *The New York Times*, May 11, 1980, 1; Ojito, *Finding Mañana*, 242; Portés and Stepick, *City on the Edge*, 27–28.

36. Hawk et al., *Florida and the Mariel Boatlift of 1980*, 112; Ojito, *Finding Mañana*, 242-43.

37. M. C. García, *Havana USA*, 62-63; Grenier and Moebius, *History of Little Havana*, 67-68; Hawk et al., *Florida and the Mariel Boatlift of 1980*, 93, 107; Didion, *Miami*, 42.

38. M. C. García, *Havana USA*, 63; Hawk et al., *Florida and the Mariel Boatlift of 1980*, 183, 218; Jenna Loyd and Alison Mountz, *Boats, Borders, and Bases: Race, the Cold War, and the Rise of Migration Detention in the United States* (Berkeley: University of California Press, 2018), 54; Tom Mason (Air Force Materiel Command History Office), "Operation Red,White, and Blue: Eglin Air Force Base and the Mariel Boatlift," https://www.afmc.af.mil/News/Article-Display/Article/1703372/operation-red-white-and-blue-eglin-afb-and-the-mariel-boatlift/.

39. M. C. García, *Havana USA*, 66, 71; "Cuban Refugee Crisis," Encyclopedia of Arkansas, https://encyclopediaofarkansas.net/entries/cuban-refugee-crisis-4248/.

40. M. C. García, *Havana USA*, 66; Hawk et al., *Florida and the Mariel Boatlift of 1980*, 235-36; Ojito, *Finding Mañana*, 241.

41. Didion, *Miami*, 40-45.

42. Grenier and Moebius, *History of Little Havana*, 78-79; Torres, *In the Land*, 115.

第三十一章 其他"古巴"?

1. Edward George, *The Cuban Intervention in Angola, 1965-1991: From Che Guevara to Cuito Cuanavale* (London: Routledge, 2012), 22.

2. Fidel Castro speech, February 4, 1962; US Senate, *The Tricontinental Conference of African, Asian, and Latin American Peoples: A Staff Study*, Committee on the Judiciary (Washington, DC: US Government Printing Office, 1966), 135; *The Art of Revolution Will Be Internationalist*, Dossier no. 15, Tricontinental: Institute for Social Research, April 2019, https://www.thetricontinental.org/wp-content/up loads/2019/04/190408_Dossier-15_EN_Final_Web.pdf.

3. Piero Gleijeses, *Conflicting Missions: Havana, Washington, and Africa, 1959-1976* (Chapel Hill: University of North Carolina Press, 2002), 31, 50; Schoultz, *Infernal Little Cuban Republic*, 279.

4. Castro and Ramonet, *My Life*, 293; Schoultz, *Infernal Little Cuban Republic*, 279; Gleijeses, *Conflicting Missions*, 50-52.

5. Robyn d'Avignon, Elizabeth Banks, and Asif Siddiqi, "The African Soviet Modern", *Comparative Studies of South Asia, Africa, and the Middle East*, 41, no. 1 (2021); Jorge G. Castañeda, *Utopia Unarmed: The Latin American Left after the Cold War* (New York: Knopf, 1993), 57; Anderson, *Che*, 511; Fidel Castro speech, July 26, 1960.

6. Jorge Domínguez, "Cuban Foreign Policy", *Foreign Affairs* 57, no. 1 (Fall 1978):

85; Castro and Ramonet, *My Life*, 293.

7. Jorge Masetti, *In the Pirate's Den: My Life as a Secret Agent for Castro* (San Francisco: Encounter Books, 2004), 12; Jorge Domínguez, *To Make a World Safe for Revolution: Cuba's Foreign Policy* (Cambridge, MA: Harvard University Press, 1989), 70-71.

8. Quoted in Domínguez, *To Make a World Safe*, 76. On immediate response to Guevara's death, Anderson, *Che*, 714; Díaz, *Initials of the Earth*, 300-303.

9. Domínguez, *To Make a World Safe*, 36; Louis A. Pérez, *Cuba: Between Reform and Revolution*, 289; Eckstein, *Back from the Future*, 175, 189; Dick Krujit, ed., *Cuba and Revolutionary Latin America: An Oral History* (London: Zed Books, 2017), 153; interview with Bernardo Benes, in Luis Botifoll Oral History Project, University of Miami, Cuban Heritage Collection, https://merrick.library.miami.edu/cdm/ref/collection/chc5212/id/53.8.

10. George, *Cuban Intervention*, 22.

11. George, *Cuban Intervention*, 49, 65.

12. Ryszard Kapuscinski, *Another Day of Life* (New York: Vintage, 2001), 117.

13. Schoultz, *Infernal Little Cuban Republic*, 280.

14. Christabelle Peters, *Cuban Identity and the Angolan Experience* (New York: Palgrave Macmillan, 2012); Finch, *Rethinking Slave Rebellion*, 88; George, *Cuban Intervention*, 77; Raúl and Fidel Castro quoted in Schoultz, *Infernal Little Cuban Republic*, 278.

15. Gabriel García Márquez, "Operación Carlota"; Schoultz, *Infernal Little Cuban Republic*, 281; "Memorandum of Conversation", Beijing, December 2, 1975, in *FRUS, DP*, 1969-1976, vol. 18, China, 1973-1976, doc. 134.

16. "National Intelligence Estimate, 85-1-75. Cuba's Changing International Role", October 16, 1975, in *FRUS, DP*, 1969-1976, vol. E-11, Part 1, Documents on Mexico, Central America and the Caribbean, 1973-1976, doc. 304; and "Report Prepared by the Working Group on Angola, October 22, 1975", in *FRUS, DP*, 1969-1976, vol. 28, Southern Africa, doc. 132.

17. "Memorandum of Conversation", Washington, DC, December 9, 1975 (Kissinger/Dobrynin in *FRUS, DP*); Schoultz, *Infernal Little Cuban Republic*, 286; Anatoliy Dobrynin, *In Confidence: Moscow's Ambassador to America's Six Cold War Presidents* (New York: Crown, 1995), 362; Henry Kissinger, *Years of Renewal* (New York: Simon & Schuster, 1999), 816-17.

18. George, *Cuban Intervention*, 94, 100-13; Schoultz, *Infernal Little Cuban Republic*, 284; Kapuscinski, *Another Day of Life*, 120.

19. García Márquez, "Operación Carlota".

20. Piero Gleijeses, *Visions of Freedom: Havana, Washington, Pretoria, and the Struggle for Southern Africa (1976-1991)*, (Chapel Hill: University of North Carolina Press, 2013), 407-14; Eckstein, *Back from the Future*, 172; George, *Cuban Intervention*, 213, 251.

21. William Leo Grande and Peter Kornbluh, *Back Channel to Cuba: The Hidden History of Negotiations between Washington and Havana* (Chapel Hill: University of North Carolina Press, 2015), 252-54; George, *Cuban Intervention*, 11, 253.

22. Eckstein, *Back from the Future*, 172; Marisabel Almer, "Cuban Narratives of War: Memories of Angola," in *Caribbean Military Encounters*, eds. Shalini Puri and Lara Putnam (New York: Palgrave Macmillan, 2017), 195.

23. Isaac Saney, "African Stalingrad: The Cuban Revolution, Internationalism, and the End of Apartheid", *Latin American Perspectives* 33, no. 5 (2006): 81-117; Nelson Mandela speech in Havana on July 26, 1991, in http://lanic.utexas.edu/project/castro/db/1991/19910726-1.html; Gleijeses, *Visions*, 338-40, 379.

24. Ben Rhodes, *The World as It Is: A Memoir of the Obama White House* (New York: Random House, 2018), 261, 265; Interview with Ben Rhodes, December 18, 2020.

第三十二章 "特殊阶段"

1. Carmelo Mesa-Lago, ed., *Cuba After the Cold War* (Pittsburgh: University of Pittsburgh Press, 1993), 4; Eckstein, *Back from the Future*, 60.

2. H. Michael Erisman, *Cuba's Foreign Relations in a Post-Soviet World* (Gainesville: University Press of Florida, 2002), 108; Cole Blasier, "The End", and Carmelo Mesa-Lago, "Cuba and the Downfall," both in *Cuba After the Cold War*, 73, 88, 152; Louis A. Pérez, *Cuba: Between Reform and Revolution*, 271, 292.

3. Cole Blasier, "The End," 70; Eckstein, *Back from the Future*, 91-92.

4. Blasier, "The End," 86-89.

5. Blasier, "The End," 89-90; LeoGrande and Kornbluh, *Back Channel to Cuba*, 265.

6. LeoGrande and Kornbluh, *Back Channel to Cuba*, 265.

7. LeoGrande and Kornbluh, *Back Channel to Cuba*, 265-66; Blasier, "The End", 90; Carmelo Mesa-Lago, "Cuba and the Downfall", 150-51.

8. Quoted in Louis A. Pérez, *Cuba: Between Reform and Revolution*, 303.

9. Mesa-Lago, *Cuba After the Cold War*, 6, 219; I saw the placards during a three-month stay in Cuba in early 1992.

10. Fidel Castro speech, January 29, 1990; *Granma*, December 30, 1990.

11. José Bell Lara, Tania Caram, Dirk Kruijt, and Delia Luisa López, *Cuba, período especial* (Havana: Editorial UH, 2017), 21-25; Sergio Guerra and Alejo Maldonado, *Historia de la Revolución cubana* (Tafalla [Spain]: Txalaparta, 2009), 139-40; Ariana Hernández-Reguant, *Cuba in the Special Period: Culture and Ideology in the 1990s* (NewYork: Palgrave Macmillan, 2009), 4; Louis A. Pérez, *Cuba: Between Reform and Revolution*, 293-4.

12. Mesa-Lago, "Cuba and the Downfall," 181; Carmelo Mesa-Lago, "Economic

Effects," in *Cuba After the Cold War*, 33; Cluster and Hernandez, *History of Havana*, 257.

13. Hernández-Reguant, *Cuba in the Special Period*, 1-2; author observations.

14. LeoGrande and Kornbluh, *Back Channel to Cuba*, 264.

15. LeoGrande and Kornbluh, *Back Channel to Cuba*, 269-71.

16. "Open for Business," *Time*, February 20, 1995.

17. Andrea Colantonio and Robert Potter, *Urban Tourism and Development in the Socialist State: Havana during the Special Period* (Burlington, VT: Ashgate, 2006), 38, 111.

18. Ted Henken and Gabriel Vignoli, "Entrepreneurial Reform and Political Engagement", in *A New Chapter in US-Cuba Relations*, eds. Eric Hershber and William LeoGrande (New York: Palgrave Macmillan, 2016), 165.

19. Louis A. Pérez, *Cuba: Between Reform and Revolution*, 296.

20. De la Fuente, *A Nation for All*, 277.

21. De la Fuente, *A Nation*, 318-22; the song "Tengo" is by the group Orishas.

22. LeoGrande and Kornbluh, *Back Channel to Cuba*, 280.

23. According to Human Rights Watch, thousands participated, hundreds were arrested, https://www.hrw.org/legacy/reports/pdfs/c/cuba/cuba94o.pdf; LeoGrande and Kornbluh, *Back Channel to Cuba*, 281.

24. Gillian Gunn, "Death in the Florida Straits", *Washington Post*, July 14, 1991; LeoGrande and Kornbluh, *Back Channel to Cuba*, 281; Grenier and Lisandro Pérez, *Legacy*, 25.

25. LeoGrande and Kornbluh, *Back Channel to Cuba*, 299.

26. Tom Fletcher, "La Revolución Energética: A Model for Reducing Cuba's Dependence on Venezuelan Oil," *International Journal of Cuban Studies* 9, no. 1 (2017): 91-116.

27. Text of law at https://www.congress.gov/bill/104th-congress/house-bill/927.

28. "Cuba: Reaffirmation of Cuban Dignity and Sovereignty Act", in *International Legal Materials* 36, no. 2 (1997): 472-76; Library of Congress, Law Library, "Laws Lifting Sovereign Immunity: Cuba", https://www.loc.gov/law/help/sovereign-immunity/cuba.php; Amnesty International, "Cuba: Human Rights at a Glance", September 17, 2015, https://www.amnesty.org/en/latest/news/2015/09/cuba-human-rights-at-a-glance.

29. "Castro Appears to Faint at Podium," *The New York Times*, June 23, 2001.

第三十三章　开放与封闭

1. US Department of State, CaseNo. F-2007-01578, Doc. No. C17731028, "Demarche Request: Democracy and Castro Succession," August 6 [2006], DNSA, Cuba and the US, 1959-2016 Collection; LeoGrande and Kornbluh, *Back Channel to Cuba*, 365-67.

2. David Beresford, "Photographs show Castroalive", *The Guardian*, August 14, 2006; "Fotos actuales del Presidente cubano Fidel Castro", *Juventud Rebelde*, August 13, 1960.

3. Mauricio Vicent, "El 'efecto Obama' sacude la isla", *El País*, November 18, 2008.

4. Fidel Castro, "Las elecciones del 4 de noviembre" and "El undécimo presidente de Estados Unidos", *Granma*, November 3, 2008, and January 22, 2009.

5. American Civil Liberties Union, "Guantánamo by the Numbers", https://www.aclu.org/issues/national-security/detention/guantanamo-numbers; Obama speech, May 21, 2009, https://obamawhitehouse.archives.gov/the-press-office/remarks-president-national-security-5-21-09; Mora quoted in "Inquiry into the Treatment of Detainees in U.S. Custody", Report of the Committee on Armed Services, US Senate, November 20, 2008, p. xii; Connie Bruck, "Why Obama Has Failed to Close Guantánamo", *New Yorker*, August 1, 2016.

6. Bruck, "Why Obama Has Failed to Close Guantánamo".

7. LeoGrande and Kornbluh, *Back Channel to Cuba*, epilogue to the 2nd ed., 421-49 (earlier citations to this book are from first edition); Rhodes, *The World as It Is*, 209-17, 261-66, 283-89, 300-8 (Obama quote appears on 287).

8. Rhodes, *The World as It Is*, 307-8. Obama, "Statement by the President on Cuba Policy Changes", December 17, 2014, https://obamawhitehouse.archives.gov/the-press-office/2014/12/17/statement-president-cuba-policy-changes.

9. Raúl Castro, "Statement by the Cuban President", December 17, 2014, http://www.cuba.cu/gobierno/rauldiscursos/2014/ing/r171214i.html.

10. LeoGrande and Kornbluh, *Back Channel to Cuba*, 448.

11. Damien Cave, personal communication, Havana, March, 2016.

12. "Llegada de Obama al restaurante San Cristobal Paladar en Centro Habana", https://www.youtube.com/watch?v=xs6VrbKyXx4.

13. Author conversation with audience member at "José Antonio Aponte: Perspectivas Interdisciplinarias", Havana, November 2017; Ana Dopico, "I'll BeYour Mirror: Obama and the Cuban Afterglow", *Cuba Cargo/Cult* (blog), March 25, 2016, https://cubacargocult.blog/2016/03/25/ill-be-your-mirror-obama-and-the-cuban-after-glow.

14. Fidel Castro, "Brother Obama", *Granma*, March 28, 2016.

15. Editorial Cartoonist Michael de Adder, November 26, 2016, http://deadder.net/?s=castro.

16. US Census Bureau, International Programs Database, Cuba, https://www.census.gov/data-tools/demo/idb/region.php?T=15&RT=0&A=both&Y=2020&C=CU&R=.

17. Rhodes, *The World as It Is*, 411; LeoGrande, "Cuba's Economic Crisis."

尾声　如果纪念碑会说话

1. 关于布兰科的基韦斯特之行的信息出现在 *Florida, U.S., Arriving and Departing Passenger and Crew Lists, 1898-1963*, available on ancestry.com. Frank Guridy, *Forging

Diaspora: *Afro-Cubans and African Americans in a World of Empire and Jim Crow* (Chapel Hill: University of North Carolina Press, 2010), 107-8, 114-16。我非常感激 Ramón Cernuda of Cernuda Art 与我分享他们拥有的几件布兰科的作品。

索　引

Abolition. *See* antislavery ideology and movements; slave emancipation
Adams, John Quincy, 81-84, 85, 87, 89, 90-91, 93, 95, 97, 111, 151
Addams, Jane, 169
African Americans
　Cuban baseball and, 223
　Cuban exiles in Miami and, 403 - 4, 407, 418
　Cuban Revolution and, 393-94
　Maceo as hero for, 150, 467
　Martí on lynching of, 141-42
　Reconstruction and rights of, 159
　relations between Afro-Cubans and, 5, 161, 200, 223, 393-94
　Spanish-American War service of, 159-61
Afro-Cubans. *See* Black Cubans
agrarian reform
　anti-Batista movements' goals of, 282, 307, 310, 328
　constitution of 1940 and, 257
　in Guatemala, 337, 347
　law of 1958 and, 310, 329, 331
　law of 1959 and, 324, 328-32, 354,386
　law of 1963 and, 386
　1933 Revolution's calls for, 237, 242
　PIC and calls for, 208
　under Batista (1937-38), 250
　US initial responses to, 330-31
Alaminos, Antón de, 24

Albemarle, George Keppel, 3rd Earl of, 45-46, 48, 50-51, 52, 53, 54
Aldama family, 99
Alemán, José Manuel, 259-60, 263, 268-69
Algeria, 386, 422, 423
America (term), 6, 142, 457
American colonies (thirteen British North American colonies)
　British reinforcements from, in siege of Havana, 48-50, 51
　Florida settlement and, 54
　trade between Havana and, 52 - 53, 59, 60, 61, 62-63, 64-65
American Revolution, 3, 57-65
Americas Department, 423
Angola, Cuban intervention in, 426-31
Anti-Imperialist League, 169
antislavery ideology and movements
　Aponte's conspiracy and, 74-77
　1843-44 conspiracies and, 98-102, 104
　Ten Years' War and, 129-32
Apolonia (enslaved girl), 35
Aponte, José Antonio, 47, 75-77, 255, 265
apprenticeship system, 138
Arango, Francisco, 67, 68 - 69, 72 - 73, 75,77
Arbenz, Jacobo, 347
Arenas, Reinaldo, 396-97, 415
Arnaz, Desi Sr., 231
Associated Press (AP), 339-40

Attabeira (Taíno spirit), 18
Auténtico (Authentic) Party, 249, 265–66.
    See also Grau San Martín, Ramón; Prío Socorrás, Carlos
Autonomy (policy), 150

Bahamas, 16, 17–19
Baker, James, 437
Baltimore (city), 92, 468
Bancroft, George, 13
Bandera, Quintín, 145, 161, 202–4, 205, 265
Baracoa, Cuba, 16, 19, 21
Barbier, Juan, 74–75
Batista, Fulgencio, 5
    attacks on sugar mills strikers ordered by, 245–46
    background of, 237
    Castro's amnesty by, 289–90
    Castro's lawsuit against coup of, 271
    Castro's purging of former officials of, 320–22
    constitution of 1940 and, 251–52, 258
    coup in 1952 by, 270–71
    defeat and departure from Cuba by, 311, 312, 315
    first presidency of, 260–62
    Grau's ouster by, 246–47, 250
    literacy campaign of, 388
    Moncada barracks attack against, 278–80
    opposition to, 270–71, 289–94, 308–9, 310–11
    political power during 1930s, 249–50
    popular demands and reforms of, 250, 251
    Presidential Palace attack against, 305–6, 309
    Revolutionary Directorate's campaign against, 290–93, 297, 305–6, 308–9
    second presidency of, 269–70, 289, 468

Sergeants' Revolt and, 237–38
    storming of Hotel Nacional by, 241
    US ambassadors' contacts with, 245, 246
Batrell, Ricardo, 147, 162
Bay of Pigs
    Castro's improvements to area of, 354, 361
    Castro's preparations against possible attack in, 365–67
    description of, 353–54
Bay of Pigs invasion (1961), 354–68
    Castro's actions after, 367–68, 398
    Cuban reactions to US failure in, 367
    evolution of plan for, 357–62
    Kennedy and, 359–62, 363–64, 372
    reasons for failure of, 363–66
    setting for, 353–54, 365–66
    US landing in, 354–57, 362
Beauregard, P. G.T., 119
Bedlow, William, 52–53
Benes, Bernardo, 409
Benjamin, Judah, 123
Betancourt, Juan René, 461
Betancourt, Salvador Cisneros, 176, 180
Biden, Joseph, 465–66
Bissell, Richard, 359–60, 361–62, 363
Black Americans. See African Americans
Black Cubans. See also free people of color
    civil rights of, 200–201, 213, 254–56, 392
    as 1940 constitutional convention delegates, 251, 254, 256, 257
    historical statistics on, 21–22, 29, 30, 69–70
    Liberation Army and, 132–34, 136–37, 145–47, 162–63, 200, 202
    Mariel boatlift and, 416
    Obama's speech on shared history of slavery and, 461

racial discrimination against, 200, 209, 214, 254-57, 392, 394, 445-46
San Isidro Movement and, 464
Bobadilla, Inés de, 25, 28
Bohemia (magazine), 267, 290, 307 - 8, 309,317, 322, 328
Bolívar, Simón, 133, 284
Brazil, 110, 124, 250
Breckinridge, John C., 123
Brewer, Sarah Greer, 123
Brigade 2506, 354-56, 362, 363, 366
Brindis de Salas, Claudio, 104
Brooks, Maria Gowen, 103
Bryson, George, 144-45
Buchanan, James, 109, 111, 116-17, 151
Bush, George H.W., 441
Bush, George W., 455-56

Cabot, John, 12
Caffery, Jefferson, 246
Calhoun, John C., 86, 87, 112
Camagüey (province), 130, 134, 149, 188-89, 242, 245, 330
Camp Columbia, 237, 270, 318-19
Capablanca, José Raúl, 223
Cárdenas, Matanzas, 94, 102, 113, 123
Caridad del Cobre (Virgin of Charity), 34-39
  cobrero community and cult of, 35-38, 74
  cultural symbolism of, 2, 38-39, 129, 64, 208, 215, 413
  story behind discovery of, 34-35, 39
Carter, Jimmy, 408, 412, 448, 449
Castellanos, Rosa, 131
Castro, Alejandro, 456
Castro, Fidel
  agrarian reform and, 328-31
  Angolan alliance and, 426-29, 430-31

anti-American stand of, 322-23, 342-44, 347, 365
background of, 277-78
Batista's military campaign against, 297-98, 311
Bay of Pigs invasion and, 356, 359, 361, 362
concerns about imminent US attack and, 375-76, 451
concerns about influence of communism on, 331-32, 336-37
consolidation of power in new government of, 320
Cuban exiles' dialogue with, 409, 413
death of, 462-63
early revolutionary laws and, 323-25
foreign coverage of guerrilla struggle and, 300-305
fund raising by, 294-95
guerrilla warfare strategy of, 298, 299-300, 306, 307-8, 309-10
Guevara and, 291
Havana arrival of in 1959, 315, 316, 318-19
"History Will Absolve Me" speech of, 281-82, 339, 421
illness of, 453
Kennedy's promise not to invade Cuba and, 381
La Plata victory of, 299-300
manifestos of, 278, 294, 337
Martí invoked by, 278, 281, 286 - 87, 304
Marxism and, 285-86
Mexican exile of, 294-96
Miami Pact against Batista and, 309
missile crisis and, 374, 375-76, 377-78, 379-80

Moncada barracks attack by, 278-83, 286, 290, 421
naming of 26th of July movement by, 294
nationalization of US property by, 347-49
Nixon's meeting and report on, 327-28
Obama's policy and, 431, 455, 462, 463
organizational alliances within Cuba and, 295
popular support for, at 1959 Moncada celebration, 332-33
prime minister position of, 323, 331, 332-33
propaganda used by, 300-302
public opinion used by, 279-80
purging of Batista officials by, 320-22
reading on revolution by, 283-85
Rectification campaign and, 436
return from Mexico and Cuban landing of, 296-98
revolutionary movements in other countries and, 421-23, 424
Sierra Maestra Manifesto of, 307-8, 309
Soviet withdrawal of troops from Cuba and, 437-38
Trump's election and, 463
US monitoring of new government of, 325-26
US visit by, 325-28
Castro, Raúl, 347
Angolan alliance and, 426
Fidel's illness and interim presidency of, 453-54
foreign investment and, 443
military actions of, 297, 310, 316
missile crisis and, 370-71
Moncada barracks attack by, 278-79, 282
Obama's Cuba policy and, 457-58

Obama's meeting with, 431
presidency of, 454-55, 463
reforms under, 463
Soviet visit of, 370-71
Trump's election and, 463
US-Cuba relationship and, 454, 457-58
Cazneau, Jane McManus, 112
Céspedes, Carlos Manuel de (father), 129, 130-32, 133, 281
Céspedes, Carlos Manuel de (son), 236, 238, 239
Chaparra Sugar Company, 188-90, 204, 210, 214, 240, 242, 244
Charleston (city), 60, 74, 108, 119
Chávez, Hugo, 448
Chibás, Eduardo, 252, 265-70, 271, 277
Chibás, Raúl, 307, 309
children and Cuban Revolution, 387-89
China
  contract workers from, 124-25, 133, 134
  trade with Cuba and, 465
Chinese Cubans, migration of, 406
Christianity, and Spain's colonization of Cuba, 13, 15, 16-17, 18-19, 20
Christophe, Henri, 75, 468
Churchill, Winston, 147, 389
CIA
  Bay of Pigs invasion and, 356-57, 358-61, 362, 363-64
  Cuban exiles working for, 404-5
  Eisenhower's Cuba policy and, 345-46
Cienfuegos, Camilo, 292, 316
Civil War (US), 119-25, 154, 157, 159
Cleaver, Eldridge, 394
Clinton, Bill, 417, 441, 447, 450
Clinton, Hillary, 462, 463
Cocking, Francis Ross, 99-100
Cold War, 5-6, 335-36, 337, 349, 407,

451, 459
coletillas, 339-40
Columbus, Christopher, 7, 9-15, 16, 29, 224, 353
  celebrations of discovery myth of, 10-11
  Cuba landings by, 9, 11, 13-14, 15
  first permanent settlement by, 14
  Spanish backing for, 9-10, 13, 14-15
  US origin stories and, 11-13
Committees for the Defense of the Revolution (CDRs), 348, 366, 389, 414, 448
communism
  Castro and, 285-87, 303, 325, 335-37, 367, 438
  concerns about influence on 1959 revolution of, 331-32, 336-37
  concerns about influence on 1933 revolution of, 241, 246
Communist Party
  Batista's legalization of, 250
  Castro's presidency of, 454
  founding of, 227
  Mella's shooting and, 228
  1940 constitutional convention and, 251-52, 254-55
  26th of July Movement and, 311
Concilio Cubano, 448-49, 450
Confederacy (Civil War), 119-25
Conservative Party, 197, 198, 201, 210
Constitution (1869), 132, 257
Constitution (1901)
  Grau's desire for rewriting of, 238, 244
  Platt Amendment and, 179-80, 187, 192, 238, 251
  US occupation and, 176-80
Constitution (1940)
  anti-discrimination amendment debatesin, 254-57

Batista and, 251, 468
convention for drafting of, 251-57
rights under sections of, 257-58
Constitution (1976)
  foreign investment under, 443
  petition for political and economic reforms under, 449
  socialism affirmed in, 408-9, 449, 463
Constitution (2019), 463
Constitutional Army, 202
Continental Congress, 57, 59, 60-61
conuco system, 17-18, 70
Coolidge, Calvin, 224-26, 228, 240
copper mining, 33-39
Cortés, Hernán, 21, 24
Cortina, Manuel, 252
Cosme Osorio, Gregorio, 37-38
Coubre ship explosion, 342-43, 344
Council for Mutual Economic Assistance (COMECON), 399, 436
Covid-19 crisis, 464, 465
Crittenden, William, 113-14
Crowder, Enoch, 219, 226
Cruz, Celia, 332
Cuba
  American Revolution and, 3, 59, 60, 61-62, 63, 64, 164, 165
  annexationism and, 3-4, 82-87, 90-91, 100, 105, 112-13, 115-16, 123
  Bay of Pigs invasion and, 354-68, 398
  Columbus and, 9, 11, 13-14, 15
  conquest and colonization of by Spain, 13-14, 16-17, 18-21, 28-29
  cultural production in, 98, 195-96, 264-65
  Eisenhower's breaking of diplomatic relations with, 349
  foreign policy of after 1959, 338, 421-

31, 443, 449, 465
geography of, 13 – 14, 15, 24, 82, 84, 133
Haitian Revolution's impact on, 72-73
independence celebrations in, 185-86
Indigenous people in, 14, 16-22
missile crisis and, 369-82, 398
Monroe Doctrine's protection of US stake in, 94-95
Soviet relations with 338-39, 381, 399, 424, 436-38
suppression of dissident groups in, 448- 49, 450, 454, 464
trade between United States and before 1959, 85-86, 91-93, 186, 191-92
US economic embargo against, 379, 382, 441, 450, 458, 460, 461, 465
US interventions in, 153, 163-64, 204, 210, 219
US military occupations of, 168-81, 185, 204-5
Cuba Land, Loan and Title Guarantee Company, 187
Cuban Adjustment Act (1966; US), 407
Cuban American National Foundation, 418, 441
Cuban Americans. *See* Cuban exiles
Cuban American Sugar Company, 240
Cuban Democracy Act (1992; US), 441
Cuban exiles (Cuban Americans), 401-19
  American reception for, 403-4
  anti-Castro projects of, 408
  Bay of Pigs invasion and, 354, 357, 358, 359, 360, 363, 364, 407-8
  Camarioca boatlift of, 405-6
  Castro's fund-raising among, 295
  Castro's relaxing of travel restrictions for, 408-9
  departure from Cuba by, 401 – 3, 405, 414-15, 447
  dialogue with Castro by, 409, 413
  economic changes and predictions about Castro's fall among, 441-42
  family remittances from, 443, 465
  family reunification visits of, 409-11
  Freedom Flights and, 406-7, 416
  legal status and benefits for, 404-5, 407, 415-17, 447
  Mariel boatlift and, 413-18, 419
  Miami and, 249, 401-2, 403-4, 407, 412, 416, 418, 419
  migration waves of after 1959, 401 – 3, 406-7, 416, 418, 447-48
  in the nineteenth century, 4, 89, 112, 115, 142-43, 162
  Obama's Cuba policy and, 457, 458
  personal story of, 1-2, 402
  rafter crisis and, 446, 447-48, 450
  Special Period and increase in, 432, 446-48
Cuban independence. *See* independence movement
Cuban Missile Crisis (1962), 369-82
  Castro's concern about imminent US attack in, 375-76
  Castro's mobilization in, 374, 377-78
  Castro's rejection of negotiations in, 379-80
  Kennedy's promise not to invade Cuba and, 376, 378, 381, 407
  Kennedy's response to, 372-74
  Khrushchev's plan for, 370-72
  long-term impact of, 380-82
  migration from Cuba affected by, 405
  negotiations between Khrushchev and Kennedy in, 376-77, 378-79

索　引 / 607

Santa Cruz de los Pinos location of, 369-70, 382
U-2 spy plane incident and, 375, 377
Cuban Refugee Emergency Center, 404
Cuban Revolution (1959)
　Castro's power to define, 349
　debate over moral incentives in, 395-96, 399
　early months in power, 315-33
　gay Cubans and, 391
　idea of new man in, 386-87, 391, 395, 398-99
　institutionalization of, 399, 408-9
　institutions for children and youth in, 387-88
　literacy campaign in, 388-89
　migration to US during, 401-3, 405, 413-16
　Obama's speech on values of, 461
　radicalization of, 335-50, 367
　relations between husbands and wives in, 389-90
　relations with United States during first two years of, 325-28, 342-50
　Ten Million Ton Harvest campaign and, 383, 395-98
Cuban Revolutionary Party, 142
Cuervo Navarro, Pelayo, 269

Davis, Jefferson, 112, 123
Debs, Eugene V., 169
de Grasse, Comte, 63
de Hoyos, Juan, 34
de Hoyos, Rodrigo, 34-35
del Monte, Domingo, 98-101
de Soto, Hernando, 25
DeWolf, James, 78, 81-82, 85, 88, 92, 93-94, 98, 187
Diario de la Marina, 339, 340-41

Díaz Balart, Mirta, 278
Díaz-Canel, Miguel, 463, 464
Didion, Joan, 419
discrimination
　Black veterans and, 200-202, 204-5
　constitutional convention on, 254-57
　Cuban exiles and, 404
　revolutionary policy against, 392-94
　Special Period and, 445-46
dissident groups
　government suppression of, 448 - 49, 454, 464
　number and size of, 448
　US support for, 450, 451
Dominican Republic, 224, 259, 422. *See also* Hispaniola
Dopico, Ana, 461
Dorticós, Osvaldo, 320, 332, 338, 343, 372
Douglass, Frederick, 111, 113
Downs, Gregory, 120
Duen, Martín, 163
Dulles, Allen, 359-60, 363-64
Durán, Alfredo, 356

Echeverría, José Antonio, 290, 292, 305-6, 308
economy
　American mob's investments and, 261-64, 271
　American wealth linked to Cuban sugar and slavery in, 109-11
　changes under 2019 Constitution and, 463
　corruption and, 261
　Cuban - Soviet relationship and, 399, 436-37
　Cubans working with American investors in, 192
　family reunification visits and, 411

legalization of US dollar and, 443
Machado's fall and, 236-37
predictions about Castro's fall and, 441-42
private US investment in Cuba and, 458-59
reciprocity treaty with United States and, 186, 191-92
Special Period and, 438-40, 445-46, 449, 465
sugar industry dependency and, 70, 93, 399
tourism and, 219, 442-43, 444-45, 449, 465
Trump Cuba policy and, 464-65
US embargo and, 61, 382, 441, 450, 458, 460, 461, 465
US occupation and, 173-75
US preeminence in, 91, 93, 187-89, 218

education
early revolutionary policy on, 387-89
nationalization of, 387
Special Period and, 444
US occupation's reform of, 170-73
Eisenhower, Dwight D., 322
Bay of Pigs invasion and, 357, 358, 364
breaking of relations with Cuba by, 349
Castro's US visit and, 327, 328
Cuban refugees and, 404
Cuba policy of, 344-45, 346, 359
Cuba's agrarian reform and, 330-31
recognition of Castro's government by, 317
El Cobre, Cuba, 33-39, 74, 208
elections
Castro's promises of, 325-26
during the first republic (1902-33), 201, 209, 214, 225

during the second republic (1934-52), 251, 253, 255, 260-61, 266, 267, 269-70
US occupation and, 175-77
Eliot, Charles, 171
encomienda system, 18, 20, 21
England, 28. *See also* Great Britain
enslaved people. *See also* slavery; slave trade
American wealth linked to Cuban sugar and, 109-11
apprenticeship system in abolition and,138
autobiographical account of life of, 98-99
Chinese contract and, 124-25, 133, 134
conspiracies and rebellions among, 73-77, 88, 100-102
conuco system and, 18, 70
early appearance in Cuba of, 29-31
fugitives and runaways among, 30-31, 33, 35
Haitian Revolution as inspiration for, 73, 74
historical statistics on, 21-22, 133, 138
kidnapping of, during Civil War, 122
language of citizenship and racial equality and, 132
the law and, 30
Little War fighting by, 136-37
punishment and torture of, 71-72, 94
siege of Havana in Seven Years' War and, 46-47
sugar plantations' reliance on, 29, 69-72, 77, 93-94
Ten Years' War and 129, 130-32, 135-36
Virgin of Charity cult in El Cobre and, 35-38, 39
War of Independence fighting by descendants of, 146-47
working conditions for, 70-71

Erikson, Leif, 12
Escalera slave rebellions (1843-44), 101-4, 108, 112, 114, 147, 425-26
Escambray mountains, 309, 310, 357, 358, 360, 361, 365
Estenoz, Evaristo, 199-203, 205, 207-9, 212-13, 214
Esterline, Jacob, 357
Estrada Palma, Tomás, 5, 142-43, 185, 186, 195, 200
Everett, Alexander, 100-101

Family Code, 390-91, 410
family reunification visits, 409-11
FBI, 408, 456
Federation of Cuban Women, 390
Federation of University Students, 290
Ferdinand, King of Spain, 9-10
Ferrer, Pedro Luis, 444
Fichacgé, 57
filibustering expeditions, 112-14, 115-16, 122
Finch, Aisha, 101
Finlay, Carlos, 168
Florida. *See also* Key West; Miami; Tampa
  Spanish cession of, 54
  Spanish desire to reclaim, 59, 61
  Spanish settlement of, 21, 23, 25, 28
  US acquisition of, from Spain, 82-83, 90
Ford, Gerald, 427
Foreign Investment Act (Cuba), 443
Fourteenth Amendment, 159
France, 28, 43-44, 57-58, 63-64, 68, 72, 87
Franco, José Luciano, 76
Frank, Waldo, 222
Franklin, Benjamin, 23, 50, 57-58, 348
free people of color. *See also* Black Cubans

  leadership in Ten Years' War by, 132-34
  militias with, 46, 114
  rise of population of, 30, 105
  siege of Havana in Seven Years' War and militias of, 46
  slave rebellions and, 74-77, 99, 100
  Spanish repression of, 103-5
  Virgin of Charity cult in El Cobre and, 35-38, 39
Freedom Flight migrants, 406-7, 416
French and Indian War. *See* Seven Years' War

GAESA, 463
Gálvez, Bernardo, 63
gangsterismo, 264
García, Calixto, 137, 139, 162, 163, 165
García Agüero, Salvador, 252, 254, 255, 256, 265
García Márquez, Gabriel, 246, 428, 448
Gardoqui, Diego de, 58
gay Cubans, Cuban Revolution and, 391
George III, King of England, 48
gold
  Columbus's search for, 13, 14, 15
  Cuban mining of, 465
  Spain's mining of, 16, 17, 18, 20, 21, 24
Gómez, Juan Gualberto, 179-80, 467
Gómez, Máximo, 133-34, 142, 144-45, 146, 149
Gómez de Avellaneda, Gertrudis, 72
Gompers, Samuel, 169
Gonzales, Ambrosio José, 115, 119, 120
Goodwin, Richard, 367
Gorbachev, Mikhail, 435-37, 448
Gordon, Nathaniel, 110
Grajales, Mariana, 467
Grandin, Greg, 157, 258

Granma, 437, 439, 454, 462
Grau San Martín, Ramón, 238-46
　Batista's ouster of, 246-47, 250
　conflicts over "authentic revolution" of, 244-45, 260
　as constitutional convention delegate, 251, 252
　desire to abolish Platt Amendment by, 238-39, 244
　first presidency (1933) of, 238, 240-42, 243-46
　Miami exile of, 249
　second presidency (1944) of, 260-61, 265
　US fears of revolution by, 239, 241-42
　workers' demands and policies of, 243-44
Great Britain. *See also* England
　Cuban slave rebellion support from abolitionists in, 99, 100-101
　Monroe Doctrine and, 91
　rumors of takeover of Cuba by, 81-82, 87, 88, 97, 103
　siege and occupation of Havana by, 44-54
　slave trade ban by, 82, 85, 87, 94, 99
Grimaldi, Marquis de, 58
groupthink, 364
Guamá (Taíno leader), 20
Guantánamo (city), 144, 161, 192, 208, 211, 310
Guantánamo naval base (Gitmo), 192-93, 374, 379, 437, 448, 455-56, 460
Guatemala, 140, 337, 347, 358, 360, 363
Guerra, Lillian, 339
Guerrero, Ibis, 414
Guevara, Che, 463
　background to iconic image of, 343-44
　on Bay of Pigs invasion, 367
　Castro's La Plata victory and, 299
　Cuban foreign policy and, 422-23, 424

　death of, 423
　first meeting with Castro of, 294, 304
　general strike strategy and, 306
　Kennedy advisor's meeting with, 367
　military advances of, 310, 316
　new man concept of, 386-87
　US-Cuba relationship and, 344
　US oil refineries dispute and, 346
Guillén, Nicolás, 445, 446
Guillermoprieto, Alma, 397
Güines, 69, 71
Guiteras, Antonio, 243-45, 249, 467-68
Gulf Stream, 23-24, 84

Haiti. *See also* Hispaniola; Saint-Domingue
　independence of, 68
　seasonal sugar workers from, 189
Haitian Revolution (1791-1804), 68-69, 72-73
Halley's Comet, 207, 208-9
Hamilton, Alexander, 60, 62, 140
Harvard University, 171-73
Hatuey (Taíno leader), 16-17, 20, 21
Havana
　African slaves in, 29-30, 37, 52
　American mob's investments in, 262-64, 271
　British siege and occupation of, Seven Years' War, 43-51, 52-54
　Castro's advance and arrival in, 315, 316, 318-19
　de Sores's pirate attack on, 27-28
　eighteenth-century prominence of, 40, 43
　first years after independence in, 185-86, 195-96, 198-99
　Grau's inauguration and US naval presence in, 239-40
　growth of, based on sugar, 69-70

索 引 / 611

Machado's fall and protests in, 236-37
missile crisis and defense mobilization in, 377-78
modernity along with inequality in, 218-19
Obama's visit to, 459-61
Old Havana (Habana Vieja) neighborhood in, 196-97
racial population changes in, 69-70
San Isidro neighborhood in, 196-98
slave rebellion and proposed revolution in, 74-77
slave trade in, 65, 67-69
Spanish colonization of, 19, 24
Spanish control restored in, 67-69
Spanish fleet system and, 26-27
Spanish fortifications in, 25, 28-29, 43, 49, 54-55
trade between American colonies and, 52-53, 59, 60, 61, 62-63, 64-65
Vedado neighborhood in, 198-99, 226
Havana Post, 192
Hawley, Robert, 189-90
Helg, Aline, 210
Helm, Charles, 121
Helms-Burton Act (1996; US), 450
Hemingway, Ernest, 25, 222
Herrera, José (Mangoché), 146, 147
Hispaniola. *See also* Dominican Republic; Haiti
  Columbus's landings at, 7, 14, 15
  Indigenous population of, 15-16
  Martí's visit to, 144
historical archives, 2, 167, 196, 226, 451
historical memory, 3, 6, 11, 35, 39, 76, 204, 330, 466
historical monuments, 3, 5, 11, 39, 204, 214, 268, 272, 275, 277, 304, 332, 338, 378, 467-68, 470
"History Will Absolve Me" speech (Castro), 282, 339, 421
Hoffman, Wendell, 303-4
Hughes, Langston, 220, 468

Immigration and Nationality Act (1965; US), 405
Inca empire, 21, 25
independence movement. *See also* Little War; Ten Years' War; War of Independence
  abolition of slavery during, 137-38
  Cubans in exile's desire for, 89
  fears of Cuba becoming a Black republic in, 134, 136-37
  language of citizenship and racial equality in, 132, 139-40, 143-44
  Martí's activities during, 140, 142-45
  white anxiety as obstacle in, 139
Independent Party of Color (PIC), 207-9, 210, 211, 212, 213
Indians. *See also* Indigenous people Columbus's naming of, 10
Indigenous people.*See also* Taínos Columbus's landings and, 10, 11, 13, 15-16
  culture of, 17-18, 22, 34
  decline in population of, 15 - 16, 20, 21-22
  encomienda and, 20
Indigenous people (*cont.*)
  requerimiento law and, 18-19
  resistance against Spain, 16-17, 20
  Spanish gold mining and, 16, 18, 20, 21, 23, 24
Isabella, Queen of Spain, 9-10, 15
Ivonet, Pedro, 209

Jamaica
  African slaves in, 37, 52, 53, 71

Columbus's landing in, 16
Cuba's sending of civilian aid to, 424
seasonal sugar workers from, 189
Spain's attempt to reclaim, 54, 59, 64
Jean-François (former slave and Haitian leader), 74
Jefferson, Thomas, 12, 82, 85, 89, 90, 111, 151, 326, 452
Jews, migration from Cuba by, 406
Jim Crow, 1-2, 139, 160, 161, 223
Johnson, Lyndon, 405, 447
Juan of the Dead (film), 451
Junta Cubana, 99

Kansas-Nebraska Act (1854), 116
Kennedy, John F.
　Bay of Pigs invasion and, 359-61, 363-64, 368, 372
　Castro's concern about imminent attack by, 375-76
　Castro's international missions and, 424
　on Cuba as "imprisoned island," 460
　Cuban refugees and, 404
　nuclear missiles in Cuba and, 371, 372-74, 375, 376-77, 378-79, 380
　promise not to invade Cuba by, 376, 378, 381, 407
Kennedy, Robert (Bobby), 377, 378
Kennion, John, 53
Key West, 113, 220, 413, 416-17, 467
Khrushchev, Nikita, 335, 370, 371, 374-75, 376, 378-80, 381
King, William Rufus, 107-10, 111, 114, 116, 119, 123, 188
Kissinger, Henry, 426-27
Korda, Alberto, 344
Ku Klux Klan (KKK), 392, 417

la Bayamesa, Rosa, 131
Lacret, José, 192
La Liga (the League), 143
Lansky, Meyer, 261-62, 264, 271
Las Casas, Bartolomé de, 16-17
Las Casas, Luis de, 67-68, 69
Latin America
　Cuban policy in, 240, 327, 421-23
　Martí's "our America" and, 142
　Monroe Doctrine and, 94
　new constitutions in, 258
　Spanish control over, 90
　US foreign policy in, 94, 224, 241
Laurens, Henry, 60, 61
Le Coubre (ship) (1960), 342-43, 344
Lecuona, Ernesto, 195
Lee, Arthur, 58-59
Lee, Robert E., 112
Lenin, Vladimir, 227, 284, 285, 286
Lepore, Jill, 11
Liberal Party, 136, 201, 202-3, 204, 205, 208, 214
Liberal rebellion, 203-4
Liberation Army, 175
　enlistments in, as reaction to *Maine* explosion, 161-62
　men of color in, 131-33, 136-37, 145-47, 161-63, 213
　Spanish-American War treaty and, 165, 166
　struggle for Cuban independence and, 126, 129, 131-33, 145-47, 161-62, 164
　US occupation and, 168-69, 173, 175, 181
　veterans of, 169, 176, 186, 187, 192, 199-200, 202, 204, 208, 210, 211, 215

Lin A-Pang, 125
Lincoln, Abraham, 120-21, 124, 140
literacy campaigns, 388-89
Little War (1879-80), 136-37, 139, 141, 145, 161
López, Narciso, 112-14, 115, 119
Loynaz, Dulce María, 198-99
Luciano, Lucky, 262-64
Lucumí, Carlota, 102
Lucumí, Fermina, 102
Lucumí, Genaro and Irene, 138
Luna, Maximiliano, 158, 159, 164
Lyman, Phineas, 49

Maceo, Antonio, 4, 142
  background of, 132-33
  independence struggles and, 132-35, 138, 145-46, 148-49
  later invocations of, 138, 149-50, 162, 185, 207, 208, 281, 291, 438
  monuments to, 467, 468
  western invasion led by, 133-37, 145-49, 162-63, 202
Maceo, José, 136, 137
Machado, Gerardo, 221, 225
  aftermath of fall of, 235-36, 242
  factors in fall of, 230-31, 235
  opposition to, 225-26, 229-30
  presidency of, 225, 229-31
Madera, Jilma, 276, 311
Magoon, Charles, 204
Maine explosion (1898), 5, 150, 152, 158, 224, 343
Mañach, Jorge, 252
Mandela, Nelson, 430, 431
Manifest Destiny, 12
Marianao, 237, 293, 469
Mariel boatlift, 413-18, 419

Marinello, Juan, 252
Martí, José, 4, 140-45
  Castro's invocation of, 278, 281, 286-87, 304
  death of, 145, 150
  independence movement and imagined republic of, 142-45, 160, 161
  later invocations of, 140, 185, 207, 230, 252, 270, 275
  Lincoln's assassination and, 121, 140
  monuments to, 140, 268, 272, 275-76, 277, 287
  "our America" concept of, 142, 144, 145, 151, 162, 214
  slave trade landing witnessed by, 111
  writing by, during New York residence, 141-42
Marx, Karl, 141, 283, 285, 286, 289, 366, 386
Marxism, 227, 285-86, 287, 394, 438, 455
Matanzas (city), 97, 98, 103, 104
Matanzas (province), 70, 88, 94, 98, 101, 102, 103, 104, 108-9, 119, 122, 124, 146-47
Matos, Huber, 336
Matthews, Herbert, 300-303, 304, 343
McDuffie, Arthur, 418
McKinley, William, 152, 153, 157, 169, 176, 180, 224
McNamara, Robert, 377
Mella, Julio Antonio, 226-28
Méndez Capote, Domingo, 198, 201
Méndez Capote, Renée, 195, 196, 197, 198, 199, 201, 205
Mendieta, Carlos, 211, 246
Menocal, Mario García, 189-92, 204, 210, 214, 217, 221
Mexico, 21, 24, 82, 83, 240, 241, 249,

258, 294, 295
Miami, and Cuban exiles, 249, 260, 401-2, 403-4, 407, 412, 416, 418, 419
Miami Herald, 340, 414, 416, 441
Miami Pact, 309
Mikoyan, Anastas, 337-39, 340, 343
Military Commission (*Comisión Militar*), 88, 112
Military Units to Aid Production (UMAP), 391
Mintz, Sidney, 52
Miralles, Juan de, 60-61, 62, 65
Miro Cardona, José, 320, 323
missile crisis. *See* Cuban Missile Crisis
Moderate Party, 201
Modotti, Tina, 227, 228
Moncada, Guillermo, 136, 137, 213
Moncada barracks attack (1953)
Castro and, 278-83, 286, 290, 421
later commemorations of, 279, 332, 371, 430
Monroe, James, 86-87, 89, 90, 91, 97, 103, 111, 151
Monroe Doctrine, 12, 91, 94-95, 111, 180
Monteagudo, José de Jesús, 210, 212
Mora, Alberto, 456
Moreno, Juan, 34, 36-37
Morris, Robert, 60, 61, 62, 65
Morúa Delgado, Martín, 208
Morúa Law, 208, 209
MPLA, 424, 425, 426-27, 428-29, 430

Napoleon Bonaparte, 72, 283
National Assembly of People's Power, 409
National Bank, 300, 307, 320, 326, 346, 386
National Federation of Cuban Societies of the Race of Color, 254-55
National Institute of Agrarian Reform (INRA), 329, 331

"nationalist awakening," 225, 228
nationalization
 of education, 387
 of large landholdings, 386
 of public services, 243, 294
 of sugar mills, 240, 244
 of US properties, 5, 244, 347, 348
National Security Council, 345, 358, 372, 408
Native people. *See* Indigenous people
Nau, Émile, 469
Negro Leagues (US), 4, 223-24
Neto, Agostinho, 425, 426
New Orleans (city), 61, 83, 113, 114
New York City, 4, 48-49, 52, 89, 92, 93, 110, 112, 113, 119, 129, 137, 140-44, 149, 200, 230, 278, 285, 326, 336, 406, 408
New York Herald, 139, 144-45
New York Sun, 113, 129, 141
New York Times, 302-3, 304, 373, 405
Newsweek (magazine), 331
Nixon, Richard, 327-28, 397, 408, 462
nuclear missile crisis. *See* Cuban Missile Crisis
Núñez Mesa, Delio, 255-56

Obama, Barack, 224, 455-61
 Cuba policy of, 456-59, 463
 Fidel Castro on visit of, 462
 Guantánamo naval base (Gitmo) and, 448, 455-56, 460
 Havana visit of, 459-61
 private US investment in Cuba and, 458-59
 Raúl Castro's meeting with, 431
occupation of Cuba. *See* US occupation
Ojito, Mirta, 419
Omega-7, 408

索 引 / 615

One Hundred Days Government, 238-40
Operation Carlota, 426
Operation Peter Pan, 388
Oppenheimer, Andres, 441
Organization of Solidarity with the People of Asia, Africa, and Latin America (OSPAAAL), 422
Oriente (region), 188, 209, 210, 212
Ortodoxo (Orthodox) Party, 266, 267, 270, 276-77, 278, 279, 307, 320
Ostend Manifesto, 116

Pact of Zanjón (1878), 134, 135
País, Frank, 295, 304, 306-7, 308
Pan-American Conference (Havana, 1928), 224, 240
Patria (newspaper), 142, 143
Patria (ship), 210, 217
Payá, Oswaldo, 449
Pazos, Felipe, 300, 307, 309
Peñalver, Sebastian, 53
Pentarchy (1933), 238
Pérez, Crescencio, 296
Pérez, Louis, 258, 324
Pertierra, Indalecio (Neno), 263
Pezuela, Juan, 114-15
Philip II, King of Spain, 29
Philippines, 28, 165, 168-69
Phillips, Ruby Hart, 230, 231, 300
Phinney, Thomas, 103-4
PIC (Independent Party of Color), 207-9, 210, 211, 212, 213
Pico Turquino, 275-76, 304
Pierce, Franklin, 107-8, 111, 114, 115-16, 151
pirates, 25, 26, 27-28, 36, 43
Pitt, William, 54
Pizarro, Francisco, 25

Plácido, 97-98, 99, 100, 104-5, 112, 265, 467
Platt, Orville, 177-79
Platt Amendment
 abrogation of, 247
 constitutional convention and, 179-80, 187, 192, 238, 251
 Cuban concessions under, 186
 Cuban desires to end, 225
 effects on Cuban politics 180, 181, 186, 201, 204
 Machado's policies and, 225, 230, 231
 revolution of 1933 and, 238-39, 244, 247
 second occupation (1906-09) and, 204, 205
 US interests protected by, 181, 192
 Wilson's possible use of, 210, 219
Pocock, George, 45, 46, 50, 51
politics
 changing styles of, 228, 235, 265-70, 319-20, 323
 constitution of 1940's influence on, 258
 Cuban Americans and, 407-8, 418
 power of Wilson's special representative in, 219
 students and, 226-28, 236-38, 242, 260-61, 269, 270-71, 275, 290, 291-93, 305, 339
 US occupation's changes in, 175-77
Polk, James, 13, 112, 151
Polo, Marco, 14
Ponce de León, Juan, 23, 24
Popular Socialist Party (PSP), 227, 311, 337. *See also* Communist Party
Portugal, Angola's fight against, 424-25
Prado, Juan de, 44-45, 48, 50
Prensa Libre, 341
Prío Socorrás, Carlos, 259, 261, 263, 267, 270, 290, 295, 308, 320

616 / 自由古巴：革命、救赎与新生

Prío Socorrás, Francisco (Paco), 263, 264
Prioleau, George, 160-61
Prohibition (US), 220-21, 224
Protest of Baraguá, 135, 136
Puerto Rico, 17, 23, 72, 143, 165, 195, 286, 327, 409
Putnam, Israel, 49

Quitman, John, 112, 115-16, 117

race. See Black Cubans; discrimination
Radio Free Dixie, 394
Radio Reloj, 305-6
rafter crisis (1994), 446, 447-48, 450
Ramonet, Ignacio, 286-87
Ramos Blanco, Teodoro, 1, 2, 467-69, 470
Reagan, Ronald, 418, 435, 452
Rebel Radio, 315
Reciprocity Treaty (1903), 186, 191-92
Reconcentration policy, 147-48, 152, 168
Reconstruction (US), 159
Rectification campaign, 436
Redfield, Levi, 49, 51
Rendón, Francisco, 62
requerimiento law, 18-19
revolutions. See Cuban Revolution (1959); independence movements
revolution of 1933, 227-31, 235-47
Revolutionary Directorate
  Castro and, 295, 319, 320
  Presidential Palace attack by, 305-6, 309
  protests against Batista by, 290-93, 297, 308-9
Revolutionary Offensive, 386, 406
Revolutionary Tribunals, 321-22
Rhodes, Ben, 456-57
Richmond, Maceo Antonio, 150
Ricla, Count of, 54

Ripley, Eliza McHatton, 124-25
Rochambeau, Comte de, 63-64
Rodney, Thomas, 103
Rodríguez de Tío, Lola, 195, 196
Rojas, Rafael, 258
Roosevelt, Franklin D., 231, 241, 258, 284
Roosevelt, Theodore (Teddy), 157-59, 170, 457
Root, Elihu, 180
Rough Riders, 157-59, 170
Rural Guard, 169, 237, 243, 246
Rusk, Dean, 381
Ruth, Babe, 221, 223

Saavedra, Francisco, 63
Saint-Domingue, 63. See also Haiti; Haitian Revolution
St. George, Andrew, 303
Sánchez, Bernabé, 86
Sánchez, Celia, 276-77, 287, 295, 301, 304, 318
Sánchez Figueras, Silverio, 162-63
Sánchez Mastrapa, Esperanza, 252
Sanguily, Manuel, 187, 195
San Antonio, Texas (city), 158
San Isidro Movement, 464
San Román, José (Pepe), 356
Santa Clara, 146, 392, 393
Santa Cruz de Oviedo, Esteban, 102
Santamaría, Abel, 279, 283
Santamaría, Haydée, 279-80, 304
Santiago de Cuba (city), 21, 31, 35, 37, 72, 75, 164, 204, 208, 212-13, 266, 277, 278, 292, 295, 296-97, 308, 309, 311, 315-16, 321, 462
Sardiñas, Eligio (Kid Chocolate), 266
Schlesinger, Arthur M., 360
Schomburg, Arthur (Arturo), 200

索 引 / 617

Schomburg Center for Research in Black Culture, 200
Sergeants' Revolt (1933), 237-38, 239-40, 242, 245
Serra, Rafael, 143, 200
Seven Years' War (1756-63), 43-44
  peace treaty in, 54
  siege of Havana in, 44-50
Shafter, William, 164, 165
Sierra Maestra Manifesto, 307-8, 309
Sierra Maestra mountains, 275, 277, 299-300, 304, 307-10, 329, 423
Sinatra, Frank, 263
slave emancipation, 130-32, 138
slave rebellions, 73-74, 88
  Aponte conspiracy and, 74-77
  Castro's invoking memory of, 425-26
  Escalera conspiracy and repression (1843-44), 101-4, 108, 112, 114, 147, 425-26
  Plácido and, 98, 99, 100, 104-5
  in Saint-Domingue (Haitian Revolution), 68-69, 72, 73
slavery
  abolition of, 137-38
  annexationism and, 85-86, 105, 112, 115-16
  capitalism and, 92-93
  independence movement and, 129-32, 134-35, 137-38
  Industrial Revolution and, 50-51
  of Natives, 4, 16
  Obama's speech on shared history of, 460-61
  Pierce administration's support for, 107-8
  significance of in Cuba, 52-53, 67-73, 77, 93, 109-10
slaves. See enslaved people

slave trade
  American financing and building of ships in, 110
  American wealth linked to Cuban sugar and, 109-11
  Britain's ban on, 82, 85, 87, 94
  Cubans as integral part of, 110-11
  Cuban support for the Confederacy and, 122
  DeWolf's sugar plantations and, 81-82
  Havana and, 60
  impact of possible British takeover of Cuba on, 81-82
  Spain's ban on, 92, 99
  sugar industry and expansion of, 52, 53, 67, 68
  sugar plantations' reliance on, 70, 80, 81, 82, 85, 92
  US involvement in, 65, 92, 93, 94
socialism
  African governments and, 422
  Fidel Castro and, 285, 287, 367, 369, 436, 438
  constitutional support for, 408-9, 449, 463
  Cuban Americans and, 448
  Cuban reforms and, 387, 390, 391
  Cuban Revolution and, 243, 285, 287, 367, 369
  Raúl Castro presidency and, 454, 463
  Soviet abandonment of, 438
  transition to communism from, 386
Sores, Jacques de, 27-28, 198
South Africa
  Cuba's victory over, 425, 426, 428-31
  Mandela's funeral in, 431
Soviet Union
  Bay of Pigs invasion failure and, 368
  Castro's relationship with, 368, 423-24

Cuban defense agreement with, 371
Cuban Missile Crisis and, 369-82
Cuban support by, 381, 399, 424, 436-38
Cuban trade pact with, 337-39, 346-47
Gorbachev's policy in, 435-37
Mikoyan's visit to Cuba and, 337-39
US economic relationship with, 437
withdrawal of troops from Cuba by, 437-38
Spain
American Revolution aid from, 59-61, 63-64
British siege of Havana in Seven Years' War and, 43-51, 53-54
Civil War and, 121-22
Columbus's voyages and lands claimed for, 9-10, 13, 14-15
Cuban rule hardening by, 85, 87-88, 89
Cuba's conquest and colonization by, 16-22, 24, 31, 33
departure from Cuba, after Spanish-American War, 165-66, 167
encomienda system used by, 18, 20, 21
free trade with Cuba and, 85-86, 91
French invasion of, 72, 87
Gulf of Mexico exploration of, 23-24
Hatuey's fight against, 16-17, 20, 21
Havana and fleet system of, 24-29
Havana slave trade and, 65, 67-69
Havana sugar industry and, 67-68, 69, 73
pirate attacks on ships bound for, 25, 26, 27-28
possible purchase of Cuba from, 12-13, 99, 111-12, 116
requerimiento law of, 18-19
slavery in Cuba and, 4, 16, 30-31, 37, 67-68

Ten Years' War and, 130, 131
Spanish-American War (1898), 157-66
Black troops in, 159-61
Castro's invocation of, 330-31
Cuban uncertainty about US intentions in, 163-64
differences in Cuban and US interpretation of, 4, 330-31
Maine explosion and, 152, 158
McKinley's declaration of war in, 152-53, 154
new Cuban enlistments in, 161-63
peace negotiations in, 164-65
Roosevelt's Rough Riders in, 157-59, 457
Teller Amendment and, 152-53, 163
treaty ending, 165-66
Spanish language, Taínos words in, 18
Special Period, 457
day-to-day experience of, 439-41
economic conditions during, 438-40, 445-46, 449, 465
education and, 444
job discrimination and, 445-46
migration to Florida during, 432, 446-48
prostitution and, 445
Suárez Rivas, Eduardo, 263
sugarcane, Columbus's transport to New World of, 15
sugar cure, 108-9
sugar industry, 51-53, 67-77
American wealth linked to slave trade and, 109-11
British occupation of Havana in Seven Years' War and, 52-53
Cuban enthusiasm for sugar and growth of, 51-52
Cuba's economic system based on, 70, 93, 399

索 引 / 619

"dance of the millions" and, 217-18
deforestation and, 70, 94, 188, 190
economic ties between Cuba and United States in, 92-94, 95
fear of Haitian Revolution and, 72-73
labor unrest in, 229, 236, 240, 242-44, 245-46, 292-93
Monroe Doctrine's protection of, 94-95
nationalization of, 240, 244
reciprocity treaty with United States and, 186, 191-92
seasonal workers in, 188-89
size of central factory, town, and workers' barracks in, 188-89
slave labor in, 29, 69-72, 77, 93-94
sugar industry (cont.)
  slave trade expansion from, 52, 53, 67, 68, 70
  Ten Million Ton Harvest campaign and, 383, 395-98
  Ten Years' War and, 130, 131
  US investment and dominance in, 187-88, 189, 191-93
  US occupation and, 173, 174
  US sugar quota and, 346-47
  working conditions in, 70-71, 191
sugar plantations
  American visitors to, 108
  Chinese contract workers on, 124-25
  DeWolf's ownership of, 78, 81-82, 93-94
  punishment and torture of slaves in, 71-72, 94
  reliance on slave trade by, 70, 80, 81, 82, 85, 92
  slave conspiracies and rebellions and, 73-77, 101-2
  slavery and growth of, 69, 72, 77
  Vice President King's stay and inauguration at, 108-9, 111
  workers from joining War of Independence troops, 146-47
  working conditions on, 70-71
sugar planters
  push for US annexation by, 112, 115
  Ten Years' War and, 129, 130-32, 133

Taber, Robert, 303-4
Taft, William H., 204, 210
Taínos, 17-19, 20, 22, 353
Tampa (city), 160-61, 418
Taylor, Moses, 93
Teller, Henry, 152
Teller Amendment, 152-53, 163, 169, 176
Ten Million Ton Harvest, 383, 395-98
Ten Years' War (1868-78), 129-38
  Céspedes's freeing of his slaves and rebellion in, 129, 130-32
  constitution proposed by leaders in, 132
  destruction and deaths in, 129-30
  free men of color in positions of leadership in, 132-34
  language of citizenship and racial equality in, 132
  Liberation Army in, 129, 133
  Martí's activities in, 140, 141
  newly freed slaves' fighting in, 131-32
  peace negotiations in, 134-36
  Protest of Baraguá in, 135
Texas, annexation of as model for Cuba, 111-12, 113, 114, 158
Thomas, Hugh, 261
Time (magazine), 304, 320, 322, 331, 442
tobacco, 18, 22, 92, 121, 330
Torricelli, Bob, 441
Torriente, Cristóbal, 223-24
tourism

Black Cubans and, 446
Cubans' profit by catering to, 223, 443
economic conditions and, 219, 442-43, 444-45, 449, 465
range of visitors in, 223
social conditions and increase in, 219-22
visits to Cuba for health and, 108-9
Toussaint Louverture, 74, 133
Treaty of Paris (1763), 54, 57
Treaty of Paris (1898), 165
Tricontinental Conference of African, Asian, and Latin American Peoples, 421-22
Trujillo, Rafael, 422
Truman, Harry S., 271
Trump, Donald, 463, 464-65
Turnbull, David, 99-100
26th of July Revolutionary Movement
  Castro's naming of, 279, 294
  Castro's return from Mexico and, 296-97
  general strike and, 306
  guerrilla warfare strategy of, 306
  increasing enlistments in, 309-10
  Miami Pact against Batista and, 309
  opponents of Batista in, 306
  organization of, 310
  País's organizing of, 295-96, 306-7
  Sierra Maestra Manifesto of, 307-8
  urban tactics of, 306-7

Uchiz people, 57, 65
UNITA, 425, 430
United Fruit Company, 5, 188, 192, 246, 347-48
United Nations (UN)
  Castro's denunciation of US in, 348
  Cuban Missile Crisis negotiations and, 372, 375, 376, 379-80
United Nations Universal Declaration of Human Rights, 264-65
United Press International (UPI), 298, 339-40
US-owned businesses in Cuba
  agrarian reform and, 330-31
  American mob's investments in, 261-64, 271
  Castro's expropriation of, 347-49
  during colonial period, 78, 81, 93-94, 103, 108
  following independence, 186-91
  Guiteras's nationalization of, 244
  Obama's Cuba policy and investment in, 458-59
United States
  Angolan involvement by, 427
  belief about acquisition of Cuba by, 82-84
  Castro's activities monitored by, 325-28
  Castro's concerns about imminent attack by, 375-76, 451
  Castro's 1959 visit to, 326-27
  covert action against Cuban government by, 345-46, 357, 381
  Cuban children's migration to, 388
  Cuban embargo policy of, 382, 441, 450, 458, 460, 461, 465
  Cuban fears of British takeover and, 87
  Cuban migration to after 1959, 401-19, 446-48
  Cuban Missile Crisis and, 369-82
  Cuban-Soviet trade pact and, 337-39, 346-47
  Cuban tourism from, 219-23, 230, 385, 465
  economic ties between Cuba and, 91-94, 95
  expansionism of, 12-13, 64, 82-84, 90-91, 107, 111, 112-13, 116-17

索 引 / 621

legal status and benefits for Cuban migrants in, 404-5, 407, 415-17
Martí on life in, 142, 144
military interventions as policy of, 241
predictions about Castro's fall in, 441-42
revolution of 1933 and, 230-31, 235, 236, 238-40, 244-46
slave trade and, 65, 92, 93, 94
Spain's concerns about founding of, 64
US Coast Guard, 406, 413, 446-47, 448
US Immigration and Naturalization Service, 401, 404
US occupation, first (1898-1902), 167-81
  agriculture under, 173
  constitutional convention under, 176 - 80, 195
  economic policy during, 173-75
  elections under, 175-77
  land changes under, 173-75
  Liberation Army dissolution by, 168 - 69, 173
  Platt Amendment and, 179-80, 181
  public education under, 170-73
  Rural Guard creation by, 169
  sugar industry changes and, 175, 188
US occupation, second (1906-09) of, 204-5
US oil companies, 5, 346, 348
US State Department
  Bay of Pigs invasion and, 356
  Castro's illness and, 453
  Castro's meeting with Nixon and, 327, 328
  Cuban influence in Algeria and, 422
  Cuban alliance in Angola and, 426-27
  Cuban Missile Crisis and, 375
  Eisenhower and Cuba policy of, 344-45
  Le Coubre ship explosion and, 343, 345
  transfer from Fidel to Raúl Castro and, 453

US-Spanish Treaty Claims Commission, 173
University of Havana, 226, 229, 238, 243, 265, 266, 269, 275, 278, 290-91, 305, 332, 403
Urban Reform Law (Cuba), 323-24
Urrutia, Manuel, 318, 331-32
U-2 spy plane incident, 375, 377

Varela, Félix, 89, 98, 141
Varela Project, 449
Vasconcelos, Sixto, 39
Velasco, Luis, 49-50
Velázquez, Diego de, 16, 19-20, 119
Velázquez, Loreta, 119-20
Venezuela, 422, 449, 465
Vikings, 12
Vilaboa, Napoleón, 412-13
Virgin of Charity. *See* Caridad del Cobre
Vives, Francisco Dionisio, 88, 89

Walker, Jimmy, 220, 230
War of Independence (1895-98), 144-52
  enlistments in, as reaction to Spanish - American War, 161-63
  Liberation Army in, 126, 145-47, 161-63, 166
  Maceo's death during, 149-50
  Maine explosion and, 152, 158, 162
  Martí's activities in, 144-45, 151
  Martí's death during, 145
  Spanish-American War's supplanting of, 166
  Spanish concessions and plan for Cuban autonomy to end, 150-51
  Spanish counterinsurgency in, 147-49
  sugar plantation workers joining, 146-47
Washington, Booker T., 169
Washington, George, 3, 57, 60-64, 75
Watson, Mary J., 110

Welles, Sumner
  Batista's rise and, 245
  Céspedes as Machado's successor and, 236
  fears of Cuban revolution and, 240–41, 241–42, 245
  Machado's fall and, 231, 235
  request for military intervention after Sergeants' Revolt, 239
Weyler, Valeriano, 147–48, 150
Williams, Robert, 394
Wilson, Woodrow, 217, 219
women, 18, 22, 63, 102, 146, 172, 209, 252
  labor of, 30, 36, 70, 196–97, 199
  political activism and rights of, 225, 227, 237, 240, 257, 270, 279, 308
  revolution of 1959 and, 322, 324, 348, 387, 389–91
Wood, Leonard
  end of US occupation and, 185
  Rough Riders and, 158
  US occupation and, 170–71, 173–78, 180, 181
Woon, Basil, 220
World War I, 217–18
Wurdemann, John, 101–2, 108

Yarini, Alberto, 196–98, 200
Yeltsin, Boris, 437

Zapata Swamp, 353–54
Zayas, Alfredo, 219
Zell (enslaved man), 124, 125
Zinn, Howard, 3, 466